严格依据教育部、国家语印发的《普通话水平

U0608631

普通话水平测试专用教材

PUTONGHUA SHUIPING CESHI
ZHUANYONG JIAOCAI

普通话水平测试命题研究组 编

光明日报出版社

图书在版编目(CIP)数据

普通话水平测试专用教材/普通话水平测试命题研究组
编. -- 北京:光明日报出版社,2016.7(2023.7重印)
ISBN 978-7-5194-1364-4

Ⅰ.①普… Ⅱ.①普… Ⅲ.①普通话—水平考试—教材
Ⅳ.①H102

中国版本图书馆 CIP 数据核字(2016)第 169162 号

普通话水平测试专用教材

PUTONGHUA SHUIPING CESHI ZHUANYONG JIAOCAI

编　　者:普通话水平测试命题研究组

责任编辑:曹　杨　　　　　　　　责任校对:薛亚利
封面设计:闫　静　　　　　　　　责任印制:曹　诤

出版发行:光明日报出版社
地　　址:北京市西城区永安路 106 号,100050
电　　话:010-63169890(咨询),010-63131930(邮购)
传　　真:010-63131930
网　　址:http://book.gmw.cn
E - mail:gmrbcbs@ gmw.cn
法律顾问:北京市兰台律师事务所龚柳方律师
印　　刷:新乡市华夏印务有限责任公司
装　　订:新乡市华夏印务有限责任公司
本书如有破损、缺页、装订错误,请与本社联系调换,电话:010-63131930
开　　本:185mm×260mm　　　　　　印　张:21
字　　数:398 千字
版　　次:2016 年 7 月第 1 版
印　　次:2023 年 7 月第 11 次印刷
书　　号:ISBN 978-7-5194-1364-4
定　　价:52.00 元

版权所有　翻印必究

Contents / 目　录

第一部分　普通话水平测试

一、普通话水平测试简介

国家推广全国通用普通话。普通话是以汉语文授课的各级各类学校的教学用语，是以汉语传送的各级广播电台、电视台和汉语电影、电视剧、话剧必须使用的规范用语，是我国党政机关、团体、企事业单位干部在工作中必须使用的公务用语，是不同方言区以及国内不同民族之间人们的交际用语。

推广普通话有利于国家统一、民族团结，有利于提高民族文化素质，是社会发展和科学发展的需要，具有重大意义。掌握和使用一定水平的普通话，是进行现代化建设的各行各业人员，特别是教师、播音员、节目主持人、演员和国家公务员等专业人员必备的职业素质。因此，有必要在一定范围内对某些岗位的人员进行普通话水平测试，并逐步实行持等级证书上岗制度。

普通话水平测试是推广普通话工作的重要组成部分，是使推广普通话工作逐步走向科学化、规范化、制度化的重要举措。推广普通话、促进语言规范化，是汉语发展的总趋势。普通话水平测试工作的正常开展必将对社会的语言生活产生深远的影响。

普通话水平测试是对应试人运用普通话所达到的标准流利程度的检测和评定。为了便于操作和突出口头检测的特点，测试一律采用口试。测试内容可根据有无文字凭借分为两部分，有文字凭借的部分重点检测语音、词汇、语法、朗读的规范程度等；无文字凭借的部分，即命题说话，全面检测和评估应试人使用普通话时所达到的规范程度。测试题目必须尽可能兼顾信度和效度的统一。普通话水平测试工作按照国家语言文字工作委员会组织审定的《普通话水平测试大纲》统一测试内容和要求，建立普通话水平测试国家题库，在计算机生成试卷的基础上，进行必要的专业人员的干预，确保试卷的质量。

二、普通话水平测试大纲

（教育部国家语委发教语用〔2003〕2号文件）

根据教育部、国家语言文字工作委员会发布的《普通话水平测试管理规定》《普通话水平测试等级标准》，制定本大纲。

（一）测试的名称、性质、方式

本测试定名为"普通话水平测试"（PUTONGHUA SHUIPING CESHI，缩写为PSC）。

普通话水平测试主要测查应试人的普通话规范程度、熟练程度，认定其普通话水平等级，属于标准参照性考试。本大纲规定测试的内容、范围、题型及评分系统。

普通话水平测试以口试方式进行。

（二）测试内容和范围

普通话水平测试的内容包括普通话语音、词汇和语法。

普通话水平测试的范围是国家测试机构编制的《普通话水平测试用普通话词语表》《普通话水平测试用普通话与方言词语对照表》《普通话水平测试用普通话与方言常见语法差异对照表》《普通话水平测试用朗读作品》《普通话水平测试用话题》。

（三）试卷构成和评分

试卷包括 5 个组成部分，满分为 100 分。

1.读单音节字词（100 个音节，不含轻声、儿化音节），限时 3.5 分钟，共 10 分。

（1）目的：测查应试人声母、韵母、声调读音的标准程度。

（2）要求：

①100 个音节中，70%选自《普通话水平测试用普通话词语表》"表一"，30%选自"表二"。

②100 个音节中，每个声母出现次数一般不少于 3 次，每个韵母出现次数一般不少于 2 次，4 个声调出现次数大致均衡。

③音节的排列要避免同一测试要素连续出现。

（3）评分：

①语音错误，每个音节扣 0.1 分。

②语音缺陷，每个音节扣 0.05 分。

③超时 1 分钟以内，扣 0.5 分；超时 1 分钟以上（含 1 分钟），扣 1 分。

2.读多音节词语（100 个音节），限时 2.5 分钟，共 20 分。

（1）目的：测查应试人声母、韵母、声调和变调、轻声、儿化读音的标准程度。

（2）要求：

①词语的 70%选自《普通话水平测试用普通话词语表》"表一"，30%选自"表二"。

②声母、韵母、声调出现的次数与读单音节字词的要求相同。

③上声与上声相连的词语不少于 3 个，上声与非上声相连的词语不少于 4 个，轻声不少于 3 个，儿化不少于 4 个（应为不同的儿化韵母）。

④词语的排列要避免同一测试要素连续出现。

（3）评分：

①语音错误，每个音节扣 0.2 分。

②语音缺陷，每个音节扣 0.1 分。

③超时 1 分钟以内，扣 0.5 分；超时 1 分钟以上（含 1 分钟），扣 1 分。

3.选择判断*，限时 3 分钟，共 10 分。

（1）词语判断（10 组）。

①目的：测查应试人掌握普通话词语的规范程度。

②要求：根据《普通话水平测试用普通话与方言词语对照表》，列举 10 组普通话与方言意义相对应但说法不同的词语，由应试人判断并读出普通话的词语。

③评分：判断错误，每组扣 0.25 分。

（2）量词、名词搭配（10组）。

①目的：测查应试人掌握普通话量词和名词搭配的规范程度。

②要求：根据《普通话水平测试用普通话与方言常见语法差异对照表》，列举10个名词和若干量词，由应试人搭配并读出符合普通话规范的10组名量短语。

③评分：搭配错误，每组扣0.5分。

（3）语序或表达形式判断（5组）。

①目的：测查应试人掌握普通话语法的规范程度。

②要求：根据《普通话水平测试用普通话与方言常见语法差异对照表》，列举5组普通话和方言意义相对应，但语序或表达习惯不同的短语或短句，由应试人判断并读出符合普通话语法规范的表达形式。

③评分：判断错误，每组扣0.5分。

选择判断合计超时1分钟以内，扣0.5分；超时1分钟以上（含1分钟），扣1分。答题时语音错误，每个错误音节扣0.1分；如判断错误已经扣分，不重复扣分。

4.朗读短文（1篇，400个音节），限时4分钟，共30分。

（1）目的：测查应试人使用普通话朗读书面作品的水平。在测查声母、韵母、声调读音标准程度的同时，重点测查连读音变、停连、语调以及流畅程度。

（2）要求：

①短文从《普通话水平测试用朗读作品》中选取。

②评分以朗读作品的前400个音节（不含标点符号和括注的音节）为限。

（3）评分：

①每错1个音节，扣0.1分；漏读或增读1个音节，扣0.1分。

②声母或韵母的系统性语音缺陷，视程度扣0.5分、1分。

③语调偏误，视程度扣0.5分、1分、2分。

④停连不当，视程度扣0.5分、1分、2分。

⑤朗读不流畅（包括回读），视程度扣0.5分、1分、2分。

⑥超时扣1分。

5.命题说话，限时3分钟，共30分。

（1）目的：测查应试人在无文字凭借的情况下说普通话的水平，重点测查语音标准程度、词汇语法规范程度和自然流畅程度。

（2）要求：

①说话话题从《普通话水平测试用话题》中选取，由应试人从给定的两个话题中选定一个话题，连续说一段话。

②应试人单向说话。如发现应试人有明显背稿、离题、说话难以继续等表现时，主试人应及时提示或引导。

（3）评分：

①语音标准程度，共20分，分六档：

一档：语音标准或极少有失误。扣0分、0.5分、1分。

二档：语音错误在10次以下，有方音但不明显。扣1.5分、2分。

三档：语音错误在10次以下，但方音比较明显；或语音错误为10～15次，有方音但不明显。扣3分、4分。

四档:语音错误为 10~15 次,方音比较明显。扣 5 分、6 分。

五档:语音错误超过 15 次,方音明显。扣 7 分、8 分、9 分。

六档:语音错误多,方音重。扣 10 分、11 分、12 分。

②词汇语法规范程度,共 5 分,分三档:

一档:词汇、语法规范。扣 0 分。

二档:词汇、语法偶有不规范的情况。扣 0.5 分、1 分。

三档:词汇、语法屡有不规范的情况。扣 2 分、3 分。

③自然流畅程度,共 5 分,分三档:

一档:语言自然流畅。扣 0 分。

二档:语言基本流畅,口语化较差,有背稿子的表现。扣 0.5 分、1 分。

三档:语言不连贯,语调生硬。扣 2 分、3 分。

说话不足 3 分钟,酌情扣分:缺时 1 分钟以内(含 1 分钟),扣 1 分、2 分、3 分;缺时 1 分钟以上,扣 4 分、5 分、6 分;说话不满 30 秒(含 30 秒),本测试项成绩计为 0 分。

(四) 应试人普通话水平等级的确定

国家语言文字工作部门发布的《普通话水平测试等级标准》是确定应试人普通话水平等级的依据。测试机构根据应试人的测试成绩确定其普通话水平等级,由省、自治区、直辖市以上语言文字工作部门颁发相应的普通话水平测试等级证书。

普通话水平划分为三个级别,每个级别内划分两个等次。其中:

97 分及其以上,为一级甲等;

92 分及其以上但不足 97 分,为一级乙等;

87 分及其以上但不足 92 分,为二级甲等;

80 分及其以上但不足 87 分,为二级乙等;

70 分及其以上但不足 80 分,为三级甲等;

60 分及其以上但不足 70 分,为三级乙等。

*说明:各省(自治区、直辖市)语言文字工作部门可以根据测试对象或本地区的实际情况,决定是否免测"选择判断"测试项。如免测此项,"命题说话"测试项的分值由 30 分调整为 40 分。评分档次不变,具体分值调整如下:

①语音标准程度的分值,由 20 分调整为 25 分。

一档:扣 0 分、1 分、2 分。

二档:扣 3 分、4 分。

三档:扣 5 分、6 分。

四档:扣 7 分、8 分。

五档:扣 9 分、10 分、11 分。

六档:扣 12 分、13 分、14 分。

②词汇语法规范程度的分值,由 5 分调整为 10 分。

一档:扣 0 分。

二档:扣 1 分、2 分。

三档:扣 3 分、4 分。

③自然流畅程度,仍为 5 分,各档分值不变。

三、普通话水平测试样卷

(一)　读 100 个单音节字词

昼	*八	迷	*先	毡	*皮	幕	*美	彻	*飞
鸣	*破	捶	*风	豆	*蹲	霞	*掉	桃	*定
宫	*铁	翁	*念	劳	*天	旬	*沟	狼	*口
靴	*娘	嫩	*机	蕊	*家	跪	*绝	趣	*全
瓜	*穷	屡	*知	狂	*正	裘	*中	恒	*社
槐	*事	轰	*竹	掠	茶	肩	*常	概	*虫
皇	*水	君	*人	伙	*自	滑	*早	绢	*足
炒	*次	渴	*酸	勤	*鱼	筛	*院	腔	*爱
鳌	袖	滨	竖	搏	刷	瞟	帆	彩	愤
司	滕	寸	峦	岸	勒	歪	尔	熊	妥

(标 * 的是"表一"里按频率排在第 1～4000 条之间的字词。正式试卷不必标出。)

覆盖声母情况:

b:4,p:3,m:4,f:4,d:4,t:5,n:3,l:6,g:5,k:3,h:6,j:6,q:6,x:6,zh:6,ch:6,sh:6,r:2,z:3,c:3,s:2,零声母:7。

总计:100 次。未出现声母:0。

覆盖韵母情况:

a:2,e:4,-i(前):3,-i(后):2,ai:4,ei:2,ao:4,ou:4,an:3,en:3,ang:3,eng:4,i:3,ia:2,ie:2,iao:2,iou:2,ian:4,in:2,iang:2,ing:2,u:4,ua:3,uo/o:4,uai:2,uei:4,uan:2,uen:2,uang:2,ong:4,ueng:1,ü:3,üe:3,üan:2,ün:2,iong:2,er:1。

总计:100 次。未出现韵母:0。

覆盖声调情况:

阴平:28,阳平:31,上声:14,去声:27。

总计:100 次。未出现声调:0。

（二） 读多音节词语（100 个音节；其中含双音节词语 45 个，三音节词语 2 个，4 音节词语 1 个）

*取得	*分析	光环	女士	侨眷	*紧张	窗户	卑劣
阳台	防御	*塑料	*科学	模特儿	炽热	*财富	包装
*儿童	沙丘	扭转	*手指	港口	*群众	*应当	洒脱
夹缝儿	*管理	加油	策略	没准儿	名牌儿	生字	*现代化
混淆	*此外	*队伍	抢劫	*干净	沉醉	奔跑	*委员会
衰落	便宜	挖潜	*森林	日用	*快乐	*晚上	轻描淡写

覆盖声母情况：

b:3,p:3,m:4,f:4,d:5,t:4,n:2,l:7,g:4,k:3,h:5,j:6,q:7,x:5,zh:6,ch:3,sh:6,r:2,z:2,c:3,s:3,零声母:13。

总计:100 次。未出现声母:0。

覆盖韵母情况：

a:2,e:6,-i（前）:2,-i（后）:4,ai:4,ei:2,ao:2,ou:2,an:2,en:4,ang:5,eng:2,i:3,ia:2,ie:3,iao:4,iou:3,ian:3,in:2,iang:2,ing:4,u:4,ua:2,uo/o:3,uai:3,uei:4,uan:4,uen:2,uang:3,ong:2,ü:3,üe:2,üan:2,ün:1,iong:1,er:1。

总计:100 次。未出现韵母:ueng。

其中儿化韵母 4 个:-engr（夹缝儿）,-uenr（没准儿）,-er（模特儿）,-air（名牌儿）。

覆盖声调情况：

阴平:23,阳平:24,上声:19,去声:30,轻声:4。

其中上声和上声相连的词语 4 条:管理,扭转,手指,港口。

总计:100 次。

（三） 选择判断*（为便于了解题意，样题显示答案）

1.词语判断:请判断并读出下列 10 组词语中的普通话词语。

（1） 如斩 **现在** 而家 今下 目下

（2） 瞒人 边个 **谁** 啥侬 啥人

（3） 为么子 做脉个 **为什么** 为什里 为啥 为怎样

（4） **细小** 细粒 幼细 异细

（5） 后生子 后生崽里 后生家 后生仔 **小伙子**

（6） 日里向 日里 **白天** 日上 日头 日时 日辰头

（7） 婴儿 毛它 冒牙子 苏虾仔 婴仔 啊伲欸

（8） 蚂蚁子 蚂蝇里 狗蚁 蚁公 **蚂蚁**

（9） **这里** 个搭 咯里 个里 呢处 即搭

（10） 早上向 **早晨** 早间里 朝早 朝辰头

6

2.量词、名词搭配：请按照普通话规范搭配并读出下列数量名短语。

（例如：一　→　个　只　粒
　　　　　　　|
　　　　　　　人　　　　　）

一　→　把　张　棵　支　扇　辆　条　间　头　所

汽车　钥匙　桌子　钞票　树　笔　牛　学校　门　草

3.语序或表达形式判断：请判断并读出下列 5 组句子里的普通话句子。

（1）**他大约要两三个月才能回来。**

他大约要二三个月才能回来。

（2）他好好可爱。

他非常可爱。

他上可爱。

（3）你去去逛街?

你去不去逛街?

（4）你矮我。

你比我过矮。

你比我矮。

你比较矮我。

你比我较矮。

（5）**那部电影我看过。**

那部电影我有看。

（四）　**朗读短文**：请朗读第 12 号短文。

（五）　**命题说话**：请按照话题"我的业余生活"或"我熟悉的地方"说一段话。

* 说明：各省（自治区、直辖市）语言文字工作部门可以根据测试对象或本地区的实际情况，决定是否免测"选择判断"测试项。

四、普通话水平测试等级标准（试行）

（国家语言文字工作委员会 1997 年 12 月 5 日颁布，国语〔1997〕64 号）

一　级

甲等　朗读和自由交谈时，语音标准，词汇、语法正确无误，语调自然，表达流畅。测试总失分率在 3% 以内。

乙等　朗读和自由交谈时，语音标准，词汇、语法正确无误，语调自然，表达流畅。偶然有字音、字调失误。测试总失分率在 8% 以内。

二　级

甲等　朗读和自由交谈时，声韵调发音基本标准，语调自然，表达流畅。少数难点音

（平翘舌音、前后鼻尾音、边鼻音等）有时出现失误。词汇、语法极少有误。测试总失分率在13％以内。

乙等 朗读和自由交谈时，个别调值不准，声韵母发音有不到位现象。难点音（平翘舌音、前后鼻尾音、边鼻音、fu—hu、z—zh—j、送气不送气、i—ü 不分、保留浊塞音和浊塞擦音，丢介音、复韵母单音化等）失误较多。方言语调不明显。有使用方言词、方言语法的情况。测试总失分率在20％以内。

三　级

甲等 朗读和自由交谈时，声韵调发音失误较多，难点音超出常见范围，声调调值多不准。方言语调较明显。词汇、语法有失误。测试总失分率在30％以内。

乙等 朗读和自由交谈时，声韵调发音失误多，方音特征突出。方言语调明显。词汇、语法失误较多。外地人听其谈话有听不懂情况。测试总失分率在40％以内。

五、有关行业人员普通话合格标准

根据各行业的规定，有关从业人员的普通话水平达标要求如下：

中小学及幼儿园、校外教育单位的教师，普通话水平不低于二级，其中语文教师不低于二级甲等，普通话语音教师不低于一级。高等学校的教师，普通话水平不低于三级甲等，其中现代汉语教师不低于二级甲等，普通话语音教师不低于一级。对外汉语教学教师，普通话水平不低于二级甲等。报考中小学、幼儿园教师资格的人员，普通话水平不低于二级。

师范类专业以及各级职业学校的与口语表达密切相关专业的学生，普通话水平不低于二级。

国家公务员，普通话水平不低于三级甲等。

国家级和省级广播电台、电视台的播音员、节目主持人，普通话水平应达到一级甲等；其他广播电台、电视台的播音员、节目主持人的普通话达标要求按国家广播电影电视总局的规定执行。

话剧、电影、电视剧、广播剧等表演、配音演员，播音、主持专业和影视表演专业的教师、学生，普通话水平不低于一级。

公共服务行业的特定岗位人员（如广播员、解说员、话务员等），普通话水平不低于二级甲等。

普通话水平应达标人员的年龄上限以有关行业的文件为准。

六、计算机辅助普通话水平测试操作流程

根据教育部语用司《关于推进计算机辅助普通话水平测试工作等有关问题的通知》（教语用司函〔2010〕72 号）要求，实行计算机辅助普通话水平测试，并逐步普及。计算机辅助普通话水平测试工作是通过计算机语音识别系统，部分代替人工评测，对普通话水平测试中应试人朗读的1～3 题的语音标准程度进行辨识的评测工作。

（一）测前准备

（1）考生按照准考证上的要求，按时到达指定地点后，向工作人员出示身份证、准考证。

（2）工作人员将分批采集考生信息（照片、指纹）等，并分配具体批次和测试室。

（3）前一批次测试结束,考生应在工作人员引导下进入对应的测试室。

（二）　上机考试流程

（1）考生携带证件进入测试室按机号就座后,鼠标点击"登录",进行人脸验证。

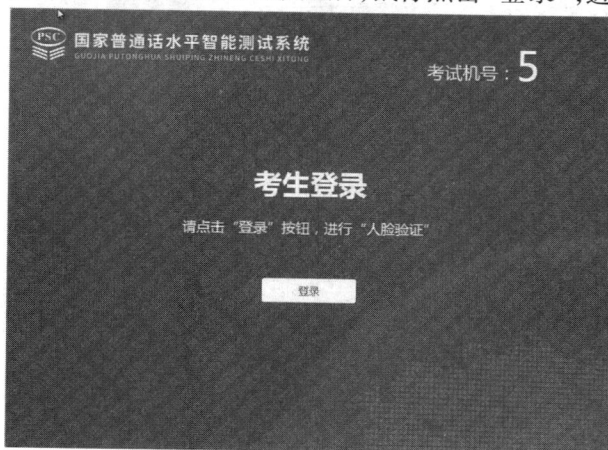

（2）人脸验证时,面部正对屏幕中央,平视屏幕上方的摄像头。

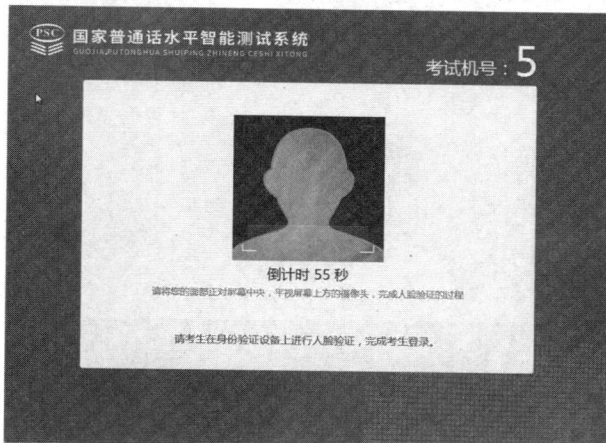

（3）验证成功后,点击"登录"按钮。

（4）如果参加测试的站点采用指纹验证，则会在采集信息时采集指纹，那么考生进入测试室时将需要进行指纹验证。

（5）验证通过后，系统将显示考生的个人信息，点击"确定"。

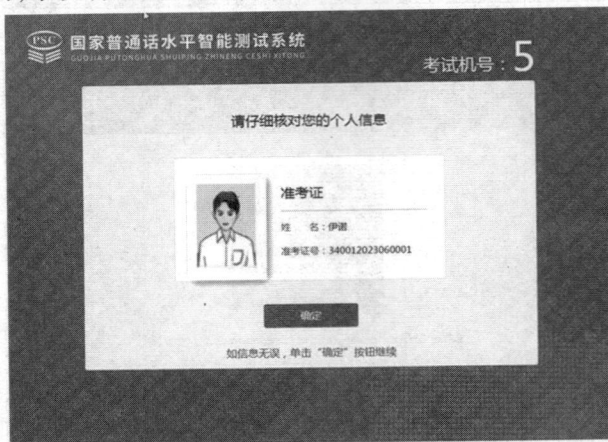

（6）接着，系统提示"请佩戴好您的耳机，等待试音指令"。戴上耳机，将麦克风调整到离嘴边左下角 2～3 厘米处，确保不会对着麦克风呼吸。如果验证失败，请向现场工作人员反馈。

（7）试音开始，系统会有提示音，请在"嘟"声提示后朗读界面上的文字。

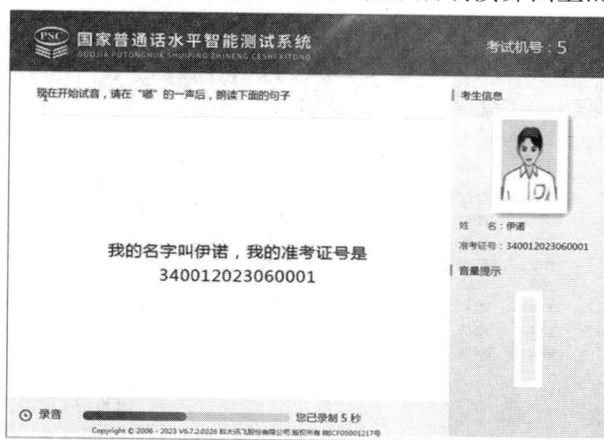

（8）试音成功，等待考场指令。需同一批次所有考生都试音成功后，一起开始正式考试。

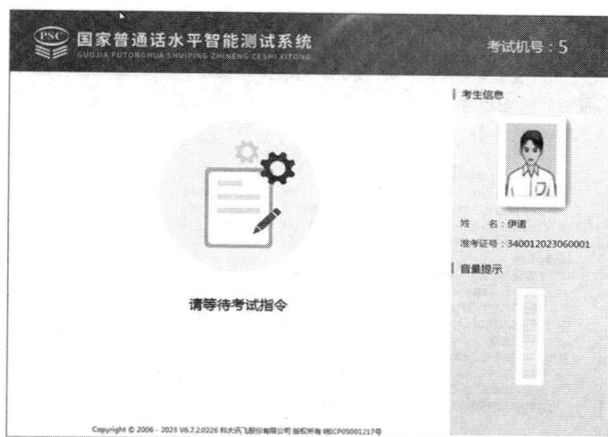

（9）第一题测试时系统界面如下图所示。请控制好音量和语速，显示的字词读完后点击"下一题"。

（10）第二题测试时系统界面如下图所示。请控制好音量和语速，显示的字词读完后点击"下一题"。

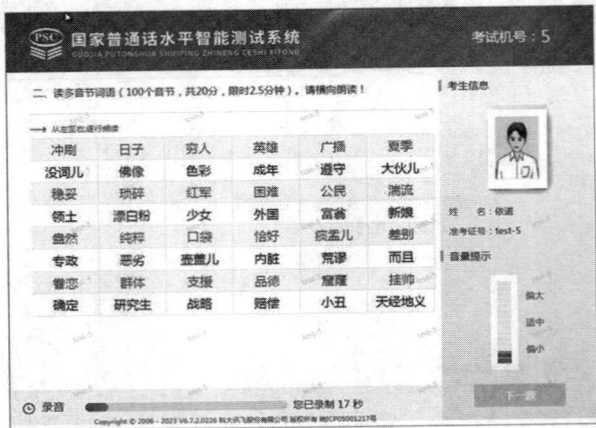

（11）第三题测试时系统界面如下图所示。请控制好音量和语速，显示的文章读完后点击"下一题"。

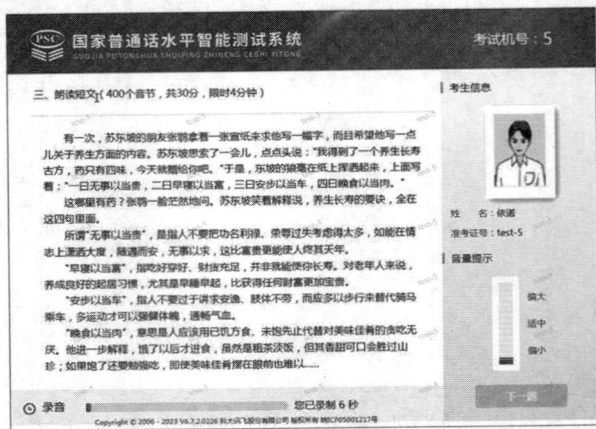

（12）第四题测试时，系统会显示两个话题供选择，考生需要在 10 秒内用鼠标点击选择准备说的题目。超过 10 秒未选择，将默认第一个话题。

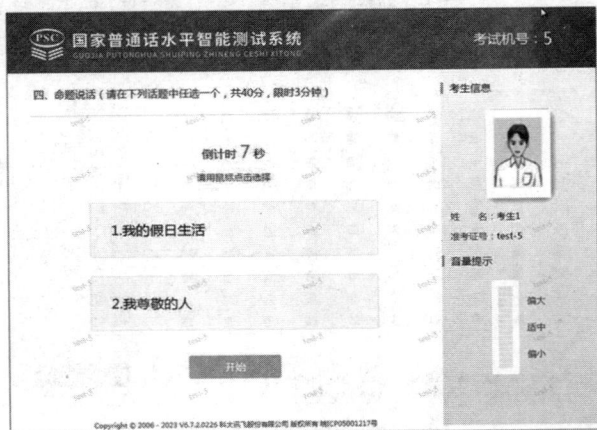

（13）选中话题后，系统开始倒计时 30 秒，考生准备讲话内容。

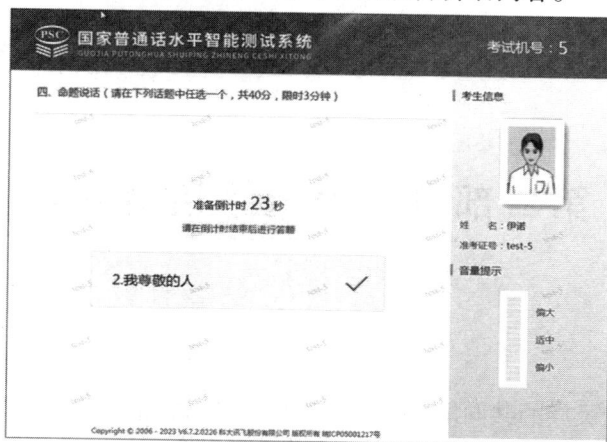

（14）30 秒倒计时结束，请以"我的说话题目是……"开始答题。命题说话共 3 分钟，3 分钟后系统将自动结束。

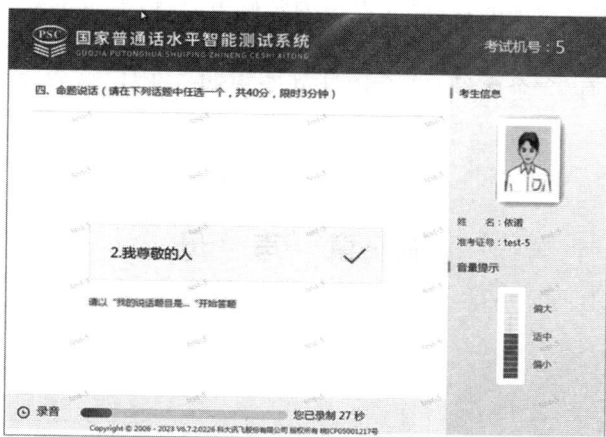

（15）测试完成后，系统会提示"您已完成考试，请摘下耳机，安静离开"。若提示其他信息，请及时和现场工作人员反映。

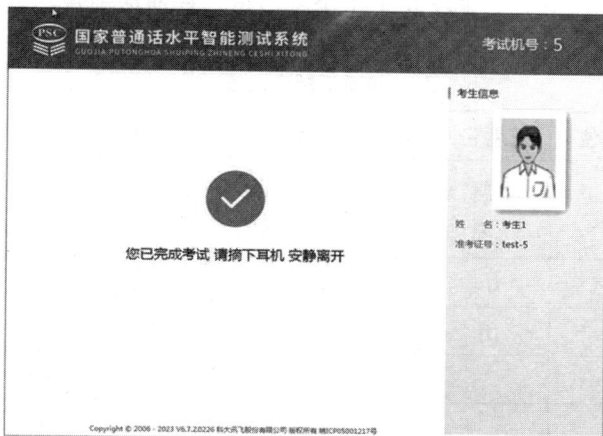

第二部分　普通话语音知识

普通话是现代汉民族的共同语,是现代汉语的标准语,也是当代我国各民族之间进行交流的工具。普通话是全国通用的语言,也是中华人民共和国的国家官方语言。

1955年召开的全国文字改革会议和现代汉语规范问题学术会议,对普通话的含义作出了明确界定:以北京语音为标准音,以北方话为基础方言,以典范的现代白话文著作为语法规范的现代汉民族共同语。

北京语音系统中有22个声母,39个韵母,4个声调。此外,还有变调、轻声、儿化等语音现象。

第一章　声　母

一、辅音

辅音指气流在口腔或咽头受到阻碍形成的音,也称子音,如 b、p、m、f、d、t 等。普通话共有22个辅音。辅音发音时,根据发音部位和发音方法的不同而有所区别。

普通话声母共22个:21个辅音声母,1个零声母。普通话辅音总表中,将鼻辅音"ng"去除,加上零声母即是声母总表。

普通话辅音总表

发音部位 声母 发音方法			双唇音 上唇 下唇	唇齿音 上齿 下唇	舌尖前音 舌尖 上齿背	舌尖中音 舌尖 上齿龈	舌尖后音 舌尖 硬腭前	舌面音 舌面 硬腭前	舌根音 舌根 软腭
塞音	清音	不送气音	b			d			g
		送气音	p			t			k
擦音	清音			f	s		sh	x	h
	浊音						r		

（续表）

发音方法 ＼ 发音部位			双唇音	唇齿音	舌尖前音	舌尖中音	舌尖后音	舌面音	舌根音
			上唇下唇	上齿下唇	舌尖上齿背	舌尖上齿龈	舌尖硬腭前	舌面硬腭前	舌根软腭
塞擦音	清音	不送气音			z		zh	j	
		送气音			c		ch	q	
鼻音	浊音		m			n			ng
边音	浊音					l			

声母是音节开头的部分，普通话有 22 个声母：21 个辅音声母，1 个零声母。辅音发音时，气流通过口腔或鼻腔时要受到阻碍，通过克服阻碍而发出声音。这些形成阻碍的部位在语音学上就称为"发音部位"，克服阻碍的方式称为"发音方法"。辅音发音的特点是时程短、音势弱，容易受到干扰，易产生吃字现象，从而影响语音的清晰度。因此，声母的发音部位是否准确，是语流中字音是否清晰并具有一定亮度的关键。

普通话声母表

b	把 白 班	p	皮 蒲 品	m	面 门 满	f	发 飞 富		
d	打 担 到	t	特 桃 铜	n	难 年 浓			l	罗 流 乐
g	改 高 歌	k	看 口 矿			h	和 挥 火		
j	机 加 价	q	其 前 泉			x	行 小 新		
zh	只 中 正	ch	成 超 臣			sh	山 升 说	r	人 日 瑞
z	自 总 最	c	采 促 从			s	私 散 洒		

零声母　偶 尔 意 外

二、声母发音

21 个辅音声母的发音与相对应的 21 个辅音发音相同，因此，可参照辅音的发音部位与发音方法分析声母发音。

1. 声母的发音部位

发音时，气流受到阻碍的位置叫发音部位。根据发音部位的不同，辅音可分为以下几类：

（1）双唇音（b、p、m）：上唇与下唇接触形成阻碍而发出的音。

（2）唇齿音（f）：上齿接近下唇形成阻碍而发出的音。

（3）舌尖前音（z、c、s）：舌尖向上齿背接触或接近形成阻碍而发出的音。

（4）舌尖中音（d、t、n、l）：舌尖和上齿龈接触形成阻碍而发出的音。

（5）舌尖后音（zh、ch、sh、r）：舌尖向硬腭的最前端接触或接近形成阻碍而发出的音。

（6）舌面音（j、q、x）：舌面前部向硬腭接触或接近形成阻碍而发出的音。

（7）舌根音（g、k、h）：舌头后缩、舌根抬起与软腭形成阻碍而发出的音。

2.声母的发音方法

声母的发音方法是指发音时喉头、口腔和鼻腔节制气流的方式和状况。通常可以从阻碍的方式、气流的强弱、声带是否振动等三方面来说明。

（1）阻碍的方式。

①塞音（b、p、d、t、g、k）：成阻时，发音部位完全形成阻塞；持阻时，气流积蓄在阻碍的部位之后；除阻时，受阻部位突然解除阻塞，使积蓄的气流透出，爆发成声。又叫爆发音或破裂音。

②擦音（f、h、x、s、sh、r）：成阻时，发音部位之间接近，形成窄缝；持阻时，气流从窄缝中间摩擦成声；除阻时，发音结束。

③塞擦音（j、q、z、c、zh、ch）：以"塞音"开始，以"擦音"结束。由于塞擦音的"塞"和"擦"是同部位的，"塞音"的除阻阶段和"擦音"的成阻阶段融为一体，两者结合得很紧密。

④鼻音（m、n）：成阻时，发音部位完全闭塞，封闭口腔通路；持阻时，软腭下垂，打开鼻腔通路，声带振动，气流到达口腔和鼻腔，气流在口腔受到阻碍，由鼻腔透出而成声；除阻时，口腔阻碍解除。鼻音是鼻腔和口腔的双重共鸣形成的。鼻腔是不可调节的发音器官。不同音质的鼻音是由于发音时在口腔的不同部位阻塞，造成不同的口腔共鸣状态而形成的。

⑤边音（l）：成阻时，舌尖与上齿龈稍后的部位接触，使口腔中间的通道阻塞；持阻时，声带振动，气流从舌头两边与上腭两侧、两颊内侧形成的缝中通过，透出成声；除阻时，发音结束。

（2）气流强弱。

①送气音（p、t、k、q、ch、c）：发塞音和塞擦音时，发音器官的两个部分要完全闭塞，解除阻碍时有很强的气流呼出的音叫送气音。

②不送气音（b、d、g、j、zh、z）：用与上述同样的方法发音，但除阻时呼出的气流较弱的音叫不送气音。

（3）声带是否振动。

①清音（b、p、f、d、t、g、k、h、j、q、x、zh、ch、sh、z、c、s）：气流呼出时声带不振动，发出的音不响亮。

②浊音（m、n、l、r）：气流呼出时声带振动，发出的音较响亮。

普通话声母发音总表

发音方法 \ 发音部位			双唇音 上唇 下唇	唇齿音 上齿 下唇	舌尖前音 舌尖 上齿背	舌尖中音 舌尖 上齿龈	舌尖后音 舌尖 硬腭前	舌面音 舌面 硬腭前	舌根音 舌根 软腭
塞音	清音	不送气音	b			d			g
		送气音	p			t			k
擦音	清音			f	s		sh	x	h
	浊音						r		
塞擦音	清音	不送气音			z		zh	j	
		送气音			c		ch	q	
鼻音	浊音		m			n			
边音	浊音					l			

3. 声母的发音情况

（1）双唇音 b p m。

| b | 双唇 不送气 清 塞音 |

发音时，双唇紧闭，软腭上升，鼻腔通路闭塞，阻塞气流，声带不振动，气流从口腔冲破阻碍，爆发成声。主要是双唇中部着力，集中蓄气，用力发音。例词：

宝贝 bǎo·bèi	背包 bēibāo	奔波 bēnbō	必备 bìbèi
卑鄙 bēibǐ	北边 běi·bian	冰雹 bīngbáo	保镖 bǎobiāo

| p | 双唇 送气 清 塞音 |

发音状况与 b 相近，只是发 p 时有一股较强的气流冲开双唇，两者的差别在于 b 为不送气音，p 为送气音。例词：

澎湃 péngpài	琵琶 pí·pa	乒乓 pīngpāng	泼皮 pōpí
铺平 pūpíng	匹配 pǐpèi	拼盘 pīnpán	铺排 pūpái

| m | 双唇 浊 鼻音 |

发音时，双唇闭合，软腭下降，鼻腔通路打开，气流振动声带，在口腔的双唇后受阻，从鼻腔通过成声。例词：

买卖 mǎi·mai	埋没 máimò	麦芒 màimáng	墨梅 mòméi
盲目 mángmù	弥漫 mímàn	梦寐 mèngmèi	木马 mùmǎ

（2）唇齿音 f。

| f | 唇齿 清 擦音 |

发音时，下唇接近上齿，形成窄缝，软腭上升，鼻腔通路关闭，气流从唇齿间摩擦通过成声，声带不振动。例词：

发放 fāfàng	方法 fāngfǎ	防腐 fángfǔ	佛法 fófǎ
吩咐 fēn·fù	风帆 fēngfān	非凡 fēifán	夫妇 fūfù

（3）舌尖前音 z c s。

| z | 舌尖前 不送气 清 塞擦音 |

发音时，舌尖抵住上齿背产生阻塞，形成窄缝，软腭上升，鼻腔通路关闭，声带不振动，气流从窄缝中挤出，摩擦成声。例词：

栽赃 zāizāng	造作 zào·zuo	藏族 Zàngzú	遭罪 zāozuì
走卒 zǒuzú	自在 zì·zai	组织 zǔzhī	作者 zuòzhě

| c | 舌尖前 送气 清 塞擦音 |

发音状况与 z 基本一致，不同的是气流比 z 较强。例词：

猜测 cāicè	仓促 cāngcù	层次 céngcì	参差 cēncī
催促 cuīcù	粗糙 cūcāo	措辞 cuòcí	从此 cóngcǐ

| s | 舌尖前 清 擦音 |

发音时,舌尖接近上齿背,形成一道窄缝,同时软腭上升,鼻腔通路关闭,声带不振动,气流从窄缝中挤出。例词:

| 琐碎 suǒsuì | 色素 sèsù | 酸涩 suānsè | 洒扫 sǎsǎo |
| 诉讼 sùsòng | 速算 sùsuàn | 僧俗 sēngsú | 三思 sānsī |

(4) 舌尖中音 d t n l。

| d | 舌尖中 不送气 清 塞音 |

发音时,舌尖抵住上齿龈,形成阻塞,软腭上升,鼻腔通路关闭,较弱的气流冲破舌尖的阻碍,迸裂而出,爆发成声。例词:

| 单调 dāndiào | 歹毒 dǎidú | 抖动 dǒudòng | 大度 dàdù |
| 等待 děngdài | 道德 dàodé | 断定 duàndìng | 低调 dīdiào |

| t | 舌尖中 送气 清 塞音 |

发音状况与 d 相近,只是发 t 时气流较强。例词:

| 忐忑 tǎntè | 探讨 tàntǎo | 抬头 táitóu | 妥帖 tuǒtiē |
| 推脱 tuītuō | 淘汰 táotài | 厅堂 tīngtáng | 通透 tōngtòu |

| n | 舌尖中 浊 鼻音 |

发音时,舌尖抵住上齿龈,形成阻塞,软腭下降,鼻腔通路打开,气流振动声带,从鼻腔透出成声。例词:

| 那年 nànián | 男女 nánnǚ | 南宁 Nánníng | 奶牛 nǎiniú |
| 能耐 néng·nai | 呢喃 nínán | 泥泞 nínìng | 年内 niánnèi |

| l | 舌尖中 浊 边音 |

发音时,舌尖抵住上齿龈,形成阻塞,软腭上升,鼻腔通路关闭,声带振动,气流到达口腔从舌头两边通过。例词:

| 劳累 láolèi | 联络 liánluò | 流利 liúlì | 拉链 lāliàn |
| 嘹亮 liáoliàng | 领略 lǐnglüè | 履历 lǚlì | 卤料 lǔliào |

(5) 舌尖后音 zh ch sh r。

| zh | 舌尖后 不送气 清 塞擦音 |

发音时,舌尖前部上翘,抵住硬腭前部,软腭上升,鼻腔通路关闭,声带不振动。较弱的气流把阻碍冲开,成阻部位形成并保持适度的缝隙,气流从窄缝中挤出,摩擦成声。例词:

| 真正 zhēnzhèng | 挣扎 zhēngzhá | 壮志 zhuàngzhì | 榨汁 zhàzhī |
| 政治 zhèngzhì | 珍珠 zhēnzhū | 种植 zhòngzhí | 纸张 zhǐzhāng |

| ch | 舌尖后 送气 清 塞擦音 |

发音状况与 zh 相近,只是气流比 zh 较强。例词:

| 出差 chūchāi | 驰骋 chíchěng | 乘车 chéngchē | 查处 cháchǔ |
| 穿插 chuānchā | 惩处 chéngchǔ | 赤诚 chìchéng | 长城 Chángchéng |

| sh | 舌尖后 清 擦音 |

发音时,舌尖上翘,接近硬腭前部,形成窄缝,软腭上升,鼻腔通路关闭,气流从窄缝中挤出,摩擦成声。例词:

山水 shānshuǐ　　　赏识 shǎngshí　　　生疏 shēngshū　　　舒适 shūshì
神圣 shénshèng　　　设施 shèshī　　　　杀手 shāshǒu　　　硕士 shuòshì

| r | 舌尖后 浊 擦音 |

发音状况与 sh 相近,不同的是,发 r 时声带要振动,轻微摩擦。例词:

荏苒 rěnrǎn　　　　容忍 róngrěn　　　荣辱 róngrǔ　　　让人 ràngrén
柔韧 róurèn　　　　软弱 ruǎnruò　　　濡染 rúrǎn　　　仍然 réngrán

(6)舌面音 j q x。

| j | 舌面 不送气 清 塞擦音 |

发音时,舌面前部抵住硬腭前部,软腭上升,鼻腔通路关闭,声带不振动,较弱的气流把阻碍冲开,形成窄缝,气流从窄缝中挤出,摩擦成声。例词:

嘉奖 jiājiǎng　　　　酒精 jiǔjīng　　　洁净 jiéjìng　　　狷介 juànjiè
奖金 jiǎngjīn　　　　坚决 jiānjué　　　捷径 jiéjìng　　　军舰 jūnjiàn

| q | 舌面 送气 清 塞擦音 |

发音状况与 j 相近,只是气流比 j 较强。例词:

亲切 qīnqiè　　　　氢气 qīngqì　　　牵强 qiānqiǎng　　　清秋 qīngqiū
齐全 qíquán　　　　前期 qiánqī　　　秋千 qiūqiān　　　全球 quánqiú

| x | 舌面 清 擦音 |

发音时,舌面前部接近硬腭前部,形成窄缝,软腭上升,鼻腔通路关闭,声带不振动,气流从窄缝中挤出,摩擦成声。例词:

下旬 xiàxún　　　　学习 xuéxí　　　细心 xìxīn　　　熏香 xūnxiāng
休息 xiū·xi　　　　小雪 xiǎoxuě　　　新鲜 xīn·xiān　　　相信 xiāngxìn

(7)舌根音 g k h。

| g | 舌根 不送气 清 塞音 |

发音时,舌根抵住软腭,形成阻塞,软腭上升,鼻腔通路关闭,声带不振动,较弱的气流冲破舌根和软腭形成的阻碍,爆发成声。例词:

尴尬 gāngà　　　　巩固 gǒnggù　　　骨干 gǔgàn　　　滚滚 gǔngǔn
桂冠 guìguān　　　　观光 guānguāng　　钢轨 gāngguǐ　　挂钩 guàgōu

| k | 舌根 送气 清 塞音 |

发音的状况与 g 相近,只是呼出的气流比 g 较强。例词:

开阔 kāikuò　　　　夸口 kuākǒu　　　坎坷 kǎnkě　　　苦口 kǔkǒu
口渴 kǒukě　　　　开垦 kāikěn　　　困苦 kùnkǔ　　　宽阔 kuānkuò

h	舌根 清 擦音

发音时,舌根接近软腭,中间留一条窄缝,软腭上升,堵塞鼻腔通路,声带不振动,气流从窄缝中摩擦而出。例词:

花卉 huāhuì   黄昏 huánghūn   憨厚 hānhòu   瀚海 hànhǎi
豪华 háohuá   缓和 huǎnhé   绘画 huìhuà   呼唤 hūhuàn

4. 零声母

零声母也是一种声母,可以写作"Ø"（必要时须标注）。在普通话里,存在一些没有辅音声母、只有一个韵母独立构成的音节,例如:爱 ài、遇 yù、昂 áng 等。这些音节的声母被称为"零声母"。普通话零声母分为两类:一是开口呼零声母,二是非开口呼零声母。

开口呼零声母的汉语拼音字母不表示,例如:恩爱 ēn'ài,偶尔 ǒu'ěr。

非开口呼零声母即除开口呼以外的齐齿呼、合口呼、撮口呼三种韵母自成音节的起始方式,实际发音带有轻微的摩擦。齐齿呼零声母音节汉语拼音用隔音字母"y"开头,是半元音[j],例如:缘由 yuányóu,乐音 yuèyīn,谣言 yáoyán。合口呼零声母音节汉语拼音用隔音字母"w"开头,半元音[w]或齿唇通音[v],例如:威望 wēiwàng,外物 wàiwù,无畏 wúwèi。撮口呼零声母音节汉语拼音用隔音字母"y（yu）"开头,是半元音[y],例如:预约 yùyuē,愉悦 yúyuè,孕育 yùnyù。

三、声母辨正

（一）分辨 n 和 l

n 和 l 读音相混的地区几乎占所有方言区的一半,十分普遍。如西南方言的大部分地区,西北方言、江淮方言的一部分地区,以及湘、赣、闽等大片地区。

1. 发音辨正

（1）相同点:鼻音 n 和边音 l 都是舌尖中音,发音部位相同,发音时舌尖抵住上齿龈。

（2）不同点:n 发音时,是舌尖和舌的两边一起上举,舌尖和上齿龈的接触面积较大,形成半圆形封闭,阻塞口腔通路,气流不能从口腔通过,必须从鼻腔呼出,所以发出来的音是鼻音。而 l 发音时,只有最前面的舌尖与上齿龈接触,舌的两边几乎不上举,边缘并不形成封闭,发音时气流可以从舌的两边流出,所以发出的是边音。

分辨 n 和 l 可以用捏鼻孔的方法来练习:捏鼻孔后发音,如果发音困难,而且耳膜有鸣声,那就是 n 音;如果发音不困难,耳膜没有显著鸣声,就是 l 音。

2. n、l 声母偏旁类推字

除了掌握正确的发音,考生还要注意区分读声母为 n 和 l 的字,通过汉字声旁类推的方法,可以提高识记效率。

【n 声母偏旁类推字】

那—哪 nǎ 那娜 nà 挪 nuó
奈—奈 nài 捺 nà
南—南喃楠 nán 蝻腩 nǎn
脑—脑恼瑙 nǎo

内—内 nèi 讷 nè 呐钠衲 nà
尼—尼泥 ní 呢 ne
倪—倪霓 ní
念—念 niàn 捻 niǎn

捏—捏 niē　涅 niè

聂—聂嗫蹑 niè

宁—宁咛狞柠 níng　拧 nǐng　泞 nìng

纽—妞 niū　扭纽钮 niǔ

农—农侬浓脓 nóng

奴—奴孥 nú　弩努 nǔ　怒 nù

诺—诺喏 nuò　匿 nì

懦—懦糯 nuò

虐—虐疟 nüè

【l 声母偏旁类推字】

拉—拉啦垃 lā

剌—喇 lá　剌辣瘌 là

落—落洛络骆 luò　烙 lào

腊—腊蜡 là　猎 liè

赖—赖癞籁濑 lài　懒 lǎn

兰—兰栏拦 lán　烂 làn

蓝—蓝篮 lán　滥 làn

览—览揽缆榄 lǎn

劳—捞 lāo　劳痨 láo　涝 lào

雷—雷镭擂 léi　蕾 lěi

累—累 lèi　螺骡 luó　摞漯 luò

里—里理锂鲤 lǐ　厘狸 lí　量 liàng

利—犁梨 lí　利痢俐 lì

离—离璃篱漓 lí

力—力荔 lì　劣 liè　肋 lèi　勒 lè

连—连莲 lián　链 liàn

廉—廉濂镰 lián

脸—脸敛 liǎn　殓 liàn

恋—恋 liàn　栾峦滦娈 luán

良—良粮 liáng　狼廊郎琅螂榔 láng　浪 làng　朗 lǎng　啷 lāng

梁—梁粱 liáng

凉—凉 liáng　晾谅 liàng　掠 lüè

列—列裂烈冽 liè　咧 liē　例 lì

林—淋琳林霖啉 lín

鳞—鳞麟磷璘嶙粼 lín

令—令 lìng　玲铃零龄伶苓羚聆 líng　岭领 lǐng　冷 lěng　怜 lián　邻 lín

菱—凌陵菱绫 líng　棱 léng

留—留瘤榴馏 liú　溜 liū　遛 liù

流—流琉硫 liú

龙—龙珑聋泷胧 lóng　笼拢垄 lǒng

隆—隆窿癃 lóng

娄—娄楼喽 lóu　搂篓 lǒu　镂 lòu　屡缕 lǚ

鲁—鲁橹 lǔ　撸 lū

录—录禄碌 lù　氯绿 lǜ

鹿—鹿麓辘 lù

路—路璐露鹭 lù

戮—戮 lù　廖 liào　寥 liáo　蓼 liǎo

仑—仑轮伦纶沦囵 lún　论 lùn　抡 lūn

罗—罗逻萝箩锣 luó　啰 luō

吕—吕铝侣 lǚ

虑—虑滤 lǜ

（二）分辨 zh、ch、sh 和 z、c、s

在普通话里,舌尖后音 zh、ch、sh 和舌尖前音 z、c、s 分得很清楚,但是在方言中,舌尖后音 zh、ch、sh 比较少见。吴方言、闽方言、客家方言、粤方言一般都没有舌尖后音。即使在有舌尖后音的北方话里,也会把部分 zh、ch、sh 做声母的字读成 z、c、s,如天津话、银川话、西安话等。

1. 发音辨正

（1）发舌尖前音 z、c、s 时,舌尖平伸,接触或接近上齿背。

（2）发舌尖后音 zh、ch、sh 时,舌头放松,舌尖轻巧地翘起来接触或靠近硬腭前部。

区分 zh、ch、sh 和 z、c、s 还可以借助声韵调配合规律、形声字声旁类推和掌握语音演变规律等方法。例如,ua、uai、uang 三个韵母,在普通话中只跟 zh、ch、sh 拼,不跟 z、c、s 拼。如抓 zhuā、踹 chuài、双 shuāng。

2.z、zh 声母偏旁类推字

【z 声母偏旁类推字】

匝—匝咂 zā　砸 zá

咋—咋咋 zǎ　作祚柞 zuò　昨 zuó

哉—哉栽 zāi　载 zài

宰—宰 zǎi　梓滓 zǐ

澡—澡藻 zǎo　燥躁噪 zào

责—啧责 zé　债 zhài　渍 zì

曾—曾增憎 zēng　赠 zèng

子—子籽 zǐ　字 zì　仔 zǎi　孜 zī

资—资姿咨 zī　恣 zì

兹—兹滋嗞孳 zī

辎—辎淄缁锱 zī

紫—眦 zì　紫 zǐ　龇 zī

宗—宗综踪鬃棕 zōng　粽 zòng

奏—奏揍 zòu

租—租 zū　阻组俎诅 zǔ

卒—卒 zú　醉 zuì　粹 cuì

纂—纂 zuǎn　攥 zuàn

尊—尊遵樽鳟 zūn

【zh 声母偏旁类推字】

乍—乍炸榨诈 zhà　窄 zhǎi

占—占战 zhàn　沾粘毡 zhān

詹—詹瞻 zhān

章—章璋彰 zhāng　障 zhàng

长—长涨 zhǎng　张 zhāng
　　账帐 zhàng

丈—仗丈杖 zhàng

召—召诏 zhào　招昭 zhāo　沼 zhǎo

折—折哲 zhé　浙 Zhè

者—者 zhě　猪诸 zhū　煮 zhǔ
　　著箸 zhù

贞—贞桢祯侦帧 zhēn

珍—珍 zhēn　诊疹 zhěn

真—镇 zhèn　真祺 zhēn

振—振震赈 zhèn

正—正证政 zhèng　症征怔钲 zhēng
　　整 zhěng

支—支枝吱肢 zhī

只—只织 zhī　职 zhí　枳 zhǐ　帜 zhì

知—知蜘 zhī　智 zhì

旨—旨指酯 zhǐ　脂 zhī

直—直值殖 zhí　置 zhì

止—止趾址 zhǐ

至—至致室 zhì　侄 zhí

中—中忠钟衷盅 zhōng　种肿 zhǒng
　　仲 zhòng

周—周啁 zhōu

朱—朱珠蛛株 zhū

主—主 zhǔ　住注柱驻蛀 zhù

专—专砖 zhuān　转 zhuǎn　传 zhuàn

壮—壮状 zhuàng　装妆 zhuāng

撞—撞幢 zhuàng

隹—佳锥椎 zhuī　准 zhǔn

卓—卓 zhuó　罩 zhào

3.c、ch 声母偏旁类推字

【c 声母偏旁类推字】

才—才材财 cái

采—采睬踩彩 cǎi　菜 cài

仓—仓苍沧舱 cāng

曹—曹槽漕嘈 cáo

侧—侧测厕恻 cè

曾—曾 céng　噌 cēng　蹭 cèng

此—此 cǐ 疵吡 cī 雌 cí

慈—慈磁鹚 cí

词—词祠 cí 伺 cì

从—从丛 cóng 苁枞 cōng

粗—粗 cū 殂徂 cú

窜—窜 cuàn 蹿撺镩 cuān

崔—崔催摧 cuī 璀 cuǐ

萃—萃翠粹淬啐悴瘁 cuì 猝 cù

搓—搓磋蹉 cuō 嵯 cuó

痤—痤 cuó 挫锉 cuò

寸—寸 cùn 村 cūn 忖 cǔn

【ch 声母偏旁类推字】

叉—叉杈 chā 衩 chǎ 汊 chà

查—查猹 chá

昌—昌娼猖菖鲳 chāng 唱倡 chàng

抄—抄钞 chāo 炒吵 chǎo

朝—朝潮嘲 cháo

撤—撤澈 chè

辰—辰晨 chén 唇 chún

呈—呈程 chéng 逞 chěng

成—成城诚 chéng

丞—丞承 chéng

池—池驰弛 chí

筹—筹踌 chóu

愁—愁 chóu 瞅 chǒu

刍—刍雏 chú

喘—喘 chuǎn 揣 chuāi

吹—吹炊 chuī

垂—垂捶锤 chuí

春—春椿 chūn 蠢 chǔn

4. s、sh 声母偏旁类推字

【s 声母偏旁类推字】

撒—撒 sǎ 散馓 sǎn

思—思锶 sī 腮鳃 sāi

桑—桑 sāng 嗓 sǎng

叟—叟 sǒu 搜嗖艘馊 sōu

司—司 sī 饲嗣 sì

斯—斯嘶撕厮 sī

四—四泗驷 sì

隋—隋随 suí 髓 suǐ

遂—遂隧邃燧 suì

孙—孙荪狲 sūn

锁—锁琐唢 suǒ

梭—梭唆羧 suō

【sh 声母偏旁类推字】

删—删姗珊 shān

善—善膳鳝 shàn

尚—尚 shàng 赏 shǎng 裳 shang

稍—稍梢捎 shāo 哨 shào

舌—舌 shé 适 shì

申—申伸绅呻砷 shēn 审婶 shěn
　　神 shén

生—生笙牲 shēng 胜 shèng

师—师狮 shī 筛 shāi

诗—诗 shī 侍恃 shì

式—式试弑拭 shì

受—受授 shòu

疏—疏梳蔬 shū

暑—暑署薯曙 shǔ

刷—刷 shuā 涮 shuàn

率—率蟀 shuài 摔 shuāi

拴—拴栓 shuān

说—说 shuō 税 shuì

（三）分辨 f 和 h

f 和 h 容易混淆的地区包括粤、赣、客家、湘方言区，以及邻近的湖北西南等地区。在这些方言中，舌根擦音与后高元音互相排斥，h- 都读成 f-。闽南话和闽北话情况更为特殊，它们没有唇齿音 f，普通话声母是 f 的字，闽方言多数读作 b、p、h。

1. 发音辨正

（1）发唇齿音 f 时，上齿与下唇内缘接触或接近，摩擦成声。

（2）发舌根音 h 时，舌头后缩，舌根抬起接近软腭，摩擦成声。

要区分 f 和 h 的读音，首先要通过练习，熟练掌握正确的发音方法；其次，还要参考 f 和 h 声母偏旁类推字，掌握其对应规律，逐步改正。

2. f、h 声母偏旁类推字

【f 声母偏旁类推字】

发—发 fā　发 fà　废 fèi

乏—乏 fá　泛 fàn

伐—伐阀筏 fá

法—法砝 fǎ　珐 fà

番—番翻藩幡蕃 fān

凡—凡矾 fán　帆 fān

反—反返 fǎn　饭贩 fàn

犯—犯范 fàn

方—方芳坊 fāng　防妨房肪 fáng
仿访纺 fǎng　放 fàng

非—非菲啡扉绯蜚霏 fēi　诽匪悱斐翡 fěi
痱 fèi

分—分芬吩纷酚氛 fēn　汾 Fén
粉 fěn　份忿 fèn

蜂—蜂峰烽锋 fēng　逢缝 féng

风—风枫疯 fēng　讽 fěng

奉—奉俸 fèng

夫—夫肤 fū　芙扶 fú

孚—孚俘浮 fú　孵 fū

甫—甫辅脯 fǔ　敷 fū　傅缚 fù

弗—弗拂氟 fú　沸费 fèi

伏—伏茯袱 fú

福—福幅辐蝠 fú　副富 fù

付—付附咐 fù　符 fú　府俯腑腐 fǔ

父—父 fù　斧釜 fǔ

讣—讣赴 fù

复—复腹馥覆 fù

【h 声母偏旁类推字】

禾—禾和 hé

红—红虹鸿 hóng　讧 hòng

弘—弘泓 hóng

乎—乎呼 hū

忽—忽惚唿 hū　囫 hú　笏 hù

胡—胡湖葫糊蝴瑚猢 hú

狐—狐弧 hú

虎—虎琥 hǔ

户—户护沪 hù

化—化桦 huà　花哗 huā　华铧骅 huá
货 huò

滑—滑猾 huá

怀—怀 huái　坏 huài

还—还 hái　环 huán　怀 huái
坏 huài

奂—奂涣换唤焕痪 huàn

荒—荒慌 huāng　谎 huǎng

皇—皇凰惶徨煌蝗 huáng

黄—黄潢磺簧 huáng

晃—晃恍幌 huǎng

挥—挥晖辉 huī　荤 hūn　浑 hún
　　诨 hùn

灰—灰诙恢咴 huī

回—回茴蛔洄 huí　徊 huái

悔—悔 huǐ　诲晦 huì

惠—惠蕙 huì

会—会荟绘烩 huì

彗—彗慧 huì

昏—昏阍婚 hūn

混—混 hùn　馄 hún

活—活 huó　话 huà

火—火伙 huǒ

或—或惑 huò

霍—霍藿 huò　攉 huō

（四）分辨 r 和 l

1. 发音辨正

（1）发舌尖后浊擦音 r 时,舌尖翘起接近硬腭前部,形成一条窄缝,气流振动声带,从缝隙中摩擦透出成声。

（2）发舌尖中浊边音 l 时,舌尖在上齿龈上轻轻弹一下,振动声带,呼出气流。

这两个声母的主要区别:一是舌尖所接近或接触的部位不同;二是 r 是摩擦成声,l 是弹发成声。发音时应该仔细揣摩发音部位和发音方法是不是合乎这两个要领。

2. r 声母偏旁类推字

【r 声母偏旁类推字】

然—然燃 rán

冉—冉苒 rǎn　髯 rán

嚷—嚷 rāng　瓤 ráng　攘 rǎng

饶—饶桡 ráo　绕 rào

人—人 rén　认 rèn

壬—壬 rén　荏 rěn　任妊饪 rèn

刃—刃纫韧仞 rèn　忍 rěn

扔—扔 rēng　仍 réng

容—容溶熔蓉榕 róng

戎—戎绒 róng

荣—荣嵘蝾 róng

柔—柔揉糅蹂 róu

如—如茹 rú　汝 rǔ

儒—儒蠕孺嚅濡 rú

辱—辱 rǔ　褥蓐 rù

闰—闰润 rùn

（五）送气音和不送气音

普通话中有 6 个送气音:p、t、k、q、ch、c;对应的也有 6 个不送气音:b、d、g、j、zh、z。送气音和不送气音的发音方法是相同的,区别只在于除阻时呼出气流的强弱。如果送气音和不送气音发不准,就会出现"派 pài""败 bài"不分、"图 tú""独 dú"不分、"哭 kū""孤 gū"不分等情况。

（六）浊音和清音

清声母发音时声带不颤动,浊声母发音时声带要颤动。普通话里只有 m、n、l、r 四个浊声母,而吴方言和湘方言的部分地区,除了这四个声母之外,还保留了古代读成浊音的塞音、擦音和塞擦音,读起来,"培 péi""被 bèi"不分,"台 tái""代 dài"不分,"其 qí""技 jì"不分,"床 chuáng""状 zhuàng"不分。这些方言区的人学习普通话的时候,要把这些浊声母改成发音部位相同的清声母。其规律总的表现为:平声送气,仄声不送气。

(七) 零声母

普通话中一部分读零声母的字,在有些方言中读成了有辅音声母的字。大致有两种情况:一种是韵母不是 i、u、ü,也不以 i、u、ü 开头的,有的方言加 n 声母,如天津话的"爱",有的方言加 ng 声母,如西安话、广州话的"额"。另一种是韵母是 u,或以 u 开头的,有些方言读成了 v(唇齿、浊、擦音)声母,或以 v 代 u,如宁夏话的"文",桂林话的"武"。前一种情况只需要把应该读零声母的字记清楚就可以了;后一种情况只要在发音时注意把双唇撮圆,不要让下唇接触到上齿,就可以纠正。

四、声母练习

扫一扫 听音频

(一) 声母辨音练习

n—l	男子 nánzǐ—篮子 lán·zi	女客 nǔkè—旅客 lǚkè
	留念 liúniàn—留恋 liúliàn	
z—zh	阻力 zǔlì—主力 zhǔlì	早到 zǎodào—找到 zhǎodào
	大字 dàzì—大致 dàzhì	
c—ch	擦手 cāshǒu—插手 chāshǒu	小草 xiǎocǎo—小炒 xiǎochǎo
	粗劣 cūliè—出列 chūliè	
s—sh	三角 sānjiǎo—山脚 shānjiǎo	形似 xíngsì—形式 xíngshì
	搜集 sōují—收集 shōují	
f—h	防线 fángxiàn—航线 hángxiàn	粉红 fěnhóng—很红 hěnhóng
	发誓 fāshì—哈市 hāshì	
b—p	发报 fābào—发炮 fāpào	步子 bù·zi—铺子 pù·zi
	饱了 bǎo·le—跑了 pǎo·le	
d—t	蹲下 dūnxià—吞下 tūnxià	读书 dúshū—图书 túshū
	肚子 dù·zi—兔子 tù·zi	
g—k	干完 gànwán—看完 kànwán	关心 guānxīn—宽心 kuānxīn
	个体 gètǐ—客体 kètǐ	
j—q	举例 jǔlì—取利 qǔlì	轿门 jiàomén—窍门 qiàomén
	长江 chángjiāng—长枪 chángqiāng	
zh—ch	摘梨 zhāilí—拆离 chāilí	住所 zhùsuǒ—处所 chùsuǒ
	招标 zhāobiāo—超标 chāobiāo	
z—c	有字 yǒuzì—有刺 yǒucì	清早 qīngzǎo—青草 qīngcǎo
	咂嘴 zāzuǐ—擦嘴 cāzuǐ	
l—r	路子 lù·zi—褥子 rù·zi	立论 lìlùn—利润 lìrùn
	隆冬 lóngdōng—溶洞 róngdòng	
零声母	阿姨 āyí 恩爱 ēn'ài	哎呀 āiyā

26

按语 ànyǔ	扼要 èyào	二月 èryuè
欧阳 Ōuyáng	友谊 yǒuyì	延误 yánwù
夜晚 yèwǎn	汪洋 wāngyáng	威严 wēiyán

（二）绕口令

b、p、m

八百标兵奔北坡,炮兵并排北边跑,炮兵怕把标兵碰,标兵怕碰炮兵炮。

有座面铺面朝南,门口挂个蓝布棉门帘,挂上蓝布棉门帘,看了看,面铺面朝南,摘了蓝布棉门帘,看了看,面铺还是面朝南。

f

粉红墙上画凤凰,凤凰画在粉红墙。红凤凰,粉凤凰,红粉凤凰花凤凰。

z、c、s

小四在刺字,四次刺"四"字,"四"字刺四次,刺字都是"四"。

d、t、n、l

门口吊刀,刀倒吊着。

打南边来了两队篮球运动员,一队穿蓝球衣的男运动员,一队穿绿球衣的女运动员。男女运动员都来练投篮,不怕累,不怕难,努力练投篮。

zh、ch、sh、r

早招租,晚招租,总找周邹郑曾朱。

爬来爬去是蚕,飞来飞去是蝉。蚕常在桑叶里藏,蝉藏在树叶里唱。

三山撑四水,四水绕三山,三山四水春常在,四水三山四时春。

夏日无日日亦热,冬日有日日亦寒,春日日出天渐暖,晒衣晒被晒褥单,秋日天高复云淡,遥看红日迫西山。

j、q、x

七巷一个漆匠,西巷一个锡匠,七巷漆匠偷了西巷锡匠的锡,西巷锡匠偷了七巷漆匠的漆。

g、k、h

哥挎瓜筐过宽沟,过沟筐漏瓜滚沟。隔沟够瓜瓜筐扣,瓜滚筐空哥怪沟。

第二章　韵　母

一、元音

元音指在发音过程中通过口腔和咽头不受阻碍而形成的音,也称母音,例如:a、o、e、i、u、ü。普通话中的元音分为单元音 10 个和复元音 13 个。

普通话单元音总表

类别 舌位前后·唇形圆展 舌位·口腔开闭·高低		舌面元音					舌尖元音		卷舌元音
		前元音		央元音	后元音		前元音	后元音	央元音
		不圆	圆	自然	不圆	圆	不圆	不圆	自然
最高元音	最闭元音	i[i]	ü[y]			u[u]	-i[ɿ]	-i[ʅ]	
半高元音	半闭元音				e[ɤ]	o[o]			
正中	元音								er[ɚ]
半低元音	半开元音	ê[ɛ]							
最低元音	最开元音			a[ʌ]					

复元音总表

前响复元音	ai[ai]	ei[ei]	ao[ɑu]	ou[ou]	
后响复元音	ia[iʌ]	ie[iɛ]	ua[uʌ]	uo[uo]	üe[yɛ]
中响复元音	iao[iɑu]	iou[iou]	uai[uai]	uei[uei]	

二、什么是韵母

韵母是普通话音节中声母后面的部分。普通话韵母共有 39 个。韵母不等于元音。普通话韵母主要由元音构成,完全由元音构成的韵母共有 23 个,由元音加上鼻辅音构成的韵母(鼻韵母)有 16 个,可见,在普通话韵母中,元音占有绝对的优势。元音发音比较响亮,与辅音声母相比,韵母没有呼读音。

普通话韵母表

		i	比 地 及 力	u	粗 度 父 古	ü	与 女 吕 句
a	把 哈 卡 查	ia	加 恰 下 佳	ua	瓜 话 夸 刷	üe	学 月 约 略
e	车 的 特 歌	ie	贴 且 写 节				
o	我 末 博 破			uo	括 多 错 过		
ai	白 代 开 太			uai	踹 帅 拽 怪		
ei	贝 非 给 黑			uei	对 亏 贵 为		
ao	到 讨 宝 要	iao	调 条 小 票				
ou	凑 斗 否 够	iou	休 六 求 旧				
an	半 反 盼 叹	ian	前 先 点 天	uan	换 宽 关 段	üan	卷 全 泉
en	臣 真 本 肯	in	亲 近 临 民	uen	吞 存 纯 浑	ün	运 均 寻
ang	仓 羊 抗 杭	iang	凉 向 抢 酿	uang	装 况 王 黄		
eng	层 风 冷 梦	ing	宁 请 平 并	ueng	翁		
ong	从 冬 总 用	iong	穷 凶 兄				
ê	欸						
-i(前)	自 次 私						
-i(后)	之 吃 时						
er	而 儿 尔						

三、韵母构成

按照传统音韵学可以将韵母分为三个部分:韵腹、韵头和韵尾。

韵腹指韵母的主干,是韵母里口腔开合度和响度最大的元音,可以在韵腹的位置上出现的元音不受限制。

韵腹前面的元音是韵头,因为韵头介于声母和韵腹之间,所以又叫介音。在韵头位置只能出现 i、u、ü 三个高元音。

韵腹后面的元音或鼻辅音是韵尾。在韵尾的位置上可以出现元音,也可以出现鼻辅音。韵尾元音只限于高元音 i 和 u(o),辅音则限于两个鼻辅音 n 和 ng。

普通话 39 个韵母在结构上基本可以分为四种类型:

(1) 只有韵腹(无韵头、韵尾):a、o、e、ê、i、u、ü、-i(前)、-i(后)、er。

打骂 dǎmà	伯伯 bóbo	客车 kèchē
起义 qǐyì	补助 bǔzhù	女婿 nǚxu
字词 zìcí	纸质 zhǐzhì	二十 èrshí

(2) 有韵头、韵腹(无韵尾):ia、ie、ua、uo、üe。

家鸭 jiāyā	贴切 tiēqiè	挂画 guàhuà
着落 zhuóluò	决绝 juéjué	化学 huàxué

(3) 有韵腹、韵尾(无韵头):ai、ei、ao、ou、an、en、in、ün、ang、eng、ing、ong。

白菜 báicài	肥美 féiměi	高潮 gāocháo
凑手 còushǒu	勘探 kāntàn	认真 rènzhēn
金银 jīnyín	军训 jūnxùn	厂房 chǎngfáng
风筝 fēngzheng	精英 jīngyīng	恐龙 kǒnglóng

(4) 韵头、韵腹、韵尾俱全:iao、iou、uai、uei、ian、uan、üan、uen、iang、uang、ueng、iong。

巧妙 qiǎomiào	久留 jiǔliú	怀揣 huáichuāi
水位 shuǐwèi	片面 piànmiàn	专断 zhuānduàn
圆圈 yuánquān	谆谆 zhūnzhūn	湘江 xiāngjiāng
状况 zhuàngkuàng	嗡嗡 wēngwēng	汹汹 xiōngxiōng

四、韵母分类

普通话韵母按内部成分的特点,可以分成单元音韵母、复元音韵母、鼻韵尾韵母三类;按韵头的情况可以分为开口呼、齐齿呼、合口呼和撮口呼。

1. 按内部成分分类

(1) 单韵母:共 10 个,即 a、o、e、ê、i、u、ü、-i(前)、-i(后)、er。

(2) 复韵母:共 13 个,即 ai、ei、ao、ou、ia、ie、ua、uo、üe、iao、iou、uai、uei。

(3) 鼻韵母:共 16 个,即 an、en、in、ün、ang、eng、ing、ong、ian、uan、üan、uen、iang、uang、ueng、iong。

2. 按韵头分类

(1) 开口呼韵母:指没有韵头 i、u、ü,韵腹也不是 i、u、ü 的韵母,共有 15 个。它们是 a、o、e、ai、ei、ao、ou、an、en、ang、eng、ê、-i(前)、-i(后)、er。

（2）齐齿呼韵母：指韵头或韵腹是 i 的韵母，共有 9 个。它们是 i、ia、ie、iao、iou、ian、in、iang、ing。

（3）合口呼韵母：指韵头或韵腹是 u 的韵母，共有 10 个。它们是 u、ua、uo、uai、uei、uan、uen、uang、ueng、ong。

（4）撮口呼韵母：指韵头或韵腹是 ü 的韵母，共有 5 个。它们是 ü、üe、üan、ün、iong。

普通话韵母分类总表

按构成 ＼ 四呼	开口呼	齐齿呼	合口呼	撮口呼
单韵母	-i[ɿ] -i[ʅ]	i	u	ü
单韵母	a	ia	ua	
单韵母	o		uo	
单韵母	e			
单韵母	ê	ie		üe
单韵母	er			
复韵母	ai		uai	
复韵母	ei		uei	
复韵母	ao	iao		
复韵母	ou	iou		
鼻韵母	an	ian	uan	üan
鼻韵母	en	in	uen	ün
鼻韵母	ang	iang	uang	
鼻韵母	eng	ing	ueng	
鼻韵母			ong	iong

五、韵母发音

1.舌面元音的音色特征

（1）**舌位的高低（开口度大小）**。发音时，舌头较高的部位叫舌位，口腔开合的程度叫开口度。舌位的高低和嘴的开口度即嘴的开合程度有关。开口度大，舌位就低；开口度小，舌位就高。通常把舌位的高低分成五个等级：高、半高、中、半低、低。与这五个高度相对应的元音，就是高元音、半高元音、中元音、半低元音、低元音。

（2）**舌位的前后**。指舌头的前伸和后缩。元音舌位的前后分为三个等级：前、央、后。在习惯上，把舌面前部移动发出的元音叫作"前元音"，把舌面后部移动发出的元音叫作"后元音"，把舌面中部移动发出的元音叫作"央元音"。

（3）**唇形的圆展**，即嘴唇圆不圆。嘴唇形状的变化，分为圆唇和不圆唇两种。嘴唇在自然状态或向两边展开时发出的是不圆唇元音，嘴唇拢圆向前伸发出的是圆唇元音。

每一个元音的音色都可以从上述三个方面，即舌位的高低、前后以及唇形的圆展来加以描述。我们可以用《舌面元音舌位唇形图》将上述三方面特征综合起来表示。

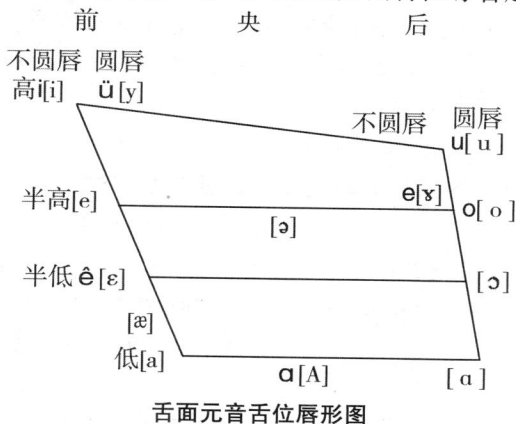

前　　　　　　央　　　　后

不圆唇　圆唇
高 i[i]　ü[y]

不圆唇　圆唇
u[u]

半高[e]　　　　　　　　　　e[ɤ]　o[o]

[ə]

半低 ê[ɛ]　　　　　　　　　　　　　[ɔ]

[æ]

低[a]

ɑ[A]　　　　[ɑ]

舌面元音舌位唇形图

2．单韵母的发音

单韵母,即 ɑ、o、e、ê、i、u、ü、-i（前）-i（后）、er,其发音特点是发音过程中舌位和唇形始终不变,发音时要保持固定的口形。

（1）ɑ:舌面、央、低、不圆唇元音。发音时,口腔大开,舌位降到最低,扁唇。例词:

大坝 dàbà　　　　　打骂 dǎmà　　　　腊八 Làbā　　　　蚂蚱 mà·zha

（2）o:舌面、后、半高、圆唇元音。发音时,口半闭,舌头略后缩,舌位半高,圆唇。例词:

单薄 dānbó　　　　婆婆 pó·po　　　　泼墨 pōmò　　　　磨破 mópò

（3）e:舌面、后、半高、不圆唇元音。发音时,口半闭,舌头略后缩,舌位半高,扁唇。例词:

特赦 tèshè　　　　苛刻 kēkè　　　　客车 kèchē　　　　色泽 sèzé

（4）ê:舌面、前、半低、不圆唇元音。发音时,口半开,舌头前伸,舌位半低,扁唇。例词:

贴切 tiēqiè　　　　灭绝 mièjué　　　　雪月 xuěyuè　　　　谢谢 xiè·xie

（5）i:舌面、前、高、不圆唇元音。发音时,口微开,舌头前伸,舌位最高,扁唇。例词:

笔记 bǐjì　　　　激励 jīlì　　　　集体 jítǐ　　　　利益 lìyì

（6）u:舌面、后、高、圆唇元音。发音时,口微开,舌头后缩,舌位最高,圆唇。例词:

朴素 pǔsù　　　　目录 mùlù　　　　互助 hùzhù　　　　鼓舞 gǔwǔ

（7）ü:舌面、前、高、圆唇元音。发音时,口微开,舌头前伸,舌位最高,圆唇。例词:

区域 qūyù　　　　旅居 lǚjū　　　　语序 yǔxù　　　　女婿 nǚ·xu

（8）-i（前）:舌尖、前、高、不圆唇元音。发音时,口微开,舌头前伸,对着上齿背,扁唇。它只出现在声母 z、c、s 后面。例词:

此次 cǐcì　　　　子嗣 zǐsì　　　　私自 sīzì　　　　恣肆 zìsì

（9）-i（后）:舌尖、后、高、不圆唇元音。发音时,口微开,舌尖上翘,靠近硬腭前部,扁唇。它只出现在声母 zh、ch、sh 后面。例词:

值日 zhírì　　　　知识 zhī·shi　　　　食指 shízhǐ　　　　史诗 shǐshī

（10）er:卷舌、央、中、不圆唇元音。发音时,口半开,舌面中央升到中间高度,舌尖向硬腭中部上卷,扁唇。例词:

而且 érqiě　　　　耳机 ěrjī　　　　二十 èrshí　　　　偶尔 ǒu'ěr

3．复元音韵母的发音

复韵母,即 ai、ei、ao、ou、ia、ie、ua、uo、üe、iao、iou、uai、uei,其发音有两个特点:一是发

音过程中舌位、唇形一直在变化,由一个元音的发音快速地向另一个元音的发音过渡,二是元音之间的发音有主次之分,主要元音清晰响亮,其他元音轻短或含混模糊。

根据主要元音,也就是韵腹,在韵母中的位置,可以将复元音韵母分为前响复元音韵母、后响复元音韵母和中响复元音韵母。

(1) 前响复元音韵母:ai、ei、ao、ou。

前响复韵母发音时前头的元音清晰响亮,后头的元音含混模糊。例词:

买卖 mǎi·mai	海带 hǎidài	拆台 chāitái	灾害 zāihài
蓓蕾 bèilěi	配备 pèibèi	狒狒 fèifèi	累累 léiléi
报告 bàogào	高潮 gāocháo	号召 hàozhào	稻草 dàocǎo
豆蔻 dòukòu	透漏 tòulòu	收购 shōugòu	欧洲 Ōuzhōu

(2) 中响复元音韵母:iao、iou、uai、uei。

中响复韵母发音时前头的元音轻短,中间的元音清晰响亮,后头的元音含混模糊。例词:

巧妙 qiǎomiào	小鸟 xiǎoniǎo	叫嚣 jiàoxiāo	逍遥 xiāoyáo
求救 qiújiù	绣球 xiùqiú	牛油 niúyóu	优秀 yōuxiù
拐卖 guǎimài	摔坏 shuāihuài	怀揣 huáichuāi	外快 wàikuài
水位 shuǐwèi	摧毁 cuīhuǐ	愧对 kuìduì	回归 huíguī

(3) 后响复元音韵母:ia、ie、ua、uo、üe。

后响复韵母发音时前头的元音轻短,后头的元音清晰响亮。例词:

加价 jiājià	恰恰 qiàqià	压价 yājià	假牙 jiǎyá
结业 jiéyè	节烈 jiéliè	歇业 xiēyè	怯怯 qièqiè
挂画 guàhuà	花袜 huāwà	耍滑 shuǎhuá	娃娃 wá·wa
硕果 shuòguǒ	哆嗦 duō·suo	阔绰 kuòchuò	过错 guòcuò
雀跃 quèyuè	雪月 xuěyuè	决绝 juéjué	绝学 juéxué

4. 鼻韵尾韵母的发音

鼻韵尾韵母,即 an、en、in、ün、ang、eng、ing、ong、ian、uan、üan、uen、iang、uang、ueng、iong,其发音有两个特点:一是发音时由元音向鼻韵母过渡,逐渐增加鼻音色彩,最后形成鼻辅音。二是发音以元音为主,元音清晰响亮,鼻辅音重在作出发音状态,发音不太明显。

普通话鼻韵尾韵母又可以分为带舌尖鼻音(前鼻音)n 和带舌根鼻音(后鼻音)ng 的两类。前鼻音 n 的发音在前面声母部分已经谈过了,韵尾 n 跟声母 n 的发音大同小异,区别只在于 n 做韵尾时除阻阶段不发音。后鼻音 ng 是舌根、浊、鼻音辅音。发音时,软腭下降,打开鼻腔通路,舌根后缩抵住软腭,气流振动声带后从鼻腔通过。

鼻韵尾韵母的发音情况可分为四组进行描述。

(1) an、en、in、ün。

发音时,先发元音,发完元音后,软腭下降,逐渐增强鼻音色彩,舌尖迅速移到上齿龈,抵住上齿龈发 n。例词:

反感 fǎngǎn	谈判 tánpàn	灿烂 cànlàn	贪婪 tānlán
根本 gēnběn	深沉 shēnchén	本分 běnfèn	深圳 Shēnzhèn
亲近 qīnjìn	信心 xìnxīn	殷勤 yīnqín	濒临 bīnlín
均匀 jūnyún	军训 jūnxùn	逡巡 qūnxún	芸芸 yúnyún

（2）ian、uan、uen、üan。

发音时，第一个元音轻而短，第二个元音清晰响亮，发完第二个元音后，软腭下降，逐渐增强鼻音色彩，舌尖迅速移到上齿龈，抵住上齿龈发 n。例词：

前线 qiánxiàn	简便 jiǎnbiàn	田间 tiánjiān	片面 piànmiàn
婉转 wǎnzhuǎn	贯穿 guànchuān	转换 zhuǎnhuàn	专断 zhuānduàn
温存 wēncún	论文 lùnwén	混沌 hùndùn	馄饨 hún·tun
全员 quányuán	渊源 yuānyuán	圆圈 yuánquān	源泉 yuánquán

（3）ang、eng、ing、ong、iong。

发音时，先发元音，发完元音后，软腭下降，逐渐增强鼻音色彩，舌面后部后缩，抵住软腭发 ng。例词：

沧桑 cāngsāng	当场 dāngchǎng	上当 shàngdàng	商场 shāngchǎng
丰盛 fēngshèng	更正 gēngzhèng	风筝 fēng·zheng	横生 héngshēng
清静 qīngjìng	姓名 xìngmíng	轻盈 qīngyíng	宁静 níngjìng
工农 gōngnóng	从容 cóngróng	浓重 nóngzhòng	笼统 lǒngtǒng
汹涌 xiōngyǒng	炯炯 jiǒngjiǒng	雄鹰 xióngyīng	英勇 yīngyǒng

（4）iang、uang、ueng。

发音时，第一个元音轻而短，第二个元音清晰响亮，发完第二个元音后，软腭下降，逐渐增强鼻音色彩，舌面后部后缩，抵住软腭发 ng。例词：

强项 qiángxiàng	响亮 xiǎngliàng	踉跄 liàngqiàng	亮相 liàngxiàng
双簧 shuānghuáng	狂妄 kuángwàng	窗框 chuāngkuàng	装潢 zhuānghuáng
渔翁 yúwēng	蓊郁 wěngyù	主人翁 zhǔrénwēng	

六、韵母辨正

（一）单韵母辨正

1. ü 与 i 分辨

在一些方言里没有撮口呼韵母，如闽南、客家以及西南的一些方言就是如此。这些地区往往把普通话的撮口呼 ü 念成齐齿呼 i，也有一些地方会念成合口呼或开口呼。ü 与 i 的区别在于圆唇与不圆唇，在保持舌位不变的情况下，把嘴唇撮起来或是展开，就可以发出相应的 ü 与 i 的音来。

2. u 与 ü 分辨

u 与 ü 的区别在于：ü 舌位在前，u 舌位在后。其次，ü 的圆唇与 u 的圆唇形状略有不同，u 最圆，ü 略扁；u 双唇向前突出，ü 双唇不太突出。

3. e 与 o 分辨

普通话里韵母 o 和 e 分得很清楚，有些方言不分这两个韵母。例如，新疆话没有 o 韵母，把 o 韵母的字全都读成 e 韵母；东北不少地方的方言把 o 韵母的一些字读成了 e 韵母；西南不少方言把 e 韵母的一些字读成了 o 韵母。e 与 o 的发音情况大致相同，它们之间的主要区别在唇形：e 不圆唇，o 圆唇。所以，可以用唇形变化的办法来练习掌握这两个韵母的发音方法。例如，注意练习"破格、唱歌、和平、隔膜、薄荷、传播"等词语的发音。还可以利用声韵拼合规律来帮助分辨 o 和 e。

4. 卷舌

这是一个特殊的元音韵母,汉语拼音用两个字母来表示,实际上只是一个元音,它的音色同[ə]很接近,发[ə]时,嘴自然张开,不大不小,舌位自然放置,不前不后,唇形自然。这是一个最容易发音的元音。发[ə]音的同时,舌尖向硬腭卷起,即可发出 er。如:"儿 ér""耳 ěr""二 èr"。

5. i、ü 韵母声旁代表字类推表

【i 韵母声旁代表字类推表】

几—几 jǐ　机肌饥讥叽玑矶 jī
及—极 jí　及汲级极岌 jí
疾—疾蒺嫉 jí
即—即 jí　唧 jī　暨鲫既 jì
己—己 jǐ　记纪忌 jì　岂起杞 qǐ
技—技伎妓 jì　屐 jī　歧岐 qí
冀—冀骥 jì
妻—妻凄萋 qī
齐—齐脐 qí　跻 jī　济挤 jǐ　剂荠济 jì
其—其棋旗萁骐琪祺麒 qí　期欺 qī　箕 jī
奇—奇骑崎 qí　绮 qǐ　畸犄 jī　寄 jì　漪 yī　椅倚旖 yǐ
乞—乞 qǐ　迄讫 qì
西—西牺茜栖 xī
析—析晰淅蜥 xī

奚—奚溪蹊 xī
息—息熄螅 xī　憩 qì
希—希稀郗唏 xī
喜—喜 xǐ　嘻嬉僖熹 xī
衣—衣依 yī　裔 yì
夷—夷姨胰咦痍荑 yí
怡—怡贻 yí
乙—乙 yǐ　亿艺忆吃 yì　气汽 qì
意—意臆薏癔 yì　噫 yī
益—益溢缢 yì
义—义议 yì　仪 yí　蚁 yǐ
易—易蜴 yì　踢剔 tī　惕惕 tì
揖—揖 yī　缉 jī　辑楫 jí
译—译绎驿 yì
亦—亦弈奕 yì

【ü 韵母声旁代表字类推表】

居—居裾 jū　锯剧据踞倨 jù
菊—菊 jú　鞠掬 jū
句—句 jù　拘驹 jū　煦 xù
具—具惧俱飓 jù
巨—巨距拒炬苣 jù　矩 jǔ　渠 qú
取—取娶 qǔ　趣 qù　聚 jù
虚—虚嘘墟 xū　觑 qù
胥—胥 xū　婿 xù
畜—畜蓄 xù
于—于盂竽 yú　迂 yū　宇 yǔ　芋吁 yù
禺—禺愚隅 yú　遇寓 yù
於—於 yú　淤瘀 yū

俞—俞榆愉瑜蝓揄逾渝 yú　愈喻谕 yù
欲—欲峪浴裕 yù
予—予 yǔ　预 yù
臾—臾谀腴萸 yú
语—语圄 yǔ
雨—雨 yǔ　需 xū
羽—羽 yǔ　诩栩 xǔ
禹—禹 yǔ　龋 qǔ
昱—昱煜 yù
玉—玉钰 yù
聿—聿 yù　律 lǜ
域—域阈 yù

(二) 复韵母辨正

1. 避免韵头 i 或 u 的丢失

有些方言把普通话一些齐齿呼和合口呼韵母的字读成开口呼,丢失了韵头 i 或 u。例

34

如,西南方言和湘方言往往把"队"读成 dèi,把"推"读成 tēi。说这些方言的人要注意学好有韵头的韵母的发音,弄清楚字音的韵母有无 i 或 u 韵头。

2.分清单韵母和复韵母

普通话复韵母占全部韵母的三分之一,共有 13 个。有些方言复韵母就没有这么多,所以容易把普通话的复韵母念成相类似的单韵母。如南方有些方言区的人会把 ai、ei、ao、ou 发成单韵母,例如把"ao"说成"o"。要改变这种现象,方言区的人在说普通话时,要注意复韵母的读法,防止丢失韵头和韵尾。做到这一点的关键,是要注意复元音的舌位在发音过程中必须有移动,如果发音过程中舌位不变,发出的就是单元音。

（三）鼻韵母辨正

普通话里前鼻音韵尾 n 和后鼻音韵尾 ng 分得很清楚,但有些方言却有二者混同的现象,或者只有 n,或者只有 ng。这种混同现象,多数表现为 en 和 eng、in 和 ing 不分,an 和 ang、ian 和 iang、uan 和 uang 混同的较少。例如,南京话、长沙话一般把这五对韵母的韵尾读成前鼻音韵尾 n;上海话、昆明话、兰州话、桂林话一般把 en 和 eng、in 和 ing 的韵尾读成前鼻音韵尾 n;而广西灵川话却把 an 和 ang、en 和 eng、in 和 ing、uan 和 uang 的韵尾都读成后鼻音韵尾 ng;在西北一些地区,有些方言,如宁夏话、新疆话,一般把 en、in、uen、ün 的前鼻音韵尾 n 读成后鼻音韵尾 ng。总而言之,前、后鼻音韵尾的区别是方言区人们学习普通话语音的一个普遍的难点。

1.an 和 ang

an 和 ang 在发音上有三点不同:第一,韵腹 a 舌位前后不同,an 发音时 a 舌位靠前,ang 发音时 a 舌位靠后。第二,舌位的滑动路线和终点位置不同,发 an,舌尖的活动是由顶下齿背到抵硬腭前部,舌面稍升,发 ang,舌尖离开下齿背,舌头后缩,舌根抬起与软腭接触;发音结束时,an 音舌头前伸,ang 音舌头后缩。第三,收音时,an 上下齿闭拢,ang 口微开。

2.en 和 eng

en 和 eng 发音上的差异有三点:第一,开始发音时,eng 音比 en 音的始发元音舌位靠后。第二,en 音舌头前伸,eng 音舌头后缩。第三,收音时,en 上下齿闭拢,eng 口微开。

3.in 和 ing

in 由 i 开始发音,上下齿始终不动,只是明显感觉到舌尖从下向上的动作,收音时,舌尖抵住硬腭前部,不后缩。ing 也是由 i 开始,然后舌尖离开下齿背,舌头后移,抵住软腭。发音时,要注意由 i 到 n、ng 时,舌位不要降低,不要发成 ien 或者 ieng。

4.鼻韵母声旁代表字类推表

【an 声旁代表字类推表】

安—安鞍氨 ān　案按 àn

庵—庵鹌 ān

般—般搬 bān　磐 pán

扮—扮 bàn　颁 bān　盼 pàn

半—半伴拌绊 bàn　叛畔判 pàn

参—参 cān　惨 cǎn　叁 sān

搀—搀 chān　谗馋 chán

单—单郸殚 dān　掸 dǎn　弹惮 dàn
　　婵蝉禅 chán　弹 tán

旦—旦但担 dàn　胆 dǎn　坦袒 tǎn

淡—淡氮啖 dàn　谈痰 tán　毯 tǎn

番—番翻蕃 fān　潘 Pān　蟠 pán

凡—凡矾 fán　帆 fān

反—反返 fǎn　扳 bān　板坂版舨 bǎn
　　贩饭 fàn

甘—甘柑泔 gān　绀 gàn　酣 hān
　　邯 hán

敢—敢橄 gǎn　憨 hān　瞰阚 kàn

干—干肝竿杆 gān　赶 gǎn　岸 àn
　　鼾 hān　邗 Hán　罕 hǎn
　　旱焊捍悍汗 hàn　刊 kān

感—感 gǎn　喊 hǎn　撼 hàn

函—函涵 hán　菡 hàn

砍—砍坎 kǎn

山—山舢 shān　汕讪疝 shàn

扇—扇 shàn　煽 shān

膻—膻 shān　擅 shàn　颤 chàn
　　檀 tán　颤 zhàn

覃—覃潭谭 tán

炭—炭碳 tàn

赞—赞瓒 zàn　攒 zǎn　攒 cuán

占—占站战 zhàn　沾粘 zhān　粘 nián

詹—詹瞻 zhān　赡 shàn　澹 dàn

斩—斩崭 zhǎn　惭 cán　暂 zàn
　　渐 jiàn

展—展辗 zhǎn

【ang 声旁代表字类推表】

邦—邦帮梆 bāng　绑 bǎng

仓—仓沧苍舱 cāng

昌—昌菖猖鲳 chāng　唱倡 chàng

长—长 cháng　怅 chàng　张 zhāng
　　长涨 zhǎng　帐胀账涨 zhàng

场—肠 cháng　畅 chàng　荡 dàng
　　殇觞 shāng　烫 tàng

当—当裆 dāng　挡 dǎng　档 dàng

冈—冈纲钢刚 gāng　岗 gǎng

缸—缸肛 gāng　杠 gàng　扛 káng

康—康慷糠 kāng

亢—亢炕抗伉 kàng　肮 āng
　　杭航 háng　沆 hàng

旁—旁螃膀 páng　滂 pāng　磅 bàng

桑—桑 sāng　嗓 sǎng

上—上 shàng　让 ràng

襄—襄镶 xiāng　壤攘 rǎng

唐—唐塘搪糖 táng

庄—庄桩 zhuāng　赃脏 zāng

章—章彰樟漳蟑 zhāng
　　障瘴嶂幛 zhàng

【en 声旁代表字类推表】

本—本苯 běn　奔 bēn　笨 bèn

辰—辰晨 chén　娠 shēn　震振赈 zhèn

恩—恩 ēn　摁 èn

沈—沈 shěn　忱 chén　枕 zhěn　鸩 zhèn

甚—甚葚 shèn　斟 zhēn

艮—艮 gèn　根跟 gēn　痕 hén
　　狠很 hěn　恨 hèn　恳垦 kěn

肯—肯啃 kěn

真—真 zhēn　缜 zhěn　镇 zhèn
　　嗔 chēn　慎 shèn

门—门扪 mén　焖 mèn　闷 mèn
　　们 men

贲—贲 bēn　喷 pēn　愤 fèn

【eng 声旁代表字类推表】

更—更 gèng　埂梗哽 gěng

亨—亨哼 hēng　烹 pēng

坑—坑吭 kēng

楞—楞塄 léng　愣 lèng

蒙—蒙檬朦 méng

萌—萌盟 méng

孟—孟 mèng　猛锰勐 měng

朋—朋硼棚鹏 péng　绷崩嘣 bēng

砰—砰怦抨 pēng

生—生笙牲甥 shēng　胜 shèng

彭—彭澎膨 péng　嘭 pēng

謄—謄腾滕藤 téng

扔—扔 rēng　仍 réng

【in 声旁代表字类推表】

宾—宾滨缤傧槟 bīn　殡鬓膑摈 bìn
　　嫔 pín

民—民岷珉 mín　泯抿 mǐn

今—今矜 jīn　琴 qín　吟 yín

频—频颦 pín　濒 bīn

斤—斤 jīn　靳近 jìn　芹 qín　欣新昕 xīn

侵—侵 qīn　寝 qǐn　浸 jìn

堇—堇谨僅瑾 jǐn　觐 jìn　勤 qín

禽—禽擒噙 qín

尽—尽烬 jìn

心—心芯 xīn　沁 qìn

禁—禁 jìn　襟 jīn

辛—辛锌新薪 xīn

粦—磷麟嶙鳞粼 lín

因—因茵姻 yīn

林—林淋霖琳 lín　彬 bīn

阴—阴 yīn　荫 yìn

凛—凛廪懔 lǐn

银—银垠龈 yín

隐—隐瘾 yǐn

【ing 声旁代表字类推表】

兵—兵槟 bīng　乒 pīng

丙—丙柄炳 bǐng　病 bìng

丁—丁叮盯仃疔 dīng　顶酊 dǐng
　　订钉 dìng　厅汀 tīng　亭 tíng

挺艇 tǐng
　　铤 dìng

星—星腥猩惺 xīng　醒 xǐng

形—形刑型邢 xíng　荆 jīng

性—性姓 xìng

定—定锭腚 dìng

幸—幸悻 xìng

京—京鲸惊 jīng　景憬 jǐng　影 yǐng

英—英瑛 yīng

经—经茎 jīng　颈 jǐng　劲径胫 jìng
　　轻氢 qīng

婴—婴樱缨鹦 yīng

廷—廷庭蜓霆 tíng　挺艇 tǐng

萤—萤莹营萦荥 yíng　莺 yīng

盈—盈楹 yíng

七、韵母练习

扫一扫 听音频

（一）韵母对比练习

	bǐlì　　bǐlǜ	bànlǐ　　bànlǚ	bùjí　　bùjú
i—ü	比例—比率	办理—伴侣	不及—布局
	xiē·zi　　xuē·zi	qièshí　　quèshí	xiéhuì　　xuéhuì
ie—üe	蝎子—靴子	切实—确实	协会—学会
	qiáncái　　quáncái	yóuyān　　yóuyuán	qiánshuǐ　　quánshuǐ
ian—üan	钱财—全才	油烟—游园	潜水—泉水
	cānjīn　　cānjūn	xīnzhì　　xūnzhì	báiyín　　báiyún
in—ün	餐巾—参军	心智—熏制	白银—白云
	shùmù　　xùmù	jìshù　　jìxù	jìlù　　jìlǜ
u—ü	树木—畜牧	技术—继续	记录—纪律
	huáchuán　　huáquán	shuānmén　　xuánmén	chuánshuō　　quànshuō
uan—üan	划船—划拳	闩门—玄门	传说—劝说

uen—ün	shùndào xùndǎo 顺道 — 训导	wēnshuǐ yúnshuǐ 温水 — 云水	shuǐwén shuǐyùn 水纹 — 水运
u—ou	dúzhēn dòuzhēng 毒针 — 斗争	mùhuà móhuà 募化 — 谋划	dàlù dàlóu 大陆—大楼
i—ei	zìbì zìbēi 自闭—自卑	pífū pèi·fú 皮肤—佩服	mǐlì měilì 米粒—美丽
ü—ou	xùyì shòuyì 蓄意—授意	lǜshī lóushì 律师—楼市	yùzú yòutú 狱卒—右图
ü—iou	xùmù xiǔmù 序幕—朽木	qūcái xiù·cai 屈才 — 秀才	yǔyán yóuyān 语言 — 油烟
ü—ei	lǚcì lěicì 屡次—累次	nǚrén nèi·rén 女人 — 内人	jǔlì fèilì 举例—费力
uo—o	zhuómó fómó 琢磨 — 佛魔	luō·suo mōsuǒ 啰嗦 — 摸索	wō ō 窝—噢
ai—e	mùchái mùcè 木柴 —目测	bǐsài bìsè 比赛—闭塞	cáilüè cèlüè 才略—策略
ai—a	càidì cādì 菜地—擦地	hǎibá hǎdá 海拔—哈达	zhāiyào zhàyào 摘要 — 炸药
ia—a	jià·zi chā·zi 架子—叉子	xiàtiān shātián 夏天 — 沙田	qiàsì shāsǐ 恰似—杀死
iao—ao	jiǎofèi gǎofèi 缴费—稿费	qiāodǎ kǎodǎ 敲打 — 拷打	miáo·tou máotóu 苗头 — 矛头
ian—an	xiānrén shānrén 仙人 — 山人	miǎnyì mǎnyì 免疫 — 满意	piānzhāng pánzhàng 篇章 — 盘账
uen—en	sǔnrén sēnlín 损人—森林	kùnfá kěnhuāng 困乏 — 垦荒	zūnshǒu zěnyàng 遵守 — 怎样
uei—ei	huīsè hēisè 灰色—黑色	xiǎozuǐ xiǎozéi 小嘴 — 小贼	guīdìng gěidìng 规定 — 给定
an—ang	kāifàn kāifàng 开饭 — 开放	chǎn·zi chǎng·zi 铲子 — 厂子	fǎnwèn fǎngwèn 反问 — 访问
ian—iang	jiǎnlì jiǎnglì 简历—奖励	qiǎnxiǎn qiǎngxiǎn 浅显 — 抢险	liánjié liàngjiě 廉洁—谅解
en—eng	chénjiù chéngjiù 陈旧 — 成就	fěncì fěngcì 粉刺—讽刺	rénshēn rénshēng 人参 — 人生
in—ing	xìnfú xìngfú 信服—幸福	pínfán píngfán 频繁 — 平凡	mínxīn míngxīng 民心 — 明星
uen—ueng/ ong	cúnqián cóngqián 存钱 — 从前	yúwēn yúwēng 余温 — 渔翁	dùnròu dòngròu 炖肉 — 冻肉
ün—iong	yīnxún yīngxióng 因循 — 英雄	yùnfèi yòngfèi 运费 — 用费	xūnzhāng xiōngzhāng 勋章 — 胸章

（二）绕口令

a：门前有八匹大伊犁马，你爱拉哪匹马拉哪匹马。

e：坡上立着一只鹅，坡下就是一条河。宽宽的河，肥肥的鹅，鹅要过河，河要渡鹅。不知是鹅过河,还是河渡鹅。

　　i:七个阿姨来摘果,七个花篮儿手中提。七棵树上结七样儿,苹果、桃儿、石榴、柿子、李子、栗子、梨。

　　u:鼓上画只虎,破了拿布补。不知布补鼓,还是布补虎。

　　i—ü:这天天下雨,体育局穿绿雨衣的女小吕,去找穿绿运动衣的女老李。穿绿雨衣的女小吕,没找到穿绿运动衣的女老李,穿绿运动衣的女老李,也没见着穿绿雨衣的女小吕。

　　-i(前):一个大嫂子,一个大小子。大嫂子跟大小子比包饺子,看是大嫂子包的饺子好,还是大小子包的饺子好,再看大嫂子包的饺子少,还是大小子包的饺子少。大嫂子包的饺子又小又好又不少,大小子包的饺子又小又少又不好。

　　-i(后):知之为知之,不知为不知,不以不知为知之,不以知之为不知,唯此才能求真知。

　　ai:买白菜,搭海带,不买海带就别买大白菜。买卖改,不搭卖,不买海带也能买到大白菜。

　　ei:贝贝飞纸飞机,菲菲要贝贝的纸飞机,贝贝不给菲菲自己的纸飞机,贝贝教菲菲自己做能飞的纸飞机。

　　ai—ei:大妹和小妹,一起去收麦。大妹割大麦,小妹割小麦。大妹帮小妹挑小麦,小妹帮大妹挑大麦。

　　ao:隔着墙头扔草帽,也不知草帽套老头儿,也不知老头儿套草帽。

　　ou:忽听门外人咬狗,拿起门来开开手;拾起狗来打砖头,又被砖头咬了手;从来不说颠倒话,口袋驮着骡子走。

　　en:小陈去卖针,小沈去卖盆。俩人挑着担,一起出了门。小陈喊卖针,小沈喊卖盆。也不知是谁卖针,也不知是谁卖盆。

　　eng:郑政捧着盏台灯,彭澎扛着架屏风,彭澎让郑政扛屏风,郑政让彭澎捧台灯。

　　ang—an:张康当董事长,詹丹当厂长,张康帮助詹丹,詹丹帮助张康。

　　eng—en:陈庄程庄都有城,陈庄城通程庄城。陈庄城和程庄城,两庄城墙都有门。陈庄城进程庄人,陈庄人进程庄城。请问陈程两庄城,两庄城门都进人,哪个城进陈庄人,程庄人进哪个城?

　　ia:天上飘着一片霞,水上漂着一群鸭。霞是五彩霞,鸭是麻花鸭。麻花鸭游进五彩霞,五彩霞挽住麻花鸭。乐坏了鸭,拍碎了霞,分不清是鸭还是霞。

　　ie:姐姐借刀切茄子,去把儿去叶儿斜切丝,切好茄子烧茄子、炒茄子、蒸茄子,还有一碗焖茄子。

　　iao:水上漂着一只表,表上落着一只鸟。鸟看表,表瞪鸟,鸟不认识表,表也不认识鸟。

　　iou:一葫芦酒,九两六。一葫芦油,六两九。六两九的油,要换九两六的酒,九两六的酒,不换六两九的油。

　　ian:半边莲,莲半边,半边莲长在山涧边。半边天路过山涧边,发现这片半边莲。半边天拿来一把镰,割了半筐半边莲。半筐半边莲,送给边防连。

　　in:你也勤来我也勤,生产同心土变金。工人农民亲兄弟,心心相印团结紧。

　　iang:杨家养了一只羊,蒋家修了一道墙。杨家的羊撞倒了蒋家的墙,蒋家的墙压死了杨家的羊。杨家要蒋家赔杨家的羊,蒋家要杨家赔蒋家的墙。

　　ing:天上七颗星,树上七只鹰,梁上七个钉,台上七盏灯。拿扇扇了灯,用手拔了钉,举枪打了鹰,乌云盖了星。

　　ua:一个胖娃娃,画了三个大花活蛤蟆;三个胖娃娃,画不出一个大花活蛤蟆。画不出一个大花活蛤蟆的三个胖娃娃,真不如画了三个大花活蛤蟆的一个胖娃娃。

uo（o）:狼打柴,狗烧火,猫儿上炕捏窝窝,雀儿飞来蒸饽饽。

uai:槐树槐,槐树槐,槐树底下搭戏台,人家的姑娘都来了,我家的姑娘还不来。说着说着就来了,骑着驴,打着伞,歪着脑袋上戏台。

uei:威威、伟伟和卫卫,拿着水杯去接水。威威让伟伟,伟伟让卫卫,卫卫让威威,没人先接水。一二三,排好队,一个一个来接水。

uang:王庄卖筐,匡庄卖网,王庄卖筐不卖网,匡庄卖网不卖筐,你要买筐别去匡庄去王庄,你要买网别去王庄去匡庄。

ueng:老翁卖酒老翁买,老翁买酒老翁卖。

ong:冲冲栽了十畦葱,松松栽了十棵松。冲冲说栽松不如栽葱,松松说栽葱不如栽松。是栽松不如栽葱,还是栽葱不如栽松?

uan—uang:那边划来一艘船,这边漂去一张床,船床河中互相撞,不知船撞床,还是床撞船。

uan—an:大帆船,小帆船,竖起桅杆撑起船。风吹帆,帆引船,帆船顺风转海湾。

ün:军车运来一堆裙,一色军用绿色裙。军训女生一大群,换下花裙换绿裙。

üan:圆圈圆,圈圆圈,圆圆娟娟画圆圈。娟娟画的圈连圈,圆圆画的圈套圈。娟娟圆圆比圆圈,看看谁的圆圈圆。

iong:小涌勇敢学游泳,勇敢游泳是英雄。

第三章　声　调

一、声调概述

（一）声调的性质和作用

声调是指贯穿整个音节的具有区别意义作用的音高变化。汉语里一个音节基本上就是一个汉字,每个音节都有固定的声调,所以声调又叫字调。

声调的性质主要是由音高决定的。声调的高低升降主要决定于音高,而音高的变化又是由发音时声带的松紧决定的。声带紧,振动快,声音就高;反之就低。

声调和声母、韵母一样具有区别意义的作用。例如"助长"和"主张"、"艰巨"和"检举"、"买"和"卖"这三组词,每组音节的声母和韵母都相同,只是声调不同,意义就完全不同了。

（二）调值、调类和调号

1.调值

调值是各种声调的实际读法,是语音高低、升降、曲直、长短变化的具体形式。调值的语音特点有两个方面:（1）构成调值的音高是相对音高而不是绝对音高。（2）构成调值的相对音高在读音上是连续的、渐变的,中间没有停顿,也没有跳跃。

为了把调值描写得具体、形象,一般用"五度标调法"来表示声调调值。具体方法是:先画一条竖线作为比较线,分成四格五点,从下到上分别用1,2,3,4,5表示低音、半低音、中音、半高音、高音。平调和降调用两个数字表示,曲折调用三个数字表示。根据这种标调法,普通话声调的四种调值——55,35,214,51——可以用图表表示出来。

普通话声调的四种调值

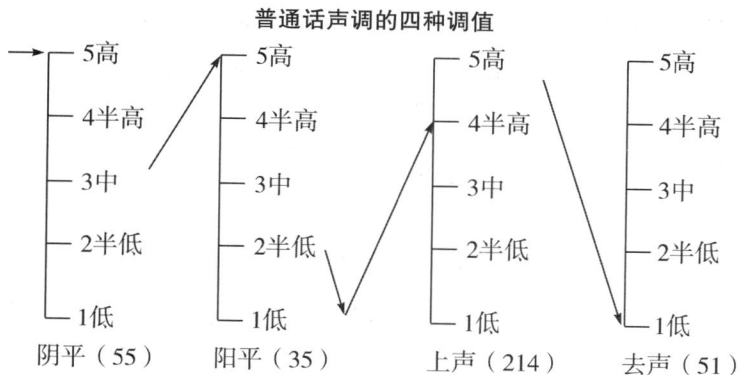

5高	5高	5高	5高
4半高	4半高	4半高	4半高
3中	3中	3中	3中
2半低	2半低	2半低	2半低
1低	1低	1低	1低
阴平（55）	阳平（35）	上声（214）	去声（51）

2. 调类

调类就是声调的分类,是根据声调的实际读法归纳出来的。有几种实际读法,就有几种调类,也就是把调值相同的归为一类。普通话有四种基本的调值,就可以归纳出四个调类。

在普通话音节中,凡调值为 55 的,归为一类,叫阴平,如"江山多娇"等;凡调值为 35 的,归为一类,叫阳平,如"人民和平"等;凡调值为 214 的,归为一类,叫上声,如"理想美好"等;凡调值为 51 的,归为一类,叫去声,如"庆祝大会"等。阴平、阳平、上声、去声就是普通话调类的名称。调类名称也可以用序数表示,称为一声、二声、三声、四声,简称为"四声"。

调值和调类尽管相互联系,但调值和调类的名称之间并不存在必然的规定性。调值是具体语言或方言中声调的实际音高。平常所说的"几几调",如"55 调""51 调"等,说的就是调值。调类是具体语言或方言中声调的分类。在同一种方言中,调类相同,调值也相同。但不同的方言间,调类名称相同的,调值却往往不同;调值相同的,调类也不一定相同。比如,"天"在北京话和天津话中同是阴平调类,同属平调型,可是北京话中是高平,天津话中是低平,相差甚远。

3. 调号

调号就是标记普通话调类的符号。《汉语拼音方案》所规定的调号是:阴平"-"、阳平"ˊ"、上声"ˇ"、去声"ˋ"。声调是整个音节的高低升降的调子,声调高低升降的变化集中体现在主要元音即韵腹上,所以调号要标在韵母的韵腹上。

汉语六个主要元音中,发音最亮的是 a,依次是 o、e、i、u、ü。一个音节有 a,调号就标在 a 上,如 chāo（超）;没有 a,就标在 o 或 e 上,如 zhōu（周）、pèi（配）;碰到 iu、ui 组成的音节,就标在最后一个元音上,如 niú（牛）、duì（对）。调号如标在 i 上,i 上面的圆点可以省去,如 yīng（英）、xīn（欣）。轻声不标调,如 mā·ma（妈妈）、yuè·liang（月亮）。

调类	调型	调值	调号	调值描写	例字
阴平	高平	55	-	起音高高一路平	山 shān
阳平	中升	35	ˊ	由中到高往上升	明 míng
上声	降升	214	ˇ	先降后升曲折起	水 shuǐ
去声	高降	51	ˋ	高起猛降到底层	秀 xiù

（三）声调的发音

普通话声调的发音有鲜明的特点。首先,阴平、阳平、上声和去声的调型区别明显:一平、二升、三曲、四降。其次,从发音长短看,上声发音持续的时间最长,其次是阳平;去声发音持续的时间最短,其次是阴平。普通话四声调值时长见下图。

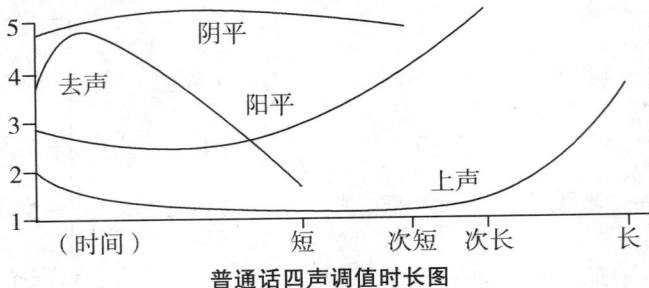

普通话四声调值时长图

1.阴平

高而平,即从 5 度高音开始到 5 度高音结束,中间基本上没有升降变化,调值为 55,又称高平调。如"妈、天、空、高、飞"的声调。

2.阳平

由中音升到高音,即从中音 3 度开始,上升到高音 5 度,是个高升的调子,调值为 35,又称中升调。如"麻、学、习、来、回"的声调。

3.上声

由半低音先降到低音后再升到半高音,即从半低音 2 度开始,先下降至低音 1 度,再上升至半高音 4 度,是先降后升的曲折调,调值为 214,又称降升调。如"马、友、勇、敢、舔"的声调。

4.去声

由高音降到低音,即从高音 5 度开始,下降至低音 1 度,是一个全降的调子,调值为 51,又称高降调。如"骂、大、酷、易、去"的声调。

二、声调辨正

（一）发音难点

声调贯穿音节始终,是普通话语音的重要组成部分。普通话中的声调有区别意义的作用,读不准声调不仅影响整体抑扬顿挫的语感,也会造成语意的混淆,所以,我们必须重视声调发音中的难点,在考试中避免这些问题。

1.阴平和阳平

阴平在发音时容易出现的问题:(1)往往不能达到调值55,常常读成44 或33 的调值。(2)发音不稳定,出现前后高度不一致的现象,同样都是阴平字,朗读时却忽高忽低,音高不稳定。

阳平在发音时容易出现的问题:(1)升调带曲势,也就是我们平时所说的声音"拐弯"的情况。(2)为了避免声音"拐弯"而发音急促,致使音长不够,调值失准,影响整体的语感。

2.上声和去声

上声的规范调值是214,但实际发音的时候却各种情况都有,常见的错误发音有六种形式:(1)调头起高,读成314。(2)调尾太高,读成215。(3)调尾太低,读成212 或者213。(4)整个声调都偏高,几乎感觉不到曲势变化,读成324。(5)声调中断。(6)声调曲折变化太过生硬,不自然。

去声误读的主要原因是缺乏相对音高的概念,没有从最高降到最低,而是加大音强,读成了 31 或者 53。

（二）方言与普通话声调

普通话和方言声调的差异主要体现在三个方面:

（1）声调种类的多少不同。从调类看,普通话有四个调类,但是方言中,少的有三个调类,多的有十个调类。从调值来看,普通话有平调、升调、降升调和降调。但有的方言没有降升调,如长沙话;有的方言中的曲折调是升降调,如福州话。同样是平调,普通话、梅县客家话、长沙话的阴平调值分别是 55、44、33。

（2）读音不同。例如普通话的阴平为高平调,即调值为 55,而西安话的阴平却为中降调,调值为 31。

（3）普通话和方言之间各类声调所包含的字不同。如普通话的阴平调包含"剥、逼、吃、滴、发、黑、叔"等字,苏州话的阴平就不包含这些字。

上述种种差别,方言区的人学习普通话时应该特别注意。想要做好方音辨证,首先要把普通话的四个声调调值念准,同时要通过练习区分和掌握汉字的普通话声调。

（三）古入声字的改读

中古的入声在普通话和某些方言里已经消失了。但是有些方言还保留着入声,如吴方言松江话、粤方言广州话、闽南方言厦门话、闽北方言福州话等。有入声的方言区的人学习普通话,应该清楚入声字在普通话里属于哪类声调,读什么音。我们可以利用古今声调的演变规律来掌握大部分入声字的普通话声调。

（1）凡古入声（方言入声）字的普通话声母是 m、n、l、r,它们的普通话声调就应该是去声。如"麦、目、灭、纳、力、落、辣、热、肉、日"等字。例外的只有"摸（阴平）、膜（阳平）、捏（阴平）"等少数几个字。

（2）凡古入声（方言入声）字的普通话声母是不送气的塞音、塞擦音（b、d、g、z、zh、j）,它们的普通话声调现在大多是阳平。如"白、读、集、直、浊、族、泽、贼"等字。

（3）凡古入声（方言入声）字的普通话声母是送气的塞音、塞擦音（p、t、k、c、ch、q）,它们的普通话声调现在多数是去声。如"迫、拓、错、绰、踏、诧、策、妾"等字。

三、声调练习

扫一扫 听音频

（一）双音节词练习

沙滩	分钟	哀伤	丰收	猜出	冰山	猫腰	师叔
来源	从容	停留	昂扬	祝贺	戏剧	报告	号召
观察	诙谐	精华	生活	倾吐	花圃	松果	冬笋
鞭策	激励	波浪	称赞	长期	崇高	集中	兰花
节选	言语	游览	难免	评价	前哨	融洽	肥沃
感激	友帮	冷清	惋惜	皎洁	品德	锦旗	启蒙
紧凑	翡翠	渴望	阐述	簇新	诞生	复苏	气氛
腊梅	浪潮	沸腾	热情	碧海	创举	洞晓	鉴赏

（二）绕口令

石室诗士施氏,嗜狮,誓食十狮。施氏时时适市视狮。十时,适十狮适市。是时,适施氏适市。氏视是十狮,恃矢势,使是十狮逝世。氏拾是十狮尸,适石室。石室湿,氏使侍拭石室。石室拭,氏始试食是十狮尸。食时,始识是十狮尸,实十石狮尸。试释是事。

第四章　音　节

音节是语音的基本结构单位,是自然感到的最小的语音片段。一般来说,一个汉字读出来就是一个音节,例外的是用作后缀的"儿"字,它不是一个独立的音节,只表示卷舌的动作。所以,儿化词是两个汉字读一个音节,如"花儿"。

一、音节结构

普通话音节一般由声母、韵母和声调三个部分构成,韵母又由韵头（介音）、韵腹（主要元音）和韵尾三部分构成。因此,结构完整的音节应该包括声母、韵头、韵腹、韵尾和声调。但在实际语言里,只有韵腹和声调是音节不可缺少的构成成分,其他成分在有的音节里出现,在有的音节里不出现,所以就形成了不同的音节结构类型。普通话音节的结构类型举例分析如下表:

普通话音节结构类型表

结构成分／例字	声母	韵母		韵尾		声调
		韵头	韵腹	元音	辅音	
五 wǔ			u			上声
挖 wā		u	a			阴平
爱 ài			a	i		去声
有 yǒu		i	o	u		上声
运 yùn			ü		n	去声
永 yǒng			io[y]		ng	上声
低 dī	d		i			阴平
雪 xuě	x	ü	ê			上声
雷 léi	l		e	i		阳平
鸟 niǎo	n	i	a	o		上声
参 cān	c		a		n	阴平
壮 zhuàng	zh	u	a		ng	去声

从表中可以看出,普通话音节结构有以下一些特点:

(1) 每个音节都有声调,有韵腹;可以没有辅音声母、韵头和韵尾。

(2) 一个普通话音节最多可以有 4 个音素,如"鸟""壮";最少可以只有一个元音音素,如"五"。

(3) 一个普通话音节中,普通话元音最多可以有 3 个,而且连续排列,如"有"。

(4) 可以没有辅音,也可以有一个或者两个辅音。辅音只出现在音节的开头和末尾,没有辅音连续排列的情况。

(5) 韵头只能由 i、u、ü 充当。韵尾由 i、o、u 或鼻辅音 n、ng 充当。

(6) 单元音都能充当韵腹。如果韵母不止一个元音,一般由开口度较大,舌位较低的元音（a、e、o）充当韵腹,只有在韵母中没有其他元音成分时,i、u、ü 才能充当韵腹。

二、拼合规律

普通话声母和韵母的配合规律主要表现在声母的发音部位和韵母所属四呼的关系上,可以根据声母的发音部位和韵母的四呼把普通话声母和韵母的配合关系列成下表:

普通话声韵配合表

声母＼四呼		开口呼	齐齿呼	合口呼	撮口呼
双唇音	b p m	爸泡忙	便票名	不扑木（限于 u）	
唇齿音	f	发		服（限于 u）	
舌尖中塞音	d t	搭桃	低踢	肚图	
舌尖中鼻音/边音	n l	拿狼	泥脸	奴路	女
舌面音	j q x		机掐想		居全血
舌根音	g k h	嘎看汗		姑酷虎	
舌尖后音	zh ch sh r	渣差筛让		朱春树如	
舌尖前音	z c s	杂才桑		租粗俗	
零声母		阿	衣	乌	迂

从上表中可以看出普通话声母和韵母的配合规律为:

(1) b、p、m 只跟开口呼、齐齿呼、合口呼（只限于 u）韵母相拼,不能和撮口呼韵母相拼。

(2) f 只能与开口呼、合口呼（只限于 u）韵母相拼,不能和齐齿呼、撮口呼韵母相拼。

(3) d、t 能和开口呼、齐齿呼、合口呼韵母相拼,不能和撮口呼韵母相拼。

(4) n、l 与四类韵母都能拼合（但不能和合口呼中的 uei 构成音节）。

(5) j、q、x 只能和齐齿呼、撮口呼韵母相拼,不能和开口呼、合口呼韵母相拼。

(6) g、k、h，zh、ch、sh、r，z、c、s 这三组声母能和开口呼、合口呼韵母相拼,不能和齐齿呼、撮口呼韵母相拼。

三、音节的拼读

（一）拼读时应注意的几个问题

1.声母要念本音

这里的本音是相对于呼读音而言的。所谓呼读音,是按照声母本音的发音趋势,在后面加上一个适当的元音,如 b、p、m、f 后面加 o,d、t、n、l 后面加 e,j、q、x 后面加 i 等。音节拼读时,如果用呼读音就会出现把 pin 读成 poin 的错误。音节拼读应前音轻短后音重,前音轻短是说声母念得轻短一些就会更接近本音,后音重是说韵母的发音响亮,应该念得重一些。

2.声母、韵母紧密相连,不能停顿

拼读音节时,声母和韵母要一口气拼出来,中间不能有停顿。如果中间出现中断,拼出来的音听上去就不是一个音节。如,拼读音节"gǔ（股）"时,如果中间有了停顿,就成"g（e）—u（歌舞）"了。要避免这种情况,就需要加快拼合的速度,使声母和韵母成为一个整体。

3.念准韵头

对于有韵头的音节,在拼读时要注意把韵头念准确。如果不念准韵头,就可能出现丢失韵头或者改变韵头的现象。例如,拼读"luàn（乱）"时,如果丢失韵头就会变成"làn（烂）";如果韵头念不准,就可能拼成"liàn（恋）"。

（二）拼读的方法

1.声韵两拼法

声韵两拼法是最常用的拼读方法,就是把音节分成声母和韵母两部分,拼读时将两部分直接相拼。如:g—uāng→guāng（光）。

2.声介与韵身合拼法

声介与韵身合拼法就是把声母和介音先拼合起来,作为整体认读,然后再结合韵母的剩余部分拼读整个音节。如:gu—āng→guāng（光）。

（三）拼读时确定声调的方法

1.音节数调法

这是一种适用于初学者的方法。先拼读出声母和第一声韵母组合成的第一声音节,再按阴、阳、上、去的顺序读出带有目标声调的音节。例如,要拼读 mǎ（马）,方法为:m—mā→má→mǎ。

2.韵母定调法

韵母定调法就是让声母直接跟带有声调的韵母相拼得出音节。如:m—ǎ→mǎ（马）。

第五章 音 变

音变又叫语流音变。语流是指在一定时间内人们连续发出的一连串音节。在连续的语流中,声调之间、音节之间会由于相互影响而发生或大或小的语音变化,这种变化就是所谓的语流音变。普通话中常见的语流音变有变调、轻声、儿化和语气词"啊"的音变。

一、变调

在语流中,由于相邻音节的相互影响,使某些音节原来声调的基本调值发生了变化,这种变化叫作"变调"。普通话中比较明显的变调主要有:上声的变调、去声变调和"一、不"的变调。

(一)　上声变调

上声在阴平、阳平、上声、去声、轻声前都会产生变调,只有在单念或处在词语、句子的末尾才读原调。上声的变调有以下几种情况:

1.上声+非上声

上声在非上声前,即在阴平、阳平、去声前,变"半上",调值由214变为半上声211,非上声音节声调不变:上声+非上声→半上+非上声。例如:

上声+阴平:火车　许多　打击　纺织　祖先
上声+阳平:总结　考察　履行　讲台　典型
上声+去声:老练　海燕　铁路　感谢　坦率

2.上声+上声

两个上声相连,前一个上声的调值变为35。实验证明,前字上声、后字上声构成的组合与前字阳平、后字上声构成的组合在声调模式上是相同的。说明两个上声相连,前字上声的调值变得跟阳平的调值一样。变调调值描写为214→35:上声+上声→阳平+上声。例如:

法语　粉笔　表演　稳妥　管理　举止　友好　了解　勉强

3.上声+轻声

(1)如果轻声音节的本调为非上声,轻声前的上声音节读"半上"声:上声+轻声(非上声转化)→半上+轻声。例如:

五个　我的　锁上　走着　好处　尾巴　里头　起来

(2)如果轻声音节的本调为上声,轻声前的上声音节有两种不同的变调,一种是近似阳平的35调:上声+轻声(上声转化)→阳平+轻声。例如:

小姐　打扫　老虎　手脚　哪里　走走　想起　讲讲

另一种是"半上"的211调:上声+轻声(上声转化)→半上+轻声。例如:

板子　椅子　奶奶　姥姥　马虎　耳朵　宝宝　痒痒

4.三个上声相连的变调

三个上声相连,如果后面没有其他音节,也不带什么语气,末尾音节一般不变调。开头、当中的上声音节有两种变调:

当词语的组合是"2+1"时,前两个音节调值变为近似阳平的35,即阳平+阳平+上声。例如:

蒙古语　展览馆　管理组　选举法　洗脸水　水彩笔　打靶场

当词语的组合是"1+2"时,开头音节处在被强调的逻辑重音时,读作"半上",调值变为211,当中音节则按两字组变调规律变为35,即半上+阳平+上声。例如:

纸老虎　很勇敢　小拇指　老古董　冷处理　买礼品

(二)　去声变调

去声在非去声字前不发生音变,只有两个去声字相连时,前一个去声由全降变为半降,即调值由51变成53:去声+去声→半降+去声。例如:

进步　贡献　正确　运动　变化　浪费　印象　注意　纪念　竞赛

（三） "一""不"的变调

1."一"的变调

（1）"一"的本调是阴平55，在单用、表序数或词语末尾时读本调。例如：

一、二、三　第一　初一　万一

（2）在去声音节前读阳平35。例如：

一半　一并　一壁　一面　一定　一见如故

（3）在非去声音节前读去声51。例如：

一般　一些　一天　一身　一连　一盒　一衣带水

一种　一准　一场　一手　一齐　一行　一鼓作气

（4）在重叠的单音节动词中间读轻声。例如：

说一说　笑一笑　谈一谈　读一读　试一试

2."不"的变调

（1）"不"的本调是去声。在单念或在词、句末尾时读原调。例如：

不！　我不　决不　偏不

（2）在非去声音节前仍读本调。例如：

不想　不公　不如　不和　不满

（3）在去声音节前读阳平。例如：

不必　不便　不用　不对　不愧

（4）夹在词语中间时读轻声。例如：

忙不忙　冷不冷　去不去　说不好　打不开

二、轻声

在普通话里，除了阴平、阳平、上声、去声四种声调之外，有些词里的音节或句子里的词，失去原有的声调，念成又轻又短的调子，这种音节叫轻声。

（一） 轻声的作用

轻声不单纯是一种语音现象，它不但和词义、词性有关系，而且还和语法有很大的关系。

1.区别词义

冷战（非轻声）：指国家间进行的战争形式之外的敌对行动。

冷战（轻声）：身体突然发抖。

大人（非轻声）：对长辈的尊称，多用于书信。

大人（轻声）：成年人；旧时称地位高的官长。

2.既区别词义又区分词性

自然（非轻声）：名词，指自然界。

自然（轻声）：形容词，不勉强，不局促，不呆板。

大意（非轻声）：名词，主要的意思。

大意（轻声）:形容词,疏忽,粗心。

对头（非轻声）:形容词,正确。

对头（轻声）:名词,仇敌,冤家。

（二）变读轻声的规律

普通话里大多数轻声都同词汇、语法上的意义有密切关系。下面一些成分在普通话中通常读轻声。

1.助词

（1）结构助词"的、地、得"等。

他的　吃的　唱歌的　愉快地　慢慢地　走得（快）

（2）时态助词"着、了、过"等。

看着　吃了　去了　来过

（3）语气助词"啊、吧、吗、呢"等。

来啊　走吧　知道吗

2.名词的后缀"子、儿、头、们"等

桌子　椅子　骨朵儿　石头　我们

3.名词后面表示方位的"上、下、里"等

天上　脚下　口袋里　树下

4.动词后面表示趋向的"来、去、上、下、出、回、开、起"等

拿来　看出　蹲下　拉开　考上　抬起　坐下　背上来　上来　下来　进来　出去　过来　回去

5.部分叠音单纯词和重叠式合成词的第二个音节

猩猩　妈妈　太太　调调　写写

6.部分联绵词的第二个音节

萝卜　哆嗦　疙瘩

普通话水平测试用轻声词语表

【说明】

1.本表根据《普通话水平测试用普通话词语表》编制。

2.本表供普通话水平测试第二项——读多音节词语(100个音节)测试使用。

3.本表共收话546条(其中"子"尾词206条),按汉语拼音字母顺序排列。

4.条目中的非轻声音节只标本调,不标变调;条目中的轻声音节,注音不标调号,注音前加圆点,如:"明白 míng·bai"。

A	B			
爱人 ài·ren	巴掌 bā·zhang	把子 bà·zi	板子 bǎn·zi	棒槌 bàng·chui
案子 àn·zi	把子 bǎ·zi	爸爸 bà·ba	帮手 bāng·shou	棒子 bàng·zi
		白净 bái·jing	梆子 bāng·zi	包袱 bāo·fu
		班子 bān·zi	膀子 bǎng·zi	包涵 bāo·han

包子 bāo·zi
豹子 bào·zi
杯子 bēi·zi
被子 bèi·zi
本事 běn·shi
本子 běn·zi
鼻子 bí·zi
比方 bǐ·fang
鞭子 biān·zi
扁担 biǎn·dan
辫子 biàn·zi
别扭 biè·niu
饼子 bǐng·zi
脖子 bó·zi
簸箕 bò·ji
补丁 bǔ·ding
不由得 bùyóu·de
不在乎 bùzài·hu
步子 bù·zi
部分 bù·fen

C

财主 cái·zhu
裁缝 cái·feng
苍蝇 cāng·ying
差事 chāi·shi
柴火 chái·huo
肠子 cháng·zi
厂子 chǎng·zi
场子 chǎng·zi
车子 chē·zi
称呼 chēng·hu
池子 chí·zi
尺子 chǐ·zi
虫子 chóng·zi
绸子 chóu·zi
除了 chú·le
锄头 chú·tou

畜生 chù·sheng
窗户 chuāng·hu
窗子 chuāng·zi
锤子 chuí·zi
刺猬 cì·wei
凑合 còu·he
村子 cūn·zi

D

耷拉 dā·la
答应 dā·ying
打扮 dǎ·ban
打点 dǎ·dian
打发 dǎ·fa
打量 dǎ·liang
打听 dǎ·ting
大方 dà·fang
大爷 dà·ye
大夫 dài·fu
带子 dài·zi
袋子 dài·zi
单子 dān·zi
耽搁 dān·ge
耽误 dān·wu
胆子 dǎn·zi
担子 dàn·zi
刀子 dāo·zi
道士 dào·shi
稻子 dào·zi
灯笼 dēng·long
凳子 dèng·zi
提防 dī·fang
笛子 dí·zi
底子 dǐ·zi
地道 dì·dao
地方 dì·fang
弟弟 dì·di
弟兄 dì·xiong

点心 diǎn·xin
调子 diào·zi
钉子 dīng·zi
东家 dōng·jia
东西 dōng·xi
动静 dòng·jing
动弹 dòng·tan
豆腐 dòu·fu
豆子 dòu·zi
嘟囔 dū·nang
肚子 dǔ·zi
肚子 dù·zi
缎子 duàn·zi
队伍 duì·wu
对付 duì·fu
对头 duì·tou
多么 duō·me

E

蛾子 é·zi
儿子 ér·zi
耳朵 ěr·duo

F

贩子 fàn·zi
房子 fáng·zi
废物 fèi·wu
份子 fèn·zi
风筝 fēng·zheng
疯子 fēng·zi
福气 fú·qi
斧子 fǔ·zi

G

盖子 gài·zi
甘蔗 gān·zhe
杆子 gān·zi
杆子 gǎn·zi
干事 gàn·shi
杠子 gàng·zi
高粱 gāo·liang

膏药 gāo·yao
稿子 gǎo·zi
告诉 gào·su
疙瘩 gē·da
哥哥 gē·ge
胳膊 gē·bo
鸽子 gē·zi
格子 gé·zi
个子 gè·zi
根子 gēn·zi
跟头 gēn·tou
工夫 gōng·fu
弓子 gōng·zi
公公 gōng·gong
功夫 gōng·fu
钩子 gōu·zi
姑姑 gū·gu
姑娘 gū·niang
谷子 gǔ·zi
骨头 gǔ·tou
故事 gù·shi
寡妇 guǎ·fu
褂子 guà·zi
怪物 guài·wu
关系 guān·xi
官司 guān·si
罐头 guàn·tou
罐子 guàn·zi
规矩 guī·ju
闺女 guī·nü
鬼子 guǐ·zi
柜子 guì·zi
棍子 gùn·zi
锅子 guō·zi
果子 guǒ·zi

H

蛤蟆 há·ma
孩子 hái·zi
含糊 hán·hu
汉子 hàn·zi
行当 háng·dang

合同 hé·tong
和尚 hé·shang
核桃 hé·tao
盒子 hé·zi
红火 hóng·huo
猴子 hóu·zi
后头 hòu·tou
厚道 hòu·dao
狐狸 hú·li
胡萝卜 húluó·bo
胡琴 hú·qin
糊涂 hú·tu
护士 hù·shi
皇上 huáng·shang
幌子 huǎng·zi
活泼 huó·po
火候 huǒ·hou
伙计 huǒ·ji

J

机灵 jī·ling
脊梁 jǐ·liang
记号 jì·hao
记性 jì·xing
夹子 jiā·zi
家伙 jiā·huo
架势 jià·shi
架子 jià·zi
嫁妆 jià·zhuang
尖子 jiān·zi
茧子 jiǎn·zi
剪子 jiǎn·zi
见识 jiàn·shi
毽子 jiàn·zi
将就 jiāng·jiu
交情 jiāo·qing
饺子 jiǎo·zi
叫唤 jiào·huan
轿子 jiào·zi
结实 jiē·shi
街坊 jiē·fang

姐夫 jiě·fu
姐姐 jiě·jie
戒指 jiè·zhi
金子 jīn·zi
精神 jīng·shen
镜子 jìng·zi
舅舅 jiù·jiu
橘子 jú·zi
句子 jù·zi
卷子 juàn·zi

K

咳嗽 ké·sou
客气 kè·qi
空子 kòng·zi
口袋 kǒu·dai
口子 kǒu·zi
扣子 kòu·zi
窟窿 kū·long
裤子 kù·zi
快活 kuài·huo
筷子 kuài·zi
框子 kuàng·zi
阔气 kuò·qi

L

喇叭 lǎ·ba
喇嘛 lǎ·ma
篮子 lán·zi
懒得 lǎn·de
浪头 làng·tou
老婆 lǎo·po
老实 lǎo·shi
老太太 lǎotài·tai
老头子 lǎotóu·zi
老爷 lǎo·ye
老子 lǎo·zi
姥姥 lǎo·lao
累赘 léi·zhui
篱笆 lí·ba
里头 lǐ·tou
力气 lì·qi

厉害 lì·hai
利落 lì·luo
利索 lì·suo
例子 lì·zi
栗子 lì·zi
痢疾 lì·ji
连累 lián·lei
帘子 lián·zi
凉快 liáng·kuai
粮食 liáng·shi
两口子 liǎngkǒu·zi
料子 liào·zi
林子 lín·zi
翎子 líng·zi
领子 lǐng·zi
溜达 liū·da
聋子 lóng·zi
笼子 lóng·zi
炉子 lú·zi
路子 lù·zi
轮子 lún·zi
萝卜 luó·bo
骡子 luó·zi
骆驼 luò·tuo

M

妈妈 mā·ma
麻烦 má·fan
麻利 má·li
麻子 má·zi
马虎 mǎ·hu
码头 mǎ·tou
买卖 mǎi·mai
麦子 mài·zi
馒头 mán·tou
忙活 máng·huo
冒失 mào·shi
帽子 mào·zi
眉毛 méi·mao
媒人 méi·ren
妹妹 mèi·mei

门道 mén·dao
眯缝 mī·feng
迷糊 mí·hu
面子 miàn·zi
苗条 miáo·tiao
苗头 miáo·tou
名堂 míng·tang
名字 míng·zi
明白 míng·bai
模糊 mó·hu
蘑菇 mó·gu
木匠 mù·jiang
木头 mù·tou

N

那么 nà·me
奶奶 nǎi·nai
难为 nán·wei
脑袋 nǎo·dai
脑子 nǎo·zi
能耐 néng·nai
你们 nǐ·men
念叨 niàn·dao
念头 niàn·tou
娘家 niáng·jia
镊子 niè·zi
奴才 nú·cai
女婿 nǚ·xu
暖和 nuǎn·huo
疟疾 nüè·ji

P

拍子 pāi·zi
牌楼 pái·lou
牌子 pái·zi
盘算 pán·suan
盘子 pán·zi
胖子 pàng·zi
狍子 páo·zi
盆子 pén·zi
朋友 péng·you
棚子 péng·zi

脾气 pí·qi
皮子 pí·zi
痞子 pǐ·zi
屁股 pì·gu
片子 piān·zi
便宜 pián·yi
骗子 piàn·zi
票子 piào·zi
漂亮 piào·liang
瓶子 píng·zi
婆家 pó·jia
婆婆 pó·po
铺盖 pū·gai

Q

欺负 qī·fu
旗子 qí·zi
前头 qián·tou
钳子 qián·zi
茄子 qié·zi
亲戚 qīn·qi
勤快 qín·kuai
清楚 qīng·chu
亲家 qìng·jia
曲子 qǔ·zi
圈子 quān·zi
拳头 quán·tou
裙子 qún·zi

R

热闹 rè·nao
人家 rén·jia
人们 rén·men
认识 rèn·shi
日子 rì·zi
褥子 rù·zi

S

塞子 sāi·zi
嗓子 sǎng·zi
嫂子 sǎo·zi
扫帚 sào·zhou

沙子 shā·zi
傻子 shǎ·zi
扇子 shàn·zi
商量 shāng·liang
晌午 shǎng·wu
上司 shàng·si
上头 shàng·tou
烧饼 shāo·bing
勺子 sháo·zi
少爷 shào·ye
哨子 shào·zi
舌头 shé·tou
身子 shēn·zi
什么 shén·me
婶子 shěn·zi
生意 shēng·yi
牲口 shēng·kou
绳子 shéng·zi
师父 shī·fu
师傅 shī·fu
虱子 shī·zi
狮子 shī·zi
石匠 shí·jiang
石榴 shí·liu
石头 shí·tou
时候 shí·hou
实在 shí·zai
拾掇 shí·duo
使唤 shǐ·huan
世故 shì·gu
似的 shì·de
事情 shì·qing
柿子 shì·zi
收成 shōu·cheng
收拾 shōu·shi
首饰 shǒu·shi
叔叔 shū·shu
梳子 shū·zi
舒服 shū·fu
舒坦 shū·tan
疏忽 shū·hu

爽快 shuǎng·kuai
思量 sī·liang
算计 suàn·ji
岁数 suì·shu
孙子 sūn·zi

T

他们 tā·men
它们 tā·men
她们 tā·men
台子 tái·zi
太太 tài·tai
摊子 tān·zi
坛子 tán·zi
毯子 tǎn·zi
桃子 táo·zi
特务 tè·wu
梯子 tī·zi
蹄子 tí·zi
挑剔 tiāo·ti
挑子 tiāo·zi
条子 tiáo·zi
跳蚤 tiào·zao
铁匠 tiě·jiang
亭子 tíng·zi
头发 tóu·fa
头子 tóu·zi
兔子 tù·zi
妥当 tuǒ·dang
唾沫 tuò·mo

W

挖苦 wā·ku
娃娃 wá·wa

袜子 wà·zi
晚上 wǎn·shang
尾巴 wěi·ba
委屈 wěi·qu
为了 wèi·le
位子 wèi·zi
蚊子 wén·zi
稳当 wěn·dang
我们 wǒ·men
屋子 wū·zi

X

稀罕 xī·han
席子 xí·zi
媳妇 xí·fu
喜欢 xǐ·huan
瞎子 xiā·zi
匣子 xiá·zi
下巴 xià·ba
吓唬 xià·hu
先生 xiān·sheng
乡下 xiāng·xia
箱子 xiāng·zi
相声 xiàng·sheng
消息 xiāo·xi
小伙子 xiǎohuǒ·zi
小气 xiǎo·qi
小子 xiǎo·zi
笑话 xiào·hua
谢谢 xiè·xie
心思 xīn·si
星星 xīng·xing

猩猩 xīng·xing
行李 xíng·li
性子 xìng·zi
兄弟 xiōng·di
休息 xiū·xi
秀才 xiù·cai
秀气 xiù·qi
袖子 xiù·zi
靴子 xuē·zi
学问 xué·wen

Y

丫头 yā·tou
鸭子 yā·zi
衙门 yá·men
哑巴 yǎ·ba
胭脂 yān·zhi
烟筒 yān·tong
眼睛 yǎn·jing
燕子 yàn·zi
秧歌 yāng·ge
养活 yǎng·huo
样子 yàng·zi
吆喝 yāo·he
妖精 yāo·jing
钥匙 yào·shi
椰子 yē·zi
爷爷 yé·ye
叶子 yè·zi
一辈子 yī bèi·zi
衣服 yī·fu
衣裳 yī·shang

椅子 yǐ·zi
意思 yì·si
银子 yín·zi
影子 yǐng·zi
应酬 yìng·chou
柚子 yòu·zi
冤枉 yuān·wang
院子 yuàn·zi
月饼 yuè·bing
月亮 yuè·liang
云彩 yún·cai
运气 yùn·qi

Z

在乎 zài·hu
咱们 zán·men
早上 zǎo·shang
怎么 zěn·me
扎实 zhā·shi
眨巴 zhǎ·ba
栅栏 zhà·lan
宅子 zhái·zi
寨子 zhài·zi
张罗 zhāng·luo
丈夫 zhàng·fu
帐篷 zhàng·peng
丈人 zhàng·ren
帐子 zhàng·zi
招呼 zhāo·hu
招牌 zhāo·pai
折腾 zhē·teng
这个 zhè·ge

这么 zhè·me
枕头 zhěn·tou
芝麻 zhī·ma
知识 zhī·shi
侄子 zhí·zi
指甲 zhǐ·jia
(zhí·jia)
指头 zhǐ·tou
(zhí·tou)
种子 zhǒng·zi
珠子 zhū·zi
竹子 zhú·zi
主意 zhǔ·yi
(zhú·yi)
主子 zhǔ·zi
柱子 zhù·zi
爪子 zhuǎ·zi
转悠 zhuàn·you
庄稼 zhuāng·jia
庄子 zhuāng·zi
壮实 zhuàng·shi
状元 zhuàng·yuan
锥子 zhuī·zi
桌子 zhuō·zi
字号 zì·hao
自在 zì·zai
粽子 zòng·zi
祖宗 zǔ·zong
嘴巴 zuǐ·ba
作坊 zuō·fang
琢磨 zuó·mo

三、儿化

（一）儿化作用

1.区别词义

头（脑袋）—头儿（物体的顶端或末梢;事情的起点或终点;领头的）
火星（行星）—火星儿（极小的火）

2. 区别词性

画（动词）—画儿（名词）

错（形容词）—错儿（名词）

3. 感情色彩

有些词儿化后会带有特殊的感情色彩,表示细小、亲切、轻松或喜爱。例如:

老头儿　胖墩儿　小勺儿　头发丝儿　小狗儿

（二）　儿化韵的音变规律

儿化音变规律简表

韵母	儿化音变规律	例词
无韵尾或韵尾是 u	直接加卷舌动作	脚丫儿、台阶儿、火候儿、山歌儿
韵尾是 i、n	韵尾脱落加卷舌动作,有的改变韵腹,in、ün 增加元音	一块儿、名单儿、烟卷儿、书本儿 椅背儿、麦穗儿、手劲儿、花裙儿
韵母是 i、ü	加央元音[ə]卷舌	鸭梨儿、小鸡儿、有趣儿、蛐蛐儿
韵母是[ɿ][ʅ]	丢掉韵母,加央元音[ə]卷舌	瓜子儿、大字儿、树枝儿、小事儿
韵尾是 ng	韵尾脱落,韵腹鼻化并卷舌	镜框儿、板凳儿、胡同儿、瓜秧儿

普通话水平测试用儿化词语表

【说明】

1. 本表参照《普通话水平测试用普通话词语表》及《现代汉语词典》编制。加 ＊ 的是以上二者未收,根据测试需要而酌情增加的条目。

2. 本表仅供普通话水平测试第二项——读多音节词语(100 个音节)测试使用。本表儿化音节,在书面上一律加"儿",但并不表明所列词语在任何语用场合都必须儿化。

3. 本表共收词 189 条,按儿化韵母的汉语拼音字母顺序排列。

4. 本表列出原形韵母和所对应的儿化韵,用"＞"表示条目中儿化音节的注音,只在基本形式后面加"r",如"一会儿 yīhuìr",不标语音上的实际变化。

a ＞ ar	刀把儿 dāobàr 在哪儿 zàinǎr 板擦儿 bǎncār	号码儿 hàomǎr 找茬儿 zhǎochár	戏法儿 xìfǎr 打杂儿 dǎzár
ai ＞ ar	名牌儿 míngpáir 小孩儿 xiǎoháir	鞋带儿 xiédàir 加塞儿 jiāsāir	壶盖儿 húgàir
an ＞ ar	快板儿 kuàibǎnr 脸盘儿 liǎnpánr	老伴儿 lǎobànr 脸蛋儿 liǎndànr	蒜瓣儿 suànbànr 收摊儿 shōutānr

栅栏儿 zhà·lanr　　包干儿 bāogānr　　笔杆儿 bǐgǎnr
门槛儿 ménkǎnr

二

ang > ar（鼻化）　药方儿 yàofāngr　　赶趟儿 gǎntàngr　　香肠儿 xiāngchángr
瓜瓤儿 guārángr

三

ia > iar　掉价儿 diàojiàr　　一下儿 yīxiàr　　豆芽儿 dòuyár

ian > iar　小辫儿 xiǎobiànr　　照片儿 zhàopiānr　　扇面儿 shànmiànr
差点儿 chàdiǎnr　　一点儿 yīdiǎnr　　雨点儿 yǔdiǎnr
聊天儿 liáotiānr　　拉链儿 lāliànr　　冒尖儿 màojiānr
坎肩儿 kǎnjiānr　　牙签儿 yáqiānr　　露馅儿 lòuxiànr
心眼儿 xīnyǎnr

四

iang > iar（鼻化）　鼻梁儿 bíliángr　　透亮儿 tòuliàngr　　花样儿 huāyàngr

五

ua > uar　脑瓜儿 nǎoguār　　大褂儿 dàguàr　　麻花儿 máhuār
笑话儿 xiào·huar　　牙刷儿 yáshuār

uai > uar　一块儿 yīkuàir

uan > uar　茶馆儿 cháguǎnr　　饭馆儿 fànguǎnr　　火罐儿 huǒguànr
落款儿 luòkuǎnr　　打转儿 dǎzhuànr　　拐弯儿 guǎiwānr
好玩儿 hǎowánr　　大腕儿 dàwànr

六

uang > uar（鼻化）　蛋黄儿 dànhuángr　　打晃儿 dǎhuàngr　　天窗儿 tiānchuāngr

七

üan > üar　烟卷儿 yānjuǎnr　　手绢儿 shǒujuànr　　出圈儿 chūquānr
包圆儿 bāoyuánr　　人缘儿 rényuánr　　绕远儿 ràoyuǎnr
杂院儿 záyuànr

八

ei > er　刀背儿 dāobèir　　摸黑儿 mōhēir

en > er　老本儿 lǎoběnr　　花盆儿 huāpénr　　嗓门儿 sǎngménr
把门儿 bǎménr　　哥们儿 gē·menr　　纳闷儿 nàmènr
后跟儿 hòugēnr　　高跟儿鞋 gāogēnrxié　　别针儿 biézhēnr

一阵儿 yīzhènr	走神儿 zǒushénr	大婶儿 dàshěnr
小人儿书 xiǎorénrshū	杏仁儿 xìngrénr	刀刃儿 dāorènr

九

eng > er（鼻化）

钢镚儿 gāngbèngr	夹缝儿 jiāfèngr	脖颈儿 bógěngr
提成儿 tíchéngr		

十

ie > ier

半截儿 bànjiér	小鞋儿 xiǎoxiér

üe > üer

旦角儿 dànjuér	主角儿 zhǔjuér

十一

uei > uer

跑腿儿 pǎotuǐr	一会儿 yīhuìr	耳垂儿 ěrchuír
墨水儿 mòshuǐr	围嘴儿 wéizuǐr	走味儿 zǒuwèir

uen > uer

打盹儿 dǎdǔnr	胖墩儿 pàngdūnr	砂轮儿 shālúnr
冰棍儿 bīnggùnr	没准儿 méizhǔnr	开春儿 kāichūnr

ueng > uer（鼻化）

*小瓮儿 xiǎowèngr

十二

-i（前）> er

瓜子儿 guāzǐr	石子儿 shízǐr	没词儿 méicír
挑刺儿 tiāocìr		

-i（后）> er

墨汁儿 mòzhīr	锯齿儿 jùchǐr	记事儿 jìshìr

十三

i > iːer

针鼻儿 zhēnbír	垫底儿 diàndǐr	肚脐儿 dùqír
玩意儿 wányìr		

in > iːer

有劲儿 yǒujìnr	送信儿 sòngxìnr	脚印儿 jiǎoyìnr

十四

ing > iːer（鼻化）

花瓶儿 huāpíngr	打鸣儿 dǎmíngr	图钉儿 túdīngr
门铃儿 ménlíngr	眼镜儿 yǎnjìngr	蛋清儿 dànqīngr
火星儿 huǒxīngr	人影儿 rényǐngr	

十五

ü > üːer

毛驴儿 máolǘr	小曲儿 xiǎoqǔr	痰盂儿 tányúr

ün > üːer

合群儿 héqúnr

十六
e > er

模特儿 mótèr　　逗乐儿 dòulèr　　唱歌儿 chànggēr
挨个儿 āigèr　　打嗝儿 dǎgér　　饭盒儿 fànhér
在这儿 zàizhèr

十七
u > ur

碎步儿 suìbùr　　没谱儿 méipǔr　　儿媳妇儿 érxífùr
梨核儿 líhúr　　泪珠儿 lèizhūr　　有数儿 yǒushùr

十八
ong > or（鼻化）

果冻儿 guǒdòngr　　门洞儿 méndòngr　　胡同儿 hútòngr
抽空儿 chōukòngr　　酒盅儿 jiǔzhōngr　　小葱儿 xiǎocōngr

iong > ior（鼻化）

*小熊儿 xiǎoxióngr

十九
ao > aor

红包儿 hóngbāor　　灯泡儿 dēngpàor　　半道儿 bàndàor
手套儿 shǒutàor　　跳高儿 tiàogāor　　叫好儿 jiàohǎor
口罩儿 kǒuzhàor　　绝着儿 juézhāor　　口哨儿 kǒushàor
蜜枣儿 mìzǎor

二十
iao > iaor

鱼漂儿 yúpiāor　　火苗儿 huǒmiáor　　跑调儿 pǎodiàor
面条儿 miàntiáor　　豆角儿 dòujiǎor　　开窍儿 kāiqiàor

二十一
ou > our

衣兜儿 yīdōur　　老头儿 lǎotóur　　年头儿 niántóur
小偷儿 xiǎotōur　　门口儿 ménkǒur　　纽扣儿 niǔkòur
线轴儿 xiànzhóur　　小丑儿 xiǎochǒur

二十二
iou > iour

顶牛儿 dǐngniúr　　抓阄儿 zhuājiūr　　棉球儿 miánqiúr
加油儿 jiāyóur

二十三
uo > uor

火锅儿 huǒguōr　　做活儿 zuòhuór　　大伙儿 dàhuǒr
邮戳儿 yóuchuōr　　小说儿 xiǎoshuōr　　被窝儿 bèiwōr

o > or

耳膜儿 ěrmór　　粉末儿 fěnmòr

四、"啊"的音变

语气词"啊"用于句子末尾,在语流中常受前一音节最后一个音素的影响而发生音变现象。"啊"是一个零声母音节,语流中根据前面音节的不同变读为 ya、wa、na、ra、nga 等,文字随之写为"呀""哇""哪"等。其音变规律如下表。

"啊"前面的韵母	"啊"前面音节	"啊"的音变	例句
a、ia、ua、o、uo、e、ê、ie、üe、i、ai、uai、ei、uei、ü	a、o、e、ê、i、ü	ya	快来呀! 西瓜呀! 好美呀! 真多呀!
u、ou、iou、ao、iao	u	wa	走哇! 真好哇!
an、ian、uan、üan、in、en、uen、ün	n	na	好人哪! 真全哪!
ang、iang、uang、eng、ing、ueng、ong、iong	ng	nga	仔细听啊! 大声唱啊!
-i(前)	-i(前)	[zA]	写字啊! 自私啊!
-i(后)、er	-i(后)、er	ra	是不是啊! 得了第二啊! 多美的花儿啊!

扫　听
一　音
扫　频

五、音变练习

(一) 上声变调练习

把关	贬低	捕捞	补贴	反之	解剖	紧缩	总督	小说	普通
体操	指标	本家	笔端	吐露	秉公	委员	雪人	打球	可能
紧急	考核	坦然	保持	饱和	比如	贬值	表达	点燃	赌博
躲藏	反而	肯定	土地	典范	柳树	海浪	暖气	懂事	讨论
采购	甩手	卤水	彩色	草案	产量	阐述	场地	底下	口袋
我们	里头	姥姥	胆子	骨头	老实	软体	碗里	老鼠	老虎
哪里	首选	打手	想起	典礼	顶点	反感	腐朽	改组	感慨
感染	骨髓	港口	搞鬼	稿纸	给以	古典	古老	管理	悔改

古典美　　整理好　　勇敢者　　虎骨酒　　打扫好　　领导好
好领导　　纸老虎　　很美满　　有几种　　冷处理　　马组长
我懂蒙古语。
我有两把铁锁。

请你给我打点洗脸水。

展览馆里有好几百种展览品。

马厂长想找古北口旅馆馆长李小喜。

（二）"一""不"变调练习

一模一样	一板一眼	一唱一和	一心一意	一点一滴	一朝一夕
一五一十	一见如故	一视同仁	一鸣惊人	一成不变	一刀两断
一目了然	一往情深	一拍即合	不尴不尬	不离不弃	不闻不问
不折不扣	不干不净	不伦不类	不屈不挠	不知不觉	不卑不亢
不偏不倚	不远不近	不管不顾	不依不饶	不言不语	不见不散

（三）轻声练习

奶奶	晚上	影子	脑袋	本子	爸爸	燕子	势利	报酬	故事
他的	师傅	关上	抽屉	三个	亲戚	公道	家里	天上	星星
什么	毛病	围着	脖子	容易	明白	学问	舒坦	算盘	挑唆
打个比方		怎么搞的		想着母亲		喜欢打扮		写在纸上	

（四）儿化练习

杏仁儿	刀刃儿	夹缝儿	脖颈儿	提成儿	半截儿
墨水儿	围嘴儿	走味儿	打盹儿	胖墩儿	砂轮儿
垫底儿	肚脐儿	玩意儿	有劲儿	送信儿	脚印儿
模特儿	逗乐儿	唱歌儿	挨个儿	打嗝儿	饭盒儿
灯泡儿	火苗儿	跑调儿	面条儿	豆角儿	开窍儿

（五）"啊"的变调练习

回家啊	快划啊	打岔啊	喝茶啊	广播啊	上坡啊
菠萝啊	唱歌啊	合格啊	祝贺啊	上街啊	快写啊
半截啊	白雪啊	节约啊	可爱啊	喝水啊	早起啊
东西啊	警惕啊	不去啊	大雨啊	别哭啊	大路啊
巧手啊	跳舞啊	中秋啊	快走啊	吃饱啊	可笑啊

第六章　方言与普通话

一、汉语方言概况

现代汉语除规范语言即普通话外还有方言。方言在《现代汉语词典》中被定义为"一种语言中跟标准语有区别的、只在一个地区使用的话,如汉语中的粤方言、吴方言"。方言的形成有多种因素。有外在因素的影响,如社会、地理、经济等;也有语言自身发展的内在因素,如地区间不同语言的相互影响等。方言作为通行于一定区域的语言,具备完整的语言结构和发展系统,能够满足本地区的语言交际需求。

我国方言较为复杂,各地方言在语音、词汇、语法等方面均有差异,语音方面尤为突出。根据方言语音特点,通常将现代汉语方言划分为七大方言区:

1. 北方方言

北方方言又称官话方言,以北京话为代表,是现代汉民族共同语的基础方言,是通行地区最广的汉语方言。北京话、天津话、东北话、西安话以及南方的成都话等都是北方方言的代表。

北方方言分为四个次方言区。

(1)华北、东北方言。华北方言通行于京津两市及东北三省、河北省、山东省、河南省,其中吉林、辽宁和黑龙江三省的方言最接近北京话。

(2)西北方言。西北方言通行于山西省、陕西省、甘肃省、内蒙古自治区、宁夏回族自治区部分地区、青海省部分地区及新疆维吾尔自治区。

(3)西南方言。西南方言通行于重庆市和四川、云南、贵州等省以及湖北省的大部分地区(东南角除外)、广西壮族自治区西北部和湖南省西北角。

(4)江淮方言。江淮方言俗称下江官话,通行于长江中下游,包括安徽省、江苏省、江西省部分沿江地区。

2. 吴方言

吴方言又称江浙话或江南话,典型的吴方言以苏州话为代表。吴方言通行地域主要是江苏省长江以南、镇江以东,南通小部分地区,上海市及浙江省大部分地区。

3. 湘方言

湘方言又称湖南话,也称湘语,主要通行于湖南省,以及广西壮族自治区、四川省部分地区。湘方言内部通常被分为老湘语和新湘语两类。老湘语广泛流行于湖南省中部宁乡、衡阳等地,新湘语流行于长沙、株洲等大中城市,新湘语更接近于北方话。

4. 赣方言

赣方言又称江西话、赣语或溪语,以南昌话为代表,通行于江西省大部分地区以及安徽省西南部、湖南省部分县市。

5. 粤方言

粤方言又称粤语或广东话,以广州话为代表,在广东省、香港特别行政区、澳门特别行政区等地被广泛使用。

6. 闽方言

闽方言又称福建话、闽语。闽方言通行于福建、海南两省的大部分地区,广东省东部潮汕地区、雷州半岛部分地区,浙江省东南部,广西壮族自治区的少数地区以及台湾地区部分汉人居住区。由于闽方言的内部区别比较大,通常分为闽南方言(以厦门话为代表)、闽北方言、闽东方言(以福州话为代表)、莆仙方言和闽中方言,其中以闽南方言最具影响力。

7. 客家方言

客家方言又称客家话或客语,以广东省梅县话为代表。客家方言在中国南方的客家人中广泛使用,包括广东省东部和北部、福建省西部、江西省南部、广西壮族自治区东南部等地。

在以上各大方言中,闽方言、粤方言与普通话的差别最大,其次是吴方言,湘方言、赣方言和客家方言与普通话的差别较小。

二、汉语方言的差异

理解汉语方言的差异,要从语音、词汇、语法等方面展开,对方言差异有系统全面的认识。

1.语音上的差异

方言间在语音上有很大的差异,这是阻碍各地沟通交流的主要方面。其差异主要体现在声、韵、调上。

(1) 声。

声母的差异体现为声母的混淆使用,如舌尖前音 z、c、s 和舌尖后音 zh、ch、sh 不分,n 和 l 不分,以及 h 和 f 不分等。湖南方言中对"牛(niú)"和"刘(liú)"的声母区分不开,福建地区会将"福(fú)建"读为"福(hú)建"。

(2) 韵。

普通话标准音的韵母形式在各地方言中有改变,如前鼻音 n 和后鼻音 ng 的差异,"恨(hèn)"在潮州话中是"heng"(阴平),在韵母上出现了变化。

(3) 调。

声调的差异在于各方言间调类相同而调值不同。同一字在不同方言中可能会有阴平、阳平、上声、去声的不同调值,如北京话中"鲸(jīng)"为阴平,而在闽、粤方言中读为阳平"鲸(jíng)"。

2.词汇上的差异

方言间词汇的差异,增加了方言间的分歧。语音的差异在于听不懂,但所指称的词语对象并无差别,而词汇的差异或许会造成理解上的误会。一般存在两种情况:一是同一事物在不同的方言中有不同的名称,如普通话中的"聊天",东北话说"唠嗑",山东话说"拉呱",闽南话说"拍嘴鼓",等等。二是同一词汇在不同的方言区,词义上出现扩大、缩小、对换、转移等现象,如"爹"在湖北某地方言中指"爷爷";"客"在河南不同地区的意思也不相同,河南新乡方言中指"女儿",在河南项城则指"女婿";再如普通话中的"蚊子",在湘方言中既指"蚊子",也指"苍蝇"。

3.语法上的差异

各方言间语法差异较小,不易察觉。其差异主要体现在实词、虚词、语序及句式等方面。但在判定上,需要结合实际情况,区分口语表达与方言表达。实词中表示"小"的字,广东话中加"仔",如刀仔(小刀儿)、鸭仔(小鸭子)。从双宾语的位置看语序,各地方言差异较大,如普通话中"给我一本书",梅县话为"分一本书分",南昌话为"搦(nuǒ)本书到我"。在量词的使用中,普通话中的"一辆车",在陇南话中为"一个车",云南方言中为"一张车"。

三、普通话与方言词汇辨正

辨正方言与普通话,需要掌握两种语言中词汇的差异。词汇的差异大致为两种情况:一是方言与普通话中有对应词汇;二是方言独有,在普通话中无对应词汇。

（一）方言与普通话中有对应词汇

1. 词形的差异

（1）音节数量不同。

①普通话中的双音节词,方言中为单音节词。例如：

普通话	缺少	漂亮	得意	桌子	椅子
方言	短	俊	能	桌	椅

②普通话中为单音节或双音节词,方言中为双音节或多音节词。例如：

普通话	早晨	头	袖口	元旦	章
方言	大清早	乌颅头	衫袖头	阳历年	戳子

（2）构成语素不同。

方言和普通话中,对于同一事物的表达,会采用不同的语素,也因此出现了词义相同而词形不同的现象。

①语素相同但语素顺序相反。例如：人客（客人）、马公（公马）、尘灰（灰尘）、抖颤（颤抖）、联对（对联）、头额（额头）、头前（前头）、闹热（热闹）、猪种（种猪）、道地（地道）。

②语素部分相同。例如：目毛（眉毛）、退悔（后悔）、倒来（回来）、淘伴（伙伴）、亮火虫（萤火虫）、怨妒（嫉妒）、脚迹（脚印）、牢监（监狱）、铰剪（剪刀）、猴急（焦急）、扯闪（闪电）、落雨（下雨）。

③语素完全不同。例如：番豆（花生）、暗头（黄昏）、走闪（躲避）、房内（家具）、好疼（可爱）、目屎（泪水）、收检（拾掇）、水（差劲）。

（3）附加成分不同。

方言中的某些词具有普通话中没有的前缀和后缀。

①方言词汇中的前缀"老"和"阿"。

"老"：老爸（爸爸）、老妹（妹妹）、老表（表兄弟）、老同（同岁）,或者表排行的老大、老二、老三、老幺等。

"阿"（潮汕话里用来表称谓的词语）：阿公、阿爸、阿妈、阿太、阿大、阿二、阿兄、阿姑、阿孙等。

有些方言在爱称和姓名前边也往往加上前缀"阿",如阿发、阿李、阿宝等。

②方言词汇中的后缀"子""儿""仔"等。

"子"：虾子（虾）、狐子（狐狸）、蝴蝶子（蝴蝶）、女崽子（少女）、蚕子（蚕）、蜂子（蜂）、狗子（狗）。

"儿"（在北方方言区常见）：面面儿（面）、妹儿（妹妹）、昨儿（昨天）、汗衫儿（汗衫）、生儿（生日）。

"仔"（在南方方言常见）：打工仔、学生仔、男仔、女仔、肥仔、靓仔、憨仔、小弟仔、宝宝仔等。

其他如"头""巴""团""伙儿""厮"等字,在方言里也常用作后缀。

（4）造词方式不同。

方言与普通话在表达事物时,对事物特点的认识不同,会选择不同的语素代指相同的事物,由此在词形上有了差异。普通话一般采用通名、学名,方言则根据事物某一特点命名。以下为常见的一些例子,其中括号内为普通话。

喇叭花（牵牛花）：花朵像喇叭。

臭屁虫（椿象）：身体散发臭味。

夜游（蝙蝠）：在夜间活动。

头发娘（螳螂）：认为其会吃头发。

2. 词义的差异

有些词汇在方言和普通话中形同义不同，词义或扩大，或缩小，或转移。

（1）方言中词义的扩大。方言中某些词语的义项比普通话多，指称范围也更广。这种现象包括两种情形。

①义项的增加。

老汉：普通话指老头儿；在方言中可以指老头儿、老年人，也可以指丈夫。

馒头：普通话指一种用面粉发酵蒸制而成的无馅的面食；苏州话中也指包子，即有馅的面食。

茶：普通话指用茶叶沏成的饮料；湖北方言中也指不放茶叶的开水。

②指称范围扩大。

脚：普通话指任何动物的腿的下端，支撑身体接触地面的部分；广州方言指下肢。

手：普通话指人体上肢前端能拿东西的部分；广州方言指上肢。

（2）方言中词义的缩小。方言中某些词汇的义项比普通话少，指称范围也更小。这种现象也包括两种情形。

①义项的减少。

十分：普通话既指分值，也指非常；在巩义方言中只代表分值。

②指称范围缩小。

菜：普通话指蔬菜或经过烹调的食物；在榆林方言中仅指"各种蔬菜"。

蛋：普通话泛指一切蛋；广西方言里的"蛋"只指鸡蛋。

酒：普通话中指所有酒类；在陕西榆林方言中指"白酒"。

（3）方言中词义的转移。方言与普通话中存在一些词形相同词义不同的词汇，其褒贬义及指称对象完全不同。

①褒贬义不同。

精：普通话指精明能干、精华，为褒义；巩义方言指奸猾，为贬义。

成色：普通话指金币、银币或器物中所含纯金、纯银的量或泛指质量，为中性词；河南方言指能力、本事，一般为贬义。

②指称对象不同。

不管：普通话中为连词，表示在任何条件下都不会改变；河南方言指不能、不可以。

威：普通话指能压服人的力量或使人敬畏的力量；绍兴方言指能干、厉害。

（二）方言独有，在普通话中无对应词汇

方言中存在一些独有的词汇，在普通话中找不到对应的词汇。它们的含义只能依据当地使用情况理解。

咥（在方言中读"dié"）：陕西方言表示狼吞虎咽地吃。

谝（在方言中读"piàn"）：说闲话，漫无边际地瞎聊。

天萝:丝瓜的一个品种,较细长。

煲仔饭:用小砂锅连饭带肉和菜一起焖的饭。

啃神腿:滕县地区指吃祭祀完毕的贡品。

锅烧:桂林米粉的作料之一,把炸过的五花肉切成薄片。

支客:婚丧等活动中指挥应酬客人的人。

方言独有的词汇简洁、明了,但若放置在普通话语境中,反而让人难以理解。因此,我们仍需掌握普通话的标准表达,以便区分。

普通话水平测试用普通话与方言词语对照表（易混部分）

【说明】

1.本表条目除必读轻声音节外,一律只标本调,不标变调。

2.条目中的必读轻声音节,注音不标调号,注音前加圆点,如:"明白 míng·bai";一般轻读、间或重读的音节,注音上标调号,注音前再加圆点提示,如:"因为 yīn·wèi"。

3.条目中儿化音节的注音,只在基本形式后面加 r,如:"一会儿 yīhuìr",不标语音上的实际变化。

词汇分类		普通话词汇	方言词汇
词性	类别		
名词	称谓	伯母 bómǔ	阿姆、伯娘、伯妈、伯姆
		大姐 dàjiě	大阿姐、阿姐、大姊
		大妈 dàmā/大娘 dàniáng	阿婆、伯妈、伯姆
		邻居 línjū	厝边、隔篱
		大婶儿 dàshěnr	阿婶、叔姆、叔姆欸
		姑娘 gū·niang	因儿、查某团仔、女崽子、妹子、细妹欸、妹欸人
		闺女 guī·nü	因儿、查某团、妹子、妹欸人、妹欸
		姐姐 jiě·jie	阿姐、大姊、家姐、阿姊
		老大妈 lǎodàmā	老阿婆、亚婆、娭毑
		祖母 zǔmǔ	唉妈、阿嬷、娭毑、阿婆
		嫂子 sǎo·zi	阿嫂、兄嫂
		妹妹 mèi·mei	阿妹、细妹、妹子、老妹、老妹欸
		爸爸 bà·ba	老爸、阿爸、爷、爷老子、爹爹、阿爸、阿伯
		父亲 fù·qīn	爷、老爸、老豆、爷老子、爹爹、阿爸、阿伯
		哥哥 gē·ge	阿哥、阿兄
		大叔 dàshū	爷叔、阿叔
		老大爷 lǎodà·ye	老阿爹、老阿公、亚伯、爹爹、老阿伯

63

(续表)

词汇分类		普通话词汇	方言词汇
词性	类别		
名词	称谓	祖父 zǔfù	唉公、阿爷、爹爹、阿公
		丈夫 zhàng·fu	男个、翁、丈夫侬、老公、老倌子
		爷爷 yé·ye	老爹、唉公、阿公、爹爹
		兄弟 xiōng·di	阿弟、兄弟团、细佬、老弟欸
		新郎 xīnláng	新官人、新侬官、新郎公
		夫妻 fūqī	翁姥、两公婆、两马老子
		父母 fùmǔ	爷娘、爸母、老豆老母、爷娘
		房东 fángdōng	厝主、屋主
		自己 zìjǐ	自家、家自、家己、自拣
		炊事员 chuīshìyuán	馆夫、伙头、煮饭个、火头
		病人 bìngrén	生病人、病侬、病人里、病人子
	身体	头发 tóu·fa	头毛、头翻、头拿毛
		脑袋 nǎo·dai	头壳、脑壳、头拿
		脖子 bó·zi	头颈、胆允、颈根、颈茎
		脊梁 jǐ·liáng	背脊骨、巴脊骨、腰骨
	食物	白菜 báicài	黄芽菜、芽白、黄芽白
		菌 jūn	菇里、菌子、菌欸
		梨 lí	生梨、梨仔、梨里、梨子、梨欸
		马铃薯 mǎlíngshǔ/土豆 tǔdòu	洋山芋、番仔番薯、薯仔、洋芋头、洋芋子、荷兰薯
		馒头 mán·tou	面头、馍馍、包欸
		蘑菇 mó·gu	菇、菇菇里、菌子、菇欸、菌欸
		冰棍儿 bīnggùnr	棒冰、霜条、雪条、冰棒、雪枝
		豌豆 wāndòu	小寒豆、官豆子、麦豌子、川豆子、雪豆、麦豆
		玉米 yùmǐ	珍珠米、包粟、粟米、金豆、包谷
	器具	板凳 bǎndèng	矮凳、椅条、长凳欸
		爆竹 bàozhú	炮仗、炮仔、炮竹、纸爆欸
		磁铁 cítiě	吸石、磁铁石、挟铁
		火柴 huǒchái	自来火、火擦、火拭、洋火
		筷子 kuài·zi	箸、筷只

（续表）

词汇分类		普通话词汇	方言词汇
词性	类别		
名词	器具	抹布 mābù	揩布、揩台布、桌布巾、抹台布
		热水瓶 rèshuǐpíng	电瓶、热水壶、电壶
		围巾 wéijīn	领巾、颈巾、围领、颈围
		信封 xìnfēng	信壳、批壳、信封子、信封奀
		乒乓球 pīngpāngqiú	桌球、乒乓波、蛋壳子球
		出租汽车 chūzū qìchē	叉头、的士
		帆船 fānchuán	扯蓬船、行蓬船、蓬船、风蓬船
		自行车 zìxíngchē	脚踏车、骹踏车、单车、线车、脚车
	方位名词	旁边 pángbiān	边浪、边仔、边头、侧边、侧角
		两边 liǎngbiān	两旁边、两爿、两片爿
		别处 biéchù	别个地方、别位、别搭、第二度、别哪里、别何歁
	房屋街道	浴室 yùshì	洗身间、冲凉房、浴堂
		厕所 cèsuǒ	屎岩、屎坑、茅厕、茅厕屋、屎窖
		胡同儿 hútòngr	弄堂、巷仔、巷子、巷奀
		路口 lùkǒu	路口头、路头、路头上、路头径上
	时令时间	元宵 yuánxiāo	汤圆、上元、圆子、元宵它、正月半
		除夕 chúxī	年三十夜、二九下昏、年卅晚、三十夜里、三十夜间子、年三十夜晡
		当初 dāngchū	当初时、初时、开初、开先
		当今 dāngjīn	现主时、如至今、今下
		月初 yuèchū	月头、月初头子
		清晨 qīngchén	清早晨、透早、朝头早、晨早、朝晨头
		去年 qùnián	旧年、旧年子、去年子、旧年奀
		起初 qǐchū	开始辰光、开头辰光、先起头、初头、初时、初头子
		刹那 chànà	一霎眼、蜀步仔、一阵间、一下下、一下奀
		黎明 límíng	清早晨、天光早、天蒙光、天光边子、一黑早、临天光
	天文地理	阳光 yángguāng	日头花、日头
		太阳 tài·yáng	热头、日头
		尘土 chéntǔ	垰尘、涂粉、尘、尘灰

(续表)

词汇分类		普通话词汇	方言词汇
词性	类别		
动词		发抖 fādǒu	打震、抖震、打嗦、打抖、打憟
		颤抖 chàndǒu	抖颤、打抖、打嗦、憟、打憟
		吵嘴 chǎozuǐ	争嘴、相骂、嗌交、常啑嘴、吵交欸、吵嗓
		插秧 chāyāng	莳秧、摆散、播田、栽禾、插田、莳田
		发誓 fāshì	罚咒、咒誓、发誓言
		付款 fùkuǎn	付钞票、畀钱、把钱
		干活儿 gànhuór	做生活、作鬼、做野、做细
		嫉妒 jídù	怨妒、妒忌
		恋爱 liàn'ài	拍拖、谈爱
		说话 shuōhuà	讲说话、话事
		沉淀 chéndiàn	澼、沉底、澄子、停脚
		没事 méishì	呒没事体、无事济、无事、冒有事、右事、么事
形容词		微小 wēixiǎo	微末、微细
		热闹 rè·nao	闹猛、闹热
		暖和 nuǎn·huo	暖热、烧罗、热沸、热和、热暖
		不便 bùbiàn	勿方便、勿便当、无利便、唔方便
副词		为何 wèihé	为啥、为怎样、为乜嘢、点解、为什里、么子、做脉个
		不必 bùbì	用勿着、勿要、唔免、唔使
		不顾 bùgù	勿管、勿顾、无顾、唔顾
连词		不管 bùguǎn	勿管、无管、唔管
代词		他人 tārén	别人家、别侬、别个、别个人
		别人 bié·rén	别人家、别侬、别个

普通话水平测试选择判断题常考普通话词语表

【说明】

1.本表只列举普通话词语,不列举相对应的方言词语。

2.本表条目除必读轻声音节外,一律只标本调,不标变调。

3.条目中的必读轻声音节,注音不标调号,注音前加圆点,如:"明白 míng·bai";一般轻读、间或重读的音节,注音上标调号,注音前再加圆点提示,如:"因为 yīn·wèi"。

4.条目中儿化音节的注音,只在基本形式后面加r,如:"一会儿 yīhuìr",不标语音上的实际变化。

A

按 àn
暗中 ànzhōng
袄 ǎo

B

拔 bá
把儿 bàr
掰 bāi
白白地 báibáide
白菜 báicài
白天 báitiān
半天 bàntiān
半夜 bànyè
帮忙 bāngmáng
棒子 bàng·zi
傍晚 bàngwǎn
包子 bāo·zi
杯子 bēi·zi
背 bèi
北边 běi·bian
北部 běibù
背后 bèihòu
背心 bèixīn
本子 běn·zi
本来 běnlái
笨 bèn
笨蛋 bèndàn
鼻孔 bíkǒng
鼻涕 bítì
鼻子 bí·zi
必定 bìdìng
边缘 biānyuán
鞭子 biān·zi
便条 biàntiáo
遍地 biàndì
辫子 biàn·zi
憋 biē

别 bié
别的 biéde
冰 bīng
并非 bìngfēi
并排 bìngpái
病 bìng
菠菜 bōcài
不安 bù'ān
不曾 bùcéng
不错 bùcuò
不但 bùdàn
不当 bùdàng
不得了 bùdéliǎo
不得已 bùdéyǐ
不等 bùděng
不定 bùdìng
不断 bùduàn
不对 bùduì
不服 bùfú
不敢当 bùgǎndāng
不够 bùgòu
不光 bùguāng
不过 bùguò
不好意思 bùhǎoyì·si
不合 bùhé
不及 bùjí
不解 bùjiě
不禁 bùjīn
不仅 bùjǐn
不久 bùjiǔ
不觉 bùjué
不堪 bùkān
不可 bùkě
不良 bùliáng
不料 bùliào
不论 bùlùn
不满 bùmǎn
不免 bùmiǎn

不怕 bùpà
不平 bùpíng
不然 bùrán
不容 bùróng
不如 bùrú
不少 bùshǎo
不时 bùshí
不停 bùtíng
不同 bùtóng
不想 bùxiǎng
不像话 bùxiànghuà
不行 bùxíng
不幸 bùxìng
不许 bùxǔ
不要 bùyào
不要紧 bùyàojǐn
不宜 bùyí
不用 bùyòng
不怎么样 bùzěn·meyàng
不止 bùzhǐ
不只 bùzhǐ
不至于 bùzhìyú
不住 bùzhù
不足 bùzú

C

蚕 cán
惭愧 cánkuì
苍白 cāngbái
苍蝇 cāng·ying
藏 cáng
茶叶 cháyè
差不多 chà·buduō
差点儿 chàdiǎnr
馋 chán
蝉 chán
常 cháng
常常 chángcháng
钞票 chāopiào

吵架 chǎojià

衬衫 chènshān

成天 chéngtiān

成心 chéngxīn

乘客 chéngkè

吃惊 chījīng

吃力 chīlì

迟疑 chíyí

尺子 chǐ·zi

翅膀 chìbǎng

抽屉 chōu·ti

绸子 chóu·zi

出洋相 chū yángxiàng

初期 chūqī

除了 chú·le

厨房 chúfáng

厨师 chúshī

处处 chùchù

窗户 chuāng·hu

窗口 chuāngkǒu

窗帘 chuānglián

床单 chuángdān

吹牛 chuīniú

此地 cǐdì

此刻 cǐkè

从前 cóngqián

从未 cóngwèi

从小 cóngxiǎo

凑巧 còuqiǎo

翠绿 cuìlǜ

村子 cūn·zi

搓 cuō

D

打败 dǎbài

打架 dǎjià

打量 dǎ·liang

打扰 dǎrǎo

大便 dàbiàn

大哥 dàgē

大伙儿 dàhuǒr

大拇指 dàmǔzhǐ

大人 dàrén

大事 dàshì

大雁 dàyàn

大衣 dàyī

袋子 dài·zi

担子 dàn·zi

胆量 dǎnliàng

胆子 dǎn·zi

但是 dànshì

当中 dāngzhōng

刀子 dāo·zi

倒闭 dǎobì

倒霉 dǎoméi

到处 dàochù

灯泡儿 dēngpàor

凳子 dèng·zi

低劣 dīliè

笛子 dí·zi

底下 dǐ·xia

地板 dìbǎn

地下 dìxià

弟弟 dì·di

颠倒 diāndǎo

点头 diǎntóu

电池 diànchí

掉 diào

跌 diē

钉子 dīng·zi

顶端 dǐngduān

丢 diū

丢人 diūrén

东边 dōng·bian

东西 dōngxī

冬瓜 dōng·guā

动手 dòngshǒu

洞 dòng

兜儿 dōur

豆子 dòu·zi

肚子 dù·zi

渡口 dùkǒu

对不起 duì·buqǐ

对联 duìlián

蹲 dūn

多亏 duōkuī

多么 duō·me

多少 duōshǎo

哆嗦 duō·suo

躲 duǒ

躲藏 duǒcáng

E

蛾子 é·zi

额头 é·tóu

恶心 ě·xin

饿 è

儿女 érnǚ

儿童 értóng

儿子 ér·zi

耳朵 ěr·duo

F

发火 fāhuǒ

反正 fǎnzhèng

返回 fǎnhuí

方才 fāngcái

房子 fáng·zi

房租 fángzū

仿佛 fǎngfú

飞快 fēikuài

非常 fēicháng

肥皂 féizào

诽谤 fěibàng

费力 fèilì

粉末 fěnmò

风筝 fēng·zheng
疯子 fēng·zi
蜂 fēng
否则 fǒuzé
妇女 fùnǚ
覆盖 fùgài

G

干净 gānjìng
甘蔗 gān·zhe
赶紧 gǎnjǐn
赶快 gǎnkuài
赶忙 gǎnmáng
干吗 gànmá
刚 gāng
刚才 gāngcái
刚刚 gānggāng
高低 gāodī
高粱 gāo·liang
告诉 gàosù
疙瘩 gē·da
胳膊 gē·bo
鸽子 gē·zi
隔壁 gébì
各自 gèzì
跟随 gēnsuí
跟头 gēn·tou
更 gèng
更加 gèngjiā
工具 gōngjù
公公 gōng·gong
共 gòng
共计 gòngjì
钩子 gōu·zi
姑姑 gū·gu
故意 gùyì
顾客 gùkè
拐弯 guǎiwān

怪不得 guài·bu·de
光棍儿 guānggùnr
柜子 guì·zi
锅 guō
果树 guǒshù
过后 guòhòu
过去 guòqù
过失 guòshī

H

还是 hái·shi
孩子 hái·zi
害羞 hàixiū
汉子 hàn·zi
毫不 háobù
好多 hǎoduō
好好儿 hǎohāor
好久 hǎojiǔ
好看 hǎokàn
好玩儿 hǎowánr
好像 hǎoxiàng
好些 hǎoxiē
好样儿的 hǎoyàngr·de
好在 hǎozài
喝 hē
合伙 héhuǒ
黑人 Hēirén
黑夜 hēiyè
恨不得 hèn·bu·de
喉咙 hóu·lóng
猴子 hóu·zi
后背 hòubèi
后悔 hòuhuǐ
胡子 hú·zi
蝴蝶 húdié
花生 huāshēng
怀孕 huáiyùn
还 hái
缓缓 huǎnhuǎn

黄昏 huánghūn
黄金 huángjīn
蝗虫 huángchóng
灰尘 huīchén
回避 huíbì
回来 huí·lái
回去 huí·qù
回头 huítóu
伙伴 huǒbàn

J

几乎 jīhū
饥饿 jī'è
给予 jǐyǔ
家畜 jiāchù
家伙 jiā·huo
家具 jiājù
家人 jiārén
假若 jiǎruò
坚实 jiānshí
坚硬 jiānyìng
监狱 jiānyù
剪刀 jiǎndāo
渐渐 jiànjiàn
将要 jiāngyào
交谈 jiāotán
焦急 jiāojí
嚼 jiáo
角落 jiǎoluò
脚印 jiǎoyìn
叫作 jiàozuò
轿车 jiàochē
结实 jiē·shi
接连 jiēlián
洁白 jiébái
今天 jīntiān
金鱼 jīnyú
尽快 jǐnkuài
近来 jìnlái

经常 jīngcháng

惊人 jīngrén

精子 jīngzǐ

警察 jǐngchá

静悄悄 jìngqiāoqiāo

镜子 jìng・zi

就是说 jiùshìshuō

舅舅 jiù・jiu

舅母 jiù・mu

橘子 jú・zi

咀嚼 jǔjué

据说 jùshuō

锯 jù

决不 juébù

均匀 jūnyún

K

开玩笑 kāi wánxiào

看 kàn

看不起 kàn・buqǐ

看见 kànjiàn

看样子 kànyàng・zi

看作 kànzuò

可爱 kě'ài

可口 kěkǒu

可巧 kěqiǎo

可是 kěshì

可恶 kěwù

可以 kěyǐ

渴 kě

客人 kè・rén

恐怕 kǒngpà

空隙 kòngxì

口袋 kǒu・dai

跨 kuà

L

垃圾 lājī

喇叭 lǎ・ba

来不及 lái・bují

来得及 lái・dejí

来年 láinián

篮子 lán・zi

浪费 làngfèi

老板 lǎobǎn

老汉 lǎohàn

老人家 lǎo・ren・jia

老鼠 lǎoshǔ

老太太 lǎotài・tai

老头子 lǎotóu・zi

泪水 lèishuǐ

累 lèi

篱笆 lí・ba

里边 lǐ・bian

力气 lì・qi

里面 lǐmiàn

历来 lìlái

厉害 lì・hai

栗子 lì・zi

俩 liǎ

连忙 liánmáng

连年 liánnián

连续 liánxù

镰刀 liándāo

两口子 liǎngkǒu・zi

两旁 liǎngpáng

聊 liáo

聊天儿 liáotiānr

邻居 línjū

凌晨 língchén

零碎 língsuì

流氓 liúmáng

聋 lóng

路上 lù・shang

萝卜 luó・bo

M

妈妈 mā・ma

麻雀 máquè

蚂蚁 mǎyǐ

忙 máng

盲人 mángrén

毛巾 máojīn

毛线 máoxiàn

毛衣 máoyī

帽子 mào・zi

没错 méicuò

没关系 méi guān・xi

没什么 méi shén・me

没说的 méishuō・de

没意思 méi yì・si

没用 méiyòng

没有 méi・yǒu

没辙 méizhé

眉 méi

迷失 míshī

谜 mí

谜语 míyǔ

棉衣 miányī

面前 miànqián

明年 míngnián

明天 míngtiān

命运 mìngyùn

模样 múyàng

母亲 mǔ・qīn

木材 mùcái

木匠 mù・jiàng

N

哪 nǎ

哪个 nǎ・ge

哪里 nǎ・lǐ

哪儿 nǎr

哪些 nǎxiē

那 nà

那边 nà・bian

那个 nà・ge

那里 nà·lǐ

那么 nà·me

那儿 nàr

那时 nàshí

那些 nàxiē

那样 nàyàng

纳闷儿 nàmènr

奶奶 nǎi·nai

男人 nánrén

南边 nán·bian

难过 nánguò

难堪 nánkān

难看 nánkàn

恼火 nǎohuǒ

脑子 nǎo·zi

闹着玩儿 nào·zhe wánr

内心 nèixīn

能干 nénggàn

能够 nénggòu

泥土 nítǔ

你 nǐ

你们 nǐ·men

纽扣 niǔkòu

农民 nóngmín

女儿 nǚ'ér

女人 nǚrén

女性 nǚxìng

女婿 nǚ·xu

女子 nǚzǐ

暖 nuǎn

O

偶尔 ǒu'ěr

P

拍照 pāizhào

牌子 pái·zi

胖子 pàng·zi

抛弃 pāoqì

泡沫 pàomò

碰钉子 pèng dīng·zi

疲倦 píjuàn

屁股 pì·gu

片刻 piànkè

骗 piàn

拼搏 pīnbó

拼命 pīnmìng

平常 píngcháng

平日 píngrì

瓶子 píng·zi

婆婆 pó·po

仆人 púrén

葡萄 pú·tao

Q

妻子 qīzǐ

凄凉 qīliáng

漆黑 qīhēi

旗子 qí·zi

起来 qǐ·lái

汽油 qìyóu

恰好 qiàhǎo

前面 qiánmiàn

前年 qiánnián

前天 qiántiān

前头 qián·tou

强盗 qiángdào

悄悄 qiāoqiāo

敲 qiāo

茄子 qié·zi

勤俭 qínjiǎn

勤劳 qínláo

青年 qīngnián

青蛙 qīngwā

轻视 qīngshì

清洁 qīngjié

蜻蜓 qīngtíng

穷人 qióngrén

渠道 qúdào

全都 quándōu

拳头 quán·tóu

R

然而 rán'ér

人家 rénjiā

人们 rén·men

忍不住 rěn·buzhù

仍旧 réngjiù

仍然 réngrán

日子 rì·zi

容易 róngyì

柔软 róuruǎn

如此 rúcǐ

如何 rúhé

如今 rújīn

S

撒谎 sāhuǎng

撒 sǎ

腮 sāi

塞 sāi

散步 sànbù

桑树 sāngshù

嗓子 sǎng·zi

丧失 sàngshī

杀害 shāhài

沙土 shātǔ

沙子 shā·zi

傻子 shǎ·zi

筛子 shāi·zi

山谷 shāngǔ

闪 shǎn

闪电 shǎndiàn

扇子 shàn·zi

商标 shāngbiāo

商店 shāngdiàn

商人 shāngrén

上边 shàng·bian
上空 shàngkōng
上面 shàngmiàn
上述 shàngshù
上午 shàngwǔ
勺子 sháo·zi
少量 shǎoliàng
少年 shàonián
少女 shàonǚ
舌头 shé·tou
蛇 shé
舍不得 shě·bu·de
摄影 shèyǐng
身材 shēncái
深夜 shēnyè
什么 shén·me
婶子 shěn·zi
生病 shēngbìng
生怕 shēngpà
生气 shēngqì
生前 shēngqián
牲畜 shēngchù
牲口 shēng·kou
绳子 shéng·zi
剩余 shèngyú
尸体 shītǐ
失掉 shīdiào
失去 shīqù
施肥 shīféi
时常 shícháng
时而 shí'ér
时髦 shímáo
食堂 shítáng
使劲 shǐjìn
式样 shìyàng
事情 shì·qing
是否 shìfǒu
适宜 shìyí

收拾 shōu·shi
手臂 shǒubì
手绢 shǒujuàn
手套 shǒutào
手指 shǒuzhǐ
首领 shǒulǐng
售货 shòuhuò
书包 shūbāo
叔叔 shū·shu
梳子 shū·zi
疏忽 shū·hu
竖 shù
刷子 shuā·zi
耍 shuǎ
摔 shuāi
谁 shuí
水泥 shuǐní
睡觉 shuìjiào
睡眠 shuìmián
瞬间 shùnjiān
说不定 shuō·budìng
说谎 shuōhuǎng
四处 sìchù
似乎 sìhū
饲养 sìyǎng
蒜 suàn
随便 suíbiàn
随后 suíhòu
穗 suì
孙女 sūn·nǚ
孙子 sūn·zi
索性 suǒxìng

T

他 tā
他们 tā·men
她 tā
她们 tā·men
台阶 táijiē

抬头 táitóu
谈话 tánhuà
糖果 tángguǒ
倘若 tǎngruò
烫 tàng
淘气 táoqì
讨厌 tǎoyàn
特地 tèdì
特意 tèyì
蹄子 tí·zi
田间 tiánjiān
调皮 tiáopí
通常 tōngcháng
通红 tōnghóng
同伴 tóngbàn
同年 tóngnián
同屋 tóngwū
童年 tóngnián
头脑 tóunǎo
徒弟 tú·dì
兔子 tù·zi
唾沫 tuò·mo
推 tuī
腿 tuǐ
脱落 tuōluò

W

娃娃 wá·wa
歪 wāi
外边 wài·bian
外衣 wàiyī
外祖父 wàizǔfù
外祖母 wàizǔmǔ
豌豆 wāndòu
玩 wán
玩具 wánjù
玩笑 wánxiào
晚上 wǎn·shang
往常 wǎngcháng

忘 wàng
忘记 wàngjì
为了 wèi·le
未必 wèibì
未曾 wèicéng
温暖 wēnnuǎn
蚊子 wén·zi
吻 wěn
我们 wǒ·men
乌鸦 wūyā
无可奈何 wúkěnàihé
无数 wúshù
午饭 wǔfàn
勿 wù
雾 wù

X

西红柿 xīhóngshì
西面 xīmiàn
吸烟 xīyān
熄灭 xīmiè
膝盖 xīgài
媳妇 xífù
洗澡 xǐzǎo
喜鹊 xǐquè
细小 xìxiǎo
虾 xiā
下来 xià·lái
下面 xiàmiàn
下午 xiàwǔ
夏天 xiàtiān
先前 xiānqián
掀起 xiānqǐ
鲜红 xiānhóng
现在 xiànzài
馅儿 xiànr
相继 xiāngjì
相连 xiānglián
香肠 xiāngcháng

香蕉 xiāngjiāo
香味 xiāngwèi
香烟 xiāngyān
香皂 xiāngzào
想 xiǎng
向来 xiànglái
像样 xiàngyàng
橡胶 xiàngjiāo
橡皮 xiàngpí
小孩儿 xiǎoháir
小伙子 xiǎohuǒ·zi
小朋友 xiǎopéngyǒu
小时候 xiǎoshí·hou
小子 xiǎo·zi
斜 xié
蟹 xiè
心底 xīndǐ
心里 xīn·lǐ
心头 xīntóu
星星 xīng·xing
行人 xíngrén
幸好 xìnghǎo
幸亏 xìngkuī
幸运 xìngyùn
袖子 xiù·zi
徐徐 xúxú
许多 xǔduō
絮叨 xù·dao
旋转 xuánzhuǎn
学生 xué·shēng
学徒 xuétú
雪白 xuěbái
迅速 xùnsù

Y

牙刷 yáshuā
烟囱 yāncōng
烟卷儿 yānjuǎnr
炎热 yánrè

颜色 yánsè
眼睛 yǎn·jing
眼泪 yǎnlèi
眼力 yǎnlì
厌恶 yànwù
样子 yàng·zi
要不 yàobù
要好 yàohǎo
要么 yào·me
要命 yàomìng
要是 yào·shi
耀眼 yàoyǎn
也许 yěxǔ
叶子 yè·zi
夜间 yèjiān
夜里 yè·lǐ
夜晚 yèwǎn
一辈子 yībèi·zi
一边 yībiān
一点儿 yīdiǎnr
一定 yīdìng
一度 yīdù
一共 yīgòng
一贯 yīguàn
一会儿 yīhuìr
一旁 yīpáng
一生 yīshēng
一下儿 yīxiàr
一向 yīxiàng
一些 yīxiē
衣裳 yī·shang
依旧 yījiù
依然 yīrán
遗失 yíshī
已经 yǐjīng
以往 yǐwǎng
饮水 yǐnshuǐ
婴儿 yīng'ér
鹰 yīng
影子 yǐng·zi

拥挤 yōngjǐ

用不着 yòng・bùzháo

犹如 yóurú

有点儿 yǒudiǎnr

有时 yǒushí

有些 yǒuxiē

又 yòu

右边 yòu・bian

幼儿 yòu'ér

玉米 yùmǐ

遇见 yùjiàn

匀 yún

运气 yùnqì

Z

砸 zá

在 zài

在家 zàijiā

咱 zán

咱们 zán・men

脏 zāng

糟糕 zāogāo

早晨 zǎo・chen

早饭 zǎofàn

早上 zǎo・shang

早晚 zǎowǎn

贼 zéi

怎么 zěn・me

怎么样 zěn・meyàng

怎样 zěnyàng

眨 zhǎ

站 zhàn

着凉 zháoliáng

照片 zhàopiàn

照相 zhàoxiàng

照相机 zhàoxiàngjī

这 zhè

这儿 zhèr

这边 zhè・bian

这个 zhè・ge

这里 zhè・lǐ

这么 zhè・me

这些 zhèxiē

这样 zhèyàng

针灸 zhēnjiǔ

争吵 zhēngchǎo

整个 zhěnggè

整洁 zhěngjié

整天 zhěngtiān

正好 zhènghǎo

正巧 zhèngqiǎo

正在 zhèngzài

芝麻 zhī・ma

知道 zhī・dào

蜘蛛 zhīzhū

侄子 zhí・zi

指甲 zhǐ・jia

指头 zhǐ・tou

至此 zhìcǐ

至今 zhìjīn

中途 zhōngtú

中午 zhōngwǔ

终身 zhōngshēn

竹子 zhú・zi

砖 zhuān

子女 zǐnǚ

子孙 zǐsūn

自行 zìxíng

足球 zúqiú

嘴巴 zuǐ・ba

嘴唇 zuǐchún

昨天 zuótiān

左边 zuǒ・bian

做客 zuòkè

做梦 zuòmèng

四、普通话与方言语法辨正

（一）方言与普通话词法上的主要差异

在词的用法上,方言和普通话之间存在差异。词分为实词、虚词两类,实词包含名词、动词、形容词、数词、量词、代词,虚词包含副词、介词、助词、语气词等。

说明:下面列举的句子,每组表示同一说法,句子后标有"〈方〉"的为方言说法,没有标"〈方〉"的为普通话说法。

1.实词

（1）名词。

①名词的重叠。普通话中,名词一般不能重叠,但在某些方言中会出现重叠的名词。既有单音节名词的重叠,也有双音节名词的重叠,一般的变换形式为:AA、AAB、ABB、AABB。例如:草→草草、灯→灯灯、垫子→垫垫、花袄→花花袄、鸡爪→鸡爪爪。例句:

客厅中间放张桌子。

客厅中间放张桌桌。〈方〉

客厅中间放张桌儿。〈方〉

把瓶子上的盖儿拧开。

把瓶瓶上的盖盖拧开。〈方〉

②名词的附加成分。普通话与方言中某些名词会加词尾,如"子、儿",但区别在于词尾用在什么词后。江淮方言中会用"子"作词尾,如"蝴蝶子、面条子、嘴唇子";吴方言中会用"间"字作词尾,如"厨房间、厕所间"等;宝鸡方言中会用"兮"字作词尾,如"脏兮、软兮"等。例句:

他们明年结婚。

他们明年子结婚。〈方〉

这个西红柿很好吃。

这个洋柿子很好吃。〈方〉

这个番茄很好吃。〈方〉

(2)动词。

①动词的重叠。一些方言中,动词的重叠表示动态、尝试、动作时间短暂等语法意义。例句:

正吃着,没菜了。

吃吃,没菜了。〈方〉

正走着,摔了一跤。

走走,栽了一跤。〈方〉

时常练一下,能学会的。

常常练练,能学会的。〈方〉

②能愿动词"能(善于、可以)"。普通话中,"能"可以表示"善于、可以"。

表示"善于"时前有程度副词"很""非常"修饰。在某些方言中,用"会"代替"能"。普通话中"程度副词+会"也表示"善于",因此"能"和"会"在一定情境中通用。普通话中"程度副词+不会"表示"不善于",但"不能"前不再加程度副词。无程度副词的"不会"和"不能"意义不同。例句:

他很能吃。

他很会吃。

他很不会吃。

他很不能吃。〈方〉

他不会干活。

他不能干活。

表示"可以"时,在普通话中"能"后加动词。而在方言中动词后会加"得"表示"可以",或以"会"代替"能"。例句:

我能找到她。

我找得到她。〈方〉

我会找到她。〈方〉

你能来吗?

你会来吗?〈方〉

你来得了不?〈方〉

③趋向动词"来、去、起来"。趋向动词可作谓语或者谓语中心,也可用在动词或形容词后表示趋向,作趋向补语。

"来"和"去"在普通话中有两种功能:一是实义动词;二是意义虚化,表示一种趋向,但"来"和"去"所表示的趋向相反。在一些方言中,"去"前会加"来"字;有的"去"说成"来";有的将"来去"用作"将要"。例句:

我们去找他。

我们来找他。〈方〉

我们去找他来。〈方〉

下午去逛街吧。

下午来去逛街吧。〈方〉

"起来"在普通话中,常用于动词、形容词后,表示动作或状态的开始,组成"动词+起+宾语+来"句式,或"宾语+动词+起来"句式。在某些方言中,"起来"也会位于宾语后。例句:

说起话来没个完。

话说起来没个完。

说话起来没个完。〈方〉

④给予动词"给"。动词"给"在一些方言中会说成"把"或"到",同时句式结构上也会变化。例句:

我给过她两块钱。

我把过其两块钱。〈方〉

给我一支笔。

拿一支笔到我。〈方〉

(3)形容词。

形容词在普通话中可以重叠,但单音节词重叠一般要在后面加"的"。例如:青→青青的。而方言中的重叠一般不用"的",形式上也更多样。形容词重叠后表示程度加深或减弱。例词:

喷喷香

香喷喷

喷香香〈方〉

细长的
细麻麻的〈方〉
细长长的〈方〉

天气温热
天气热火火〈方〉
天气火火热〈方〉

大大方方
大方大方〈方〉
大大方〈方〉

（4）数词。

一些方言的称数法与普通话相比有所区别。

①在数量上加以替代或省略。例句：

还有一个多月才能完成工作。

还有月把天才能完成工作。〈方〉

她逛街用了一个半小时。

她逛街用了一点半钟。〈方〉

②二与两。普通话中，"两"一般作基数词；"二"可作基数词,也可作序数词。单独与量词结合时,用"两"不用"二"。例词：

两个人
二个人〈方〉

还需要两三个月才能回家。

还需要二三个月才能回家。〈方〉

③数词具备了实际意义。一些方言中,数词的职能发生转变,"数"的概念被虚化。例句：

他长得太高了。

他长得八八长。〈方〉

这两日忙得昏头昏脑。

这两天忙得昏头七冲。〈方〉

（5）量词。

普通话与方言中,量词的差异也较明显。一些量词意义相同而词形不同,或者方言中存在自己独有的量词。例词：

一只牛
一头牛
一根牛〈方〉

一辆车

一张车〈方〉

一栋楼

一斟楼〈方〉

(6)代词。

①指示代词。普通话中,"这"用来指代人和事物,表示"近指",而在一些方言中不用"这"。例句:

这支笔是谁的?

支笔是谁的?〈方〉

②人称代词。方言中存在一些普通话中没有的人称代词。例如:"俺""你家""人家"对应普通话中的"我""你""他"。例句:

我想先吃顿早饭。

俺想先吃个早饭。〈方〉

他最近很忙。

人家最近忙咧很。〈方〉

2.虚词

(1) 副词。

①程度副词。普通话中,程度副词的使用频率较高,常用词如"很、太、非常"等。程度副词可以直接放在动词、形容词之前表示动作、性状的程度,不能直接放在动词、形容词之后。在有些方言中,常把"很"放在动词、形容词之后表示程度。有些方言中也会使用独有的程度副词,如"忒、过、老、异、海"等。例句:

菜太老了,不能吃了。

菜老很啰,吃不得啰。〈方〉

这花儿多好看。

这花儿老好看了。〈方〉

这花儿好好看了。〈方〉

这花儿忒好看了。〈方〉

老师布置了很多作业。

老师布置的作业海多。〈方〉

②范围副词。普通话中,范围副词"都""全"的意义基本相同。方言中表示"都""全"意义的字词更加多样,如"净、咸、尽都、做下"。

普通话以"都/全 + 动词 + 补语"格式表示"全部",而一些方言往往用"动 + 动 + 补语"格式表示此意义。例句:

你们都出去。

你们全出去。

你们全都出去。

你们出出去。〈方〉

桌子上都是灰。

桌子上净灰。〈方〉

桌子上净是灰。〈方〉

八点钟开会，所有人都要去。

八点钟开会，所有侬做下去。〈方〉

③否定副词"不"。在普通话中，常用"不"表示否定意义，当表示"完成、存在状态"时，一般在动词后加助词"了 le、着 zhe"。而在一些方言中常用"没、没有"表示否定意义，并且会在动词后带"得有"或"有"再带宾语，表示事物的存在，即"（动）得有（宾语）"。有时普通话中需要用"有"来表示的，方言里也用"得有"来表示。有的方言里用"有"表示曾经等，直接放在动词前面。例句：

他课本丢了找不到。

他课本丢了没有地方找。〈方〉

我吃不到荔枝。

我吃没有荔枝。〈方〉

（2）介词。

①被。普通话中，常用介词"被"（口语里表达为"叫、让"等）或者用"被"引进施事宾语，放在谓语动词前，构成表示被动意义的"被字句"。方言中，表被动意义的介词的位置与普通话中相同，但所用介词不同。湖南把"被"说成"捞"，把"被"说成"阿"。四川等地把"被"说成"遭""拿给"等。也有用"把"兼当"把字句"和"被字句"的公词，如"弟弟把他哥哥打了"。某些地区口语里也会用"给"表示被动意义。例句：

杯子被弟弟摔碎了。

杯子阿弟弟摔碎了。〈方〉

他的车被别人开走了。

他的车拿给别人开走了。〈方〉

他的车遭别人开走了。〈方〉

②从、在、到、向、往。在普通话中，"从"是表示动作起始点的介词，常带宾语构成介词短语作状语。方言中把"从"说成"对""走""朝""赶""迎""假""跟""以""拿""到"等。

普通话中，介词"在、到"构成介词短语作谓语动词的状语或补语表示处所。有些方言区把"在、到"说成"咧、擝、搁"等，有的干脆省略掉介词，让谓语动词与后面的处所名词直接组合。表示方向的介词"往"会说成"去"；"向"说成"给"。例句：

从现在开始。

起现在开始。〈方〉

对现在开始。〈方〉

我从家出发去机场。

我对家出发去机场。〈方〉

我起家出发去机场。〈方〉

在画室里画画。

搁画室里画画。〈方〉

跟画室里画画。〈方〉

（3）助词。

①动态助词：着、了、过。普通话中，"着、了、过"为主要的动态助词，它们常附着在动词或形容词之后表示动词、形容词的某种语法意义。"着"用在动词、形容词后面，表示动作在进行或状态在持续，有时表示动作进行后的存在状态；"了"表示动作行为的完成；"过"用在动词、形容词后面，表示动作的完成，或表示曾经发生这样的动作、曾经具有这样的状态。

在方言中，动态助词词形出现变化。把"着"或"了"说成"得有"；把"着"说成"倒""起"等；或在动词后带"起在""倒起"等，表示普通话里"着"的意思。有些方言中会以"掉"代替"了"；有些方言中会把"着"放在宾语之后；有些方言中特定的短句格式也具有动态助词的功能，如"有+动"或"有+动+过"。例句：

给你留了包子。

给你留得有包子。〈方〉

你就在旁边看着吧。

你就在旁边看起吧。〈方〉

你就在旁边看倒吧。〈方〉

水在炉子上烧着呢。

水在炉子上烧起在。〈方〉

爸爸曾严厉地批评过我。

爸爸曾有严厉地批评过我。〈方〉

气死了。

气死掉。〈方〉

他说过想回家。

他有说想回家。〈方〉

②结构助词：的、地。在普通话中，"的、地"是常用的结构助词。在方言中，"的、地"会说成"葛、子、哩"等。

这是你家的树。

这是你家葛树。〈方〉

这是恁家哩树。〈方〉

我们悄悄地说。

我们悄悄子说。〈方〉

随便地看一下。

随便个看下子。〈方〉

（4）语气词。

普通话中，一般在句尾用语气词,表示主语对象的语气。依据所表示的语气不同分为陈述语气、疑问语气、祈使语气和感叹语气。普通话中表述语气的"嘛""呢""吧",在方言中会用"哟""着""子""的嘞""哇"等来表示。普通话中不需要句末语气词的,有些方言会加上语气词"的";普通话中用语气词"了"的,有些方言中用了"的"。例句:

还没有到地方呢。

还没到地儿的嘞。〈方〉

你不要着急嘛。

你不要着急哟。〈方〉

这是你送我的花吧?

这是你送我的花哇?〈方〉

3.其他

在普通话中没有前缀的地方,有些方言中会加上前缀。例句:

开了一朵红花。

开了一圪朵红花。〈方〉

他可会哄人呢。

他可会日哄人哩。〈方〉

（二）　方言与普通话句法上的主要差异

1.句式差异

（1）选择疑问句。

普通话中,"动不动"和"形不形"是选择疑问句式,选择项是一件事物的肯定和否定,常以"A 不 A、AB 不 AB"或"A 没 A、AB 没 AB"等形式出现。

方言中,选择疑问句的句式发生变化。如用"是不 A、是不 AB""是没 A、是没 AB""实A、实 AB"等格式表示;用动词、形容词重叠的形式来表示反复问的意义,构成"AA、AAB"式;在动词、形容词后面加上"不"构成"A 不"或"AB 不"格式;在动词、形容词后加助词"啵"来表示疑问,或用"A 啊吧"或者"A 啊不""AB 啊不"格式表示。例句:

他是不是生气了?

他是不生气了?〈方〉

你有没有买过铅笔？

你是没买过铅笔？〈方〉

你们来过没来过？

你们来来没呐？〈方〉

你最近忙不忙？

你最近忙不？〈方〉

今天冷不冷？

今天冷啵？〈方〉

你这表贵不贵？

你这表贵啊不？〈方〉

你这表贵咧不？〈方〉

你这表贵咧不咧？〈方〉

（2）疑问句。

普通话中，用"会不会""能不能"表示疑问。方言中，疑问句式的表达具有各地特色。

普通话句式	方言句式（举例）	普通话回答	方言回答
会不会	（动）得来（动）不来／（动）得来不／得不得（动）	动词前面加"会、不会"	（动）得来／（动）不来／不得（动）／不得会（动）
能不能（动）／能（动）不能（动）	（动）得不	能（动）／不能（动）	（动）得／（动）不得

你会不会唱歌？　　　我不会唱歌。／我会唱歌。

你唱得来歌不？　　　我唱不得。／我唱得。〈方〉

你歌唱得来唱不来？　我唱不来。／我唱得来。〈方〉

你歌得不得唱？　　　我不得会。／我会得。〈方〉

你能不能走？　　　　我不能走。／我能走。

你走得不？　　　　　我走不得。／我走得。〈方〉

（3）否定句。

普通话中，"不知道、不认得"等表示否定意味，方言中会说成"找不到"。普通话的"不认得"，方言说成"认不到"或"不会认得到"。有些方言会把否定词"不"放在"知道"或"认得"之间，或者说成"晓不得"。例句：

这件事我不知道。

这件事我知不道。〈方〉

这件事我晓不得。〈方〉

这个小姑娘我不认得。

这个小姑娘我不会认得到。〈方〉

这个小姑娘我认不得。〈方〉

他的想法我不知道。

他的想法我知不道。〈方〉

他的想法我晓得。〈方〉

（4）"把"字句。

普通话中，"把＋宾语＋谓语＋补语"的句型是很常见的。介词"把"将谓语动词后的受事宾语提到动词之前，表示对一种事物或现象的处置，谓语动词后常带趋向补语或处所补语。方言中，常把代词宾语放在动词之后或复合趋向动词（如出来、起来）之间。例句：

我们把他抓起来。

我们抓他起来。〈方〉

我把他推出门了。

我推他出门了。〈方〉

2. 语序差异

（1）动＋宾＋补、动＋补＋宾。

普通话中，当动词后出现补语和宾语时，在语序上需要留意。顺序如何变换，既取决于补语和中心语结合的紧密程度，也取决于宾语要处的不同位置。表示结果、程度、可能的补语跟动词关系密切，一般紧接在动词谓语后，在宾语前。但在有些方言中，会将此类补语放在宾语之后，或者在否定句中把宾语放在补语前边。此外，在一些方言里，否定副词和数量补语的语序也有变化，有"动宾补"和"动补宾"两种句式，在句意上，"动补宾"更强调"宾语"。例句：

他一餐吃得完两斤米。

他一餐吃得两斤米完。〈方〉

我想看他一下。

我想看他下子。〈方〉

我想看一下他。〈方〉

（2）双宾语。

普通话中，谓语动词有时会带两个宾语，即直接宾语（指事物）和间接宾语（指人）。间接宾语紧跟在动词后，也称近宾语。直接宾语一般位于间接宾语之后，也称远宾语。方言中，会把远宾语放在句首或动词之前。例句：

给我派一个助手。

派一个助手我。〈方〉

助手一个派我。〈方〉

助手派一个给我。〈方〉

我给他一本书。

我给一本书他。〈方〉

我书给他一本。〈方〉

我给一本书给他。〈方〉

我书一本给他。〈方〉

（3）状＋动/形。

普通话中，副词与动词、形容词组合时，副词放在被修饰、限制词语前作状语。方言中，会把副词放在被修饰、限制词语后作补语。例句：

北京快到了。

北京到快了。〈方〉

这件衣服很漂亮。

这件衣服漂亮得很。〈方〉

少喝点酒对身体好。

喝少点酒对身体好。〈方〉

（4）状＋动＋补。

普通话中，"状＋动＋补"中的状语一般为"多"或"少"，补语一般是数量补语。方言中，常把在动词前的状语"多""少"放在动词后，"多""少"等词在功能上发生了变化，句子的意义也发生了变化。例句：

我再多喝两口奶茶。

我再喝多两口奶茶。〈方〉

多用一点时间来陪孩子。

用多一点时间来陪孩子。〈方〉

3. 句子格式差异

（1）形/动＋补。

普通话中，常见"形/动＋补"的格式。方言中，会在格式上有差别，或者补语用词不同。例句：

课本叫他弄脏了。

课本叫他弄脏了脏。〈方〉

把桌子搬开了。

把桌子搬转了。〈方〉

（2）够＋形、动＋清楚＋了。

普通话中，"够＋形"或"动＋清楚＋了"等格式，表示动作或状态达到一定程度。方言中，则用"有＋形"或"动＋有"的格式来表示动作或状态的程度。例句：

水够多了。

水有多。〈方〉

我看清楚了。

我看有。〈方〉

（3）补语。

普通话中，"动 + 得/不 + 了(liǎo)"是表示可能或不可能的动补结构。在方言中，补语"了"会被说成"倒""脱"或"起"。普通话中作补语的趋向动词"上""下"，在方言中会用"起"表示。方言中有些动补结构常重复动词，然后加补语。例句：

你们吃得了吃不了？

你们吃得倒吃不倒？〈方〉

她带不了那么多东西。

她带不起那么多东西。〈方〉

你今天走不了。

你今天走不脱。〈方〉

她要把杯子刷干净。

她要把杯子刷刷干净。〈方〉

（4）比较句。

普通话中，表示比较的句式是用"比"字构成的，基本格式为"甲 + 比 + 乙 + 比较语"。

方言中，有些表示比较的句式不用"比"字，而用"过"字，其格式为"甲 + 比较语 + 过 + 乙"；或者不用"比、过"一类介词，格式为"甲 + 动词/形容词 + 乙"，还有的用"甲 + 形容词 + 起 + 乙""甲 + 比较语 + 的 + 乙"结构来表示。

有些方言区比较句式与普通话格式相似，但会用"伴、给、赶、跟、评、品、的"等代替介词"比"，引进比较对象。

此外，普通话里表示比较的句式中也有用动词"不如"构成的，格式为"甲不如乙 + 比较语"。有些方言区会把"不如"说成"不跟"。例句：

我比你高。

我高你。〈方〉

我比你过高。〈方〉

我比较高你。〈方〉

我比你较高。〈方〉

这件衣服不比那件漂亮。

这件衣服不漂亮过那件。〈方〉

这件衣服不漂亮起那件。〈方〉

这个不比那个更好。

这个不更强的那个。〈方〉

我不如他聪明。

我不跟他聪明。〈方〉

他跟我聪明。〈方〉

他评我聪明。〈方〉

他品我聪明。〈方〉

走路不如汽车快。

走路不跟汽车快。〈方〉

4．复句中关联词语的使用差异

（1）并列关系复句和关联词语。

复句是由两个或两个以上意义相关的分句组成的较复杂的句子。复句里各个分句之间的关系通过关联词语来表示。几个分句分别说明或描写几件事情、几种情况或同一事物的几个方面，分句间的关系是并举的或者是对举的，这就是并列关系。普通话常用的关联词是"也""又""还""既……又……""一边儿……一边儿……""一方面……一方面……"等。方言中的关联词则不同。例句：

我一边吃饭，一边看电视。

我一不嘞吃饭，一不嘞看电视。〈方〉

我一不地瞧吃饭，一不地看电视。〈方〉

（2）取舍关系复句和关联词语。

取舍复句表选择，两个分句表示不同的事物，说话者已经决定选取其中一种，常用关联词有"与其……不如……""宁可……也不……"等。方言中会用不同的方式表达这种取舍关系。例句：

宁肯步行，也不能坐车。

能步行，也不能坐车。〈方〉

就算步行，也不能坐车。〈方〉

就是步行，也不能坐车。〈方〉

情愿步行，也不能坐车。〈方〉

（3）假设关系复句和关联词语。

假设关系复句是指一个分句假设一种情况，另一分句说明假设的情况实现了就会有怎样的结果，常用"如果（假如、要是）……就……"等关联词语来表明这种关系。方言中，会用"不着……就……"表示假设关系。它表达的含义比较复杂，相当于普通话的"如果不是因为……就……"。例句：

如果不是你提醒我，我就忘记拿快递了。

不着你提醒我，我就忘记拿快递了。〈方〉

如果不是因为下雨，他就回来了。

不着下雨，他就回来了。〈方〉

普通话水平测试专用词语表

表 一

【说明】

1. 本表参照国家语言文字工作委员会现代汉语语料库和中国社会科学院语言研究所编辑的《现代汉语词典》(1996年7月修订第三版)编制。本书依据第七版《现代汉语词典》进行整理,修正部分读音及注音格式。

2. 本表供普通话水平测试第一项——读单音节字词(100个音节)和第二项——读多音节词语(100个音节)测试使用。

3. 本表共收词语17041条,由"表一"(6593条)和"表二"(10448条)两部分组成,条目按汉语拼音字母顺序排列。"表一"里带"＊"的是按频率在第4000条以前的最常用词。

4. 本表条目除必读轻声音节外,一律只标本调,不标变调。

5. 条目中的必读轻声音节,注音不标调号,注音前加圆点,如:"明白 míng·bai";一般轻读、间或重读的音节,注音上标调号,注音前再加圆点提示,如:"因为 yīn·wèi"。

6. 条目中儿化音节的注音,只在基本形式后面加r,如:"一会儿 yīhuìr",不标语音上的实际变化。

A

＊阿 ā
阿姨 āyí
挨 āi
挨 ái
矮 ǎi
＊爱 ài
＊爱国 àiguó
爱好 àihào
爱护 àihù
爱情 àiqíng
＊爱人 ài·ren
＊安 ān
安定 āndìng
安静 ānjìng
＊安排 ānpái
安培 ānpéi
＊安全 ānquán
＊安慰 ānwèi
安心 ānxīn
安置 ānzhì
安装 ānzhuāng
氨 ān
氨基酸 ānjīsuān
岸 àn
＊按 àn
＊按照 ànzhào
＊案 àn
＊案件 ànjiàn
＊暗 àn
暗示 ànshì
暗中 ànzhōng
凹 āo
熬 āo
熬 áo
奥秘 àomì
奥运会 Àoyùnhuì

B

＊八 bā
巴 bā
扒 bā
拔 bá
＊把 bǎ
＊把握 bǎwò
＊把儿 bàr
爸 bà
爸爸 bà·ba
＊罢 bà
罢工 bàgōng
＊白 bái
＊白色 báisè
＊白天 báitiān
＊百 bǎi
百年 bǎinián
百姓 bǎixìng
＊摆 bǎi
摆动 bǎidòng
＊摆脱 bǎituō
败 bài
拜 bài
＊班 bān
＊般 bān
颁布 bānbù
搬 bān
搬家 bānjiā
搬运 bānyùn
＊板 bǎn
板凳 bǎndèng
板块 bǎnkuài
版 bǎn

＊办 bàn
＊办法 bànfǎ
＊办公室 bàngōngshì
＊办理 bànlǐ
＊办事 bànshì
＊半 bàn
半导体 bàndǎotǐ
半岛 bàndǎo
＊半径 bànjìng
＊半天 bàntiān
半夜 bànyè
扮演 bànyǎn
伴 bàn
伴随 bànsuí
伴奏 bànzòu
瓣 bàn
＊帮 bāng
帮忙 bāngmáng
＊帮助 bāngzhù
榜样 bǎngyàng
＊棒 bàng
傍晚 bàngwǎn
＊包 bāo

包袱 bāo·fu
包干儿 bāogānr
＊包含 bāohán
＊包括 bāokuò
＊包围 bāowéi
包装 bāozhuāng
孢子 bāozǐ
炮 bāo
薄 báo
饱 bǎo
＊饱和 bǎohé
宝 bǎo
宝贝 bǎo·bèi
宝贵 bǎoguì
宝石 bǎoshí
＊保 bǎo
＊保持 bǎochí
＊保存 bǎocún
保管 bǎoguǎn
＊保护 bǎohù
＊保留 bǎoliú
保守 bǎoshǒu
＊保卫 bǎowèi
保险 bǎoxiǎn

87

*保障 bǎozhàng
*保证 bǎozhèng
*报 bào
*报酬 bào·chou
*报道 bàodào
报复 bào·fù
*报告 bàogào
*报刊 bàokān
报名 bàomíng
*报纸 bàozhǐ
*抱 bào
暴动 bàodòng
暴力 bàolì
*暴露 bàolù
暴雨 bàoyǔ
*爆发 bàofā
*爆炸 bàozhà
*杯 bēi
*背 bēi
悲哀 bēi'āi
悲惨 bēicǎn
*悲剧 bēijù
*北 běi
*北方 běifāng
贝 bèi
备 bèi
*背 bèi
*背后 bèihòu
*背景 bèijǐng
*倍 bèi
*被 bèi
被动 bèidòng
被告 bèigào
被子 bèi·zi
辈 bèi
奔 bēn
奔跑 bēnpǎo
*本 běn
本地 běndì
*本来 běnlái
*本领 běnlǐng
本能 běnnéng
*本人 běnrén
*本身 běnshēn
本事 běnshì

本事 běn·shi
本体 běntǐ
本性 běnxìng
*本质 běnzhì
苯 běn
奔 bèn
笨 bèn
崩溃 bēngkuì
蹦 bèng
逼 bī
鼻 bí
鼻孔 bíkǒng
*鼻子 bí·zi
*比 bǐ
比价 bǐjià
*比较 bǐjiào
*比例 bǐlì
*比如 bǐrú
*比赛 bǐsài
比喻 bǐyù
*比重 bǐzhòng
彼 bǐ
*彼此 bǐcǐ
*笔 bǐ
笔记 bǐjì
笔者 bǐzhě
*必 bì
必定 bìdìng
*必然 bìrán
必然性 bìránxìng
*必须 bìxū
必需 bìxū
*必要 bìyào
*毕竟 bìjìng
*毕业 bìyè
闭 bì
闭合 bìhé
*壁 bì
壁画 bìhuà
*避 bì
避免 bìmiǎn
*臂 bì
*边 biān
边疆 biānjiāng
边界 biānjiè

边境 biānjìng
边区 biānqū
边缘 biānyuán
*编 biān
编辑 biānjí
编写 biānxiě
*编制 biānzhì
鞭 biān
鞭子 biān·zi
扁 biǎn
*变 biàn
*变动 biàndòng
变法 biànfǎ
*变革 biàngé
变更 biàngēng
*变化 biànhuà
变换 biànhuàn
变量 biànliàng
变迁 biànqiān
变态 biàntài
变形 biànxíng
变异 biànyì
*便 biàn
便利 biànlì
*便于 biànyú
*遍 biàn
辨 biàn
辨别 biànbié
辨认 biànrèn
辩护 biànhù
*辩证 biànzhèng
*辩证法
biànzhèngfǎ
标 biāo
标本 biāoběn
标题 biāotí
标语 biāoyǔ
标志 biāozhì
*标准 biāozhǔn
标准化
biāozhǔnhuà
*表 biǎo
表层 biǎocéng
*表达 biǎodá
*表面 biǎomiàn

*表明 biǎomíng
表皮 biǎopí
*表情 biǎoqíng
*表示 biǎoshì
表述 biǎoshù
*表现 biǎoxiàn
表象 biǎoxiàng
*表演 biǎoyǎn
表扬 biǎoyáng
表彰 biǎozhāng
*别 bié
*别人 bié·rén
*别 biè
宾 bīn
*冰 bīng
冰川 bīngchuān
*兵 bīng
兵力 bīnglì
丙 bǐng
柄 bǐng
饼 bǐng
屏 bǐng
*并 bìng
*并且 bìngqiě
并用 bìngyòng
*病 bìng
病变 bìngbiàn
病毒 bìngdú
病理 bìnglǐ
病情 bìngqíng
*病人 bìngrén
拨 bō
*波 bō
*波长 bōcháng
*波动 bōdòng
波浪 bōlàng
*玻璃 bō·li
剥夺 bōduó
*剥削 bōxuē
播种 bōzhǒng
播种 bōzhòng
伯 bó
*脖子 bó·zi
*博士 bóshì
搏斗 bódòu

*薄 bó
薄弱 bóruò
*薄 bó
*补 bǔ
补偿 bǔcháng
*补充 bǔchōng
补贴 bǔtiē
捕 bǔ
捕捞 bǔlāo
捕食 bǔshí
捕捉 bǔzhuō
*不 bù
*不安 bù'ān
*不必 bùbì
不便 bùbiàn
*不曾 bùcéng
*不错 bùcuò
*不但 bùdàn
*不当 bùdàng
*不等 bùděng
不定 bùdìng
*不断 bùduàn
*不对 bùduì
不妨 bùfáng
不服 bùfú
*不够 bùgòu
*不顾 bùgù
*不管 bùguǎn
*不光 bùguāng
*不过 bùguò
*不合 bùhé
不及 bùjí
*不禁 bùjīn
*不仅 bùjǐn
*不久 bùjiǔ
不堪 bùkān
*不可 bùkě
不快 bùkuài
*不利 bùlì
*不良 bùliáng
不料 bùliào
*不论 bùlùn
*不满 bùmǎn
不免 bùmiǎn
*不怕 bùpà

不平 bùpíng
*不然 bùrán
不容 bùróng
*不如 bùrú
不时 bùshí
不惜 bùxī
*不想 bùxiǎng
*不行 bùxíng
*不幸 bùxìng
*不许 bùxǔ
*不要 bùyào
不宜 bùyí
不已 bùyǐ
*不用 bùyòng
不止 bùzhǐ
*不足 bùzú
*布 bù
布局 bùjú
*布置 bùzhì
*步 bù
步伐 bùfá
*步骤 bùzhòu
步子 bù·zi
*部 bù
*部队 bùduì
*部分 bù·fen
*部落 bùluò
*部门 bùmén
部署 bùshǔ
*部位 bùwèi

C

*擦 cā
猜 cāi
*才 cái
*才能 cáinéng
材 cái
*材料 cáiliào
财 cái
财产 cáichǎn
*财富 cáifù
财力 cáilì
财务 cáiwù
财政 cáizhèng
采 cǎi
*采访 cǎifǎng

采购 cǎigòu
采集 cǎijí
*采取 cǎiqǔ
*采用 cǎiyòng
彩 cǎi
彩色 cǎisè
踩 cǎi
*菜 cài
蔡 cài
参 cān
*参观 cānguān
*参加 cānjiā
*参考 cānkǎo
参谋 cānmóu
参数 cānshù
*参与 cānyù
参照 cānzhào
残 cán
残酷 cánkù
残余 cányú
蚕 cán
灿烂 cànlàn
仓 cāng
仓库 cāngkù
苍白 cāngbái
苍蝇 cāng·ying
舱 cāng
*藏 cáng
操 cāo
操纵 cāozòng
*操作 cāozuò
曹 cáo
槽 cáo
*草 cǎo
草案 cǎo'àn
草地 cǎodì
*草原 cǎoyuán
册 cè
*侧 cè
侧面 cèmiàn
侧重 cèzhòng
*测 cè
测定 cèdìng
*测量 cèliáng
*测验 cèyàn

策略 cèlüè
*层 céng
*层次 céngcì
*曾 céng
*曾经 céngjīng
叉 chā
*差 chā
*差别 chābié
差价 chājià
差距 chājù
*差异 chāyì
*插 chā
*茶 chá
*茶馆儿 cháguǎnr
*茶叶 cháyè
*查 chá
察 chá
叉 chǎ
*差 chà
*差不多
chà·buduō
差点儿 chàdiǎnr
拆 chāi
*差 chāi
柴 chái
缠 chán
*产 chǎn
产地 chǎndì
*产量 chǎnliàng
*产品 chǎnpǐn
*产生 chǎnshēng
*产物 chǎnwù
*产业 chǎnyè
产值 chǎnzhí
阐明 chǎnmíng
阐述 chǎnshù
颤抖 chàndǒu
*长 cháng
长城 Chángchéng
长处 chángchù
*长度 chángdù
长短 chángduǎn
长久 chángjiǔ
*长期 chángqī
*长远 chángyuǎn

长征 chángzhēng
*场 cháng
肠 cháng
尝 cháng
尝试 chángshì
*常 cháng
常规 chángguī
常年 chángnián
常识 chángshí
常数 chángshù
*厂 chǎng
*厂房 chǎngfáng
*场 chǎng
场地 chǎngdì
场合 chǎnghé
*场面 chǎngmiàn
场所 chǎngsuǒ
*唱 chàng
抄 chāo
*超 chāo
超出 chāochū
超额 chāo'é
*超过 chāoguò
*超越 chāoyuè
巢 cháo
*朝 cháo
朝廷 cháotíng
潮 cháo
潮流 cháoliú
潮湿 cháoshī
吵 chǎo
炒 chǎo
*车 chē
车间 chējiān
车辆 chēliàng
车厢 chēxiāng
车站 chēzhàn
车子 chē·zi
扯 chě
*彻底 chèdǐ
撤 chè
撤销 chèxiāo
臣 chén
尘 chén
沉 chén

沉淀 chéndiàn
沉积 chénjī
*沉默 chénmò
沉思 chénsī
*沉重 chénzhòng
沉着 chénzhuó
*陈 chén
陈旧 chénjiù
陈述 chénshù
*称 chèn
趁 chèn
*称 chēng
称号 chēnghào
称呼 chēng·hu
称赞 chēngzàn
撑 chēng
*成 chéng
*成本 chéngběn
*成虫 chéngchóng
*成分 chéngfèn
*成功 chénggōng
*成果 chéngguǒ
*成绩 chéngjì
*成就 chéngjiù
*成立 chénglì
成年 chéngnián
*成人 chéngrén
*成熟 chéngshú
*成为 chéngwéi
成效 chéngxiào
成语 chéngyǔ
*成员 chéngyuán
*成长 chéngzhǎng
*呈 chéng
*呈现 chéngxiàn
诚 chéng
诚恳 chéngkěn
诚实 chéng·shí
承 chéng
承包 chéngbāo
承担 chéngdān
承认 chéngrèn
承受 chéngshòu
*城 chéng
*城市 chéngshì

城镇 chéngzhèn
*乘 chéng
乘机 chéngjī
乘客 chéngkè
*盛 chéng
程 chéng
*程度 chéngdù
程式 chéngshì
*程序 chéngxù
惩罚 chéngfá
秤 chèng
*吃 chī
*吃饭 chīfàn
吃惊 chījīng
吃力 chīlì
*池 chí
池塘 chítáng
*迟 chí
*持 chí
持久 chíjiǔ
*持续 chíxù
*尺 chǐ
*尺度 chǐdù
齿 chǐ
赤 chì
赤道 chìdào
翅 chì
*翅膀 chìbǎng
*冲 chōng
冲动 chōngdòng
冲击 chōngjī
冲破 chōngpò
*冲突 chōngtū
充 chōng
充当 chōngdāng
*充分 chōngfèn
*充满 chōngmǎn
充实 chōngshí
充足 chōngzú
*虫 chóng
*重 chóng
*重复 chóngfù
重合 chónghé
*重新 chóngxīn
*崇拜 chóngbài

崇高 chónggāo
*冲 chòng
*抽 chōu
抽象 chōuxiàng
仇恨 chóuhèn
愁 chóu
丑 chǒu
臭 chòu
*出 chū
*出版 chūbǎn
出产 chūchǎn
*出发 chūfā
出发点 chūfādiǎn
出国 chūguó
*出口 chūkǒu
出来 chū·lái
出路 chūlù
出卖 chūmài
出门 chūmén
*出去 chū·qù
出色 chūsè
出身 chūshēn
*出生 chūshēng
出售 chūshòu
出土 chūtǔ
出席 chūxí
*出现 chūxiàn
出血 chūxiě
*初 chū
*初步 chūbù
初级 chūjí
*初期 chūqī
初中 chūzhōng
*除 chú
除非 chúfēi
*除了 chú·le
厨房 chúfáng
*处 chǔ
处罚 chǔfá
处分 chǔfèn
处境 chǔjìng
*处理 chǔlǐ
处于 chǔyú
*储备 chǔbèi
*储存 chǔcún

储量 chǔliàng
储蓄 chǔxù
楚 chǔ
*处 chù
*畜 chù
触 chù
川 chuān
*穿 chuān
*穿着 chuānzhuó
*传 chuán
*传播 chuánbō
传达 chuándá
*传导 chuándǎo
*传递 chuándì
传教士
chuánjiàoshì
传染病
chuánrǎnbìng
传授 chuánshòu
传说 chuánshuō
*传统 chuántǒng
*船 chuán
船舶 chuánbó
船长 chuánzhǎng
船只 chuánzhī
喘 chuǎn
*串 chuàn
串联 chuànlián
创 chuāng
创伤
chuāngshāng
窗 chuāng
窗户 chuāng·hu
窗口 chuāngkǒu
窗子 chuāng·zi
*床 chuáng
幢 chuáng
闯 chuǎng
创 chuàng
创办 chuàngbàn
*创立 chuànglì
创新 chuàngxīn
*创造 chuàngzào
*创造性
chuàngzàoxìng

*创作 chuàngzuò
*吹 chuī
垂 chuí
*垂直 chuízhí
锤 chuí
*春 chūn
春季 chūnjì
春节 Chūnjié
春秋 chūnqiū
*春天 chūntiān
纯 chún
纯粹 chúncuì
纯洁 chúnjié
唇 chún
*词 cí
词典 cídiǎn
*词汇 cíhuì
词义 cíyì
词语 cíyǔ
词组 cízǔ
辞 cí
辞职 cízhí
*磁 cí
*磁场 cíchǎng
磁力 cílì
磁铁 cítiě
雌 cí
*此 cǐ
此地 cǐdì
此后 cǐhòu
此刻 cǐkè
*此外 cǐwài
*次 cì
次数 cìshù
次序 cìxù
次要 cìyào
*刺 cì
*刺激 cìjī
赐 cì
聪明 cōng·míng
*从 cóng
*从此 cóngcǐ
*从而 cóng'ér
*从来 cónglái
*从前 cóngqián

*从事 cóngshì
从小 cóngxiǎo
从中 cóngzhōng
丛 cóng
凑 còu
*粗 cū
粗糙 cūcāo
促 cù
促成 cùchéng
*促进 cùjìn
*促使 cùshǐ
簇 cù
窜 cuàn
催 cuī
摧残 cuīcán
摧毁 cuīhuǐ
*村 cūn
村庄 cūnzhuāng
村子 cūn·zi
*存 cún
存款 cúnkuǎn
*存在 cúnzài
寸 cùn
挫折 cuòzhé
*措施 cuòshī
*错 cuò
*错误 cuòwù

D

*搭 dā
答应 dā·ying
*打 dá
*达 dá
达到 dádào
*答 dá
答案 dá'àn
答复 dá·fù
*打 dǎ
打败 dǎbài
打扮 dǎ·ban
打倒 dǎdǎo
*打击 dǎjī
打架 dǎjià
*打开 dǎkāi
打量 dǎ·liang
*打破 dǎpò

*打算 dǎ·suàn
打听 dǎ·ting
打下 dǎxià
打仗 dǎzhàng
*大 dà
大伯 dàbó
大臣 dàchén
*大胆 dàdǎn
*大地 dàdì
大豆 dàdòu
*大队 dàduì
*大多 dàduō
*大多数 dàduōshù
大风 dàfēng
*大概 dàgài
大纲 dàgāng
大哥 dàgē
*大会 dàhuì
*大伙儿 dàhuǒr
*大家 dàjiā
大街 dàjiē
大姐 dàjiě
*大量 dàliàng
*大陆 dàlù
大妈 dàmā
*大门 dàmén
*大脑 dànǎo
*大娘 dàniáng
大炮 dàpào
*大气 dàqì
大庆 dàqìng
*大人 dà·ren
大嫂 dàsǎo
大厦 dàshà
大婶儿 dàshěnr
大师 dàshī
*大事 dàshì
大叔 dàshū
大体 dàtǐ
大厅 dàtīng
大王 dàwáng
*大小 dàxiǎo
*大型 dàxíng
*大学生 dàxuéshēng

大洋 dàyáng
大爷 dà·ye
大爷 dàyé
大衣 dàyī
大雨 dàyǔ
*大约 dàyuē
大战 dàzhàn
*大致 dàzhì
大众 dàzhòng
大自然 dàzìrán
*呆 dāi
*待 dāi
*大夫 dài·fu
*代 dài
*代表 dàibiǎo
代价 dàijià
代理 dàilǐ
代理人 dàilǐrén
代替 dàitì
代谢 dàixiè
*带 dài
带动 dàidòng
*带领 dàilǐng
带头 dàitóu
*贷款 dàikuǎn
*待 dài
待遇 dàiyù
袋 dài
逮捕 dàibǔ
戴 dài
*担 dān
担负 dānfù
*担任 dānrèn
*担心 dānxīn
*单 dān
*单纯 dānchún
单调 dāndiào
*单独 dāndú
*单位 dānwèi
单一 dānyī
耽误 dān·wu
胆 dǎn
*石 dàn
*但 dàn
*但是 dànshì

*担 dàn
担子 dàn·zi
*诞生 dànshēng
淡 dàn
淡水 dànshuǐ
*弹 dàn
*蛋 dàn
蛋白 dànbái
*蛋白质 dànbáizhì
*氮 dàn
*当 dāng
当场 dāngchǎng
当初 dāngchū
*当代 dāngdài
*当地 dāngdì
当即 dāngjí
当今 dāngjīn
当局 dāngjú
*当年 dāngnián
*当前 dāngqián
*当然 dāngrán
*当时 dāngshí
*当事人 dāngshìrén
当选 dāngxuǎn
当中 dāngzhōng
挡 dǎng
*党 dǎng
*党委 dǎngwěi
党性 dǎngxìng
党员 dǎngyuán
*当 dàng
*当成 dàngchéng
*当年 dàngnián
*当时 dàngshí
当天 dàngtiān
当作 dàngzuò
档案 dàng'àn
刀 dāo
导 dǎo
导弹 dǎodàn
导管 dǎoguǎn
*导体 dǎotǐ
*导线 dǎoxiàn
*导演 dǎoyǎn

*导致 dǎozhì
*岛 dǎo
岛屿 dǎoyǔ
*倒 dǎo
倒霉 dǎoméi
*到 dào
*到处 dàochù
*到达 dàodá
*到底 dàodǐ
到来 dàolái
*倒 dào
盗窃 dàoqiè
*道 dào
*道德 dàodé
道教 Dàojiào
*道理 dào·lǐ
*道路 dàolù
稻 dào
稻谷 dàogǔ
*得 dé
*得到 dédào
得以 déyǐ
得意 déyì
*德 dé
德育 déyù
*得 děi
*灯 dēng
*灯光 dēngguāng
灯泡儿 dēngpàor
登 dēng
*登记 dēngjì
蹬 dēng
*等 děng
*等待 děngdài
*等到 děngdào
等候 děnghòu
*等级 děngjí
*等于 děngyú
邓 Dèng
*瞪 dèng
*低 dī
低级 dījí
低头 dītóu
低温 dīwēn
低下 dīxià

*滴 dī
*的确 díquè
*敌 dí
敌对 díduì
*敌人 dírén
抵 dǐ
抵抗 dǐkàng
抵制 dǐzhì
*底 dǐ
底层 dǐcéng
*底下 dǐ·xia
*地 dì
地板 dìbǎn
地表 dìbiǎo
地步 dìbù
地层 dìcéng
*地带 dìdài
*地点 dìdiǎn
*地方 dìfāng
*地方 dì·fang
*地理 dìlǐ
地貌 dìmào
*地面 dìmiàn
地壳 dìqiào
*地球 dìqiú
*地区 dìqū
地势 dìshì
地图 dìtú
*地位 dìwèi
*地下 dì·xia
*地下 dìxià
地下水 dìxiàshuǐ
*地形 dìxíng
地域 dìyù
地震 dìzhèn
*地质 dìzhì
地主 dìzhǔ
地租 dìzū
弟弟 dì·di
弟兄 dì·xiong
弟子 dìzǐ
帝 dì
帝国 dìguó
递 dì
*第 dì

*典型 diǎnxíng	*调动 diàodòng	动人 dòngrén	断定 duàndìng	恶化 èhuà
*点 diǎn	*掉 diào	*动手 dòngshǒu	*锻炼 duànliàn	恶劣 èliè
点燃 diǎnrán	*爹 diē	动态 dòngtài	*堆 duī	*饿 è
*点头 diǎntóu	跌 diē	*动物 dòngwù	堆积 duījī	恩 ēn
碘 diǎn	迭 dié	动摇 dòngyáo	*队 duì	*儿 ér
*电 diàn	叠 dié	*动员 dòngyuán	*队伍 duì·wu	儿女 érnǚ
电报 diànbào	*丁 dīng	*动作 dòngzuò	*对 duì	*儿童 értóng
电场 diànchǎng	盯 dīng	*冻 dòng	*对比 duìbǐ	*儿子 ér·zi
电池 diànchí	钉 dīng	*洞 dòng	*对不起 duì·buqǐ	*而 ér
电磁 diàncí	*顶 dǐng	*都 dōu	*对称 duìchèn	而后 érhòu
电磁波 diàncíbō	顶点 dǐngdiǎn	兜 dōu	*对待 duìdài	*而且 érqiě
电灯 diàndēng	顶端 dǐngduān	*斗 dǒu	*对方 duìfāng	尔 ěr
电动 diàndòng	订 dìng	抖 dǒu	*对付 duì·fu	*耳 ěr
*电荷 diànhè	订货 dìnghuò	*斗 dòu	对话 duìhuà	耳朵 ěr·duo
*电话 diànhuà	钉 dìng	*斗争 dòuzhēng	对抗 duìkàng	饵料 ěrliào
电离 diànlí	*定 dìng	豆 dòu	*对立 duìlì	*二 èr
电力 diànlì	*定额 dìng'é	豆腐 dòu·fu	对流 duìliú	
电量 diànliàng	*定理 dìnglǐ	逗 dòu	对面 duìmiàn	
*电流 diànliú	定量 dìngliàng	*都 dū	*对手 duìshǒu	**F**
*电路 diànlù	*定律 dìnglǜ	都会 dūhuì	*对象 duìxiàng	*发 fā
电脑 diànnǎo	定期 dìngqī	都市 dūshì	*对应 duìyìng	发表 fābiǎo
电能 diànnéng	定向 dìngxiàng	*毒 dú	*对于 duìyú	发病 fābìng
电器 diànqì	定型 dìngxíng	毒素 dúsù	对照 duìzhào	*发布 fābù
电容 diànróng	*定义 dìngyì	独 dú	*吨 dūn	*发出 fāchū
*电视 diànshì	丢 diū	*独立 dúlì	*蹲 dūn	*发达 fādá
电视剧 diànshìjù	*东 dōng	独特 dútè	*顿 dùn	发电 fādiàn
电视台 diànshìtái	*东北 dōngběi	独占 dúzhàn	*顿时 dùnshí	*发动 fādòng
电台 diàntái	*东方 dōngfāng	独自 dúzì	*多 duō	发动机 fādòngjī
电线 diànxiàn	东南 dōngnán	*读 dú	多边形	发抖 fādǒu
*电压 diànyā	东欧 Dōng Ōu	*读书 dúshū	duōbiānxíng	*发挥 fāhuī
*电影 diànyǐng	东西 dōng·xi	读者 dúzhě	*多么 duō·me	发觉 fājué
电源 diànyuán	*东西 dōngxī	肚子 dǔ·zi	*多少 duō·shao	发掘 fājué
*电子 diànzǐ	*冬 dōng	堵 dǔ	*多数 duōshù	*发明 fāmíng
*电阻 diànzǔ	冬季 dōngjì	杜 dù	多余 duōyú	发起 fāqǐ
店 diàn	冬天 dōngtiān	肚皮 dùpí	夺 duó	*发热 fārè
垫 diàn	*懂 dǒng	肚子 dù·zi	*夺取 duóqǔ	*发射 fāshè
淀粉 diànfěn	*懂得 dǒng·de	*度 dù	*度 duó	*发生 fāshēng
奠定 diàndìng	*动 dòng	渡 dù	朵 duǒ	*发现 fāxiàn
雕 diāo	动词 dòngcí	*端 duān	*躲 duǒ	*发行 fāxíng
雕刻 diāokè	*动机 dòngjī	端正 duānzhèng		发芽 fāyá
雕塑 diāosù	动静 dòng·jing	*短 duǎn	**E**	发言 fāyán
吊 diào	*动力 dònglì	短期 duǎnqī	*阿 ē	*发扬 fāyáng
*调 diào	动量 dòngliàng	短暂 duǎnzàn	俄 é	*发音 fāyīn
调拨 diàobō	动脉 dòngmài	*段 duàn	鹅 é	*发育 fāyù
*调查 diàochá	动能 dòngnéng	*断 duàn	额 é	*发展 fāzhǎn
			*恶 è	发作 fāzuò
				罚 fá

罚款 fákuǎn
*法 fǎ
法定 fǎdìng
法官 fǎguān
*法规 fǎguī
法令 fǎlìng
*法律 fǎlǜ
法人 fǎrén
法庭 fǎtíng
法西斯 fǎxīsī
法学 fǎxué
*法院 fǎyuàn
*法则 fǎzé
*法制 fǎzhì
*发 fà
番 fān
*翻 fān
翻身 fānshēn
翻译 fānyì
*凡 fán
*凡是 fánshì
烦恼 fánnǎo
繁 fán
繁多 fánduō
*繁荣 fánróng
*繁殖 fánzhí
繁重 fánzhòng
*反 fǎn
*反动 fǎndòng
*反对 fǎnduì
*反而 fǎn'ér
*反复 fǎnfù
*反抗 fǎnkàng
反馈 fǎnkuì
反面 fǎnmiàn
*反射 fǎnshè
*反应 fǎnyìng
*反映 fǎnyìng
*反正 fǎn·zheng
*反之 fǎnzhī
返 fǎn
返回 fǎnhuí
*犯 fàn
*犯罪 fànzuì
*饭 fàn

饭店 fàndiàn
泛 fàn
范 fàn
*范畴 fànchóu
*范围 fànwéi
*方 fāng
*方案 fāng'àn
方便 fāngbiàn
方才 fāngcái
*方程 fāngchéng
*方法 fāngfǎ
方法论 fāngfǎlùn
*方面 fāngmiàn
*方式 fāngshì
*方向 fāngxiàng
*方言 fāngyán
*方针 fāngzhēn
防 fáng
防御 fángyù
*防止 fángzhǐ
*防治 fángzhì
妨碍 fáng'ài
*房 fáng
*房间 fángjiān
*房屋 fángwū
*房子 fáng·zi
*仿佛 fǎngfú
访 fǎng
*访问 fǎngwèn
纺织 fǎngzhī
*放 fàng
放大 fàngdà
*放弃 fàngqì
放射 fàngshè
放射性 fàngshèxìng
放松 fàngsōng
*放心 fàngxīn
*飞 fēi
飞船 fēichuán
飞机 fēijī
飞快 fēikuài
*飞翔 fēixiáng
飞行 fēixíng
飞跃 fēiyuè

*非 fēi
*非常 fēicháng
非法 fēifǎ
肥 féi
肥料 féiliào
匪 fěi
*肺 fèi
废 fèi
废除 fèichú
沸腾 fèiténg
*费 fèi
*费用 fèi·yong
分 fēn
分辨 fēnbiàn
*分别 fēnbié
*分布 fēnbù
*分成 fēnchéng
*分工 fēngōng
*分化 fēnhuà
*分解 fēnjiě
*分开 fēnkāi
*分类 fēnlèi
*分离 fēnlí
*分裂 fēnliè
*分泌 fēnmì
分明 fēnmíng
*分配 fēnpèi
分歧 fēnqí
*分散 fēnsàn
*分析 fēnxī
分支 fēnzhī
*分子 fēnzǐ
*粉 fěn
粉末 fěnmò
*粉碎 fěnsuì
*分 fèn
分量 fèn·liàng
*分子 fènzǐ
*份 fèn
*奋斗 fèndòu
粪 fèn
愤怒 fènnù
丰 fēng
*丰富 fēngfù

丰收 fēngshōu
*风 fēng
风暴 fēngbào
*风格 fēnggé
风光 fēngguāng
风景 fēngjǐng
风力 fēnglì
风气 fēngqì
风俗 fēngsú
风速 fēngsù
风险 fēngxiǎn
风雨 fēngyǔ
*封 fēng
封闭 fēngbì
*封建 fēngjiàn
封锁 fēngsuǒ
疯狂 fēngkuáng
峰 fēng
锋 fēng
蜂 fēng
冯 Féng
缝 féng
讽刺 fěngcì
奉 fèng
奉献 fèngxiàn
*缝 fèng
*佛 fó
*佛教 Fójiào
否 fǒu
*否定 fǒudìng
*否认 fǒurèn
*否则 fǒuzé
*夫 fū
夫妇 fūfù
*夫妻 fūqī
*夫人 fū·rén
孵化 fūhuà
*伏 fú
伏特 fútè
*扶 fú
*服 fú
*服从 fúcóng
*服务 fúwù
服务员 fúwùyuán
*服装 fúzhuāng

俘虏 fúlǔ
浮 fú
浮动 fúdòng
浮游 fúyóu
*符号 fúhào
*符合 fúhé
*幅 fú
幅度 fúdù
*辐射 fúshè
福 fú
福利 fúlì
抚摸 fǔmō
府 fǔ
辅助 fǔzhù
腐 fǔ
腐败 fǔbài
腐蚀 fǔshí
腐朽 fǔxiǔ
*父母 fùmǔ
父亲 fù·qīn
付 fù
付出 fùchū
*负 fù
*负担 fùdān
*负责 fùzé
妇 fù
妇女 fùnǚ
附 fù
附加 fùjiā
附近 fùjìn
附着 fùzhuó
*服 fù
赴 fù
*复 fù
复辟 fùbì
复合 fùhé
*复杂 fùzá
复制 fùzhì
*副 fù
副业 fùyè
赋 fù
赋予 fùyǔ
*富 fù
富有 fùyǒu
富裕 fùyù

*腹 fù
覆盖 fùgài

G

*该 gāi
*改 gǎi
改编 gǎibiān
*改变 gǎibiàn
*改革 gǎigé
*改进 gǎijìn
改良 gǎiliáng
*改善 gǎishàn
*改造 gǎizào
改正 gǎizhèng
改组 gǎizǔ
钙 gài
*盖 gài
*概括 gàikuò
概率 gàilǜ
*概念 gàiniàn
*干 gān
干脆 gāncuì
*干旱 gānhàn
*干净 gānjìng
*干扰 gānrǎo
*干涉 gānshè
干预 gānyù
*干燥 gānzào
甘心 gānxīn
杆 gān
*肝 gān
肝脏 gānzàng
杆 gǎn
*赶 gǎn
*赶紧 gǎnjǐn
*赶快 gǎnkuài
赶忙 gǎnmáng
*敢 gǎn
敢于 gǎnyú
*感 gǎn
*感到 gǎndào
*感动 gǎndòng
感官 gǎnguān
感激 gǎnjī
*感觉 gǎnjué
感慨 gǎnkǎi

*感情 gǎnqíng
*感染 gǎnrǎn
*感受 gǎnshòu
感谢 gǎnxiè
感性 gǎnxìng
感应 gǎnyìng
感知 gǎnzhī
*干 gàn
*干部 gànbù
*刚 gāng
*刚才 gāngcái
*纲 gāng
纲领 gānglǐng
*钢 gāng
钢琴 gāngqín
*钢铁 gāngtiě
*岗位 gǎngwèi
港 gǎng
港口 gǎngkǒu
*高 gāo
高产 gāochǎn
高潮 gāocháo
*高大 gāodà
高等 gāoděng
高低 gāodī
高地 gāodì
*高度 gāodù
高级 gāojí
高空 gāokōng
高尚 gāoshàng
高速 gāosù
*高温 gāowēn
高校 gāoxiào
*高兴 gāoxìng
高压 gāoyā
*高原 gāoyuán
高涨 gāozhǎng
高中 gāozhōng
*搞 gǎo
稿 gǎo
告 gào
告别 gàobié
*告诉 gào·su
疙瘩 gē·da
*哥哥 gē·ge

胳膊 gē·bo
鸽子 gē·zi
搁 gē
割 gē
*歌 gē
歌唱 gēchàng
歌剧 gējù
*歌曲 gēqǔ
歌声 gēshēng
歌颂 gēsòng
歌舞 gēwǔ
*革命 gémìng
*革新 géxīn
*格 gé
格外 géwài
*隔 gé
隔壁 gébì
隔离 gélí
*个 gè
*个别 gèbié
*个人 gèrén
*个体 gètǐ
*个性 gèxìng
*各 gè
*各自 gèzì
*给 gěi
给以 gěiyǐ
*根 gēn
*根本 gēnběn
*根据 gēnjù
*根据地 gēnjùdì
根系 gēnxì
根源 gēnyuán
*跟 gēn
跟前 gēn·qian
*跟随 gēnsuí
*更 gēng
*更新 gēngxīn
耕 gēng
*耕地 gēngdì
耕作 gēngzuò
*更 gèng
*更加 gèngjiā
*工 gōng
*工厂 gōngchǎng

工场 gōngchǎng
*工程 gōngchéng
*工程师
　gōngchéngshī
工地 gōngdì
工夫 gōng·fu
工会 gōnghuì
*工具 gōngjù
*工人 gōngrén
工商业
　gōngshāngyè
*工业 gōngyè
工业化
　gōngyèhuà
*工艺 gōngyì
*工资 gōngzī
*工作 gōngzuò
弓 gōng
公 gōng
公安 gōng'ān
公布 gōngbù
公公 gōng·gong
*公共 gōnggòng
*公开 gōngkāi
*公理 gōnglǐ
*公路 gōnglù
公民 gōngmín
公平 gōngpíng
公认 gōngrèn
*公社 gōngshè
*公式 gōngshì
*公司 gōngsī
公有 gōngyǒu
公有制
　gōngyǒuzhì
*公元 gōngyuán
公园 gōngyuán
*公正 gōngzhèng
公主 gōngzhǔ
*功 gōng
功夫 gōng·fu
功课 gōngkè
功率 gōnglǜ
*功能 gōngnéng
攻 gōng

攻击 gōngjī
供 gōng
*供给 gōngjǐ
供求 gōngqiú
*供应 gōngyìng
宫 gōng
宫廷 gōngtíng
*巩固 gǒnggù
汞 gǒng
拱 gǒng
*共 gòng
*共产党
　gòngchǎndǎng
共和国
　gònghéguó
*共鸣 gòngmíng
*共同 gòngtóng
*贡献 gòngxiàn
*供 gòng
勾结 gōujié
*沟 gōu
沟通 gōutōng
钩 gōu
狗 gǒu
构 gòu
*构成 gòuchéng
构思 gòusī
*构造 gòuzào
购 gòu
*购买 gòumǎi
购销 gòuxiāo
*够 gòu
*估计 gūjì
*姑娘 gū·niang
孤独 gūdú
*孤立 gūlì
*古 gǔ
*古代 gǔdài
古典 gǔdiǎn
*古老 gǔlǎo
古人 gǔrén
*谷 gǔ
*股 gǔ
股票 gǔpiào
*骨 gǔ

骨干 gǔgàn
骨骼 gǔgé
骨头 gǔ·tou
*鼓 gǔ
鼓吹 gǔchuī
*鼓励 gǔlì
鼓舞 gǔwǔ
*固 gù
*固定 gùdìng
*固然 gùrán
*固体 gùtǐ
固有 gùyǒu
固执 gù·zhi
*故 gù
*故事 gùshì
故乡 gùxiāng
*故意 gùyì
顾 gù
*顾客 gùkè
顾虑 gùlù
顾问 gùwèn
雇 gù
瓜 guā
刮 guā
寡妇 guǎ·fu
*挂 guà
拐 guǎi
*怪 guài
怪物 guài·wu
*关 guān
关闭 guānbì
关怀 guānhuái
*关键 guānjiàn
关节 guānjié
关联 guānlián
*关系 guān·xì
*关心 guānxīn
*关于 guānyú
关注 guānzhù
*观 guān
*观测 guāncè
*观察 guānchá
*观点 guāndiǎn
观看 guānkàn
*观念 guānniàn

*观众 guānzhòng
*官 guān
官兵 guānbīng
官吏 guānlì
官僚 guānliáo
官员 guānyuán
冠 guān
馆 guǎn
*管 guǎn
管道 guǎndào
*管理 guǎnlǐ
*管辖 guǎnxiá
*观 guàn
*贯彻 guànchè
贯穿 guànchuān
冠 guàn
冠军 guànjūn
惯 guàn
惯性 guànxìng
灌 guàn
*灌溉 guàngài
*光 guāng
光彩 guāngcǎi
光滑 guānghuá
*光辉 guānghuī
光景 guāngjǐng
光亮 guāngliàng
光芒 guāngmáng
光明 guāngmíng
光谱 guāngpǔ
*光荣 guāngróng
*光线 guāngxiàn
光学 guāngxué
光源 guāngyuán
光泽 guāngzé
光照 guāngzhào
广 guǎng
*广播 guǎngbō
*广场 guǎngchǎng
*广大 guǎngdà
*广泛 guǎngfàn
*广告 guǎnggào
*广阔 guǎngkuò
广义 guǎngyì
逛 guàng

*归 guī
归结 guījié
归来 guīlái
归纳 guīnà
*规定 guīdìng
*规范 guīfàn
规格 guīgé
*规划 guīhuà
*规矩 guī·ju
*规律 guīlǜ
规模 guīmó
*规则 guīzé
闺女 guī·nǚ
*硅 guī
*轨道 guǐdào
鬼 guǐ
鬼子 guǐ·zi
*贵 guì
*贵族 guìzú
桂 guì
跪 guì
*滚 gǔn
郭 guō
锅 guō
国 guó
国防 guófáng
国会 guóhuì
*国际 guójì
*国家 guójiā
*国民 guómín
国情 guóqíng
*国土 guótǔ
*国王 guówáng
*国务院 guówùyuàn
*国营 guóyíng
国有 guóyǒu
*果 guǒ
果断 guǒduàn
*果然 guǒrán
*果实 guǒshí
果树 guǒshù
裹 guǒ
*过 guò
*过程 guòchéng

过度 guòdù
*过渡 guòdù
*过分 guòfèn
过后 guòhòu
*过来 guò·lái
*过年 guònián
*过去 guòqù
*过去 guò·qù
*过于 guòyú

H

哈 hā
*还 hái
*孩子 hái·zi
*海 hǎi
海岸 hǎi'àn
海拔 hǎibá
海带 hǎidài
海关 hǎiguān
*海军 hǎijūn
*海面 hǎimiàn
海区 hǎiqū
海外 hǎiwài
海湾 hǎiwān
海洋 hǎiyáng
海域 hǎiyù
*害 hài
害虫 hàichóng
害怕 hàipà
*含 hán
*含量 hánliàng
含义 hányì
*函数 hánshù
寒 hán
寒冷 hánlěng
罕见 hǎnjiàn
*喊 hǎn
*汉 hàn
汉奸 hànjiān
汉语 Hànyǔ
汉子 hàn·zi
汉字 Hànzì
*汗 hàn
汗水 hànshuǐ
旱 hàn

*行 háng
行列 hángliè
*行业 hángyè
航海 hánghǎi
航空 hángkōng
航行 hángxíng
*号 háo
*好 hǎo
好比 hǎobǐ
*好处 hǎochù
好多 hǎoduō
好看 hǎokàn
好人 hǎorén
好事 hǎoshì
好听 hǎotīng
*好像 hǎoxiàng
好转 hǎozhuǎn
*号 hào
*号召 hàozhào
*好 hào
好奇 hàoqí
好事 hàoshì
耗 hào
耗费 hàofèi
*呵 hē
*喝 hē
*合 hé
合并 hébìng
*合成 héchéng
合法 héfǎ
合格 hégé
合乎 héhū
合金 héjīn
*合理 hélǐ
合力 hélì
*合适 héshì
*合同 hé·tóng
*合作 hézuò
*合作社 hézuòshè
*何 hé
何必 hébì
何等 héděng
何况 hékuàng
何以 héyǐ
*和 hé

* 和平 hépíng
和尚 hé·shang
* 和谐 héxié
* 河 hé
* 河流 héliú
荷 hé
* 核 hé
核算 hésuàn
* 核心 héxīn
盒 hé
颌 hé
* 和 hè
荷 hè
* 喝 hè
* 黑 hēi
* 黑暗 hēi'àn
黑人 hēirén
黑夜 hēiyè
痕迹 hénjì
* 很 hěn
* 恨 hèn
恒 héng
* 恒星 héngxīng
* 横 héng
横向 héngxiàng
衡量 héngliáng
* 横 hèng
轰 hōng
哄 hōng
* 红 hóng
* 红军 Hóngjūn
红旗 hóngqí
* 红色 hóngsè
* 宏观 hóngguān
宏伟 hóngwěi
洪 hóng
洪水 hóngshuǐ
哄 hǒng
哄 hòng
喉咙 hóu·lóng
猴子 hóu·zi
* 后 hòu
后边 hòu·bian
后代 hòudài
后方 hòufāng

* 后果 hòuguǒ
* 后悔 hòuhuǐ
* 后来 hòulái
* 后面 hòumiàn
* 后期 hòuqī
后人 hòurén
后世 hòushì
后天 hòutiān
* 厚 hòu
厚度 hòudù
候 hòu
* 乎 hū
呼喊 hūhǎn
呼唤 hūhuàn
* 呼吸 hūxī
呼吁 hūyù
忽略 hūlüè
* 忽然 hūrán
* 忽视 hūshì
* 和 hú
弧 hú
* 胡 hú
壶 hú
* 核儿 húr
* 湖 hú
湖泊 húpō
蝴蝶 húdié
糊涂 hú·tu
* 虎 hǔ
* 互 hù
互补 hùbǔ
* 互相 hùxiāng
互助 hùzhù
* 户 hù
户口 hùkǒu
护 hù
护士 hù·shi
沪 Hù
* 花 huā
花朵 huāduǒ
花费 huāfèi
花粉 huāfěn
花色 huāsè
花生 huāshēng
花纹 huāwén

花园 huāyuán
划 huá
* 华 huá
华北 Huáběi
华侨 huáqiáo
滑 huá
滑动 huádòng
* 化 huà
化肥 huàféi
化工 huàgōng
化合 huàhé
* 化合物 huàhéwù
化石 huàshí
* 化学 huàxué
划 huà
划分 huàfēn
* 华 Huà
* 画 huà
* 画家 huàjiā
画面 huàmiàn
* 话 huà
话剧 huàjù
话题 huàtí
话筒 huàtǒng
话语 huàyǔ
* 怀 huái
怀抱 huáibào
怀念 huáiniàn
* 怀疑 huáiyí
* 坏 huài
坏人 huàirén
欢乐 huānlè
欢喜 huānxǐ
* 欢迎 huānyíng
* 还 huán
还原 huányuán
* 环 huán
* 环节 huánjié
* 环境 huánjìng
环流 huánliú
缓 huǎn
缓和 huǎnhé
缓慢 huǎnmàn
幻觉 huànjué
* 幻想 huànxiǎng

* 换 huàn
唤 huàn
唤起 huànqǐ
* 患 huàn
* 患者 huànzhě
荒 huāng
* 慌 huāng
* 皇帝 huángdì
* 黄 huáng
黄昏 huánghūn
* 黄金 huángjīn
* 黄色 huángsè
黄土 huángtǔ
晃 huǎng
晃 huàng
* 灰 huī
灰尘 huīchén
灰色 huīsè
挥 huī
* 恢复 huīfù
辉煌 huīhuáng
* 回 huí
回避 huíbì
* 回答 huídá
回顾 huígù
回归 huíguī
* 回来 huí·lái
* 回去 huí·qù
* 回头 huítóu
* 回忆 huíyì
毁 huǐ
* 毁灭 huǐmiè
* 汇报 huìbào
* 会 huì
会场 huìchǎng
会见 huìjiàn
* 会议 huìyì
会员 huìyuán
绘 huì
* 绘画 huìhuà
婚 hūn
婚礼 hūnlǐ
* 婚姻 hūnyīn
* 浑身 húnshēn
* 混 hún

魂 hún
* 混 hùn
* 混合 hùnhé
混乱 hùnluàn
混淆 hùnxiáo
* 和 huó
* 活 huó
* 活动 huódòng
* 活力 huólì
* 活泼 huó·pō
活跃 huóyuè
* 火 huǒ
火柴 huǒchái
* 火车 huǒchē
火光 huǒguāng
* 火箭 huǒjiàn
火山 huǒshān
火星 huǒxīng
火焰 huǒyàn
伙伴 huǒbàn
* 或 huò
或许 huòxǔ
* 或者 huòzhě
* 和 huò
* 货 huò
* 货币 huòbì
货物 huòwù
* 获 huò
* 获得 huòdé
获取 huòqǔ

J

* 几乎 jīhū
击 jī
饥饿 jī'è
* 机 jī
机场 jīchǎng
机车 jīchē
* 机构 jīgòu
* 机关 jīguān
* 机会 jī·huì
* 机能 jīnéng
* 机器 jī·qì
机器人 jī·qìrén
机体 jītǐ
* 机械 jīxiè

机械化 jīxièhuà
*机制 jīzhì
肌 jī
*肌肉 jīròu
*鸡 jī
*积 jī
*积极 jījí
*积极性 jījíxìng
*积累 jīlěi
积压 jīyā
*基 jī
*基本 jīběn
*基层 jīcéng
*基础 jīchǔ
*基地 jīdì
*基督教 Jīdūjiào
基建 jījiàn
*基金 jījīn
*基因 jīyīn
基于 jīyú
畸形 jīxíng
激 jī
*激动 jīdòng
*激发 jīfā
激光 jīguāng
激励 jīlì
*激烈 jīliè
激情 jīqíng
激素 jīsù
*及 jí
*及时 jíshí
*级 jí
*极 jí
极端 jíduān
*极力 jílì
*极其 jíqí
*极为 jíwéi
*即 jí
即将 jíjiāng
*即使 jíshǐ
*急 jí
急剧 jíjù
*急忙 jímáng
急性 jíxìng
急需 jíxū

急于 jíyú
*疾病 jíbìng
*集 jí
集合 jíhé
集会 jíhuì
*集体 jítǐ
*集团 jítuán
*集中 jízhōng
集资 jízī
*几 jǐ
几何 jǐhé
己 jǐ
*挤 jǐ
济济 jǐjǐ
*给予 jǐyǔ
脊 jǐ
*计 jì
*计划 jìhuà
*计算 jìsuàn
*计算机 jìsuànjī
*记 jì
*记得 jì·de
*记录 jìlù
*记忆 jìyì
*记载 jìzǎi
*记者 jìzhě
*纪律 jìlǜ
纪念 jìniàn
*技能 jìnéng
*技巧 jìqiǎo
*技术 jìshù
技术员 jìshùyuán
技艺 jìyì
*系 jì
季 jì
季风 jìfēng
*季节 jìjié
*剂 jì
济 jì
*既 jì
既然 jìrán
既是 jìshì
继 jì
*继承 jìchéng

继承人
jìchéngrén
*继续 jìxù
祭 jì
祭祀 jìsì
寄 jì
寄生 jìshēng
寄生虫
jìshēngchóng
寄托 jìtuō
寄主 jìzhǔ
寂静 jìjìng
寂寞 jìmò
*加 jiā
*加工 jiāgōng
加紧 jiājǐn
加剧 jiājù
*加快 jiākuài
*加强 jiāqiáng
*加热 jiārè
*加入 jiārù
加深 jiāshēn
*加速 jiāsù
加速度 jiāsùdù
*加以 jiāyǐ
加重 jiāzhòng
夹 jiā
*家 jiā
家畜 jiāchù
*家伙 jiā·huo
家具 jiājù
家人 jiārén
家属 jiāshǔ
*家庭 jiātíng
家务 jiāwù
*家乡 jiāxiāng
*家长 jiāzhǎng
家族 jiāzú
夹 jiá
甲 jiǎ
甲板 jiǎbǎn
钾 jiǎ
*假 jiǎ
假定 jiǎdìng
*假如 jiǎrú

*假设 jiǎshè
假使 jiǎshǐ
*假说 jiǎshuō
*价 jià
*价格 jiàgé
价钱 jià·qián
*价值 jiàzhí
驾驶 jiàshǐ
架 jià
架子 jià·zi
*假 jià
嫁 jià
嫁接 jiàjiē
*尖 jiān
*尖锐 jiānruì
歼灭 jiānmiè
*坚持 jiānchí
*坚定 jiāndìng
*坚固 jiāngù
*坚决 jiānjué
坚强 jiānqiáng
坚实 jiānshí
坚硬 jiānyìng
*间 jiān
肩 jiān
肩膀 jiānbǎng
*艰巨 jiānjù
*艰苦 jiānkǔ
艰难 jiānnán
*监督 jiāndū
监视 jiānshì
监狱 jiānyù
*兼 jiān
拣 jiǎn
茧 jiǎn
捡 jiǎn
检 jiǎn
*检查 jiǎnchá
检验 jiǎnyàn
减 jiǎn
*减轻 jiǎnqīng
减弱 jiǎnruò
*减少 jiǎnshǎo
剪 jiǎn
简 jiǎn

简称 jiǎnchēng
*简单 jiǎndān
简化 jiǎnhuà
简直 jiǎnzhí
*碱 jiǎn
*见 jiàn
*见解 jiànjiě
*见面 jiànmiàn
*件 jiàn
*间 jiàn
间隔 jiàngé
*间接 jiànjiē
*建 jiàn
*建国 jiànguó
*建立 jiànlì
*建设 jiànshè
*建议 jiànyì
建造 jiànzào
建筑 jiànzhù
剑 jiàn
*健康 jiànkāng
*健全 jiànquán
健壮 jiànzhuàng
*渐渐 jiànjiàn
鉴别 jiànbié
鉴定 jiàndìng
*键 jiàn
箭 jiàn
*江 jiāng
江南 Jiāngnán
*将 jiāng
将近 jiāngjìn
*将军 jiāngjūn
*将来 jiānglái
将要 jiāngyào
浆 jiāng
*讲 jiǎng
*讲话 jiǎnghuà
讲究 jiǎng·jiu
讲述 jiǎngshù
*奖 jiǎng
奖金 jiǎngjīn
奖励 jiǎnglì
*蒋 Jiǎng
降 jiàng

97

*降低 jiàngdī	*教会 jiàohuì	结局 jiéjú	*仅 jǐn	*经济 jīngjì
降落 jiàngluò	教练 jiàoliàn	*结论 jiélùn	*尽 jǐn	*经理 jīnglǐ
降水 jiàngshuǐ	*教师 jiàoshī	*结束 jiéshù	*尽管 jǐnguǎn	*经历 jīnglì
*将 jiàng	教室 jiàoshì	结算 jiésuàn	尽快 jǐnkuài	经受 jīngshòu
*强 jiàng	*教授 jiàoshòu	截 jié	*尽量 jǐnliàng	经验 jīngyàn
*交 jiāo	教堂 jiàotáng	竭力 jiélì	*紧 jǐn	*经营 jīngyíng
交叉 jiāochā	*教学 jiàoxué	*姐姐 jiě·jie	*紧急 jǐnjí	惊 jīng
交错 jiāocuò	*教训 jiào·xùn	姐妹 jiěmèi	*紧密 jǐnmì	惊奇 jīngqí
交代 jiāodài	教养 jiàoyǎng	*解 jiě	*紧张 jǐnzhāng	惊人 jīngrén
*交换 jiāohuàn	教义 jiàoyì	解除 jiěchú	锦标赛 jǐnbiāosài	惊喜 jīngxǐ
*交际 jiāojì	*教育 jiàoyù	解答 jiědá	谨慎 jǐnshèn	惊醒 jīngxǐng
*交流 jiāoliú	教员 jiàoyuán	*解放 jiěfàng	*尽 jìn	惊讶 jīngyà
交谈 jiāotán	阶层 jiēcéng	解放军 jiěfàngjūn	尽力 jìnlì	惊异 jīngyì
交替 jiāotì	*阶段 jiēduàn	*解决 jiějué	*尽量 jìnliàng	*晶 jīng
*交通 jiāotōng	*阶级 jiējí	解剖 jiěpōu	*进 jìn	*晶体 jīngtǐ
*交往 jiāowǎng	*皆 jiē	解散 jiěsàn	*进步 jìnbù	*精 jīng
*交易 jiāoyì	*结 jiē	*解释 jiěshì	进程 jìnchéng	*精力 jīnglì
交织 jiāozhī	*结果 jiēguǒ	解脱 jiětuō	进而 jìn’ér	精密 jīngmì
郊区 jiāoqū	结实 jiē·shi	*介绍 jièshào	进攻 jìngōng	*精确 jīngquè
浇 jiāo	*接 jiē	介质 jièzhì	进化 jìnhuà	*精神 jīngshén
骄傲 jiāo’ào	*接触 jiēchù	戒 jiè	进化论 jìnhuàlùn	*精神 jīng·shen
胶 jiāo	接待 jiēdài	*届 jiè	进军 jìnjūn	精细 jīngxì
*教 jiāo	接近 jiējìn	界 jiè	*进口 jìnkǒu	精心 jīngxīn
*教学 jiāoxué	接连 jiēlián	*界限 jièxiàn	*进来 jìn·lái	精子 jīngzǐ
焦 jiāo	接收 jiēshōu	*借 jiè	进取 jìnqǔ	鲸 jīng
焦点 jiāodiǎn	*接受 jiēshòu	借鉴 jièjiàn	*进去 jìn·qù	井 jǐng
焦急 jiāojí	揭露 jiēlù	借口 jièkǒu	*进入 jìnrù	颈 jǐng
嚼 jiáo	揭示 jiēshì	借款 jièkuǎn	进行 jìnxíng	景 jǐng
*角 jiǎo	街 jiē	借用 jièyòng	进展 jìnzhǎn	景色 jǐngsè
*角度 jiǎodù	*街道 jiēdào	借助 jièzhù	*近 jìn	景物 jǐngwù
角落 jiǎoluò	街头 jiētóu	*解 jiè	*近代 jìndài	景象 jǐngxiàng
*脚 jiǎo	*节 jié	斤 jīn	近来 jìnlái	*警察 jǐngchá
脚步 jiǎobù	*节目 jiémù	*今 jīn	近似 jìnsì	警告 jǐnggào
脚下 jiǎoxià	*节日 jiérì	今后 jīnhòu	*劲 jìn	警惕 jǐngtì
脚印 jiǎoyìn	节省 jiéshěng	今年 jīnnián	晋 jìn	*劲 jìng
搅 jiǎo	*节约 jiéyuē	今日 jīnrì	浸 jìn	*径 jìng
*叫 jiào	*节奏 jiézòu	*今天 jīntiān	禁止 jìnzhǐ	径流 jìngliú
*叫作 jiàozuò	杰出 jiéchū	*金 jīn	茎 jìng	*净 jìng
*觉 jiào	洁白 jiébái	金额 jīn’é	京 jīng	净化 jìnghuà
*校 jiào	*结 jié	金刚石 jīngāngshí	京剧 jīngjù	竞赛 jìngsài
*较 jiào	*结构 jiégòu	金牌 jīnpái	*经 jīng	竞争 jìngzhēng
较为 jiàowéi	*结果 jiéguǒ	金钱 jīnqián	*经常 jīngcháng	*竟 jìng
*教 jiào	*结合 jiéhé	金融 jīnróng	经典 jīngdiǎn	竟然 jìngrán
*教材 jiàocái	*结婚 jiéhūn	*金属 jīnshǔ	经费 jīngfèi	敬 jìng
教导 jiàodǎo	*结晶 jiéjīng	津 jīn	*经过 jīngguò	*静 jìng

静脉 jìngmài
静止 jìngzhǐ
境 jìng
境地 jìngdì
*境界 jìngjiè
*镜 jìng
镜头 jìngtóu
镜子 jìng·zi
纠纷 jiūfēn
*纠正 jiūzhèng
究 jiū
*究竟 jiūjìng
*九 jiǔ
*久 jiǔ
*酒 jiǔ
酒精 jiǔjīng
*旧 jiù
*救 jiù
救国 jiùguó
救济 jiùjì
*就 jiù
*就是 jiùshì
就算 jiùsuàn
*就业 jiùyè
舅舅 jiù·jiu
*车 jū
*居 jū
*居民 jūmín
*居然 jūrán
居于 jūyú
居住 jūzhù
*局 jú
*局部 júbù
*局面 júmiàn
局势 júshì
局限 júxiàn
菊花 júhuā
咀嚼 jǔjué
*举 jǔ
*举办 jǔbàn
举动 jǔdòng
*举行 jǔxíng
巨 jù
巨大 jùdà
*句 jù

*句子 jù·zi
*拒绝 jùjué
*具 jù
*具备 jùbèi
*具体 jùtǐ
*具有 jùyǒu
俱 jù
剧 jù
*剧本 jùběn
剧场 jùchǎng
*剧烈 jùliè
剧团 jùtuán
剧种 jùzhǒng
*据 jù
据点 jùdiǎn
*据说 jùshuō
距 jù
*距离 jùlí
聚 jù
聚集 jùjí
捐 juān
*圈 juān
*卷 juǎn
*卷 juàn
*圈 juàn
*决 jué
*决策 juécè
*决定 juédìng
决定性
juédìngxìng
*决心 juéxīn
*决议 juéyì
*角 jué
*角色 juésè
*觉 jué
觉察 juéchá
*觉得 jué·de
*觉悟 juéwù
*绝 jué
*绝对 juéduì
绝望 juéwàng
嚼 jué
*军 jūn
*军队 jūnduì
*军阀 jūnfá

军官 jūnguān
军舰 jūnjiàn
军民 jūnmín
军区 jūnqū
*军人 jūnrén
*军事 jūnshì
*均 jūn
均衡 jūnhéng
*均匀 jūnyún
君 jūn
君主 jūnzhǔ
*菌 jūn

K

咖啡 kāfēi
卡 kǎ
*开 kāi
开办 kāibàn
开采 kāicǎi
开除 kāichú
开创 kāichuàng
*开发 kāifā
*开放 kāifàng
开关 kāiguān
开花 kāihuā
*开会 kāihuì
开垦 kāikěn
*开口 kāikǒu
开阔 kāikuò
开门 kāimén
开幕 kāimù
*开辟 kāipì
开设 kāishè
*开始 kāishǐ
开水 kāishuǐ
开头 kāitóu
开拓 kāituò
开玩笑
kāi wánxiào
*开展 kāizhǎn
开支 kāizhī
刊登 kāndēng
刊物 kānwù
*看 kān
勘探 kāntàn
砍 kǎn

*看 kàn
看待 kàndài
*看法 kàn·fǎ
*看见 kànjiàn
看望 kànwàng
扛 káng
*抗 kàng
抗议 kàngyì
*抗战 kàngzhàn
炕 kàng
*考 kǎo
*考察 kǎochá
考古 kǎogǔ
考核 kǎohé
*考虑 kǎolǜ
*考试 kǎoshì
考验 kǎoyàn
*靠 kào
靠近 kàojìn
*科 kē
*科技 kējì
*科学 kēxué
*科学家 kēxuéjiā
科学院
kēxuéyuàn
*科研 kēyán
*棵 kē
*颗 kē
颗粒 kēlì
壳 ké
咳 ké
咳嗽 ké·sou
*可 kě
*可爱 kě'ài
*可见 kějiàn
*可靠 kěkào
*可怜 kělián
*可能 kěnéng
*可是 kěshì
可谓 kěwèi
*可惜 kěxī
可笑 kěxiào
可以 kěyǐ
渴望 kěwàng
*克 kè

*克服 kèfú
*刻 kè
刻度 kèdù
刻画 kèhuà
刻苦 kèkǔ
客 kè
*客观 kèguān
客气 kè·qi
*客人 kè·rén
*客体 kètǐ
客厅 kètīng
*课 kè
课本 kèběn
*课程 kèchéng
课堂 kètáng
*课题 kètí
肯 kěn
*肯定 kěndìng
啃 kěn
坑 kēng
*空 kōng
*空间 kōngjiān
空军 kōngjūn
*空气 kōngqì
空前 kōngqián
空虚 kōngxū
*空中 kōngzhōng
*孔 kǒng
孔雀 kǒngquè
恐怖 kǒngbù
恐慌 kǒnghuāng
恐惧 kǒngjù
*恐怕 kǒngpà
*空 kòng
空白 kòngbái
*控制 kòngzhì
口 kǒu
口袋 kǒu·dai
*口号 kǒuhào
口腔 kǒuqiāng
口头 kǒutóu
口语 kǒuyǔ
扣 kòu
*哭 kū
*苦 kǔ

苦难 kǔnàn	*来 lái	老乡 lǎoxiāng	力气 lì·qi	*联系 liánxì
苦恼 kǔnǎo	来不及 lái·bují	*老爷 lǎo·ye	力求 lìqiú	*联想 liánxiǎng
库 kù	来回 láihuí	老子 lǎo·zi	力图 lìtú	联营 liányíng
库存 kùcún	来临 láilín	*落 lào	*力学 lìxué	廉价 liánjià
裤子 kù·zi	来往 láiwǎng	*乐 lè	历 lì	*脸 liǎn
夸张 kuāzhāng	*来信 láixìn	乐观 lèguān	历代 lìdài	脸色 liǎnsè
跨 kuà	*来源 láiyuán	*累 léi	历来 lìlái	*练 liàn
*会计 kuài·jì	赖 lài	雷 léi	历史 lìshǐ	*练习 liànxí
*块 kuài	兰 lán	雷达 léidá	*厉害 lì·hai	炼 liàn
*快 kuài	栏 lán	*累 lěi	*立 lì	恋爱 liàn'ài
快活 kuài·huo	*蓝 lán	泪 lèi	*立场 lìchǎng	链 liàn
*快乐 kuàilè	烂 làn	泪水 lèishuǐ	*立法 lìfǎ	良 liáng
快速 kuàisù	狼 láng	*类 lèi	*立即 lìjí	*良好 liánghǎo
快要 kuàiyào	浪 làng	*类似 lèisì	*立刻 lìkè	良心 liángxīn
筷子 kuài·zi	*浪费 làngfèi	*类型 lèixíng	立体 lìtǐ	良种 liángzhǒng
*宽 kuān	浪花 lànghuā	*累 lèi	*利 lì	凉 liáng
宽大 kuāndà	捞 lāo	*冷 lěng	利害 lìhài	梁 liáng
宽阔 kuānkuò	劳 láo	冷静 lěngjìng	利率 lìlǜ	*量 liáng
款 kuǎn	*劳动 láodòng	冷却 lěngquè	*利润 lìrùn	*粮 liáng
筐 kuāng	*劳动力 láodònglì	冷水 lěngshuǐ	利息 lìxī	*粮食 liáng·shi
狂 kuáng	劳动日 láodòngrì	冷笑 lěngxiào	*利益 lìyì	*两 liǎng
况且 kuàngqiě	*劳动者	愣 lèng	*利用 lìyòng	两岸 liǎng'àn
*矿 kuàng	láodòngzhě	*离 lí	*利于 lìyú	*两边 liǎngbiān
矿产 kuàngchǎn	劳力 láolì	*离婚 líhūn	*例 lì	*两极 liǎngjí
矿物 kuàngwù	牢 láo	*离开 líkāi	*例如 lìrú	两旁 liǎngpáng
亏 kuī	牢固 láogù	*离子 lízǐ	例外 lìwài	*亮 liàng
亏损 kuīsǔn	*老 lǎo	梨 lí	*例子 lì·zi	凉 liàng
*昆虫 kūnchóng	老百姓 lǎobǎixìng	犁 lí	*粒 lì	*辆 liàng
捆 kǔn	老板 lǎobǎn	*礼 lǐ	*粒子 lìzǐ	*量 liàng
困 kùn	老伴儿 lǎobànr	礼貌 lǐmào	俩 liǎ	量子 liàngzǐ
困境 kùnjìng	老大 lǎodà	礼物 lǐwù	*连 lián	辽阔 liáokuò
*困难 kùn·nan	老汉 lǎohàn	*李 lǐ	连队 liánduì	*了 liǎo
*扩大 kuòdà	老虎 lǎohǔ	*里 lǐ	*连接 liánjiē	了不起 liǎo·buqǐ
扩散 kuòsàn	老年 lǎonián	里边 lǐ·bian	*连忙 liánmáng	*了解 liǎojiě
扩展 kuòzhǎn	*老婆 lǎo·po	*里面 lǐmiàn	连同 liántóng	*料 liào
*扩张 kuòzhāng	*老人 lǎorén	里头 lǐ·tou	*连续 liánxù	咧 liě
阔 kuò	老人家	*理 lǐ	莲子 liánzǐ	*列 liè
	lǎo·ren·jia	*理解 lǐjiě	联 lián	列车 lièchē
L	老师 lǎoshī	*理论 lǐlùn	联邦 liánbāng	列举 lièjǔ
拉 lā	老实 lǎo·shi	*理想 lǐxiǎng	*联合 liánhé	烈士 lièshì
*拉 lá	老鼠 lǎoshǔ	*理性 lǐxìng	联合国	猎 liè
喇叭 lǎ·ba	老太太	*理由 lǐyóu	Liánhéguó	裂 liè
*落 là	lǎotài·tai	理智 lǐzhì	联结 liánjié	邻 lín
蜡 là	老头子	*力 lì	联络 liánluò	邻近 línjìn
蜡烛 làzhú	lǎotóu·zi	*力量 lì·liàng	联盟 liánméng	邻居 línjū
辣椒 làjiāo				

*林 lín
林木 línmù
林业 línyè
临 lín
*临床 línchuáng
*临时 línshí
淋 lín
淋巴 línbā
*磷 lín
*灵 líng
灵感 línggǎn
*灵魂 línghún
*灵活 línghuó
灵敏 língmǐn
铃 líng
*零 líng
零件 língjiàn
零售 língshòu
龄 líng
*令 líng
岭 lǐng
*领 lǐng
*领导 lǐngdǎo
领会 lǐnghuì
领事 lǐngshì
*领土 lǐngtǔ
*领袖 lǐngxiù
*领域 lǐngyù
*另 lìng
*另外 lìngwài
*令 lìng
溜 liū
*刘 Liú
*留 liú
留学 liúxué
*流 liú
流传 liúchuán
*流动 liúdòng
流露 liúlù
流氓 liúmáng
流派 liúpài
流水 liúshuǐ
流体 liútǐ
*流通 liútōng
流向 liúxiàng

*流行 liúxíng
流血 liúxuè
流域 liúyù
硫 liú
*硫酸 liúsuān
瘤 liú
柳 liǔ
*六 liù
陆 liù
溜 liù
*龙 lóng
笼 lóng
*垄断 lǒngduàn
拢 lǒng
笼 lǒng
笼罩 lǒngzhào
搂 lōu
*楼 lóu
楼房 lóufáng
搂 lǒu
漏 lòu
*露 lòu
炉 lú
炉子 lú·zi
卤 lǔ
鲁 lǔ
陆 lù
*陆地 lùdì
陆军 lùjūn
陆续 lùxù
录 lù
鹿 lù
*路 lù
路程 lùchéng
路过 lùguò
*路线 lùxiàn
路子 lù·zi
*露 lù
驴 lú
旅 lǚ
旅馆 lǚguǎn
旅客 lǚkè
旅行 lǚxíng
旅游 lǚyóu

*铝 lǚ
缕 lǚ
*履行 lǚxíng
*律 lǜ
律师 lǜshī
*率 lǜ
*绿 lǜ
绿化 lǜhuà
氯 lǜ
氯气 lǜqì
滤 lǜ
*卵 luǎn
卵巢 luǎncháo
*乱 luàn
掠夺 lüèduó
*略 lüè
伦理 lúnlǐ
*轮 lún
轮船 lúnchuán
轮廓 lúnkuò
轮流 lúnliú
*论 lùn
论点 lùndiǎn
*论述 lùnshù
*论文 lùnwén
论证 lùnzhèng
*罗 luó
逻辑 luó·jí
螺旋 luóxuán
骆驼 luò·tuo
络 luò
*落 luò
落地 luòdì
*落后 luòhòu
*落实 luòshí

M

*妈妈 mā·ma
*抹 mā
麻 má
麻烦 má·fan
麻醉 mázuì
*马 mǎ
马车 mǎchē
*马路 mǎlù

*马上 mǎshàng
码 mǎ
码头 mǎ·tóu
*蚂蚁 mǎyǐ
*骂 mà
埋 mái
*买 mǎi
*买卖 mǎi·mai
迈 mài
麦 mài
*卖 mài
脉 mài
蛮 mán
馒头 mán·tou
瞒 mán
*满 mǎn
*满意 mǎnyì
*满足 mǎnzú
漫长 màncháng
*慢 màn
慢性 mànxìng
*忙 máng
忙碌 mánglù
*盲目 mángmù
茫然 mángrán
*猫 māo
*毛 máo
毛病 máo·bìng
毛巾 máojīn
*矛盾 máodùn
*冒 mào
冒险 màoxiǎn
*贸易 màoyì
帽 mào
*帽子 mào·zi
*没 méi
没事 méishì
*没有 méi·yǒu
*枚 méi
眉 méi
眉毛 méi·mao
眉头 méitóu
梅 méi
媒介 méijiè
*煤 méi

煤炭 méitàn
酶 méi
*每 měi
*每年 měinián
*美 měi
美感 měigǎn
*美好 měihǎo
美化 měihuà
*美丽 měilì
美妙 měimiào
*美术 měishù
*美学 měixué
*美元 měiyuán
镁 měi
*妹妹 mèi·mei
魅力 mèilì
闷 mēn
*门 mén
*门口 ménkǒu
闷 mèn
蒙 mēng
萌发 méngfā
萌芽 méngyá
蒙 méng
*猛 měng
猛烈 měngliè
*蒙 Měng
孟 mèng
*梦 mèng
弥补 míbǔ
弥漫 mímàn
迷 mí
迷人 mírén
迷信 míxìn
谜 mí
*米 mǐ
秘密 mìmì
秘书 mìshū
*密 mì
*密度 mìdù
密集 mìjí
*密切 mìqiè
蜜 mì
蜜蜂 mìfēng
*棉 mián

棉花 mián·huā
免 miǎn
免疫 miǎnyì
勉强 miǎnqiǎng
面 miàn
面积 miànjī
面孔 miànkǒng
面临 miànlín
面貌 miànmào
面目 miànmù
面前 miànqián
苗 miáo
描绘 miáohuì
描述 miáoshù
描写 miáoxiě
秒 miǎo
妙 miào
庙 miào
灭 miè
灭亡 mièwáng
民 mín
民兵 mínbīng
民歌 míngē
民国 Mínguó
民间 mínjiān
民事 mínshì
民俗 mínsú
民众 mínzhòng
民主 mínzhǔ
民族 mínzú
敏感 mǐngǎn
敏捷 mǐnjié
敏锐 mǐnruì
名 míng
名称 míngchēng
名词 míngcí
名义 míngyì
名字 míng·zi
明 míng
明白 míng·bai
明亮 míngliàng
明年 míngnián
明确 míngquè
明天 míngtiān
明显 míngxiǎn

鸣 míng
命 mìng
命令 mìnglìng
命名 mìngmíng
命题 mìngtí
命运 mìngyùn
摸 mō
摸索 mō·suǒ
模 mó
模范 mófàn
模仿 mófǎng
模糊 mó·hu
模拟 mónǐ
模式 móshì
模型 móxíng
膜 mó
摩 mó
摩擦 mócā
磨 mó
抹 mǒ
末 mò
末期 mòqī
没 mò
没落 mòluò
没收 mòshōu
抹 mò
陌生 mòshēng
莫 mò
墨 mò
默默 mòmò
磨 mò
谋 móu
某 mǒu
模样 múyàng
母 mǔ
母亲 mǔ·qīn
母体 mǔtǐ
亩 mǔ
木 mù
木材 mùcái
木头 mù·tou
目 mù
目标 mùbiāo
目的 mùdì
目光 mùguāng

目前 mùqián
墓 mù
幕 mù

N

拿 ná
哪 nǎ
哪里 nǎ·lǐ
哪儿 nǎr
哪些 nǎxiē
那 nà
那里 nà·lǐ
那么 nà·me
那儿 nàr
那些 nàxiē
那样 nàyàng
纳 nà
纳入 nàrù
纳税 nàshuì
钠 nà
乃 nǎi
乃至 nǎizhì
奶 nǎi
奶奶 nǎi·nai
耐 nài
耐心 nàixīn
男 nán
男女 nánnǚ
男人 nánrén
男性 nánxìng
男子 nánzǐ
南 nán
南北 nánběi
南方 nánfāng
南极 nánjí
难 nán
难道 nándào
难得 nándé
难怪 nánguài
难过 nánguò
难免 nánmiǎn
难受 nánshòu
难题 nántí
难以 nányǐ
难于 nányú
难 nàn

囊 náng
脑 nǎo
脑袋 nǎo·dai
脑子 nǎo·zi
闹 nào
内 nèi
内部 nèibù
内地 nèidì
内涵 nèihán
内容 nèiróng
内外 nèiwài
内心 nèixīn
内在 nèizài
内脏 nèizàng
嫩 nèn
能 néng
能动 néngdòng
能够 nénggòu
能力 nénglì
能量 néngliàng
能源 néngyuán
泥 ní
泥土 nítǔ
拟 nǐ
你 nǐ
你们 nǐ·men
逆 nì
年 nián
年初 niánchū
年代 niándài
年底 niándǐ
年度 niándù
年级 niánjí
年纪 niánjì
年间 niánjiān
年龄 niánlíng
年青 niánqīng
年轻 niánqīng
年头儿 niántóur
念 niàn
念头 niàn·tou
娘 niáng
鸟 niǎo
尿 niào
捏 niē

您 nín
宁 níng
宁静 níngjìng
拧 níng
凝 níng
凝固 nínggù
凝结 níngjié
凝聚 níngjù
凝视 níngshì
拧 nǐng
宁 nìng
拧 nìng
牛 niú
牛顿 niúdùn
扭 niǔ
扭转 niǔzhuǎn
农 nóng
农产品 nóngchǎnpǐn
农场 nóngchǎng
农村 nóngcūn
农户 nónghù
农具 nóngjù
农民 nóngmín
农田 nóngtián
农药 nóngyào
农业 nóngyè
农作物 nóngzuòwù
浓 nóng
浓度 nóngdù
浓厚 nónghòu
脓 nóng
弄 nòng
奴隶 núlì
奴役 núyì
努力 nǔlì
怒 nù
女 nǚ
女儿 nǚ'ér
女工 nǚgōng
女人 nǚrén
女士 nǚshì
女性 nǚxìng
女婿 nǚ·xu

*女子 nǚzǐ
*暖 nuǎn

O

欧 Ōu
偶 ǒu
偶尔 ǒu'ěr
*偶然 ǒurán
偶然性 ǒuránxìng

P

扒 pá
*爬 pá
*怕 pà
*拍 pāi
拍摄 pāishè
*排 pái
*排斥 páichì
排除 páichú
排放 páifàng
*排列 páiliè
*牌 pái
牌子 pái·zi
*派 pài
派出所 pàichūsuǒ
派遣 pàiqiǎn
潘 Pān
攀 pān
*盘 pán
判 pàn
判处 pànchǔ
判定 pàndìng
*判断 pànduàn
判决 pànjué
盼 pàn
盼望 pànwàng
庞大 pángdà
*旁 páng
*旁边 pángbiān
*胖 pàng
抛 pāo
抛弃 pāoqì
*泡 pāo
炮 páo
*跑 pǎo

*泡 pào
炮 pào
炮弹 pàodàn
胚 pēi
胚胎 pēitāi
陪 péi
培训 péixùn
*培养 péiyǎng
培育 péiyù
赔偿 péicháng
佩服 pèi·fú
*配 pèi
配合 pèihé
配套 pèitào
配置 pèizhì
喷 pēn
*盆 pén
盆地 péndì
*朋友 péng·you
彭 Péng
棚 péng
蓬勃 péngbó
*膨胀 péngzhàng
捧 pěng
*碰 pèng
*批 pī
*批发 pīfā
*批判 pīpàn
*批评 pīpíng
*批准 pīzhǔn
披 pī
*皮 pí
皮肤 pífū
疲倦 píjuàn
疲劳 píláo
脾 pí
脾气 pí·qi
*匹 pǐ
屁股 pì·gu
*譬如 pìrú
*偏 piān
偏见 piānjiàn
偏偏 piānpiān
偏向 piānxiàng
*篇 piān

便宜 pián·yi
*片 piàn
片刻 piànkè
片面 piànmiàn
骗 piàn
飘 piāo
票 piào
*漂亮 piào·liang
拼命 pīnmìng
贫 pín
贫困 pínkùn
贫穷 pínqióng
频繁 pínfán
*频率 pínlǜ
*品 pǐn
品德 pǐndé
*品质 pǐnzhì
*品种 pǐnzhǒng
乒乓球 pīngpāngqiú
*平 píng
*平常 píngcháng
*平等 píngděng
平凡 píngfán
*平分 píngfēn
*平衡 pínghéng
*平静 píngjìng
*平均 píngjūn
*平面 píngmiàn
平民 píngmín
平日 píngrì
*平时 píngshí
平坦 píngtǎn
*平行 píngxíng
*平原 píngyuán
评 píng
*评价 píngjià
评论 pínglùn
评选 píngxuǎn
苹果 píngguǒ
*凭 píng
凭借 píngjiè
屏 píng
屏幕 píngmù
瓶 píng

坡 pō
*颇 pō
婆婆 pó·po
迫 pò
迫害 pòhài
迫切 pòqiè
迫使 pòshǐ
*破 pò
破产 pòchǎn
*破坏 pòhuài
破裂 pòliè
剖面 pōumiàn
扑 pū
*铺 pū
菩萨 pú·sà
葡萄 pú·tao
葡萄糖 pú·taotáng
朴素 pǔsù
*普遍 pǔbiàn
普及 pǔjí
*普通 pǔtōng
普通话 pǔtōnghuà
谱 pǔ
*铺 pù

Q

*七 qī
*妻子 qī·zi
凄凉 qīliáng
*期 qī
期待 qīdài
期货 qīhuò
*期间 qījiān
期望 qīwàng
期限 qīxiàn
欺骗 qīpiàn
漆 qī
*齐 qí
*其 qí
*其次 qícì
其间 qíjiān
*其实 qíshí
*其他 qítā
*其余 qíyú

*其中 qízhōng
奇 qí
*奇怪 qíguài
奇迹 qíjì
奇特 qítè
奇异 qíyì
*骑 qí
旗 qí
旗帜 qízhì
*企图 qǐtú
*企业 qǐyè
*启发 qǐfā
启示 qǐshì
*起 qǐ
起初 qǐchū
起点 qǐdiǎn
起伏 qǐfú
*起来 qǐ·lái
起码 qǐmǎ
*起身 qǐshēn
*起义 qǐyì
*起源 qǐyuán
*气 qì
*气氛 qì·fēn
气愤 qìfèn
*气候 qìhòu
气流 qìliú
*气体 qìtǐ
气团 qìtuán
气味 qìwèi
*气温 qìwēn
气息 qìxī
*气象 qìxiàng
气压 qìyā
气质 qìzhì
弃 qì
汽车 qìchē
汽油 qìyóu
契约 qìyuē
砌 qì
*器 qì
器材 qìcái
*器官 qìguān
卡 qiǎ
恰当 qiàdàng

恰好 qiàhǎo
千 qiān
*千方百计 qiānfāng-bǎijì
千克 qiānkè
迁 qiān
迁移 qiānyí
牵 qiān
铅 qiān
铅笔 qiānbǐ
*签订 qiāndìng
*前 qián
前边 qián·bian
前方 qiánfāng
*前后 qiánhòu
*前进 qiánjìn
前景 qiánjǐng
*前面 qiánmiàn
前期 qiánqī
前人 qiánrén
*前提 qiántí
前头 qián·tou
*前途 qiántú
前往 qiánwǎng
前夕 qiánxī
前线 qiánxiàn
*钱 qián
潜 qián
潜力 qiánlì
潜在 qiánzài
*浅 qiǎn
遣 qiǎn
欠 qiàn
嵌 qiàn
*枪 qiāng
腔 qiāng
*强 qiáng
*强大 qiángdà
强盗 qiángdào
*强调 qiángdiào
*强度 qiángdù
强化 qiánghuà
*强烈 qiángliè
强制 qiángzhì
*墙 qiáng

墙壁 qiángbì
*抢 qiǎng
抢救 qiǎngjiù
*强 qiǎng
*悄悄 qiāoqiāo
敲 qiāo
桥 qiáo
桥梁 qiáoliáng
*瞧 qiáo
巧 qiǎo
巧妙 qiǎomiào
壳 qiào
*切 qiē
*且 qiě
*切 qiè
切实 qièshí
侵 qīn
侵犯 qīnfàn
*侵略 qīnlüè
侵权 qīnquán
侵入 qīnrù
侵蚀 qīnshí
侵占 qīnzhàn
*亲 qīn
亲密 qīnmì
亲戚 qīn·qi
*亲切 qīnqiè
亲热 qīnrè
亲人 qīnrén
亲属 qīnshǔ
亲眼 qīnyǎn
亲友 qīnyǒu
*亲自 qīnzì
*秦 Qín
琴 qín
勤 qín
勤劳 qínláo
*青 qīng
青春 qīngchūn
*青年 qīngnián
青蛙 qīngwā
*轻 qīng
轻工业 qīnggōngyè
轻声 qīngshēng

轻视 qīngshì
轻松 qīngsōng
轻微 qīngwēi
轻易 qīngyì
轻重 qīngzhòng
*氢 qīng
*氢气 qīngqì
倾 qīng
倾听 qīngtīng
*倾向 qīngxiàng
倾斜 qīngxié
*清 qīng
清晨 qīngchén
清除 qīngchú
*清楚 qīng·chu
清洁 qīngjié
清理 qīnglǐ
*清晰 qīngxī
清醒 qīngxǐng
*情 qíng
*情报 qíngbào
情操 qíngcāo
*情感 qínggǎn
*情节 qíngjié
*情景 qíngjǐng
情境 qíngjìng
*情况 qíngkuàng
情趣 qíngqù
*情形 qíng·xing
*情绪 qíngxù
*请 qǐng
*请求 qǐngqiú
请示 qǐngshì
庆祝 qìngzhù
*穷 qióng
穷人 qióngrén
*秋 qiū
秋季 qiūjì
秋天 qiūtiān
*求 qiú
求证 qiúzhèng
酋长 qiúzhǎng
*球 qiú
*区 qū
*区别 qūbié

*区分 qūfēn
区域 qūyù
*曲线 qūxiàn
曲折 qūzhé
驱 qū
驱逐 qūzhú
屈服 qūfú
趋 qū
*趋势 qūshì
趋向 qūxiàng
渠 qú
渠道 qúdào
*曲 qǔ
*取 qǔ
取代 qǔdài
*取得 qǔdé
*取消 qǔxiāo
娶 qǔ
*去 qù
去年 qùnián
去世 qùshì
趣味 qùwèi
*圈 quān
*权 quán
*权力 quánlì
*权利 quánlì
权威 quánwēi
权益 quányì
*全 quán
*全部 quánbù
全局 quánjú
*全面 quánmiàn
全民 quánmín
*全球 quánqiú
*全身 quánshēn
*全体 quántǐ
泉 quán
拳 quán
拳头 quán·tóu
*劝 quàn
*缺 quē
*缺点 quēdiǎn
*缺乏 quēfá
*缺少 quēshǎo

缺陷 quēxiàn
*却 què
确 què
确保 quèbǎo
*确定 quèdìng
*确立 quèlì
确切 quèqiè
确认 quèrèn
*确实 quèshí
*群 qún
群落 qúnluò
*群体 qúntǐ
*群众 qúnzhòng

R

*然 rán
*然而 rán'ér
*然后 ránhòu
燃 rán
*燃料 ránliào
*燃烧 ránshāo
染 rǎn
染色 rǎnsè
*染色体 rǎnsètǐ
嚷 rǎng
*让 ràng
扰动 rǎodòng
扰乱 rǎoluàn
绕 rào
惹 rě
*热 rè
*热爱 rè'ài
*热带 rèdài
*热量 rèliàng
*热烈 rèliè
*热闹 rè·nao
热能 rènéng
*热情 rèqíng
*热心 rèxīn
*人 rén
人才 réncái
*人格 réngé
*人工 réngōng
*人家 rénjiā
*人家 rén·jia
*人间 rénjiān

人均 rénjūn
*人口 rénkǒu
*人类 rénlèi
*人力 rénlì
*人们 rén·men
*人民 rénmín
人民币 rénmínbì
*人群 rénqún
人身 rénshēn
*人生 rénshēng
人士 rénshì
人事 rénshì
*人体 réntǐ
人为 rénwéi
*人物 rénwù
人心 rénxīn
人性 rénxìng
人影儿 rényǐngr
*人员 rényuán
人造 rénzào
仁 rén
*任 Rén
忍 rěn
忍耐 rěnnài
忍受 rěnshòu
认 rèn
认定 rèndìng
*认识 rèn·shi
认识论 rèn·shilùn
*认为 rènwéi
*认真 rènzhēn
*任 rèn
*任何 rènhé
任命 rènmìng
*任务 rèn·wu
*任意 rènyì
扔 rēng
*仍 réng
仍旧 réngjiù
*仍然 réngrán
*日 rì
日报 rìbào
日常 rìcháng
日记 rìjì
日期 rìqī

日前 rìqián
日趋 rìqū
日夜 rìyè
*日益 rìyì
*日子 rì·zi
荣誉 róngyù
容 róng
容量 róngliàng
容纳 róngnà
容器 róngqì
*容易 róngyì
*溶 róng
*溶剂 róngjì
*溶解 róngjiě
*溶液 róngyè
熔 róng
熔点 róngdiǎn
融合 rónghé
柔和 róuhé
柔软 róuruǎn
揉 róu
*肉 ròu
肉体 ròutǐ
*如 rú
*如此 rúcǐ
*如果 rúguǒ
*如何 rúhé
*如今 rújīn
*如同 rútóng
*如下 rúxià
儒家 Rújiā
*乳 rǔ
*入 rù
*入侵 rùqīn
入手 rùshǒu
入学 rùxué
*软 ruǎn
*若 ruò
*若干 ruògān
若是 ruòshì
*弱 ruò
弱点 ruòdiǎn

S

撒 sā
洒 sǎ

撒 sǎ
鰓 sāi
塞 sāi
塞 sài
赛 sài
*三 sān
三角 sānjiǎo
三角形 sānjiǎoxíng
伞 sǎn
*散 sǎn
散射 sǎnshè
散文 sǎnwén
*散 sàn
散布 sànbù
散步 sànbù
散发 sànfā
嗓子 sǎng·zi
*丧失 sàngshī
扫 sǎo
扫荡 sǎodàng
嫂子 sǎo·zi
*色 sè
*色彩 sècǎi
塞 sè
森林 sēnlín
僧 sēng
僧侣 sēnglǚ
*杀 shā
杀害 shāhài
*沙 shā
沙发 shāfā
*沙漠 shāmò
沙滩 shātān
纱 shā
砂 shā
傻 shǎ
*色 shǎi
晒 shài
*山 shān
山地 shāndì
山峰 shānfēng
山谷 shāngǔ
山林 shānlín
山路 shānlù

山脉 shānmài
*山区 shānqū
山水 shānshuǐ
山头 shāntóu
*扇 shān
*闪 shǎn
闪电 shǎndiàn
闪光 shǎnguāng
闪烁 shǎnshuò
*单 Shàn
*扇 shàn
*善 shàn
善良 shànliáng
*善于 shànyú
*伤 shāng
伤害 shānghài
伤口 shāngkǒu
伤心 shāngxīn
伤员 shāngyuán
*商 shāng
商标 shāngbiāo
*商店 shāngdiàn
*商量 shāng·liang
*商品 shāngpǐn
*商人 shāngrén
*商业 shāngyè
*上 shǎng
赏 shǎng
*上 shàng
上班 shàngbān
上边 shàng·bian
上层 shàngcéng
*上帝 Shàngdì
*上级 shàngjí
上课 shàngkè
上空 shàngkōng
*上来 shàng·lái
*上面 shàngmiàn
*上去 shàng·qù
上山 shàngshān
*上升 shàngshēng
上市 shàngshì
*上述 shàngshù

上诉 shàngsù
*上午 shàngwǔ
*上下 shàngxià
上学 shàngxué
上衣 shàngyī
上游 shàngyóu
上涨 shàngzhǎng
*尚 shàng
*烧 shāo
*梢 shāo
*稍 shāo
稍稍 shāoshāo
稍微 shāowēi
*少 shǎo
*少量 shǎoliàng
*少数 shǎoshù
*少 shào
*少年 shàonián
少女 shàonǚ
少爷 shào·ye
*舌 shé
舌头 shé·tou
*折 shé
*蛇 shé
舍 shě
舍不得 shě·bu·de
*设 shè
*设备 shèbèi
设法 shèfǎ
*设计 shèjì
*设立 shèlì
*设施 shèshī
*设想 shèxiǎng
*设置 shèzhì
*社 shè
*社会 shèhuì
*社会学 shèhuìxué
舍 shè
*射 shè
射击 shèjī
*射线 shèxiàn
*涉及 shèjí
摄 shè

摄影 shèyǐng
*谁 shéi
申请 shēnqǐng
*伸 shēn
伸手 shēnshǒu
*身 shēn
*身边 shēnbiān
身材 shēncái
*身份 shēn·fèn
身后 shēnhòu
身躯 shēnqū
*身体 shēntǐ
身心 shēnxīn
身影 shēnyǐng
*身子 shēn·zi
参 shēn
*深 shēn
深沉 shēnchén
*深度 shēndù
深厚 shēnhòu
深化 shēnhuà
*深刻 shēnkè
深情 shēnqíng
*深入 shēnrù
深夜 shēnyè
深远 shēnyuǎn
*什么 shén·me
*神 shén
*神话 shénhuà
*神经 shénjīng
*神秘 shénmì
神奇 shénqí
神气 shén·qì
神情 shénqíng
神色 shénsè
神圣 shénshèng
神态 shéntài
神学 shénxué
沈 Shěn
审查 shěnchá
*审美 shěnměi
*审判 shěnpàn
婶 shěn
*肾 shèn
*甚 shèn

*甚至 shènzhì
*渗透 shèntòu
慎重 shènzhòng
*升 shēng
*生 shēng
*生产 shēngchǎn
*生产力
　shēngchǎnlì
*生成 shēngchéng
*生存 shēngcún
*生动 shēngdòng
*生活 shēnghuó
*生理 shēnglǐ
*生命 shēngmìng
生命力
　shēngmìnglì
*生气 shēngqì
生前 shēngqián
生态 shēngtài
*生物 shēngwù
生意 shēngyì
生意 shēng·yi
生育 shēngyù
*生长 shēngzhǎng
*生殖 shēngzhí
*声 shēng
声调 shēngdiào
声明 shēngmíng
声响 shēngxiǎng
*声音 shēngyīn
牲畜 shēngchù
牲口 shēng·kou
绳 shéng
*绳子 shéng·zi
*省 shěng
圣 shèng
圣经 Shèngjīng
*胜 shèng
*胜利 shènglì
*盛 shèng
盛行 shèngxíng
剩 shèng
剩余 shèngyú
尸体 shītǐ
*失 shī

*失败 shībài
失掉 shīdiào
*失去 shīqù
失调 shītiáo
*失望 shīwàng
失误 shīwù
失业 shīyè
*师 shī
师范 shīfàn
*师傅 shī·fu
师长 shīzhǎng
*诗 shī
诗歌 shīgē
诗人 shīrén
诗意 shīyì
*施 shī
施肥 shīféi
施工 shīgōng
施行 shīxíng
*湿 shī
湿度 shīdù
湿润 shīrùn
*十 shí
*石 shí
石灰 shíhuī
*石头 shí·tou
*石油 shíyóu
*时 shí
时常 shícháng
*时代 shídài
时而 shí'ér
*时候 shí·hou
时机 shíjī
*时间 shíjiān
时节 shíjié
*时刻 shíkè
时空 shíkōng
时髦 shímáo
*时期 shíqī
识 shí
识别 shíbié
识字 shízì
*实 shí
*实际 shíjì
*实践 shíjiàn

实力 shílì
实例 shílì
*实施 shíshī
实体 shítǐ
*实物 shíwù
*实现 shíxiàn
*实行 shíxíng
*实验 shíyàn
实用 shíyòng
*实在 shízài
*实在 shí·zai
*实质 shízhì
拾 shí
*食 shí
*食品 shípǐn
食堂 shítáng
*食物 shíwù
食盐 shíyán
食用 shíyòng
*史 shǐ
史学 shǐxué
*使 shǐ
*使得 shǐ·de
使劲 shǐjìn
使命 shǐmìng
*使用 shǐyòng
*始 shǐ
*始终 shǐzhōng
士 shì
士兵 shìbīng
*氏 shì
氏族 shìzú
*示 shì
示范 shìfàn
示威 shìwēi
*世 shì
世代 shìdài
*世纪 shìjì
*世界 shìjiè
*世界观 shìjièguān
*市 shì
*市场 shìchǎng
市民 shìmín
*式 shì
*似的 shì·de

*事 shì
*事变 shìbiàn
*事故 shìgù
事后 shìhòu
事迹 shìjì
*事件 shìjiàn
事例 shìlì
*事情 shì·qing
事实 shìshí
事务 shìwù
*事物 shìwù
事先 shìxiān
*事业 shìyè
*势 shì
势必 shìbì
*势力 shìlì
势能 shìnéng
*试 shì
*试管 shìguǎn
试图 shìtú
*试验 shìyàn
试制 shìzhì
*视 shì
视觉 shìjué
视线 shìxiàn
视野 shìyě
*是 shì
是非 shìfēi
*是否 shìfǒu
适 shì
*适当 shìdàng
*适合 shìhé
*适宜 shìyí
*适应 shìyìng
*适用 shìyòng
*室 shì
逝世 shìshì
*释放 shìfàng
*收 shōu
*收购 shōugòu
收回 shōuhuí
收获 shōuhuò
*收集 shōují
*收入 shōurù
收拾 shōu·shi

* 收缩 shōusuō
收益 shōuyì
收音机 shōuyīnjī
* 熟 shóu
* 手 shǒu
手臂 shǒubì
手表 shǒubiǎo
* 手段 shǒuduàn
* 手法 shǒufǎ
手工 shǒugōng
* 手工业
shǒugōngyè
手脚 shǒujiǎo
手榴弹
shǒuliúdàn
手枪 shǒuqiāng
手势 shǒushì
* 手术 shǒushù
手续 shǒuxù
手掌 shǒuzhǎng
* 手指 shǒuzhǐ
* 守 shǒu
守恒 shǒuhéng
* 首 shǒu
* 首都 shǒudū
首领 shǒulǐng
* 首先 shǒuxiān
首要 shǒuyào
首长 shǒuzhǎng
寿命 shòumìng
* 受 shòu
受精 shòujīng
受伤 shòushāng
狩猎 shòuliè
授 shòu
兽 shòu
* 瘦 shòu
* 书 shū
书包 shūbāo
书本 shūběn
书籍 shūjí
* 书记 shūjì
书面 shūmiàn
书写 shūxiě
抒情 shūqíng

* 叔叔 shū・shu
梳 shū
舒服 shū・fu
舒适 shūshì
疏 shū
输 shū
输出 shūchū
输入 shūrù
输送 shūsòng
* 蔬菜 shūcài
* 熟 shú
熟练 shúliàn
* 熟悉 shú・xi
* 属 shǔ
* 属性 shǔxìng
* 属于 shǔyú
鼠 shǔ
* 数 shǔ
术 shù
术语 shùyǔ
* 束 shù
* 束缚 shùfù
述 shù
* 树 shù
树干 shùgàn
* 树立 shùlì
树林 shùlín
* 树木 shùmù
树种 shùzhǒng
竖 shù
* 数 shù
* 数据 shùjù
* 数量 shùliàng
* 数目 shùmù
* 数学 shùxué
数值 shùzhí
* 数字 shùzì
刷 shuā
耍 shuǎ
衰变 shuāibiàn
衰老 shuāilǎo
摔 shuāi
甩 shuǎi
* 率 shuài
* 率领 shuàilǐng

拴 shuān
* 双 shuāng
* 双方 shuāngfāng
霜 shuāng
* 谁 shuí
* 水 shuǐ
水稻 shuǐdào
* 水分 shuǐfèn
水果 shuǐguǒ
水库 shuǐkù
水利 shuǐlì
水流 shuǐliú
* 水面 shuǐmiàn
水泥 shuǐní
* 水平 shuǐpíng
水汽 shuǐqì
水手 shuǐshǒu
水位 shuǐwèi
水文 shuǐwén
水银 shuǐyín
水源 shuǐyuán
水蒸气
shuǐzhēngqì
* 税 shuì
税收 shuìshōu
睡 shuì
睡觉 shuìjiào
睡眠 shuìmián
顺 shùn
* 顺利 shùnlì
顺手 shùnshǒu
* 顺序 shùnxù
瞬间 shùnjiān
* 说 shuō
* 说法 shuō・fǎ
说服 shuōfú
* 说话 shuōhuà
* 说明 shuōmíng
司 sī
司法 sīfǎ
司机 sījī
司令 sīlìng
* 丝 sī
丝毫 sīháo
私 sī

* 私人 sīrén
私营 sīyíng
私有 sīyǒu
私有制 sīyǒuzhì
思 sī
思潮 sīcháo
* 思考 sīkǎo
思路 sīlù
* 思索 sīsuǒ
* 思维 sīwéi
* 思想 sīxiǎng
思想家 sīxiǎngjiā
斯 sī
* 死 sǐ
死亡 sǐwáng
死刑 sǐxíng
* 四 sì
四边形 sìbiānxíng
四处 sìchù
四面 sìmiàn
四肢 sìzhī
* 四周 sìzhōu
寺 sì
寺院 sìyuàn
* 似 sì
似乎 sìhū
* 饲料 sìliào
饲养 sìyǎng
* 松 sōng
* 宋 Sòng
* 送 sòng
搜集 sōují
艘 sōu
苏 sū
俗 sú
俗称 súchēng
诉讼 sùsòng
素 sù
素材 sùcái
* 素质 sùzhì
速 sù
* 速度 sùdù
速率 sùlǜ
宿 sù
宿舍 sùshè

* 塑料 sùliào
* 塑造 sùzào
* 酸 suān
* 算 suàn
* 虽 suī
* 虽然 suīrán
虽说 suīshuō
隋 Suí
* 随 suí
* 随便 suíbiàn
* 随后 suíhòu
随即 suíjí
随时 suíshí
随意 suíyì
* 遂 suí
髓 suí
* 岁 suì
岁月 suìyuè
* 遂 suì
碎 suì
穗 suì
孙 sūn
孙子 sūn・zi
* 损害 sǔnhài
损耗 sǔnhào
损伤 sǔnshāng
损失 sǔnshī
缩 suō
缩短 suōduǎn
缩小 suōxiǎo
* 所 suǒ
所属 suǒshǔ
* 所谓 suǒwèi
* 所以 suǒyǐ
* 所有 suǒyǒu
* 所有制 suǒyǒuzhì
* 所在 suǒzài
索 suǒ
锁 suǒ

T

* 他 tā
* 他们 tā・men
* 他人 tārén
* 它 tā
* 它们 tā・men

* 她 tā	烫 tàng	体裁 tǐcái	* 调节 tiáojié	同事 tóngshì
* 她们 tā·men	* 趟 tàng	体操 tǐcāo	调解 tiáojiě	同行 tóngxíng
塔 tǎ	掏 tāo	* 体会 tǐhuì	* 调整 tiáozhěng	* 同学 tóngxué
踏 tà	逃 táo	* 体积 tǐjī	* 挑 tiǎo	* 同样 tóngyàng
胎 tāi	逃避 táobì	体力 tǐlì	挑战 tiǎozhàn	* 同意 tóngyì
胎儿 tāi'ér	逃跑 táopǎo	* 体温 tǐwēn	* 跳 tiào	* 同志 tóngzhì
* 台 tái	逃走 táozǒu	* 体系 tǐxì	跳动 tiàodòng	* 铜 tóng
台风 táifēng	桃 táo	* 体现 tǐxiàn	跳舞 tiàowǔ	童话 tónghuà
* 抬 tái	陶 táo	* 体验 tǐyàn	跳跃 tiàoyuè	童年 tóngnián
抬头 táitóu	陶冶 táoyě	* 体育 tǐyù	* 贴 tiē	统 tǒng
* 太 tài	淘汰 táotài	* 体制 tǐzhì	* 铁 tiě	* 统计 tǒngjì
太空 tàikōng	讨 tǎo	体质 tǐzhì	* 铁路 tiělù	* 统一 tǒngyī
太平 tàipíng	* 讨论 tǎolùn	体重 tǐzhòng	厅 tīng	* 统治 tǒngzhì
* 太太 tài·tai	讨厌 tǎoyàn	* 替 tì	* 听 tīng	桶 tǒng
* 太阳 tài·yáng	* 套 tào	替代 tìdài	听话 tīnghuà	筒 tǒng
太阳能	* 特 tè	* 天 tiān	* 听见 tīngjiàn	* 通 tòng
tàiyángnéng	* 特别 tèbié	天才 tiāncái	听觉 tīngjué	* 痛 tòng
太阳系 tàiyángxì	特地 tèdì	* 天地 tiāndì	听取 tīngqǔ	* 痛苦 tòngkǔ
* 态 tài	* 特点 tèdiǎn	天鹅 tiān'é	听众 tīngzhòng	痛快 tòng·kuài
* 态度 tài·dù	* 特定 tèdìng	* 天空 tiānkōng	* 停 tíng	* 偷 tōu
摊 tān	特权 tèquán	* 天气 tiānqì	停顿 tíngdùn	偷偷 tōutōu
滩 tān	* 特色 tèsè	* 天然 tiānrán	停留 tíngliú	* 头 tóu
* 谈 tán	* 特殊 tèshū	天然气 tiānránqì	* 停止 tíngzhǐ	头顶 tóudǐng
谈话 tánhuà	特务 tè·wu	天生 tiānshēng	* 挺 tǐng	* 头发 tóu·fa
谈论 tánlùn	* 特性 tèxìng	* 天体 tiāntǐ	* 通 tōng	* 头脑 tóunǎo
谈判 tánpàn	特意 tèyì	天文 tiānwén	* 通常 tōngcháng	投 tóu
* 弹 tán	* 特征 tèzhēng	* 天下 tiānxià	通道 tōngdào	投产 tóuchǎn
弹簧 tánhuáng	疼 téng	天真 tiānzhēn	通电 tōngdiàn	投机 tóujī
弹性 tánxìng	疼痛 téngtòng	天主教	* 通过 tōngguò	* 投入 tóurù
痰 tán	藤 téng	Tiānzhǔjiào	通红 tōnghóng	投降 tóuxiáng
坦克 tǎnkè	踢 tī	添 tiān	通信 tōngxìn	* 投资 tóuzī
* 叹 tàn	* 提 tí	* 田 tián	* 通讯 tōngxùn	* 透 tòu
叹息 tànxī	提倡 tíchàng	田地 tiándì	通用 tōngyòng	透镜 tòujìng
探 tàn	提高 tígāo	田野 tiányě	* 通知 tōngzhī	透露 tòulù
探测 tàncè	* 提供 tígōng	* 甜 tián	* 同 tóng	* 透明 tòumíng
* 探索 tànsuǒ	提炼 tíliàn	* 填 tián	同伴 tóngbàn	凸 tū
* 探讨 tàntǎo	* 提起 tíqǐ	* 挑 tiāo	同胞 tóngbāo	突 tū
* 碳 tàn	提前 tíqián	挑选 tiāoxuǎn	同等 tóngděng	突变 tūbiàn
* 汤 tāng	提取 tíqǔ	* 条 tiáo	同行 tóngháng	* 突出 tūchū
* 唐 táng	提醒 tíxǐng	* 条件 tiáojiàn	同化 tónghuà	突击 tūjī
堂 táng	提议 tíyì	条款 tiáokuǎn	同类 tónglèi	突破 tūpò
塘 táng	* 题 tí	* 条例 tiáolì	同年 tóngnián	* 突然 tūrán
* 糖 táng	* 题材 tícái	* 条约 tiáoyuē	同期 tóngqī	* 图 tú
倘若 tǎngruò	题目 tímù	* 调 tiáo	* 同情 tóngqíng	图案 tú'àn
* 躺 tǎng	* 体 tǐ	调和 tiáohé	* 同时 tóngshí	图画 túhuà

图书 túshū
*图书馆 túshūguǎn
图形 túxíng
图纸 túzhǐ
徒 tú
*途径 tújìng
涂 tú
屠杀 túshā
*土 tǔ
*土地 tǔdì
土匪 tǔfěi
*土壤 tǔrǎng
*吐 tǔ
*吐 tù
兔子 tù·zi
湍流 tuānliú
*团 tuán
*团结 tuánjié
*团体 tuántǐ
团员 tuányuán
*推 tuī
推测 tuīcè
*推动 tuīdòng
*推翻 tuīfān
*推广 tuīguǎng
推荐 tuījiàn
推进 tuījìn
推理 tuīlǐ
推论 tuīlùn
推销 tuīxiāo
*推行 tuīxíng
*腿 tuǐ
*退 tuì
退出 tuìchū
退化 tuìhuà
退休 tuìxiū
*托 tuō
*拖 tuō
*拖拉机 tuōlājī
*脱 tuō
*脱离 tuōlí
脱落 tuōluò
妥协 tuǒxié

W

*挖 wā

挖掘 wājué
娃娃 wá·wa
瓦 wǎ
歪 wāi
歪曲 wāiqū
*外 wài
外边 wài·bian
外表 wàibiǎo
*外部 wàibù
外地 wàidì
*外国 wàiguó
外汇 wàihuì
外交 wàijiāo
*外界 wàijiè
外科 wàikē
外来 wàilái
外力 wàilì
外贸 wàimào
*外面 wàimiàn
外商 wàishāng
外形 wàixíng
外语 wàiyǔ
外在 wàizài
外资 wàizī
*弯 wān
弯曲 wānqū
*完 wán
完备 wánbèi
完毕 wánbì
*完成 wánchéng
完美 wánměi
*完全 wánquán
*完善 wánshàn
*完整 wánzhěng
*玩 wán
玩具 wánjù
玩笑 wánxiào
顽强 wánqiáng
挽 wǎn
*晚 wǎn
晚饭 wǎnfàn
晚期 wǎnqī
*晚上 wǎn·shang

*碗 wǎn
*万 wàn
万物 wànwù
万一 wànyī
汪 wāng
亡 wáng
*王 wáng
王朝 wángcháo
王国 wángguó
*网 wǎng
网络 wǎngluò
*往 wǎng
往来 wǎnglái
*往往 wǎngwǎng
*忘 wàng
*忘记 wàngjì
旺 wàng
旺盛 wàngshèng
*望 wàng
望远镜 wàngyuǎnjìng
*危害 wēihài
*危机 wēijī
*危险 wēixiǎn
威力 wēilì
威胁 wēixié
威信 wēixìn
*微 wēi
微观 wēiguān
微粒 wēilì
微弱 wēiruò
微生物 wēishēngwù
*微微 wēiwēi
微小 wēixiǎo
*微笑 wēixiào
*为 wéi
为难 wéinán
为人 wéirén
为首 wéishǒu
*为止 wéizhǐ
违背 wéibèi
违法 wéifǎ
*违反 wéifǎn
*围 wéi

围剿 wéijiǎo
*围绕 wéirào
唯 wéi
惟 wéi
*维持 wéichí
*维护 wéihù
维生素 wéishēngsù
维新 wéixīn
维修 wéixiū
*伟大 wěidà
伪 wěi
*尾 wěi
*尾巴 wěi·ba
纬 wěi
纬度 wěidù
委屈 wěi·qu
委托 wěituō
*委员 wěiyuán
*委员会 wěiyuánhuì
卫 wèi
*卫生 wèishēng
*卫星 wèixīng
*为 wèi
为何 wèihé
*为了 wèi·le
*未 wèi
未必 wèibì
未曾 wèicéng
*未来 wèilái
*位 wèi
位移 wèiyí
*位置 wèi·zhì
*味 wèi
味道 wèi·dào
*胃 wèi
*谓 wèi
*喂 wèi
魏 Wèi
*温 wēn
温带 wēndài
*温度 wēndù
温度计 wēndùjì
温和 wēnhé

*温暖 wēnnuǎn
温柔 wēnróu
*文 wén
*文化 wénhuà
*文件 wénjiàn
*文明 wénmíng
文人 wénrén
文物 wénwù
*文献 wénxiàn
*文学 wénxué
*文艺 wényì
*文章 wénzhāng
*文字 wénzì
纹 wén
*闻 wén
蚊子 wén·zi
吻 wěn
稳 wěn
*稳定 wěndìng
*问 wèn
问世 wènshì
*问题 wèntí
窝 wō
*我 wǒ
*我们 wǒ·men
卧 wò
卧室 wòshì
握 wò
握手 wòshǒu
乌龟 wūguī
污染 wūrǎn
*屋 wū
屋子 wū·zi
*无 wú
无比 wúbǐ
无从 wúcóng
*无法 wúfǎ
无非 wúfēi
无关 wúguān
无机 wújī
无可奈何 wúkěnàihé
无力 wúlì
*无论 wúlùn
无情 wúqíng

无穷 wúqióng
无声 wúshēng
*无数 wúshù
*无限 wúxiàn
无线电
wúxiàndiàn
无效 wúxiào
无形 wúxíng
*无疑 wúyí
无意 wúyì
无知 wúzhī
*吾 wú
*吴 Wú
*五 wǔ
武 wǔ
武力 wǔlì
*武器 wǔqì
*武装 wǔzhuāng
侮辱 wǔrǔ
*舞 wǔ
*舞蹈 wǔdǎo
舞剧 wǔjù
*舞台 wǔtái
勿 wù
务 wù
*物 wù
物化 wùhuà
*物价 wùjià
*物理 wùlǐ
物力 wùlì
物品 wùpǐn
*物体 wùtǐ
*物质 wùzhì
物种 wùzhǒng
*物资 wùzī
误 wù
误差 wùchā
误会 wùhuì
误解 wùjiě
*恶 wù
*雾 wù

X

*西 xī
*西北 xīběi
西方 xīfāng

西风 xīfēng
西瓜 xī·guā
*西南 xīnán
*西欧 Xī Ōu
*吸 xī
吸附 xīfù
吸取 xīqǔ
*吸收 xīshōu
*吸引 xīyǐn
*希望 xīwàng
*牺牲 xīshēng
息 xī
*稀 xī
稀少 xīshǎo
锡 xī
熄灭 xīmiè
*习 xí
习惯 xíguàn
习俗 xísú
习性 xíxìng
席 xí
袭击 xíjī
*媳妇 xí·fu
*洗 xǐ
洗澡 xǐzǎo
*喜 xǐ
喜爱 xǐ'ài
喜欢 xǐ·huan
喜剧 xǐjù
喜悦 xǐyuè
戏 xì
*戏剧 xìjù
戏曲 xìqǔ
系 xì
系列 xìliè
系数 xìshù
*系统 xìtǒng
*细 xì
细胞 xìbāo
细节 xìjié
*细菌 xìjūn
细小 xìxiǎo
细心 xìxīn
细致 xìzhì
虾 xiā

瞎 xiā
狭 xiá
狭隘 xiá'ài
狭义 xiáyì
狭窄 xiázhǎi
*下 xià
下班 xiàbān
下边 xià·bian
下层 xiàcéng
下达 xiàdá
下颌 xiàhé
下级 xiàjí
*下降 xiàjiàng
*下来 xià·lái
*下列 xiàliè
下令 xiàlìng
下落 xiàluò
*下面 xiàmiàn
*下去 xià·qù
下属 xiàshǔ
*下午 xiàwǔ
下旬 xiàxún
下游 xiàyóu
*吓 xià
*夏 xià
*夏季 xiàjì
夏天 xiàtiān
仙 xiān
*先 xiān
*先后 xiānhòu
*先进 xiānjìn
先前 xiānqián
*先生
xiān·sheng
先天 xiāntiān
*纤维 xiānwéi
掀起 xiānqǐ
鲜 xiān
鲜花 xiānhuā
*鲜明 xiānmíng
鲜血 xiānxuè
鲜艳 xiānyàn
闲 xián
*弦 xián
咸 xián

衔 xián
嫌 xián
显 xiǎn
显得 xiǎn·de
显露 xiǎnlù
*显然 xiǎnrán
*显示 xiǎnshì
显微镜
xiǎnwēijìng
显现 xiǎnxiàn
*显著 xiǎnzhù
险 xiǎn
鲜 xiǎn
*县 xiàn
县城 xiànchéng
*现 xiàn
现场 xiànchǎng
现存 xiàncún
*现代 xiàndài
*现代化
xiàndàihuà
现今 xiànjīn
现金 xiànjīn
*现实 xiànshí
*现象 xiànxiàng
现行 xiànxíng
*现在 xiànzài
现状 xiànzhuàng
限 xiàn
*限度 xiàndù
限于 xiànyú
限制 xiànzhì
*线 xiàn
*线段 xiànduàn
线路 xiànlù
*线圈 xiànquān
线索 xiànsuǒ
线条 xiàntiáo
*宪法 xiànfǎ
陷 xiàn
*陷入 xiànrù
陷于 xiànyú
羡慕 xiànmù
献 xiàn
献身 xiànshēn

腺 xiàn
*乡 xiāng
*乡村 xiāngcūn
乡下 xiāng·xia
*相 xiāng
*相当 xiāngdāng
*相等 xiāngděng
*相对 xiāngduì
相反 xiāngfǎn
*相关 xiāngguān
*相互 xiānghù
相继 xiāngjì
相交 xiāngjiāo
相近 xiāngjìn
相连 xiānglián
*相似 xiāngsì
相通 xiāngtōng
*相同 xiāngtóng
*相信 xiāngxìn
*相应 xiāngyìng
*香 xiāng
香烟 xiāngyān
箱 xiāng
箱子 xiāng·zi
*详细 xiángxì
降 xiáng
*享 xiǎng
享受 xiǎngshòu
享有 xiǎngyǒu
*响 xiǎng
响声 xiǎngshēng
响应 xiǎngyìng
*想 xiǎng
*想法 xiǎng·fǎ
想象 xiǎngxiàng
想象力
xiǎngxiànglì
*向 xiàng
向来 xiànglái
向上 xiàngshàng
向往 xiàngwǎng
*项 xiàng
项目 xiàngmù
*相 xiàng
*象 xiàng

*象征 xiàngzhēng	效果 xiàoguǒ	新娘 xīnniáng	*形 xíng	袖 xiù
*像 xiàng	效力 xiàolì	新奇 xīnqí	*形成 xíngchéng	绣 xiù
橡胶 xiàngjiāo	*效率 xiàolǜ	新人 xīnrén	形容 xíngróng	宿 xiù
橡皮 xiàngpí	*效益 xiàoyì	新式 xīnshì	*形式 xíngshì	嗅 xiù
削 xiāo	*效应 xiàoyìng	*新闻 xīnwén	*形势 xíngshì	*须 xū
消 xiāo	*些 xiē	*新鲜 xīn·xiān	*形态 xíngtài	*虚 xū
*消除 xiāochú	歇 xiē	新兴 xīnxīng	形体 xíngtǐ	*需 xū
消毒 xiāodú	协定 xiédìng	新型 xīnxíng	*形象 xíngxiàng	*需求 xūqiú
*消费 xiāofèi	协会 xiéhuì	新颖 xīnyǐng	*形状 xíngzhuàng	*需要 xūyào
消费品 xiāofèipǐn	协商 xiéshāng	*信 xìn	型 xíng	*徐 xú
*消耗 xiāohào	*协调 xiétiáo	信贷 xìndài	省 xǐng	许 xǔ
*消化 xiāohuà	协同 xiétóng	信念 xìnniàn	醒 xǐng	*许多 xǔduō
*消极 xiāojí	协议 xiéyì	信任 xìnrèn	兴 xìng	许可 xǔkě
*消灭 xiāomiè	协助 xiézhù	信徒 xìntú	*兴趣 xìngqù	序 xù
*消失 xiāoshī	*协作 xiézuò	*信息 xìnxī	*幸福 xìngfú	*叙述 xùshù
消亡 xiāowáng	邪 xié	*信心 xìnxīn	*性 xìng	畜 xù
*消息 xiāo·xi	*斜 xié	*信仰 xìnyǎng	性别 xìngbié	*宣布 xuānbù
硝酸 xiāosuān	携带 xiédài	信用 xìnyòng	*性格 xìnggé	*宣传 xuānchuán
销 xiāo	*鞋 xié	兴 xīng	*性能 xìngnéng	宣告 xuāngào
*销售 xiāoshòu	*写 xiě	*兴奋 xīngfèn	性情 xìngqíng	宣言 xuānyán
*小 xiǎo	*写作 xiězuò	兴建 xīngjiàn	*性质 xìngzhì	宣扬 xuānyáng
小儿 xiǎo'ér	*血 xiě	兴起 xīngqǐ	性状 xìngzhuàng	悬 xuán
*小伙子	泄 xiè	*星 xīng	*姓 xìng	悬挂 xuánguà
xiǎohuǒ·zi	谢 xiè	星际 xīngjì	姓名 xìngmíng	旋 xuán
*小姐 xiǎojiě	*谢谢 xiè·xie	*星期 xīngqī	凶 xiōng	旋律 xuánlǜ
小麦 xiǎomài	*解 xiè	星球 xīngqiú	兄 xiōng	*旋转 xuánzhuǎn
小朋友	蟹 xiè	星系 xīngxì	*兄弟 xiōngdì	*选 xuǎn
xiǎopéngyǒu	*心 xīn	星星 xīng·xing	*兄弟 xiōng·di	选拔 xuǎnbá
*小时 xiǎoshí	心底 xīndǐ	星云 xīngyún	*胸 xiōng	*选举 xuǎnjǔ
*小说儿 xiǎoshuōr	*心里 xīn·lǐ	刑 xíng	胸脯 xiōngpú	选手 xuǎnshǒu
小心 xiǎoxīn	*心理 xīnlǐ	刑罚 xíngfá	*雄 xióng	选用 xuǎnyòng
小型 xiǎoxíng	*心灵 xīnlíng	刑法 xíngfǎ	雄伟 xióngwěi	*选择 xuǎnzé
*小学 xiǎoxué	*心情 xīnqíng	刑事 xíngshì	熊 xióng	旋 xuàn
小学生	心事 xīnshì	*行 xíng	*休眠 xiūmián	削 xuē
xiǎoxuéshēng	心思 xīn·si	*行动 xíngdòng	*休息 xiū·xi	削弱 xuēruò
小子 xiǎo·zi	心头 xīntóu	行军 xíngjūn	*修 xiū	穴 xué
*小组 xiǎozǔ	心血 xīnxuè	行李 xíng·li	修辞 xiūcí	*学 xué
*晓得 xiǎo·de	*心脏 xīnzàng	行人 xíngrén	修复 xiūfù	*学会 xuéhuì
*校 xiào	辛苦 xīnkǔ	*行使 xíngshǐ	*修改 xiūgǎi	*学科 xuékē
*校长 xiàozhǎng	辛勤 xīnqín	行驶 xíngshǐ	修建 xiūjiàn	学派 xuépài
*笑 xiào	*欣赏 xīnshǎng	*行为 xíngwéi	修理 xiūlǐ	*学生 xué·shēng
笑话 xiào·hua	锌 xīn	*行星 xíngxīng	*修养 xiūyǎng	*学术 xuéshù
笑话儿 xiào·huar	*新 xīn	*行政 xíngzhèng	修正 xiūzhèng	*学说 xuéshuō
笑容 xiàoróng	新陈代谢	行走 xíngzǒu	宿 xiù	学堂 xuétáng
效 xiào	xīnchén-dàixiè		臭 xiù	学徒 xuétú

111

学问 xué·wen
*学习 xuéxí
*学校 xuéxiào
学员 xuéyuán
学院 xuéyuàn
*学者 xuézhě
*雪 xuě
雪白 xuěbái
雪花 xuěhuā
*血 xuè
*血管 xuèguǎn
*血液 xuèyè
寻 xún
寻求 xúnqiú
*寻找 xúnzhǎo
询问 xúnwèn
*循环 xúnhuán
训 xùn
*训练 xùnliàn
*迅速 xùnsù

Y

*压 yā
*压力 yālì
*压迫 yāpò
压强 yāqiáng
压缩 yāsuō
压抑 yāyì
压制 yāzhì
押 yā
鸦片 yāpiàn
鸭 yā
*牙 yá
牙齿 yáchǐ
*芽 yá
亚 yà
*咽 yān
烟 yān
烟囱 yāncōng
*延长 yáncháng
延伸 yánshēn
延续 yánxù
严 yán
*严格 yángé
严寒 yánhán
严峻 yánjùn

严厉 yánlì
严密 yánmì
*严肃 yánsù
*严重 yánzhòng
*言 yán
言论 yánlùn
言语 yányǔ
岩 yán
*岩石 yánshí
炎 yán
*沿 yán
沿岸 yán'àn
*沿海 yánhǎi
*研究 yánjiū
研究生 yánjiūshēng
*研制 yánzhì
*盐 yán
盐酸 yánsuān
*颜色 yánsè
掩盖 yǎngài
掩护 yǎnhù
*眼 yǎn
*眼光 yǎnguāng
*眼睛 yǎn·jing
眼镜 yǎnjìng
眼看 yǎnkàn
*眼泪 yǎnlèi
*眼前 yǎnqián
眼神 yǎnshén
*演 yǎn
演变 yǎnbiàn
演唱 yǎnchàng
*演出 yǎnchū
演化 yǎnhuà
演讲 yǎnjiǎng
演说 yǎnshuō
演绎 yǎnyì
*演员 yǎnyuán
*演奏 yǎnzòu
厌 yàn
厌恶 yànwù
咽 yàn
宴会 yànhuì
验 yàn

验证 yànzhèng
秧 yāng
扬 yáng
*羊 yáng
羊毛 yángmáo
*阳 yáng
*阳光 yángguāng
*杨 yáng
洋 yáng
*仰 yǎng
*养 yǎng
养分 yǎngfèn
养料 yǎngliào
养殖 yǎngzhí
*氧 yǎng
*氧化 yǎnghuà
*氧气 yǎngqì
*样 yàng
样本 yàngběn
样品 yàngpǐn
样式 yàngshì
*样子 yàng·zi
*约 yāo
*要 yāo
要求 yāoqiú
*腰 yāo
邀请 yāoqǐng
*摇 yáo
摇晃 yáo·huàng
摇头 yáotóu
遥感 yáogǎn
遥远 yáoyuǎn
*咬 yǎo
*药 yào
药品 yàopǐn
*药物 yàowù
*要 yào
要紧 yàojǐn
要素 yàosù
钥匙 yào·shi
耶稣 Yēsū
*爷爷 yé·ye
*也 yě
*也许 yěxǔ
冶金 yějīn

冶炼 yěliàn
野 yě
野蛮 yěmán
野生 yěshēng
野兽 yěshòu
野外 yěwài
*业 yè
*业务 yèwù
业余 yèyú
*叶 yè
叶片 yèpiàn
*叶子 yè·zi
*页 yè
*夜 yè
夜间 yèjiān
*夜里 yè·lǐ
*夜晚 yèwǎn
*液 yè
液态 yètài
*液体 yètǐ
*一 yī
*一般 yībān
*一半 yībàn
一辈子 yībèi·zi
*一边 yībiān
*一带 yīdài
*一旦 yīdàn
*一定 yīdìng
一度 yīdù
一端 yīduān
一共 yīgòng
一贯 yīguàn
*一会儿 yīhuìr
一块儿 yīkuàir
一连 yīlián
一律 yīlǜ
*一面 yīmiàn
一旁 yīpáng
一齐 yīqí
*一起 yīqǐ
*一切 yīqiè
一时 yīshí
一体 yītǐ
*一同 yītóng
一线 yīxiàn

一向 yīxiàng
一心 yīxīn
一再 yīzài
一早 yīzǎo
*一直 yīzhí
*一致 yīzhì
*衣 yī
*衣服 yī·fu
衣裳 yī·shang
医 yī
医疗 yīliáo
*医生 yīshēng
*医学 yīxué
医药 yīyào
*医院 yīyuàn
*依 yī
依次 yīcì
依法 yīfǎ
依附 yīfù
依旧 yījiù
*依据 yījù
*依靠 yīkào
*依赖 yīlài
依然 yīrán
依照 yīzhào
仪 yí
*仪器 yíqì
*仪式 yíshì
宜 yí
*移 yí
*移动 yídòng
移民 yímín
移植 yízhí
遗 yí
遗产 yíchǎn
*遗传 yíchuán
遗憾 yíhàn
遗留 yíliú
遗址 yízhǐ
遗嘱 yízhǔ
疑 yí
疑惑 yíhuò
疑问 yíwèn
*乙 yǐ
*已 yǐ

*已经 yǐjīng
*以 yǐ
*以便 yǐbiàn
*以后 yǐhòu
*以及 yǐjí
*以来 yǐlái
以免 yǐmiǎn
以内 yǐnèi
*以前 yǐqián
*以外 yǐwài
*以往 yǐwǎng
*以为 yǐwéi
*以下 yǐxià
*以至 yǐzhì
*以致 yǐzhì
*矣 yǐ
蚁 yǐ
倚 yǐ
椅子 yǐ·zi
*亿 yì
*义 yì
*义务 yìwù
艺 yì
*艺术 yìshù
*艺术家 yìshùjiā
议 yì
议会 yìhuì
议论 yìlùn
议员 yìyuán
*亦 yì
*异 yì
*异常 yìcháng
*抑制 yìzhì
役 yì
译 yì
*易 yì
易于 yìyú
益 yì
意 yì
意见 yì·jiàn
意境 yìjìng
*意识 yì·shí
*意思 yì·si
意图 yìtú
*意外 yìwài

*意味 yìwèi
意象 yìxiàng
*意义 yìyì
*意志 yìzhì
毅然 yìrán
翼 yì
*因 yīn
*因此 yīncǐ
因地制宜 yīndì-zhìyí
*因而 yīn'ér
因果 yīnguǒ
*因素 yīnsù
*因为 yīn·wèi
因子 yīnzǐ
*阴 yīn
阴谋 yīnmóu
阴阳 yīnyáng
阴影 yīnyǐng
*音 yīn
音调 yīndiào
音阶 yīnjiē
音节 yīnjié
音响 yīnxiǎng
*音乐 yīnyuè
*银 yín
*银行 yínháng
*引 yǐn
*引导 yǐndǎo
*引进 yǐnjìn
引力 yǐnlì
*引起 yǐnqǐ
引用 yǐnyòng
饮 yǐn
饮食 yǐnshí
隐 yǐn
隐蔽 yǐnbì
隐藏 yǐncáng
*印 yìn
印刷 yìnshuā
*印象 yìnxiàng
饮 yìn
*应 yīng
*应当 yīngdāng
*应该 yīnggāi

*英 yīng
*英雄 yīngxióng
英勇 yīngyǒng
*婴儿 yīng'ér
鹰 yīng
迎 yíng
迎接 yíngjiē
荧光屏 yíngguāngpíng
盈利 yínglì
*营 yíng
*营养 yíngyǎng
营业 yíngyè
赢得 yíngdé
影 yǐng
影片 yǐngpiàn
*影响 yǐngxiǎng
*影子 yǐng·zi
*应 yìng
应付 yìng·fu
应用 yìngyòng
映 yìng
*硬 yìng
拥 yōng
拥护 yōnghù
拥挤 yōngjǐ
拥有 yōngyǒu
永 yǒng
永恒 yǒnghéng
永久 yǒngjiǔ
*永远 yǒngyuǎn
*勇敢 yǒnggǎn
勇气 yǒngqì
勇于 yǒngyú
涌 yǒng
涌现 yǒngxiàn
*用 yòng
用处 yòngchù
用户 yònghù
用力 yònglì
用品 yòngpǐn
用途 yòngtú
优 yōu
*优点 yōudiǎn
优惠 yōuhuì

*优良 yōuliáng
*优美 yōuměi
*优势 yōushì
优先 yōuxiān
*优秀 yōuxiù
优越 yōuyuè
优质 yōuzhì
忧郁 yōuyù
幽默 yōumò
悠久 yōujiǔ
尤 yóu
*尤其 yóuqí
尤为 yóuwéi
*由 yóu
*由于 yóuyú
邮票 yóupiào
犹 yóu
犹如 yóurú
犹豫 yóuyù
*油 yóu
油画 yóuhuà
油田 yóutián
铀 yóu
*游 yóu
游击 yóujī
游击队 yóujīduì
游戏 yóuxì
游行 yóuxíng
游泳 yóuyǒng
友 yǒu
友好 yǒuhǎo
友人 yǒurén
*友谊 yǒuyì
*有 yǒu
*有关 yǒuguān
*有机 yǒujī
*有力 yǒulì
*有利 yǒulì
有名 yǒumíng
*有趣 yǒuqù
有如 yǒurú
*有时 yǒushí
*有限 yǒuxiàn
*有效 yǒuxiào
有益 yǒuyì

有意 yǒuyì
*又 yòu
*右 yòu
右边 yòu·bian
*右手 yòushǒu
*幼 yòu
*幼虫 yòuchóng
幼儿 yòu'ér
幼苗 yòumiáo
幼年 yòunián
诱导 yòudǎo
*于 yú
*于是 yúshì
予 yú
*余 yú
余地 yúdì
*鱼 yú
娱乐 yúlè
渔 yú
渔业 yúyè
*愉快 yúkuài
舆论 yúlùn
*与 yǔ
与其 yǔqí
予 yǔ
*予以 yǔyǐ
*宇宙 yǔzhòu
羽 yǔ
羽毛 yǔmáo
雨 yǔ
雨水 yǔshuǐ
*语 yǔ
*语法 yǔfǎ
语句 yǔjù
语气 yǔqì
语文 yǔwén
*语言 yǔyán
*语音 yǔyīn
玉 yù
玉米 yùmǐ
*育 yù
育种 yùzhǒng
预报 yùbào
预备 yùbèi
*预测 yùcè

预定 yùdìng
*预防 yùfáng
预计 yùjì
预料 yùliào
预期 yùqī
预算 yùsuàn
预先 yùxiān
预言 yùyán
域 yù
*欲 yù
欲望 yùwàng
遇 yù
遇见 yùjiàn
*愈 yù
*元 yuán
*元素 yuánsù
园 yuán
*员 yuán
袁 Yuán
*原 yuán
原材料
yuáncáiliào
*原来 yuánlái
*原理 yuánlǐ
原谅 yuánliàng
*原料 yuánliào
原始 yuánshǐ
原先 yuánxiān
*原因 yuányīn
*原则 yuánzé
*原子 yuánzǐ
原子核 yuánzǐhé
*圆 yuán
圆心 yuánxīn
援助 yuánzhù
缘 yuán
*缘故 yuángù
*源 yuán
源泉 yuánquán
*远 yuǎn
远方 yuǎnfāng
怨 yuàn
*院 yuàn
*院子 yuàn · zi
*愿 yuàn

*愿望 yuànwàng
*愿意 yuànyì
*曰 yuē
*约 yuē
*约束 yuēshù
*月 yuè
月初 yuèchū
*月份 yuèfèn
月光 yuèguāng
*月亮 yuè · liang
*月球 yuèqiú
*乐 yuè
乐队 yuèduì
乐器 yuèqì
*乐曲 yuèqǔ
阅读 yuèdú
跃 yuè
越 yuè
越冬 yuèdōng
越过 yuèguò
粤 Yuè
*云 yún
匀 yún
*允许 yǔnxǔ
*运 yùn
运动 yùndòng
运动员
yùndòngyuán
*运输 yùnshū
运算 yùnsuàn
*运行 yùnxíng
*运用 yùnyòng
运转 yùnzhuǎn
韵 yùn
蕴藏 yùncáng

Z

扎 zā
杂 zá
杂交 zájiāo
杂志 zázhì
杂质 zázhì
砸 zá
灾难 zāinàn
栽 zāi
栽培 zāipéi

*再 zài
再见 zàijiàn
再现 zàixiàn
*在 zài
在场 zàichǎng
在家 zàijiā
在于 zàiyú
载 zài
*咱 zán
*咱们 zán · men
暂 zàn
*暂时 zànshí
赞成 zànchéng
赞美 zànměi
赞叹 zàntàn
赞扬 zànyáng
赃 zāng
脏 zàng
葬 zàng
*藏 zàng
*遭 zāo
遭受 zāoshòu
遭遇 zāoyù
*糟 zāo
*早 zǎo
*早晨 zǎo · chen
*早期 zǎoqī
早日 zǎorì
早上 zǎo · shang
*早已 zǎoyǐ
藻 zǎo
灶 zào
*造 zào
造就 zàojiù
造型 zàoxíng
*则 zé
责 zé
*责任 zérèn
责任感 zérèngǎn
贼 zéi
怎 zěn
*怎么 zěn · me
*怎么样
zěn · meyàng
*怎样 zěnyàng

*曾 zēng
*增 zēng
*增产 zēngchǎn
*增多 zēngduō
增高 zēnggāo
*增加 zēngjiā
增进 zēngjìn
*增强 zēngqiáng
增添 zēngtiān
*增长 zēngzhǎng
增殖 zēngzhí
扎 zhā
炸 zhá
眨 zhǎ
炸 zhà
炸弹 zhàdàn
摘 zhāi
窄 zhǎi
债 zhài
债务 zhàiwù
寨 zhài
*占 zhān
沾 zhān
粘 zhān
盏 zhǎn
展 zhǎn
*展开 zhǎnkāi
展览 zhǎnlǎn
展示 zhǎnshì
展现 zhǎnxiàn
崭新 zhǎnxīn
*占 zhàn
占据 zhànjù
*占领 zhànlǐng
占用 zhànyòng
*占有 zhànyǒu
*战 zhàn
*战场 zhànchǎng
*战斗 zhàndòu
战国 Zhànguó
*战略 zhànlüè
*战胜 zhànshèng
*战士 zhànshì
战术 zhànshù
战线 zhànxiàn

战役 zhànyì
战友 zhànyǒu
*战争 zhànzhēng
站 zhàn
*张 zhāng
章 zhāng
章程 zhāngchéng
*长 zhǎng
长官 zhǎngguān
涨 zhǎng
掌 zhǎng
*掌握 zhǎngwò
丈 zhàng
*丈夫 zhàng · fu
仗 zhàng
帐 zhàng
帐篷 zhàng · peng
账 zhàng
胀 zhàng
涨 zhàng
*障碍 zhàng'ài
招 zhāo
招待 zhāodài
*招呼 zhāo · hu
招生 zhāoshēng
*着 zhāo
朝 zhāo
*着 zháo
*着急 zháojí
*找 zhǎo
召集 zhàojí
*召开 zhàokāi
赵 Zhào
*照 zhào
*照顾 zhàogù
照例 zhàolì
照明 zhàomíng
*照片 zhàopiàn
照射 zhàoshè
照相 zhàoxiàng
照相机
zhàoxiàngjī
照样 zhàoyàng
照耀 zhàoyào
遮 zhē

*折 zhé
折磨 zhé·mó
折射 zhéshè
*哲学 zhéxué
*者 zhě
*这 zhè
*这个 zhè·ge
*这里 zhè·lǐ
*这么 zhè·me
*这儿 zhèr
*这些 zhèxiē
*这样 zhèyàng
*针 zhēn
*针对 zhēnduì
针灸 zhēnjiǔ
侦查 zhēnchá
侦察 zhēnchá
珍贵 zhēnguì
珍珠 zhēnzhū
*真 zhēn
真诚 zhēnchéng
真空 zhēnkōng
*真理 zhēnlǐ
*真实 zhēnshí
*真正 zhēnzhèng
*诊断 zhěnduàn
枕头 zhěn·tou
*阵 zhèn
*阵地 zhèndì
*振 zhèn
振荡 zhèndàng
*振动 zhèndòng
振奋 zhènfèn
振兴 zhènxīng
震 zhèn
震动 zhèndòng
震惊 zhènjīng
*镇 zhèn
镇压 zhènyā
*争 zhēng
争夺 zhēngduó
*争论 zhēnglùn
*争取 zhēngqǔ
征 zhēng
征服 zhēngfú

征求 zhēngqiú
征收 zhēngshōu
挣 zhēng
睁 zhēng
蒸 zhēng
*蒸发 zhēngfā
蒸气 zhēngqì
*整 zhěng
*整顿 zhěngdùn
*整个 zhěnggè
*整理 zhěnglǐ
整齐 zhěngqí
*整体 zhěngtǐ
*正 zhèng
*正常 zhèngcháng
*正当 zhèngdāng
*正当 zhèngdàng
正规 zhèngguī
*正好 zhènghǎo
正面 zhèngmiàn
*正确 zhèngquè
*正式 zhèngshì
正义 zhèngyì
*正在 zhèngzài
*证 zhèng
证据 zhèngjù
*证明 zhèngmíng
*证实 zhèngshí
证书 zhèngshū
郑 Zhèng
政 zhèng
*政策 zhèngcè
*政党 zhèngdǎng
*政府 zhèngfǔ
*政权 zhèngquán
*政委 zhèngwěi
*政治 zhèngzhì
挣 zhèng
症 zhèng
*症状 zhèngzhuàng
*之 zhī
*之后 zhīhòu
*之前 zhīqián
*支 zhī
支部 zhībù

支撑 zhīchēng
*支持 zhīchí
*支出 zhīchū
支队 zhīduì
支付 zhīfù
*支配 zhīpèi
*支援 zhīyuán
*只 zhī
汁 zhī
*枝 zhī
枝条 zhītiáo
枝叶 zhīyè
*知 zhī
*知道 zhī·dào
知觉 zhījué
*知识 zhī·shi
肢 zhī
织 zhī
脂肪 zhīfáng
*执行 zhíxíng
*直 zhí
直观 zhíguān
直角 zhíjiǎo
*直接 zhíjiē
*直径 zhíjìng
直觉 zhíjué
直立 zhílì
直辖市 zhíxiáshì
*直线 zhíxiàn
直至 zhízhì
*值 zhí
值班 zhíbān
*值得 zhí·dé
职 zhí
*职工 zhígōng
*职能 zhínéng
职权 zhíquán
*职务 zhíwù
*职业 zhíyè
职员 zhíyuán
职责 zhízé
植 zhí
*植物 zhíwù
植株 zhízhū
殖 zhí

殖民 zhímín
*殖民地 zhímíndì
止 zhǐ
*只 zhǐ
*只得 zhǐdé
只顾 zhǐgù
*只好 zhǐhǎo
*只是 zhǐshì
*只要 zhǐyào
*只有 zhǐyǒu
*纸 zhǐ
*指 zhǐ
*指标 zhǐbiāo
*指导 zhǐdǎo
指定 zhǐdìng
*指挥 zhǐhuī
指令 zhǐlìng
指明 zhǐmíng
*指示 zhǐshì
指数 zhǐshù
指责 zhǐzé
*至 zhì
至此 zhìcǐ
*至今 zhìjīn
*至少 zhìshǎo
*至于 zhìyú
*志 zhì
*制 zhì
制订 zhìdìng
*制定 zhìdìng
*制度 zhìdù
制品 zhìpǐn
*制约 zhìyuē
*制造 zhìzào
制止 zhìzhǐ
*制作 zhìzuò
*质 zhì
质变 zhìbiàn
*质量 zhìliàng
质子 zhìzǐ
*治 zhì
治安 zhì'ān
治理 zhìlǐ
*治疗 zhìliáo
*致 zhì

致富 zhìfù
致使 zhìshǐ
*秩序 zhìxù
智 zhì
*智慧 zhìhuì
*智力 zhìlì
智能 zhìnéng
滞 zhì
置 zhì
*中 zhōng
中等 zhōngděng
中断 zhōngduàn
中华 Zhōnghuá
*中间 zhōngjiān
中年 zhōngnián
中期 zhōngqī
中世纪 zhōngshìjì
中枢 zhōngshū
中外 zhōngwài
中午 zhōngwǔ
*中心 zhōngxīn
中性 zhōngxìng
*中学 zhōngxué
中学生 zhōngxuéshēng
中旬 zhōngxún
*中央 zhōngyāng
中叶 zhōngyè
中医 zhōngyī
中原 Zhōngyuán
中子 zhōngzǐ
忠诚 zhōngchéng
忠实 zhōngshí
*终 zhōng
终究 zhōngjiū
终年 zhōngnián
终身 zhōngshēn
*终于 zhōngyú
*钟 zhōng
钟头 zhōngtóu
肿 zhǒng
肿瘤 zhǒngliú
*种 zhǒng
*种类 zhǒnglèi
种群 zhǒngqún

*种子 zhǒng·zi
种族 zhǒngzú
*中 zhòng
中毒 zhòngdú
*众 zhòng
*众多 zhòngduō
众人 zhòngrén
*种 zhòng
*种植 zhòngzhí
*重 zhòng
*重大 zhòngdà
*重点 zhòngdiǎn
重工业
zhònggōngyè
*重力 zhònglì
*重量 zhòngliàng
*重视 zhòngshì
*重要 zhòngyào
*州 zhōu
*周 zhōu
周年 zhōunián
*周期 zhōuqī
*周围 zhōuwéi
周转 zhōuzhuǎn
*轴 zhóu
昼夜 zhòuyè
皱 zhòu
朱 zhū
珠 zhū
*株 zhū
*诸 zhū
诸如 zhūrú
猪 zhū
*竹 zhú
逐 zhú
*逐步 zhúbù
*逐渐 zhújiàn
逐年 zhúnián
*主 zhǔ
主编 zhǔbiān
*主持 zhǔchí
*主导 zhǔdǎo
*主动 zhǔdòng
*主观 zhǔguān
主管 zhǔguǎn

主教 zhǔjiào
主力 zhǔlì
主权 zhǔquán
*主人 zhǔ·rén
主人公
zhǔréngōng
*主任 zhǔrèn
*主题 zhǔtí
*主体 zhǔtǐ
*主要 zhǔyào
*主义 zhǔyì
*主意 zhǔ·yi
(zhú·yi)
主语 zhǔyǔ
*主张 zhǔzhāng
煮 zhǔ
*属 zhǔ
嘱咐 zhǔ·fù
助 zhù
助手 zhùshǒu
*住 zhù
住房 zhùfáng
住宅 zhùzhái
贮藏 zhùcáng
贮存 zhùcún
注 zhù
注射 zhùshè
注视 zhùshì
*注意 zhùyì
注重 zhùzhòng
*驻 zhù
*柱 zhù
祝 zhù
祝贺 zhùhè
著 zhù
*著名 zhùmíng
*著作 zhùzuò
筑 zhù
*抓 zhuā
抓紧 zhuājǐn
*专 zhuān
专家 zhuānjiā
专利 zhuānlì
*专门 zhuānmén

专题 zhuāntí
*专业 zhuānyè
专用 zhuānyòng
*专政 zhuānzhèng
专制 zhuānzhì
砖 zhuān
*转 zhuǎn
*转变 zhuǎnbiàn
*转动 zhuǎndòng
*转化 zhuǎnhuà
*转换 zhuǎnhuàn
*转身 zhuǎnshēn
*转向 zhuǎnxiàng
*转移 zhuǎnyí
*传 zhuàn
*转 zhuàn
*转动 zhuàndòng
*转向 zhuànxiàng
赚 zhuàn
庄 zhuāng
庄稼 zhuāng·jia
庄严 zhuāngyán
桩 zhuāng
*装 zhuāng
装备 zhuāngbèi
装饰 zhuāngshì
*装置 zhuāngzhì
壮 zhuàng
壮大 zhuàngdà
*状 zhuàng
*状况 zhuàngkuàng
*状态 zhuàngtài
撞 zhuàng
幢 zhuàng
*追 zhuī
追究 zhuījiū
*追求 zhuīqiú
追逐 zhuīzhú
*准 zhǔn
*准备 zhǔnbèi
*准确 zhǔnquè
准则 zhǔnzé
*捉 zhuō
桌 zhuō
*桌子 zhuō·zi

卓越 zhuóyuè
啄木鸟
zhuómùniǎo
*着 zhuó
着手 zhuóshǒu
*着重 zhuózhòng
琢磨 zhuómó
咨询 zīxún
姿势 zīshì
姿态 zītài
资 zī
资本 zīběn
资产 zīchǎn
*资格 zīgé
资金 zījīn
资料 zīliào
资源 zīyuán
滋味 zīwèi
*子 zǐ
子弹 zǐdàn
子弟 zǐdì
子宫 zǐgōng
*子女 zǐnǚ
子孙 zǐsūn
*仔细 zǐxì
姊妹 zǐmèi
紫 zǐ
*自 zì
自称 zìchēng
*自从 zìcóng
*自动 zìdòng
自动化
zìdònghuà
自发 zìfā
自豪 zìháo
*自己 zìjǐ
*自觉 zìjué
自力更生
zìlì-gēngshēng
*自然 zìrán
自然界 zìránjiè
自杀 zìshā
*自身 zìshēn
自卫 zìwèi
*自我 zìwǒ

自信 zìxìn
自行 zìxíng
自行车 zìxíngchē
*自由 zìyóu
自愿 zìyuàn
自在 zìzài
自在 zì·zai
自治 zìzhì
*自治区 zìzhìqū
自主 zìzhǔ
自转 zìzhuàn
*字 zì
字母 zìmǔ
宗 zōng
*宗教 zōngjiào
宗旨 zōngzhǐ
*综合 zōnghé
*总 zǒng
总额 zǒng'é
总和 zǒnghé
*总结 zǒngjié
*总理 zǒnglǐ
总数 zǒngshù
总算 zǒngsuàn
*总体 zǒngtǐ
*总统 zǒngtǒng
*总之 zǒngzhī
纵 zòng
纵队 zòngduì
*走 zǒu
走廊 zǒuláng
*走向 zǒuxiàng
奏 zòu
租 zū
租界 zūjiè
*足 zú
*足够 zúgòu
足球 zúqiú
*足以 zúyǐ
*族 zú
阻 zǔ
*阻碍 zǔ'ài
阻力 zǔlì
阻止 zǔzhǐ
*组 zǔ

*组合 zǔhé	*嘴 zuǐ	罪犯 zuìfàn	*左 zuǒ	*作业 zuòyè
*组织 zǔzhī	嘴巴 zuǐ·ba	罪行 zuìxíng	左边 zuǒ·bian	*作用 zuòyòng
祖 zǔ	*嘴唇 zuǐchún	醉 zuì	左手 zuǒshǒu	*作战 zuòzhàn
祖父 zǔfù	*最 zuì	尊 zūn	*左右 zuǒyòu	*作者 zuòzhě
*祖国 zǔguó	*最初 zuìchū	尊敬 zūnjìng	*作 zuò	*坐 zuò
祖母 zǔmǔ	*最后 zuìhòu	尊严 zūnyán	作法 zuòfǎ	坐标 zuòbiāo
*祖先 zǔxiān	*最近 zuìjìn	*尊重 zūnzhòng	*作风 zuòfēng	*座 zuò
祖宗 zǔ·zong	*最为 zuìwéi	*遵守 zūnshǒu	*作家 zuòjiā	座位 zuò·wèi
*钻 zuān	*最终 zuìzhōng	*遵循 zūnxún	*作品 zuòpǐn	*做 zuò
钻研 zuānyán	*罪 zuì	*昨天 zuótiān	*作为 zuòwéi	*做法 zuò·fǎ
*钻 zuàn	罪恶 zuì'è	琢磨 zuó·mo	*作物 zuòwù	做梦 zuòmèng

表　二

A

哀 āi
哀愁 āichóu
哀悼 āidào
哀求 āiqiú
哀伤 āishāng
哀怨 āiyuàn
哀乐 āiyuè
皑皑 ái'ái
癌 ái
矮小 ǎixiǎo
艾 ài
爱戴 àidài
爱抚 àifǔ
爱慕 àimù
爱惜 àixī
碍 ài
碍事 àishì
安插 ānchā
安顿 āndùn
安放 ānfàng
安分 ānfèn
安抚 ānfǔ
安家 ānjiā
安居乐业 ānjū-lèyè
安理会 Ānlǐhuì
安宁 ānníng
安生 ān·shēng
安稳 ānwěn

安息 ānxī
安闲 ānxián
安详 ānxiáng
安逸 ānyì
安葬 ānzàng
庵 ān
按摩 ànmó
按捺 ànnà
按钮 ànniǔ
按期 ànqī
按时 ànshí
按说 ànshuō
案例 ànlì
案情 ànqíng
案头 àntóu
案子 àn·zi
暗藏 àncáng
暗淡 àndàn
暗号 ànhào
暗杀 ànshā
暗自 ànzì
黯 àn
黯然 ànrán
昂 áng
昂贵 ángguì
昂然 ángrán
昂首 ángshǒu
昂扬 ángyáng
盎然 àngrán
凹陷 āoxiàn

遨游 áoyóu
鳌 áo
翱翔 áoxiáng
袄 ǎo
拗 ào
傲 ào
傲慢 àomàn
傲然 àorán
奥 ào
奥妙 àomiào
澳 ào
懊悔 àohuǐ
懊恼 àonǎo
懊丧 àosàng

B

八股 bāgǔ
八卦 bāguà
八仙桌 bāxiānzhuō
八字 bāzì
巴掌 bā·zhang
芭蕉 bājiāo
芭蕾舞 bālěiwǔ
疤 bā
疤痕 bāhén
拔除 báchú
拔节 bájié
拔腿 bátuǐ
跋涉 báshè
把柄 bǎbǐng

把持 bǎchí
把门儿 bǎménr
把手 bǎ·shou
把守 bǎshǒu
把戏 bǎxì
把子 bǎ·zi
靶 bǎ
靶场 bǎchǎng
坝 bà
把子 bà·zi
耙 bà
罢官 bàguān
罢课 bàkè
罢免 bàmiǎn
罢休 bàxiū
霸 bà
霸权 bàquán
霸王 bàwáng
霸占 bàzhàn
掰 bāi
白菜 báicài
白费 báifèi
白骨 báigǔ
白果 báiguǒ
白话 báihuà
白话文 báihuàwén
白桦 báihuà
白净 báijìng
白酒 báijiǔ
白人 Báirén

白日 báirì
白薯 báishǔ
白糖 báitáng
白皙 báixī
白眼 báiyǎn
白蚁 báiyǐ
白银 báiyín
白昼 báizhòu
百般 bǎibān
百分比 bǎifēnbǐ
百合 bǎihé
百花齐放
　bǎihuā-qífàng
百货 bǎihuò
百家争鸣
　bǎijiā-zhēngmíng
百科全书
　bǎikē quánshū
百灵 bǎilíng
柏 bǎi
柏油 bǎiyóu
摆布 bǎi·bù
摆弄 bǎinòng
摆设 bǎi·she
败坏 bàihuài
败仗 bàizhàng
拜访 bàifǎng
拜年 bàinián
扳 bān
班车 bānchē

班级 bānjí	蚌 bàng	保重 bǎozhòng	卑下 bēixià	本部 běnbù
班主任 bānzhǔrèn	棒槌 bàng·chui	堡 bǎo	背包 bēibāo	本分 běnfèn
班子 bān·zi	棒球 bàngqiú	堡垒 bǎolěi	悲 bēi	本行 běnháng
颁发 bānfā	棒子 bàng·zi	报表 bàobiǎo	悲愤 bēifèn	本家 běnjiā
斑 bān	傍 bàng	报仇 bàochóu	悲观 bēiguān	本科 běnkē
斑白 bānbái	磅 bàng	报答 bàodá	悲苦 bēikǔ	本钱 běnqián
斑驳 bānbó	包办 bāobàn	报导 bàodǎo	悲凉 bēiliáng	本色 běnsè
斑点 bāndiǎn	包庇 bāobì	报到 bàodào	悲伤 bēishāng	本土 běntǔ
斑斓 bānlán	包工 bāogōng	报废 bàofèi	悲痛 bēitòng	本位 běnwèi
斑纹 bānwén	包裹 bāoguǒ	报馆 bàoguǎn	悲壮 bēizhuàng	本义 běnyì
搬迁 bānqiān	包涵 bāo·hán	报警 bàojǐng	碑 bēi	本意 běnyì
搬用 bānyòng	包揽 bāolǎn	报考 bàokǎo	碑文 bēiwén	本原 běnyuán
板栗 bǎnlì	包罗万象	报请 bàoqǐng	北半球 běibànqiú	本源 běnyuán
板子 bǎn·zi	bāoluó-wànxiàng	报社 bàoshè	北边 běi·bian	本子 běn·zi
版本 bǎnběn	包容 bāoróng	报喜 bàoxǐ	北国 běiguó	笨重 bènzhòng
版画 bǎnhuà	包销 bāoxiāo	报销 bàoxiāo	北极 běijí	笨拙 bènzhuō
版面 bǎnmiàn	包扎 bāozā	报信 bàoxìn	北极星 běijíxīng	崩 bēng
版权 bǎnquán	包子 bāo·zi	报应 bào·yìng	贝壳 bèiké	绷 bēng
版图 bǎntú	苞 bāo	刨 bào	备案 bèi'àn	绷带 bēngdài
办案 bàn'àn	胞 bāo	抱不平 bào bùpíng	备课 bèikè	绷 běng
办公 bàngōng	剥 bāo	抱负 bàofù	备用 bèiyòng	泵 bèng
办学 bànxué	褒贬 bāo·bian	抱歉 bàoqiàn	备战 bèizhàn	迸 bèng
半边 bànbiān	雹 báo	抱怨 bào·yuàn	背道而驰	迸发 bèngfā
半成品 bànchéngpǐn	饱含 bǎohán	豹 bào	bèidào'érchí	绷 bèng
半截 bànjié	饱满 bǎomǎn	豹子 bào·zi	背风 bèifēng	逼近 bījìn
半空 bànkōng	宝剑 bǎojiàn	鲍鱼 bàoyú	背脊 bèijǐ	逼迫 bīpò
半路 bànlù	宝库 bǎokù	暴 bào	背离 bèilí	逼真 bīzhēn
半途 bàntú	宝塔 bǎotǎ	暴发 bàofā	背面 bèimiàn	鼻尖 bíjiān
半圆 bànyuán	宝物 bǎowù	暴风雪 bàofēngxuě	背叛 bèipàn	鼻梁 bíliáng
扮 bàn	宝藏 bǎozàng	暴风雨 bàofēngyǔ	背诵 bèisòng	鼻腔 bíqiāng
伴侣 bànlǚ	宝座 bǎozuò	暴君 bàojūn	背心 bèixīn	鼻涕 bítì
拌 bàn	保安 bǎo'ān	暴乱 bàoluàn	背影 bèiyǐng	鼻音 bíyīn
绊 bàn	保护色 bǎohùsè	暴徒 bàotú	钡 bèi	匕首 bǐshǒu
邦 bāng	保健 bǎojiàn	暴行 bàoxíng	倍数 bèishù	比方 bǐ·fang
帮办 bāngbàn	保密 bǎomì	暴躁 bàozào	倍增 bèizēng	比分 bǐfēn
帮工 bānggōng	保姆 bǎomǔ	暴涨 bàozhǎng	被单 bèidān	比例尺 bǐlìchǐ
帮手 bāng·shou	保全 bǎoquán	爆 bào	被褥 bèirù	比率 bǐlǜ
帮凶 bāngxiōng	保温 bǎowēn	爆裂 bàoliè	奔波 bēnbō	比拟 bǐnǐ
梆 bāng	保险丝 bǎoxiǎnsī	爆破 bàopò	奔驰 bēnchí	比热 bǐrè
梆子 bāng·zi	保养 bǎoyǎng	爆竹 bàozhú	奔放 bēnfàng	比武 bǐwǔ
绑 bǎng	保佑 bǎoyòu	杯子 bēi·zi	奔赴 bēnfù	比值 bǐzhí
绑架 bǎngjià	保证金	卑 bēi	奔流 bēnliú	彼岸 bǐ'àn
榜 bǎng	bǎozhèngjīn	卑鄙 bēibǐ	奔腾 bēnténg	笔触 bǐchù
膀 bǎng	保证人	卑劣 bēiliè	奔涌 bēnyǒng	笔法 bǐfǎ
膀子 bǎng·zi	bǎozhèngrén	卑微 bēiwēi	奔走 bēnzǒu	笔画 bǐhuà

笔迹 bǐjì
笔尖 bǐjiān
笔名 bǐmíng
笔墨 bǐmò
笔直 bǐzhí
鄙 bǐ
鄙视 bǐshì
鄙夷 bǐyí
币 bì
币制 bìzhì
必需品 bìxūpǐn
毕 bì
毕生 bìshēng
闭幕 bìmù
闭塞 bìsè
庇护 bìhù
陛下 bìxià
毙 bì
敝 bì
婢女 bìnǚ
痹 bì
辟 bì
碧 bì
碧波 bìbō
碧绿 bìlǜ
蔽 bì
弊 bì
弊端 bìduān
弊病 bìbìng
壁垒 bìlěi
避雷针 bìléizhēn
避风 bìfēng
避难 bìnàn
臂膀 bìbǎng
璧 bì
边陲 biānchuí
边防 biānfáng
边际 biānjì
边沿 biānyán
边远 biānyuǎn
编导 biāndǎo
编号 biānhào
编码 biānmǎ
编排 biānpái
编造 biānzào

编者 biānzhě
编织 biānzhī
编撰 biānzhuàn
编纂 biānzuǎn
鞭策 biāncè
鞭打 biāndǎ
鞭炮 biānpào
贬 biǎn
贬低 biǎndī
贬义 biǎnyì
贬值 biǎnzhí
扁担 biǎn·dan
匾 biǎn
变故 biàngù
变幻 biànhuàn
变卖 biànmài
变色 biànsè
变数 biànshù
变通 biàntōng
变相 biànxiàng
变性 biànxìng
变压器 biànyāqì
变样 biànyàng
变质 biànzhì
变种 biànzhǒng
便秘 biànmì
便衣 biànyī
遍布 biànbù
遍地 biàndì
遍及 biànjí
辨正 biànzhèng
辩 biàn
辩驳 biànbó
辩护人 biànhùrén
辩解 biànjiě
辩论 biànlùn
辫 biàn
辫子 biàn·zi
标榜 biāobǎng
标兵 biāobīng
标尺 biāochǐ
标的 biāodì
标记 biāojì
标明 biāomíng
标签 biāoqiān

标新立异
　　biāoxīn-lìyì
膘 biāo
表白 biǎobái
表格 biǎogé
表决 biǎojué
表露 biǎolù
表率 biǎoshuài
表态 biǎotài
憋 biē
鳖 biē
别出心裁
　　biéchū-xīncái
别具一格
　　biéjù-yīgé
别开生面
　　biékāi-shēngmiàn
别名 biémíng
别墅 biéshù
别有用心
　　biéyǒu-yòngxīn
别致 biézhì
瘪 biě
别扭 biè·niu
宾馆 bīnguǎn
宾客 bīnkè
宾语 bīnyǔ
宾主 bīnzhǔ
滨 bīn
濒临 bīnlín
濒于 bīnyú
摈弃 bìnqì
鬓 bìn
冰雹 bīngbáo
冰点 bīngdiǎn
冰冻 bīngdòng
冰窖 bīngjiào
冰晶 bīngjīng
冰冷 bīnglěng
冰凉 bīngliáng
冰山 bīngshān
冰天雪地
　　bīngtiān-xuědì
冰箱 bīngxiāng
兵法 bīngfǎ

兵家 bīngjiā
兵器 bīngqì
兵团 bīngtuán
兵役 bīngyì
兵营 bīngyíng
兵站 bīngzhàn
兵种 bīngzhǒng
饼干 bǐnggān
饼子 bǐng·zi
屏息 bǐngxī
禀 bǐng
并发 bìngfā
并肩 bìngjiān
并进 bìngjìn
并举 bìngjǔ
并联 bìnglián
并列 bìngliè
并排 bìngpái
并行 bìngxíng
并重 bìngzhòng
病程 bìngchéng
病床 bìngchuáng
病房 bìngfáng
病根 bìnggēn
病故 bìnggù
病害 bìnghài
病号 bìnghào
病菌 bìngjūn
病例 bìnglì
病魔 bìngmó
病史 bìngshǐ
病榻 bìngtà
病态 bìngtài
病痛 bìngtòng
病因 bìngyīn
病员 bìngyuán
病原体 bìngyuántǐ
病灶 bìngzào
病症 bìngzhèng
摒弃 bìngqì
拨款 bōkuǎn
拨弄 bō·nòng
波段 bōduàn
波峰 bōfēng
波谷 bōgǔ

波及 bōjí
波澜 bōlán
波涛 bōtāo
波纹 bōwén
波折 bōzhé
钵 bō
剥离 bōlí
剥蚀 bōshí
菠菜 bōcài
菠萝 bōluó
播 bō
播放 bōfàng
播送 bōsòng
伯父 bófù
伯乐 Bólè
伯母 bómǔ
驳 bó
驳斥 bóchì
驳回 bóhuí
帛 bó
泊 bó
铂 bó
脖 bó
脖颈儿 bógěngr
博 bó
博爱 bó'ài
博大 bódà
博得 bódé
博览会 bólǎnhuì
博物馆 bówùguǎn
搏 bó
搏击 bójī
膊 bó
箔 bó
跛 bǒ
簸箕 bò·ji
卜 bǔ
补丁 bǔ·ding
补给 bǔjǐ
补救 bǔjiù
补课 bǔkè
补习 bǔxí
补助 bǔzhù
补足 bǔzú
捕获 bǔhuò

捕杀 bǔshā
哺乳 bǔrǔ
哺育 bǔyù
不吝 bùchì
不得了 bùdéliǎo
不得已 bùdéyǐ
不动产
　　bùdòngchǎn
不动声色
　　bùdòng-shēngsè
不乏 bùfá
不法 bùfǎ
不凡 bùfán
不符 bùfú
不甘 bùgān
不敢当 bùgǎndāng
不计其数 bùjì-qíshù
不见得 bùjiàn·dé
不胫而走
　　bùjìng'érzǒu
不可思议 bùkě-sīyì
不可一世 bùkě-yīshì
不力 bùlì
不妙 bùmiào
不配 bùpèi
不屈 bùqū
不忍 bùrěn
不善 bùshàn
不适 bùshì
不速之客 bùsùzhīkè
不祥 bùxiáng
不像话 bùxiànghuà
不孝 bùxiào
不屑 bùxiè
不懈 bùxiè
不休 bùxiū
不朽 bùxiǔ
不锈钢 bùxiùgāng
不言而喻
　　bùyán'éryù
不一 bùyī
不依 bùyī
不以为然
　　bùyǐwéirán
不由得 bùyóu·de

不约而同
　　bùyuē'értóng
不在乎 bùzài·hu
不只 bùzhǐ
不至于 bùzhìyú
布告 bùgào
布景 bùjǐng
布匹 bùpǐ
布衣 bùyī
步兵 bùbīng
步履 bùlǚ
步枪 bùqiāng
步行 bùxíng
部件 bùjiàn
部属 bùshǔ
部委 bùwěi
部下 bùxià
埠 bù
簿 bù

C

擦拭 cāshì
猜测 cāicè
猜想 cāixiǎng
猜疑 cāiyí
才干 cáigàn
才华 cáihuá
才智 cáizhì
财经 cáijīng
财会 cáikuài
财贸 cáimào
财权 cáiquán
财团 cáituán
财物 cáiwù
财源 cáiyuán
财主 cái·zhu
裁 cái
裁定 cáidìng
裁缝 cái·feng
裁减 cáijiǎn
裁剪 cáijiǎn
裁决 cáijué
裁军 cáijūn
裁判 cáipàn
采伐 cǎifá
采掘 cǎijué

采矿 cǎikuàng
采纳 cǎinà
采写 cǎixiě
采样 cǎiyàng
采油 cǎiyóu
采摘 cǎizhāi
彩电 cǎidiàn
彩虹 cǎihóng
彩绘 cǎihuì
彩礼 cǎilǐ
彩旗 cǎiqí
彩塑 cǎisù
彩陶 cǎitáo
睬 cǎi
菜场 càichǎng
菜刀 càidāo
菜蔬 càishū
菜肴 càiyáo
菜园 càiyuán
参见 cānjiàn
参军 cānjūn
参看 cānkàn
参赛 cānsài
参天 cāntiān
参议院 cānyìyuàn
参阅 cānyuè
参展 cānzhǎn
参战 cānzhàn
参政 cānzhèng
餐 cān
餐具 cānjù
餐厅 cāntīng
餐桌 cānzhuō
残暴 cánbào
残存 cáncún
残废 cánfèi
残害 cánhài
残疾 cán·jí
残留 cánliú
残破 cánpò
残缺 cánquē
残忍 cánrěn
残杀 cánshā
蚕豆 cándòu
蚕食 cánshí

蚕丝 cánsī
惭愧 cánkuì
惨 cǎn
惨案 cǎn'àn
惨白 cǎnbái
惨败 cǎnbài
惨死 cǎnsǐ
惨痛 cǎntòng
惨重 cǎnzhòng
仓促 cāngcù
仓皇 cānghuáng
苍 cāng
苍翠 cāngcuì
苍老 cānglǎo
苍茫 cāngmáng
苍穹 cāngqióng
苍天 cāngtiān
沧桑 cāngsāng
藏身 cángshēn
藏书 cángshū
操办 cāobàn
操场 cāochǎng
操持 cāochí
操劳 cāoláo
操练 cāoliàn
操心 cāoxīn
嘈杂 cáozá
草本 cǎoběn
草场 cǎochǎng
草丛 cǎocóng
草帽 cǎomào
草莓 cǎoméi
草拟 cǎonǐ
草皮 cǎopí
草坪 cǎopíng
草率 cǎoshuài
草图 cǎotú
草屋 cǎowū
草鞋 cǎoxié
草药 cǎoyào
厕所 cèsuǒ
侧耳 cè'ěr
侧身 cèshēn
测绘 cèhuì
测试 cèshì

测算 cèsuàn
策 cè
策动 cèdòng
策划 cèhuà
层出不穷
　　céngchū-bùqióng
层面 céngmiàn
蹭 cèng
叉腰 chāyāo
杈 chā
差错 chācuò
差额 chā'é
插队 chāduì
插话 chāhuà
插曲 chāqǔ
插手 chāshǒu
插图 chātú
插秧 chāyāng
插嘴 chāzuǐ
茬 chá
茶点 chádiǎn
茶花 cháhuā
茶几 chájī
茶具 chájù
茶水 cháshuǐ
茶园 cháyuán
查处 cháchǔ
查对 cháduì
查获 cháhuò
查禁 chájìn
查看 chákàn
查问 cháwèn
查询 cháxún
查阅 cháyuè
查找 cházhǎo
察觉 chájué
察看 chákàn
杈 chà
岔 chà
刹 chà
刹那 chànà
诧异 chàyì
拆除 chāichú
拆毁 chāihuǐ
拆迁 chāiqiān

拆卸 chāixiè
差使 chāishǐ
差事 chāi·shi
柴火 chái·huo
柴油 cháiyóu
掺 chān
搀 chān
搀扶 chānfú
馋 chán
禅 chán
禅宗 chánzōng
缠绵 chánmián
缠绕 chánrào
蝉 chán
潺潺 chánchán
蟾蜍 chánchú
产妇 chǎnfù
产权 chǎnquán
产销 chǎnxiāo
铲 chǎn
铲除 chǎnchú
阐发 chǎnfā
阐释 chǎnshì
忏悔 chànhuǐ
颤 chàn
颤动 chàndòng
昌 chāng
猖獗 chāngjué
猖狂 chāngkuáng
娼妓 chāngjì
长臂猿
　chángbìyuán
长波 chángbō
长笛 chángdí
长方形
　chángfāngxíng
长工 chánggōng
长颈鹿 chángjǐnglù
长空 chángkōng
长年 chángnián
长袍 chángpáo
长跑 chángpǎo
长篇 chángpiān
长衫 chángshān
长寿 chángshòu

长叹 chángtàn
长途 chángtú
长线 chángxiàn
长夜 chángyè
长于 chángyú
长足 chángzú
肠胃 chángwèi
肠子 cháng·zi
尝新 chángxīn
常人 chángrén
常设 chángshè
常态 chángtài
常委 chángwěi
常温 chángwēn
常务 chángwù
常住 chángzhù
偿 cháng
偿付 chángfù
偿还 chánghuán
厂家 chǎngjiā
厂矿 chǎngkuàng
厂商 chǎngshāng
厂子 chǎng·zi
场景 chǎngjǐng
场子 chǎng·zi
敞 chǎng
敞开 chǎngkāi
怅惘 chàngwǎng
畅 chàng
畅快 chàngkuài
畅所欲言
　chàngsuǒyùyán
畅谈 chàngtán
畅通 chàngtōng
畅销 chàngxiāo
倡 chàng
倡导 chàngdǎo
倡议 chàngyì
唱词 chàngcí
唱片 chàngpiàn
唱腔 chàngqiāng
唱戏 chàngxì
抄袭 chāoxí
抄写 chāoxiě
钞 chāo

钞票 chāopiào
超产 chāochǎn
超常 chāocháng
超导体 chāodǎotǐ
超级 chāojí
超前 chāoqián
超然 chāorán
超人 chāorén
超声波
　chāoshēngbō
超脱 chāotuō
剿 chāo
巢穴 cháoxué
朝拜 cháobài
朝代 cháodài
朝向 cháoxiàng
朝阳 cháoyáng
朝野 cháoyě
朝政 cháozhèng
嘲讽 cháofěng
嘲弄 cháonòng
嘲笑 cháoxiào
潮水 cháoshuǐ
潮汐 cháoxī
吵架 chǎojià
吵闹 chǎonào
吵嘴 chǎozuǐ
车床 chēchuáng
车队 chēduì
车夫 chēfū
车祸 chēhuò
车门 chēmén
车身 chēshēn
车头 chētóu
扯皮 chěpí
彻 chè
撤换 chèhuàn
撤回 chèhuí
撤离 chèlí
撤退 chètuì
撤职 chèzhí
澈 chè
抻 chēn
臣民 chénmín
尘埃 chén'āi

尘土 chéntǔ
辰 chén
沉寂 chénjì
沉降 chénjiàng
沉浸 chénjìn
沉静 chénjìng
沉沦 chénlún
沉闷 chénmèn
沉没 chénmò
沉睡 chénshuì
沉痛 chéntòng
沉吟 chényín
沉郁 chényù
沉醉 chénzuì
陈腐 chénfǔ
陈规 chénguī
陈迹 chénjì
陈列 chénliè
陈设 chénshè
晨 chén
晨光 chénguāng
晨曦 chénxī
衬 chèn
衬衫 chènshān
衬托 chèntuō
衬衣 chènyī
称职 chènzhí
趁机 chènjī
趁势 chènshì
趁早 chènzǎo
称霸 chēngbà
称道 chēngdào
称颂 chēngsòng
称谓 chēngwèi
撑腰 chēngyāo
成败 chéngbài
成才 chéngcái
成材 chéngcái
成风 chéngfēng
成活 chénghuó
成家 chéngjiā
成见 chéngjiàn
成交 chéngjiāo
成名 chéngmíng
成品 chéngpǐn

成亲 chéngqīn
成全 chéngquán
成书 chéngshū
成套 chéngtào
成天 chéngtiān
成行 chéngxíng
成形 chéngxíng
成因 chéngyīn
丞 chéng
丞相 chéngxiàng
诚然 chéngrán
诚心 chéngxīn
诚挚 chéngzhì
承办 chéngbàn
承继 chéngjì
承建 chéngjiàn
承袭 chéngxí
城堡 chéngbǎo
城郊 chéngjiāo
城楼 chénglóu
城墙 chéngqiáng
城区 chéngqū
乘法 chéngfǎ
乘方 chéngfāng
乘积 chéngjī
乘凉 chéngliáng
乘务员
　chéngwùyuán
乘坐 chéngzuò
惩 chéng
惩办 chéngbàn
惩处 chéngchǔ
惩戒 chéngjiè
惩治 chéngzhì
澄清 chéngqīng
橙 chéng
逞 chěng
吃不消 chī·buxiāo
吃苦 chīkǔ
吃亏 chīkuī
吃水 chīshuǐ
吃香 chīxiāng
嗤 chī
痴 chī
痴呆 chīdāi

池子 chí·zi
驰骋 chíchěng
驰名 chímíng
迟到 chídào
迟缓 chíhuǎn
迟疑 chíyí
迟早 chízǎo
持之以恒
　chízhī-yǐhéng
持重 chízhòng
尺寸 chǐ·cùn
尺子 chǐ·zi
齿轮 chǐlún
齿龈 chǐyín
耻辱 chǐrǔ
斥 chì
斥责 chìzé
赤诚 chìchéng
赤裸 chìluǒ
赤手空拳
　chìshǒu-kōngquán
赤字 chìzì
炽烈 chìliè
炽热 chìrè
冲淡 chōngdàn
冲锋 chōngfēng
冲积 chōngjī
冲刷 chōngshuā
冲天 chōngtiān
冲洗 chōngxǐ
冲撞 chōngzhuàng
充斥 chōngchì
充电 chōngdiàn
充饥 chōngjī
充沛 chōngpèi
充塞 chōngsè
充血 chōngxuè
充溢 chōngyì
充裕 chōngyù
舂 chōng
憧憬 chōngjǐng
虫害 chónghài
虫子 chóng·zi
重叠 chóngdié
重逢 chóngféng

重申 chóngshēn
重围 chóngwéi
重行 chóngxíng
重修 chóngxiū
重演 chóngyǎn
崇敬 chóngjìng
崇尚 chóngshàng
宠 chǒng
宠爱 chǒng'ài
宠儿 chǒng'ér
抽查 chōuchá
抽搐 chōuchù
抽打 chōudǎ
抽调 chōudiào
抽空 chōukòng
抽泣 chōuqì
抽签 chōuqiān
抽取 chōuqǔ
抽穗 chōusuì
抽屉 chōu·ti
抽样 chōuyàng
仇 chóu
仇敌 chóudí
仇人 chóurén
仇视 chóushì
惆怅 chóuchàng
绸 chóu
绸缎 chóuduàn
绸子 chóu·zi
稠 chóu
稠密 chóumì
愁苦 chóukǔ
筹 chóu
筹办 chóubàn
筹备 chóubèi
筹措 chóucuò
筹划 chóuhuà
筹集 chóují
筹建 chóujiàn
踌躇 chóuchú
丑恶 chǒu'è
丑陋 chǒulòu
臭氧 chòuyǎng
出兵 chūbīng
出差 chūchāi

出厂 chūchǎng
出场 chūchǎng
出动 chūdòng
出工 chūgōng
出海 chūhǎi
出击 chūjī
出家 chūjiā
出嫁 chūjià
出境 chūjìng
出类拔萃
　chūlèi-bácuì
出力 chūlì
出马 chūmǎ
出面 chūmiàn
出苗 chūmiáo
出名 chūmíng
出没 chūmò
出品 chūpǐn
出其不意 chūqíbùyì
出奇 chūqí
出气 chūqì
出勤 chūqín
出人意料
　chūrényìliào
出任 chūrèn
出入 chūrù
出山 chūshān
出神 chūshén
出生率 chūshēnglǜ
出师 chūshī
出使 chūshǐ
出示 chūshì
出世 chūshì
出事 chūshì
出手 chūshǒu
出台 chūtái
出头 chūtóu
出外 chūwài
出院 chūyuàn
出征 chūzhēng
出众 chūzhòng
出资 chūzī
出走 chūzǒu
出租 chūzū
初春 chūchūn

初等 chūděng
初冬 chūdōng
初恋 chūliàn
初年 chūnián
初秋 chūqiū
初夏 chūxià
初学 chūxué
除尘 chúchén
除法 chúfǎ
除外 chúwài
除夕 chúxī
厨 chú
厨师 chúshī
锄 chú
锄头 chú·tou
雏 chú
雏形 chúxíng
橱 chú
橱窗 chúchuāng
处方 chǔfāng
处决 chǔjué
处女 chǔnǚ
处世 chǔshì
处事 chǔshì
处死 chǔsǐ
处置 chǔzhì
储 chǔ
储藏 chǔcáng
处所 chùsuǒ
畜力 chùlì
畜生 chù·sheng
触电 chùdiàn
触动 chùdòng
触发 chùfā
触犯 chùfàn
触及 chùjí
触角 chùjiǎo
触觉 chùjué
触摸 chùmō
触目惊心
　chùmù-jīngxīn
触手 chùshǒu
触须 chùxū
矗立 chùlì
揣 chuāi

揣测 chuǎicè
揣摩 chuǎimó
踹 chuài
川剧 chuānjù
川流不息
　chuānliú-bùxī
穿插 chuānchā
穿刺 chuāncì
穿戴 chuāndài
穿孔 chuānkǒng
穿山甲
　chuānshānjiǎ
穿梭 chuānsuō
穿行 chuānxíng
穿越 chuānyuè
传布 chuánbù
传承 chuánchéng
传单 chuándān
传道 chuándào
传教 chuánjiào
传令 chuánlìng
传奇 chuánqí
传染 chuánrǎn
传人 chuánrén
传神 chuánshén
传输 chuánshū
传送 chuánsòng
传诵 chuánsòng
传闻 chuánwén
传真 chuánzhēn
船舱 chuáncāng
船夫 chuánfū
船家 chuánjiā
船台 chuántái
船舷 chuánxián
船员 chuányuán
船闸 chuánzhá
喘气 chuǎnqì
喘息 chuǎnxī
创口 chuāngkǒu
疮 chuāng
疮疤 chuāngbā
窗帘 chuānglián
窗台 chuāngtái
床单 chuángdān

床铺 chuángpù
床位 chuángwèi
创汇 chuànghuì
创见 chuàngjiàn
创建 chuàngjiàn
创举 chuàngjǔ
创刊 chuàngkān
创设 chuàngshè
创始 chuàngshǐ
创业 chuàngyè
创制 chuàngzhì
炊烟 chuīyān
吹拂 chuīfú
吹牛 chuīniú
吹捧 chuīpěng
吹嘘 chuīxū
吹奏 chuīzòu
垂钓 chuídiào
垂柳 chuíliǔ
垂死 chuísǐ
垂危 chuíwēi
捶 chuí
锤炼 chuíliàn
锤子 chuí·zi
春分 chūnfēn
春风 chūnfēng
春耕 chūngēng
春光 chūnguāng
春雷 chūnléi
春色 chūnsè
纯度 chúndù
纯净 chúnjìng
纯真 chúnzhēn
纯正 chúnzhèng
淳朴 chúnpǔ
醇 chún
蠢 chǔn
蠢事 chǔnshì
戳 chuō
戳穿 chuōchuān
啜泣 chuòqì
绰号 chuòhào
词句 cíjù
祠 cí
祠堂 cítáng

瓷 cí
瓷器 cíqì
瓷砖 cízhuān
辞典 cídiǎn
辞退 cítuì
慈 cí
慈爱 cí'ài
慈悲 cíbēi
慈善 císhàn
慈祥 cíxiáng
磁带 cídài
磁化 cíhuà
磁极 cíjí
磁体 cítǐ
磁头 cítóu
磁性 cíxìng
雌蕊 círuǐ
雌性 cíxìng
雌雄 cíxióng
此间 cǐjiān
此起彼伏 cǐqǐ-bǐfú
次第 cìdì
次品 cìpǐn
次日 cìrì
刺刀 cìdāo
刺耳 cì'ěr
刺骨 cìgǔ
刺客 cìkè
刺杀 cìshā
刺猬 cì·wei
刺绣 cìxiù
刺眼 cìyǎn
赐予 cìyǔ
匆忙 cōngmáng
葱 cōng
聪慧 cōnghuì
从容 cóngróng
从军 cóngjūn
从属 cóngshǔ
从头 cóngtóu
从新 cóngxīn
从业 cóngyè
从众 cóngzhòng
丛林 cónglín
丛生 cóngshēng

丛书 cóngshū
凑合 còu·he
凑近 còujìn
凑巧 còuqiǎo
粗暴 cūbào
粗笨 cūbèn
粗布 cūbù
粗大 cūdà
粗放 cūfàng
粗犷 cūguǎng
粗鲁 cūlǔ
粗略 cūlüè
粗俗 cūsú
粗细 cūxì
粗心 cūxīn
粗野 cūyě
粗壮 cūzhuàng
醋 cù
簇拥 cùyōng
蹿 cuān
攒 cuán
篡夺 cuànduó
篡改 cuàngǎi
崔 Cuī
催促 cuīcù
催化 cuīhuà
催化剂 cuīhuàjì
催眠 cuīmián
摧 cuī
璀璨 cuǐcàn
脆 cuì
脆弱 cuìruò
萃取 cuìqǔ
啐 cuì
淬火 cuìhuǒ
翠 cuì
翠绿 cuìlǜ
村落 cūnluò
村民 cūnmín
村寨 cūnzhài
村镇 cūnzhèn
皴 cūn
存储 cúnchǔ
存放 cúnfàng
存活 cúnhuó

存货 cúnhuò
存留 cúnliú
存亡 cúnwáng
存心 cúnxīn
存折 cúnzhé
搓 cuō
磋商 cuōshāng
撮 cuō
挫 cuò
挫败 cuòbài
挫伤 cuòshāng
锉 cuò
错过 cuòguò
错觉 cuòjué
错位 cuòwèi
错综复杂
　cuòzōng-fùzá

D

耷拉 dā·la
搭救 dājiù
搭配 dāpèi
搭讪 dā·shàn
答辩 dábiàn
答话 dáhuà
打岔 dǎchà
打点 dǎ·dian
打动 dǎdòng
打赌 dǎdǔ
打盹儿 dǎdǔnr
打发 dǎ·fa
打火机 dǎhuǒjī
打交道
　dǎjiāo·dao
打搅 dǎjiǎo
打垮 dǎkuǎ
打捞 dǎlāo
打猎 dǎliè
打趣 dǎqù
打扰 dǎrǎo
打扫 dǎsǎo
打铁 dǎtiě
打通 dǎtōng
打消 dǎxiāo
打印 dǎyìn
打颤 dǎzhàn

打字 dǎzì
大白 dàbái
大本营 dàběnyíng
大便 dàbiàn
大不了 dà·buliǎo
大肠 dàcháng
大潮 dàcháo
大车 dàchē
大抵 dàdǐ
大殿 dàdiàn
大度 dàdù
大法 dàfǎ
大凡 dàfán
大方 dàfāng
大方 dà·fang
大副 dàfù
大公无私
　dàgōng-wúsī
大鼓 dàgǔ
大褂 dàguà
大汉 dàhàn
大号 dàhào
大户 dàhù
大计 dàjì
大将 dàjiàng
大惊小怪
　dàjīng-xiǎoguài
大局 dàjú
大举 dàjǔ
大理石 dàlǐshí
大陆架 dàlùjià
大路 dàlù
大略 dàlüè
大麻 dàmá
大麦 dàmài
大米 dàmǐ
大气层 dàqìcéng
大气压 dàqìyā
大权 dàquán
大人物 dàrénwù
大赛 dàsài
大使 dàshǐ
大势 dàshì
大肆 dàsì
大同小异
　dàtóng-xiǎoyì

123

大腿 dàtuǐ
大喜 dàxǐ
大显身手
    dàxiǎn-shēnshǒu
大相径庭
    dàxiāng-jìngtíng
大修 dàxiū
大选 dàxuǎn
大雪 dàxuě
大雁 dàyàn
大业 dàyè
大义 dàyì
大专 dàzhuān
大宗 dàzōng
大作 dàzuò
呆板 dāibǎn
呆滞 dāizhì
歹徒 dǎitú
逮 dǎi
代办 dàibàn
代表作 dàibiǎozuò
代词 dàicí
代号 dàihào
代数 dàishù
玳瑁 dàimào
带电 dàidiàn
带劲 dàijìn
带路 dàilù
带子 dài·zi
贷 dài
待命 dàimìng
待业 dàiyè
怠工 dàigōng
怠慢 dàimàn
袋子 dài·zi
逮 dài
丹 dān
丹顶鹤 dāndǐnghè
担保 dānbǎo
担当 dāndāng
担架 dānjià
担忧 dānyōu
单薄 dānbó
单产 dānchǎn

单词 dāncí
单方 dānfāng
单干 dāngàn
单价 dānjià
单据 dānjù
单身 dānshēn
单项 dānxiàng
单衣 dānyī
单元 dānyuán
单子 dān·zi
耽搁 dān·ge
胆固醇 dǎngùchún
胆量 dǎnliàng
胆略 dǎnlüè
胆囊 dǎnnáng
胆怯 dǎnqiè
胆小鬼 dǎnxiǎoguǐ
胆汁 dǎnzhī
胆子 dǎn·zi
掸 dǎn
旦 dàn
旦角儿 dànjuér
诞辰 dànchén
淡薄 dànbó
淡化 dànhuà
淡漠 dànmò
淡然 dànrán
弹片 dànpiàn
弹头 dàntóu
弹药 dànyào
蛋糕 dàngāo
氮肥 dànféi
氮气 dànqì
当差 dāngchāi
当归 dāngguī
当家 dāngjiā
当量 dāngliàng
当面 dāngmiàn
当权 dāngquán
当日 dāngrì
当下 dāngxià
当心 dāngxīn
当众 dāngzhòng
裆 dāng
党籍 dǎngjí

党纪 dǎngjì
党派 dǎngpài
党团 dǎngtuán
党务 dǎngwù
党校 dǎngxiào
党章 dǎngzhāng
当铺 dàngpù
当日 dàngrì
当晚 dàngwǎn
当夜 dàngyè
当真 dàngzhēn
荡 dàng
荡漾 dàngyàng
档 dàng
档次 dàngcì
刀枪 dāoqiāng
刀子 dāo·zi
导电 dǎodiàn
导航 dǎoháng
导热 dǎorè
导师 dǎoshī
导向 dǎoxiàng
导游 dǎoyóu
导语 dǎoyǔ
捣 dǎo
捣鬼 dǎoguǐ
捣毁 dǎohuǐ
捣乱 dǎoluàn
倒闭 dǎobì
倒伏 dǎofú
倒卖 dǎomài
倒塌 dǎotā
祷告 dǎogào
蹈 dǎo
到家 dàojiā
倒挂 dàoguà
倒立 dàolì
倒数 dàoshǔ
倒数 dàoshù
倒退 dàotuì
倒影 dàoyǐng
倒置 dàozhì
倒转 dàozhuǎn
倒转 dàozhuàn
盗 dào

盗贼 dàozéi
悼念 dàoniàn
道家 Dàojiā
道具 dàojù
道歉 dàoqiàn
道士 dào·shi
道喜 dàoxǐ
道谢 dàoxiè
道义 dàoyì
稻草 dàocǎo
稻子 dào·zi
得逞 déchěng
得当 dédàng
得分 défēn
得救 déjiù
得力 délì
得失 déshī
得体 détǐ
得天独厚
    détiāndúhòu
得心应手
    déxīn-yìngshǒu
得罪 dézuì
灯火 dēnghuǒ
灯笼 dēng·long
灯塔 dēngtǎ
登场 dēngcháng
登场 dēngchǎng
登高 dēnggāo
登陆 dēnglù
登门 dēngmén
登山 dēngshān
登台 dēngtái
登载 dēngzǎi
等号 děnghào
等价 děngjià
等式 děngshì
等同 děngtóng
凳 dèng
凳子 dèng·zi
澄 dèng
瞪眼 dèngyǎn
低层 dīcéng
低潮 dīcháo
低沉 dīchén

低估 dīgū
低空 dīkōng
低廉 dīlián
低劣 dīliè
低落 dīluò
低能 dīnéng
低洼 dīwā
低微 dīwēi
低压 dīyā
堤 dī
堤坝 dībà
提防 dī·fang
滴灌 dīguàn
敌国 díguó
敌后 díhòu
敌寇 díkòu
敌情 díqíng
敌视 díshì
敌意 díyì
涤纶 dílún
笛 dí
笛子 dí·zi
嫡 dí
诋毁 dǐhuǐ
抵偿 dǐcháng
抵触 dǐchù
抵达 dǐdá
抵挡 dǐdǎng
抵消 dǐxiāo
抵押 dǐyā
抵御 dǐyù
底片 dǐpiàn
底细 dǐxì
底子 dǐ·zi
地产 dìchǎn
地磁 dìcí
地道 dìdào
地道 dì·dao
地段 dìduàn
地核 dìhé
地基 dìjī
地窖 dìjiào
地雷 dìléi
地力 dìlì
地幔 dìmàn

地盘 dìpán	电焊 diànhàn	调运 diàoyùn	东正教	都城 dūchéng
地皮 dìpí	电机 diànjī	调子 diào · zi	Dōngzhèngjiào	督 dū
地平线 dìpíngxiàn	电极 diànjí	掉队 diàoduì	冬眠 dōngmián	督办 dūbàn
地热 dìrè	电解 diànjiě	掉头 diàotóu	冬至 dōngzhì	督促 dūcù
地毯 dìtǎn	电解质 diànjiězhì	跌落 diēluò	董 dǒng	督军 dūjūn
地下室 dìxiàshì	电缆 diànlǎn	碟 dié	董事 dǒngshì	嘟囔 dū · nang
地衣 dìyī	电铃 diànlíng	蝶 dié	董事会 dǒngshìhuì	毒草 dúcǎo
地狱 dìyù	电炉 diànlú	叮 dīng	懂事 dǒngshì	毒打 dúdǎ
地址 dìzhǐ	电气 diànqì	叮咛 dīngníng	动产 dòngchǎn	毒害 dúhài
弟妹 dìmèi	电气化 diànqìhuà	叮嘱 dīngzhǔ	动荡 dòngdàng	毒剂 dújì
帝王 dìwáng	电扇 diànshàn	钉子 dīng · zi	动工 dònggōng	毒品 dúpǐn
帝制 dìzhì	电梯 diàntī	顶峰 dǐngfēng	动画片	毒气 dúqì
递减 dìjiǎn	电筒 diàntǒng	顶替 dǐngtì	dònghuàpiàn	毒蛇 dúshé
递增 dìzēng	电网 diànwǎng	鼎 dǐng	动乱 dòngluàn	毒物 dúwù
谛听 dìtīng	电文 diànwén	鼎盛 dǐngshèng	动情 dòngqíng	毒药 dúyào
蒂 dì	电信 diànxìn	订购 dìnggòu	动身 dòngshēn	独霸 dúbà
缔 dì	电讯 diànxùn	订婚 dìnghūn	动弹 dòng · tan	独白 dúbái
缔结 dìjié	电影院	订立 dìnglì	动听 dòngtīng	独裁 dúcái
缔约 dìyuē	diànyǐngyuàn	订阅 dìngyuè	动物园	独唱 dúchàng
掂 diān	佃 diàn	订正 dìngzhèng	dòngwùyuán	独创 dúchuàng
滇 Diān	店铺 diànpù	定点 dìngdiǎn	动向 dòngxiàng	独到 dúdào
颠 diān	店堂 diàntáng	定都 dìngdū	动心 dòngxīn	独断 dúduàn
颠簸 diānbǒ	店员 diànyuán	定购 dìnggòu	动用 dòngyòng	独家 dújiā
颠倒 diāndǎo	垫圈 diànquān	定价 dìngjià	动辄 dòngzhé	独身 dúshēn
颠覆 diānfù	惦记 diàn · jì	定居 dìngjū	冻疮 dòngchuāng	独舞 dúwǔ
巅 diān	惦念 diànniàn	定论 dìnglùn	冻结 dòngjié	独一无二
典 diǎn	奠 diàn	定名 dìngmíng	栋 dòng	dúyī-wú'èr
典范 diǎnfàn	奠基 diànjī	定神 dìngshén	洞察 dòngchá	独奏 dúzòu
典故 diǎngù	殿 diàn	定时 dìngshí	洞房 dòngfáng	读数 dúshù
典籍 diǎnjí	殿堂 diàntáng	定位 dìngwèi	洞穴 dòngxué	读物 dúwù
典礼 diǎnlǐ	殿下 diànxià	定性 dìngxìng	斗笠 dǒulì	读音 dúyīn
典雅 diǎnyǎ	刁 diāo	定语 dìngyǔ	抖动 dǒudòng	犊 dú
点滴 diǎndī	刁难 diāonàn	定员 dìngyuán	抖擞 dǒusǒu	笃信 dǔxìn
点火 diǎnhuǒ	叼 diāo	定罪 dìngzuì	陡 dǒu	堵截 dǔjié
点名 diǎnmíng	貂 diāo	锭 dìng	陡坡 dǒupō	堵塞 dǔsè
点心 diǎn · xin	碉堡 diāobǎo	丢掉 diūdiào	陡峭 dǒuqiào	赌 dǔ
点缀 diǎnzhuì	雕琢 diāozhuó	丢脸 diūliǎn	陡然 dǒurán	赌博 dǔbó
电表 diànbiǎo	吊环 diàohuán	丢人 diūrén	斗志 dòuzhì	赌气 dǔqì
电波 diànbō	钓 diào	丢失 diūshī	豆浆 dòujiāng	睹 dǔ
电车 diànchē	钓竿 diàogān	东边 dōng · bian	豆芽儿 dòuyár	杜鹃 dùjuān
电磁场	调度 diàodù	东道主	豆子 dòu · zi	杜绝 dùjué
diàncíchǎng	调换 diàohuàn	dōngdàozhǔ	逗乐儿 dòulèr	妒忌 dùjì
电镀 diàndù	调集 diàojí	东风 dōngfēng	逗留 dòuliú	度量 dùliàng
电工 diàngōng	调配 diàopèi	东家 dōng · jia	痘 dòu	度日 dùrì
电光 diànguāng	调遣 diàoqiǎn	东经 dōngjīng	窦 dòu	渡船 dùchuán

渡口 dùkǒu	敦促 dūncù	恶习 èxí	发球 fāqiú	繁复 fánfù
镀 dù	墩 dūn	恶性 èxìng	发散 fāsàn	繁华 fánhuá
端午 Duānwǔ	囤 dùn	恶意 èyì	发烧 fāshāo	繁忙 fánmáng
端详 duānxiáng	炖 dùn	恶作剧 èzuòjù	发誓 fāshì	繁茂 fánmào
端庄 duānzhuāng	钝 dùn	鄂 È	发售 fāshòu	繁盛 fánshèng
短波 duǎnbō	盾 dùn	萼片 èpiàn	发送 fāsòng	繁琐 fánsuǒ
短处 duǎnchù	顿悟 dùnwù	遏止 èzhǐ	发文 fāwén	繁星 fánxīng
短促 duǎncù	多寡 duōguǎ	遏制 èzhì	发问 fāwèn	繁衍 fányǎn
短工 duǎngōng	多亏 duōkuī	愕然 èrán	发笑 fāxiào	繁育 fányù
短路 duǎnlù	多情 duōqíng	腭 è	发泄 fāxiè	繁杂 fánzá
短跑 duǎnpǎo	多事 duōshì	恩赐 ēncì	发言人 fāyánrén	反比 fǎnbǐ
短缺 duǎnquē	多谢 duōxiè	恩情 ēnqíng	发源 fāyuán	反驳 fǎnbó
短线 duǎnxiàn	多嘴 duōzuǐ	恩人 ēnrén	乏 fá	反常 fǎncháng
短小 duǎnxiǎo	夺目 duómù	儿科 érkē	乏力 fálì	反刍 fǎnchú
短语 duǎnyǔ	踱 duó	儿孙 érsūn	乏味 fáwèi	反倒 fǎndào
段落 duànluò	垛 duǒ	儿戏 érxì	伐 fá	反感 fǎngǎn
断层 duàncéng	躲避 duǒbì	而今 érjīn	伐木 fámù	反攻 fǎngōng
断绝 duànjué	躲藏 duǒcáng	尔后 ěrhòu	罚金 fájīn	反光 fǎnguāng
断然 duànrán	躲闪 duǒshǎn	耳光 ěrguāng	阀 fá	反击 fǎnjī
断送 duànsòng	剁 duò	耳环 ěrhuán	筏 fá	反叛 fǎnpàn
断言 duànyán	垛 duò	耳机 ěrjī	法案 fǎ'àn	反扑 fǎnpū
缎 duàn	舵 duò	耳鸣 ěrmíng	法宝 fǎbǎo	反思 fǎnsī
缎子 duàn·zi	堕 duò	耳目 ěrmù	法典 fǎdiǎn	反问 fǎnwèn
煅 duàn	堕落 duòluò	耳语 ěryǔ	法纪 fǎjì	反响 fǎnxiǎng
锻 duàn	惰性 duòxìng	饵 ěr	法权 fǎquán	反省 fǎnxǐng
堆放 duīfàng	跺 duò	二胡 èrhú	法师 fǎshī	反义词 fǎnyìcí
堆砌 duīqì	跺脚 duòjiǎo		法术 fǎshù	反证 fǎnzhèng
队列 duìliè	**E**	**F**	法医 fǎyī	返航 fǎnháng
对岸 duì'àn	鹅卵石 éluǎnshí	发报 fābào	法治 fǎzhì	返还 fǎnhuán
对策 duìcè	蛾子 é·zi	发财 fācái	发型 fàxíng	返青 fǎnqīng
对答 duìdá	额定 édìng	发愁 fāchóu	帆 fān	犯法 fànfǎ
对等 duìděng	额角 éjiǎo	发呆 fādāi	帆布 fānbù	犯人 fànrén
对接 duìjiē	额头 étóu	发放 fāfàng	帆船 fānchuán	饭菜 fàncài
对口 duìkǒu	额外 éwài	发疯 fāfēng	番茄 fānqié	饭馆儿 fànguǎnr
对联 duìlián	厄运 èyùn	发还 fāhuán	藩镇 fānzhèn	饭盒 fànhé
对路 duìlù	扼 è	发火 fāhuǒ	翻案 fān'àn	饭厅 fàntīng
对门 duìmén	扼杀 èshā	发酵 fājiào	翻动 fāndòng	饭碗 fànwǎn
对偶 duì'ǒu	扼要 èyào	发狂 fākuáng	翻滚 fāngǔn	饭桌 fànzhuō
对数 duìshù	恶霸 èbà	发愣 fālèng	翻腾 fān·teng	泛滥 fànlàn
对头 duì·tou	恶臭 èchòu	发毛 fāmáo	翻阅 fānyuè	范例 fànlì
对虾 duìxiā	恶毒 èdú	发霉 fāméi	凡人 fánrén	贩 fàn
对峙 duìzhì	恶棍 ègùn	发怒 fānù	凡事 fánshì	贩卖 fànmài
兑 duì	恶果 èguǒ	发配 fāpèi	烦 fán	贩运 fànyùn
兑换 duìhuàn	恶魔 èmó	发票 fāpiào	烦闷 fánmèn	贩子 fàn·zi
兑现 duìxiàn	恶人 èrén	发情 fāqíng	烦躁 fánzào	梵文 Fànwén

方剂 fāngjì
方略 fānglüè
方位 fāngwèi
方向盘
　　fāngxiàngpán
方兴未艾
　　fāngxīng-wèi'ài
方圆 fāngyuán
方桌 fāngzhuō
芳香 fāngxiāng
防备 fángbèi
防毒 fángdú
防范 fángfàn
防寒 fánghán
防洪 fánghóng
防护 fánghù
防护林 fánghùlín
防空 fángkōng
防守 fángshǒu
防卫 fángwèi
防务 fángwù
防线 fángxiàn
防汛 fángxùn
防疫 fángyì
妨害 fánghài
房产 fángchǎn
房东 fángdōng
房租 fángzū
仿 fǎng
仿效 fǎngxiào
仿照 fǎngzhào
仿制 fǎngzhì
纺 fǎng
纺织品 fǎngzhīpǐn
放大镜 fàngdàjìng
放电 fàngdiàn
放火 fànghuǒ
放假 fàngjià
放宽 fàngkuān
放牧 fàngmù
放炮 fàngpào
放任 fàngrèn
放哨 fàngshào
放射线
　　fàngshèxiàn

放声 fàngshēng
放手 fàngshǒu
放肆 fàngsì
放行 fàngxíng
放学 fàngxué
放眼 fàngyǎn
放养 fàngyǎng
放映 fàngyìng
放置 fàngzhì
放纵 fàngzòng
飞驰 fēichí
飞碟 fēidié
飞溅 fēijiàn
飞禽 fēiqín
飞速 fēisù
飞腾 fēiténg
飞天 fēitiān
飞艇 fēitǐng
飞舞 fēiwǔ
飞行器 fēixíngqì
飞行员 fēixíngyuán
飞扬 fēiyáng
飞越 fēiyuè
飞涨 fēizhǎng
妃 fēi
非得 fēiděi
非凡 fēifán
非难 fēinàn
非同小可
　　fēitóng-xiǎokě
非议 fēiyì
绯红 fēihóng
肥大 féidà
肥厚 féihòu
肥力 féilì
肥胖 féipàng
肥水 féishuǐ
肥沃 féiwò
肥效 féixiào
肥皂 féizào
匪帮 fěibāng
匪徒 fěitú
诽谤 fěibàng
翡翠 fěicuì
吠 fèi

肺病 fèibìng
肺活量 fèihuóliàng
肺结核 fèijiéhé
肺炎 fèiyán
废话 fèihuà
废旧 fèijiù
废料 fèiliào
废品 fèipǐn
废气 fèiqì
废弃 fèiqì
废水 fèishuǐ
废物 fèiwù
废物 fèi·wu
废渣 fèizhā
废止 fèizhǐ
沸 fèi
沸点 fèidiǎn
沸水 fèishuǐ
费解 fèijiě
费劲 fèijìn
费力 fèilì
分辨 fēnbiàn
分兵 fēnbīng
分寸 fēn·cun
分担 fēndān
分队 fēnduì
分发 fēnfā
分隔 fēngé
分管 fēnguǎn
分红 fēnhóng
分家 fēnjiā
分居 fēnjū
分流 fēnliú
分娩 fēnmiǎn
分蘖 fēnniè
分派 fēnpài
分清 fēnqīng
分手 fēnshǒu
分数 fēnshù
分水岭 fēnshuǐlǐng
分摊 fēntān
分头 fēntóu
分享 fēnxiǎng
芬芳 fēnfāng
纷繁 fēnfán

纷飞 fēnfēi
纷乱 fēnluàn
纷纭 fēnyún
纷争 fēnzhēng
氛围 fēnwéi
酚 fēn
坟 fén
坟地 féndì
坟墓 fénmù
坟头 féntóu
焚 fén
焚毁 fénhuǐ
焚烧 fénshāo
粉笔 fěnbǐ
粉尘 fěnchén
粉刺 fěncì
粉红 fěnhóng
粉剂 fěnjì
粉饰 fěnshì
分外 fènwài
份额 fèn'é
份儿 fènr
份子 fèn·zi
奋不顾身
　　fènbùgùshēn
奋发 fènfā
奋力 fènlì
奋起 fènqǐ
奋勇 fènyǒng
奋战 fènzhàn
粪便 fènbiàn
愤 fèn
愤恨 fènhèn
愤慨 fènkǎi
愤然 fènrán
丰产 fēngchǎn
丰厚 fēnghòu
丰满 fēngmǎn
丰年 fēngnián
丰盛 fēngshèng
丰硕 fēngshuò
丰腴 fēngyú
风波 fēngbō
风采 fēngcǎi
风潮 fēngcháo

风车 fēngchē
风驰电掣
　　fēngchí-diànchè
风度 fēngdù
风帆 fēngfān
风寒 fēnghán
风化 fēnghuà
风浪 fēnglàng
风流 fēngliú
风貌 fēngmào
风靡 fēngmǐ
风起云涌
　　fēngqǐ-yúnyǒng
风情 fēngqíng
风趣 fēngqù
风沙 fēngshā
风尚 fēngshàng
风声 fēngshēng
风水 fēng·shuǐ
风味 fēngwèi
风箱 fēngxiāng
风向 fēngxiàng
风行 fēngxíng
风雅 fēngyǎ
风云 fēngyún
风韵 fēngyùn
风筝 fēng·zheng
风姿 fēngzī
枫 fēng
封面 fēngmiàn
疯 fēng
疯子 fēng·zi
峰峦 fēngluán
烽火 fēnghuǒ
锋利 fēnglì
锋芒 fēngmáng
蜂巢 fēngcháo
蜂房 fēngfáng
蜂蜜 fēngmì
蜂王 fēngwáng
蜂窝 fēngwō
逢 féng
缝合 fénghé
缝纫 féngrèn
讽 fěng

凤 fèng
凤凰 fènghuáng
奉命 fèngmìng
奉行 fèngxíng
缝隙 fèngxì
佛典 fódiǎn
佛法 fófǎ
佛经 fójīng
佛寺 fósì
佛像 fóxiàng
佛学 fóxué
否决 fǒujué
夫子 fūzǐ
肤浅 fūqiǎn
肤色 fūsè
孵 fū
敷 fū
敷衍 fūyǎn
弗 fú
伏击 fújī
伏帖 fútiē
芙蓉 fúróng
扶持 fúchí
扶贫 fúpín
扶桑 fúsāng
扶手 fúshǒu
扶养 fúyǎng
扶植 fúzhí
扶助 fúzhù
拂 fú
拂晓 fúxiǎo
服侍 fú·shi
服饰 fúshì
服药 fúyào
服役 fúyì
氟 fú
俘 fú
俘获 fúhuò
浮雕 fúdiāo
浮力 fúlì
浮现 fúxiàn
浮云 fúyún
浮肿 fúzhǒng
符 fú
辐 fú

福气 fú·qi
福音 fúyīn
甫 fǔ
抚 fǔ
抚摩 fǔmó
抚慰 fǔwèi
抚养 fǔyǎng
抚育 fǔyù
斧头 fǔ·tóu
斧子 fǔ·zi
俯 fǔ
俯冲 fǔchōng
俯瞰 fǔkàn
俯视 fǔshì
俯首 fǔshǒu
辅 fǔ
辅导 fǔdǎo
腐化 fǔhuà
腐烂 fǔlàn
父辈 fùbèi
父老 fùlǎo
负电 fùdiàn
负荷 fùhè
负极 fùjí
负离子 fùlízǐ
负伤 fùshāng
负载 fùzài
负债 fùzhài
负重 fùzhòng
妇科 fùkē
附带 fùdài
附和 fùhè
附件 fùjiàn
附录 fùlù
附设 fùshè
附属 fùshǔ
附庸 fùyōng
复查 fùchá
复仇 fùchóu
复发 fùfā
复古 fùgǔ
复核 fùhé
复活 fùhuó
复述 fùshù
复苏 fùsū

复习 fùxí
复兴 fùxīng
复眼 fùyǎn
复议 fùyì
复员 fùyuán
复原 fùyuán
副本 fùběn
副词 fùcí
副官 fùguān
副刊 fùkān
副食 fùshí
副作用 fùzuòyòng
赋税 fùshuì
富贵 fùguì
富丽 fùlì
富强 fùqiáng
富饶 fùráo
富庶 fùshù
富翁 fùwēng
富足 fùzú
腹地 fùdì
腹膜 fùmó
腹腔 fùqiāng
腹泻 fùxiè
缚 fù
覆 fù
覆灭 fùmiè

G

改道 gǎidào
改动 gǎidòng
改观 gǎiguān
改行 gǎiháng
改换 gǎihuàn
改悔 gǎihuǐ
改嫁 gǎijià
改建 gǎijiàn
改口 gǎikǒu
改写 gǎixiě
改选 gǎixuǎn
改制 gǎizhì
改装 gǎizhuāng
盖子 gài·zi
概 gài
概况 gàikuàng
概论 gàilùn

概述 gàishù
干杯 gānbēi
干瘪 gānbiě
干冰 gānbīng
干草 gāncǎo
干涸 gānhé
干枯 gānkū
干粮 gān·liang
甘 gān
甘草 gāncǎo
甘露 gānlù
甘薯 gānshǔ
甘愿 gānyuàn
甘蔗 gān·zhe
坩埚 gānguō
柑 gān
柑橘 gānjú
竿 gān
竿子 gān·zi
杆菌 gǎnjūn
秆 gǎn
赶场 gǎnchǎng
赶车 gǎnchē
赶集 gǎnjí
赶路 gǎnlù
感触 gǎnchù
感光 gǎnguāng
感化 gǎnhuà
感冒 gǎnmào
感人 gǎnrén
感伤 gǎnshāng
感叹 gǎntàn
感想 gǎnxiǎng
橄榄 gǎnlǎn
擀 gǎn
干劲 gànjìn
干流 gànliú
干事 gàn·shi
干线 gànxiàn
赣 Gàn
刚好 gānghǎo
刚健 gāngjiàn
刚劲 gāngjìng
刚强 gāngqiáng

肛门 gāngmén
纲要 gāngyào
钢板 gāngbǎn
钢笔 gāngbǐ
钢材 gāngcái
钢筋 gāngjīn
钢盔 gāngkuī
缸 gāng
岗 gǎng
港币 gǎngbì
港湾 gǎngwān
杠 gàng
杠杆 gànggǎn
杠子 gàng·zi
高昂 gāo'áng
高傲 gāo'ào
高倍 gāobèi
高层 gāocéng
高超 gāochāo
高档 gāodàng
高贵 gāoguì
高寒 gāohán
高价 gāojià
高举 gāojǔ
高亢 gāokàng
高考 gāokǎo
高粱 gāo·liang
高龄 gāolíng
高明 gāomíng
高能 gāonéng
高强 gāoqiáng
高热 gāorè
高烧 gāoshāo
高深 gāoshēn
高手 gāoshǒu
高耸 gāosǒng
高下 gāoxià
高效 gāoxiào
高血压 gāoxuèyā
高雅 gāoyǎ
羔 gāo
羔皮 gāopí
羔羊 gāoyáng
膏 gāo
膏药 gāo·yao

篙 gāo

糕 gāo

糕点 gāodiǎn

镐 gǎo

稿费 gǎofèi

稿件 gǎojiàn

稿纸 gǎozhǐ

稿子 gǎo·zi

告辞 gàocí

告发 gàofā

告急 gàojí

告诫 gàojiè

告示 gào·shi

告知 gàozhī

告终 gàozhōng

告状 gàozhuàng

膏 gào

戈壁 gēbì

哥们儿 gē·menr

搁置 gēzhì

割断 gēduàn

割据 gējù

割裂 gēliè

割让 gēràng

歌词 gēcí

歌喉 gēhóu

歌手 gēshǒu

歌星 gēxīng

歌咏 gēyǒng

革 gé

革除 géchú

阁 gé

阁楼 gélóu

阁下 géxià

格调 gédiào

格局 géjú

格律 gélǜ

格式 gé·shi

格言 géyán

格子 gé·zi

隔断 géduàn

隔阂 géhé

隔绝 géjué

隔膜 gémó

膈 gé

葛 Gě

个子 gè·zi

个别 gèbié

根除 gēnchú

根基 gēnjī

根深蒂固

　　gēnshēn-dìgù

根治 gēnzhì

根子 gēn·zi

跟头 gēn·tou

跟踪 gēnzōng

更改 gēnggǎi

更换 gēnghuàn

更替 gēngtì

更正 gēngzhèng

庚 gēng

耕耘 gēngyún

耕种 gēngzhòng

羹 gēng

埂 gěng

耿 gěng

哽咽 gěngyè

梗 gěng

工段 gōngduàn

工分 gōngfēn

工匠 gōngjiàng

工矿 gōngkuàng

工龄 gōnglíng

工期 gōngqī

工钱 gōng·qián

工时 gōngshí

工事 gōngshì

工头 gōngtóu

工效 gōngxiào

工序 gōngxù

工艺品 gōngyìpǐn

工友 gōngyǒu

工种 gōngzhǒng

工作日 gōngzuòrì

弓子 gōng·zi

公案 gōng'àn

公报 gōngbào

公差 gōngchāi

公道 gōng·dao

公法 gōngfǎ

公费 gōngfèi

公告 gōnggào

公关 gōngguān

公馆 gōngguǎn

公海 gōnghǎi

公害 gōnghài

公函 gōnghán

公会 gōnghuì

公积金 gōngjījīn

公家 gōng·jia

公款 gōngkuǎn

公墓 gōngmù

公婆 gōngpó

公仆 gōngpú

公然 gōngrán

公使 gōngshǐ

公事 gōngshì

公私 gōngsī

公诉 gōngsù

公文 gōngwén

公务 gōngwù

公务员

　　gōngwùyuán

公益 gōngyì

公用 gōngyòng

公寓 gōngyù

公约 gōngyuē

公债 gōngzhài

公证 gōngzhèng

公职 gōngzhí

公众 gōngzhòng

公转 gōngzhuàn

公子 gōngzǐ

功臣 gōngchén

功德 gōngdé

功绩 gōngjì

功劳 gōngláo

功力 gōnglì

功利 gōnglì

功名 gōngmíng

功效 gōngxiào

功勋 gōngxūn

功用 gōngyòng

攻打 gōngdǎ

攻读 gōngdú

攻关 gōngguān

攻克 gōngkè

攻破 gōngpò

攻势 gōngshì

攻陷 gōngxiàn

攻占 gōngzhàn

供销 gōngxiāo

供需 gōngxū

供养 gōngyǎng

宫殿 gōngdiàn

宫女 gōngnǚ

恭敬 gōngjìng

恭维 gōng·wéi

恭喜 gōngxǐ

躬 gōng

龚 Gōng

拱桥 gǒngqiáo

拱手 gǒngshǒu

共存 gòngcún

共和 gònghé

共计 gòngjì

共生 gòngshēng

共事 gòngshì

共通 gòngtōng

共性 gòngxìng

共振 gòngzhèn

贡 gòng

供奉 gòngfèng

供养 gòngyǎng

勾 gōu

勾画 gōuhuà

勾勒 gōulè

勾引 gōuyǐn

沟谷 gōugǔ

沟渠 gōuqú

钩子 gōu·zi

篝火 gōuhuǒ

苟且 gǒuqiě

狗熊 gǒuxióng

勾当 gòu·dàng

构件 gòujiàn

构图 gòutú

构想 gòuxiǎng

构筑 gòuzhù

购置 gòuzhì

垢 gòu

估 gū

估价 gūjià

估量 gū·liang

估算 gūsuàn

姑姑 gū·gu

姑且 gūqiě

姑息 gūxī

孤 gū

孤单 gūdān

孤儿 gū'ér

孤寂 gūjì

孤军 gūjūn

孤僻 gūpì

辜负 gūfù

古董 gǔdǒng

古怪 gǔguài

古籍 gǔjí

古迹 gǔjì

古兰经 Gǔlánjīng

古朴 gǔpǔ

古书 gǔshū

古文 gǔwén

古音 gǔyīn

谷地 gǔdì

谷物 gǔwù

谷子 gǔ·zi

股东 gǔdōng

股份 gǔfèn

股金 gǔjīn

股息 gǔxī

骨灰 gǔhuī

骨架 gǔjià

骨盆 gǔpén

骨气 gǔqì

骨肉 gǔròu

骨髓 gǔsuǐ

骨折 gǔzhé

鼓动 gǔdòng

鼓膜 gǔmó

鼓掌 gǔzhǎng

固守 gùshǒu

固态 gùtài

故此 gùcǐ

故而 gù'ér

故宫 gùgōng	官职 guānzhí	规范化 guīfànhuà	国立 guólì	海滨 hǎibīn
故国 gùguó	管家 guǎnjiā	规劝 guīquàn	国难 guónàn	海潮 hǎicháo
故土 gùtǔ	管教 guǎnjiào	规章 guīzhāng	国旗 guóqí	海岛 hǎidǎo
故障 gùzhàng	管事 guǎnshì	皈依 guīyī	国庆 guóqìng	海盗 hǎidào
顾及 gùjí	管弦乐	瑰丽 guīlì	国人 guórén	海防 hǎifáng
顾忌 gùjì	guǎnxiányuè	轨 guǐ	国事 guóshì	海风 hǎifēng
顾名思义	管用 guǎnyòng	轨迹 guǐjì	国势 guóshì	海港 hǎigǎng
gùmíng-sīyì	管制 guǎnzhì	诡辩 guǐbiàn	国体 guótǐ	海口 hǎikǒu
顾盼 gùpàn	贯通 guàntōng	诡秘 guǐmì	国务 guówù	海里 hǎilǐ
雇工 gùgōng	惯例 guànlì	鬼魂 guǐhún	国语 guóyǔ	海流 hǎiliú
雇佣 gùyōng	惯用 guànyòng	鬼脸 guǐliǎn	果木 guǒmù	海轮 hǎilún
雇用 gùyòng	灌木 guànmù	鬼神 guǐshén	果皮 guǒpí	海绵 hǎimián
雇员 gùyuán	灌区 guànqū	柜 guì	果品 guǒpǐn	海参 hǎishēn
雇主 gùzhǔ	灌输 guànshū	柜台 guìtái	果肉 guǒròu	海市蜃楼
瓜分 guāfēn	灌注 guànzhù	柜子 guì·zi	果园 guǒyuán	hǎishì-shènlóu
瓜子 guāzǐ	罐 guàn	贵宾 guìbīn	果真 guǒzhēn	海滩 hǎitān
寡 guǎ	罐头 guàn·tou	贵妃 guìfēi	果子 guǒ·zi	海棠 hǎitáng
卦 guà	罐子 guàn·zi	贵贱 guìjiàn	过场 guòchǎng	海豚 hǎitún
挂钩 guàgōu	光波 guāngbō	贵人 guìrén	过错 guòcuò	海峡 hǎixiá
挂念 guàniàn	光度 guāngdù	贵姓 guìxìng	过道 guòdào	海啸 hǎixiào
挂帅 guàshuài	光复 guāngfù	贵重 guìzhòng	过冬 guòdōng	海员 hǎiyuán
褂子 guà·zi	光顾 guānggù	桂冠 guìguān	过关 guòguān	海运 hǎiyùn
乖 guāi	光环 guānghuán	桂花 guìhuā	过火 guòhuǒ	海蜇 hǎizhé
拐棍 guǎigùn	光洁 guāngjié	桂圆 guìyuán	过境 guòjìng	骇 hài
拐弯 guǎiwān	光临 guānglín	滚动 gǔndòng	过量 guòliàng	氦 hài
拐杖 guǎizhàng	光能 guāngnéng	滚烫 gǔntàng	过路 guòlù	害处 hàichù
怪事 guàishì	光年 guāngnián	棍 gùn	过滤 guòlǜ	害羞 hàixiū
怪异 guàiyì	光束 guāngshù	棍棒 gùnbàng	过敏 guòmǐn	蚶 hān
关口 guānkǒu	光速 guāngsù	棍子 gùn·zi	过热 guòrè	酣睡 hānshuì
关门 guānmén	光阴 guāngyīn	锅炉 guōlú	过人 guòrén	憨 hān
关卡 guānqiǎ	广博 guǎngbó	锅台 guōtái	过剩 guòshèng	憨厚 hānhòu
关切 guānqiè	广度 guǎngdù	锅子 guō·zi	过失 guòshī	鼾声 hānshēng
关税 guānshuì	广袤 guǎngmào	国策 guócè	过时 guòshí	含糊 hán·hu
关头 guāntóu	广漠 guǎngmò	国产 guóchǎn	过头 guòtóu	含混 hánhùn
关押 guānyā	归队 guīduì	国度 guódù	过往 guòwǎng	含笑 hánxiào
关照 guānzhào	归附 guīfù	国法 guófǎ	过问 guòwèn	含蓄 hánxù
观光 guānguāng	归还 guīhuán	国歌 guógē	过夜 guòyè	含意 hányì
观摩 guānmó	归侨 guīqiáo	国画 guóhuà	过瘾 guòyǐn	函 hán
观赏 guānshǎng	归属 guīshǔ	国货 guóhuò	过硬 guòyìng	函授 hánshòu
观望 guānwàng	归宿 guīsù	国籍 guójí		涵义 hányì
官办 guānbàn	归途 guītú	国界 guójiè	**H**	韩 hán
官场 guānchǎng	归于 guīyú	国境 guójìng	哈密瓜 hāmìguā	寒潮 háncháo
官方 guānfāng	龟 guī	国君 guójūn	蛤蟆 há·ma	寒带 hándài
官府 guānfǔ	规 guī	国库 guókù	孩提 háití	寒假 hánjià
官司 guān·si	规程 guīchéng	国力 guólì	海岸线 hǎi'ànxiàn	寒噤 hánjìn
			海报 hǎibào	

寒流 hánliú
寒气 hánqì
寒热 hánrè
寒暑 hánshǔ
寒暄 hánxuān
寒意 hányì
寒颤 hánzhàn
罕 hǎn
喊叫 hǎnjiào
汗流浃背
　　hànliú-jiābèi
汗毛 hànmáo
汗衫 hànshān
旱地 hàndì
旱烟 hànyān
旱灾 hànzāi
捍卫 hànwèi
悍然 hànrán
焊 hàn
焊接 hànjiē
憾 hàn
行当 háng·dang
行会 hánghuì
行家 háng·jia
行情 hángqíng
杭 háng
航 háng
航程 hángchéng
航船 hángchuán
航道 hángdào
航路 hánglù
航天 hángtiān
航线 hángxiàn
航运 hángyùn
巷道 hàngdào
毫 háo
豪 háo
豪放 háofàng
豪华 háohuá
豪迈 háomài
豪情 háoqíng
豪爽 háoshuǎng
壕 háo
壕沟 háogōu
嚎 háo

嚎啕 háotáo
好歹 hǎodǎi
好感 hǎogǎn
好汉 hǎohàn
好评 hǎopíng
好受 hǎoshòu
好说 hǎoshuō
好似 hǎosì
好玩儿 hǎowánr
好笑 hǎoxiào
好心 hǎoxīn
好意 hǎoyì
郝 Hǎo
号称 hàochēng
号角 hàojiǎo
号令 hàolìng
号码 hàomǎ
好客 hàokè
好恶 hàowù
耗资 hàozī
浩大 hàodà
浩劫 hàojié
呵斥 hēchì
禾 hé
合唱 héchàng
合伙 héhuǒ
合击 héjī
合计 héjì
合流 héliú
合算 hésuàn
合体 hétǐ
合营 héyíng
合影 héyǐng
合用 héyòng
合资 hézī
合奏 hézòu
何尝 hécháng
何苦 hékǔ
何止 hézhǐ
和蔼 hé'ǎi
和缓 héhuǎn
和解 héjiě
和睦 hémù
和气 hé·qi
和声 héshēng

和约 héyuē
河床 héchuáng
河道 hédào
河谷 hégǔ
河口 hékǒu
河山 héshān
河滩 hétān
河豚 hétún
荷包 hé·bāo
核定 hédìng
核对 héduì
核能 hénéng
核实 héshí
核桃 hé·tao
核准 hézhǔn
核子 hézǐ
盒子 hé·zi
贺 hè
贺喜 hèxǐ
喝彩 hècǎi
赫 hè
赫然 hèrán
褐 hè
鹤 hè
壑 hè
黑白 hēibái
黑板 hēibǎn
黑洞 hēidòng
黑体 hēitǐ
痕 hén
狠 hěn
狠心 hěnxīn
恒定 héngdìng
恒温 héngwēn
恒心 héngxīn
横渡 héngdù
横亘 hénggèn
横贯 héngguàn
横扫 héngsǎo
横行 héngxíng
衡 héng
轰动 hōngdòng
轰击 hōngjī
轰鸣 hōngmíng
轰然 hōngrán

轰响 hōngxiǎng
轰炸 hōngzhà
烘 hōng
烘托 hōngtuō
弘扬 hóngyáng
红火 hóng·huo
红利 hónglì
红领巾 hónglǐngjīn
红木 hóngmù
红娘 hóngniáng
红润 hóngrùn
红烧 hóngshāo
红外线
　　hóngwàixiàn
红星 hóngxīng
红叶 hóngyè
红晕 hóngyùn
宏大 hóngdà
虹 hóng
洪亮 hóngliàng
洪流 hóngliú
鸿沟 hónggōu
侯 hóu
喉 hóu
喉舌 hóushé
吼 hǒu
吼叫 hǒujiào
吼声 hǒushēng
后备 hòubèi
后盾 hòudùn
后顾之忧
　　hòugùzhīyōu
后继 hòujì
后劲 hòujìn
后门 hòumén
后台 hòutái
后头 hòu·tou
后退 hòutuì
后卫 hòuwèi
后续 hòuxù
后裔 hòuyì
后院 hòuyuàn
厚薄 hòubó
厚道 hòu·dao
候补 hòubǔ

候鸟 hòuniǎo
候审 hòushěn
呼号 hūháo
呼叫 hūjiào
呼救 hūjiù
呼声 hūshēng
呼啸 hūxiào
呼应 hūyìng
忽而 hū'ér
狐狸 hú·li
狐疑 húyí
弧光 húguāng
胡乱 húluàn
胡萝卜 húluó·bo
胡闹 húnào
胡琴 hú·qin
胡同儿 hútòngr
胡须 húxū
糊 hú
唬 hǔ
互利 hùlì
户主 hùzhǔ
护理 hùlǐ
护送 hùsòng
护照 hùzhào
花白 huābái
花瓣 huābàn
花边 huābiān
花草 huācǎo
花丛 huācóng
花旦 huādàn
花萼 huā'è
花岗岩
　　huāgāngyán
花冠 huāguān
花卉 huāhuì
花轿 huājiào
花蕾 huālěi
花脸 huāliǎn
花蜜 huāmì
花木 huāmù
花鸟 huāniǎo
花瓶 huāpíng
花圃 huāpǔ
花期 huāqī

花圈 huāquān	欢呼 huānhū	皇 huáng	回荡 huídàng	会心 huìxīn
花蕊 huāruǐ	欢快 huānkuài	皇宫 huánggōng	回复 huífù	会意 huìyì
花坛 huātán	欢送 huānsòng	皇冠 huángguān	回归线 huíguīxiàn	会战 huìzhàn
花厅 huātīng	欢腾 huānténg	皇后 huánghòu	回合 huíhé	讳言 huìyán
花样 huāyàng	欢笑 huānxiào	皇家 huángjiā	回话 huíhuà	荟萃 huìcuì
华贵 huáguì	欢心 huānxīn	皇权 huángquán	回环 huíhuán	绘制 huìzhì
华丽 huálì	欢欣 huānxīn	皇上	回击 huíjī	贿赂 huìlù
华美 huáměi	还击 huánjī	huáng·shang	回敬 huíjìng	彗星 huìxīng
华人 huárén	环抱 huánbào	皇室 huángshì	回流 huíliú	晦气 huì·qì
华夏 Huáxià	环顾 huángù	黄疸 huángdǎn	回路 huílù	惠 huì
哗然 huárán	环球 huánqiú	黄澄澄	回身 huíshēn	喙 huì
滑稽 huá·jī	环绕 huánrào	huángdēngdēng	回升 huíshēng	慧 huì
滑轮 huálún	环视 huánshì	黄帝 Huángdì	回声 huíshēng	昏 hūn
滑行 huáxíng	环行 huánxíng	黄豆 huángdòu	回师 huíshī	昏暗 hūn'àn
滑雪 huáxuě	缓冲 huǎnchōng	黄瓜 huáng·guā	回收 huíshōu	昏黄 hūnhuáng
化脓 huànóng	缓解 huǎnjiě	黄花 huánghuā	回首 huíshǒu	昏迷 hūnmí
化身 huàshēn	缓刑 huǎnxíng	黄连 huánglián	回味 huíwèi	昏睡 hūnshuì
化纤 huàxiān	幻 huàn	黄鼠狼	回响 huíxiǎng	荤 hūn
化验 huàyàn	幻灯 huàndēng	huángshǔláng	回想 huíxiǎng	婚配 hūnpèi
化妆 huàzhuāng	幻象 huànxiàng	黄莺 huángyīng	回信 huíxìn	婚事 hūnshì
化妆品	幻影 huànyǐng	惶惑 huánghuò	回旋 huíxuán	浑 hún
huàzhuāngpǐn	宦官 huànguān	惶恐 huángkǒng	回忆录 huíyìlù	浑厚 húnhòu
化装 huàzhuāng	换取 huànqǔ	蝗虫 huángchóng	回音 huíyīn	浑浊 húnzhuó
画报 huàbào	换算 huànsuàn	簧 huáng	回应 huíyìng	魂魄 húnpò
画笔 huàbǐ	唤醒 huànxǐng	恍惚 huǎng·hū	回转 huízhuǎn	混沌 hùndùn
画册 huàcè	涣散 huànsàn	恍然 huǎngrán	洄游 huíyóu	混合物 hùnhéwù
画卷 huàjuàn	患难 huànnàn	谎 huǎng	蛔虫 huíchóng	混凝土 hùnníngtǔ
画廊 huàláng	焕发 huànfā	谎话 huǎnghuà	悔 huǐ	混同 hùntóng
画片 huàpiàn	焕然一新	谎言 huǎngyán	悔改 huǐgǎi	混杂 hùnzá
画师 huàshī	huànrán-yīxīn	幌子 huǎng·zi	悔恨 huǐhèn	混战 hùnzhàn
画室 huàshì	豢养 huànyǎng	晃动 huàngdòng	毁坏 huǐhuài	混浊 hùnzhuó
画坛 huàtán	荒诞 huāngdàn	灰暗 huī'àn	汇 huì	豁 huō
画图 huàtú	荒地 huāngdì	灰白 huībái	汇编 huìbiān	豁口 huōkǒu
画外音 huàwàiyīn	荒废 huāngfèi	灰烬 huījìn	汇合 huìhé	活命 huómìng
画院 huàyuàn	荒凉 huāngliáng	灰心 huīxīn	汇集 huìjí	活期 huóqī
画展 huàzhǎn	荒谬 huāngmiù	诙谐 huīxié	汇率 huìlǜ	活塞 huósāi
话音 huàyīn	荒漠 huāngmò	挥动 huīdòng	汇总 huìzǒng	活体 huótǐ
桦 huà	荒僻 huāngpì	挥发 huīfā	会合 huìhé	活捉 huózhuō
怀孕 huáiyùn	荒唐 huāng·táng	挥霍 huīhuò	会话 huìhuà	火把 huǒbǎ
淮 Huái	荒芜 huāngwú	挥手 huīshǒu	会聚 huìjù	火海 huǒhǎi
槐 huái	荒野 huāngyě	挥舞 huīwǔ	会面 huìmiàn	火红 huǒhóng
坏蛋 huàidàn	荒原 huāngyuán	辉 huī	会师 huìshī	火候 huǒ·hou
坏事 huàishì	慌乱 huāngluàn	辉映 huīyìng	会谈 huìtán	火花 huǒhuā
坏死 huàisǐ	慌忙 huāngmáng	徽 huī	会堂 huìtáng	火化 huǒhuà
欢 huān	慌张 huāng·zhāng	回报 huíbào	会晤 huìwù	火炬 huǒjù

火坑 huǒkēng
火力 huǒlì
火炉 huǒlú
火苗 huǒmiáo
火炮 huǒpào
火气 huǒqì
火器 huǒqì
火热 huǒrè
火速 huǒsù
火线 huǒxiàn
火药 huǒyào
火灾 huǒzāi
火葬 huǒzàng
火种 huǒzhǒng
伙 huǒ
伙房 huǒfáng
伙计 huǒ·ji
伙食 huǒ·shí
货场 huòchǎng
货车 huòchē
货款 huòkuǎn
货轮 huòlún
货色 huòsè
货源 huòyuán
货运 huòyùn
获悉 huòxī
祸 huò
祸害 huò·hai
惑 huò
霍 huò
霍乱 huòluàn
豁免 huòmiǎn

J

几率 jīlǜ
讥讽 jīfěng
讥笑 jīxiào
击败 jībài
击毙 jībì
击毁 jīhuǐ
击落 jīluò
饥 jī
机舱 jīcāng
机床 jīchuáng
机电 jīdiàn
机动 jīdòng

机井 jījǐng
机警 jījǐng
机理 jīlǐ
机灵 jī·ling
机密 jīmì
机敏 jīmǐn
机枪 jīqiāng
机遇 jīyù
机缘 jīyuán
机智 jīzhì
机组 jīzǔ
肌肤 jīfū
肌腱 jījiàn
肌体 jītǐ
积存 jīcún
积分 jīfēn
积聚 jījù
积蓄 jīxù
姬 jī
基本功 jīběngōng
基调 jīdiào
基石 jīshí
基数 jīshù
激昂 jī'áng
激荡 jīdàng
激愤 jīfèn
激化 jīhuà
激活 jīhuó
激进 jījìn
激流 jīliú
激怒 jīnù
激增 jīzēng
激战 jīzhàn
羁绊 jībàn
及格 jígé
及早 jízǎo
吉 jí
吉利 jílì
吉普车 jípǔchē
吉他 jítā
吉祥 jíxiáng
汲取 jíqǔ
级别 jíbié
级差 jíchā
极地 jídì

极点 jídiǎn
极度 jídù
极限 jíxiàn
即便 jíbiàn
即刻 jíkè
即日 jírì
即时 jíshí
即位 jíwèi
即兴 jíxìng
急促 jícù
急救 jíjiù
急遽 jíjù
急流 jíliú
急迫 jípò
急切 jíqiè
急事 jíshì
急速 jísù
急中生智
　jízhōng-shēngzhì
疾 jí
疾驰 jíchí
疾患 jíhuàn
疾苦 jíkǔ
棘手 jíshǒu
集成 jíchéng
集结 jíjié
集聚 jíjù
集权 jíquán
集市 jíshì
集训 jíxùn
集邮 jíyóu
集约 jíyuē
集镇 jízhèn
集装箱
　jízhuāngxiāng
辑 jí
嫉妒 jídù
瘠 jí
几经 jǐjīng
几时 jǐshí
纪 Jǐ
给养 jǐyǎng
脊背 jǐbèi
脊梁 jǐ·liáng
脊髓 jǐsuǐ

脊柱 jǐzhù
脊椎 jǐzhuī
戟 jǐ
麂 jǐ
计价 jìjià
计较 jìjiào
计量 jìliàng
计数 jìshù
记号 jì·hao
记事 jìshì
记述 jìshù
记性 jì·xing
记忆力 jìyìlì
伎俩 jìliǎng
纪年 jìnián
纪实 jìshí
纪要 jìyào
技法 jìfǎ
技工 jìgōng
技师 jìshī
忌 jì
忌讳 jì·huì
妓女 jìnǚ
季度 jìdù
剂量 jìliàng
迹象 jìxiàng
继承权
　jìchéngquán
继而 jì'ér
继母 jìmǔ
继任 jìrèn
祭礼 jìlǐ
祭坛 jìtán
寄居 jìjū
寄予 jìyǔ
寂 jì
暨 jì
髻 jì
冀 jì
加班 jiābān
加倍 jiābèi
加法 jiāfǎ
加固 jiāgù
加油 jiāyóu
夹攻 jiāgōng

夹击 jiājī
夹杂 jiāzá
夹子 jiā·zi
佳话 jiāhuà
佳节 jiājié
佳肴 jiāyáo
佳作 jiāzuò
枷锁 jiāsuǒ
家产 jiāchǎn
家常 jiācháng
家访 jiāfǎng
家教 jiājiào
家境 jiājìng
家眷 jiājuàn
家禽 jiāqín
家业 jiāyè
家用 jiāyòng
家喻户晓
　jiāyù-hùxiǎo
家园 jiāyuán
嘉奖 jiājiǎng
荚 jiá
颊 jiá
甲虫 jiǎchóng
甲骨文 jiǎgǔwén
甲壳 jiǎqiào
甲鱼 jiǎyú
甲状腺
　jiǎzhuàngxiàn
贾 Jiǎ
钾肥 jiǎféi
假借 jiǎjiè
假冒 jiǎmào
假若 jiǎruò
假想 jiǎxiǎng
假象 jiǎxiàng
假意 jiǎyì
假装 jiǎzhuāng
驾 jià
驾驭 jiàyù
架空 jiàkōng
架设 jiàshè
架势 jià·shi
假期 jiàqī
假日 jiàrì

嫁妆 jià·zhuang
尖刀 jiāndāo
尖端 jiānduān
尖利 jiānlì
尖子 jiān·zi
奸 jiān
奸商 jiānshāng
歼 jiān
坚 jiān
坚韧 jiānrèn
坚守 jiānshǒu
坚信 jiānxìn
坚毅 jiānyì
坚贞 jiānzhēn
间距 jiānjù
肩负 jiānfù
肩胛 jiānjiǎ
肩头 jiāntóu
艰险 jiānxiǎn
艰辛 jiānxīn
监 jiān
监测 jiāncè
监察 jiānchá
监工 jiāngōng
监管 jiānguǎn
监禁 jiānjìn
监牢 jiānláo
兼备 jiānbèi
兼并 jiānbìng
兼顾 jiāngù
兼任 jiānrèn
兼职 jiānzhí
缄默 jiānmò
煎 jiān
煎熬 jiān'áo
茧子 jiǎn·zi
柬 jiǎn
检测 jiǎncè
检察 jiǎnchá
检举 jiǎnjǔ
检索 jiǎnsuǒ
检讨 jiǎntǎo
检修 jiǎnxiū
检疫 jiǎnyì
检阅 jiǎnyuè

减产 jiǎnchǎn
减低 jiǎndī
减免 jiǎnmiǎn
减速 jiǎnsù
减退 jiǎntuì
剪裁 jiǎncái
剪刀 jiǎndāo
剪纸 jiǎnzhǐ
剪子 jiǎn·zi
简便 jiǎnbiàn
简短 jiǎnduǎn
简洁 jiǎnjié
简介 jiǎnjiè
简练 jiǎnliàn
简陋 jiǎnlòu
简略 jiǎnlüè
简明 jiǎnmíng
简朴 jiǎnpǔ
简要 jiǎnyào
简易 jiǎnyì
见长 jiàncháng
见地 jiàndì
见识 jiàn·shi
见闻 jiànwén
见效 jiànxiào
见于 jiànyú
见证 jiànzhèng
间谍 jiàndié
间断 jiànduàn
间或 jiànhuò
间隙 jiànxì
间歇 jiànxiē
间作 jiànzuò
建材 jiàncái
建交 jiànjiāo
建树 jiànshù
建制 jiànzhì
荐 jiàn
贱 jiàn
涧 jiàn
健儿 jiàn'ér
健将 jiànjiàng
健美 jiànměi
健身 jiànshēn
舰 jiàn

舰队 jiànduì
舰艇 jiàntǐng
渐变 jiànbiàn
渐次 jiàncì
渐进 jiànjìn
谏 jiàn
践踏 jiàntà
毽子 jiàn·zi
腱 jiàn
溅 jiàn
鉴赏 jiànshǎng
鉴于 jiànyú
箭头 jiàntóu
江湖 jiānghú
江山 jiāngshān
将就 jiāng·jiu
姜 jiāng
僵 jiāng
僵化 jiānghuà
僵死 jiāngsǐ
僵硬 jiāngyìng
缰 jiāng
缰绳 jiāng·shéng
疆 jiāng
疆域 jiāngyù
讲解 jiǎngjiě
讲理 jiǎnglǐ
讲求 jiǎngqiú
讲师 jiǎngshī
讲授 jiǎngshòu
讲台 jiǎngtái
讲坛 jiǎngtán
讲学 jiǎngxué
讲演 jiǎngyǎn
讲义 jiǎngyì
讲座 jiǎngzuò
奖惩 jiǎngchéng
奖品 jiǎngpǐn
奖券 jiǎngquàn
奖赏 jiǎngshǎng
奖章 jiǎngzhāng
奖状 jiǎngzhuàng
浆 jiàng
匠 jiàng
降价 jiàngjià

降临 jiànglín
降生 jiàngshēng
降温 jiàngwēn
将领 jiànglǐng
将士 jiàngshì
绛 jiàng
酱 jiàng
酱油 jiàngyóu
犟 jiàng
交待 jiāodài
交道 jiāo·dao
交点 jiāodiǎn
交锋 jiāofēng
交付 jiāofù
交互 jiāohù
交还 jiāohuán
交汇 jiāohuì
交加 jiāojiā
交接 jiāojiē
交界 jiāojiè
交纳 jiāonà
交配 jiāopèi
交情 jiāo·qing
交融 jiāoróng
交涉 jiāoshè
交尾 jiāowěi
交响乐
　　jiāoxiǎngyuè
交易所 jiāoyìsuǒ
交战 jiāozhàn
郊 jiāo
郊外 jiāowài
郊野 jiāoyě
浇灌 jiāoguàn
娇 jiāo
娇嫩 jiāonèn
娇艳 jiāoyàn
胶布 jiāobù
胶片 jiāopiàn
教书 jiāoshū
椒 jiāo
焦距 jiāojù
焦虑 jiāolù
焦炭 jiāotàn
焦躁 jiāozào

焦灼 jiāozhuó
跤 jiāo
礁 jiāo
礁石 jiāoshí
角膜 jiǎomó
角质 jiǎozhì
狡猾 jiǎohuá
饺子 jiǎo·zi
绞 jiǎo
矫 jiǎo
矫健 jiǎojiàn
矫揉造作
　　jiǎoróu-zàozuò
矫正 jiǎozhèng
矫治 jiǎozhì
皎洁 jiǎojié
脚背 jiǎobèi
脚跟 jiǎogēn
脚尖 jiǎojiān
脚手架 jiǎoshǒujià
脚掌 jiǎozhǎng
脚趾 jiǎozhǐ
搅拌 jiǎobàn
搅动 jiǎodòng
剿 jiǎo
缴 jiǎo
缴获 jiǎohuò
缴纳 jiǎonà
叫喊 jiàohǎn
叫好 jiàohǎo
叫唤 jiào·huan
叫卖 jiàomài
叫嚷 jiàorǎng
叫嚣 jiàoxiāo
校对 jiàoduì
校样 jiàoyàng
校正 jiàozhèng
轿 jiào
轿车 jiàochē
轿子 jiào·zi
较量 jiàoliàng
教案 jiào'àn
教程 jiàochéng
教官 jiàoguān
教规 jiàoguī

教化 jiàohuà
教皇 jiàohuáng
教诲 jiàohuì
教科书 jiàokēshū
教士 jiàoshì
教条 jiàotiáo
教徒 jiàotú
教务 jiàowù
教益 jiàoyì
窖 jiào
酵母 jiàomǔ
阶 jiē
阶梯 jiētī
接管 jiēguǎn
接合 jiēhé
接济 jiējì
接见 jiējiàn
接纳 jiēnà
接洽 jiēqià
接壤 jiērǎng
接生 jiēshēng
接替 jiētì
接吻 jiēwěn
接线 jiēxiàn
接种 jiēzhòng
秸 jiē
秸秆 jiēgǎn
揭 jiē
揭穿 jiēchuān
揭发 jiēfā
揭晓 jiēxiǎo
街坊 jiē·fang
街市 jiēshì
节俭 jiéjiǎn
节律 jiélǜ
节能 jiénéng
节拍 jiépāi
节余 jiéyú
节制 jiézhì
劫 jié
劫持 jiéchí
杰作 jiézuò
洁 jié
洁净 jiéjìng

结伴 jiébàn
结核 jiéhé
结集 jiéjí
结膜 jiémó
结社 jiéshè
结石 jiéshí
结识 jiéshí
结尾 jiéwěi
结业 jiéyè
结余 jiéyú
捷 jié
捷报 jiébào
捷径 jiéjìng
睫毛 jiémáo
截断 jiéduàn
截面 jiémiàn
截取 jiéqǔ
截然 jiérán
截止 jiézhǐ
截至 jiézhì
竭 jié
姐夫 jiě·fu
解冻 jiědòng
解毒 jiědú
解雇 jiěgù
解救 jiějiù
解渴 jiěkě
解说 jiěshuō
解体 jiětǐ
介 jiè
介入 jièrù
介意 jièyì
戒备 jièbèi
戒律 jièlǜ
戒严 jièyán
戒指 jiè·zhi
届时 jièshí
界定 jièdìng
界面 jièmiàn
界线 jièxiàn
诫 jiè
借贷 jièdài
借以 jièyǐ
借重 jièzhòng
巾 jīn

金刚 Jīngāng
金龟子 jīnguīzǐ
金黄 jīnhuáng
金库 jīnkù
金石 jīnshí
金丝猴 jīnsīhóu
金文 jīnwén
金星 jīnxīng
金鱼 jīnyú
金子 jīn·zi
金字塔 jīnzìtǎ
津贴 jīntiē
津液 jīnyè
矜持 jīnchí
筋 jīn
筋骨 jīngǔ
禁 jīn
禁不住 jīn·buzhù
襟 jīn
尽早 jǐnzǎo
紧凑 jǐncòu
紧迫 jǐnpò
紧俏 jǐnqiào
紧缺 jǐnquē
紧缩 jǐnsuō
紧要 jǐnyào
锦 jǐn
锦旗 jǐnqí
锦绣 jǐnxiù
谨 jǐn
尽情 jìnqíng
尽头 jìntóu
尽心 jìnxīn
进逼 jìnbī
进餐 jìncān
进出 jìnchū
进度 jìndù
进发 jìnfā
进犯 jìnfàn
进贡 jìngòng
进货 jìnhuò
进食 jìnshí
进退 jìntuì
进位 jìnwèi
进行曲 jìnxíngqǔ

金刚 Jīngāng
进修 jìnxiū
进驻 jìnzhù
近海 jìnhǎi
近郊 jìnjiāo
近邻 jìnlín
近旁 jìnpáng
近期 jìnqī
近亲 jìnqīn
近视 jìnshì
劲头 jìntóu
晋级 jìnjí
晋升 jìnshēng
浸泡 jìnpào
浸润 jìnrùn
浸透 jìntòu
靳 Jìn
禁 jìn
禁锢 jìngù
禁忌 jìnjì
禁令 jìnlìng
禁区 jìnqū
京城 jīngchéng
京师 jīngshī
京戏 jīngxì
经度 jīngdù
经纪人 jīngjìrén
经久 jīngjiǔ
经络 jīngluò
经脉 jīngmài
经贸 jīngmào
经商 jīngshāng
经书 jīngshū
经线 jīngxiàn
经销 jīngxiāo
经由 jīngyóu
荆 jīng
荆棘 jīngjí
惊诧 jīngchà
惊动 jīngdòng
惊愕 jīng'è
惊骇 jīnghài
惊慌 jīnghuāng
惊惶 jīnghuáng
惊恐 jīngkǒng
惊扰 jīngrǎo

惊叹 jīngtàn
惊吓 jīngxià
惊险 jīngxiǎn
惊疑 jīngyí
晶莹 jīngyíng
睛 jīng
精彩 jīngcǎi
精干 jīnggàn
精光 jīngguāng
精华 jīnghuá
精简 jīngjiǎn
精练 jīngliàn
精灵 jīnglíng
精美 jīngměi
精明 jīngmíng
精辟 jīngpì
精品 jīngpǐn
精巧 jīngqiǎo
精锐 jīngruì
精髓 jīngsuǐ
精通 jīngtōng
精微 jīngwēi
精益求精
　　jīngyìqiújīng
精英 jīngyīng
精湛 jīngzhàn
精制 jīngzhì
精致 jīngzhì
颈椎 jīngzhuī
景观 jǐngguān
景况 jǐngkuàng
景致 jǐngzhì
警 jǐng
警报 jǐngbào
警备 jǐngbèi
警车 jǐngchē
警官 jǐngguān
警戒 jǐngjiè
警觉 jǐngjué
警犬 jǐngquǎn
警卫 jǐngwèi
劲旅 jìnglǚ
径直 jìngzhí
净土 jìngtǔ
竞 jìng

竞技 jìngjì
竞相 jìngxiāng
竞选 jìngxuǎn
敬爱 jìng'ài
敬礼 jìnglǐ
敬佩 jìngpèi
敬畏 jìngwèi
敬仰 jìngyǎng
敬意 jìngyì
敬重 jìngzhòng
静电 jìngdiàn
静谧 jìngmì
静默 jìngmò
静穆 jìngmù
静态 jìngtài
境况 jìngkuàng
境遇 jìngyù
镜框 jìngkuàng
镜片 jìngpiàn
炯炯 jiǒngjiǒng
窘 jiǒng
窘迫 jiǒngpò
纠 jiū
纠缠 jiūchán
纠葛 jiūgé
纠集 jiūjí
揪 jiū
久远 jiǔyuǎn
灸 jiǔ
韭菜 jiǔcài
酒吧 jiǔbā
酒店 jiǔdiàn
酒会 jiǔhuì
酒家 jiǔjiā
酒席 jiǔxí
旧历 jiùlì
旧式 jiùshì
旧址 jiùzhǐ
臼齿 jiùchǐ
厩 jiù
救护 jiùhù
救火 jiùhuǒ
救命 jiùmìng
救亡 jiùwáng
救援 jiùyuán

救灾 jiùzāi
救助 jiùzhù
就餐 jiùcān
就此 jiùcǐ
就地 jiùdì
就读 jiùdú
就近 jiùjìn
就任 jiùrèn
就绪 jiùxù
就学 jiùxué
就职 jiùzhí
就座 jiùzuò
舅妈 jiùmā
拘 jū
拘谨 jūjǐn
拘留 jūliú
拘泥 jūnì
拘束 jūshù
居留 jūliú
居室 jūshì
驹 jū
鞠躬 jūgōng
鞠躬尽瘁
  jūgōng-jìncuì
局促 júcù
菊 jú
橘子 jú·zi
沮丧 jǔsàng
矩 jǔ
矩形 jǔxíng
举例 jǔlì
举目 jǔmù
举止 jǔzhǐ
举重 jǔzhòng
举足轻重
  jǔzú-qīngzhòng
巨额 jù'é
巨人 jùrén
巨星 jùxīng
巨著 jùzhù
句法 jùfǎ
拒 jù
俱乐部 jùlèbù
剧变 jùbiàn
剧目 jùmù

剧情 jùqíng
剧院 jùyuàn
据悉 jùxī
惧 jù
惧怕 jùpà
锯 jù
锯齿 jùchǐ
聚变 jùbiàn
聚餐 jùcān
聚合 jùhé
聚会 jùhuì
聚积 jùjī
聚居 jùjū
踞 jù
捐款 juānkuǎn
捐税 juānshuì
捐赠 juānzèng
卷烟 juǎnyān
卷子 juàn·zi
倦 juàn
绢 juàn
眷恋 juànliàn
撅 juē
决断 juéduàn
决裂 juéliè
决赛 juésài
决死 juésǐ
决算 juésuàn
决意 juéyì
决战 juézhàn
诀 jué
诀别 juébié
诀窍 juéqiào
抉择 juézé
角逐 juézhú
觉醒 juéxǐng
绝迹 juéjì
绝技 juéjì
绝境 juéjìng
绝妙 juémiào
绝食 juéshí
绝缘 juéyuán
倔强 juéjiàng
掘 jué
崛起 juéqǐ

厥 jué
蕨 jué
爵 jué
爵士 juéshì
爵士乐 juéshìyuè
攫 jué
攫取 juéqǔ
倔 juè
军备 jūnbèi
军费 jūnfèi
军服 jūnfú
军工 jūngōng
军火 jūnhuǒ
军机 jūnjī
军礼 jūnlǐ
军粮 jūnliáng
军属 jūnshǔ
军务 jūnwù
军校 jūnxiào
军需 jūnxū
军训 jūnxùn
军医 jūnyī
军营 jūnyíng
军用 jūnyòng
军装 jūnzhuāng
均等 jūnděng
君权 jūnquán
君子 jūnzǐ
钧 jūn
俊 jùn
俊美 jùnměi
俊俏 jùnqiào
郡 jùn
峻 jùn
骏马 jùnmǎ
竣工 jùngōng

K

卡车 kǎchē
卡片 kǎpiàn
咯 kǎ
开场 kāichǎng
开车 kāichē
开春 kāichūn
开刀 kāidāo
开导 kāidǎo

开动 kāidòng
开端 kāiduān
开饭 kāifàn
开赴 kāifù
开工 kāigōng
开荒 kāihuāng
开火 kāihuǒ
开机 kāijī
开掘 kāijué
开朗 kāilǎng
开明 kāimíng
开炮 kāipào
开启 kāiqǐ
开窍 kāiqiào
开山 kāishān
开庭 kāitíng
开通 kāitōng
开脱 kāituō
开外 kāiwài
开销 kāi·xiāo
开心 kāixīn
开学 kāixué
开业 kāiyè
开凿 kāizáo
开战 kāizhàn
开张 kāizhāng
揩 kāi
凯歌 kǎigē
凯旋 kǎixuán
慨然 kǎirán
慨叹 kǎitàn
楷模 kǎimó
刊 kān
刊载 kānzǎi
看管 kānguǎn
看护 kānhù
看守 kānshǒu
勘测 kāncè
勘察 kānchá
堪 kān
坎 kǎn
坎坷 kǎnkě
砍伐 kǎnfá
看病 kànbìng
看不起 kàn·buqǐ

看穿 kànchuān
看好 kànhǎo
看台 kàntái
看透 kàntòu
看中 kànzhòng
看重 kànzhòng
看作 kànzuò
康 kāng
康复 kāngfù
慷慨 kāngkǎi
糠 kāng
亢奋 kàngfèn
亢进 kàngjìn
抗旱 kànghàn
抗衡 kànghéng
抗击 kàngjī
抗拒 kàngjù
抗体 kàngtǐ
抗原 kàngyuán
抗灾 kàngzāi
抗争 kàngzhēng
考查 kǎochá
考场 kǎochǎng
考究 kǎo·jiu
考据 kǎojù
考取 kǎoqǔ
考生 kǎoshēng
考问 kǎowèn
考证 kǎozhèng
烤 kǎo
烤火 kǎohuǒ
靠不住
　　kào·buzhù
靠拢 kàolǒng
靠山 kàoshān
苛刻 kēkè
苛求 kēqiú
柯 kē
科班 kēbān
科举 kējǔ
科目 kēmù
科普 kēpǔ
科室 kēshì
磕 kē
磕头 kētóu

瞌睡 kēshuì
蝌蚪 kēdǒu
可悲 kěbēi
可耻 kěchǐ
可观 kěguān
可贵 kěguì
可恨 kěhèn
可口 kěkǒu
可取 kěqǔ
可恶 kěwù
可喜 kěxǐ
可行 kěxíng
可疑 kěyí
渴 kě
渴求 kěqiú
克己 kèjǐ
克制 kèzhì
刻板 kèbǎn
刻薄 kèbó
刻不容缓
　　kèbùrónghuǎn
恪守 kèshǒu
客车 kèchē
客房 kèfáng
客户 kèhù
客机 kèjī
客轮 kèlún
客商 kèshāng
客运 kèyùn
课外 kèwài
课文 kèwén
课余 kèyú
垦 kěn
垦荒 kěnhuāng
恳切 kěnqiè
恳求 kěnqiú
坑道 kēngdào
吭声 kēngshēng
铿锵 kēngqiāng
空洞 kōngdòng
空话 kōnghuà
空旷 kōngkuàng
空谈 kōngtán
空投 kōngtóu
空袭 kōngxí

空想 kōngxiǎng
空心 kōngxīn
孔洞 kǒngdòng
孔隙 kǒngxì
恐 kǒng
恐吓 kǒnghè
恐龙 kǒnglóng
空地 kòngdì
空隙 kòngxì
空闲 kòngxián
空子 kòng·zi
控 kòng
控告 kònggào
控诉 kòngsù
抠 kōu
口岸 kǒu'àn
口服 kǒufú
口角 kǒujiǎo
口径 kǒujìng
口诀 kǒujué
口粮 kǒuliáng
口令 kǒulìng
口琴 kǒuqín
口哨 kǒushào
口水 kǒushuǐ
口味 kǒuwèi
口吻 kǒuwěn
口音 kǒuyīn
口罩 kǒuzhào
口子 kǒu·zi
叩 kòu
叩头 kòutóu
扣除 kòuchú
扣留 kòuliú
扣押 kòuyā
扣子 kòu·zi
寇 kòu
枯 kū
枯黄 kūhuáng
枯竭 kūjié
枯萎 kūwěi
枯燥 kūzào
哭泣 kūqì
哭诉 kūsù
窟 kū

窟窿 kū·long
苦果 kǔguǒ
苦力 kǔlì
苦闷 kǔmèn
苦涩 kǔsè
苦痛 kǔtòng
苦头 kǔ·tóu
苦笑 kǔxiào
苦心 kǔxīn
苦于 kǔyú
苦战 kǔzhàn
苦衷 kǔzhōng
库房 kùfáng
裤 kù
裤脚 kùjiǎo
裤腿 kùtuǐ
酷 kù
酷爱 kù'ài
酷热 kùrè
酷暑 kùshǔ
酷似 kùsì
夸 kuā
夸大 kuādà
夸奖 kuājiǎng
夸耀 kuāyào
垮 kuǎ
垮台 kuǎtái
挎 kuà
挎包 kuàbāo
跨度 kuàdù
跨越 kuàyuè
快感 kuàigǎn
快慢 kuàimàn
快艇 kuàitǐng
快意 kuàiyì
脍炙人口
　　kuàizhì-rénkǒu
宽敞 kuān·chang
宽度 kuāndù
宽广 kuānguǎng
宽厚 kuānhòu
宽容 kuānróng
宽恕 kuānshù
宽慰 kuānwèi
宽裕 kuānyù

款待 kuǎndài
款式 kuǎnshì
款项 kuǎnxiàng
狂奔 kuángbēn
狂风 kuángfēng
狂欢 kuánghuān
狂热 kuángrè
狂妄 kuángwàng
狂喜 kuángxǐ
狂笑 kuángxiào
旷 kuàng
旷工 kuànggōng
旷野 kuàngyě
况 kuàng
矿藏 kuàngcáng
矿床 kuàngchuáng
矿工 kuànggōng
矿井 kuàngjǐng
矿区 kuàngqū
矿山 kuàngshān
矿石 kuàngshí
矿业 kuàngyè
框 kuàng
框架 kuàngjià
框子 kuàng·zi
眶 kuàng
亏本 kuīběn
盔 kuī
窥 kuī
窥见 kuījiàn
窥探 kuītàn
奎 kuí
葵花 kuíhuā
魁梧 kuí·wu
傀儡 kuǐlěi
匮乏 kuìfá
溃 kuì
溃烂 kuìlàn
溃疡 kuìyáng
愧 kuì
坤 kūn
昆曲 kūnqǔ
困惑 kùnhuò
困苦 kùnkǔ
困扰 kùnrǎo

扩 kuò
扩充 kuòchōng
扩建 kuòjiàn
括 kuò
括号 kuòhào
阔气 kuò·qi
廓 kuò

L

拉力 lālì
拉拢 lā·lǒng
喇嘛 lǎ·ma
腊 là
腊梅 làméi
腊月 làyuè
辣 là
来宾 láibīn
来电 láidiàn
来访 láifǎng
来客 láikè
来历 láilì
来龙去脉
　　láilóng-qùmài
来年 láinián
来去 láiqù
来世 láishì
来势 láishì
来意 láiyì
来者 láizhě
癞 lài
兰花 lánhuā
拦 lán
拦截 lánjié
拦腰 lányāo
拦阻 lánzǔ
栏杆 lángān
蓝图 lántú
篮 lán
篮球 lánqiú
篮子 lán·zi
览 lǎn
揽 lǎn
缆 lǎn
懒 lǎn
懒得 lǎn·de
懒惰 lǎnduò

懒汉 lǎnhàn
懒散 lǎnsǎn
烂泥 lànní
滥 làn
滥用 lànyòng
郎 láng
狼狈 lángbèi
廊 láng
朗读 lǎngdú
朗诵 lǎngsòng
浪潮 làngcháo
浪漫 làngmàn
浪涛 làngtāo
浪头 làng·tou
劳工 láogōng
劳驾 láojià
劳教 láojiào
劳苦 láokǔ
劳累 láolèi
劳模 láomó
劳务 láowù
劳役 láoyì
劳资 láozī
劳作 láozuò
牢房 láofáng
牢记 láojì
牢笼 láolóng
牢骚 láo·são
牢狱 láoyù
老伯 lǎobó
老化 lǎohuà
老家 lǎojiā
老练 lǎoliàn
老少 lǎoshào
老生 lǎoshēng
老式 lǎoshì
老天爷 lǎotiānyé
老头儿 lǎotóur
老鹰 lǎoyīng
老者 lǎozhě
老总 lǎozǒng
姥姥 lǎo·lao
烙 lào
烙印 làoyìn
涝 lào

乐趣 lèqù
乐意 lèyì
乐于 lèyú
乐园 lèyuán
勒 lè
勒令 lèlìng
勒索 lèsuǒ
勒 lēi
累赘 léi·zhui
雷暴 léibào
雷电 léidiàn
雷鸣 léimíng
雷同 léitóng
雷雨 léiyǔ
擂 léi
镭 léi
垒 lěi
累积 lěijī
累及 lěijí
累计 lěijì
肋 lèi
肋骨 lèigǔ
泪痕 lèihén
泪花 lèihuā
泪眼 lèiyǎn
泪珠 lèizhū
类比 lèibǐ
类别 lèibié
类群 lèiqún
类推 lèituī
擂 lèi
棱 léng
棱角 léngjiǎo
棱镜 léngjìng
冷不防
　　lěng·bufáng
冷藏 lěngcáng
冷淡 lěngdàn
冷冻 lěngdòng
冷风 lěngfēng
冷汗 lěnghàn
冷峻 lěngjùn
冷酷 lěngkù
冷落 lěngluò
冷漠 lěngmò

冷凝 lěngníng
冷暖 lěngnuǎn
冷气 lěngqì
冷清 lěng·qing
冷眼 lěngyǎn
冷饮 lěngyǐn
冷遇 lěngyù
厘 lí
离别 líbié
离奇 líqí
离散 lísàn
离心 líxīn
离心力 líxīnlì
离休 líxiū
离异 líyì
离职 lízhí
梨园 líyuán
黎明 límíng
篱笆 lí·ba
礼拜 lǐbài
礼法 lǐfǎ
礼教 lǐjiào
礼节 lǐjié
礼品 lǐpǐn
礼让 lǐràng
礼堂 lǐtáng
礼仪 lǐyí
里程 lǐchéng
里程碑
　　lǐchéngbēi
理财 lǐcái
理睬 lǐcǎi
理发 lǐfà
理会 lǐhuì
理科 lǐkē
理事 lǐshì
理应 lǐyīng
理直气壮
　　lǐzhí-qìzhuàng
锂 lǐ
鲤 lǐ
力度 lìdù
力争 lìzhēng
历程 lìchéng
历次 lìcì

历法 lìfǎ
历届 lìjiè
历尽 lìjìn
历经 lìjīng
历年 lìnián
历书 lìshū
厉声 lìshēng
立案 lì'àn
立方 lìfāng
立功 lìgōng
立国 lìguó
立论 lìlùn
立宪 lìxiàn
立意 lìyì
立正 lìzhèng
立志 lìzhì
立足 lìzú
吏 lì
利弊 lìbì
利落 lì·luo
利尿 lìniào
利索 lì·suo
沥青 lìqīng
例证 lìzhèng
隶 lì
隶属 lìshǔ
荔枝 lìzhī
栗子 lì·zi
砾石 lìshí
痢疾 lì·ji
连带 liándài
连贯 liánguàn
连环 liánhuán
连环画
　　liánhuánhuà
连累 lián·lei
连绵 liánmián
连年 liánnián
连日 liánrì
连声 liánshēng
连锁 liánsuǒ
连通 liántōng
连夜 liányè
连衣裙 liányīqún
怜 lián

怜悯 liánmǐn
帘 lián
帘子 lián·zi
莲 lián
莲花 liánhuā
涟漪 liányī
联欢 liánhuān
联名 liánmíng
联赛 liánsài
联姻 liányīn
廉 lián
廉洁 liánjié
镰 lián
镰刀 liándāo
敛 liǎn
脸红 liǎnhóng
脸颊 liǎnjiá
脸面 liǎnmiàn
脸庞 liǎnpáng
脸皮 liǎnpí
脸谱 liǎnpǔ
练兵 liànbīng
练功 liàngōng
练武 liànwǔ
恋 liàn
恋人 liànrén
链条 liàntiáo
良机 liángjī
良久 liángjiǔ
良田 liángtián
良性 liángxìng
凉快 liáng·kuai
凉爽 liángshuǎng
凉水 liángshuǐ
凉鞋 liángxié
粮仓 liángcāng
两口子 liǎngkǒu·zi
两栖 liǎngqī
两性 liǎngxìng
两样 liǎngyàng
两翼 liǎngyì
亮度 liàngdù
亮光 liàngguāng
亮相 liàngxiàng

谅解 liàngjiě
量变 liàngbiàn
量词 liàngcí
量刑 liàngxíng
晾 liàng
踉跄 liàngqiàng
撩 liāo
辽 liáo
疗 liáo
疗程 liáochéng
疗效 liáoxiào
疗养 liáoyǎng
疗养院 liáoyǎngyuàn
聊 liáo
聊天儿 liáotiānr
撩 liáo
嘹亮 liáoliàng
潦倒 liáodǎo
缭绕 liáorào
燎 liáo
了不得 liǎo·budé
了结 liǎojié
了然 liǎorán
了如指掌 liǎorúzhǐzhǎng
燎 liǎo
料理 liàolǐ
料想 liàoxiǎng
料子 liào·zi
撂 liào
廖 Liào
瞭望 liàowàng
列强 lièqiáng
列席 lièxí
劣 liè
劣等 lièděng
劣势 lièshì
劣质 lièzhì
烈 liè
烈火 lièhuǒ
烈日 lièrì
烈性 lièxìng
烈焰 lièyàn
猎狗 liègǒu

猎枪 lièqiāng
猎取 lièqǔ
猎犬 lièquǎn
猎人 lièrén
猎手 lièshǒu
猎物 lièwù
裂变 lièbiàn
裂缝 lièfèng
裂痕 lièhén
裂纹 lièwén
裂隙 lièxì
拎 līn
邻里 línlǐ
邻舍 línshè
林带 líndài
林地 líndì
林立 línlì
林荫道 línyīndào
林子 lín·zi
临别 línbié
临到 líndào
临界 línjiè
临近 línjìn
临摹 línmó
临终 línzhōng
淋巴结 línbājié
淋漓 línlí
淋漓尽致 línlí-jìnzhì
琳琅满目 línláng-mǎnmù
嶙峋 línxún
霖 lín
磷肥 línféi
磷脂 línzhī
鳞 lín
鳞片 línpiàn
吝啬 lìnsè
伶 líng
伶俐 líng·lì
灵巧 língqiǎo
灵堂 língtáng
灵通 língtōng
灵性 língxìng
灵芝 língzhī
玲珑 línglóng

凌 líng
凌晨 língchén
凌空 língkōng
凌乱 língluàn
陵 líng
陵墓 língmù
陵园 língyuán
聆听 língtīng
菱形 língxíng
翎子 líng·zi
羚羊 língyáng
绫 líng
零点 língdiǎn
零乱 língluàn
零散 língsǎn
零碎 língsuì
零星 língxīng
领带 lǐngdài
领地 lǐngdì
领队 lǐngduì
领海 lǐnghǎi
领教 lǐngjiào
领口 lǐngkǒu
领略 lǐnglüè
领取 lǐngqǔ
领事馆 lǐngshìguǎn
领受 lǐngshòu
领头 lǐngtóu
领悟 lǐngwù
领先 lǐngxiān
领主 lǐngzhǔ
领子 lǐng·zi
另行 lìngxíng
溜达 liū·da
蹓 liū
浏览 liúlǎn
留成 liúchéng
留存 liúcún
留恋 liúliàn
留神 liúshén
留声机 liúshēngjī
留守 liúshǒu
留心 liúxīn
留意 liúyì
流产 liúchǎn

流畅 liúchàng
流程 liúchéng
流毒 liúdú
流放 liúfàng
流浪 liúlàng
流利 liúlì
流量 liúliàng
流落 liúluò
流失 liúshī
流逝 liúshì
流水线 liúshuǐxiàn
流速 liúsù
流淌 liútǎng
流亡 liúwáng
流星 liúxīng
流言 liúyán
流转 liúzhuǎn
琉璃 liú·li
硫磺 liúhuáng
绺 liǔ
蹓 liù
龙船 lóngchuán
龙灯 lóngdēng
龙骨 lónggǔ
龙卷风 lóngjuǎnfēng
龙王 Lóngwáng
龙眼 lóngyǎn
聋 lóng
聋子 lóng·zi
笼子 lóng·zi
隆冬 lóngdōng
隆重 lóngzhòng
陇 Lǒng
垄 lǒng
笼络 lǒngluò
笼统 lǒngtǒng
楼阁 lóugé
楼台 lóutái
楼梯 lóutī
篓 lǒu
陋 lòu
漏洞 lòudòng
漏斗 lòudǒu
卢 Lú

芦笙 lúshēng
芦苇 lúwěi
炉灶 lúzào
颅 lú
卤水 lǔshuǐ
卤素 lǔsù
虏 lǔ
掳 lǔ
鲁莽 lǔmǎng
陆路 lùlù
录取 lùqǔ
录像 lùxiàng
录像机 lùxiàngjī
录音 lùyīn
录音机 lùyīnjī
录用 lùyòng
录制 lùzhì
绿林 lùlín
禄 lù
路标 lùbiāo
路灯 lùdēng
路费 lùfèi
路径 lùjìng
路口 lùkǒu
路面 lùmiàn
路人 lùrén
路途 lùtú
麓 lù
露骨 lùgǔ
露水 lù·shui
露天 lùtiān
露珠 lùzhū
吕 lǚ
捋 lǚ
旅伴 lǚbàn
旅程 lǚchéng
旅店 lǚdiàn
旅途 lǚtú
屡 lǚ
屡次 lǚcì
屡见不鲜
　　lǚjiàn-bùxiān
履 lǚ
虑 lǜ
绿灯 lùdēng

绿地 lùdì
绿豆 lùdòu
绿肥 lùféi
绿洲 lùzhōu
峦 luán
孪生 luánshēng
卵石 luǎnshí
卵子 luǎnzǐ
掠 lüè
略微 lüèwēi
抡 lūn
沦陷 lúnxiàn
轮班 lúnbān
轮番 lúnfān
轮换 lúnhuàn
轮回 lúnhuí
轮胎 lúntāi
轮椅 lúnyǐ
轮子 lún·zi
论调 lùndiào
论断 lùnduàn
论据 lùnjù
论理 lùnlǐ
论说 lùnshuō
论坛 lùntán
论战 lùnzhàn
论著 lùnzhù
捋 luō
罗汉 luóhàn
罗列 luóliè
罗盘 luópán
萝卜 luó·bo
锣 luó
锣鼓 luógǔ
箩 luó
箩筐 luókuāng
骡子 luó·zi
螺 luó
螺丝 luósī
螺旋桨
　　luóxuánjiǎng
裸 luǒ
裸露 luǒlù
裸体 luǒtǐ
洛 Luò

落差 luòchā
落成 luòchéng
落户 luòhù
落脚 luòjiǎo
落空 luòkōng
落日 luòrì
落水 luòshuǐ
落伍 luòwǔ
摞 luò

M

抹布 mābù
麻痹 mábì
麻袋 mádài
麻将 májiàng
麻利 má·li
麻木 mámù
麻雀 máquè
麻疹 mázhěn
麻子 má·zi
马达 mǎdá
马灯 mǎdēng
马褂 mǎguà
马虎 mǎ·hu
马力 mǎlì
马铃薯 mǎlíngshǔ
马匹 mǎpǐ
马蹄 mǎtí
马桶 mǎtǒng
马戏 mǎxì
玛瑙 mǎnǎo
埋藏 máicáng
埋伏 mái·fú
埋没 máimò
埋头 máitóu
埋葬 máizàng
买主 mǎizhǔ
迈步 màibù
迈进 màijìn
麦收 màishōu
麦子 mài·zi
卖国 màiguó
卖力 màilì
卖命 màimìng
卖弄 mài·nong
卖主 màizhǔ

脉搏 màibó
脉冲 màichōng
脉络 màiluò
蛮干 mángàn
蛮横 mánhèng
鳗 mán
满腹 mǎnfù
满怀 mǎnhuái
满口 mǎnkǒu
满面 mǎnmiàn
满目 mǎnmù
满腔 mǎnqiāng
满心 mǎnxīn
满月 mǎnyuè
满载 mǎnzài
满嘴 mǎnzuǐ
螨 mǎn
曼 màn
谩骂 mànmà
蔓 màn
蔓延 mànyán
漫 màn
漫不经心
　　mànbùjīngxīn
漫步 mànbù
漫画 mànhuà
漫天 màntiān
漫游 mànyóu
慢条斯理
　　màntiáo-sīlǐ
忙活 máng·huo
忙乱 mángluàn
盲 máng
盲肠 mángcháng
盲从 mángcóng
盲流 mángliú
盲人 mángrén
蟒 mǎng
猫头鹰 māotóuyīng
毛笔 máobǐ
毛虫 máochóng
毛发 máofà
毛骨悚然
　　máogǔ-sǒngrán
毛料 máoliào

毛驴 máolǘ
毛囊 máonáng
毛皮 máopí
毛毯 máotǎn
毛线 máoxiàn
毛衣 máoyī
矛 máo
矛头 máotóu
茅草 máocǎo
茅屋 máowū
锚 máo
卯 mǎo
铆 mǎo
茂密 màomì
茂盛 màoshèng
冒充 màochōng
冒火 màohuǒ
冒昧 màomèi
冒失 mào·shi
贸然 màorán
貌 mào
貌似 màosì
没劲 méijìn
没命 méimìng
没趣 méiqù
没准儿 méizhǔnr
玫瑰 méi·gui
眉飞色舞
　　méifēi-sèwǔ
眉开眼笑
　　méikāi-yǎnxiào
眉目 méi·mu
眉眼 méiyǎn
眉宇 méiyǔ
梅花 méihuā
梅雨 méiyǔ
媒 méi
媒人 méi·ren
煤气 méiqì
煤油 méiyóu
霉 méi
霉菌 méijūn
霉烂 méilàn
美德 měidé
美观 měiguān

美景 měijǐng
美酒 měijiǔ
美满 měimǎn
美貌 měimào
美女 měinǚ
美人 měirén
美容 měiróng
美谈 měitán
美味 měiwèi
美育 měiyù
昧 mèi
媚 mèi
闷热 mēnrè
门板 ménbǎn
门道 mén·dao
门第 méndì
门洞儿 méndòngr
门户 ménhù
门槛 ménkǎn
门框 ménkuàng
门类 ménlèi
门帘 ménlián
门铃 ménlíng
门面 mén·mian
门票 ménpiào
门生 ménshēng
门徒 méntú
门牙 ményá
门诊 ménzhěn
萌 méng
萌动 méngdòng
萌生 méngshēng
蒙蔽 méngbì
蒙昧 méngmèi
蒙受 méngshòu
盟 méng
盟国 méngguó
猛然 měngrán
猛兽 měngshòu
蒙古包 měnggǔbāo
锰 měng
梦幻 mènghuàn
梦境 mèngjìng
梦寐以求
　mèngmèiyǐqiú

梦乡 mèngxiāng
梦想 mèngxiǎng
梦呓 mèngyì
眯 mī
眯缝 mī·feng
弥 mí
弥散 mísàn
迷宫 mígōng
迷糊 mí·hu
迷惑 mí·huò
迷离 mílí
迷恋 míliàn
迷路 mílù
迷茫 mímáng
迷蒙 míméng
迷失 míshī
迷惘 míwǎng
迷雾 míwù
猕猴 míhóu
糜烂 mílàn
米饭 mǐfàn
觅 mì
秘 mì
秘诀 mìjué
密闭 mìbì
密布 mìbù
密封 mìfēng
密码 mìmǎ
幂 mì
蜜月 mìyuè
眠 mián
绵 mián
绵延 miányán
绵羊 miányáng
棉布 miánbù
棉纱 miánshā
棉田 miántián
棉絮 miánxù
免除 miǎnchú
免得 miǎn·de
免费 miǎnfèi
免税 miǎnshuì
勉 miǎn
勉励 miǎnlì
缅怀 miǎnhuái

面额 miàn'é
面粉 miànfěn
面颊 miànjiá
面具 miànjù
面庞 miànpáng
面容 miànróng
面色 miànsè
面纱 miànshā
面谈 miàntán
面条儿 miàntiáor
面子 miàn·zi
苗木 miáomù
苗圃 miáopǔ
苗条 miáo·tiao
苗头 miáo·tou
描 miáo
描画 miáohuà
描摹 miáomó
瞄 miáo
瞄准 miáozhǔn
渺 miǎo
渺茫 miǎománg
渺小 miǎoxiǎo
藐视 miǎoshì
庙会 miàohuì
庙宇 miàoyǔ
灭火 mièhuǒ
灭绝 mièjué
蔑 miè
蔑视 mièshì
民办 mínbàn
民法 mínfǎ
民房 mínfáng
民工 míngōng
民航 mínháng
民警 mínjǐng
民情 mínqíng
民权 mínquán
民生 mínshēng
民心 mínxīn
民谣 mínyáo
民意 mínyì
民营 mínyíng
民用 mínyòng
民政 mínzhèng

皿 mǐn
泯 mǐn
泯灭 mǐnmiè
闽 Mǐn
名次 míngcì
名单 míngdān
名额 míng'é
名副其实
　míngfùqíshí
名贵 míngguì
名家 míngjiā
名利 mínglì
名列前茅
　mínglièqiánmáo
名流 míngliú
名目 míngmù
名牌 míngpái
名片 míngpiàn
名气 míng·qi
名人 míngrén
名山 míngshān
名声 míngshēng
名胜 míngshèng
名师 míngshī
名堂 míng·tang
名望 míngwàng
名下 míngxià
名言 míngyán
名誉 míngyù
名著 míngzhù
明矾 míngfán
明净 míngjìng
明镜 míngjìng
明快 míngkuài
明朗 mínglǎng
明了 míngliǎo
明媚 míngmèi
明日 míngrì
明晰 míngxī
明星 míngxīng
明珠 míngzhū
鸣叫 míngjiào
冥想 míngxiǎng
铭 míng
铭文 míngwén

命脉 mìngmài
命中 mìngzhòng
谬 miù
谬论 miùlùn
谬误 miùwù
摹 mó
模特儿 mótèr
摩登 módēng
摩托 mótuō
磨练 móliàn
磨难 mónàn
磨损 mósǔn
蘑菇 mó·gu
魔 mó
魔法 mófǎ
魔鬼 móguǐ
魔力 mólì
魔术 móshù
魔王 mówáng
魔爪 mózhǎo
抹杀 mǒshā
末日 mòrì
末梢 mòshāo
末尾 mòwěi
沫 mò
莫大 mòdà
莫非 mòfēi
蓦然 mòrán
漠然 mòrán
漠视 mòshì
墨水 mòshuǐ
默 mò
默念 mòniàn
默契 mòqì
默然 mòrán
眸 móu
谋害 móuhài
谋略 móulüè
谋求 móuqiú
谋取 móuqǔ
谋杀 móushā
谋生 móushēng
模板 múbǎn
母爱 mǔ'ài
母本 mǔběn

母系 mǔxì
母校 mǔxiào
母语 mǔyǔ
牡丹 mǔ·dan
牡蛎 mǔlì
拇指 mǔzhǐ
木本 mùběn
木柴 mùchái
木耳 mù'ěr
木筏 mùfá
木工 mùgōng
木匠 mù·jiàng
木刻 mùkè
木料 mùliào
木偶 mù'ǒu
木炭 mùtàn
木星 mùxīng
目不转睛
  mùbùzhuǎnjīng
目瞪口呆
  mùdèng-kǒudāi
目睹 mùdǔ
目录 mùlù
目送 mùsòng
沐浴 mùyù
牧 mù
牧草 mùcǎo
牧场 mùchǎng
牧民 mùmín
牧区 mùqū
募 mù
募捐 mùjuān
墓碑 mùbēi
墓地 mùdì
墓室 mùshì
墓葬 mùzàng
幕后 mùhòu
暮 mù
暮色 mùsè
穆 mù
穆斯林 mùsīlín

N

纳粹 Nàcuì
纳闷儿 nàmènr
娜 nà

捺 nà
奶粉 nǎifěn
奶牛 nǎiniú
奶油 nǎiyóu
氖 nǎi
奈何 nàihé
耐力 nàilì
耐用 nàiyòng
男方 nánfāng
男生 nánshēng
南半球 nánbànqiú
南边 nán·bian
南瓜 nán·guā
南面 nánmiàn
南洋 Nányáng
难保 nánbǎo
难产 nánchǎn
难处 nánchù
难点 nándiǎn
难度 nándù
难关 nánguān
难堪 nánkān
难看 nánkàn
难说 nánshuō
难听 nántīng
难为 nán·wei
难为情 nánwéiqíng
难民 nànmín
难友 nànyǒu
囊括 nángkuò
挠 náo
恼 nǎo
恼火 nǎohuǒ
恼怒 nǎonù
脑海 nǎohǎi
脑际 nǎojì
脑筋 nǎojīn
脑力 nǎolì
脑髓 nǎosuǐ
闹市 nàoshì
闹事 nàoshì
闹钟 nàozhōng
内阁 nèigé
内海 nèihǎi
内行 nèiháng

内疚 nèijiù
内科 nèikē
内力 nèilì
内陆 nèilù
内乱 nèiluàn
内幕 nèimù
内情 nèiqíng
内燃机 nèiránjī
内伤 nèishāng
内务 nèiwù
内线 nèixiàn
内向 nèixiàng
内销 nèixiāo
内省 nèixǐng
内衣 nèiyī
内因 nèiyīn
内政 nèizhèng
嫩绿 nènlǜ
能干 nénggàn
能耐 néng·nai
能人 néngrén
能事 néngshì
能手 néngshǒu
尼 ní
尼姑 nígū
尼龙 nílóng
呢绒 níróng
泥浆 níjiāng
泥坑 níkēng
泥泞 nínìng
泥鳅 ní·qiu
泥塑 nísù
泥炭 nítàn
倪 ní
霓虹灯 níhóngdēng
拟订 nǐdìng
拟定 nǐdìng
拟人 nǐrén
逆差 nìchā
逆境 nìjìng
逆流 nìliú
逆向 nìxiàng
逆转 nìzhuǎn
腻 nì
溺 nì

溺爱 nì'ài
拈 niān
蔫 niān
年份 niánfèn
年华 niánhuá
年画 niánhuà
年会 niánhuì
年景 niánjǐng
年迈 niánmài
年岁 niánsuì
年限 niánxiàn
年终 niánzhōng
黏 nián
捻 niǎn
碾 niǎn
撵 niǎn
廿 niàn
念白 niànbái
念叨 niàn·dao
娘家 niáng·jiā
酿 niàng
鸟瞰 niǎokàn
袅袅 niǎoniǎo
尿布 niàobù
尿素 niàosù
捏造 niēzào
聂 Niè
涅槃 nièpán
啮 niè
镊子 niè·zi
镍 niè
孽 niè
狞笑 níngxiào
凝神 níngshén
凝望 níngwàng
宁可 nìngkě
宁肯 nìngkěn
宁愿 nìngyuàn
牛犊 niúdú
牛皮 niúpí
牛仔裤 niúzǎikù
扭曲 niǔqū
纽带 niǔdài
纽扣 niǔkòu

拗 niù
农夫 nóngfū
农妇 nóngfù
农耕 nónggēng
农机 nóngjī
农家 nóngjiā
农垦 nóngkěn
农历 nónglì
农忙 nóngmáng
农事 nóngshì
农闲 nóngxián
浓淡 nóngdàn
浓烈 nóngliè
浓眉 nóngméi
浓密 nóngmì
浓缩 nóngsuō
浓郁 nóngyù
浓重 nóngzhòng
弄虚作假
  nòngxū-zuòjiǎ
奴 nú
奴才 nú·cai
奴仆 núpú
怒放 nùfàng
怒吼 nùhǒu
怒火 nùhuǒ
怒气 nùqì
女方 nǚfāng
女皇 nǚhuáng
女郎 nǚláng
女神 nǚshén
女生 nǚshēng
女王 nǚwáng
暖和 nuǎn·huo
暖流 nuǎnliú
暖瓶 nuǎnpíng
暖气 nuǎnqì
疟疾 nüè·ji
虐待 nüèdài
挪 nuó
挪动 nuó·dong
挪用 nuóyòng
诺言 nuòyán
懦弱 nuòruò
糯米 nuòmǐ

O

讴歌 ōugē
鸥 ōu
殴打 ōudǎ
呕 ǒu
呕吐 ǒutù
偶像 ǒuxiàng
藕 ǒu

P

趴 pā
爬行 páxíng
耙 pá
帕 pà
拍板 pāibǎn
拍卖 pāimài
拍手 pāishǒu
拍照 pāizhào
拍子 pāi·zi
排场 pái·chǎng
排队 páiduì
排挤 páijǐ
排练 páiliàn
排卵 páiluǎn
排球 páiqiú
排戏 páixì
排泄 páixiè
排演 páiyǎn
排忧解难
　páiyōu-jiěnàn
牌坊 pái·fāng
牌价 páijià
牌楼 pái·lou
派别 pàibié
派生 pàishēng
派头 pàitóu
派系 pàixì
派性 pàixìng
攀登 pāndēng
攀谈 pāntán
攀援 pānyuán
盘剥 pánbō
盘踞 pánjù
盘算 pán·suan
盘问 pánwèn

盘旋 pánxuán
盘子 pán·zi
判别 pànbié
判决书 pànjuéshū
判明 pànmíng
判刑 pànxíng
叛 pàn
叛变 pànbiàn
叛乱 pànluàn
叛逆 pànnì
叛徒 pàntú
畔 pàn
膀 pāng
庞 páng
旁白 pángbái
旁人 pángrén
旁听 pángtīng
膀胱 pángguāng
磅礴 pángbó
胖子 pàng·zi
刨 páo
咆哮 páoxiào
狍子 páo·zi
炮制 páozhì
袍 páo
跑步 pǎobù
跑道 pǎodào
泡菜 pàocài
泡沫 pàomò
炮兵 pàobīng
炮火 pàohuǒ
炮击 pàojī
炮楼 pàolóu
炮台 pàotái
胚芽 pēiyá
陪伴 péibàn
陪衬 péichèn
陪同 péitóng
培 péi
培土 péitǔ
培植 péizhí
赔 péi
赔款 péikuǎn
赔钱 péiqián
裴 Péi

佩 pèi
佩戴 pèidài
配备 pèibèi
配对 pèiduì
配方 pèifāng
配件 pèijiàn
配角 pèijué
配偶 pèi·ǒu
配伍 pèiwǔ
配制 pèizhì
配种 pèizhǒng
喷发 pēnfā
喷泉 pēnquán
喷洒 pēnsǎ
喷射 pēnshè
喷嚏 pēntì
喷涂 pēntú
盆景 pénjǐng
盆栽 pénzāi
盆子 pén·zi
抨击 pēngjī
烹饪 pēngrèn
烹调 pēngtiáo
棚子 péng·zi
蓬 péng
蓬乱 péngluàn
蓬松 péngsōng
硼 péng
膨大 péngdà
碰见 pèngjiàn
碰巧 pèngqiǎo
碰头 pèngtóu
碰撞 pèngzhuàng
批驳 pībó
批量 pīliàng
批示 pīshì
坯 pī
披露 pīlù
劈 pī
霹雳 pīlì
皮包 píbāo
皮层 pícéng
皮带 pídài
皮革 pígé
皮毛 pímáo

皮球 píqiú
皮肉 píròu
皮子 pí·zi
毗邻 pílín
疲 pí
疲惫 píbèi
疲乏 pífá
啤酒 píjiǔ
琵琶 pí·pa
脾胃 píwèi
脾脏 pízàng
匹配 pǐpèi
痞子 pǐ·zi
劈 pǐ
癖 pǐ
屁 pì
辟 pì
媲美 pìměi
僻静 pìjìng
片子 piān·zi
偏爱 piān'ài
偏差 piānchā
偏激 piānjī
偏离 piānlí
偏旁 piānpáng
偏僻 piānpì
偏颇 piānpō
偏心 piānxīn
偏重 piānzhòng
篇幅 piān·fú
篇章 piānzhāng
片段 piànduàn
片断 piànduàn
骗局 piànjú
骗取 piànqǔ
骗子 piàn·zi
漂 piāo
漂泊 piāobó
漂浮 piāofú
漂流 piāoliú
漂移 piāoyí
飘带 piāodài
飘荡 piāodàng
飘动 piāodòng
飘浮 piāofú

飘忽 piāohū
飘零 piāolíng
飘落 piāoluò
飘然 piāorán
飘散 piāosàn
飘扬 piāoyáng
飘逸 piāoyì
朴 Piáo
瓢 piáo
漂 piǎo
漂白粉 piǎobáifěn
瞟 piǎo
票据 piàojù
票子 piào·zi
撇 piē
撇开 piē·kāi
瞥 piē
瞥见 piējiàn
撇 piě
拼 pīn
拼搏 pīnbó
拼凑 pīncòu
拼死 pīnsǐ
拼音 pīnyīn
贫乏 pínfá
贫寒 pínhán
贫瘠 pínjí
贫苦 pínkǔ
贫民 pínmín
贫血 pínxuè
频 pín
频道 píndào
品尝 pǐncháng
品格 pǐngé
品评 pǐnpíng
品位 pǐnwèi
品味 pǐnwèi
品行 pǐnxíng
聘 pìn
聘请 pìnqǐng
平安 píng'ān
平板 píngbǎn
平淡 píngdàn
平地 píngdì

平定 píngdìng	破案 pòàn	戚 qī	起步 qǐbù	汽化 qìhuà
平反 píngfǎn	破除 pòchú	期刊 qīkān	起草 qǐcǎo	汽水 qìshuǐ
平方 píngfāng	破格 pògé	欺 qī	起床 qǐchuáng	汽艇 qìtǐng
平房 píngfáng	破获 pòhuò	欺负 qī·fu	起飞 qǐfēi	泣 qì
平衡木 pínghéngmù	破旧 pòjiù	欺凌 qīlíng	起哄 qǐhòng	契 qì
平滑 pínghuá	破烂 pòlàn	欺侮 qīwǔ	起火 qǐ·huo	契机 qìjī
平缓 pínghuǎn	破例 pòlì	欺压 qīyā	起家 qǐjiā	器件 qìjiàn
平价 píngjià	破灭 pòmiè	欺诈 qīzhà	起见 qǐjiàn	器具 qìjù
平米 píngmǐ	破碎 pòsuì	漆黑 qīhēi	起劲 qǐjìn	器皿 qìmǐn
平生 píngshēng	破绽 pòzhàn	漆器 qīqì	起居 qǐjū	器物 qìwù
平素 píngsù	魄 pò	齐备 qíbèi	起立 qǐlì	器械 qìxiè
平台 píngtái	魄力 pòlì	齐名 qímíng	起落 qǐluò	器乐 qìyuè
平稳 píngwěn	剖 pōu	齐全 qíquán	起事 qǐshì	器重 qìzhòng
平息 píngxī	剖析 pōuxī	齐整 qízhěng	起诉 qǐsù	掐 qiā
平移 píngyí	仆 pū	奇观 qíguān	起先 qǐxiān	洽 qià
平庸 píngyōng	扑鼻 pūbí	奇妙 qímiào	起因 qǐyīn	洽谈 qiàtán
平整 píngzhěng	扑克 pūkè	奇闻 qíwén	绮丽 qǐlì	恰 qià
评比 píngbǐ	扑灭 pūmiè	歧视 qíshì	气喘 qìchuǎn	恰巧 qiàqiǎo
评定 píngdìng	铺盖 pūgài	歧途 qítú	气垫 qìdiàn	恰如 qiàrú
评分 píngfēn	铺设 pūshè	歧义 qíyì	气度 qìdù	恰似 qiàsì
评估 pínggū	仆 pú	祈 qí	气概 qìgài	千古 qiāngǔ
评奖 píngjiǎng	仆人 púrén	祈祷 qídǎo	气功 qìgōng	千金 qiānjīn
评剧 píngjù	仆役 púyì	祈求 qíqiú	气管 qìguǎn	千钧一发
评判 píngpàn	匍匐 púfú	畦 qí	气急 qìjí	qiānjūn-yīfà
评审 píngshěn	葡萄酒 pú·taojiǔ	崎岖 qíqū	气节 qìjié	千卡 qiānkǎ
评述 píngshù	蒲公英 púgōngyīng	骑兵 qíbīng	气孔 qìkǒng	千瓦 qiānwǎ
评弹 píngtán	蒲扇 púshàn	棋 qí	气力 qìlì	扦 qiān
评议 píngyì	朴实 pǔshí	棋盘 qípán	气囊 qìnáng	迁就 qiānjiù
评语 píngyǔ	圃 pǔ	棋子 qízǐ	气恼 qìnǎo	迁居 qiānjū
坪 píng	浦 pǔ	旗号 qíhào	气馁 qìněi	牵动 qiāndòng
凭吊 píngdiào	普 pǔ	旗袍 qípáo	气派 qìpài	牵挂 qiānguà
凭空 píngkōng	普查 pǔchá	旗子 qí·zi	气泡 qìpào	牵连 qiānlián
凭证 píngzhèng	普法 pǔfǎ	鳍 qí	气魄 qìpò	牵涉 qiānshè
屏风 píngfēng	普选 pǔxuǎn	乞丐 qǐgài	气球 qìqiú	牵引 qiānyǐn
屏障 píngzhàng	谱写 pǔxiě	乞求 qǐqiú	气色 qìsè	牵制 qiānzhì
瓶子 píng·zi	堡 pù	乞讨 qǐtǎo	气势 qìshì	谦虚 qiānxū
萍 píng	瀑 pù	岂有此理 qǐyǒucǐlǐ	气态 qìtài	谦逊 qiānxùn
坡地 pōdì	瀑布 pùbù	企鹅 qǐ'é	气虚 qìxū	签 qiān
坡度 pōdù		启 qǐ	气旋 qìxuán	签发 qiānfā
泊 pō	**Q**	启程 qǐchéng	气焰 qìyàn	签名 qiānmíng
泼 pō		启迪 qǐdí	迄 qì	签署 qiānshǔ
泼辣 pōlà	沏 qī	启动 qǐdòng	迄今 qìjīn	签约 qiānyuē
婆家 pó·jiā	栖息 qīxī	启蒙 qǐméng	汽 qì	签证 qiānzhèng
迫不及待 pòbùjídài	凄惨 qīcǎn	启事 qǐshì	汽笛 qìdí	签字 qiānzì
	凄楚 qīchǔ	起兵 qǐbīng	汽缸 qìgāng	前辈 qiánbèi
	凄厉 qīlì			
	凄然 qīrán			

前臂 qiánbì
前程 qiánchéng
前额 qián'é
前锋 qiánfēng
前列 qiánliè
前年 qiánnián
前仆后继
　　qiánpū-hòujì
前哨 qiánshào
前身 qiánshēn
前世 qiánshì
前天 qiántiān
前卫 qiánwèi
前沿 qiányán
前夜 qiányè
前肢 qiánzhī
前奏 qiánzòu
虔诚 qiánchéng
钱包 qiánbāo
钱币 qiánbì
钱财 qiáncái
钳工 qiángōng
钳子 qián·zi
乾 qián
乾坤 qiánkūn
潜藏 qiáncáng
潜伏 qiánfú
潜入 qiánrù
潜水 qiánshuǐ
潜艇 qiántǐng
潜移默化
　　qiányí-mòhuà
黔 Qián
浅薄 qiǎnbó
浅海 qiǎnhǎi
浅滩 qiǎntān
浅显 qiǎnxiǎn
谴责 qiǎnzé
欠缺 qiànquē
纤 qiàn
歉 qiàn
歉收 qiànshōu
歉意 qiànyì
呛 qiāng
枪毙 qiāngbì

枪弹 qiāngdàn
枪杀 qiāngshā
枪支 qiāngzhī
腔调 qiāngdiào
强渡 qiángdù
强攻 qiánggōng
强国 qiángguó
强加 qiángjiā
强健 qiángjiàn
强劲 qiángjìng
强力 qiánglì
强盛 qiángshèng
强行 qiángxíng
强硬 qiángyìng
强占 qiángzhàn
强壮 qiángzhuàng
墙根 qiánggēn
墙角 qiángjiǎo
墙头 qiángtóu
抢夺 qiǎngduó
抢购 qiǎnggòu
抢劫 qiǎngjié
抢先 qiǎngxiān
抢险 qiǎngxiǎn
抢修 qiǎngxiū
抢占 qiǎngzhàn
强求 qiǎngqiú
呛 qiàng
跷 qiāo
锹 qiāo
敲打 qiāo·dǎ
乔 qiáo
乔木 qiáomù
侨胞 qiáobāo
侨眷 qiáojuàn
侨民 qiáomín
侨务 qiáowù
桥头 qiáotóu
翘 qiáo
瞧见 qiáojiàn
巧合 qiǎohé
悄然 qiǎorán
悄声 qiǎoshēng
俏 qiào
俏皮 qiào·pí

峭壁 qiàobì
窍 qiào
窍门 qiàomén
翘 qiào
撬 qiào
鞘 qiào
切除 qiēchú
切磋 qiēcuō
切点 qiēdiǎn
切割 qiēgē
切口 qiēkǒu
切面 qiēmiàn
切片 qiēpiàn
切线 qiēxiàn
茄子 qié·zi
切合 qièhé
切忌 qièjì
切身 qièshēn
妾 qiè
怯 qiè
怯懦 qiènuò
窃 qiè
窃取 qièqǔ
惬意 qièyì
钦差 qīnchāi
钦佩 qīnpèi
侵害 qīnhài
侵吞 qīntūn
侵袭 qīnxí
亲爱 qīn'ài
亲笔 qīnbǐ
亲近 qīnjìn
亲口 qīnkǒu
亲临 qīnlín
亲昵 qīnnì
亲朋 qīnpéng
亲身 qīnshēn
亲生 qīnshēng
亲事 qīnshì
亲手 qīnshǒu
亲王 qīnwáng
亲吻 qīnwěn
亲信 qīnxìn
亲缘 qīnyuán
亲子 qīnzǐ

禽 qín
禽兽 qínshòu
勤奋 qínfèn
勤俭 qínjiǎn
勤快 qín·kuai
擒 qín
噙 qín
寝 qǐn
寝室 qǐnshì
沁 qìn
青菜 qīngcài
青草 qīngcǎo
青翠 qīngcuì
青稞 qīngkē
青睐 qīnglài
青霉素 qīngméisù
青苔 qīngtái
青天 qīngtiān
青铜 qīngtóng
青衣 qīngyī
轻便 qīngbiàn
轻而易举
　　qīng'éryìjǔ
轻浮 qīngfú
轻快 qīngkuài
轻描淡写
　　qīngmiáo-dànxiě
轻蔑 qīngmiè
轻骑 qīngqí
轻巧 qīng·qiǎo
轻柔 qīngróu
轻率 qīngshuài
轻信 qīngxìn
轻音乐 qīngyīnyuè
轻盈 qīngyíng
氢弹 qīngdàn
倾倒 qīngdǎo
倾倒 qīngdào
倾角 qīngjiǎo
倾诉 qīngsù
倾吐 qīngtǔ
倾销 qīngxiāo
倾泻 qīngxiè
倾心 qīngxīn
倾注 qīngzhù

卿 qīng
清白 qīngbái
清查 qīngchá
清偿 qīngcháng
清澈 qīngchè
清脆 qīngcuì
清单 qīngdān
清淡 qīngdàn
清风 qīngfēng
清高 qīnggāo
清官 qīngguān
清净 qīngjìng
清静 qīngjìng
清冷 qīnglěng
清凉 qīngliáng
清明 qīngmíng
清扫 qīngsǎo
清瘦 qīngshòu
清爽 qīngshuǎng
清算 qīngsuàn
清洗 qīngxǐ
清闲 qīngxián
清香 qīngxiāng
清新 qīngxīn
清秀 qīngxiù
清早 qīngzǎo
清真寺 qīngzhēnsì
蜻蜓 qīngtíng
情不自禁
　　qíngbùzìjīn
情调 qíngdiào
情怀 qínghuái
情理 qínglǐ
情侣 qínglǚ
情人 qíngrén
情势 qíngshì
情书 qíngshū
情思 qíngsī
情态 qíngtài
情谊 qíngyì
情意 qíngyì
情欲 qíngyù
情愿 qíngyuàn
晴 qíng
晴空 qíngkōng

晴朗 qínglǎng	区划 qūhuà	全力 quánlì	热潮 rècháo	认错 rèncuò
擎 qíng	区间 qūjiān	全貌 quánmào	热忱 rèchén	认购 rèngòu
顷 qǐng	曲解 qūjiě	全能 quánnéng	热诚 rèchéng	认可 rènkě
顷刻 qǐngkè	曲面 qūmiàn	全盘 quánpán	热度 rèdù	认同 rèntóng
请假 qǐngjià	曲轴 qūzhóu	全权 quánquán	热浪 rèlàng	认罪 rènzuì
请教 qǐngjiào	驱车 qūchē	全文 quánwén	热泪 rèlèi	任教 rènjiào
请客 qǐngkè	驱除 qūchú	全线 quánxiàn	热力 rèlì	任免 rènmiǎn
请愿 qǐngyuàn	驱赶 qūgǎn	泉水 quánshuǐ	热恋 rèliàn	任凭 rènpíng
庆 qìng	驱散 qūsàn	泉源 quányuán	热流 rèliú	任期 rènqī
庆贺 qìnghè	驱使 qūshǐ	拳击 quánjī	热门 rèmén	任性 rènxìng
庆幸 qìngxìng	屈 qū	痊愈 quányù	热气 rèqì	任用 rènyòng
亲家 qìng·jia	屈从 qūcóng	蜷 quán	热切 rèqiè	任职 rènzhí
磬 qìng	屈辱 qūrǔ	蜷缩 quánsuō	热望 rèwàng	韧 rèn
穷尽 qióngjìn	祛 qū	犬 quǎn	热血 rèxuè	韧带 rèndài
穷苦 qióngkǔ	蛆 qū	犬齿 quǎnchǐ	热源 rèyuán	韧性 rènxìng
穷困 qióngkùn	躯 qū	劝导 quàndǎo	人称 rénchēng	妊娠 rènshēn
琼 qióng	躯干 qūgàn	劝告 quàngào	人次 réncì	日程 rìchéng
丘陵 qiūlíng	躯壳 qūqiào	劝解 quànjiě	人道 réndào	日光 rìguāng
邱 Qiū	躯体 qūtǐ	劝说 quànshuō	人丁 réndīng	日后 rìhòu
秋风 qiūfēng	曲调 qǔdiào	劝慰 quànwèi	人和 rénhé	日见 rìjiàn
秋收 qiūshōu	曲目 qǔmù	劝阻 quànzǔ	人际 rénjì	日渐 rìjiàn
仇 Qiú	曲牌 qǔpái	券 quàn	人迹 rénjì	日历 rìlì
囚 qiú	曲艺 qǔyì	缺德 quēdé	人流 rénliú	日食 rìshí
囚犯 qiúfàn	曲子 qǔ·zi	缺憾 quēhàn	人伦 rénlún	日用 rìyòng
囚禁 qiújìn	取材 qǔcái	缺口 quēkǒu	人马 rénmǎ	荣 róng
囚徒 qiútú	取缔 qǔdì	缺损 quēsǔn	人命 rénmìng	荣获 rónghuò
求爱 qiú'ài	取经 qǔjīng	瘸 qué	人品 rénpǐn	荣幸 róngxìng
求婚 qiúhūn	取乐 qǔlè	雀 què	人情 rénqíng	荣耀 róngyào
求救 qiújiù	取暖 qǔnuǎn	确信 quèxìn	人权 rénquán	绒 róng
求解 qiújiě	取舍 qǔshě	确凿 quèzáo	人参 rénshēn	绒毛 róngmáo
求教 qiújiào	取胜 qǔshèng	确证 quèzhèng	人声 rénshēng	绒线 róngxiàn
求人 qiúrén	取笑 qǔxiào	阙 què	人世 rénshì	容积 róngjī
求生 qiúshēng	取样 qǔyàng	裙 qún	人手 rénshǒu	容貌 róngmào
求实 qiúshí	取悦 qǔyuè	裙子 qún·zi	人文 rénwén	容忍 róngrěn
求学 qiúxué	去处 qùchù	群岛 qúndǎo	人像 rénxiàng	容许 róngxǔ
求援 qiúyuán	去路 qùlù	群居 qúnjū	人行道 rénxíngdào	容颜 róngyán
求知 qiúzhī	去向 qùxiàng		人选 rénxuǎn	溶洞 róngdòng
求助 qiúzhù	趣 qù	**R**	人烟 rényān	溶化 rónghuà
球场 qiúchǎng	圈套 quāntào	冉冉 rǎnrǎn	人中 rénzhōng	溶血 róngxuè
球迷 qiúmí	圈子 quān·zi	染料 rǎnliào	人种 rénzhǒng	熔化 rónghuà
球面 qiúmiàn	权贵 quánguì	让步 ràngbù	仁慈 réncí	融 róng
球赛 qiúsài	权衡 quánhéng	让位 ràngwèi	仁义 rényì	融化 rónghuà
球体 qiútǐ	权势 quánshì	饶 ráo	忍痛 rěntòng	融洽 róngqià
裘 qiú	权限 quánxiàn	饶恕 ráoshù	忍心 rěnxīn	融资 róngzī
裘皮 qiúpí	全集 quánjí	扰 rǎo	刃 rèn	冗长 rǒngcháng
		绕道 ràodào		

柔 róu
柔道 róudào
柔美 róuměi
柔情 róuqíng
柔弱 róuruò
柔顺 róushùn
蹂躏 róulìn
肉食 ròushí
肉眼 ròuyǎn
肉质 ròuzhì
如期 rúqī
如实 rúshí
如释重负
　　rúshìzhòngfù
如意 rúyì
儒 rú
儒学 rúxué
蠕动 rúdòng
汝 rǔ
乳白 rǔbái
乳房 rǔfáng
乳牛 rǔniú
乳汁 rǔzhī
辱 rǔ
入股 rùgǔ
入境 rùjìng
入口 rùkǒu
入门 rùmén
入迷 rùmí
入睡 rùshuì
入伍 rùwǔ
入夜 rùyè
入座 rùzuò
褥子 rù·zi
软骨 ruǎngǔ
软化 ruǎnhuà
软件 ruǎnjiàn
软禁 ruǎnjìn
软弱 ruǎnruò
蕊 ruǐ
锐 ruì
锐角 ruìjiǎo
锐利 ruìlì
瑞 ruì
闰 rùn

润 rùn
润滑 rùnhuá
若无其事
　　ruòwúqíshì
弱小 ruòxiǎo

S

仨 sā
撒谎 sāhuǎng
撒娇 sājiāo
撒手 sāshǒu
洒脱 sǎtuō
卅 sà
腮 sāi
塞子 sāi·zi
赛场 sàichǎng
赛跑 sàipǎo
赛事 sàishì
三角洲 sānjiǎozhōu
三轮车 sānlúnchē
散漫 sǎnmàn
散场 sànchǎng
散会 sànhuì
散伙 sànhuǒ
散落 sànluò
散失 sànshī
丧事 sāngshì
丧葬 sāngzàng
桑 sāng
嗓 sǎng
嗓门儿 sǎngménr
嗓音 sǎngyīn
丧气 sàngqì
搔 sāo
骚 sāo
骚动 sāodòng
骚扰 sāorǎo
缫 sāo
臊 sāo
扫除 sǎochú
扫地 sǎodì
扫盲 sǎománg
扫描 sǎomiáo
扫射 sǎoshè
扫视 sǎoshì
扫兴 sǎoxìng

扫帚 sào·zhou
臊 sào
色调 sèdiào
色光 sèguāng
色盲 sèmáng
色情 sèqíng
色素 sèsù
色泽 sèzé
涩 sè
瑟 sè
森严 sēnyán
僧尼 sēngní
杀菌 shājūn
杀戮 shālù
杀伤 shāshāng
杉木 shāmù
沙丘 shāqiū
沙土 shātǔ
沙哑 shāyǎ
沙子 shā·zi
纱布 shābù
纱锭 shādìng
刹 shā
刹车 shāchē
煞 shā
傻瓜 shǎguā
傻子 shǎ·zi
煞 shà
霎时 shàshí
筛 shāi
筛选 shāixuǎn
山坳 shān'ào
山茶 shānchá
山川 shānchuān
山村 shāncūn
山歌 shāngē
山沟 shāngōu
山河 shānhé
山洪 shānhóng
山涧 shānjiàn
山脚 shānjiǎo
山梁 shānliáng
山岭 shānlǐng
山麓 shānlù
山峦 shānluán

山门 shānmén
山系 shānxì
山崖 shānyá
山羊 shānyáng
山腰 shānyāo
山野 shānyě
山岳 shānyuè
山楂 shānzhā
杉 shān
衫 shān
珊瑚 shānhú
扇动 shāndòng
煽动 shāndòng
闪现 shǎnxiàn
闪耀 shǎnyào
陕 Shǎn
扇贝 shànbèi
扇子 shàn·zi
善后 shànhòu
善意 shànyì
善战 shànzhàn
禅 shàn
擅长 shàncháng
擅自 shànzì
膳 shàn
膳食 shànshí
赡养 shànyǎng
伤疤 shāngbā
伤感 shānggǎn
伤寒 shānghán
伤痕 shānghén
伤势 shāngshì
伤亡 shāngwáng
商场 shāngchǎng
商船 shāngchuán
商定 shāngdìng
商贩 shāngfàn
商贾 shānggǔ
商会 shānghuì
商检 shāngjiǎn
商榷 shāngquè
商谈 shāngtán
商讨 shāngtǎo
商务 shāngwù
商议 shāngyì

晌 shǎng
晌午 shǎng·wǔ
赏赐 shǎngcì
赏识 shǎngshí
上报 shàngbào
上臂 shàngbì
上场 shàngchǎng
上当 shàngdàng
上等 shàngděng
上吊 shàngdiào
上风 shàngfēng
上工 shànggōng
上古 shànggǔ
上好 shànghǎo
上将 shàngjiàng
上缴 shàngjiǎo
上进 shàngjìn
上列 shàngliè
上流 shàngliú
上路 shànglù
上马 shàngmǎ
上门 shàngmén
上品 shàngpǐn
上任 shàngrèn
上身 shàngshēn
上书 shàngshū
上司 shàng·si
上台 shàngtái
上头 shàngtóu
上行 shàngxíng
上旬 shàngxún
上演 shàngyǎn
上阵 shàngzhèn
上肢 shàngzhī
上座 shàngzuò
尚且 shàngqiě
捎 shāo
烧杯 shāobēi
烧饼 shāo·bing
烧毁 shāohuǐ
烧火 shāohuǒ
烧酒 shāojiǔ
烧瓶 shāopíng
烧伤 shāoshāng
烧香 shāoxiāng

147

勺 sháo	绅士 shēnshì	渗入 shènrù	省会 shěnghuì	失真 shīzhēn
勺子 sháo·zi	砷 shēn	慎 shèn	省略 shěnglüè	失职 shīzhí
少见 shǎojiàn	深奥 shēn'ào	升华 shēnghuá	省事 shěngshì	失重 shīzhòng
少儿 shào'ér	深层 shēncéng	升级 shēngjí	圣诞节	失踪 shīzōng
少妇 shàofù	深海 shēnhǎi	升降 shēngjiàng	Shèngdàn Jié	失足 shīzú
少将 shàojiàng	深浅 shēnqiǎn	升任 shēngrèn	圣地 shèngdì	师父 shī·fu
哨 shào	深切 shēnqiè	升腾 shēngténg	圣母 shèngmǔ	师母 shīmǔ
哨兵 shàobīng	深秋 shēnqiū	升学 shēngxué	圣人 shèngrén	师资 shīzī
哨所 shàosuǒ	深山 shēnshān	生病 shēngbìng	圣旨 shèngzhǐ	诗集 shījí
哨子 shào·zi	深思 shēnsī	生发 shēngfā	胜地 shèngdì	诗句 shījù
奢侈 shēchǐ	深邃 shēnsuì	生根 shēnggēn	胜任 shèngrèn	诗篇 shīpiān
舌苔 shétāi	深信 shēnxìn	生机 shēngjī	胜仗 shèngzhàng	虱子 shī·zi
舍弃 shěqì	深渊 shēnyuān	生计 shēngjì	盛产 shèngchǎn	狮子 shī·zi
舍身 shěshēn	深造 shēnzào	生路 shēnglù	盛大 shèngdà	施放 shīfàng
设防 shèfáng	深重 shēnzhòng	生怕 shēngpà	盛会 shènghuì	施加 shījiā
社交 shèjiāo	神采 shéncǎi	生平 shēngpíng	盛开 shèngkāi	施舍 shīshě
社论 shèlùn	神化 shénhuà	生日 shēngrì	盛况 shèngkuàng	施展 shīzhǎn
社区 shèqū	神经病 shénjīngbìng	生疏 shēngshū	盛名 shèngmíng	施政 shīzhèng
社团 shètuán	神经质 shénjīngzhì	生死 shēngsǐ	盛怒 shèngnù	湿热 shīrè
射程 shèchéng	神龛 shénkān	生息 shēngxī	盛夏 shèngxià	十足 shízú
射箭 shèjiàn	神灵 shénlíng	生肖 shēngxiào	盛装 shèngzhuāng	什 shí
射门 shèmén	神明 shénmíng	生效 shēngxiào	尸 shī	石板 shíbǎn
射手 shèshǒu	神速 shénsù	生性 shēngxìng	尸骨 shīgǔ	石雕 shídiāo
涉 shè	神通 shéntōng	生涯 shēngyá	尸首 shī·shou	石膏 shígāo
涉外 shèwài	神童 shéntóng	生硬 shēngyìng	失常 shīcháng	石匠 shí·jiang
涉足 shèzú	神往 shénwǎng	生字 shēngzì	失传 shīchuán	石刻 shíkè
赦 shè	神仙 shén·xiān	声波 shēngbō	失地 shīdì	石窟 shíkū
赦免 shèmiǎn	神像 shénxiàng	声部 shēngbù	失火 shīhuǒ	石料 shíliào
摄取 shèqǔ	神韵 shényùn	声称 shēngchēng	失控 shīkòng	石榴 shí·liu
摄食 shèshí	神志 shénzhì	声带 shēngdài	失礼 shīlǐ	石棉 shímián
摄制 shèzhì	神州 Shénzhōu	声浪 shēnglàng	失利 shīlì	石墨 shímò
麝 shè	审 shěn	声名 shēngmíng	失恋 shīliàn	石笋 shísǔn
申 shēn	审定 shěndìng	声势 shēngshì	失灵 shīlíng	石英 shíyīng
申报 shēnbào	审核 shěnhé	声速 shēngsù	失落 shīluò	石子儿 shízǐr
申明 shēnmíng	审理 shěnlǐ	声望 shēngwàng	失眠 shīmián	时分 shífēn
申诉 shēnsù	审批 shěnpī	声息 shēngxī	失明 shīmíng	时光 shíguāng
伸缩 shēnsuō	审慎 shěnshèn	声学 shēngxué	失散 shīsàn	时局 shíjú
伸展 shēnzhǎn	审视 shěnshì	声言 shēngyán	失神 shīshén	时区 shíqū
伸张 shēnzhāng	审问 shěnwèn	声誉 shēngyù	失声 shīshēng	时日 shírì
身长 shēncháng	审讯 shěnxùn	声援 shēngyuán	失实 shīshí	时尚 shíshàng
身段 shēnduàn	审议 shěnyì	声乐 shēngyuè	失守 shīshǒu	时事 shíshì
身高 shēngāo	婶子 shěn·zi	笙 shēng	失陷 shīxiàn	时势 shíshì
身价 shēnjià	肾脏 shènzàng	绳索 shéngsuǒ	失效 shīxiào	时务 shíwù
身世 shēnshì	甚而 shèn'ér	省城 shěngchéng	失血 shīxuè	时效 shíxiào
呻吟 shēnyín	渗 shèn	省份 shěngfèn	失意 shīyì	时兴 shíxīng

时针 shízhēn
时钟 shízhōng
时装 shízhuāng
识破 shípò
实测 shícè
实地 shídì
实话 shíhuà
实惠 shíhuì
实况 shíkuàng
实情 shíqíng
实权 shíquán
实事 shíshì
实数 shíshù
实习 shíxí
实效 shíxiào
实心 shíxīn
实业 shíyè
实战 shízhàn
实证 shízhèng
拾掇 shí·duo
食道 shídào
食管 shíguǎn
食粮 shíliáng
食谱 shípǔ
食物链 shíwùliàn
食性 shíxìng
食欲 shíyù
食指 shízhǐ
蚀 shí
史册 shǐcè
史籍 shǐjí
史料 shǐliào
史前 shǐqián
史诗 shǐshī
史实 shǐshí
史书 shǐshū
矢 shǐ
使馆 shǐguǎn
使唤 shǐ·huan
使节 shǐjié
使者 shǐzhě
始祖 shǐzǔ
驶 shǐ
屎 shǐ
士气 shìqì

士族 shìzú
示弱 shìruò
示意 shìyì
示众 shìzhòng
世道 shìdào
世故 shì·gu
世故 shìgù
世家 shìjiā
世间 shìjiān
世面 shìmiàn
世人 shìrén
世事 shìshì
世俗 shìsú
世袭 shìxí
仕 shì
市价 shìjià
市郊 shìjiāo
市面 shìmiàn
市镇 shìzhèn
市政 shìzhèng
式样 shìyàng
事理 shìlǐ
事态 shìtài
事项 shìxiàng
事宜 shìyí
势头 shì·tou
侍 shì
侍从 shìcóng
侍奉 shìfèng
侍候 shìhòu
侍卫 shìwèi
饰 shì
试点 shìdiǎn
试剂 shìjì
试卷 shìjuàn
试看 shìkàn
试探 shì·tan
试题 shìtí
试问 shìwèn
试想 shìxiǎng
试行 shìxíng
试用 shìyòng
试纸 shìzhǐ
视察 shìchá
视角 shìjiǎo

视力 shìlì
视图 shìtú
视网膜 shìwǎngmó
柿子 shì·zi
拭 shì
适度 shìdù
适量 shìliàng
适时 shìshí
适中 shìzhōng
恃 shì
逝 shì
舐 shì
嗜 shì
嗜好 shìhào
誓 shì
誓言 shìyán
噬 shì
螫 shì
收藏 shōucáng
收场 shōuchǎng
收成 shōu·cheng
收发 shōufā
收复 shōufù
收割 shōugē
收工 shōugōng
收缴 shōujiǎo
收看 shōukàn
收敛 shōuliǎn
收留 shōuliú
收录 shōulù
收买 shōumǎi
收取 shōuqǔ
收容 shōuróng
收听 shōutīng
收效 shōuxiào
收养 shōuyǎng
手背 shǒubèi
手册 shǒucè
手稿 shǒugǎo
手巾 shǒu·jīn
手绢儿 shǒujuànr
手铐 shǒukào
手帕 shǒupà
手软 shǒuruǎn
手套 shǒutào

手腕 shǒuwàn
手下 shǒuxià
手心 shǒuxīn
手艺 shǒuyì
手杖 shǒuzhàng
手足 shǒuzú
守备 shǒubèi
守法 shǒufǎ
守候 shǒuhòu
守护 shǒuhù
守旧 shǒujiù
守卫 shǒuwèi
守则 shǒuzé
首创 shǒuchuàng
首府 shǒufǔ
首届 shǒujiè
首脑 shǒunǎo
首饰 shǒu·shì
首尾 shǒuwěi
首席 shǒuxí
首相 shǒuxiàng
寿 shòu
受挫 shòucuò
受害 shòuhài
受贿 shòuhuì
受奖 shòujiǎng
受戒 shòujiè
受惊 shòujīng
受苦 shòukǔ
受累 shòulěi
受累 shòulèi
受理 shòulǐ
受命 shòumìng
受难 shòunàn
受骗 shòupiàn
受气 shòuqì
受热 shòurè
受训 shòuxùn
受益 shòuyì
受灾 shòuzāi
受制 shòuzhì
受阻 shòuzǔ
受罪 shòuzuì
授粉 shòufěn
授课 shòukè

授权 shòuquán
授予 shòuyǔ
售 shòu
兽医 shòuyī
瘦弱 shòuruò
瘦小 shòuxiǎo
书法 shūfǎ
书房 shūfáng
书画 shūhuà
书架 shūjià
书局 shūjú
书卷 shūjuàn
书刊 shūkān
书目 shūmù
书生 shūshēng
书信 shūxìn
书院 shūyuàn
书桌 shūzhuō
抒发 shūfā
枢 shū
枢纽 shūniǔ
倏然 shūrán
梳理 shūlǐ
梳子 shū·zi
舒 shū
舒畅 shūchàng
舒坦 shū·tan
舒展 shūzhǎn
舒张 shūzhāng
疏导 shūdǎo
疏忽 shū·hu
疏散 shūsàn
疏松 shūsōng
疏通 shūtōng
疏远 shūyuǎn
孰 shú
赎 shú
赎罪 shúzuì
熟人 shúrén
熟睡 shúshuì
熟知 shúzhī
暑 shǔ
暑假 shǔjià
署 shǔ
署名 shǔmíng

蜀 Shǔ
曙光 shǔguāng
述评 shùpíng
述说 shùshuō
树丛 shùcóng
树冠 shùguān
树苗 shùmiáo
树脂 shùzhī
竖立 shùlì
恕 shù
庶民 shùmín
数额 shù'é
数码 shùmǎ
刷新 shuāxīn
衰 shuāi
衰败 shuāibài
衰减 shuāijiǎn
衰竭 shuāijié
衰落 shuāiluò
衰弱 shuāiruò
衰退 shuāituì
衰亡 shuāiwáng
摔跤 shuāijiāo
帅 shuài
率先 shuàixiān
栓 shuān
涮 shuàn
双边 shuāngbiān
双重 shuāngchóng
双亲 shuāngqīn
双向 shuāngxiàng
双语 shuāngyǔ
霜冻 shuāngdòng
霜期 shuāngqī
爽 shuǎng
爽快 shuǎng·kuai
爽朗 shuǎnglǎng
水泵 shuǐbèng
水兵 shuǐbīng
水波 shuǐbō
水草 shuǐcǎo
水产 shuǐchǎn
水车 shuǐchē
水花 shuǐhuā
水火 shuǐhuǒ

水晶 shuǐjīng
水井 shuǐjǐng
水力 shuǐlì
水龙头 shuǐlóngtóu
水陆 shuǐlù
水路 shuǐlù
水鸟 shuǐniǎo
水牛 shuǐniú
水情 shuǐqíng
水渠 shuǐqú
水势 shuǐshì
水塔 shuǐtǎ
水獭 shuǐtǎ
水土 shuǐtǔ
水系 shuǐxì
水仙 shuǐxiān
水乡 shuǐxiāng
水箱 shuǐxiāng
水星 shuǐxīng
水性 shuǐxìng
水域 shuǐyù
水运 shuǐyùn
水灾 shuǐzāi
水闸 shuǐzhá
水质 shuǐzhì
水肿 shuǐzhǒng
水准 shuǐzhǔn
税额 shuì'é
税法 shuìfǎ
税利 shuìlì
税率 shuìlù
税务 shuìwù
睡梦 shuìmèng
睡意 shuìyì
吮 shǔn
顺便 shùnbiàn
顺从 shùncóng
顺风 shùnfēng
顺口 shùnkǒu
顺势 shùnshì
顺心 shùnxīn
顺眼 shùnyǎn
顺应 shùnyìng
舜 Shùn
瞬时 shùnshí

说唱 shuōchàng
说穿 shuōchuān
说谎 shuōhuǎng
说教 shuōjiào
说理 shuōlǐ
说笑 shuōxiào
硕大 shuòdà
硕士 shuòshì
司空见惯
    sīkōng-jiànguàn
丝绸 sīchóu
丝绒 sīróng
丝线 sīxiàn
私产 sīchǎn
私法 sīfǎ
私立 sīlì
私利 sīlì
私事 sīshì
私塾 sīshú
私下 sīxià
私心 sīxīn
私语 sīyǔ
私自 sīzì
思辨 sībiàn
思忖 sīcǔn
思量 sī·liang
思虑 sīlù
思念 sīniàn
思绪 sīxù
斯文 sīwén
厮杀 sīshā
撕 sī
撕毁 sīhuǐ
嘶哑 sīyǎ
死板 sǐbǎn
死活 sǐhuó
死寂 sǐjì
死伤 sǐshāng
死神 sǐshén
死守 sǐshǒu
四季 sìjì
四散 sìsàn
四时 sìshí
四外 sìwài
四围 sìwéi

寺庙 sìmiào
似是而非
    sìshì-érfēi
伺机 sìjī
祀 sì
饲 sì
俟 sì
肆无忌惮
    sìwú-jìdàn
肆意 sìyì
嗣 sì
松动 sōngdòng
松软 sōngruǎn
松散 sōngsǎn
松手 sōngshǒu
松鼠 sōngshǔ
松懈 sōngxiè
怂恿 sǒngyǒng
耸 sǒng
耸立 sǒnglì
讼 sòng
送别 sòngbié
送礼 sònglǐ
送气 sòngqì
送行 sòngxíng
送葬 sòngzàng
诵 sòng
诵读 sòngdú
颂 sòng
颂扬 sòngyáng
搜 sōu
搜捕 sōubǔ
搜查 sōuchá
搜刮 sōuguā
搜罗 sōuluó
搜索 sōusuǒ
搜寻 sōuxún
苏醒 sūxǐng
酥 sū
俗话 súhuà
俗名 súmíng
俗人 súrén
俗语 súyǔ
诉 sù
诉苦 sùkǔ

诉说 sùshuō
肃穆 sùmù
肃清 sùqīng
素来 sùlái
素描 sùmiáo
素养 sùyǎng
速成 sùchéng
速写 sùxiě
宿营 sùyíng
粟 sù
塑 sù
塑像 sùxiàng
溯 sù
酸痛 suāntòng
酸雨 suānyǔ
酸枣 suānzǎo
蒜 suàn
算计 suàn·jì
算命 suànmìng
算盘 suàn·pán
算术 suànshù
算账 suànzhàng
绥 suí
随处 suíchù
随从 suícóng
随军 suíjūn
随身 suíshēn
随同 suítóng
随心所欲
    suíxīnsuǒyù
岁数 suì·shu
隧道 suìdào
孙女 sūn·nǚ
损 sǔn
损坏 sǔnhuài
笋 sǔn
唆使 suōshǐ
梭 suō
蓑衣 suōyī
缩减 suōjiǎn
缩影 suōyǐng
索取 suǒqǔ
索性 suǒxìng
琐事 suǒshì
琐碎 suǒsuì

锁链 suǒliàn

T

他乡 tāxiāng
塌 tā
拓 tà
榻 tà
踏步 tàbù
胎盘 tāipán
胎生 tāishēng
台词 táicí
台灯 táidēng
台阶 táijiē
台子 tái·zi
抬升 táishēng
太后 tàihòu
太监 tài·jiàn
太子 tàizǐ
汰 tài
态势 tàishì
钛 tài
泰 tài
泰山 tàishān
坍塌 tāntā
贪 tān
贪婪 tānlán
贪图 tāntú
贪污 tānwū
摊贩 tānfàn
摊派 tānpài
摊子 tān·zi
滩涂 tāntú
瘫痪 tānhuàn
坛 tán
坛子 tán·zi
谈天 tántiān
谈吐 tántǔ
谈心 tánxīn
弹劾 tánhé
弹力 tánlì
弹跳 tántiào
谭 Tán
潭 tán
坦白 tǎnbái
坦然 tǎnrán
坦率 tǎnshuài

毯子 tǎn·zi
叹气 tànqì
炭 tàn
探究 tànjiū
探亲 tànqīn
探求 tànqiú
探视 tànshì
探听 tàntīng
探头 tàntóu
探望 tànwàng
探问 tànwèn
探险 tànxiǎn
探寻 tànxún
探询 tànxún
堂皇 tánghuáng
搪瓷 tángcí
搪塞 tángsè
糖果 tángguǒ
糖尿病
　　tángniàobìng
螳螂 tángláng
倘使 tǎngshǐ
淌 tǎng
烫伤 tàngshāng
涛 tāo
绦虫 tāochóng
滔滔 tāotāo
逃兵 táobīng
逃窜 táocuàn
逃荒 táohuāng
逃命 táomìng
逃难 táonàn
逃脱 táotuō
逃亡 táowáng
逃学 táoxué
桃李 táolǐ
桃子 táo·zi
陶瓷 táocí
陶器 táoqì
陶醉 táozuì
淘 táo
淘气 táoqì
讨伐 tǎofá
讨饭 tǎofàn
讨好 tǎohǎo

套用 tàoyòng
特产 tèchǎn
特长 tècháng
特技 tèjì
特例 tèlì
特派 tèpài
特区 tèqū
特赦 tèshè
特写 tèxiě
特许 tèxǔ
特异 tèyì
特约 tèyuē
特制 tèzhì
特质 tèzhì
特种 tèzhǒng
疼爱 téng'ài
腾飞 téngfēi
腾空 téngkōng
滕 Téng
藤萝 téngluó
剔除 tīchú
梯 tī
梯田 tītián
梯形 tīxíng
梯子 tī·zi
提案 tí'àn
提拔 tíbá
提包 tíbāo
提成 tíchéng
提纯 tíchún
提纲 tígāng
提货 tíhuò
提交 tíjiāo
提留 tíliú
提名 tímíng
提琴 tíqín
提请 tíqǐng
提升 tíshēng
提示 tíshì
提问 tíwèn
提携 tíxié
提早 tízǎo
啼 tí
啼哭 tíkū
啼笑皆非

tíxiào-jiēfēi
题词 tící
蹄 tí
蹄子 tí·zi
体察 tǐchá
体罚 tǐfá
体格 tǐgé
体检 tǐjiǎn
体谅 tǐliàng
体面 tǐmiàn
体魄 tǐpò
体态 tǐtài
体贴 tǐtiē
体味 tǐwèi
体形 tǐxíng
体型 tǐxíng
体液 tǐyè
体育场 tǐyùchǎng
体育馆 tǐyùguǎn
体征 tǐzhēng
剃 tì
剃头 tìtóu
替换 tìhuàn
天边 tiānbiān
天窗 tiānchuāng
天敌 tiāndí
天赋 tiānfù
天国 tiānguó
天花 tiānhuā
天花板 tiānhuābǎn
天际 tiānjì
天经地义
　　tiānjīng-dìyì
天井 tiānjǐng
天理 tiānlǐ
天亮 tiānliàng
天明 tiānmíng
天命 tiānmìng
天幕 tiānmù
天平 tiānpíng
天色 tiānsè
天时 tiānshí
天使 tiānshǐ
天书 tiānshū
天堂 tiāntáng

天外 tiānwài
天线 tiānxiàn
天象 tiānxiàng
天性 tiānxìng
天涯 tiānyá
天灾 tiānzāi
天职 tiānzhí
天资 tiānzī
天子 tiānzǐ
添置 tiānzhì
田赋 tiánfù
田埂 tiángěng
田亩 tiánmǔ
田鼠 tiánshǔ
田园 tiányuán
恬静 tiánjìng
甜菜 tiáncài
甜美 tiánměi
甜蜜 tiánmì
填补 tiánbǔ
填充 tiánchōng
填空 tiánkòng
填塞 tiánsè
填写 tiánxiě
舔 tiǎn
挑剔 tiāo·ti
挑子 tiāo·zi
条理 tiáolǐ
条文 tiáowén
条子 tiáo·zi
调剂 tiáojì
调价 tiáojià
调控 tiáokòng
调配 tiáopèi
调皮 tiáopí
调试 tiáoshì
调停 tiáo·tíng
调制 tiáozhì
挑拨 tiǎobō
挑衅 tiǎoxìn
跳望 tiàowàng
跳板 tiàobǎn
跳高 tiàogāo
跳水 tiàoshuǐ
跳蚤 tiào·zao

贴近 tiējìn	通风 tōngfēng	统一体 tǒngyītǐ	突袭 tūxí	推想 tuīxiǎng
贴切 tiēqiè	通告 tōnggào	统制 tǒngzhì	图表 túbiǎo	推卸 tuīxiè
帖 tiě	通航 tōngháng	捅 tǒng	图解 tújiě	推选 tuīxuǎn
铁道 tiědào	通话 tōnghuà	痛斥 tòngchì	图景 tújǐng	推演 tuīyǎn
铁轨 tiěguǐ	通婚 tōnghūn	痛楚 tòngchǔ	图谋 túmóu	推移 tuīyí
铁匠 tiě·jiàng	通货 tōnghuò	痛恨 tònghèn	图片 túpiàn	颓废 tuífèi
铁青 tiěqīng	通令 tōnglìng	痛觉 tòngjué	图腾 túténg	颓然 tuírán
铁丝 tiěsī	通路 tōnglù	痛哭 tòngkū	图像 túxiàng	颓丧 tuísàng
铁索 tiěsuǒ	通气 tōngqì	痛心 tòngxīn	图样 túyàng	腿脚 tuǐjiǎo
铁蹄 tiětí	通融 tōngróng	偷懒 tōulǎn	徒步 túbù	退步 tuìbù
铁锨 tiěxiān	通商 tōngshāng	偷窃 tōuqiè	徒弟 tú·dì	退还 tuìhuán
帖 tiè	通俗 tōngsú	偷袭 tōuxí	徒工 túgōng	退回 tuìhuí
厅堂 tīngtáng	通宵 tōngxiāo	头等 tóuděng	徒然 túrán	退路 tuìlù
听从 tīngcóng	通晓 tōngxiǎo	头骨 tóugǔ	徒手 túshǒu	退却 tuìquè
听候 tīnghòu	通行 tōngxíng	头号 tóuhào	徒刑 túxíng	退让 tuìràng
听讲 tīngjiǎng	通则 tōngzé	头巾 tóujīn	途 tú	退守 tuìshǒu
听课 tīngkè	同班 tóngbān	头盔 tóukuī	涂料 túliào	退缩 tuìsuō
听任 tīngrèn	同辈 tóngbèi	头颅 tóulú	涂抹 túmǒ	退位 tuìwèi
听筒 tīngtǒng	同步 tóngbù	头目 tóumù	屠 tú	退伍 tuìwǔ
听信 tīngxìn	同感 tónggǎn	头疼 tóuténg	屠刀 túdāo	退学 tuìxué
廷 tíng	同居 tóngjū	头痛 tóutòng	屠宰 túzǎi	蜕 tuì
亭 tíng	同龄 tónglíng	头衔 tóuxián	土产 tǔchǎn	蜕变 tuìbiàn
亭子 tíng·zi	同盟 tóngméng	头绪 tóuxù	土豆 tǔdòu	蜕化 tuìhuà
庭审 tíngshěn	同名 tóngmíng	头子 tóu·zi	土星 tǔxīng	蜕皮 tuìpí
庭院 tíngyuàn	同位素 tóngwèisù	投案 tóu'àn	土语 tǔyǔ	褪 tuì
停办 tíngbàn	同乡 tóngxiāng	投保 tóubǎo	土质 tǔzhì	吞 tūn
停泊 tíngbó	同心 tóngxīn	投奔 tóubèn	土著 tǔzhù	吞并 tūnbìng
停车 tíngchē	同性 tóngxìng	投标 tóubiāo	吐血 tùxiě	吞没 tūnmò
停放 tíngfàng	同姓 tóngxìng	投递 tóudì	吐露 tǔlù	吞食 tūnshí
停刊 tíngkān	佟 Tóng	投放 tóufàng	湍急 tuānjí	吞噬 tūnshì
停息 tíngxī	铜板 tóngbǎn	投考 tóukǎo	团队 tuánduì	吞吐 tūntǔ
停歇 tíngxiē	铜臭 tóngxiù	投靠 tóukào	团伙 tuánhuǒ	吞咽 tūnyàn
停业 tíngyè	铜钱 tóngqián	投票 tóupiào	团聚 tuánjù	屯 tún
停战 tíngzhàn	童 tóng	投射 tóushè	团圆 tuányuán	囤 tún
停滞 tíngzhì	童工 tónggōng	投身 tóushēn	推迟 tuīchí	囤积 túnjī
挺拔 tǐngbá	童心 tóngxīn	投诉 tóusù	推崇 tuīchóng	臀 tún
挺进 tǐngjìn	童子 tóngzǐ	投影 tóuyǐng	推辞 tuīcí	拖车 tuōchē
挺立 tǐnglì	瞳孔 tóngkǒng	投掷 tóuzhì	推导 tuīdǎo	拖累 tuōlěi
挺身 tǐngshēn	统称 tǒngchēng	透彻 tòuchè	推倒 tuīdǎo	拖欠 tuōqiàn
艇 tǐng	统筹 tǒngchóu	透亮 tòu·liang	推定 tuīdìng	拖鞋 tuōxié
通报 tōngbào	统购 tǒnggòu	透气 tòuqì	推断 tuīduàn	拖延 tuōyán
通畅 tōngchàng	统领 tǒnglǐng	透视 tòushì	推举 tuījǔ	托管 tuōguǎn
通车 tōngchē	统帅 tǒngshuài	秃顶 tūdǐng	推力 tuīlì	托盘 tuōpán
通称 tōngchēng	统率 tǒngshuài	突起 tūqǐ	推敲 tuīqiāo	脱节 tuōjié
通达 tōngdá	统辖 tǒngxiá	突围 tūwéi	推算 tuīsuàn	脱口 tuōkǒu

脱身 tuōshēn
脱水 tuōshuǐ
脱胎 tuōtāi
脱险 tuōxiǎn
脱销 tuōxiāo
驮 tuó
陀螺 tuóluó
驼 tuó
驼背 tuóbèi
妥 tuǒ
妥当 tuǒ·dàng
妥善 tuǒshàn
椭圆 tuǒyuán
拓 tuò
唾 tuò
唾沫 tuò·mo
唾液 tuòyè

W

挖苦 wā·ku
挖潜 wāqián
洼 wā
洼地 wādì
蛙 wā
瓦解 wǎjiě
瓦砾 wǎlì
瓦斯 wǎsī
袜 wà
袜子 wà·zi
外币 wàibì
外宾 wàibīn
外出 wàichū
外感 wàigǎn
外公 wàigōng
外观 wàiguān
外海 wàihǎi
外行 wàiháng
外号 wàihào
外籍 wàijí
外加 wàijiā
外流 wàiliú
外露 wàilù
外貌 wàimào
外婆 wàipó
外人 wàirén
外伤 wàishāng

外省 wàishěng
外事 wàishì
外套 wàitào
外围 wàiwéi
外文 wàiwén
外线 wàixiàn
外销 wàixiāo
外延 wàiyán
外衣 wàiyī
外因 wàiyīn
外债 wàizhài
外长 wàizhǎng
外族 wàizú
外祖父 wàizǔfù
外祖母 wàizǔmǔ
弯路 wānlù
剜 wān
湾 wān
丸 wán
完工 wángōng
完好 wánhǎo
完结 wánjié
完满 wánmǎn
玩弄 wánnòng
玩赏 wánshǎng
玩耍 wánshuǎ
玩味 wánwèi
玩物 wánwù
玩意儿 wányìr
顽固 wángù
顽皮 wánpí
宛如 wǎnrú
挽回 wǎnhuí
挽救 wǎnjiù
挽留 wǎnliú
晚报 wǎnbào
晚辈 wǎnbèi
晚会 wǎnhuì
晚婚 wǎnhūn
晚年 wǎnnián
晚霞 wǎnxiá
惋惜 wǎnxī
婉转 wǎnzhuǎn
皖 Wǎn
万恶 wàn'è

万国 wànguó
万能 wànnéng
万岁 wànsuì
万紫千红
　　wànzǐ-qiānhóng
腕 wàn
蔓 wàn
汪洋 wāngyáng
亡灵 wánglíng
王府 wángfǔ
王宫 wánggōng
王冠 wángguān
王后 wánghòu
王室 wángshì
王位 wángwèi
王子 wángzǐ
网点 wǎngdiǎn
网罗 wǎngluó
网球 wǎngqiú
枉 wǎng
往常 wǎngcháng
往返 wǎngfǎn
往复 wǎngfù
往年 wǎngnián
往日 wǎngrì
往事 wǎngshì
往昔 wǎngxī
妄 wàng
妄图 wàngtú
妄想 wàngxiǎng
忘恩负义
　　wàng'ēn-fùyì
忘怀 wànghuái
忘情 wàngqíng
忘却 wàngquè
忘我 wàngwǒ
旺季 wàngjì
危 wēi
危及 wēijí
危急 wēijí
危难 wēinàn
危亡 wēiwáng
威 wēi
威风 wēifēng
威吓 wēihè

威望 wēiwàng
威武 wēiwǔ
威严 wēiyán
微波 wēibō
微风 wēifēng
微机 wēijī
微妙 wēimiào
微细 wēixì
微型 wēixíng
巍峨 wēi'é
韦 wéi
为害 wéihài
违 wéi
违犯 wéifàn
违抗 wéikàng
违心 wéixīn
违约 wéiyuē
违章 wéizhāng
围攻 wéigōng
围观 wéiguān
围巾 wéijīn
围困 wéikùn
围棋 wéiqí
围墙 wéiqiáng
围裙 wéi·qún
桅杆 wéigān
帷幕 wéimù
唯恐 wéikǒng
唯一 wéiyī
唯有 wéiyǒu
维 wéi
维系 wéixì
伟 wěi
伟人 wěirén
伪善 wěishàn
伪造 wěizào
伪装 wěizhuāng
苇 wěi
尾声 wěishēng
尾随 wěisuí
纬线 wěixiàn
委 wěi
委派 wěipài
委任 wěirèn
委婉 wěiwǎn

萎 wěi
萎缩 wěisuō
卫兵 wèibīng
卫队 wèiduì
卫士 wèishì
未尝 wèicháng
未免 wèimiǎn
未遂 wèisuì
未能 wèinéng
位子 wèi·zi
味觉 wèijué
畏 wèi
畏惧 wèijù
畏缩 wèisuō
胃口 wèikǒu
胃液 wèiyè
谓语 wèiyǔ
喂养 wèiyǎng
蔚蓝 wèilán
慰藉 wèijiè
慰劳 wèiláo
慰问 wèiwèn
温饱 wēnbǎo
温差 wēnchā
温存 wēncún
温情 wēnqíng
温泉 wēnquán
温室 wēnshì
温顺 wēnshùn
温馨 wēnxīn
瘟 wēn
瘟疫 wēnyì
文本 wénběn
文笔 wénbǐ
文法 wénfǎ
文风 wénfēng
文官 wénguān
文集 wénjí
文教 wénjiào
文静 wénjìng
文具 wénjù
文科 wénkē
文盲 wénmáng
文凭 wénpíng
文书 wénshū

文坛 wéntán	诬陷 wūxiàn	武功 wǔgōng	悉 xī	瞎子 xiā·zi
文体 wéntǐ	屋脊 wūjǐ	武生 wǔshēng	惜 xī	匣 xiá
文武 wénwǔ	屋檐 wūyán	武士 wǔshì	稀薄 xībó	匣子 xiá·zi
文选 wénxuǎn	无边 wúbiān	武术 wǔshù	稀饭 xīfàn	峡 xiá
文雅 wényǎ	无常 wúcháng	武艺 wǔyì	稀罕 xī·han	峡谷 xiágǔ
文言 wényán	无偿 wúcháng	侮辱 wǔrǔ	稀奇 xīqí	狭长 xiácháng
文娱 wényú	无耻 wúchǐ	捂 wǔ	稀释 xīshì	狭小 xiáxiǎo
纹理 wénlǐ	无端 wúduān	舞弊 wǔbì	稀疏 xīshū	遐想 xiáxiǎng
纹饰 wénshì	无辜 wúgū	舞步 wǔbù	稀有 xīyǒu	辖 xiá
闻名 wénmíng	无故 wúgù	舞场 wǔchǎng	犀利 xīlì	辖区 xiáqū
蚊虫 wénchóng	无尽 wújìn	舞动 wǔdòng	溪 xī	霞 xiá
蚊帐 wénzhàng	无赖 wúlài	舞会 wǔhuì	溪流 xīliú	下巴 xià·ba
吻合 wěnhé	无理 wúlǐ	舞女 wǔnǚ	蜥蜴 xīyì	下笔 xiàbǐ
紊乱 wěnluàn	无量 wúliàng	舞曲 wǔqǔ	熄 xī	下等 xiàděng
稳步 wěnbù	无聊 wúliáo	舞厅 wǔtīng	熄灯 xīdēng	下跌 xiàdiē
稳产 wěnchǎn	无奈 wúnài	舞姿 wǔzī	膝 xī	下海 xiàhǎi
稳当 wěn·dang	无能 wúnéng	务必 wùbì	嬉戏 xīxì	下课 xiàkè
稳固 wěngù	无视 wúshì	务农 wùnóng	习气 xíqì	下流 xiàliú
稳健 wěnjiàn	无私 wúsī	物产 wùchǎn	习题 xítí	下马 xiàmǎ
稳妥 wěntuǒ	无损 wúsǔn	物件 wùjiàn	习作 xízuò	下手 xiàshǒu
稳重 wěnzhòng	无望 wúwàng	物象 wùxiàng	席卷 xíjuǎn	下台 xiàtái
问答 wèndá	无畏 wúwèi	悟 wù	席位 xíwèi	下文 xiàwén
问号 wènhào	无谓 wúwèi	悟性 wùxìng	席子 xí·zi	下行 xiàxíng
问候 wènhòu	无误 wúwù	晤 wù	袭 xí	下野 xiàyě
问卷 wènjuàn	无暇 wúxiá	雾气 wùqì	洗涤 xǐdí	下肢 xiàzhī
翁 wēng	无心 wúxīn		洗礼 xǐlǐ	吓唬 xià·hu
瓮 wèng	无须 wúxū	**X**	洗刷 xǐshuā	吓人 xiàrén
涡 wō	无需 wúxū	夕 xī	铣 xǐ	夏令 xiàlìng
涡流 wōliú	无遗 wúyí	夕阳 xīyáng	喜好 xǐhào	仙鹤 xiānhè
窝头 wōtóu	无益 wúyì	兮 xī	喜庆 xǐqìng	仙境 xiānjìng
蜗牛 wōniú	无垠 wúyín	西服 xīfú	喜鹊 xǐquè	仙女 xiānnǚ
卧床 wòchuáng	无缘 wúyuán	西红柿 xīhóngshì	喜人 xǐrén	仙人 xiānrén
乌 wū	毋 wú	西天 xītiān	喜事 xǐshì	先辈 xiānbèi
乌黑 wūhēi	梧桐 wútóng	西医 xīyī	喜讯 xǐxùn	先导 xiāndǎo
乌鸦 wūyā	五谷 wǔgǔ	西域 Xīyù	戏弄 xìnòng	先锋 xiānfēng
乌云 wūyún	五行 wǔxíng	西装 xīzhuāng	戏台 xìtái	先例 xiānlì
乌贼 wūzéi	五脏 wǔzàng	吸毒 xīdú	戏谑 xìxuè	先驱 xiānqū
污秽 wūhuì	午 wǔ	吸盘 xīpán	戏院 xìyuàn	先人 xiānrén
污蔑 wūmiè	午餐 wǔcān	吸食 xīshí	细胞核 xìbāohé	先行 xiānxíng
污浊 wūzhuó	午饭 wǔfàn	吸吮 xīshǔn	细密 xìmì	先知 xiānzhī
巫 wū	午睡 wǔshuì	希冀 xījì	细腻 xìnì	纤 xiān
巫师 wūshī	午夜 wǔyè	昔 xī	细弱 xìruò	纤毛 xiānmáo
呜咽 wūyè	伍 wǔ	昔日 xīrì	细碎 xìsuì	纤细 xiānxì
诬告 wūgào	武打 wǔdǎ	析出 xīchū	细微 xìwēi	掀 xiān
	武断 wǔduàn	唏嘘 xīxū	细则 xìzé	鲜红 xiānhóng
		奚落 xīluò		

鲜美 xiānměi	相称 xiāngchèn	向阳 xiàngyáng	小看 xiǎokàn	胁迫 xiépò
鲜嫩 xiānnèn	相持 xiāngchí	项链 xiàngliàn	小米 xiǎomǐ	挟 xié
闲话 xiánhuà	相处 xiāngchǔ	巷 xiàng	小脑 xiǎonǎo	偕 xié
闲人 xiánrén	相传 xiāngchuán	相机 xiàngjī	小品 xiǎopǐn	斜面 xiémiàn
闲散 xiánsǎn	相得益彰	相貌 xiàngmào	小气 xiǎo·qi	斜坡 xiépō
闲谈 xiántán	xiāngdé-yìzhāng	相片 xiàngpiàn	小巧 xiǎoqiǎo	协调 xiétiáo
闲暇 xiánxiá	相仿 xiāngfǎng	相声 xiàng·sheng	小区 xiǎoqū	携 xié
闲置 xiánzhì	相逢 xiāngféng	象棋 xiàngqí	小人 xiǎorén	携手 xiéshǒu
贤 xián	相符 xiāngfú	象形 xiàngxíng	小生 xiǎoshēng	写法 xiě·fǎ
咸菜 xiáncài	相干 xiānggān	象牙 xiàngyá	小数 xiǎoshù	写生 xiěshēng
涎 xián	相隔 xiānggé	像样 xiàngyàng	小偷 xiǎotōu	写实 xiěshí
娴熟 xiánshú	相间 xiāngjiàn	肖 Xiāo	小腿 xiǎotuǐ	写意 xiěyì
衔接 xiánjiē	相距 xiāngjù	逍遥 xiāoyáo	小雪 xiǎoxuě	写照 xiězhào
舷窗 xiánchuāng	相识 xiāngshí	消沉 xiāochén	小夜曲 xiǎoyèqǔ	写字台 xiězìtái
嫌弃 xiánqì	相思 xiāngsī	消防 xiāofáng	晓 xiǎo	泄漏 xièlòu
嫌疑 xiányí	相宜 xiāngyí	消磨 xiāomó	孝 xiào	泄露 xièlòu
显赫 xiǎnhè	相约 xiāngyuē	消遣 xiāoqiǎn	孝敬 xiàojìng	泄气 xièqì
显明 xiǎnmíng	香火 xiānghuǒ	消融 xiāoróng	孝顺 xiàoshùn	泻 xiè
显眼 xiǎnyǎn	香蕉 xiāngjiāo	消散 xiāosàn	孝子 xiàozǐ	卸 xiè
险恶 xiǎn'è	香料 xiāngliào	消逝 xiāoshì	肖 xiào	屑 xiè
险峻 xiǎnjùn	香炉 xiānglú	消瘦 xiāoshòu	肖像 xiàoxiàng	械 xiè
险情 xiǎnqíng	香水 xiāngshuǐ	消退 xiāotuì	校风 xiàofēng	械斗 xièdòu
险要 xiǎnyào	香甜 xiāngtián	消长 xiāozhǎng	校舍 xiàoshè	亵渎 xièdú
现成 xiànchéng	厢 xiāng	萧 xiāo	校园 xiàoyuán	谢绝 xièjué
现货 xiànhuò	厢房 xiāngfáng	萧条 xiāotiáo	哮喘 xiàochuǎn	心爱 xīn'ài
现款 xiànkuǎn	湘 xiāng	硝 xiāo	笑脸 xiàoliǎn	心病 xīnbìng
现任 xiànrèn	镶 xiāng	硝烟 xiāoyān	笑语 xiàoyǔ	心不在焉
现役 xiànyì	镶嵌 xiāngqiàn	销毁 xiāohuǐ	效法 xiàofǎ	xīnbùzàiyān
限定 xiàndìng	详 xiáng	销路 xiāolù	效劳 xiàoláo	心肠 xīncháng
限额 xiàn'é	详尽 xiángjìn	箫 xiāo	效能 xiàonéng	心得 xīndé
限期 xiànqī	详情 xiángqíng	潇 xiāo	效验 xiàoyàn	心地 xīndì
宪兵 xiànbīng	祥 xiáng	潇洒 xiāosǎ	效用 xiàoyòng	心烦 xīnfán
宪章 xiànzhāng	翔 xiáng	嚣张 xiāozhāng	效忠 xiàozhōng	心房 xīnfáng
宪政 xiànzhèng	享福 xiǎngfú	小便 xiǎobiàn	啸 xiào	心肝 xīngān
陷害 xiànhài	享乐 xiǎnglè	小菜 xiǎocài	楔 xiē	心慌 xīnhuāng
陷阱 xiànjǐng	享用 xiǎngyòng	小肠 xiǎocháng	歇脚 xiējiǎo	心急 xīnjí
陷落 xiànluò	响动 xiǎngdòng	小车 xiǎochē	协 xié	心计 xīnjì
馅儿 xiànr	响亮 xiǎngliàng	小吃 xiǎochī	协和 xiéhé	心悸 xīnjì
霰 xiàn	饷 xiǎng	小丑 xiǎochǒu	协力 xiélì	心境 xīnjìng
乡间 xiāngjiān	想必 xiǎngbì	小调 xiǎodiào	协约 xiéyuē	心坎 xīnkǎn
乡里 xiānglǐ	想见 xiǎngjiàn	小贩 xiǎofàn	协奏曲 xiézòuqǔ	心口 xīnkǒu
乡亲 xiāngqīn	想来 xiǎnglái	小褂 xiǎoguà	邪恶 xié'è	心旷神怡
乡土 xiāngtǔ	想念 xiǎngniàn	小鬼 xiǎoguǐ	邪路 xiélù	xīnkuàng-shényí
乡音 xiāngyīn	向导 xiàngdǎo	小节 xiǎojié	邪气 xiéqì	心力 xīnlì
乡镇 xiāngzhèn	向日葵 xiàngrìkuí	小结 xiǎojié	胁 xié	心律 xīnlǜ

心率 xīnlǜ
心切 xīnqiè
心神 xīnshén
心声 xīnshēng
心室 xīnshì
心酸 xīnsuān
心态 xīntài
心疼 xīnténg
心田 xīntián
心跳 xīntiào
心弦 xīnxián
心胸 xīnxiōng
心虚 xīnxū
心绪 xīnxù
心眼儿 xīnyǎnr
心意 xīnyì
心愿 xīnyuàn
芯 xīn
辛 xīn
辛辣 xīnlà
辛劳 xīnláo
辛酸 xīnsuān
欣然 xīnrán
欣慰 xīnwèi
欣喜 xīnxǐ
新潮 xīncháo
新房 xīnfáng
新婚 xīnhūn
新近 xīnjìn
新居 xīnjū
新郎 xīnláng
新年 xīnnián
新诗 xīnshī
新书 xīnshū
新星 xīnxīng
新秀 xīnxiù
新学 xīnxué
新意 xīnyì
新月 xīnyuè
薪 xīn
薪金 xīnjīn
薪水 xīn·shui
信步 xìnbù
信风 xìnfēng
信封 xìnfēng

信奉 xìnfèng
信服 xìnfú
信函 xìnhán
信件 xìnjiàn
信赖 xìnlài
信使 xìnshǐ
信条 xìntiáo
信托 xìntuō
信誉 xìnyù
信纸 xìnzhǐ
兴办 xīngbàn
兴盛 xīngshèng
兴衰 xīngshuāi
兴亡 xīngwáng
兴旺 xīngwàng
兴修 xīngxiū
星辰 xīngchén
星光 xīngguāng
星空 xīngkōng
星体 xīngtǐ
星座 xīngzuò
猩猩 xīng·xing
腥 xīng
刑场 xíngchǎng
刑期 xíngqī
刑侦 xíngzhēn
邢 Xíng
行车 xíngchē
行程 xíngchéng
行船 xíngchuán
行将 xíngjiāng
行进 xíngjìn
行径 xíngjìng
行礼 xínglǐ
行文 xíngwén
行销 xíngxiāo
行凶 xíngxiōng
行医 xíngyī
行装 xíngzhuāng
形容词 xíngróngcí
型号 xínghào
醒目 xǐngmù
醒悟 xǐngwù
兴高采烈
　xìnggāo-cǎiliè

兴致 xìngzhì
杏儿 xìngr
杏仁 xìngrén
幸 xìng
幸存 xìngcún
幸而 xìng'ér
幸好 xìnghǎo
幸亏 xìngkuī
幸免 xìngmiǎn
幸运 xìngyùn
性爱 xìng'ài
性病 xìngbìng
性急 xìngjí
性命 xìngmìng
性子 xìng·zi
姓氏 xìngshì
凶残 xiōngcán
凶恶 xiōng'è
凶犯 xiōngfàn
凶狠 xiōnghěn
凶猛 xiōngměng
凶手 xiōngshǒu
匈奴 Xiōngnú
汹涌 xiōngyǒng
胸骨 xiōnggǔ
胸怀 xiōnghuái
胸襟 xiōngjīn
胸口 xiōngkǒu
胸腔 xiōngqiāng
胸膛 xiōngtáng
胸有成竹
　xiōngyǒuchéngzhú
雄辩 xióngbiàn
雄厚 xiónghòu
雄浑 xiónghún
雄蕊 xióngruǐ
雄心 xióngxīn
雄性 xióngxìng
雄壮 xióngzhuàng
雄姿 xióngzī
熊猫 xióngmāo
休 xiū
休假 xiūjià
休想 xiūxiǎng
休养 xiūyǎng

休整 xiūzhěng
休止 xiūzhǐ
修补 xiūbǔ
修长 xiūcháng
修订 xiūdìng
修好 xiūhǎo
修剪 xiūjiǎn
修配 xiūpèi
修缮 xiūshàn
修饰 xiūshì
修行 xiū·xíng
修整 xiūzhěng
修筑 xiūzhù
羞 xiū
羞耻 xiūchǐ
羞愧 xiūkuì
羞怯 xiūqiè
羞辱 xiūrǔ
羞涩 xiūsè
朽 xiǔ
秀 xiù
秀才 xiù·cai
秀丽 xiùlì
秀美 xiùměi
秀气 xiù·qi
袖口 xiùkǒu
袖珍 xiùzhēn
袖子 xiù·zi
绣花 xiùhuā
锈 xiù
嗅觉 xiùjué
戌 xū
须要 xūyào
须臾 xūyú
须知 xūzhī
虚构 xūgòu
虚幻 xūhuàn
虚假 xūjiǎ
虚拟 xūnǐ
虚弱 xūruò
虚实 xūshí
虚妄 xūwàng
虚伪 xūwěi
虚无 xūwú
虚线 xūxiàn

虚心 xūxīn
嘘 xū
许久 xǔjiǔ
许诺 xǔnuò
许愿 xǔyuàn
旭日 xùrì
序列 xùliè
序幕 xùmù
序曲 xùqǔ
序数 xùshù
序言 xùyán
叙 xù
叙事 xùshì
叙说 xùshuō
畜牧 xùmù
绪 xù
续 xù
絮 xù
蓄 xù
蓄电池 xùdiànchí
蓄积 xùjī
蓄意 xùyì
宣 xuān
宣称 xuānchēng
宣读 xuāndú
宣讲 xuānjiǎng
宣誓 xuānshì
宣泄 xuānxiè
宣战 xuānzhàn
喧哗 xuānhuá
喧闹 xuānnào
喧嚷 xuānrǎng
喧嚣 xuānxiāo
玄 xuán
悬浮 xuánfú
悬空 xuánkōng
悬念 xuánniàn
悬殊 xuánshū
悬崖 xuányá
旋即 xuánjí
旋涡 xuánwō
选集 xuǎnjí
选民 xuǎnmín
选派 xuǎnpài
选票 xuǎnpiào

选取 xuǎnqǔ
选送 xuǎnsòng
选种 xuǎnzhǒng
癣 xuǎn
炫耀 xuànyào
绚丽 xuànlì
眩晕 xuànyùn
旋风 xuànfēng
渲染 xuànrǎn
削价 xuējià
削减 xuējiǎn
靴 xuē
靴子 xuē·zi
薛 Xuē
穴位 xuéwèi
学报 xuébào
学费 xuéfèi
学风 xuéfēng
学府 xuéfǔ
学界 xuéjiè
学历 xuélì
学龄 xuélíng
学年 xuénián
学期 xuéqī
学识 xuéshí
学士 xuéshì
学位 xuéwèi
学业 xuéyè
学制 xuézhì
雪茄 xuějiā
雪亮 xuěliàng
雪片 xuěpiàn
雪山 xuěshān
雪线 xuěxiàn
雪原 xuěyuán
血汗 xuèhàn
血红 xuèhóng
血迹 xuèjì
血浆 xuèjiāng
血泪 xuèlèi
血脉 xuèmài
血泊 xuèpō
血气 xuèqì
血亲 xuèqīn
血清 xuèqīng

血肉 xuèròu
血色 xuèsè
血糖 xuètáng
血统 xuètǒng
血腥 xuèxīng
血型 xuèxíng
血压 xuèyā
血缘 xuèyuán
勋章 xūnzhāng
熏 xūn
熏陶 xūntáo
薰 xūn
循 xún
旬 xún
寻常 xúncháng
寻根 xúngēn
寻觅 xúnmì
巡 xún
巡回 xúnhuí
巡警 xúnjǐng
巡逻 xúnluó
巡视 xúnshì
训斥 xùnchì
训话 xùnhuà
讯 xùn
讯号 xùnhào
汛 xùn
汛期 xùnqī
迅 xùn
迅猛 xùnměng
驯 xùn
驯服 xùnfú
驯化 xùnhuà
驯鹿 xùnlù
驯养 xùnyǎng
逊 xùn
逊色 xùnsè

Y

丫头 yā·tou
压倒 yādǎo
压低 yādī
压榨 yāzhà
押送 yāsòng
押韵 yāyùn

鸭子 yā·zi
牙膏 yágāo
牙关 yáguān
牙刷 yáshuā
牙龈 yáyín
蚜虫 yáchóng
崖 yá
衙门 yá·men
哑 yǎ
哑巴 yǎ·ba
雅 yǎ
雅致 yǎzhì
轧 yà
亚军 yàjūn
亚麻 yàmá
亚热带 yàrèdài
咽喉 yānhóu
殷红 yānhóng
胭脂 yān·zhi
烟草 yāncǎo
烟尘 yānchén
烟袋 yāndài
烟斗 yāndǒu
烟花 yānhuā
烟灰 yānhuī
烟火 yānhuǒ
烟幕 yānmù
烟筒 yān·tong
烟雾 yānwù
烟叶 yānyè
焉 yān
淹 yān
淹没 yānmò
腌 yān
湮没 yānmò
燕 Yān
延 yán
延迟 yánchí
延缓 yánhuǎn
延期 yánqī
延误 yánwù
严惩 yánchéng
严冬 yándōng
严谨 yánjǐn

严禁 yánjìn
严酷 yánkù
严守 yánshǒu
严正 yánzhèng
言传 yánchuán
言辞 yáncí
言谈 yántán
岩层 yáncéng
岩洞 yándòng
岩浆 yánjiāng
炎热 yánrè
炎症 yánzhèng
沿路 yánlù
沿途 yántú
沿袭 yánxí
沿线 yánxiàn
沿用 yányòng
研读 yándú
研究员 yánjiūyuán
研讨 yántǎo
盐场 yánchǎng
盐分 yánfèn
盐田 yántián
阎 Yán
筵席 yánxí
颜 yán
颜料 yánliào
颜面 yánmiàn
檐 yán
俨然 yǎnrán
衍 yǎn
掩 yǎn
掩蔽 yǎnbì
掩埋 yǎnmái
掩饰 yǎnshì
掩映 yǎnyìng
眼底 yǎndǐ
眼红 yǎnhóng
眼花 yǎnhuā
眼睑 yǎnjiǎn
眼见 yǎnjiàn
眼角 yǎnjiǎo
眼界 yǎnjiè
眼眶 yǎnkuàng
眼力 yǎnlì

眼帘 yǎnlián
眼皮 yǎnpí
眼球 yǎnqiú
眼圈 yǎnquān
眼色 yǎnsè
眼窝 yǎnwō
演技 yǎnjì
演进 yǎnjìn
演示 yǎnshì
演算 yǎnsuàn
演习 yǎnxí
演戏 yǎnxì
演义 yǎnyì
厌烦 yànfán
厌倦 yànjuàn
厌世 yànshì
砚 yàn
艳 yàn
艳丽 yànlì
宴 yàn
宴席 yànxí
验收 yànshōu
谚语 yànyǔ
堰 yàn
雁 yàn
焰 yàn
燕 yàn
燕麦 yànmài
燕子 yàn·zi
央求 yāngqiú
秧歌 yāng·ge
秧苗 yāngmiáo
秧田 yāngtián
扬弃 yángqì
扬言 yángyán
羊羔 yánggāo
阳历 yánglì
阳台 yángtái
阳性 yángxìng
杨柳 yángliǔ
杨梅 yángméi
佯 yáng
洋葱 yángcōng
洋流 yángliú
洋溢 yángyì

157

仰慕 yǎngmù
仰望 yǎngwàng
养病 yǎngbìng
养护 yǎnghù
养活 yǎng·huo
养老 yǎnglǎo
养生 yǎngshēng
养育 yǎngyù
痒 yǎng
样板 yàngbǎn
漾 yàng
夭折 yāozhé
吆喝 yāo·he
妖 yāo
妖怪 yāoguài
妖精 yāo·jing
要挟 yāoxié
腰带 yāodài
腰身 yāoshēn
邀 yāo
尧 Yáo
姚 Yáo
窑 yáo
窑洞 yáodòng
谣言 yáoyán
摇摆 yáobǎi
摇动 yáodòng
摇篮 yáolán
摇曳 yáoyè
徭役 yáoyì
遥控 yáokòng
遥望 yáowàng
瑶 yáo
舀 yǎo
窈窕 yǎotiǎo
药材 yàocái
药店 yàodiàn
药方 yàofāng
药剂 yàojì
药水 yàoshuǐ
要道 yàodào
要地 yàodì
要点 yàodiǎn
要害 yàohài
要好 yàohǎo

要件 yàojiàn
要领 yàolǐng
要命 yàomìng
要人 yàorén
要职 yàozhí
耀 yào
耀眼 yàoyǎn
掖 yē
椰子 yē·zi
噎 yē
冶 yě
野菜 yěcài
野地 yědì
野心 yěxīn
野性 yěxìng
业绩 yèjì
业已 yèyǐ
业主 yèzhǔ
叶柄 yèbǐng
叶绿素 yèlǜsù
叶脉 yèmài
曳 yè
夜班 yèbān
夜空 yèkōng
夜幕 yèmù
夜色 yèsè
夜市 yèshì
夜校 yèxiào
液 yè
液化 yèhuà
液晶 yèjīng
腋 yè
一筹莫展
　yīchóu-mòzhǎn
一点儿 yīdiǎnr
一帆风顺
　yīfān-fēngshùn
一概 yīgài
一举 yījǔ
一流 yīliú
一目了然
　yīmù-liǎorán
一瞥 yīpiē
一气 yīqì
一瞬 yīshùn

一丝不苟
　yīsī-bùgǒu
伊 yī
衣襟 yījīn
衣料 yīliào
衣衫 yīshān
衣食 yīshí
衣物 yīwù
衣着 yīzhuó
医师 yīshī
医务 yīwù
医治 yīzhì
依存 yīcún
依恋 yīliàn
依托 yītuō
依偎 yīwēi
依稀 yīxī
依仗 yīzhàng
仪表 yíbiǎo
夷 yí
宜人 yírén
贻误 yíwù
姨 yí
姨妈 yímā
胰岛素 yídǎosù
胰腺 yíxiàn
移交 yíjiāo
移居 yíjū
遗存 yícún
遗风 yífēng
遗迹 yíjì
遗漏 yílòu
遗弃 yíqì
遗失 yíshī
遗体 yítǐ
遗忘 yíwàng
遗物 yíwù
遗像 yíxiàng
遗言 yíyán
疑虑 yílǜ
疑难 yínán
疑团 yítuán
疑心 yíxīn
已然 yǐrán
已往 yǐwǎng

倚靠 yǐkào
义气 yì·qi
艺人 yìrén
忆 yì
议案 yì'àn
议程 yìchéng
议定 yìdìng
议价 yìjià
议决 yìjué
议题 yìtí
屹立 yìlì
异彩 yìcǎi
异端 yìduān
异国 yìguó
异化 yìhuà
异己 yìjǐ
异体 yìtǐ
异同 yìtóng
异物 yìwù
异乡 yìxiāng
异性 yìxìng
异样 yìyàng
异议 yìyì
异族 yìzú
抑 yì
抑或 yìhuò
抑扬顿挫
　yìyáng-dùncuò
抑郁 yìyù
邑 yì
役使 yìshǐ
译本 yìběn
译文 yìwén
驿站 yìzhàn
疫 yì
疫苗 yìmiáo
益虫 yìchóng
益处 yìchù
逸 yì
翌日 yìrì
意会 yìhuì
意料 yìliào
意念 yìniàn
意想 yìxiǎng
意向 yìxiàng

意愿 yìyuàn
意蕴 yìyùn
意旨 yìzhǐ
溢 yì
毅力 yìlì
熠熠 yìyì
臆造 yìzào
因袭 yīnxí
阴暗 yīn'àn
阴沉 yīnchén
阴极 yīnjí
阴间 yīnjiān
阴冷 yīnlěng
阴历 yīnlì
阴凉 yīnliáng
阴霾 yīnmái
阴森 yīnsēn
阴险 yīnxiǎn
阴性 yīnxìng
阴雨 yīnyǔ
阴郁 yīnyù
阴云 yīnyún
音标 yīnbiāo
音程 yīnchéng
音符 yīnfú
音高 yīngāo
音量 yīnliàng
音律 yīnlǜ
音色 yīnsè
音讯 yīnxùn
音译 yīnyì
音韵 yīnyùn
姻缘 yīnyuán
殷 yīn
殷切 yīnqiè
殷勤 yīnqín
吟 yín
银河 yínhé
银幕 yínmù
银杏 yínxìng
银元 yínyuán
银子 yín·zi
淫 yín
淫秽 yínhuì
寅 yín

尹 yǐn
引发 yǐnfā
引路 yǐnlù
引擎 yǐnqíng
引申 yǐnshēn
引水 yǐnshuǐ
引文 yǐnwén
引诱 yǐnyòu
引证 yǐnzhèng
饮料 yǐnliào
饮水 yǐnshuǐ
隐患 yǐnhuàn
隐居 yǐnjū
隐瞒 yǐnmán
隐秘 yǐnmì
隐没 yǐnmò
隐士 yǐnshì
隐约 yǐnyuē
瘾 yǐn
印发 yìnfā
印花 yìnhuā
印记 yìnjì
印染 yìnrǎn
印行 yìnxíng
印章 yìnzhāng
印证 yìnzhèng
荫庇 yìnbì
应届 yīngjiè
应允 yīngyǔn
英镑 yīngbàng
英俊 yīngjùn
英明 yīngmíng
英武 yīngwǔ
婴 yīng
樱花 yīnghuā
樱桃 yīng·tao
鹦鹉 yīngwǔ
膺 yīng
迎风 yíngfēng
迎合 yínghé
迎面 yíngmiàn
迎亲 yíngqīn
迎头 yíngtóu
迎战 yíngzhàn
荧光 yíngguāng

荧屏 yíngpíng
盈 yíng
盈亏 yíngkuī
盈余 yíngyú
萤 yíng
营地 yíngdì
营房 yíngfáng
营救 yíngjiù
营垒 yínglěi
营造 yíngzào
萦绕 yíngrào
蝇 yíng
赢 yíng
赢利 yínglì
影射 yǐngshè
影像 yǐngxiàng
影院 yǐngyuàn
应变 yìngbiàn
应酬 yìng·chou
应对 yìngduì
应急 yìngjí
应考 yìngkǎo
应邀 yìngyāo
应战 yìngzhàn
应征 yìngzhēng
映照 yìngzhào
硬币 yìngbì
硬度 yìngdù
硬化 yìnghuà
硬件 yìngjiàn
硬性 yìngxìng
拥抱 yōngbào
拥戴 yōngdài
痈 yōng
庸俗 yōngsú
雍 yōng
臃肿 yōngzhǒng
永别 yǒngbié
永生 yǒngshēng
甬道 yǒngdào
咏 yǒng
咏叹调 yǒngtàndiào
泳 yǒng
勇 yǒng

勇猛 yǒngměng
勇士 yǒngshì
蛹 yǒng
踊跃 yǒngyuè
用场 yòngchǎng
用法 yòngfǎ
用工 yònggōng
用功 yònggōng
用劲 yòngjìn
用具 yòngjù
用心 yòngxīn
用意 yòngyì
佣金 yòngjīn
优待 yōudài
优厚 yōuhòu
优化 yōuhuà
优生 yōushēng
优胜 yōushèng
优雅 yōuyǎ
优异 yōuyì
忧 yōu
忧愁 yōuchóu
忧虑 yōulǜ
忧伤 yōushāng
幽暗 yōu'àn
幽静 yōujìng
幽灵 yōulíng
幽深 yōushēn
幽雅 yōuyǎ
悠长 yōucháng
悠然 yōurán
悠闲 yōuxián
悠扬 yōuyáng
由来 yóulái
由衷 yóuzhōng
邮 yóu
邮电 yóudiàn
邮寄 yóujì
邮件 yóujiàn
邮局 yóujú
邮政 yóuzhèng
犹疑 yóuyí
油菜 yóucài
油茶 yóuchá
油井 yóujǐng

油轮 yóulún
油门 yóumén
油墨 yóumò
油腻 yóunì
油漆 yóuqī
油条 yóutiáo
油污 yóuwū
油脂 yóuzhī
游荡 yóudàng
游记 yóujì
游客 yóukè
游览 yóulǎn
游离 yóulí
游历 yóulì
游牧 yóumù
游人 yóurén
游玩 yóuwán
游艺 yóuyì
游子 yóuzǐ
友爱 yǒu'ài
友邦 yǒubāng
友情 yǒuqíng
有偿 yǒucháng
有待 yǒudài
有的放矢
　yǒudì-fàngshǐ
有理 yǒulǐ
有心 yǒuxīn
有形 yǒuxíng
有幸 yǒuxìng
有余 yǒuyú
酉 yǒu
黝黑 yǒuhēi
右面 yòumiàn
右倾 yòuqīng
右翼 yòuyì
幼儿园 yòu'éryuán
幼体 yòutǐ
幼小 yòuxiǎo
幼稚 yòuzhì
佑 yòu
柚子 yòu·zi
诱 yòu
诱发 yòufā

诱惑 yòuhuò
诱因 yòuyīn
釉 yòu
迂 yū
迂回 yūhuí
淤 yū
淤积 yūjī
淤泥 yūní
余额 yú'é
余粮 yúliáng
余年 yúnián
鱼雷 yúléi
鱼鳞 yúlín
鱼苗 yúmiáo
俞 Yú
渔场 yúchǎng
渔船 yúchuán
渔村 yúcūn
渔夫 yúfū
渔民 yúmín
渔网 yúwǎng
隅 yú
逾 yú
逾期 yúqī
逾越 yúyuè
愉悦 yúyuè
榆 yú
虞 yú
愚 yú
愚蠢 yúchǔn
愚昧 yúmèi
愚弄 yúnòng
与日俱增
　yǔrì-jùzēng
宇航 yǔháng
羽毛球 yǔmáoqiú
羽绒 yǔróng
雨点儿 yǔdiǎnr
雨季 yǔjì
雨量 yǔliàng
雨伞 yǔsǎn
雨衣 yǔyī
禹 Yǔ
语词 yǔcí
语调 yǔdiào

语汇 yǔhuì
语录 yǔlù
语重心长
　　yǔzhòng-xīncháng
与会 yùhuì
郁 yù
郁闷 yùmèn
育才 yùcái
育苗 yùmiáo
狱 yù
浴 yù
浴场 yùchǎng
浴池 yùchí
浴室 yùshì
预感 yùgǎn
预见 yùjiàn
预示 yùshì
预想 yùxiǎng
预约 yùyuē
预兆 yùzhào
预知 yùzhī
欲念 yùniàn
谕 yù
遇难 yùnàn
喻 yù
御 yù
寓 yù
寓所 yùsuǒ
寓言 yùyán
寓意 yùyì
寓于 yùyú
愈合 yùhé
愈加 yùjiā
愈益 yùyì
豫 yù
誉 yù
鸳鸯 yuān · yāng
冤 yuān
冤案 yuān'àn
冤枉 yuān · wang
渊 yuān
渊博 yuānbó
渊源 yuānyuán
元宝 yuánbǎo
元旦 yuándàn

元件 yuánjiàn
元老 yuánlǎo
元气 yuánqì
元首 yuánshǒu
元帅 yuánshuài
元宵 yuánxiāo
元音 yuányīn
元月 yuányuè
园地 yuándì
园丁 yuándīng
园林 yuánlín
园艺 yuányì
员工 yuángōng
垣 yuán
原本 yuánběn
原稿 yuángǎo
原告 yuángào
原籍 yuánjí
原价 yuánjià
原煤 yuánméi
原文 yuánwén
原形 yuánxíng
原型 yuánxíng
原样 yuányàng
原野 yuányě
原意 yuányì
原油 yuányóu
原著 yuánzhù
原状 yuánzhuàng
原作 yuánzuò
圆场 yuánchǎng
圆满 yuánmǎn
圆圈 yuánquān
圆润 yuánrùn
圆舞曲 yuánwǔqǔ
圆周 yuánzhōu
圆柱 yuánzhù
圆锥 yuánzhuī
圆桌 yuánzhuō
援 yuán
援兵 yuánbīng
缘由 yuányóu
猿 yuán
猿猴 yuánhóu
猿人 yuánrén

源流 yuánliú
源头 yuántóu
远程 yuǎnchéng
远大 yuǎndà
远古 yuǎngǔ
远航 yuǎnháng
远见 yuǎnjiàn
远近 yuǎnjìn
远景 yuǎnjǐng
远洋 yuǎnyáng
远征 yuǎnzhēng
苑 yuàn
怨恨 yuànhèn
怨气 yuànqì
怨言 yuànyán
院落 yuànluò
院士 yuànshì
约定 yuēdìng
约法 yuēfǎ
约会 yuēhuì
月饼 yuè · bing
月季 yuèjì
月刊 yuèkān
月色 yuèsè
月食 yuèshí
月夜 yuèyè
乐谱 yuèpǔ
乐师 yuèshī
乐团 yuètuán
乐音 yuèyīn
乐章 yuèzhāng
岳 yuè
岳父 yuèfù
岳母 yuèmǔ
阅 yuè
阅兵 yuèbīng
阅历 yuèlì
悦 yuè
悦耳 yuè'ěr
越发 yuèfā
越轨 yuèguǐ
晕 yūn
云彩 yún · cai
云层 yúncéng
云端 yúnduān

云朵 yúnduǒ
云海 yúnhǎi
云集 yúnjí
云雾 yúnwù
云游 yúnyóu
匀称 yún · chèn
允 yǔn
陨石 yǔnshí
孕 yùn
孕妇 yùnfù
孕育 yùnyù
运筹 yùnchóu
运费 yùnfèi
运河 yùnhé
运气 yùn · qi
运送 yùnsòng
运销 yùnxiāo
运载 yùnzài
运作 yùnzuò
晕 yùn
酝酿 yùnniàng
韵律 yùnlǜ
韵味 yùnwèi
蕴 yùn
蕴含 yùnhán
蕴涵 yùnhán

Z

咂 zā
杂费 záfèi
杂技 zájì
杂居 zájū
杂剧 zájù
杂粮 záliáng
杂乱 záluàn
杂事 záshì
杂文 záwén
杂音 záyīn
灾 zāi
灾害 zāihài
灾荒 zāihuāng
灾祸 zāihuò
灾民 zāimín
灾情 zāiqíng
哉 zāi
栽植 zāizhí

栽种 zāizhòng
宰 zǎi
宰割 zǎigē
宰相 zǎixiàng
崽 zǎi
再度 zàidù
再会 zàihuì
再婚 zàihūn
再造 zàizào
在行 zàiháng
在乎 zài · hu
在世 zàishì
在望 zàiwàng
在位 zàiwèi
在意 zàiyì
在职 zàizhí
在座 zàizuò
载体 zàitǐ
载重 zàizhòng
攒 zǎn
暂且 zànqiě
暂行 zànxíng
赞 zàn
赞歌 zàngē
赞赏 zànshǎng
赞颂 zànsòng
赞同 zàntóng
赞许 zànxǔ
赞誉 zànyù
赞助 zànzhù
脏腑 zàngfǔ
葬礼 zànglǐ
葬身 zàngshēn
葬送 zàngsòng
遭殃 zāoyāng
糟糕 zāogāo
糟粕 zāopò
糟蹋 zāo · tà
凿 záo
早春 zǎochūn
早稻 zǎodào
早点 zǎodiǎn
早饭 zǎofàn
早婚 zǎohūn
早年 zǎonián

早熟 zǎoshú	铡 zhá	站立 zhànlì	沼气 zhǎoqì	珍 zhēn
早晚 zǎowǎn	眨巴 zhǎ·ba	站台 zhàntái	沼泽 zhǎozé	珍宝 zhēnbǎo
早先 zǎoxiān	眨眼 zhǎyǎn	蘸 zhàn	召 zhào	珍藏 zhēncáng
枣 zǎo	乍 zhà	张罗 zhāng·luo	召唤 zhàohuàn	珍品 zhēnpǐn
澡 zǎo	诈 zhà	张贴 zhāngtiē	召见 zhàojiàn	珍视 zhēnshì
造反 zàofǎn	诈骗 zhàpiàn	张望 zhāngwàng	兆 zhào	珍惜 zhēnxī
造福 zàofú	栅栏 zhà·lan	章法 zhāngfǎ	诏 zhào	珍稀 zhēnxī
造价 zàojià	炸药 zhàyào	章节 zhāngjié	诏书 zhàoshū	珍重 zhēnzhòng
造句 zàojù	蚱蜢 zhàměng	樟脑 zhāngnǎo	照搬 zhàobān	真迹 zhēnjì
造谣 zàoyáo	榨 zhà	长辈 zhǎngbèi	照办 zhàobàn	真菌 zhēnjūn
造诣 zàoyì	榨取 zhàqǔ	长老 zhǎnglǎo	照常 zhàocháng	真皮 zhēnpí
噪 zào	斋 zhāi	长相 zhǎngxiàng	照管 zhàoguǎn	真切 zhēnqiè
噪声 zàoshēng	摘除 zhāichú	长者 zhǎngzhě	照会 zhàohuì	真情 zhēnqíng
噪音 zàoyīn	宅 zhái	涨潮 zhǎngcháo	照旧 zhàojiù	真丝 zhēnsī
燥 zào	宅子 zhái·zi	掌舵 zhǎngduò	照看 zhàokàn	真相 zhēnxiàng
躁 zào	择菜 zháicài	掌管 zhǎngguǎn	照料 zhàoliào	真心 zhēnxīn
责备 zébèi	债权 zhàiquán	掌权 zhǎngquán	照应 zhàoyìng	真知 zhēnzhī
责成 zéchéng	债券 zhàiquàn	掌心 zhǎngxīn	罩 zhào	真挚 zhēnzhì
责怪 zéguài	寨子 zhài·zi	丈量 zhàngliáng	肇事 zhàoshì	砧 zhēn
责令 zélìng	占卜 zhānbǔ	丈人 zhàng·ren	折腾 zhē·teng	斟 zhēn
责骂 zémà	沾染 zhānrǎn	杖 zhàng	遮蔽 zhēbì	斟酌 zhēnzhuó
责难 zénàn	毡 zhān	帐子 zhàng·zi	遮挡 zhēdǎng	臻 zhēn
责问 zéwèn	粘连 zhānlián	账本 zhàngběn	遮盖 zhēgài	诊 zhěn
择 zé	瞻 zhān	账房 zhàngfáng	遮掩 zhēyǎn	诊所 zhěnsuǒ
择优 zéyōu	瞻仰 zhānyǎng	账目 zhàngmù	折叠 zhédié	诊治 zhěnzhì
泽 zé	斩 zhǎn	障 zhàng	折光 zhéguāng	枕 zhěn
啧啧 zézé	展翅 zhǎnchì	招标 zhāobiāo	折合 zhéhé	阵容 zhènróng
仄 zè	展望 zhǎnwàng	招考 zhāokǎo	折旧 zhéjiù	阵势 zhèn·shì
增补 zēngbǔ	展销 zhǎnxiāo	招徕 zhāolái	折扣 zhékòu	阵亡 zhènwáng
增设 zēngshè	展转 zhǎnzhuǎn	招募 zhāomù	折算 zhésuàn	阵线 zhènxiàn
增生 zēngshēng	战败 zhànbài	招牌 zhāo·pai	折中 zhézhōng	阵营 zhènyíng
增收 zēngshōu	战备 zhànbèi	招聘 zhāopìn	哲 zhé	振作 zhènzuò
增援 zēngyuán	战地 zhàndì	招收 zhāoshōu	哲理 zhélǐ	朕 zhèn
增值 zēngzhí	战犯 zhànfàn	招手 zhāoshǒu	哲人 zhérén	震颤 zhènchàn
憎 zēng	战俘 zhànfú	招致 zhāozhì	辙 zhé	震荡 zhèndàng
憎恨 zēnghèn	战功 zhàngōng	昭 zhāo	褶 zhě	震耳欲聋
憎恶 zēngwù	战壕 zhànháo	朝气 zhāoqì	褶皱 zhězhòu	zhèn'ěr-yùlóng
赠 zèng	战火 zhànhuǒ	朝夕 zhāoxī	浙 Zhè	震撼 zhènhàn
赠送 zèngsòng	战绩 zhànjì	朝霞 zhāoxiá	蔗 zhè	镇定 zhèndìng
扎根 zhāgēn	战局 zhànjú	朝阳 zhāoyáng	蔗糖 zhètáng	镇静 zhènjìng
扎实 zhā·shi	战栗 zhànlì	着火 zháohuǒ	贞 zhēn	镇守 zhènshǒu
渣滓 zhā·zǐ	战乱 zhànluàn	着迷 zháomí	贞操 zhēncāo	正月 zhēngyuè
轧 zhá	战区 zhànqū	爪 zhǎo	针头 zhēntóu	争辩 zhēngbiàn
闸 zhá	战事 zhànshì	爪牙 zhǎoyá	侦破 zhēnpò	争吵 zhēngchǎo
闸门 zhámén	站岗 zhàngǎng	找寻 zhǎoxún	侦探 zhēntàn	争斗 zhēngdòu

争端 zhēngduān
争光 zhēngguāng
争鸣 zhēngmíng
争气 zhēngqì
争议 zhēngyì
争执 zhēngzhí
征购 zhēnggòu
征集 zhēngjí
征途 zhēngtú
征文 zhēngwén
征询 zhēngxún
征兆 zhēngzhào
症结 zhēngjié
蒸馏 zhēngliú
蒸馏水 zhēngliúshuǐ
蒸汽 zhēngqì
蒸腾 zhēngténg
拯救 zhěngjiù
整编 zhěngbiān
整风 zhěngfēng
整洁 zhěngjié
整数 zhěngshù
整形 zhěngxíng
整修 zhěngxiū
整治 zhěngzhì
正比 zhèngbǐ
正比例 zhèngbǐlì
正步 zhèngbù
正道 zhèngdào
正轨 zhèngguǐ
正极 zhèngjí
正门 zhèngmén
正派 zhèngpài
正气 zhèngqì
正巧 zhèngqiǎo
正视 zhèngshì
正统 zhèngtǒng
正文 zhèngwén
正午 zhèngwǔ
正直 zhèngzhí
正中 zhèngzhōng
正宗 zhèngzōng
证件 zhèngjiàn
证券 zhèngquàn

证人 zhèng·rén
郑重 zhèngzhòng
政变 zhèngbiàn
政法 zhèngfǎ
政界 zhèngjiè
政局 zhèngjú
政客 zhèngkè
政论 zhènglùn
政事 zhèngshì
政体 zhèngtǐ
政务 zhèngwù
支架 zhījià
支流 zhīliú
支票 zhīpiào
支取 zhīqǔ
支柱 zhīzhù
只身 zhīshēn
汁液 zhīyè
芝麻 zhī·ma
知己 zhījǐ
知了 zhīliǎo
知名 zhīmíng
知情 zhīqíng
知晓 zhīxiǎo
知心 zhīxīn
知音 zhīyīn
肢体 zhītǐ
织物 zhīwù
脂 zhī
脂粉 zhīfěn
执 zhí
执笔 zhíbǐ
执法 zhífǎ
执教 zhíjiào
执拗 zhíniù
执勤 zhíqín
执意 zhíyì
执照 zhízhào
执政 zhízhèng
执着 zhízhuó
直播 zhíbō
直肠 zhícháng
直达 zhídá
直属 zhíshǔ
直率 zhíshuài

直爽 zhíshuǎng
侄 zhí
侄女 zhí·nǚ
侄子 zhí·zi
值勤 zhíqín
值日 zhírì
职称 zhíchēng
职位 zhíwèi
植被 zhíbèi
止步 zhǐbù
只管 zhǐguǎn
只消 zhǐxiāo
旨 zhǐ
旨意 zhǐyì
址 zhǐ
纸板 zhǐbǎn
纸币 zhǐbì
纸浆 zhǐjiāng
纸烟 zhǐyān
纸张 zhǐzhāng
指点 zhǐdiǎn
指甲 zhǐ·jia
指控 zhǐkòng
指南 zhǐnán
指南针 zhǐnánzhēn
指派 zhǐpài
指使 zhǐshǐ
指头 zhǐ·tou
指望 zhǐ·wàng
指纹 zhǐwén
指引 zhǐyǐn
指摘 zhǐzhāi
指针 zhǐzhēn
趾 zhǐ
至多 zhìduō
至上 zhìshàng
志气 zhì·qì
志趣 zhìqù
志向 zhìxiàng
志愿 zhìyuàn
志愿军 zhìyuànjūn
帜 zhì
制备 zhìbèi
制裁 zhìcái
制服 zhìfú

制剂 zhìjì
制图 zhìtú
质地 zhìdì
质朴 zhìpǔ
质问 zhìwèn
炙 zhì
治水 zhìshuǐ
治学 zhìxué
致敬 zhìjìng
致密 zhìmì
致命 zhìmìng
致死 zhìsǐ
致意 zhìyì
桎梏 zhìgù
掷 zhì
窒息 zhìxī
智育 zhìyù
滞留 zhìliú
滞销 zhìxiāo
置换 zhìhuàn
置身 zhìshēn
稚 zhì
稚嫩 zhìnèn
稚气 zhìqì
中层 zhōngcéng
中级 zhōngjí
中间人 zhōngjiānrén
中介 zhōngjiè
中立 zhōnglì
中秋 Zhōngqiū
中途 zhōngtú
中文 Zhōngwén
中西 zhōngxī
中线 zhōngxiàn
中药 zhōngyào
中庸 zhōngyōng
中用 zhōngyòng
中游 zhōngyóu
中止 zhōngzhǐ
中转 zhōngzhuǎn
忠 zhōng
忠厚 zhōnghòu
忠于 zhōngyú
忠贞 zhōngzhēn

终点 zhōngdiǎn
终端 zhōngduān
终归 zhōngguī
终极 zhōngjí
终结 zhōngjié
终了 zhōngliǎo
终日 zhōngrì
终生 zhōngshēng
终止 zhōngzhǐ
盅 zhōng
钟表 zhōngbiǎo
钟点 zhōngdiǎn
衷心 zhōngxīn
肿胀 zhǒngzhàng
种姓 zhǒngxìng
冢 zhǒng
中风 zhòngfēng
中肯 zhòngkěn
中意 zhòngyì
仲 zhòng
仲裁 zhòngcái
众生 zhòngshēng
种地 zhòngdì
种田 zhòngtián
重兵 zhòngbīng
重担 zhòngdàn
重金 zhòngjīn
重任 zhòngrèn
重伤 zhòngshāng
重心 zhòngxīn
重型 zhòngxíng
重音 zhòngyīn
重用 zhòngyòng
舟 zhōu
周报 zhōubào
周到 zhōudào
周而复始 zhōu'érfùshǐ
周刊 zhōukān
周末 zhōumò
周身 zhōushēn
周岁 zhōusuì
周旋 zhōuxuán
周延 zhōuyán
周折 zhōuzhé

洲 zhōu

粥 zhōu

轴线 zhóuxiàn

肘 zhǒu

咒 zhòu

咒骂 zhòumà

昼 zhòu

皱纹 zhòuwén

骤 zhòu

骤然 zhòurán

诛 zhū

珠宝 zhūbǎo

珠子 zhū·zi

株连 zhūlián

诸侯 zhūhóu

诸如此类
　zhūrú-cǐlèi

诸位 zhūwèi

蛛网 zhūwǎng

竹竿 zhúgān

竹笋 zhúsǔn

竹子 zhú·zi

烛 zhú

主办 zhǔbàn

主次 zhǔcì

主峰 zhǔfēng

主干 zhǔgàn

主根 zhǔgēn

主攻 zhǔgōng

主顾 zhǔgù

主机 zhǔjī

主见 zhǔjiàn

主将 zhǔjiàng

主角 zhǔjué

主考 zhǔkǎo

主流 zhǔliú

主人翁
　zhǔrénwēng

主食 zhǔshí

主事 zhǔshì

主线 zhǔxiàn

主演 zhǔyǎn

主宰 zhǔzǎi

主旨 zhǔzhǐ

主子 zhǔ·zi

拄 zhǔ

嘱 zhǔ

嘱托 zhǔtuō

瞩目 zhǔmù

伫立 zhùlì

助教 zhùjiào

助理 zhùlǐ

助长 zhùzhǎng

住处 zhùchù

住户 zhùhù

住家 zhùjiā

住宿 zhùsù

住所 zhùsuǒ

住院 zhùyuàn

住址 zhùzhǐ

贮 zhù

贮备 zhùbèi

注册 zhùcè

注定 zhùdìng

注解 zhùjiě

注目 zhùmù

注射器 zhùshèqì

注释 zhùshì

注销 zhùxiāo

注音 zhùyīn

驻地 zhùdì

驻防 zhùfáng

驻军 zhùjūn

驻守 zhùshǒu

驻扎 zhùzhā

柱子 zhù·zi

祝福 zhùfú

祝愿 zhùyuàn

著称 zhùchēng

著述 zhùshù

著者 zhùzhě

蛀 zhù

铸 zhù

铸造 zhùzào

抓获 zhuāhuò

爪 zhuǎ

爪子 zhuǎ·zi

拽 zhuài

专长 zhuāncháng

专车 zhuānchē

专程 zhuānchéng

专断 zhuānduàn

专横 zhuānhèng

专科 zhuānkē

专款 zhuānkuǎn

专栏 zhuānlán

专卖 zhuānmài

专区 zhuānqū

专人 zhuānrén

专心 zhuānxīn

专一 zhuānyī

专员 zhuānyuán

专职 zhuānzhí

专注 zhuānzhù

专著 zhuānzhù

砖头 zhuāntóu

转播 zhuǎnbō

转产 zhuǎnchǎn

转达 zhuǎndá

转告 zhuǎngào

转机 zhuǎnjī

转嫁 zhuǎnjià

转交 zhuǎnjiāo

转脸 zhuǎnliǎn

转念 zhuǎnniàn

转让 zhuǎnràng

转手 zhuǎnshǒu

转瞬 zhuǎnshùn

转弯 zhuǎnwān

转眼 zhuǎnyǎn

转业 zhuǎnyè

转运 zhuǎnyùn

转战 zhuǎnzhàn

转折 zhuǎnzhé

传记 zhuànjì

转速 zhuànsù

转悠 zhuàn·you

转轴 zhuànzhóu

撰 zhuàn

撰写 zhuànxiě

篆 zhuàn

篆刻 zhuànkè

妆 zhuāng

庄园 zhuāngyuán

庄重 zhuāngzhòng

庄子 zhuāng·zi

装扮 zhuāngbàn

装点 zhuāngdiǎn

装潢 zhuānghuáng

装配 zhuāngpèi

装束 zhuāngshù

装卸 zhuāngxiè

装修 zhuāngxiū

装运 zhuāngyùn

装载 zhuāngzài

壮丁 zhuàngdīng

壮观 zhuàngguān

壮举 zhuàngjǔ

壮丽 zhuànglì

壮烈 zhuàngliè

壮年 zhuàngnián

壮实 zhuàng·shi

壮士 zhuàngshì

壮志 zhuàngzhì

状语 zhuàngyǔ

状元 zhuàng·yuan

撞击 zhuàngjī

追捕 zhuībǔ

追查 zhuīchá

追悼 zhuīdào

追肥 zhuīféi

追赶 zhuīgǎn

追击 zhuījī

追加 zhuījiā

追溯 zhuīsù

追随 zhuīsuí

追问 zhuīwèn

追寻 zhuīxún

追忆 zhuīyì

追踪 zhuīzōng

椎 zhuī

锥 zhuī

锥子 zhuī·zi

坠 zhuì

坠落 zhuìluò

缀 zhuì

赘 zhuì

赘述 zhuìshù

准绳 zhǔnshéng

准时 zhǔnshí

准许 zhǔnxǔ

拙 zhuō

捉拿 zhuōná

灼 zhuó

灼热 zhuórè

茁壮 zhuózhuàng

卓 zhuó

卓著 zhuózhù

浊 zhuó

酌 zhuó

啄 zhuó

着力 zhuólì

着陆 zhuólù

着落 zhuóluò

着实 zhuóshí

着想 zhuóxiǎng

着眼 zhuóyǎn

着意 zhuóyì

姿 zī

兹 zī

资财 zīcái

资方 zīfāng

资历 zīlì

资助 zīzhù

滋 zī

滋补 zībǔ

滋润 zīrùn

滋生 zīshēng

滋养 zīyǎng

滋长 zīzhǎng

籽 zǐ

紫菜 zǐcài

紫外线 zǐwàixiàn

自卑 zìbēi

自大 zìdà

自得 zìdé

自费 zìfèi

自封 zìfēng

自负 zìfù

自给 zìjǐ

自家 zìjiā

自尽 zìjìn

自救 zìjiù

自居 zìjū

自来水 zìláishuǐ

自理 zìlǐ
自立 zìlì
自流 zìliú
自律 zìlǜ
自满 zìmǎn
自强 zìqiáng
自如 zìrú
自始至终 zìshǐ-zhìzhōng
自首 zìshǒu
自述 zìshù
自私 zìsī
自修 zìxiū
自学 zìxué
自以为是 zìyǐwéishì
自制 zìzhì
自重 zìzhòng
自传 zìzhuàn
自尊 zìzūn
字典 zìdiǎn
字号 zìhào
字画 zìhuà
字迹 zìjì
字句 zìjù

字体 zìtǐ
字条 zìtiáo
字形 zìxíng
字义 zìyì
字音 zìyīn
渍 zì
宗法 zōngfǎ
宗派 zōngpài
宗室 zōngshì
棕 zōng
棕榈 zōnglǘ
棕色 zōngsè
踪 zōng
踪迹 zōngjì
踪影 zōngyǐng
鬃 zōng
总称 zǒngchēng
总得 zǒngděi
总队 zǒngduì
总共 zǒnggòng
总管 zǒngguǎn
总归 zǒngguī
总计 zǒngjì
总务 zǒngwù
纵横 zònghéng

纵然 zòngrán
纵容 zòngróng
纵身 zòngshēn
纵深 zòngshēn
纵使 zòngshǐ
纵向 zòngxiàng
粽子 zòng·zi
走动 zǒudòng
走访 zǒufǎng
走私 zǒusī
奏鸣曲 zòumíngqǔ
奏效 zòuxiào
奏章 zòuzhāng
揍 zòu
租借 zūjiè
租金 zūjīn
租赁 zūlìn
租用 zūyòng
足迹 zújì
足见 zújiàn
卒 zú
诅咒 zǔzhòu
阻挡 zǔdǎng
阻隔 zǔgé
阻击 zǔjī

阻拦 zǔlán
阻挠 zǔnáo
阻塞 zǔsè
组建 zǔjiàn
组装 zǔzhuāng
祖传 zǔchuán
钻探 zuāntàn
钻石 zuànshí
钻头 zuàntóu
攥 zuàn
嘴脸 zuǐliǎn
罪过 zuìguò
罪名 zuìmíng
罪孽 zuìniè
罪人 zuìrén
罪证 zuìzhèng
罪状 zuìzhuàng
醉人 zuìrén
醉心 zuìxīn
尊称 zūnchēng
尊贵 zūnguì
遵 zūn
遵从 zūncóng
遵照 zūnzhào

作坊 zuō·fang
左面 zuǒmiàn
左倾 zuǒqīng
左翼 zuǒyì
佐 zuǒ
撮 zuǒ
作案 zuò'àn
作对 zuòduì
作恶 zuòè
作怪 zuòguài
作价 zuòjià
做客 zuòkè
作祟 zuòsuì
作文 zuòwén
坐落 zuòluò
坐镇 zuòzhèn
座舱 zuòcāng
座谈 zuòtán
做工 zuògōng
做功 zuògōng
做人 zuòrén
做声 zuòshēng
做戏 zuòxì
做主 zuòzhǔ

第三部分　朗读说话

第一章　朗　读

　　<u>朗读是指把书面语言转化为形象生动、发音规范的有声语言的再创作活动</u>。
　　朗读不同于一般意义的阅读,它是一种创造性的读书形式,是有声语言的艺术表现形式。它能够让富于技巧、富于情味的声音形象来弥补文字表达的不足。声音美就是需要朗读来实现的。朗读者在理解作品的基础上,激发其内心感受,产生真实的情感,通过富有感染力的声音,准确生动地再现作品的思想内容,再创造文学作品的艺术形象,使听众身临其境地受到感染,引起共鸣,从而加深其对作品的理解。

一、朗读分析及备考策略

（一）朗读测试及其要求

　　普通话水平测试中的"朗读短文"一题,目的是为了测查应试人使用普通话朗读书面作品的水平。在测查声母、韵母、声调读音标准程度的同时,<u>重点测查**连读音变、停连、语调以及朗读的流畅程度**</u>。短文从《普通话水平测试用朗读作品》中选取,60 选 1。评分以朗读作品的前 400 个音节（不含标点符号和括注的音节）为限,限时 4 分钟,满分 30 分。评分标准如下:
　　（1）每错 1 个**音节**,扣 0.1 分;**漏读或增读** 1 个音节,扣 0.1 分。
　　（2）声母或韵母的**系统性语音缺陷**,视程度扣 0.5 分、1 分。
　　（3）**语调偏误**,视程度扣 0.5 分、1 分、2 分。
　　（4）**停连不当**,视程度扣 0.5 分、1 分、2 分。
　　（5）**朗读不流畅**（包括回读）,视程度扣 0.5 分、1 分、2 分。
　　（6）**超时**扣 1 分。
　　综上所述,在普通话朗读测试中,要求应试人在"朗读短文"时尽量做到以下几点:
　　（1）**语音准确**。要求声母、韵母、声调、轻声、变调、儿化等发音标准,读准每一个音节,不出现系统性语音错误。
　　（2）**忠实原文**。要求严格按照卷面显示的文字内容和顺序进行朗读,不丢字、不添字、不颠倒、不改字。

（3）语言流畅。要求朗读过程中语言流畅,停顿合理,节奏适中,语速、停顿、节奏处理得当。应试人在考试过程中要注意时间进度,不要读得过快或者过慢,也不能时快时慢,整体语速应保持均匀。

（4）感情基调准确。要求应试人理解文段大意,恰当地表达自己的感情。感情基调定不准,朗读的效果会大打折扣。

（二）朗读测试准备

1.备考阶段

在准备考试阶段,考生可根据个人的实际情况选择不同的备考策略,主要针对个人薄弱的环节进行练习。普通话水平较高的考生,重点注意把握文章的感情基调,熟悉文章的内容,以免临场紧张;方言口音较重的考生,应多听朗读作品配套录音,通过跟读等方式纠正个人的错误读音;对字音把握不准的考生,应该将把握不准的地方重点标注,反复练习。另外,有许多考生对声调、节奏等不能很好地把握,应结合前文"声调"和"音变"部分多加练习,将声调读准,节奏控制好。总的来说,在备考阶段考生可以从以下几方面进行准备:

（1）理解 60 篇作品的思想内容,准确把握其感情基调。

（2）标记 60 篇作品中容易失误的地方并进行专门的正音、正调训练,重点留意语流音变、多音字等。

（3）理清作品结构,掌握作品的节奏和感情变化。

2.应试阶段

正式考试时,考生首先要控制好自己的情绪,不要太过紧张,读错一两处也不用太在意,尽量不要回读,出现失误的时候,调整情绪和节奏继续进行就可以了。除此之外,正式考试时要尽量避免念读、唱读、念经式朗读、表演式朗读等错误的朗读方式,保持语调自然流畅,避免生硬或浮夸。

（三）朗读技巧

1.停连

停连是指朗读语流中声音的停顿和连接。

在朗读中,那些为表情达意所需要的声音的中断和休止就是停顿;反之,那些声音不中断、不休止,特别是作品中有标点符号而朗读中却不需要中断、休止的地方就是连接。停连是根据作品的内容和语句的目的安排的。一方面,停连是朗读者生理上的需要和语法上的需要。句子有长有短,短句子一口气可以读完,长句子有时候要分成几段来说,好让说话的人换换气,让听话的人思索听到的内容,更好地领会。也就是说,由于语法结构、发音时气息控制、言语表达等需要,要把句段、句群或句子划分为若干个小段落,进行适当的停顿。另一方面,停连更是作品内容、情感表达的需要。生理上的需要要服从于作品内容和情感表达的需要。在适当的地方利用停连,造成声音的暂时中断和延续,能够帮助听众更好地理解和感受作品的思想内容。停顿和连接是有机的统一体,连到好处,停到妙处,会增强语言的表现魅力。

一般可将停顿分为三种:语法停顿、逻辑停顿和感情停顿。

（1）语法停顿

语法停顿是反映语句的语法结构关系的停顿,在书面语中一般以标点符号作为停顿的标志。

语法停顿有两种类型:

①句逗停顿。书面语中的句号、逗号、问号、感叹号、分号、顿号以及冒号、省略号、破折号,都可以表示时间长短不等的语法停顿,停顿的位置不同,显示的语法关系和结构也不相

同。例如：

亲爱的爸爸妈妈,／欢迎您!

亲爱的爸爸,／妈妈欢迎您!

亲爱的,／爸爸妈妈欢迎您!

②语组停顿。句中的主语、谓语之间,述语、宾语之间,较长的联合短语之间,以及较长的介词短语之后,句首状语之后,独立语之前,也可以有语法停顿。例如:

地球上的人／都会有国家的概念,但未必时时都有国家的感情。(主语和谓语之间的停顿)

现在我要回来了,胸前佩戴着／醒目的绿黑两色的解放十字绶带,上面挂着／五六枚我终生难忘的勋章,肩上还佩戴着／军官肩章。(谓语和宾语之间的停顿)

不久／就只见大片大片的雪花,从彤云密布的天空中／飘落下来。(状语、补语和中心词之间的停顿)

（2）逻辑停顿

指为准确表达语意,揭示语言内在联系而形成的语流中声音的顿歇。逻辑停顿没有明确的符号标记,往往是根据表达的内容和语境要求来决定停顿的地方和停顿的时间。例如:

没有／一片绿叶,没有／一缕炊烟。

（3）感情停顿

这种停顿往往是为了突出某种感情,通常出现在感情强烈处,诸如悲痛欲绝、恼怒至极、兴奋异常等。例如:

我仿佛听见几只鸟扑翅的声音,但是／等到我的眼睛注意地看那里时,我却看不见／一只鸟的影子。

2. 重音

重音是指朗读时为了突出主题、表达思想、抒发情感而对句中的某些词语加以突出强调的音节。它是体现语句内容的重要手段。在朗读中,重音位置不同,语意也会随之发生变化。例如:

每次我打电话回家……（不是别人打电话）

每次我打电话回家……（不是偶尔）

每次我打电话回家……（不是干别的）

重音可分为语法重音和强调重音两类。

（1）语法重音

语法重音是根据语法结构的特点表现出来的重音。语法重音的位置比较固定,有规律可循。如短句中的谓语动词、句子中的修饰成分和限制成分;补语、疑问代词、数量结构、拟声词;并列关系、对比关系、转折关系语句中的关联词等。例如:

①东风来了,春天的脚步近了。(主谓结构短句中的谓语部分)

②那醉人的绿呀!仿佛一张极大极大的荷叶铺着,满是奇异的绿呀。(定语)

③我不由得背靠着一棵大树,伤心地呜呜大哭起来。(状语)

④小姐,在你们国家有没有小孩儿患小儿麻痹? 谁给他们医疗费?(代词)

（2）强调重音

强调重音是为了突出表达某种思想感情而把语句中的某些词语加以强调的音,又叫“逻

辑重音"。强调重音没有固定的位置,它是根据上下文的内容和文章感情表达的需要来确定的。例如:

①这颗珍珠就是敦煌莫高窟。它坐落在我国甘肃省敦煌市三危山和鸣沙山的怀抱中。

②爱,我想,比死和死的恐惧更强大。只有依靠它,依靠这种爱,生命才能维持下去,发展下去。

③别了,我爱的中国,我全心爱着的中国。

3. 语气

语气是指朗读时支撑有声语言的气息状态,指具有声音和气息合成形式的语句流露出来的气韵,也就是思想感情运动状态支配下的声音形式。语气的内在决定因素是文章的思想感情,外在表现为朗读时声音节奏的快慢、高低、强弱、虚实等。语气运用的一般规律是:

爱则气徐声柔。例如:我爱妈妈。

憎则气足声硬。例如:我恨你。

悲则气沉声缓。例如:唉!太惨了。

喜则气满声高。例如:啊!我们终于胜利了。

惧则气提声抖。例如:我,我再也不敢了。

急则气短声促。例如:不好了!不好了!月亮掉到井里了。

冷则气少声淡。例如:啊,我早就知道了。

怒则气粗声重。例如:你给我滚!

疑则气细声黏。例如:我们的日子为什么一去不复返呢?

静则气舒声平。例如:军港的夜啊,静悄悄。

4. 语调

语调也就是语句声音的抑扬或升降。人们对于语调常有一种误解,即把语调仅仅理解成句末一个音节的字调,在朗读时只有到句末才会有语调的变化,致使整篇文章的感情表达僵硬、破碎、不连贯。语调不当也会导致语速、重音、停连等技巧无法发挥作用。普通话语调的两种最基本的类型是降调和升调。语调的升降同感情的表达有密切关系,如果把特殊感情的变化包括在内,句子升降的类型大致可以概括为上扬调、下抑调、平直调、曲折调四种。

(1) 上扬调

语流先低后高、句尾音强且上扬。一般表示惊讶、疑问、反诘、号召、呼唤、激动等。例如:

"为什么你已经有钱了还要?"

爸爸听了便叫嚷道:"你以为这是什么车?旅游车?"

(2) 下抑调

语流先高后低、句尾音下降。主要用于感叹、请求、沉痛、愤怒等感情。例如:

这美丽的南国的树!

外祖母永远不会回来了!

(3) 平直调

平稳、平直、平缓,没有明显高低变化的调子叫平直调。一般用来表示庄严、冷漠、麻木等。不带特殊感情的叙述和说明也用平直调。例如:

三百多年前,建筑设计师莱伊恩受命设计了英国温泽市政府大厅。

（4）曲折调

语流状态起伏曲折,全句表现为上升或下降的曲折变化。一般用来表示夸张、嘲讽、不满、恼怒、双关、反语等。例如:

"这与你无关,你为什么问这个问题?"父亲生气地说。

5.节奏

节奏是语言运动的一种形式,是指朗读过程中由于思想感情的起伏变化所造成的抑扬顿挫、轻重缓急的回环往复的声音形式。节奏不同于语调,语调是单个句子或某个小层次的声音形式,而节奏是要着眼于全篇作品,并落实于语气的衔接和转换中的。因此,节奏是整体性、全局性的表现特征,被作者的写作意图、文章的主题所统领,被朗读者的主观愿望、作品的基调所制约。只有把握好节奏,朗读时才不至于出现毫无规律的高低快慢,无目的的强弱变化等现象。

节奏的类型不是单一的,也不是固定不变的,根据节奏的声音形式及其精神内涵的特点,可以把朗读中的节奏划分为六种类型:

（1）轻快型:多连少停,多轻少重,多扬少抑,轻快欢畅,语流中顿挫较少,且时间短暂,语速较快,轻巧明丽,有一定的跳跃感。基本语气、基本转换都比较急促,语流轻快。如《绿》《紫藤萝瀑布》。

（2）凝重型:多停少连,多抑少扬,多重少轻,音强而着力,色彩多浓重,语势平稳而凝重,顿挫较多,且时间较长,语速偏慢。重点处的基本语气、基本转换都显得分量较重。如《丑石》《西部文化和西部开发》。

（3）低沉型:停顿多而长,语调压抑,声音偏暗沉,语速较缓。语势多为下山类,句尾落点多显沉重。基本语气、基本转换多偏于沉缓。如《牡丹的拒绝》《世间最美的坟墓》。

（4）高亢型:多连少停,多重少轻,上扬而不下抑,声多明亮高昂。语势多为上山类,峰峰紧连,扬而更扬,势不可遏,畅达明快。重点处的基本语气、基本转换都带有昂扬积极的特点。如《白杨礼赞》《站在历史的枝头微笑》。

（5）舒缓型:多连少停,声调清亮,轻松明朗,声调略高但不着力。语势有跌宕但多轻柔舒展,气长而稳,语速徐缓。重点处的基本语气、基本转换都显得舒展徐缓。如《繁星》《济南的冬天》。

（6）紧张型:多连少停,多扬少抑,多重少轻,语速快,气较促,顿挫短暂,语言密度大。重点处的基本语气、基本转换都较急促、紧张。如《麻雀》《最后一次的讲演》。

二、作品及注音

【说明】

1.60篇朗读作品供普通话水平测试第四项——朗读短文测试使用。为适应测试需要,必要时对原作品做了部分更动。

2.朗读作品的顺序,按篇名的汉语拼音字母顺序排列。

3.每篇作品采用汉字和汉语拼音对照的方式编排。

4. 每篇作品在第 400 个音节后用"//"标注。

5. 为适应朗读的需要,作品中的数字一律采用汉字的书写方式书写,如:"1998 年",写作"一九九八年","23%",写作"百分之二十三"。

6. 加注的汉语拼音原则依据《汉语拼音正词法基本规则》拼写。

7. 注音一般只标本调,不标变调。

8. 作品中的必读轻声音节,拼音不标调号,但在拼音前加圆点。一般轻读,间或重读的音节,拼音加注调号,并在拼音前加圆点提示,如:"因为",拼音写作"yīn·wèi","差不多",拼音写作"chà·bùduō"。

9. 作品中的儿化音节分两种情况。一是书面上加"儿",拼音时在基本形式后加 r,如:"小孩儿",拼音写作"xiǎoháir";第二是书面上没有加"儿",但口语里一般儿化的音节,拼音时也在基本形式后加 r,如:"胡同",拼音写作"hútòngr"。

普通话水平测试用朗读作品

作品 1 号

扫 听
一 音
扫 频

Nà shì lìzhēng shàngyóu de yī zhǒng shù, bǐzhí de gàn, bǐzhí de zhī. Tā de
那 是 力争 上游 的 一 种 树,笔直 的 干,笔直 的 枝。它 的

gàn ne, tōngcháng shì zhàng bǎ gāo, xiàngshì jiāyǐ réngōng shì·de, yī zhàng
干 呢, 通常 是 丈 把 高, 像是 加以 人工 似的,一 丈

yǐnèi, juéwú pángzhī; tā suǒyǒu de yāzhī ne, yīlǜ xiàngshàng, érqiě jǐnjǐn
以内, 绝无 旁枝; 它 所有 的 丫枝 呢, 一律 向上, 而且 紧紧

kàolǒng, yě xiàngshì jiāyǐ réngōng shì·de, chéngwéi yī shù, juéwú héng xié yì
靠拢, 也 像是 加以 人工 似的, 成为 一 束,绝无 横 斜 逸

chū; tā de kuāndà de yè·zi yě shì piànpiàn xiàngshàng, jīhū méi·yǒu xié shēng
出; 它 的 宽大 的 叶子 也 是 片片 向上, 几乎 没有 斜 生

de, gèng bùyòng shuō dàochuí le; tā de pí, guānghuá ér yǒu yínsè de yùnquān,
的, 更 不用 说 倒垂 了;它 的 皮, 光滑 而 有 银色 的 晕圈,

wēiwēi fànchū dànqīngsè. Zhè shì suī zài běifāng de fēngxuě de yāpò xià què
微微 泛出 淡青色。 这 是 虽 在 北方 的 风雪 的 压迫 下 却

bǎochí·zhe juéjiàng tǐnglì de yī zhǒng shù! Nǎpà zhǐyǒu wǎn lái cūxì ba, tā què
保持 着 倔强 挺立 的 一 种 树! 哪怕 只有 碗 来 粗细 罢,它 却

nǔlì xiàngshàng fāzhǎn, gāo dào zhàng xǔ, liǎng zhàng, cāntiān sǒnglì, bùzhé-bùnáo,
努力 向上 发展, 高 到 丈 许, 两 丈, 参天 耸立, 不折 不挠,

duìkàng·zhe xīběifēng.
对抗 着 西北风。

Zhè jiùshì báiyángshù, xīběi jí pǔtōng de yī zhǒng shù, rán'ér jué bù shì
这 就是 白杨树, 西北 极 普通 的 一 种 树, 然而 决 不 是

píngfán de shù!
平凡 的 树!

Tā méi·yǒu pósuō de zītài, méi·yǒu qūqū pánxuán de qiúzhī, yěxǔ nǐ yào
它 没有 婆娑 的 姿态, 没有 屈曲 盘旋 的 虬枝, 也许 你 要
shuō tā bù měilì, —— rúguǒ měi shì zhuān zhǐ "pósuō" huò "héng xié yì chū"
说 它 不美丽, —— 如果 美 是 专 指 "婆娑" 或 "横 斜 逸出"
zhīlèi ér yán, nà·me, báiyángshù suàn·bù·de shù zhōng de hǎo nǚzǐ; dànshì tā
之类 而 言, 那么, 白杨树 算不得 树 中 的 好 女子; 但是 它
què shì wěi'àn, zhèngzhí, pǔzhì, yánsù, yě bù quēfá wēnhé, gèng bùyòng tí tā
却 是 伟岸, 正直, 朴质, 严肃, 也 不 缺乏 温和, 更 不用 提 它
de jiānqiáng bùqū yǔ tǐngbá, tā shì shù zhōng de wěizhàngfū! Dāng nǐ zài jīxuě
的 坚强 不屈 与 挺拔, 它 是 树 中 的 伟丈夫! 当 你 在 积雪
chū róng de gāoyuán·shàng zǒuguò, kàn·jiàn píngtǎn de dàdì·shàng àorán tǐnglì
初 融 的 高原 上 走过, 看见 平坦 的 大地 上 傲然 挺立
zhè·me yī zhū huò yī pái báiyángshù, nándào nǐ jiù zhǐ jué·de shù zhǐshì shù,
这么 一 株 或 一 排 白杨树, 难道 你 就 只 觉得 树 只是 树,
nándào nǐ jiù bù xiǎngdào tā de pǔzhì, yánsù, jiānqiáng bùqū, zhìshǎo yě
难道 你 就 不 想到 它 的 朴质, 严肃, 坚强 不屈, 至少 也
xiàngzhēng·le běifāng de nóngmín; nándào nǐ jìng yīdiǎnr yě bù liánxiǎng dào, zài
象 征 了 北方 的 农民; 难道 你 竟 一点儿 也 不 联想 到, 在
díhòu de guǎngdà// tǔdì·shàng, dàochù yǒu jiānqiáng bùqū, jiù xiàng zhè
敌后 的 广大// 土地 上, 到处 有 坚强 不屈, 就 像 这
báiyángshù yīyàng àorán tǐnglì de shǒuwèi tā·men jiāxiāng de shàobīng! Nándào nǐ
白杨树 一样 傲然 挺立 的 守卫 他们 家乡 的 哨兵! 难道 你
yòu bù gèng yuǎn yīdiǎnr xiǎngdào zhèyàng zhīzhī-yèyè kàojǐn tuánjié, lìqiú shàngjìn
又 不 更 远 一点 想到 这样 枝枝叶叶 靠紧 团结, 力求 上进
de báiyángshù, wǎnrán xiàngzhēng·le jīntiān zài Huáběi Píngyuán zònghéng juédàng
的 白杨树, 宛然 象 征 了 今天 在 华北 平原 纵横 决荡
yòng xuè xiěchū xīn Zhōngguó lìshǐ de nà zhǒng jīngshén hé yìzhì.
用 血 写出 新 中国 历史 的 那 种 精神 和 意志。

节选自茅盾《白杨礼赞》

作品2号

扫一扫 听音频

Liǎng gè tónglíng de niánqīngrén tóngshí shòugù yú yī jiā diànpù, bìngqiě ná
两 个 同龄 的 年轻人 同时 受雇 于 一 家 店铺, 并且 拿
tóngyàng de xīn·shui.
同样 的 薪水。

Kěshì　yī　duàn　shíjiān　hòu,　jiào　Ānuòdé　de　nà·ge　xiǎohuǒ·zi　qīngyún　zhíshàng,
可是　一　段　时间　后,　叫　阿诺德　的　那个　小伙子　青云　直上,
ér　nà·ge　jiào　Bùlǔnuò　de　xiǎohuǒ·zi　què　réng　zài　yuándì　tàbù.　Bùlǔnuò　hěn　bù
而　那个　叫　布鲁诺　的　小伙子　却　仍　在　原地　踏步。　布鲁诺　很　不
mǎnyì　lǎobǎn　de　bù　gōngzhèng　dàiyù.　Zhōngyú　yǒu　yī　tiān　tā　dào　lǎobǎn　nàr　fā
满意　老板　的　不　公正　待遇。　终于　有　一　天　他　到　老板　那儿　发
láo·sāo　le.　Lǎobǎn　yībiān　nàixīn　de　tīng·zhe　tā　de　bào·yuàn,　yībiān　zài　xīn·lǐ
牢骚　了。　老板　一边　耐心　地　听着　他　的　抱怨,　一边　在　心里
pán·suan·zhe　zěnyàng　xiàng　tā　jiěshì　qīngchǔ　tā　hé　Ānuòdé　zhījiān　de　chābié.
盘　算着　怎样　向　他　解释　清楚　他　和　阿诺德　之间　的　差别。
　　"Bùlǔnuò　xiān·sheng,"　Lǎobǎn　kāikǒu　shuōhuà　le,　"Nín　xiànzài　dào　jíshì·shàng
　　"布鲁诺　先生,"　老板　开口　说话　了,　"您　现在　到　集市　上
qù　yīxià,　kàn·kan　jīntiān　zǎo·shang　yǒu　shén·me　mài　de."
去　一下,　看看　今天　早上　有　什么　卖　的。"
　　Bùlǔnuò　cóng　jíshì·shàng　huí·lái　xiàng　lǎobǎn　huìbào　shuō,　jīnzǎo　jíshì·shàng
　　布鲁诺　从　集市　上　回来　向　老板　汇报　说,　今早　集市　上
zhǐyǒu　yī　gè　nóngmín　lā·le　yī　chē　tǔdòu　zài　mài.
只有　一　个　农民　拉了一车　土豆　在　卖。
　　"Yǒu　duō·shao?"　Lǎobǎn　wèn.
　　"有　多少?"　老板　问。
　　Bùlǔnuò　gǎnkuài　dài·shàng　mào·zi　yòu　pǎodào　jí·shàng,　ránhòu　huí·lái　gào·su
　　布鲁诺　赶快　戴上　帽子　又　跑到　集　上,　然后　回来　告诉
lǎobǎn　yīgòng　sìshí　dài　tǔdòu.
老板　一共　四十　袋　土豆。
　　"Jiàgé　shì　duō·shao?"
　　"价格　是　多少?"
　　Bùlǔnuò　yòu　dì-sān　cì　pǎodào　jí·shàng　wènlái·le　jiàgé.
　　布鲁诺　又　第三　次　跑到　集　上　问来了　价格。
　　"Hǎo　ba,"　Lǎobǎn　duì　tā　shuō,　"Xiànzài　qǐng　nín　zuòdào　zhè　bǎ　yǐ·zi·shàng
　　"好　吧,"　老板　对　他　说,　"现在　请　您　坐到　这把椅子　上
yī　jù　huà　yě　bùyào　shuō,　kàn·kan　Ānuòdé　zěn·me　shuō."
一　句　话　也　不要　说,　看看　阿诺德　怎么　说。"
　　Ānuòdé　hěn　kuài　jiù　cóng　jíshì·shàng　huí·lái　le.　Xiàng　lǎobǎn　huìbào　shuō　dào
　　阿诺德　很　快　就　从　集市　上　回来　了。　向　老板　汇报　说　到
xiànzài　wéizhǐ　zhǐyǒu　yī　gè　nóngmín　zài　mài　tǔdòu,　yīgòng　sìshí　kǒu·dai,　jiàgé　shì
现在　为止　只有　一　个　农民　在　卖　土豆,　一共　四十　口　袋,价格是
duō·shao　duō·shao;tǔdòu　zhìliàng　hěn　bùcuò,　tā　dài　huí·lái　yī　gè　ràng　lǎobǎn
多少　多少;土豆　质量　很　不错,　他　带　回来　一　个　让　老板
kàn·kan.　Zhègè　nóngmín　yī　gè　zhōngtóu　yǐhòu　hái　huì　nònglái　jǐ　xiāng　xīhóngshì,
看　看。　这个　农民　一　个　钟头　以后　还　会　弄来　几　箱　西红柿,

jù tā kàn jiàgé fēicháng gōng·dao. Zuótiān tā·men pù·zi de xīhóngshì mài de hěn
据他 看 价格 非常 公道。 昨天 他们 铺子 的 西红柿 卖 得 很

kuài, kùcún yǐjīng bù // duō le. Tā xiǎng zhè·me pián·yi de xīhóngshì, lǎobǎn
快, 库存 已经 不 // 多 了。他 想 这么 便宜 的 西红柿, 老板

kěndìng huì yào jìn yīxiē de, suǒyǐ tā bùjǐn dàihuí·le yī gè xīhóngshì zuò yàngpǐn,
肯定 会 要 进 一些 的, 所以 他 不仅 带回 了 一个 西红柿 做 样品,

érqiě bǎ nà·ge nóngmín yě dài·lái·le, tā xiànzài zhèngzài wàimiàn děng huíhuà ne.
而且 把 那个 农民 也 带来 了, 他 现在 正在 外面 等 回话 呢。

Cǐshí lǎobǎn zhuǎnxiàng·le Bùlǔnuò, shuō: "Xiànzài nín kěndìng zhī·dào wèishén·me
此时 老板 转向 了 布鲁诺, 说: "现在 您 肯定 知道 为 什么

Ānuòdé de xīn·shui bǐ nín gāo le ba!"
阿诺德 的 薪 水 比 您 高 了 吧!"

节选自张健鹏、胡足青主编《故事时代》中《差别》

作品 3 号

扫一扫 听音频

Wǒ chángcháng yíhàn wǒ jiā mén qián nà kuài chǒu shí: Tā hēiyǒuyǒu de wò
我 常常 遗憾 我家 门 前 那块 丑 石:它 黑黝黝 地 卧

zài nà·lǐ, niú shì·de múyàng; shéi yě bù zhī·dào shì shén·me shí·hou liú zài zhè·lǐ
在 那里,牛 似的 模样; 谁 也 不 知道 是 什么 时候 留 在 这里

de, shéi yě bù qù lǐhuì tā. Zhǐshì màishōu shíjié, mén qián tān·le mài·zi, nǎi·nai
的, 谁 也 不 去 理会 它。只是 麦收 时节, 门 前 摊了 麦子, 奶奶

zǒngshì shuō: Zhè kuài chǒu shí, duō zhàn dìmiàn ya, chōukòng bǎ tā bānzǒu ba.
总是 说:这块 丑 石,多 占 地面 呀, 抽空 把 它 搬走 吧。

Tā bù xiàng hànbáiyù nàyàng de xìnì, kěyǐ kèzì diāohuā, yě bù xiàng dà
它 不 像 汉白玉 那样 的 细腻,可以 刻字 雕花, 也 不 像 大

qīngshí nàyàng de guānghuá, kěyǐ gōnglái huànshā chuíbù. Tā jìngjìng de wò zài
青石 那样 的 光滑, 可以 供来 浣纱 捶布。它 静静 地 卧 在

nà·lǐ, yuàn biān de huáiyīn méi·yǒu bìfù tā, huā'ér yě bùzài zài tā shēnbiān
那里, 院 边 的 槐阴 没有 庇覆 它,花 儿 也 不再 在 它 身边

shēngzhǎng. Huāngcǎo biàn fányǎn chū·lái, zhīmàn shàngxià, mànmàn de, tā jìng
生长。 荒草 便 繁衍 出 来, 枝蔓 上下, 慢慢 地,它 竟

xiùshàng le lǜtái、hēibān. Wǒ·men zhèxiē zuò hái·zi de, yě tǎoyàn·qǐ tā·lái, céng
锈上 了 绿苔、黑斑。 我们 这些 做 孩子 的,也 讨 厌 起 它 来, 曾

héhuǒ yào bānzǒu tā, dàn lìqì yòu bùzú; suī shíshí zhòumà tā, xiánqì tā, yě
合伙 要 搬走 它,但 力气 又 不足;虽 时时 咒骂 它, 嫌弃 它,也

wúkě-nàihé, zhǐhǎo rèn tā liú zài nà·lǐ le.
无可 奈何, 只好 任 它 留 在 那里 了。

Zhōng yǒu yī rì, cūn·zi·lǐ lái·le yī gè tiānwénxuéjiā. Tā zài wǒ jiā mén qián
终 有 一日, 村子里 来了 一个 天文学家。 他 在 我 家 门 前
lùguò, tūrán fāxiàn·le zhè kuài shí·tou, yǎnguāng lìjí jiù lāzhí le. Tā zài méi·yǒu
路过, 突然 发现了 这 块 石头, 眼光 立即 就 拉直 了。他 再 没有
líkāi, jiù zhù·le xià·lái; yǐhòu yòu lái·le hǎoxiē rén, dōu shuō zhè shì yī kuài
离开, 就 住了 下来；以后 又 来了 好些 人， 都 说 这 是 一块
yǔnshí, cóng tiān·shàng luò xià·lái yǐ·jīng yǒu èr-sānbǎi nián le, shì yī jiàn
陨石， 从 天上 落 下来 已经 有 二三百 年 了，是 一件
liǎo·buqǐ de dōng·xi. Bùjiǔ biàn lái·le chē, xiǎoxīn-yìyì de jiāng tā yùnzǒu le.
了不起 的 东西。不久 便 来了 车，小心翼翼地 将 它 运走 了。

Zhè shǐ wǒ·men dōu hěn jīngqí, zhè yòu guài yòu chǒu de shí·tou, yuánlái shì
这 使 我们 都 很 惊奇，这 又 怪 又 丑 的 石头， 原来 是
tiān·shàng de a! Tā bǔ·guo tiān, zài tiān·shàng fā·guo rè、shǎn·guo guāng,
天上 的 啊！它 补过 天， 在 天 上 发过 热、 闪过 光，
wǒ·men de xiānzǔ huòxǔ yǎngwàng·guo tā, tā gěi·le tā·men guāngmíng、
我们 的 先祖 或许 仰望 过 它，它 给了 他们 光明、
xiàngwǎng、chōngjǐng; ér tā luò xià·lái le, zài wūtǔ·lǐ, huāngcǎo·lǐ, yī tǎng jiù// shì
向往、 憧憬；而 它 落 下来 了，在 污土里， 荒草 里，一 躺 就// 是
jǐbǎi nián le!
几百 年 了！

Wǒ gǎndào zìjǐ de wúzhī, yě gǎndào·le chǒu shí de wěidà, wǒ shènzhì
我 感到 自己 的 无知，也 感到了 丑 石 的 伟大，我 甚至
yuànhèn tā zhè·me duō nián jìng huì mòmò de rěnshòu·zhe zhè yīqiè! Ér wǒ yòu
怨恨 它 这么 多 年 竟 会 默默地 忍受着 这 一切！而 我 又
lìjí shēnshēn de gǎndào tā nà zhǒng bùqū yú wùjiě、jìmò de shēngcún de wěidà.
立即 深深 地 感到 它 那 种 不屈 于 误解、寂寞 的 生存 的 伟大。

节选自贾平凹《丑石》

作品 4 号

扫 听
一 音
扫 频

Zài Dáruì bā suì de shí·hou, yǒu yī tiān tā xiǎng qù kàn diànyǐng. Yīn·wèi
在 达瑞 八 岁 的 时候， 有 一 天 他 想 去 看 电影。 因为
méi·yǒu qián, tā xiǎng shì xiàng bà mā yào qián, háishì zìjǐ zhèngqián. Zuìhòu tā
没有 钱，他 想 是 向 爸妈 要 钱，还是 自己 挣钱。 最后 他
xuǎnzé·le hòuzhě. Tā zìjǐ tiáozhì·le yī zhǒng qìshuǐr, xiàng guòlù de xíngrén
选择 了 后者。他 自己 调制 了 一 种 汽水儿，向 过路 的 行人
chūshòu. Kě nàshí zhèngshì hánlěng de dōngtiān, méi·yǒu rén mǎi, zhǐyǒu liǎng gè
出售。 可 那时 正是 寒冷 的 冬天， 没有 人 买， 只有 两 个

rén lìwài —— tā de bà·ba hé mā·ma.
人　例外　——　他 的 爸爸 和 妈妈。

　　Tā ǒurán yǒu yī gè hé fēicháng chénggōng de shāngrén tánhuà de jī·huì. Dāng
　　他 偶然 有 一个 和 非常 成功 的 商人 谈话 的 机会。当
tā duì shāngrén jiǎngshù·le zìjǐ de "pòchǎnshǐ" hòu, shāngrén gěi·le tā liǎng gè
他 对 商人 讲述 了 自己 的 "破产史" 后， 商人 给了 他 两个
zhòngyào de jiànyì: Yī shì chángshì wèi bié·rén jiějué yī gè nántí; èr shì bǎ jīnglì
重要 的 建议：一是 尝试 为 别人 解决 一个 难题；二是 把 精力
jízhōng zài nǐ zhī·dào de、nǐ huì de hé nǐ yōngyǒu de dōngxi·shàng.
集中 在 你 知道 的、你 会 的 和 你 拥有 的 东西 上。

　　Zhè liǎng gè jiànyì hěn guānjiàn. Yīn·wèi duìyú yī gè bā suì de hái·zi ér yán,
　　这 两个 建议 很 关键。 因为 对于 一个 八岁 的 孩子 而言，
tā bù huì zuò de shì·qing hěn duō. Yúshì tā chuān·guo dàjiē xiǎoxiàng, bùtíng de
他 不会 做 的 事情 很 多。于是 他 穿过 大街 小巷， 不停 地
sīkǎo: Rén·men huì yǒu shén·me nántí, tā yòu rúhé lìyòng zhè·ge jī·huì?
思考：人们 会 有 什么 难题，他 又 如何 利用 这个 机会？

　　Yī tiān, chī zǎofàn shí fù·qīn ràng Dáruì qù qǔ bàozhǐ. Měiguó de sòngbàoyuán
　　一天，吃 早饭 时 父亲 让 达瑞 去 取 报纸。美国 的 送报员
zǒngshì bǎ bàozhǐ cóng huāyuán lí·ba de yī gè tèzhì de guǎn·zi·lǐ sāi jìn·lái. Jiǎrú
总是 把 报纸 从 花园 篱笆 的 一个 特制 的 管子里 塞进 来。假如
nǐ xiǎng chuān·zhe shuìyī shūshū-fúfú de chī zǎofàn hé kàn bàozhǐ, jiù bìxū líkāi
你 想 穿着 睡衣 舒舒 服服 地 吃 早饭 和 看 报纸，就 必须 离开
wēnnuǎn de fángjiān, mào·zhe hánfēng, dào huāyuán qù qǔ. Suīrán lù duǎn, dàn
温暖 的 房间， 冒着 寒风， 到 花园 去 取。虽然 路 短，但
shífēn má·fan.
十分 麻烦。

　　Dāng Dáruì wèi fù·qīn qǔ bàozhǐ de shí·hou, yī gè zhǔ·yi dànshēng le.
　　当 达瑞 为 父亲 取 报纸 的 时候， 一个 主意 诞生 了。
Dàngtiān tā jiù ànxiǎng línjū de ménlíng, duì tā·men shuō, měi gè yuè zhǐ xū fùgěi
当天 他 就 按响 邻居 的 门铃，对 他们 说， 每个 月 只 需 付给
tā yī měiyuán, tā jiù měitiān zǎo·shang bǎ bàozhǐ sāidào tā·men de fángmén
他 一 美元， 他 就 每天 早上 把 报纸 塞到 他们 的 房门
dǐ·xià. Dàduōshù rén dōu tóngyì le, hěn kuài tā yǒu // le qīshí duō gè gùkè. Yī gè
底下。大多数 人 都 同意 了，很 快 他 有 // 了 七十 多个 顾客。一个
yuè hòu, dāng tā nádào zìjǐ zhuàn de qián shí, jué·de zìjǐ jiǎnzhí shì fēi·shàng·le tiān.
月 后，当 他 拿到 自己 赚 的 钱 时，觉得 自己 简直 是 飞 上 了 天。

　　Hěn kuài tā yòu yǒu·le xīn de jī·huì, tā ràng tā de gùkè měitiān bǎ lājīdài
　　很 快 他 又 有了 新 的 机会，他 让 他 的 顾客 每天 把 垃圾袋
fàngzài mén qián, ránhòu yóu tā zǎo·shang yùndào lājītǒng·lǐ, měi gè yuè jiā yī
放在 门 前， 然后 由 他 早上 运到 垃圾桶里， 每个 月 加 一
měiyuán. Zhīhòu tā hái xiǎngchū·le xǔduō hái·zi zhuànqián de bànfǎ, bìng bǎ tā
美元。 之后 他 还 想出 了 许多 孩子 赚钱 的 办法， 并 把 它

jíjié chéng shū, shūmíng wéi 《 Értóng Zhèngqián de Èrbǎi Wǔshí gè Zhǔ·yi 》.
集结 成 书， 书名 为 《 儿童 挣钱 的 二百 五十 个 主意 》。

Wèicǐ, Dáruì shí'èr suì shí jiù chéng·le chàngxiāoshū zuòjiā, shíwǔ suì yǒu·le zìjǐ
为此， 达瑞 十二 岁 时 就 成了 畅销书 作家， 十五 岁 有 了 自己

de tánhuà jiémù, shíqī suì jiù yōngyǒu·le jǐ bǎiwàn měiyuán.
的 谈话 节目， 十七 岁 就 拥有 了 几 百万 美元。

节选自 [德] 博多·舍费尔《达瑞的故事》，刘志明译

作品 5 号

扫 听
一 音
扫 频

Zhè shì rùdōng yǐlái, Jiāodōng Bàndǎo·shàng dì-yī cháng xuě.
这 是 入冬 以来， 胶东 半岛 上 第一 场 雪。

Xuě fēnfēn-yángyáng, xià de hěn dà. Kāishǐ hái bàn·zhe yīzhènr xiǎoyǔ, bùjiǔ
雪 纷纷 扬扬， 下 得 很 大。 开始 还 伴着 一阵儿 小雨， 不久

jiù zhǐ jiàn dàpiàn dàpiàn de xuěhuā, cóng tóngyún-mìbù de tiānkōng zhōng piāoluò
就 只 见 大片 大片 的 雪花， 从 彤云 密布 的 天空 中 飘落

xià·lái. Dìmiàn·shàng yīhuìr jiù bái le. Dōngtiān de shāncūn, dào·le yè·lǐ jiù
下 来。 地面 上 一会儿 就 白 了。 冬天 的 山村， 到了 夜里 就

wànlài-jùjì, zhǐ tīng de xuěhuā sùsù de bùduàn wǎngxià luò, shùmù de kūzhī bèi
万籁 俱寂， 只 听 得 雪花 簌簌 地 不断 往下 落， 树木 的 枯枝 被

xuě yāduàn le, ǒu'ěr gēzhī yī shēng xiǎng.
雪 压断 了， 偶尔 咯吱 一 声 响。

Dàxuě zhěngzhěng xià·le yī yè. Jīntiān zǎo·chen, tiān fàngqíng le, tài·yáng
大雪 整整 下 了 一 夜。 今天 早晨， 天 放晴 了， 太阳

chū·lái le. Tuīkāi mén yī kàn, hē! Hǎo dà de xuě a! Shānchuān、héliú、shùmù、
出来 了。 推开 门 一 看， 嗬！ 好 大 的 雪 啊！ 山川、 河流、 树木、

fángwū, quán dōu zhào·shàng·le yī céng hòuhòu de xuě, wànlǐ jiāngshān,
房屋， 全 都 罩上 了 一 层 厚厚 的 雪， 万里 江山，

biànchéng·le fěnzhuāng-yùqì de shìjiè. Luòguāng·le yè·zi de liǔshù·shàng
变成 了 粉妆 玉砌 的 世界。 落光 了 叶子 的 柳树 上

guàmǎn·le máoróngróng liàngjīngjīng de yíntiáor; ér nàxiē dōng-xià chángqīng de
挂满 了 毛茸茸 亮晶晶 的 银条儿； 而 那些 冬夏 常青 的

sōngshù hé bǎishù·shàng, zé guàmǎn·le péngsōngsōng chéndiàndiàn de xuěqiúr.
松树 和 柏树 上， 则 挂满 了 蓬松松 沉甸甸 的 雪球儿。

Yī zhèn fēng chuīlái, shùzhī qīngqīng de yáo·huàng, měilì de yíntiáor hé xuěqiúr
一 阵 风 吹来， 树枝 轻轻 地 摇晃， 美丽 的 银条儿 和 雪球儿

sùsù de luò xià·lái, yùxiè shì·de xuěmòr suí fēng piāoyáng, yìng·zhe qīngchén de
簌簌 地 落 下来， 玉屑 似 的 雪末儿 随 风 飘扬， 映着 清晨 的

yángguāng,　xiǎnchū　yī　dàodào　wǔguāng-shísè　de　cǎihóng.
阳光，　　　显出　一　道道　　五光　十色　的　彩虹。

Dàjiē·shàng de jīxuě zú yǒu yī chǐ duō shēn, rén cǎi shàng·qù, jiǎo dǐ·xià
大街　上　的　积雪　足　有　一　尺　多　深，　人　踩　上去，　　脚　底　下

fāchū gēzhī gēzhī de xiǎngshēng. Yī qúnqún hái·zi zài xuědì·lǐ duī xuěrén, zhì
发出　咯吱　咯吱　的　　响声。　　一　群群　孩子　在　雪地　里　堆　雪人，　掷

xuěqiúr. Nà huānlè de jiàohǎnshēng, bǎ shùzhī·shàng de xuě dōu zhènluò xià·lái le.
雪球儿。那　欢乐　的　叫喊声，　　把　树枝　上　的　雪　都　震落　下　来　了。

Súhuà shuō, "Ruìxuě zhào fēngnián". Zhè·ge huà yǒu chōngfèn de kēxué
俗话　说，　"瑞雪　兆　丰年"。　这个　话　有　充分　的　科学

gēnjù, bìng bù shì yī jù míxìn de chéngyǔ. Hándōng dàxuě, kěyǐ dòngsǐ yī
根据，　并　不　是　一　句　迷信　的　成语。　寒冬　　大雪，　可以　冻死　一

bù·fen yuèdōng de hàichóng; rónghuà·le de shuǐ shènjìn tǔcéng shēnchù, yòu néng
部分　越冬　的　害虫；　融化　了　的　水　渗进　土层　深处，　又　能

gōngyìng // zhuāng·jia shēngzhǎng de xūyào. Wǒ xiāngxìn zhè yī cháng shífēn jíshí
供应 //　庄稼　　生长　的　需要。　我　相信　这　一　场　十分　及时

de dàxuě, yīdìng huì cùjìn míngnián chūnjì zuòwù, yóuqí shì xiǎomài de fēngshōu.
的　大雪，　一定　会　促进　明年　春季　作物，　尤其　是　小麦　的　丰收。

Yǒu jīngyàn de lǎonóng bǎ xuě bǐzuò shì "mài·zi de miánbèi". Dōngtiān "miánbèi"
有　经验　的　老农　把　雪　比做　是　"麦子　的　棉被"。　冬天　"棉被"

gài de yuè hòu, míngchūn mài·zi jiù zhǎng de yuè hǎo, suǒyǐ yòu yǒu zhèyàng yī
盖　得　越　厚，　明春　麦子　就　长　得　越　好，　所以　又　有　这样　一

jù yànyǔ: "Dōngtiān mài gài sān céng bèi, láinián zhěn·zhe mán·tou shuì."
句　谚语：　"冬天　麦　盖　三　层　被，　来年　枕着　馒头　睡。"

Wǒ xiǎng, zhè jiùshì rén·men wèishén·me bǎ jíshí de dàxuě chēngwéi
我　想，　这　就是　人们　为什么　把　及时　的　大雪　称为

"ruìxuě" de dào·lǐ ba.
"瑞雪"　的　道　理　吧。

节选自峻青《第一场雪》

作品 6 号

扫一扫 听音频

Wǒ cháng xiǎng dúshūrén shì shìjiān xìngfú rén, yīn·wèi tā chú·le yōngyǒu
我　常　想　读书人　是　世间　幸福　人，　因为　他　除了　拥有

xiànshí de shìjiè zhīwài, hái yōngyǒu lìng yī gè gèng wéi hàohàn yě gèng wéi
现实　的　世界　之外，　还　拥有　另　一　个　更　为　浩瀚　也　更　为

fēngfù de shìjiè. Xiànshí de shìjiè shì rénrén dōu yǒu de, ér hòu yī gè shìjiè què
丰富　的　世界。　现实　的　世界　是　人人　都　有　的，　而　后　一　个　世界　却

wéi dúshūrén suǒ dúyǒu. Yóu cǐ wǒ xiǎng, nàxiē shīqù huò bùnéng yuèdú de rén
为　读书人　所　独有。　由　此我　想，那些　失去　或　不能　阅读　的　人
shì duō·me de bùxìng, tā·men de sàngshī shì bùkě bǔcháng de. Shìjiān yǒu
是　多么　的　不幸，　他们　的　丧失　是　不可　补偿　的。世间　有
zhūduō de bù píngděng, cáifù de bù píngděng, quánlì de bù píngděng, ér yuèdú
诸多　的　不　平等，　财富　的　不　平等，　权力　的　不　平等，　而　阅读
nénglì de yōngyǒu huò sàngshī què tǐxiàn wéi jīngshén de bù píngděng.
能力　的　拥有　或　丧失　却　体现　为　精神　的　不　平等。

　　Yī gè rén de yīshēng, zhǐnéng jīnglì zìjǐ yōngyǒu de nà yī fèn xīnyuè, nà yī
　　一个人　的　一生，　只能　经历　自己　拥有　的　那一份　欣悦，那一
fèn kǔnàn, yěxǔ zài jiāshàng tā qīnzì wén zhī de nà yīxiē guānyú zìshēn yǐwài de
份　苦难，　也许　再　加上　他亲自　闻　知的　那一些　关于　自身　以外　的
jīnglì hé jīngyàn. Rán'ér, rén·men tōngguò yuèdú, què néng jìnrù bùtóng shíkōng
经历　和　经验。　然而，　人们　通过　阅读，　却　能　进入　不同　时空
de zhūduō tārén de shìjiè. Zhèyàng, jùyǒu yuèdú nénglì de rén, wúxíng jiān
的　诸多　他人　的　世界。　这样，　具有　阅读　能力　的　人，　无形　间
huòdé·le chāoyuè yǒuxiàn shēngmìng de wúxiàn kěnéngxìng. Yuèdú bùjǐn shǐ tā
获得　了　超越　有限　生命　的　无限　可能性。　阅读　不仅　使他
duō shí·le cǎo-mù-chóng-yú zhī míng, érqiě kěyǐ shàngsù yuǎngǔ xià jí wèilái,
多　识了　草木虫鱼　之　名，　而且　可以　上溯　远古　下及　未来，
bǎolǎn cúnzài de yǔ fēicúnzài de qífēng-yìsú.
饱览　存在　的　与　非存在　的　奇风　异俗。

　　Gèng wéi zhòngyào de shì, dúshū jiāhuì yú rén·men de bùjǐn shì zhīshí de
　　更　为　重要　的　是，　读书　加惠　于　人们　的　不仅　是　知识　的
zēngguǎng, érqiě hái zàiyú jīngshén de gǎnhuà yǔ táoyě. Rén·men cóng dúshū xué
增广，　而且　还　在于　精神　的　感化　与　陶冶。人们　从　读书　学
zuòrén, cóng nàxiē wǎngzhé xiānxián yǐjí dāngdài cáijùn de zhùshù zhōng xuédé
做人，　从　那些　往哲　先贤　以及　当代　才俊　的　著述　中　学得
tā·men de réngé. Rén·men cóng《Lúnyǔ》zhōng xuédé zhìhuì de sīkǎo, cóng
他们　的　人格。　人们　从《论语》中　学得　智慧　的　思考，　从
《Shǐjì》zhōng xuédé yánsù de lìshǐ jīngshén, cóng《Zhèngqìgē》zhōng xuédé réngé
《史记》中　学得　严肃　的　历史　精神，　从　《正气歌》　中　学得　人格
de gāngliè, cóng Mǎkèsī xuédé rénshì // de jīqíng, cóng Lǔxùn xuédé pīpàn
的　刚烈，　从　马克思　学得　人世　//的　激情，　从　鲁迅　学得　批判
jīngshén, cóng Tuō'ěrsītài xuédé dàodé de zhízhuó. Gēdé de shījù kèxiě·zhe ruìzhì
精神，　从　托尔斯泰　学得　道德　的　执着。歌德　的　诗句　刻写　着　睿智
de rénshēng, Bàilún de shījù hūhuàn·zhe fèndòu de rèqíng. Yī gè dúshūrén, yī gè
的　人生，　拜伦　的　诗句　呼唤　着　奋斗　的　热情。一个　读书人，一个
yǒu jī·huì yōngyǒu chāohū gèrén shēngmìng tǐyàn de xìngyùn rén.
有　机会　拥有　超乎　个人　生命　体验　的　幸运　人。

节选自谢冕《读书人是幸福人》

作品7号

扫一扫 听音频

Yī tiān, bà·ba xiàbān huídào jiā yǐjīng hěn wǎn le, tā hěn lèi yě yǒu diǎnr
一 天，爸爸 下班 回到 家 已经 很 晚 了，他 很 累 也 有 点儿
fán, tā fāxiàn wǔ suì de ér·zi kào zài mén páng zhèng děng·zhe tā.
烦，他 发现 五 岁 的 儿子 靠 在 门 旁 正 等着 他。

"Bà, wǒ kěyǐ wèn nín yī gè wèntí ma?"
"爸，我 可以 问 您 一 个 问题 吗？"

"Shén·me wèntí?" "Bà, nín yī xiǎoshí kěyǐ zhuàn duō·shao qián?" "Zhè yǔ
"什么 问题？" "爸，您 一 小时 可以 赚 多少 钱？" "这 与
nǐ wúguān, nǐ wèishén·me wèn zhè·ge wèntí?" Fù·qīn shēngqì de shuō.
你 无关，你 为什么 问 这个 问题？" 父亲 生气 地 说。

"Wǒ zhǐshì xiǎng zhī·dào, qǐng gào·su wǒ, nín yī xiǎoshí zhuàn duō·shao
"我 只是 想 知道，请 告诉 我，您 一 小时 赚 多少
qián?" Xiǎoháir āiqiú dào. "Jiǎrú nǐ yīdìng yào zhī·dào de huà, wǒ yī xiǎoshí
钱？" 小孩儿 哀求 道。"假如 你 一定 要 知道 的 话，我 一 小时
zhuàn èrshí měijīn."
赚 二十 美金。"

"Ò," Xiǎoháir dīxià·le tóu, jiē·zhe yòu shuō, "Bà, kěyǐ jiè wǒ shí měijīn
"哦，" 小孩儿 低下了 头，接着 又 说，"爸，可以 借 我 十 美金
ma?" Fù·qīn fānù le: "Rúguǒ nǐ zhǐshì yào jiè qián qù mǎi háowú yìyì de wánjù
吗？" 父亲 发怒 了："如果 你 只是 要 借 钱 去 买 毫无 意义 的 玩具
de huà, gěi wǒ huídào nǐ de fángjiān shuìjiào·qù. Hǎohǎo xiǎng·xiang wèishén·me
的 话，给 我 回到 你 的 房间 睡觉 去。好好 想想 为什么
nǐ huì nà·me zìsī. Wǒ měitiān xīnkǔ gōngzuò, méi shíjiān hé nǐ wánr xiǎohái·zi
你 会 那么 自私。我 每天 辛苦 工作，没 时间 和 你 玩儿 小孩 子
de yóuxì."
的 游戏。"

Xiǎoháir mòmò de huídào zìjǐ de fángjiān guān·shàngmén.
小孩儿 默默 地 回到 自己 的 房间 关 上 门。

Fù·qīn zuò xià·lái hái zài shēngqì. Hòulái, tā píngjìng xià·lái le. Xīnxiǎng tā
父亲 坐 下来 还 在 生气。后来，他 平静 下来 了。心想 他
kěnéng duì hái·zi tài xiōng le —— huòxǔ hái·zi zhēn·de hěn xiǎng mǎi shén·me
可能 对 孩子 太 凶 了 —— 或许 孩子 真的 很 想 买 什么
dōng·xi, zài shuō tā píngshí hěnshǎo yào·guo qián.
东西，再 说 他 平时 很少 要 过 钱。

Fù·qīn zǒujìn hái·zi de fángjiān: "Nǐ shuì·le ma?" "Bà, hái méi·yǒu, wǒ hái
父亲 走进 孩子 的 房间："你 睡了 吗？" "爸，还 没有，我 还

xǐng·zhe." Hái·zi huídá.
醒 着。" 孩子 回答。

"Wǒ gāngcái kěnéng duì nǐ tài xiōng le," Fù·qīn shuō, "Wǒ bù yīnggāi fā nà·me
"我 刚才 可能 对 你 太 凶 了," 父亲 说, "我 不 应该 发 那么
dà de huǒr —— zhè shì nǐ yào de shí měijīn." "Bà, xiè·xie nín." Hái·zi gāoxìng de
大 的 火儿 —— 这 是 你 要 的 十 美金。" "爸, 谢谢 您。" 孩子 高兴 地
cóng zhěn·tou·xià náchū yīxiē bèi nòngzhòu de chāopiào, mànmàn de shǔ·zhe.
从 枕 头 下 拿出 一些 被 弄皱 的 钞票, 慢慢 地 数着。

"Wèishén·me nǐ yǐjīng yǒu qián le hái yào?" Fù·qīn bùjiě de wèn.
"为什么 你 已经 有 钱 了 还要?" 父亲 不解地 问。

"Yīn·wèi yuánlái bùgòu, dàn xiànzài còugòu le." Hái·zi huídá: "Bà, wǒ
"因为 原来 不够, 但 现在 凑够 了。" 孩子 回答: "爸, 我
xiànzài yǒu // èrshí měijīn le, wǒ kěyǐ xiàng nín mǎi yī gè xiǎoshí de shíjiān ma?
现在 有 // 二十 美金 了, 我 可以 向 您 买 一个 小时 的 时间 吗?
Míngtiān qǐng zǎo yīdiǎnr huíjiā —— wǒ xiǎng hé nín yīqǐ chī wǎncān."
明天 请 早 一点儿 回家 —— 我 想 和 您 一起 吃 晚餐。"

节选自唐继柳编译《二十美金的价值》

作品8号

扫一扫 听音频

Wǒ ài yuèyè, dàn wǒ yě ài xīngtiān. Cóngqián zài jiāxiāng qī-bāyuè de yèwǎn
我 爱 月夜, 但 我 也 爱 星天。 从前 在 家乡 七八月 的 夜晚
zài tíngyuàn·lǐ nàliáng de shí·hou, wǒ zuì ài kàn tiān·shàng mìmì-mámá de
在 庭院里 纳凉 的 时候, 我 最 爱 看 天上 密密麻麻 的
fánxīng. Wàng·zhe xīngtiān, wǒ jiù huì wàngjì yīqiè, fǎngfú huídào le mǔ·qīn de
繁星。 望着 星天, 我 就 会 忘记 一切, 仿佛 回到 了 母亲 的
huái·lǐ shì·de.
怀里 似的。

Sān nián qián zài Nánjīng wǒ zhù de dì·fang yǒu yī dào hòumén, měi wǎn
三 年 前 在 南京 我 住 的 地方 有 一 道 后门, 每 晚
wǒ dǎ kāi hòumén, biàn kànjiàn yī gè jìngjì de yè. Xiàmiàn shì yī piàn càiyuán,
我 打 开 后门, 便 看见 一 个 静寂 的 夜。 下面 是 一 片 菜园,
shàngmiàn shì xīngqún mìbù de lántiān. Xīngguāng zài wǒ·men de ròuyǎn·lǐ suīrán
上面 是 星群 密布 的 蓝天。 星光 在 我 们 的 肉眼 里 虽然
wēixiǎo, rán'ér tā shǐ wǒ·men jué·de guāngmíng wúchù-bùzài. Nà shí·hou wǒ
微小, 然而 它 使 我 们 觉得 光明 无处不在。 那 时 候 我
zhèngzài dú yīxiē tiānwénxué de shū, yě rèn·de yīxiē xīng·xing, hǎoxiàng tāmen
正在 读 一些 天文学 的 书, 也 认得 一些 星星, 好像 它们

jiùshì wǒ de péng·you, tā·men chángcháng zài hé wǒ tánhuà yīyàng.
就是 我 的 朋友， 它们 常常 在 和 我 谈话 一样。

　　Rújīn zài hǎi·shàng, měi wǎn hé fánxīng xiāngduì, wǒ bǎ tā·men rèn·de hěn
　　如今 在 海 上， 每 晚 和 繁星 相对， 我 把 它们 认得 很
shú le. Wǒ tǎng zài cāngmiàn·shàng, yǎngwàng tiānkōng. Shēnlánsè de tiānkōng·lǐ
熟 了。 我 躺 在 舱面 上， 仰望 天空。 深蓝色 的 天空 里
xuán·zhe wúshù bànmíng-bànmèi de xīng. Chuán zài dòng, xīng yě zài dòng,
悬 着 无数 半明半昧 的 星。 船 在 动， 星 也 在 动，
tā·men shì zhèyàng dī, zhēn shì yáoyáo-yùzhuì ne! Jiànjiàn de wǒ de yǎn·jing
它们 是 这样 低， 真 是 摇摇 欲坠 呢！ 渐渐 地 我 的 眼睛
mó·hu le, wǒ hǎoxiàng kànjiàn wúshù yínghuǒchóng zài wǒ de zhōuwéi fēiwǔ.
模糊 了， 我 好像 看见 无数 萤火虫 在 我 的 周围 飞舞。
Hǎi·shàng de yè shì róuhé de, shì jìngjì de, shì mènghuàn de. Wǒ wàng·zhe
海 上 的 夜 是 柔和 的， 是 静寂 的， 是 梦幻 的。 我 望 着
xǔduō rèn·shi de xīng, wǒ fǎngfú kànjiàn tā·men zài duì wǒ zhǎyǎn, wǒ fǎngfú
许多 认识 的 星， 我 仿佛 看见 它们 在 对 我 眨眼， 我 仿佛
tīngjiàn tā·men zài xiǎoshēng shuōhuà. Zhèshí wǒ wàngjì·le yīqiè. Zài xīng de
听见 它们 在 小声 说话。 这时 我 忘记 了一切。 在 星 的
huáibào zhōng wǒ wēixiào·zhe, wǒ chénshuì·zhe. Wǒ jué·de zìjǐ shì yī gè
怀抱 中 我 微笑 着， 我 沉睡 着。 我 觉得 自己 是 一 个
xiǎohái·zi, xiànzài shuì zài mǔ·qīn de huái·lǐ le.
小孩 子， 现在 睡 在 母亲 的 怀里 了。

　　Yǒu yī yè, nà·ge zài Gēlúnbō shàng chuán de Yīngguórén zhǐ gěi wǒ kàn
　　有 一 夜， 那个 在 哥伦波 上 船 的 英国人 指 给 我 看
tiān·shàng de jùrén. Tā yòng shǒu zhǐzhe: // Nà sì kē míngliàng de xīng shì tóu,
天上 的 巨人。 他 用 手 指着： // 那 四 颗 明亮 的 星 是 头，
xiàmiàn de jǐ kē shì shēn·zi, zhè jǐ kē shì shǒu, nà jǐ kē shì tuǐ hé jiǎo, háiyǒu
下面 的 几 颗 是 身子， 这 几 颗 是 手， 那 几 颗 是 腿 和 脚， 还有
sān kē xīng suànshì yāodài. Jīng tā zhè yīfān zhǐdiǎn, wǒ guǒrán kàn qīngchǔ·le
三 颗 星 算是 腰带。 经 他 这 一番 指点， 我 果然 看 清楚 了
nà·ge tiān·shàng de jùrén. Kàn, nà·ge jùrén hái zài pǎo ne!
那个 天上 的 巨人。 看， 那个 巨人 还 在 跑 呢！

节选自巴金《繁星》

作品 9 号

扫 一 扫 听音频

Jiàrì dào hétān·shàng zhuàn·zhuan, kànjiàn xǔduō hái·zi zài fàng fēng·zheng.
假日 到 河滩 上 转 转， 看见 许多 孩子 在 放 风筝。

Yīgēngēn chángcháng de yǐnxiàn, yītóur jì zài tiān·shàng, yītóur jì zài dì·shàng,
一根根 长长 的引线， 一头系在天上， 一头系在地上，
hái·zi tóng fēng·zheng dōu zài tiān yǔ dì zhījiān yōudàng, lián xīn yě bèi yōudàng
孩子同 风筝 都在天与地之间 悠荡， 连心也被 悠荡
de huǎnghuǎng-hūhū le, hǎoxiàng yòu huídào·le tóngnián.
得 恍恍 惚惚了， 好像 又回到了 童年。

　　Érshí fàng de fēng·zheng, dàduō shì zìjǐ de zhǎngbèi huò jiārén biānzā de,
　　儿时放的 风筝， 大多是自己的 长辈 或家人编扎的，
jǐ gēn xiāo de hěn báo de miè, yòng xì shāxiàn zāchéng gè zhǒng niǎo shòu de
几根 削得很薄的篾， 用细纱线 扎成各 种 鸟兽的
zàoxíng, hú·shàng xuěbái de zhǐpiàn, zài yòng cǎibǐ gōulè chū miànkǒng yǔ
造型， 糊上 雪白的 纸片， 再用 彩笔 勾勒 出 面孔 与
chìbǎng de tú'àn. Tōngcháng zā de zuì duō de shì "lǎodiāo" "měirénr"
翅膀 的图案。 通常 扎得 最多 的是 "老雕" "美人儿"
"huā húdié" děng.
"花 蝴蝶" 等。

　　Wǒ·men jiā qiányuàn jiù yǒu wèi shū·shu, shàn zā fēng·zheng, yuǎn-jìn
　　我们 家 前院 就有位 叔叔， 擅扎 风筝， 远近
wénmíng. Tā zā de fēng·zheng bùzhǐ tǐxíng hǎokàn, sècǎi yànlì, fàngfēi de
闻名。 他扎得 风筝 不只 体形 好看， 色彩 艳丽， 放飞 得
gāoyuǎn, hái zài fēng·zheng·shàng bēng yī yè yòng púwěi xiāochéng de mópiàn,
高远， 还在 风筝 上 绷 一叶用 蒲苇 削成 的 膜片，
jīng fēng yīchuī, fāchū "wēngwēng" de shēngxiǎng, fǎngfú shì fēng·zheng de
经 风 一吹， 发出 "嗡嗡" 的 声响， 仿佛是 风筝 的
gēchàng, zài lántiān·xià bō yáng, gěi kāikuò de tiāndì zēngtiān·le wújìn de yùnwèi,
歌唱， 在 蓝天 下播扬， 给开阔 的 天地 增添了 无尽的 韵味，
gěi chídàng de tóngxīn dàilái jǐ fēn fēngkuáng.
给 驰荡 的 童心 带来几分 疯狂。

　　Wǒ·men nà tiáo hútòngr de zuǒlín-yòushè de hái·zi·men fàng de fēng·zheng
　　我们 那条 胡同 的 左邻右舍 的 孩子们 放 的 风筝
jīhū dōu shì shū·shu biānzā de. Tā de fēng·zheng bù mài qián, shéi shàngmén
几乎都是 叔叔 编扎的。他的 风筝 不卖钱， 谁 上门
qù yào, jiù gěi shéi, tā lèyì zìjǐ tiē qián mǎi cáiliào.
去 要， 就给 谁， 他乐意自己贴钱买 材料。

　　Hòulái, zhèwèi shū·shu qùle hǎiwài, fàng fēng·zheng yě jiàn yǔ hái·zi·men
　　后来， 这位 叔叔 去了海外， 放 风筝 也渐与孩子们
yuǎnlí le. Bùguò niánnián shū·shu gěi jiāxiāng xiěxìn, zǒng bù wàng tíqǐ érshí de
远离了。 不过 年年 叔叔 给家乡 写信， 总 不 忘 提起儿时的
fàng fēng·zheng. Xiānggǎng huíguī zhīhòu, tā zài jiāxìn zhōng shuōdào, tā zhè zhī
放 风筝。 香港 回归之后， 他在 家信 中 说到， 他这只
bèi gùxiāng fàngfēi dào hǎiwài de fēng·zheng, jǐnguǎn piāodàng yóuyì, jīng mù
被 故乡 放飞到 海外的 风筝， 尽管 飘荡 游弋， 经 沐

fēngyǔ, kě nà xiàntóur yīzhí zài gùxiāng hé // qīnrén shǒu zhōng qiān·zhe, rújīn
风雨，可那 线头儿 一直 在 故乡 和 // 亲人 手 中 牵着， 如今
piāo de tài lèi le, yě gāi yào huíguī dào jiāxiāng hé qīnrén shēnbiān lái le.
飘 得 太 累 了， 也 该 要 回归 到 家乡 和 亲人 身边 来 了。
　　Shì·de. Wǒ xiǎng, bùguāng shì shū·shu, wǒ·men měi gè rén dōu shì
　　是的。 我 想， 不光 是 叔叔， 我们 每 个 人 都 是
fēng·zheng, zài mā·ma shǒu zhōng qiān·zhe, cóngxiǎo fàngdào dà, zài cóng
风筝， 在 妈妈 手 中 牵着， 从小 放到 大， 再 从
jiāxiāng fàngdào zǔguó zuì xūyào de dì·fang qù a!
家乡 放到 祖国 最 需要 的 地方 去 啊!

　　　　　　　　　　　　　　　　　节选自李恒瑞《风筝畅想曲》

作品10号

扫一扫　听音频

　　Bà bù dǒng·de zěnyàng biǎodá ài, shǐ wǒ·men yī jiā rén róngqià xiāngchǔ de
　　爸 不 懂得 怎样 表达 爱， 使 我们 一 家 人 融洽 相处 的
shì wǒ mā. Tā zhǐshì měitiān shàngbān xiàbān, ér mā zé bǎ wǒ·men zuò·guo de
是 我 妈。 他 只是 每天 上班 下班， 而 妈 则 把 我们 做过 的
cuòshì kāiliè qīngdān, ránhòu yóu tā lái zémà wǒ·men.
错事 开列 清单， 然后 由 他 来 责骂 我们。
　　Yǒu yī cì wǒ tōu·le yī kuài tángguǒ, tā yào wǒ bǎ tā sòng huí·qù, gào·su
　　有 一 次 我 偷了 一 块 糖果， 他 要 我 把 它 送 回去， 告诉
mài táng de shuō shì wǒ tōu·lái de, shuō wǒ yuànyì tì tā chāi xiāng xiè huò
卖糖 的 说 是 我 偷来 的， 说 我 愿意 替 他 拆 箱 卸 货
zuòwéi péicháng. Dàn mā·ma què míng·bai wǒ zhǐshì gè hái·zi.
作为 赔偿。 但 妈妈 却 明白 我 只是 个 孩子。
　　Wǒ zài yùndòngchǎng dǎ qiūqiān diēduàn·le tuǐ, zài qiánwǎng yīyuàn túzhōng
　　我 在 运动场 打 秋千 跌断 了 腿， 在 前往 医院 途中
yīzhí bào·zhe wǒ de, shì wǒ mā. Bà bǎ qìchē tíng zài jízhěnshì ménkǒu, tā·men
一直 抱着 我 的， 是 我 妈。 爸 把 汽车 停 在 急诊室 门口， 他们
jiào tā shǐkāi, shuō nà kòngwèi shì liúgěi jǐnjí chēliàng tíngfàng de. Bà tīng·le
叫 他 驶开， 说 那 空位 是 留给 紧急 车辆 停放 的。 爸 听了
biàn jiàorǎng dào: "Nǐ yǐwéi zhè shì shén·me chē? Lǚyóuchē?"
便 叫嚷 道: "你 以为 这 是 什么 车? 旅游车?"
　　Zài wǒ shēngrìhuì·shàng, bà zǒngshì xiǎn·de yǒuxiē bùdà xiāngchèn. Tā zhǐshì
　　在 我 生日会 上， 爸 总是 显得 有些 不大 相称。 他 只是
máng yú chuī qìqiú, bùzhì cānzhuō, zuò záwù. Bǎ chā·zhe làzhú de dàngāo tuī
忙 于 吹 气球， 布置 餐桌， 做 杂务。 把 插着 蜡烛 的 蛋糕 推

guò·lái ràng wǒ chuī de, shì wǒ mā.
过 来 让 我 吹 的，是 我 妈。

　　Wǒ fānyuè zhàoxiàngcè shí, rén·men zǒngshì wèn: "Nǐ bà·ba shì shén·me
　　我 翻阅 照相册 时， 人们 总是 问："你 爸爸 是 什么
yàng·zi de?" Tiān xiǎo·de! Tā lǎoshì máng·zhe tì bié·rén pāizhào. Mā hé wǒ
样子 的？" 天 晓得！他 老是 忙着 替 别人 拍照。 妈 和 我
xiàoróng-kějū de yīqǐ pāi de zhàopiàn, duō de bùkě-shèngshǔ.
笑容 可掬 地 一起 拍 的 照片， 多 得 不可 胜数。

　　Wǒ jì·de mā yǒu yī cì jiào tā jiāo wǒ qí zìxíngchē. Wǒ jiào tā bié fàngshǒu,
　　我 记得 妈 有 一次 叫 他 教 我 骑 自行车。我 叫 他 别 放手，
dàn tā què shuō shì yīnggāi fàngshǒu de shí·hou le. Wǒ shuāidǎo zhīhòu, mā pǎo
但 他 却 说 是 应该 放手 的 时候 了。我 摔倒 之后， 妈 跑
guò·lái fú wǒ, bà què huīshǒu yào tā zǒukāi. Wǒ dāngshí shēngqì jí le, juéxīn yào
过来 扶 我，爸 却 挥手 要 她 走开。 我 当时 生气 极 了，决心 要
gěi tā diǎnr yánsè kàn. Yúshì wǒ mǎshàng pá·shàng zìxíngchē, érqiě zìjǐ qí gěi tā
给 他 点儿 颜色 看。于是 我 马上 爬上 自行车，而且 自己 骑 给 他
kàn. Tā zhǐshì wēixiào.
看。 他 只是 微笑。

　　Wǒ niàn dàxué shí, suǒyǒu de jiāxìn dōu shì mā xiě de. Tā // chú·le jì zhīpiào
　　我 念 大学 时，所有 的 家信 都 是 妈 写 的。他 // 除了 寄 支票
wài, hái jì·guo yī fēng duǎn jiǎn gěi wǒ, shuō yīn·wèi wǒ bù zài cǎopíng·shàng tī
外，还 寄 过 一 封 短 柬 给 我，说 因为 我 不 在 草坪 上 踢
zúqiú le, suǒyǐ tā de cǎopíng zhǎng de hěn měi.
足球 了，所以 他 的 草坪 长 得 很 美。

　　Měi cì wǒ dǎ diànhuà huíjiā, tā sìhū dōu xiǎng gēn wǒ shuōhuà, dàn jiéguǒ
　　每 次 我 打 电话 回家，他 似乎 都 想 跟 我 说话， 但 结果
zǒngshì shuō: "Wǒ jiào nǐ mā lái jiē."
总是 说："我 叫 你 妈 来 接。"

　　Wǒ jiéhūn shí, diào yǎnlèi de shì wǒ mā. Tā zhǐshì dàshēng xǐng·le yīxià bí·zi,
　　我 结婚 时，掉 眼泪 的 是 我 妈。他 只是 大声 擤了 一下 鼻子，
biàn zǒuchū fángjiān.
便 走出 房间。

　　Wǒ cóng xiǎo dào dà dōu tīng tā shuō: "Nǐ dào nǎ·lǐ qù? Shén·me shí·hou
　　我 从 小 到 大 都 听 他 说："你 到 哪里 去？什么 时候
huíjiā? Qìchē yǒu méi·yǒu qìyóu? Bù, bùzhǔn qù." Bà wánquán bù zhī·dào zěnyàng
回家？汽车 有 没有 汽油？不，不准 去。"爸 完全 不 知道 怎样
biǎodá ài. Chúfēi……
表达 爱。除非……

　　Huì bù huì shì tā yǐjīng biǎodá le, ér wǒ què wèi néng chájué?
　　会 不 会 是 他 已经 表达 了，而 我 却 未 能 察觉？

　　　　　　　　　　　　　节选自［美］艾尔玛·邦贝克《父亲的爱》

作品 11 号

扫一扫 听音频

Yī gè dà wèntí yīzhí pánjù zài wǒ nǎo·dai·lǐ:
一个 大 问题 一直 盘踞 在 我 脑 袋 里:

Shìjièbēi zěn·me huì yǒu rúcǐ jùdà de xīyǐnlì? Chúqù zúqiú běnshēn de mèilì
世界杯 怎么 会 有 如此 巨大 的 吸引力? 除去 足球 本身 的 魅力

zhīwài, hái yǒu shén·me chāohūqíshàng ér gèng wěidà de dōng·xi?
之外, 还 有 什么 超乎其上 而 更 伟大 的 东西?

Jìnlái guānkàn shìjièbēi, hūrán cóngzhōng dédào·le dá'àn: Shì yóuyú yī zhǒng
近来 观看 世界杯, 忽然 从中 得到了 答案: 是 由于 一 种

wúshàng chónggāo de jīngshén qínggǎn —— guójiā róngyùgǎn!
无上 崇高 的 精神 情感 —— 国家 荣誉感!

Dìqiú·shàng de rén dōu huì yǒu guójiā de gàiniàn, dàn wèibì shíshí dōu yǒu
地球 上 的 人 都 会 有 国家 的 概念, 但 未必 时时 都 有

guójiā de gǎnqíng. Wǎngwǎng rén dào yìguó, sīniàn jiāxiāng, xīn huái gùguó, zhè
国家 的 感情。 往往 人 到 异国, 思念 家乡, 心 怀 故国, 这

guójiā gàiniàn jiù biàn·de yǒu xuè yǒu ròu, àiguó zhī qíng lái de fēicháng jùtǐ. Ér
国家 概念 就 变得 有 血 有 肉, 爱国 之 情 来得 非常 具体。 而

xiàndài shèhuì, kējì chāngdá, xìnxī kuàijié, shìshì shàngwǎng, shìjiè zhēn shì tài xiǎo
现代 社会, 科技 昌达, 信息 快捷, 事事 上网, 世界 真 是 太 小

tài xiǎo, guójiā de jièxiàn sìhū yě bù nà·me qīngxī le. Zàishuō zúqiú zhèngzài
太 小, 国家 的 界限 似乎 也 不 那么 清晰 了。 再说 足球 正在

kuàisù shìjièhuà, píngrì·lǐ gè guó qiúyuán pínfán zhuǎnhuì, wǎnglái suíyì, zhìshǐ
快速 世界化, 平日里 各 国 球员 频繁 转会, 往来 随意, 致使

yuèláiyuè duō de guójiā liánsài dōu jùyǒu guójì de yīnsù. Qiúyuán·men bùlùn guójí,
越来越 多 的 国家 联赛 都 具有 国际 的 因素。 球员 们 不论 国籍,

zhǐ xiàolì yú zìjǐ de jùlèbù, tā·men bǐsài shí de jīqíng zhōng wánquán méi·yǒu
只 效力 于 自己 的 俱乐部, 他们 比赛 时 的 激情 中 完全 没有

àiguózhǔyì de yīnzǐ.
爱国主义 的 因子。

Rán'ér, dào·le shìjièbēi dàsài, tiānxià dàbiàn. Gè guó qiúyuán dōu huíguó xiàolì,
然而, 到了 世界杯 大赛, 天下 大变。 各 国 球员 都 回国 效力,

chuān·shàng yǔ guāngróng de guóqí tóngyàng sècǎi de fúzhuāng. Zài měi yī chǎng
穿上 与 光荣 的 国旗 同样 色彩 的 服装。 在 每 一 场

bǐsài qián, hái gāochàng guógē yǐ xuānshì duì zìjǐ zǔguó de zhì'ài yǔ zhōngchéng.
比赛 前, 还 高唱 国歌 以 宣誓 对 自己 祖国 的 挚爱 与 忠诚。

Yī zhǒng xuèyuán qínggǎn kāishǐ zài quánshēn de xuèguǎn·lǐ ránshāo qǐ·lái, érqiě
一 种 血缘 情感 开始 在 全身 的 血管 里 燃烧 起来, 而且

lìkè rèxuè fèiténg.
立刻 热血 沸腾。

　　Zài lìshǐ shídài, guójiā jiān jīngcháng fāshēng duìkàng, hǎo nán'ér róngzhuāng
　　在 历史 时代, 国家 间 经常 发生 对抗, 好 男儿 戎装
wèiguó. Guójiā de róngyù wǎngwǎng xūyào yǐ zìjǐ de shēngmìng qù huàn // qǔ. Dàn
卫国。 国家 的 荣誉 往往 需要 以 自己 的 生命 去 换 // 取。 但
zài hépíng shídài, wéiyǒu zhè zhǒng guójiā zhījiān dàguīmó duìkàngxìng de dàsài, cái
在 和平 时代, 唯有 这 种 国家 之间 大规模 对抗性 的 大赛, 才
kěyǐ huànqǐ nà zhǒng yáoyuǎn ér shénshèng de qínggǎn, nà jiùshì: Wèi zǔguó ér zhàn!
可以 唤起 那 种 遥远 而 神圣 的 情感, 那 就是: 为 祖国 而 战!

节选自冯骥才《国家荣誉感》

作品 12 号

扫 听
一 音
扫 频

　　Xīyáng luòshān bùjiǔ, xīfāng de tiānkōng, hái ránshāo·zhe yī piàn júhóngsè de
　　夕阳 落山 不久, 西方 的 天空, 还 燃烧着 一 片 橘红色 的
wǎnxiá. Dàhǎi, yě bèi zhè xiáguāng rǎnchéng·le hóngsè, érqiě bǐ tiānkōng de jǐngsè
晚霞。 大海, 也 被 这 霞光 染成 了 红色, 而且 比 天空 的 景色
gèng yào zhuàngguān. Yīn·wèi tā shì huódòng de, měidāng yīpáipái bōlàng yǒngqǐ
更 要 壮观。 因为 它 是 活动 的, 每当 一排排 波浪 涌起
de shí·hou, nà yìngzhào zài làngfēng·shàng de xiáguāng, yòu hóng yòu liàng, jiǎnzhí
的 时候, 那 映照 在 浪峰 上 的 霞光, 又 红 又 亮, 简直
jiù xiàng yīpiànpiàn huòhuò ránshāo·zhe de huǒyàn, shǎnshuò·zhe, xiāoshī le. Ér
就 像 一片片 霍霍 燃烧 着 的 火焰, 闪烁 着, 消失 了。 而
hòu·miàn de yī pái, yòu shǎnshuò·zhe, gǔndòng·zhe, yǒng·le guò·lái.
后 面 的 一排, 又 闪烁着, 滚动着, 涌了 过 来。

　　Tiānkōng de xiáguāng jiànjiàn de dàn xià·qù le, shēnhóng de yánsè biànchéng·le
　　天空 的 霞光 渐渐 地 淡 下 去 了, 深红 的 颜色 变成 了
fēihóng, fēihóng yòu biànwéi qiǎnhóng. Zuìhòu, dāng zhè yīqiè hóngguāng dōu
绯红, 绯红 又 变为 浅红。 最后, 当 这 一切 红光 都
xiāoshī·le de shí·hou, nà tūrán xiǎn·de gāo ér yuǎn le de tiānkōng, zé chéngxiàn chū
消失 了 的 时候, 那 突然 显得 高 而 远 了 的 天空, 则 呈现 出
yī piàn sùmù de shénsè. Zuì zǎo chūxiàn de qǐmíngxīng, zài zhè lánsè de
一 片 肃穆 的 神色。 最早 出现 的 启明星, 在 这 蓝色 的
tiānmù·shàng shǎnshuò qǐ·lái·le. Tā shì nà·me dà, nà·me liàng, zhěnggè guǎngmò
天幕 上 闪烁 起 来 了。它 是 那 么 大, 那 么 亮, 整个 广漠

de tiānmù·shàng zhǐyǒu tā zài nà·lǐ fàngshè·zhe lìng rén zhùmù de guānghuī,
的　天幕上　　只有　它　在　那里　　放射着　　令　人　注目　的　　光辉,
huóxiàng yī zhǎn xuánguà zài gāokōng de míngdēng.
活像　一　盏　悬挂　在　高空　的　　明灯。

　Yèsè jiā nóng, cāngkōng zhōng de "míngdēng" yuèláiyuè duō le. Ér chéngshì
夜色　加　浓,　苍空　中　的　"明灯"　越来越　多　了。而　城市
gè chù de zhēn de dēnghuǒ yě cìdì liàng·le qǐ·lái, yóuqí shì wéirào zài hǎigǎng
各　处　的　真的　灯火　也　次第　亮了　起来,尤其　是　围绕　在　海港
zhōuwéi shānpō·shàng de nà yī piàn dēngguāng, cóng bànkōng dàoyìng zài wūlán
周围　　山坡上　的　那　一片　灯光,　从　半空　倒映　在　乌蓝
de hǎimiàn·shàng, suí·zhe bōlàng, huàngdòng·zhe, shǎnshuò·zhe, xiàng yī chuàn
的　海面上,　随着　波浪,　晃动着,　闪烁着,　像　一　串
liúdòng·zhe de zhēnzhū, hé nà yīpiànpiàn mìbù zài cāngqióng·lǐ de xīngdǒu hùxiāng
流动着　的　珍珠,和　那　一片片　密布　在　苍穹里　的　星斗　互相
huīyìng, shà shì hǎokàn.
辉映,　煞是　好看。

　Zài zhè yōuměi de yèsè zhōng, wǒ tà·zhe ruǎnmiánmián de shātān, yán·zhe
在　这　幽美　的　夜色　中,　我　踏着　软绵绵　的　沙滩,　沿着
hǎibiān, mànmàn de xiàngqián zǒu·qù. Hǎishuǐ, qīngqīng de fǔmō·zhe xìruǎn de
海边,　慢慢　地　向前　走去。海水,　轻轻　地　抚摸着　细软　的
shātān, fāchū wēnróu de // shuāshuā shēng. Wǎnlái de hǎifēng, qīngxīn ér yòu
沙滩,　发出　温柔　的 // 刷刷　声。　晚来　的　海风,　清新　而　又
liángshuǎng. Wǒ de xīn·lǐ, yǒu·zhe shuō·bùchū de xīngfèn hé yúkuài.
凉爽。　我　的　心里,　有着　说不出　的　兴奋　和　愉快。

　Yèfēng qīngpiāopiāo de chuīfú·zhe, kōngqì zhōng piāodàng·zhe yī zhǒng dàhǎi
夜风　轻飘飘　地　吹拂着,空气　中　飘荡着　一　种　大海
hé tiánhé xiāng hùnhé de xiāngwèir, róuruǎn de shātān·shàng hái cánliú·zhe
和　田禾　相　混合　的　香味儿,　柔软　的　沙滩上　还　残留着
bái·tiān tài·yáng zhìshài de yúwēn. Nàxiē zài gè gè gōngzuò gǎngwèi·shàng
白天　太阳　炙晒　的　余温。那些　在　各　个　工作　岗位上
láodòng·le yī tiān de rén·men, sānsān-liǎngliǎng de láidào zhè ruǎnmiánmián de
劳动了　一　天　的　人们,　三三两两　地　来到　这　软绵绵　的
shātān·shàng, tā·men yù·zhe liángshuǎng de hǎifēng, wàng·zhe nà zhuìmǎn·le
沙滩上,　他们　浴着　凉爽　的　海风,　望着　那　缀满了
xīng·xing de yèkōng, jìnqíng de shuōxiào, jìnqíng de xiūqì.
星星　的　夜空,尽情　地　说笑,　尽情　地　休憩。

节选自峻青《海滨仲夏夜》

187

作品 13 号

扫一扫 听音频

Shēngmìng zài hǎiyáng·lǐ dànshēng jué bù shì ǒurán de, hǎiyáng de wùlǐ
生命　在　海洋　里　诞生　绝不是　偶然的，海洋　的　物理
hé huàxué xìngzhì, shǐ tā chéngwéi yùnyù yuánshǐ shēngmìng de yáolán.
和　化学　性质，使　它　成为　孕育　原始　生命　的　摇篮。

Wǒ·men zhī·dào, shuǐ shì shēngwù de zhòngyào zǔchéng bù·fen, xǔduō
我们　知道，　水　是　生物　的　重要　组成　部分，　许多
dòngwù zǔzhī de hánshuǐliàng zài bǎi fēn zhī bāshí yǐshàng, ér yīxiē hǎiyáng
动物　组织　的　含水量　在　百　分　之　八十　以上，　而　一些　海洋
shēngwù de hánshuǐliàng gāodá bǎi fēn zhī jiǔshíwǔ. Shuǐ shì xīnchén-dàixiè de
生物　的　含水量　高达　百　分　之　九十五。　水　是　新陈代谢　的
zhòngyào méijiè, méi·yǒu tā, tǐnèi de yīxìliè shēnglǐ hé shēngwù huàxué fǎnyìng
重要　媒介，　没有　它，体内　的　一系列　生理　和　生物　化学　反应
jiù wúfǎ jìnxíng, shēngmìng yě jiù tíngzhǐ. Yīncǐ, zài duǎn shíqī nèi dòngwù quē
就　无法　进行，　生命　也　就　停止。　因此，在　短　时期　内　动物　缺
shuǐ yào bǐ quēshǎo shíwù gèngjiā wēixiǎn. Shuǐ duì jīntiān de shēngmìng shì rúcǐ
水　要　比　缺少　食物　更加　危险。　水　对　今天　的　生命　是　如此
zhòngyào, tā duì cuìruò de yuánshǐ shēngmìng, gèng shì jǔzú－qīngzhòng le.
重要，　它　对　脆弱　的　原始　生命，　更　是　举足轻重　了。
Shēngmìng zài hǎiyáng·lǐ dànshēng, jiù bù huì yǒu quē shuǐ zhī yōu.
生命　在　海洋　里　诞生，　就　不会　有　缺　水　之　忧。

Shuǐ shì yī zhǒng liánghǎo de róngjì. Hǎiyáng zhōng hányǒu xǔduō shēngmìng
水　是　一　种　良好　的　溶剂。海洋　中　含有　许多　生命
suǒ bìxū de wújīyán, rú lǜhuànà、lǜhuàjiǎ、tànsuānyán、línsuānyán, háiyǒu róngjiěyǎng,
所必需的无机盐，如　氯化钠、氯化钾、　碳酸盐、　磷酸盐，　还有　溶解氧，
yuánshǐ shēngmìng kěyǐ háobù fèilì de cóngzhōng xīqǔ tā suǒ xūyào de yuánsù.
原始　生命　可以　毫不费力地　从中　吸取　它　所　需要　的　元素。

Shuǐ jùyǒu hěn gāo de rè róngliàng, jiāzhī hǎiyáng hàodà, rènpíng xiàjì lièrì
水　具有　很　高　的　热　容量，　加之　海洋　浩大，　任凭　夏季　烈日
pùshài, dōngjì hánfēng sǎodàng, tā de wēndù biànhuà què bǐjiào xiǎo. Yīncǐ, jùdà
曝晒，冬季　寒风　扫荡，它　的　温度　变化　却　比较　小。　因此，巨大
de hǎiyáng jiù xiàng shì tiānrán de "wēnxiāng", shì yùnyù yuánshǐ shēngmìng
的　海洋　就　像　是　天然　的　"温箱"，是　孕育　原始　生命
de wēnchuáng.
的　温床。

Yángguāng suīrán wéi shēngmìng suǒ bìxū, dànshì yángguāng zhōng de
阳光　虽然　为　生命　所　必需，　但是　阳光　中　的

zǐwàixiàn què yǒu èshā yuánshǐ shēngmìng de wēixiǎn. Shuǐ néng yǒuxiào de xīshōu
紫外线 却 有 扼杀 原始 生命 的 危险。 水 能 有效 地 吸收

zǐwàixiàn, yīn'ér yòu wèi yuánshǐ shēngmìng tígōng·le tiānrán de "píngzhàng".
紫外线, 因而 又 为 原始 生命 提供了 天然 的 "屏障"。

Zhè yīqiè dōu shì yuánshǐ shēngmìng déyǐ chǎnshēng hé fāzhǎn de bìyào tiáojiàn. //
这 一切 都 是 原始 生命 得以 产生 和 发展 的 必要 条件。 //

节选自童裳亮《海洋与生命》

作品 14 号

扫一扫 听音频

Dú xiǎoxué de shí·hou, wǒ de wàizǔmǔ qùshì le. Wàizǔmǔ shēngqián zuì
读 小学 的 时候, 我 的 外祖母 去世 了。 外祖母 生前 最

téng'ài wǒ, wǒ wúfǎ páichú zìjǐ de yōushāng, měi tiān zài xuéxiào de
疼 爱 我, 我 无法 排除 自己 的 忧伤, 每 天 在 学校 的

cāochǎng·shàng yīquānr yòu yīquānr de pǎo·zhe, pǎo de lèidǎo zài dì·shàng, pū
操场 上 一圈儿 又 一圈儿 地 跑着, 跑 得 累倒 在 地上, 扑

zài cǎopíng·shàng tòngkū.
在 草坪 上 痛哭。

Nà āitòng de rì·zi, duànduàn-xùxù de chíxù·le hěn jiǔ, bà·ba mā·ma yě bù
那 哀痛 的 日子, 断断 续续 地 持续 了 很 久, 爸爸 妈妈 也 不

zhī·dào rúhé ānwèi wǒ. Tā·men zhī·dào yǔqí piàn wǒ shuō wàizǔmǔ shuìzháo·le,
知 道 如何 安慰 我。 他们 知 道 与其 骗 我 说 外祖母 睡着 了,

hái bùrú duì wǒ shuō shíhuà: Wàizǔmǔ yǒngyuǎn bù huì huí·lái le.
还 不 如 对 我 说 实话: 外祖母 永远 不 会 回 来 了。

"Shén·me shì yǒngyuǎn bù huì huí·lái ne?" Wǒ wèn·zhe.
"什么 是 永远 不 会 回 来 呢?" 我 问 着。

"Suǒyǒu shíjiān·lǐ de shìwù, dōu yǒngyuǎn bù huì huí·lái. Nǐ de zuótiān guò·qù,
"所有 时间 里 的 事物, 都 永远 不 会 回 来。你 的 昨天 过 去,

tā jiù yǒngyuǎn biànchéng zuótiān, nǐ bùnéng zài huídào zuótiān. Bà·ba yǐqián yě hé
它 就 永远 变成 昨天, 你 不 能 再 回到 昨天。爸爸 以前 也 和

nǐ yīyàng xiǎo, xiànzài yě bùnéng huídào nǐ zhè·me xiǎo de tóngnián le; yǒu yī
你 一样 小, 现在 也 不 能 回到 你 这么 小 的 童年 了;有 一

tiān nǐ huì zhǎngdà, nǐ huì xiàng wàizǔmǔ yīyàng lǎo; yǒu yī tiān nǐ dùguò·le nǐ
天 你 会 长大, 你 会 像 外祖母 一样 老;有 一 天 你 度过 了 你

de shíjiān, jiù yǒngyuǎn bù huì huí·lái le." Bà·ba shuō.
的 时间, 就 永远 不 会 回 来 了。"爸爸 说。

Bà·ba děngyú gěi wǒ yī gè míyǔ, zhè míyǔ bǐ kèběn·shàng de "Rìlì guà zài
爸爸 等于 给 我 一 个 谜语，这 谜语 比 课本 上 的"日历 挂 在
qiángbì, yī tiān sī·qù yī yè, shǐ wǒ xīn·lǐ zháojí" hé "Yīcùn guāngyīn yī cùn jīn,
墙壁，一 天 撕去 一 页，使 我 心里 着急"和"一寸 光阴 一 寸 金,
cùn jīn nán mǎi cùn guāngyīn" hái ràng wǒ gǎndào kěpà; yě bǐ zuòwénběn·shàng
寸金 难 买 寸 光阴"还 让 我 感到 可怕；也 比 作文本上
de "Guāngyīn sì jiàn, rìyuè rú suō" gèng ràng wǒ jué·de yǒu yī zhǒng
的"光阴 似 箭，日月 如 梭"更 让 我 觉得 有 一 种
shuō·bùchū de zīwèi.
说 不出 的 滋味。

Shíjiān guò de nà·me fēikuài, shǐ wǒ de xiǎo xīnyǎnr·lǐ bù zhǐshì zháojí,
时间 过 得 那么 飞快，使 我 的 小 心眼儿里 不 只是 着急,
háiyǒu bēishāng. Yǒu yī tiān wǒ fàngxué huíjiā, kàndào tài·yáng kuài luòshān le,
还有 悲伤。 有 一 天 我 放学 回家，看到 太阳 快 落山 了,
jiù xià juéxīn shuō:" Wǒ yào bǐ tài·yáng gèng kuài de huíjiā." Wǒ kuángbēn
就 下 决心 说:" 我 要 比 太阳 更 快 地 回家。"我 狂奔
huí·qù, zhànzài tíngyuàn qián chuǎnqì de shí·hou, kàndào tài·yáng// hái lòu·zhe
回去， 站在 庭院 前 喘气 的 时候， 看到 太阳// 还 露着
bànbiān liǎn, wǒ gāoxìng de tiàoyuè qǐ·lái, nà yī tiān wǒ pǎoyíng·le tài·yáng.
半边 脸，我 高兴 地 跳跃 起来，那 一 天 我 跑赢了 太阳。
Yǐhòu wǒ jiù shícháng zuò nàyàng de yóuxì, yǒushí hé tài·yáng sàipǎo, yǒushí hé
以后 我 就 时常 做 那样 的 游戏，有时 和 太阳 赛跑，有时 和
xīběifēng bǐ kuài, yǒushí yī gè shǔjià cái néng zuòwán de zuòyè, wǒ shí tiān jiù
西北风 比 快，有时 一 个 暑假 才 能 做完 的 作业，我 十 天 就
zuòwán·le; nà shí wǒ sān niánjí, chángcháng bǎ gē·ge wǔ niánjí de zuòyè ná·lái
做完了； 那 时 我 三 年级， 常常 把 哥哥 五 年级 的 作业 拿来
zuò. Měi yī cì bǐsài shèngguò shíjiān, wǒ jiù kuàilè de bù zhī·dào zěn·me xíngróng.
做。 每 一 次 比赛 胜过 时间，我 就 快乐 得 不 知道 怎么 形容。
Rúguǒ jiānglái wǒ yǒu shén·me yào jiāogěi wǒ de hái·zi, wǒ huì gào·su tā:
如果 将来 我 有 什么 要 教给 我 的 孩子，我 会 告诉 他:
Jiǎruò nǐ yīzhí hé shíjiān bǐsài, nǐ jiù kěyǐ chénggōng!
假若 你 一直 和 时间 比赛，你 就 可以 成功!

节选自(台湾)林清玄《和时间赛跑》

作品 15 号

扫 听
一 音
扫 频

Sānshí niándài chū, Hú Shì zài Běijīng Dàxué rèn jiàoshòu. Jiǎngkè shí tā
三十 年代 初， 胡 适 在 北京 大学 任 教授。 讲课 时他

chángcháng duì báihuàwén dàjiā chēngzàn, yǐnqǐ yīxiē zhǐ xǐ·huan wényánwén ér
常常　对　白话文　大加　称赞,　引起　一些　只　喜欢　文言文　而
bù xǐ·huan báihuàwén de xué·shēng de bùmǎn.
不　喜欢　白话文　的　学生　的　不满。

Yī cì, Hú Shì zhèng jiǎng de déyì de shí·hou, yī wèi xìng Wèi de xué·shēng
一次,　胡适　正　讲　得得意的　时候,　一位　姓　魏　的　学生
tūrán zhàn·le qǐ·lái, shēngqì de wèn: "Hú xiān·sheng, nándào shuō báihuàwén jiù
突然　站了起来,　生气　地　问: "胡　先生,　难道　说　白话文　就
háowú quēdiǎn ma?" Hú Shì wēixiào·zhe huídá shuō: "Méi·yǒu." Nà wèi xué·shēng
毫无　缺点　吗?" 胡适　微笑着　回答　说: "没有。" 那　位　学生
gèngjiā jīdòng le: "Kěndìng yǒu! Báihuàwén fèihuà tài duō, dǎ diànbào yòng zì
更加　激动　了: "肯定　有!　白话文　废话　太　多,　打　电报　用　字
duō, huāqián duō." Hú Shì de mùguāng dùnshí biànliàng le. Qīngshēng de jiěshì
多,　花钱　多。" 胡适　的　目光　顿时　变亮　了。　轻声　地　解释
shuō: "Bù yīdìng ba! Qián jǐ tiān yǒu wèi péng·you gěi wǒ dǎ·lái diànbào, qǐng
说: "不　一定　吧!　前　几　天　有　位　朋友　给　我　打来　电报,　请
wǒ qù zhèngfǔ bùmén gōngzuò, wǒ juédìng bù qù, jiù huídiàn jùjué le. Fùdiàn shì
我　去　政府　部门　工作,　我　决定　不　去,　就　回电　拒绝了。　复电　是
yòng báihuà xiě de, kànlái yě hěn shěng zì. Qǐng tóngxué·men gēnjù wǒ zhè·ge
用　白话　写　的,　看来　也　很　省　字。　请　同学们　根据　我　这个
yì·si, yòng wényánwén xiě yī gè huídiàn, kàn·kan jiūjìng shì báihuàwén shěng
意思,　用　文言文　写一个　回电,　看看　究竟　是　白话文　省
zì, háishì wényánwén shěng zì?" Hú jiàoshòu gāng shuōwán, tóngxué·men lìkè
字,　还是　文言文　省　字?" 胡　教授　刚　说完,　同学们　立刻
rènzhēn de xiě·le qǐ·lái.
认真　地　写了　起来。

Shíwǔ fēnzhōng guò·qù, Hú Shì ràng tóngxué jǔshǒu, bàogào yòng zì de
十五　分钟　过去,　胡适　让　同学　举手,　报告　用　字　的
shùmù, ránhòu tiāo·le yī fèn yòng zì zuì shǎo de wényán diànbàogǎo, diànwén shì
数目,　然后　挑了　一　份　用　字　最　少　的　文言　电报稿,　电文　是
zhèyàng xiě de:
这样　写　的:

"Cáishū-xuéqiǎn, kǒng nán shèngrèn, bùkān cóngmìng." Báihuàwén de yì·si
"才疏　学浅,　恐　难　胜任,　不堪　从命。" 白话文　的　意思
shì: Xuéwèn bù shēn, kǒngpà hěn nán dānrèn zhè·ge gōngzuò, bùnéng
是: 学问　不　深,　恐怕　很　难　担任　这个　工作,　不能
fúcóng ānpái.
服从　安排。

Hú Shì shuō, zhè fèn xiě de quèshí bùcuò, jǐn yòng·le shí'èr gè zì. Dàn wǒ
胡适　说,　这份　写　得　确实　不错,　仅　用了　十二　个　字。　但　我
de báihuà diànbào què zhǐ yòng·le wǔ gè zì:
的　白话　电报　却　只　用了　五个字:

"Gàn·bùliǎo, xiè·xie!"
"干不了，谢谢！"

Hú shì yòu jiěshì shuō:"Gàn·bùliǎo" jiù yǒu cáishū-xuéqiǎn、kǒng nán shèngrèn
胡适又解释说："干不了"就有才疏学浅、恐难胜任

de yì·si;"xiè·xie" jì// duì péng·you de jièshào biǎoshì gǎnxiè,yòu yǒu jùjué de
的意思；"谢谢"既//对朋友的介绍表示感谢，又有拒绝的

yì·si. Suǒyǐ, fèihuà duō·bù duō,bìng bù kàn tā shì wényánwén háishì báihuàwén,
意思。所以，废话多不多，并不看它是文言文还是白话文，

zhǐyào zhùyì xuǎnyòng zìcí, báihuàwén shì kěyǐ bǐ wényánwén gèng shěng zì de.
只要注意选用字词，白话文是可以比文言文更省字的。

节选自陈灼主编《实用汉语中级教程》(上)中《胡适的白话电报》

作品 16 号

扫 听
一 音
扫 频

Hěn jiǔ yǐqián, zài yī gè qīhēi de qiūtiān de yèwǎn, wǒ fàn zhōu zài Xībólìyà
很久以前，在一个漆黑的秋天的夜晚，我泛舟在西伯利亚

yī tiáo yīnsēnsēn de hé·shàng. Chuán dào yī gè zhuǎnwān chù, zhǐ jiàn qiánmiàn
一条阴森森的河上。船到一个转弯处，只见前面

hēiqūqū de shānfēng xiàmiàn yī xīng huǒguāng mòdì yī shǎn.
黑黢黢的山峰下面一星火光蓦地一闪。

Huǒguāng yòu míng yòu liàng, hǎoxiàng jiù zài yǎnqián……
火光又明又亮，好像就在眼前……

"Hǎo la, xiètiān-xièdì!" Wǒ gāoxìng de shuō, "Mǎshàng jiù dào guòyè de
"好啦，谢天谢地！"我高兴地说，"马上就到过夜的

dì·fang la!"
地方啦！"

Chuánfū niǔtóu cháo shēnhòu de huǒguāng wàng le yī yǎn,yòu bùyǐwéirán de
船夫扭头朝身后的火光望了一眼，又不以为然地

huá·qǐ jiǎng·lái.
划起桨来。

"Yuǎn·zhe ne!"
"远着呢！"

Wǒ bù xiāngxìn tā de huà,yīn·wèi huǒguāng chōngpò ménglóng de yèsè,
我不相信他的话，因为火光冲破朦胧的夜色，

míngmíng zài nàr shǎnshuò. Bùguò chuánfū shì duì de, shìshí·shàng, huǒguāng
明明在那儿闪烁。不过船夫是对的，事实上，火光

díquè hái yuǎn·zhe ne.
的确还远着呢。

Zhèxiē hēiyè de huǒguāng de tèdiǎn shì: Qūsàn hēi'àn, shǎnshǎn fāliàng, jìn
这些　黑夜　的　火光　的　特点　是：驱散　黑暗，　闪闪　发亮，近
zài yǎnqián, lìng rén shénwǎng. Zhà yī kàn, zài huá jǐ xià jiù dào le…… Qíshí
在　眼前，令　人　神往。　乍一看，再　划　几　下　就　到　了……　其实
què hái yuǎn·zhe ne!……
却　还　远　着　呢！……

Wǒ·men zài qīhēi rú mò de hé·shàng yòu huá·le hěn jiǔ. Yīgègè xiágǔ hé
我　们　在　漆黑　如　墨　的　河上　又　划了　很　久。一个个　峡谷　和
xuányá, yíngmiàn shǐ·lái, yòu xiàng hòu yí·qù, fǎngfú xiāoshī zài mángmáng de
悬崖，　迎面　驶来，　又　向　后　移去，仿佛　消失　在　茫茫　的
yuǎnfāng, ér huǒguāng què yīrán tíng zài qián·tou, shǎnshǎn fāliàng, lìng rén
远方，　而　火光　却　依然　停　在　前头，　闪闪　发亮，　令　人
shénwǎng —— yīrán shì zhè·me jìn, yòu yīrán shì nà·me yuǎn……
神往　——　依然　是　这　么　近，又　依然　是　那么　远……

Xiànzài, wúlùn shì zhè tiáo bèi xuányá-qiàobì de yīnyǐng lǒngzhào de qīhēi de
现在，　无论　是　这　条　被　悬崖峭壁　的　阴影　笼罩　的　漆黑　的
héliú, háishì nà yī xīng míngliàng de huǒguāng, dōu jīngcháng fúxiàn zài wǒ de
河流，　还是　那一　星　明亮　的　火光，　都　经常　浮现　在　我　的
nǎojì, zài zhè yǐqián hé zài zhè yǐhòu, céng yǒu xǔduō huǒguāng, sìhū jìn zài
脑际，　在　这　以前　和　在　这　以后，　曾　有　许多　火光，　似乎　近　在
zhǐchǐ, bùzhǐ shǐ wǒ yī rén xīnchí-shénwǎng. Kěshì shēnghuó zhī hé què réngrán
咫尺，　不止　使　我　一　人　心　驰　神往。　可是　生活　之　河　却　仍然
zài nà yīnsēnsēn de liǎng'àn zhījiān liú·zhe, ér huǒguāng yě yījiù fēicháng
在　那　阴森森　的　两岸　之间　流着，　而　火光　也　依旧　非常
yáoyuǎn. Yīncǐ, bìxū jiājìn huájiǎng……
遥远。　因此，必须　加劲　划　桨……

Rán'ér, huǒguāng a…… bìjìng…… bìjìng jiù// zài qián·tou!……
然而，　火光　啊……　毕竟……　毕竟　就//　在　前头！……

节选自［俄］柯罗连科《火光》，张铁夫译

作品 17 号

扫一扫 听音频

Duìyú yī gè zài Běipíng zhùguàn de rén, xiàng wǒ, dōngtiān yàoshì bù
对于　一　个　在　北平　住惯　的　人，像　我，　冬天　要是　不
guāfēng, biàn jué·de shì qíjì; Jǐnán de dōngtiān shì méi·yǒu fēngshēng de. Duìyú
刮风，　便　觉得　是　奇迹；济南　的　冬天　是　没有　风声　的。对于
yī gè gāng yóu Lúndūn huílái de rén, xiàng wǒ, dōngtiān yào néng kàn de jiàn
一　个　刚　由　伦敦　回来　的　人，像　我，　冬天　要　能　看　得　见

rìguāng, biàn jué·de shì guàishì; Jǐnán de dōngtiān shì xiǎngqíng de. Zìrán, zài
日光， 便 觉得 是 怪事； 济南 的 冬天 是 响晴 的。自然，在

rèdài de dì·fang, rìguāng yǒngyuǎn shì nà·me dú, xiǎngliàng de tiānqì, fǎn
热带 的 地方， 日光 永远 是 那么 毒， 响亮 的 天气， 反

yǒudiǎnr jiào rén hàipà. Kěshì, zài běifāng de dōngtiān, ér néng yǒu wēnqíng de
有点儿 叫 人 害怕。 可是， 在 北方 的 冬天， 而 能 有 温晴 的

tiānqì, Jǐnán zhēn děi suàn gè bǎodì.
天气， 济南 真 得 算 个 宝地。

Shèruò dāndān shì yǒu yángguāng, nà yě suàn·bùliǎo chūqí. Qǐng bì·shàng
设若 单单 是 有 阳光， 那 也 算不了 出奇。 请 闭上

yǎn·jing xiǎng: Yī gè lǎochéng, yǒu shān yǒu shuǐ, quán zài tiān dǐ·xià shài·zhe
眼睛 想： 一个 老城， 有 山 有 水， 全 在 天底下 晒着

yángguāng, nuǎn·huo ānshì de shuì·zhe, zhǐ děng chūnfēng lái bǎ tā·men
阳光， 暖和 安适 地 睡着， 只 等 春风 来 把 它们

huànxǐng, zhè shì·bùshì lǐxiǎng de jìngjiè? Xiǎoshān zhěng bǎ Jǐnán wéi·le gè
唤醒， 这 是不是 理想 的 境界？ 小山 整 把 济南 围了 个

quānr, zhǐyǒu běi·bian quē·zhe diǎnr kǒur. Zhè yī quān xiǎoshān zài dōngtiān tèbié
圈儿， 只有 北边 缺着 点 口儿。这 一 圈 小山 在 冬天 特别

kě'ài, hǎoxiàng shì bǎ Jǐnán fàng zài yī gè xiǎo yáolán·lǐ, tā·men ānjìng bù dòng
可爱， 好像 是 把 济南 放 在 一个 小 摇篮 里， 它们 安静 不 动

de dīshēng de shuō:"Nǐ·men fàngxīn ba, zhèr zhǔnbǎo nuǎn·huo." Zhēn de,
地 低声 地 说：" 你们 放心 吧， 这儿 准保 暖和。" 真 的，

Jǐnán de rén·men zài dōngtiān shì miàn·shàng hánxiào de. Tā·men yī kàn nàxiē
济南 的 人们 在 冬天 是 面上 含笑 的。 他们 一 看 那些

xiǎoshān, xīnzhōng biàn jué·de yǒu·le zhuóluò, yǒu·le yīkào. Tā·men yóu
小山， 心中 便 觉得 有了 着落， 有了 依靠。 他们 由

tiān·shàng kàndào shān·shàng, biàn bùzhī-bùjué de xiǎngqǐ: Míngtiān yěxǔ jiùshì
天上 看到 山上， 便 不知不觉 地 想起： 明天 也许 就是

chūntiān le ba? Zhèyàng de wēnnuǎn, jīntiān yè·lǐ shāncǎo yěxǔ jiù lǜqǐ·lái le
春天 了 吧？ 这样 的 温暖， 今天 夜里 山草 也许 就 绿起来了

ba? Jiùshì zhè diǎnr huànxiǎng bùnéng yīshí shíxiàn, tā·men yě bìng bù zháojí,
吧？ 就是 这 点儿 幻想 不能 一时 实现， 他们 也 并 不 着急，

yīn·wèi zhèyàng císhàn de dōngtiān, gànshén·me hái xīwàng bié·de ne!
因为 这样 慈善 的 冬天， 干什么 还 希望 别的 呢！

Zuì miào de shì xià diǎnr xiǎoxuě ya. Kàn ba, shān·shàng de ǎisōng yuèfā de
最妙 的 是 下 点儿 小雪 呀。看 吧， 山上 的 矮松 越发 的

qīnghēi, shùjiānr·shàng// dǐng zhe yī jìr báihuā, hǎoxiàng rìběn kānhùfù.
青黑， 树尖儿 上// 顶着 一 髻儿 白花， 好像 日本 看护妇。

Shānjiānr quán bái le, gěi lántiān xiāng·shàng yī dào yínbiānr. Shānpō·shàng,
山尖儿 全 白 了， 给 蓝天 镶上 一 道 银边。 山坡上，

yǒu·de dì·fang xuě hòu diǎnr, yǒu·de dì·fang cǎosè hái lù·zhe; zhèyàng, yī dàor
有 的 地方 雪 厚 点儿， 有 的 地方 草色 还 露着； 这样， 一 道儿

bái, yī dàor ànhuáng, gěi shān·men chuān·shàng yī jiàn dài shuǐwénr de huāyī;
白，一道儿　暗黄，　给　山们　穿上　一件　带　水纹儿　的　花衣；
kàn·zhe kàn·zhe, zhè jiàn huāyī hǎoxiàng bèi fēng'ér chuīdòng, jiào nǐ xīwàng
看着　看着，　这件　花衣　好像　被　风儿　吹动，　叫　你　希望
kànjiàn yīdiǎnr gèng měi de shān de jīfū. Děngdào kuài rìluò de shí·hou,
看见　一点儿　更　美　的　山　的　肌肤。　等到　快　日落　的　时候，
wēihuáng de yángguāng xié shè zài shānyāo·shàng, nà diǎnr báo xuě hǎoxiàng
微黄　的　阳光　斜　射　在　山腰　上，　那点儿　薄　雪　好像
hūrán hàixiū, wēiwēi lùchū diǎnr fěnsè. Jiùshì xià xiǎoxuě ba, Jǐnán shì
忽然　害羞，　微微　露出　点儿　粉色。　就是　下　小雪　吧，　济南　是
shòu·bùzhù dàxuě de, nàxiē xiǎoshān tài xiù·qi.
受　不住　大雪　的，　那些　小山　太　秀　气。

节选自老舍《济南的冬天》

作品 18 号

扫一扫 听音频

Chúnpǔ de jiāxiāng cūnbiān yǒu yī tiáo hé, qūqū-wānwān, hé zhōng jià yī
纯朴　的　家乡　村边　有　一　条　河，　曲曲弯弯，　河　中　架　一
wān shíqiáo, gōng yàng de xiǎoqiáo héngkuà liǎng'àn.
弯　石桥，　弓　样　的　小桥　横跨　两岸。
Měitiān, bùguǎn shì jī míng xiǎo yuè, rì lì zhōng tiān, háishì yuè huá xiè dì,
每天，　不管　是　鸡　鸣　晓　月，日　丽　中　天，还是　月　华　泻　地，
xiǎoqiáo dōu yìnxià chuànchuàn zújì, sǎluò chuànchuàn hànzhū. Nà shì xiāngqīn
小桥　都　印下　串串　足迹，洒落　串串　汗珠。那　是　乡亲
wèi·le zhuīqiú duōléng de xīwàng, duìxiàn měihǎo de xiáxiǎng. Wānwān xiǎoqiáo, bùshí
为了　追求　多棱　的　希望，　兑现　美好　的　遐想。　弯弯　小桥，　不时
dàngguò qīngyín-dīchàng, bùshí lùchū shūxīn de xiàoróng.
荡过　轻吟低唱，　不时　露出　舒心　的　笑容。
Yīn'ér, wǒ zhìxiǎo de xīnlíng, céng jiāng xīnshēng xiàngěi xiǎoqiáo: Nǐ shì yī
因而，　我　稚小　的　心灵，　曾　将　心声　献给　小桥：你　是　一
wān yínsè de xīnyuè, gěi rénjiān pǔzhào guānghuī; nǐ shì yī bǎ shǎnliàng de
弯　银色　的　新月，　给　人间　普照　光辉；　你　是　一　把　闪亮　的
liándāo, gēyì·zhe huānxiào de huāguǒ; nǐ shì yī gēn huàngyōuyōu de biǎn·dan,
镰刀，　割刈　着　欢笑　的　花果；　你　是　一　根　晃悠悠　的　扁担，
tiāoqǐ·le cǎisè de míngtiān! Ò, xiǎoqiáo zǒujìn wǒ de mèng zhōng.
挑起了　彩色　的　明天！　哦，　小桥　走进　我　的　梦　中。
Wǒ zài piāobó tāxiāng de suìyuè, xīnzhōng zǒng yǒngdòng·zhe gùxiāng de héshuǐ,
我　在　飘泊　他乡　的　岁月，心中　总　涌动着　故乡　的　河水，
mèng zhōng zǒng kàndào gōng yàng de xiǎoqiáo. Dāng wǒ fǎng nánjiāng tàn běiguó,
梦　中　总　看到　弓　样　的　小桥。　当　我　访　南疆　探　北国，

195

yǎnlián chuǎngjìn zuòzuò xióngwěi de chángqiáo shí, wǒ de mèng biàn de fēngmǎn le,
眼帘 闯进 座座 雄伟 的 长桥 时, 我 的 梦 变 得 丰满 了,

zēngtiān·le chì-chéng-huáng-lǜ-qīng-lán-zǐ.
增添 了 赤 橙 黄 绿 青 蓝 紫。

　　Sānshí duō nián guò·qù, wǒ dài·zhe mǎntóu shuānghuā huídào gùxiāng, dì-yī
　　三十 多 年 过去, 我 带 着 满头 霜花 回到 故乡, 第一

jǐnyào de biànshì qù kànwàng xiǎoqiáo.
紧要 的 便是 去 看望 小桥。

　　À! Xiǎoqiáo ne? Tā duǒ qǐ·lái le? Hé zhōng yī dào chánghóng, yù·zhe zhāoxiá
　　啊! 小桥 呢? 它 躲 起来 了? 河 中 一 道 长虹, 浴着 朝霞

yìyì shǎnguāng. Ò, xiónghún de dàqiáo chǎngkāi xiōnghuái, qìchē de hūxiào, mótuō
熠熠 闪光。 哦, 雄浑 的 大桥 敞开 胸怀, 汽车 的 呼啸、 摩托

de díyīn, zìxíngchē de dīnglíng, hézòu·zhe jìnxíng jiāoxiǎngyuè; nán lái de gāngjīn,
的 笛音、 自行车 的 叮铃, 合奏着 进行 交响乐; 南来 的 钢筋、

huābù, běi wǎng de gānchéng, jiāqín, huìchū jiāoliú huānyuètú……
花布, 北往 的 柑橙、 家禽, 绘出 交流 欢悦图……

　　À! Tuìbiàn de qiáo, chuándì·le jiāxiāng jìnbù de xiāo·xi, tòulù·le jiāxiāng fùyù
　　啊! 蜕变 的 桥, 传递了 家乡 进步 的 消息, 透露了 家乡 富裕

de shēngyīn. Shídài de chūnfēng, měihǎo de zhuīqiú, wǒ mòdì jìqǐ érshí chàng//
的 声音。 时代 的 春风, 美好 的 追求, 我 蓦地 记起 儿时 唱//

gěi xiǎoqiáo de gē, ò, míngyànyàn de tài·yáng zhàoyào le, fāngxiāng tiánmì de
给 小桥 的 歌, 哦, 明艳艳 的 太阳 照耀 了, 芳香 甜蜜 的

huāguǒ pěnglái le, wǔcǎi-bānlán de suì yuè lākāi le!
花果 捧来 了, 五彩斑斓 的 岁 月 拉开 了!

　　Wǒ xīnzhōng yǒngdòng de héshuǐ, jīdàng qǐ tiánměi de lànghuā. Wǒ
　　我 心中 涌动 的 河水, 激荡 起 甜美 的 浪花。 我

yǎngwàng yī bì lántiān, xīndǐ qīngshēng hūhǎn: Jiāxiāng de qiáo a, wǒ mèng
仰望 一 碧 蓝天, 心底 轻声 呼喊: 家乡 的 桥 啊, 我 梦

zhōng de qiáo!
中 的 桥!

节选自郑莹《家乡的桥》

作品 19 号

扫一扫 听音频

　　Sānbǎi duō nián qián, jiànzhù shèjìshī Láiyī'ēn shòumìng shèjì·le Yīngguó
　　三百 多 年 前, 建筑 设计师 莱伊恩 受命 设计了 英国

Wēnzé shìzhèngfǔ dàtīng. Tā yùnyòng gōngchéng lìxué de zhī·shi, yījù zìjǐ
温泽 市政府 大厅。 他 运用 工程 力学 的 知识, 依据 自己

duōnián de shíjiàn, qiǎomiào de shèjì·le zhǐ yòng yī gēn zhù·zi zhīchēng de dàtīng
多年　的　实践，　巧妙　地设计了　只　用　一　根　柱子　支撑　的　大厅

tiānhuābǎn. Yī nián yǐhòu, shìzhèngfǔ quánwēi rénshì jìnxíng gōngchéng yànshōu
天花板。　一　年　以后，　市政府　权威　人士　进行　工程　验收

shí, què shuō zhǐ yòng yī gēn zhù·zi zhīchēng tiānhuābǎn tài wēixiǎn, yāoqiú
时，　却　说　只　用　一　根　柱子　支撑　天花板　太　危险，　要求

Láiyī'ēn zài duō jiā jǐ gēn zhù·zi.
莱伊恩　再　多　加　几　根　柱子。

Láiyī'ēn zìxìn zhǐyào yī gēn jiāngù de zhù·zi zúyǐ bǎozhèng dàtīng ānquán, tā
莱伊恩　自信　只要　一　根　坚固　的　柱子　足以　保证　大厅　安全，　他

de "gù·zhi" rěnǎo·le shìzhèng guānyuán, xiǎnxiē bèi sòng·shàng fǎtíng. Tā
的　"固执"　惹恼了　市政　官员，　险些　被　送上　法庭。　他

fēicháng kǔnǎo, jiānchí zìjǐ yuánxiān de zhǔzhāng ba, shìzhèng guānyuán kěndìng
非常　苦恼，　坚持　自己　原先　的　主张　吧，　市政　官员　肯定

huì lìng zhǎo rén xiūgǎi shèjì; bù jiānchí ba, yòu yǒu bèi zìjǐ wéirén de zhǔnzé.
会另　找　人　修改　设计；不　坚持　吧，　又　有　悖　自己　为人　的　准则。

Máodùn·le hěn cháng yīduàn shíjiān, Láiyī'ēn zhōngyú xiǎngchū·le yī tiáo miàojì,
矛盾了　很　长　一段　时间，　莱伊恩　终于　想出了　一　条　妙计，

tā zài dàtīng·lǐ zēngjiā·le sì gēn zhù·zi, bùguò zhèxiē zhù·zi bìng wèi yǔ
他在　大厅里　增加了　四　根　柱子，　不过　这些　柱子　并　未　与

tiānhuābǎn jiēchù, zhǐ·bùguò shì zhuāng·zhuang yàng·zi.
天花板　接触，　只　不过　是　装装　样子。

Sānbǎi duō nián guò·qù le, zhè·ge mìmì shǐzhōng méi·yǒu bèi rén fāxiàn.
三百　多　年　过去了，这个　秘密　始终　没有　被　人　发现。

Zhídào qián liǎng nián, shìzhèngfǔ zhǔnbèi xiūshàn dàtīng de tiānhuābǎn, cái fāxiàn
直到　前　两　年，　市政府　准备　修缮　大厅　的　天花板，才　发现

Láiyī'ēn dāngnián de "nòngxū-zuòjiǎ". Xiāo·xi chuánchū hòu, shìjiè gè guó de
莱伊恩　当年　的　"弄虚作假"。　消息　传出　后，世界　各　国　的

jiànzhù zhuānjiā hé yóukè yúnjí, dāngdì zhèngfǔ duìcǐ yě bù jiā yǎnshì, zài xīn shìjì
建筑　专家　和　游客　云集，当地　政府　对此　也　不　加　掩饰，在　新　世纪

dàolái zhī jì, tèyì jiāng dàtīng zuòwéi yī gè lǚyóu jǐngdiǎn duìwài kāifàng, zhǐ zài
到来　之际，特意　将　大厅　作为　一　个　旅游　景点　对外　开放，旨在

yǐndǎo rén·men chóngshàng hé xiāngxìn kēxué.
引导　人们　崇尚　和　相信　科学。

Zuòwéi yī míng jiànzhùshī, Láiyī'ēn bìng bù shì zuì chūsè de. Dàn zuòwéi yī
作为　一　名　建筑师，　莱伊恩　并　不　是　最　出色　的。但　作为　一

gè rén, tā wúyí fēicháng wěidà, zhèzhǒng// wěidà biǎoxiàn zài tā shǐzhōng
个人，　他　无疑　非常　伟大，　这种//　伟大　表现　在　他　始终

kèshǒu·zhe zìjǐ de yuánzé, gěi gāoguì de xīnlíng yī gè měilì de zhùsuǒ, nǎpà shì
恪守着　自己　的　原则，给　高贵　的　心灵　一　个　美丽　的　住所，　哪怕　是

zāoyù dào zuì dà de zǔlì, yě yào xiǎng bànfǎ dǐdá shènglì.
遭遇 到 最 大 的 阻力， 也 要 想 办法 抵达 胜利。

节选自游宇明《坚守你的高贵》

作品 20 号

扫 听
一 音
扫 频

　　Zìcóng chuányán yǒu rén zài Sàwén hépàn sànbù shí wúyì fāxiàn·le jīn·zi
　　自从 传言 有 人 在 萨文 河畔 散步 时无意 发现 了 金子
hòu, zhè·lǐ biàn cháng yǒu láizì sìmiàn-bāfāng de táojīnzhě. Tā·men dōu xiǎng
后， 这里 便 常 有 来自 四面八方 的 淘金者。 他们 都 想
chéngwéi fùwēng, yúshì xúnbiàn·le zhěnggè héchuáng, hái zài héchuáng·shàng
成为 富翁， 于是 寻遍了 整个 河床， 还 在 河床 上
wāchū hěnduō dàkēng, xīwàng jièzhù tā·men zhǎodào gèng duō de jīn·zi. Díquè,
挖出 很多 大坑， 希望 借助 它们 找到 更 多 的 金子。 的确，
yǒu yīxiē rén zhǎodào le, dàn lìngwài yīxiē rén yīn·wèi yīwú-suǒdé ér zhǐhǎo
有 一些 人 找到 了， 但 另外 一些 人 因为 一无所得 而 只好
sǎoxìng guīqù.
扫兴 归去。

　　Yě yǒu bù gānxīn luòkōng de, biàn zhùzhā zài zhè·lǐ, jìxù xúnzhǎo.
　　也 有 不 甘心 落空 的， 便 驻扎 在 这里， 继续 寻找。
Bǐdé Fúléitè jiùshì qízhōng yī yuán. Tā zài héchuáng fùjìn mǎi·le yī kuài méi rén
彼得·弗雷特 就是 其中 一 员。 他 在 河床 附近 买了 一 块 没人
yào de tǔdì, yī gè rén mòmò de gōngzuò. Tā wèi·le zhǎo jīn·zi, yǐ bǎ suǒyǒu
要 的 土地， 一个 人 默默 地 工作。 他 为了 找 金子， 已 把 所有
de qián dōu yā zài zhè kuài tǔdì·shàng. Tā máitóu-kǔgàn·le jǐ gè yuè, zhídào
的 钱 都 押 在 这 块 土地上。 他 埋头苦干了 几 个 月， 直到
tǔdì quán biànchéng·le kēngkēng-wāwā, tā shīwàng le—— Tā fānbiàn·le zhěng
土地 全 变成 了 坑坑洼洼， 他 失望 了—— 他 翻遍了 整
kuài tǔdì, dàn lián yīdīngdiǎnr jīn·zi dōu méi kànjiàn.
块 土地， 但 连 一丁点儿 金子 都 没 看见。

　　Liù gè yuè hòu, tā lián mǎi miànbāo de qián dōu méi·yǒu le. Yúshì tā
　　六 个 月 后， 他 连 买 面包 的 钱 都 没有 了。 于是 他
zhǔnbèi líkāi zhèr dào biéchù qù móushēng.
准备 离开 这儿 到 别处 去 谋生。

　　Jiù zài tā jíjiāng líqù de qián yī gè wǎn·shang, tiān xiàqǐ·le qīngpén-dàyǔ,
　　就 在 他 即将 离去 的 前 一 个 晚上， 天 下起了 倾盆大雨，
bìngqiě yīxià jiùshì sān tiān sān yè. Yǔ zhōngyú tíng le, Bǐdé zǒuchū xiǎo mùwū,
并且 一下 就是 三 天 三 夜。雨 终于 停 了，彼得 走出 小 木屋，

fāxiàn yǎnqián de tǔdì kàn shàng·qù hǎoxiàng hé yǐqián bù yīyàng: Kēngkēng-wāwā
发现　眼前　的　土地　看　上　去　好像　和　以前　不　一样：坑坑洼洼
yǐ bèi dàshuǐ chōngshuā píngzhěng, sōngruǎn de tǔdì·shàng zhǎngchū yī céng
已　被　大水　冲刷　平整，　松软　的　土地上　长出　一　层
lǜróngróng de xiǎocǎo.
绿茸茸　的　小草。

　　"Zhè·lǐ méi zhǎodào jīn·zi," Bǐdé hū yǒu suǒ wù de shuō, "Dàn zhè tǔdì hěn
　　"这里　没　找到　金子，"彼得　忽　有　所　悟地　说，"但　这　土地　很
féiwò, wǒ kěyǐ yònglái zhòng huā, bìngqiě nádào zhèn·shàng qù màigěi nàxiē
肥沃，我　可以　用来　种　花，并且　拿到　镇上　去　卖给　那些
fùrén, tā·men yīdìng huì mǎi xiē huā zhuāngbàn tā·men huálì de kètīng. // Rúguǒ
富人，他们　一定　会　买　些　花　装扮　他们　华丽　的　客厅。// 如果
zhēn shì zhèyàng de huà, nà·me wǒ yīdìng huì zhuàn xǔduō qián, yǒuzhāo-yīrì wǒ
真　是　这样　的　话，那么　我　一定　会　赚　许多　钱，有朝一日　我
yě huì chéngwéi fùrén······"
也　会　成为　富人······"

　　Yúshì tā liú·le xià·lái. Bǐdé huā·le bù shǎo jīnglì péiyù huāmiáo, bùjiǔ tiándì·lǐ
　　于是　他　留了　下来。彼得　花了　不　少　精力　培育　花苗，不久　田地里
zhǎngmǎn·le měilì jiāoyàn de gè sè xiānhuā.
长满了　美丽　娇艳　的　各色　鲜花。

　　Wǔ nián yǐhòu, Bǐdé zhōngyú shíxiàn·le tā de mèngxiǎng—— chéng·le yī gè
　　五　年　以后，彼得　终于　实现了　他　的　梦想——　成了　一　个
fùwēng. "Wǒ shì wéiyī de yī gè zhǎodào zhēnjīn de rén!" Tā shícháng bùwú jiāo'ào
富翁。"我　是　唯一　的　一　个　找到　真金　的　人！"他　时常　不无　骄傲
de gào·su bié·rén, "Bié·rén zài zhèr zhǎo·bùdào jīn·zi hòu biàn yuǎnyuǎn de líkāi,
地　告诉　别人，"别人　在　这儿　找　不到　金子　后　便　远远　地　离开，
ér wǒ de 'jīn·zi' shì zài zhè kuài tǔdì·lǐ, zhǐyǒu chéng·shí de rén yòng qínláo
而　我　的　'金子'　是　在　这　块　土地　里，只有　诚实　的　人　用　勤劳
cáinéng cǎijí dào."
才能　采集　到。"

节选自陶猛译《金子》

作品 21 号

扫
一
扫
听
音
频

　　Wǒ zài Jiānádà xuéxí qījiān yùdào·guo liǎng cì mùjuān, nà qíngjǐng zhìjīn shǐ
　　我　在　加拿大　学习　期间　遇到过　两　次　募捐，那　情景　至今　使
wǒ nányǐ-wànghuái.
我　难以　忘怀。

Yī tiān, wǒ zài Wòtàihuá de jiē·shàng bèi liǎng gè nánhái·zi lánzhù qùlù.
一天，我 在 渥太华 的 街 上 被 两 个 男孩子 拦住 去路。

Tā·men shí lái suì, chuān de zhěngzhěng-qíqí, měi rén tóu·shàng dài·zhe gè
他们 十 来 岁，穿 得 整整 齐齐，每 人 头 上 戴着 个

zuògōng jīngqiǎo、sècǎi xiānyàn de zhǐ mào, shàngmiàn xiě·zhe "Wèi bāngzhù
做工 精巧、色彩 鲜艳 的 纸 帽，上 面 写着 "为 帮助

huàn xiǎo'ér mábì de huǒbàn mùjuān." Qízhōng de yī gè, bùyóu-fēnshuō jiù zuò
患 小儿 麻痹 的 伙伴 募捐。" 其中 的 一个，不由 分说 就 坐

zài xiǎodèng·shàng gěi wǒ cā·qǐ píxié·lái, lìng yī gè zé bīnbīn-yǒulǐ de fāwèn:
在 小凳上 给 我 擦起 皮鞋 来，另 一个 则 彬彬 有礼 地 发问：

"Xiǎojiě, nín shì nǎ guó rén? Xǐ·huan Wòtàihuá ma?" "Xiǎojiě, zài nǐ·men guójiā
"小姐，您 是 哪 国 人？喜欢 渥太华 吗？" "小姐，在 你们 国家

yǒu méi·yǒu xiǎoháir huàn xiǎo'ér mábì? Shéi gěi tā·men yīliáofèi?" Yīliánchuàn de
有 没有 小孩儿 患 小儿 麻痹？谁 给 他们 医疗费？" 一连串 的

wèntí, shǐ wǒ zhè·ge yǒushēng-yǐlái tóu yī cì zài zhòngmù-kuíkuí zhīxià ràng
问题，使 我 这个 有生 以来 头 一 次 在 众目 睽睽 之下 让

bié·rén cā xié de yìxiāngrén, cóng jìnhū lángbèi de jiǒngtài zhōng jiětuō chū·lái.
别人 擦鞋 的 异乡人，从 近乎 狼狈 的 窘态 中 解脱 出来。

Wǒ·men xiàng péng·you yīyàng liáo·qǐ tiānr·lái……
我们 像 朋友 一样 聊 起 天儿 来……

Jǐ gè yuè zhīhòu, yě shì zài jiē·shàng. Yīxiē shízì lùkǒuchù huò chēzhàn
几 个 月 之后，也 是 在 街上。一些 十字 路口处 或 车站

zuò·zhe jǐ wèi lǎorén. Tā·men mǎntóu yínfà, shēn chuān gè zhǒng lǎoshì
坐着 几 位 老人。他们 满头 银发，身 穿 各 种 老式

jūnzhuāng, shàngmiàn bùmǎn·le dàdà-xiǎoxiǎo xíngxíng-sèsè de huīzhāng、
军装，上面 布满了 大大 小小 形形 色色 的 徽章、

jiǎngzhāng, měi rén shǒu pěng yī dà shù xiānhuā, yǒu shuǐxiān、shízhú、méi·gui jí
奖章，每 人 手 捧 一 大 束 鲜花，有 水仙、石竹、玫瑰 及

jiào·bùchū míng·zi de, yīsè xuěbái. Cōngcōng guòwǎng de xíngrén fēnfēn zhǐbù, bǎ
叫 不出 名字 的，一色 雪白。匆匆 过往 的 行人 纷纷 止步，把

qián tóujìn zhèxiē lǎorén shēnpáng de báisè mùxiāng nèi, ránhòu xiàng tā·men
钱 投进 这些 老人 身旁 的 白色 木箱 内，然后 向 他们

wēiwēi jūgōng, cóng tā·men shǒu zhōng jiē·guo yī duǒ huā. Wǒ kàn·le yīhuìr,
微微 鞠躬，从 他们 手 中 接过 一 朵 花。我 看了 一会儿，

yǒu rén tóu yī-liǎng yuán, yǒu rén tóu jǐbǎi yuán, hái yǒu rén tāochū zhīpiào
有 人 投 一 两 元，有 人 投 几 百 元，还 有 人 掏出 支票

tiánhǎo hòu tóujìn mùxiāng. Nàxiē lǎojūnrén háobù zhùyì rén·men juān duō·shao
填好 后 投进 木箱。那些 老军人 毫不 注意 人们 捐 多少

qián, yīzhí bù// tíng de xiàng rén·men dīshēng dàoxiè. Tóngxíng de péng·you
钱，一直 不// 停 地 向 人 们 低声 道谢。同行 的 朋友

gào·su wǒ, zhè shì wèi jìniàn Èrcì Dàzhàn zhōng cānzhàn de yǒngshì, mùjuān jiùjì
告诉 我，这 是 为 纪念 二次 大战 中 参战 的 勇士，募捐 救济

cánfèi jūnrén hé lièshì yíshuāng, měinián yī cì; rèn juān de rén kěwèi yǒngyuè,
残废 军人 和 烈士 遗孀， 每年 一 次； 认 捐 的 人 可谓 踊跃，
érqiě zhìxù jǐngrán, qì·fēn zhuāngyán. Yǒuxiē dì·fang, rén·men hái nàixīn de pái·zhe
而且 秩序 井然， 气氛 庄严。 有些 地方， 人们 还 耐心 地 排着
duì. Wǒ xiǎng, zhè shì yīn·wèi tā·men dōu zhī·dào: Zhèng shì zhèxiē lǎorén·men
队。 我 想， 这 是 因为 他们 都 知道： 正 是 这些 老人们
de liúxuè xīshēng huànlái·le bāokuò tā·men xìnyǎng zìyóu zài nèi de xǔxǔ-duōduō.
的 流血 牺牲 换来了 包括 他们 信仰 自由 在 内 的 许许 多多。
　　Wǒ liǎng cì bǎ nà wēibù-zúdào de yīdiǎnr qián pěnggěi tā·men, zhǐ xiǎng duì
　　我 两次 把 那 微不足道 的 一点儿 钱 捧给 他们， 只 想 对
tā·men shuō shēng "xiè·xie".
他们 说 声 "谢谢"。

节选自青白《捐诚》

作品 22 号

扫一扫 听音频

　　Méi·yǒu yī piàn lǜyè, méi·yǒu yī lǚ chuīyān, méi·yǒu yī lì nítǔ, méi·yǒu
　　没有 一 片 绿叶， 没有 一 缕 炊烟， 没有 一 粒 泥土， 没有
yī sī huāxiāng, zhǐyǒu shuǐ de shìjiè, yún de hǎiyáng.
一 丝 花香， 只有 水 的 世界， 云 的 海洋。
　　Yī zhèn táifēng xíguò, yī zhī gūdān de xiǎoniǎo wújiā-kěguī, luòdào bèi
　　一 阵 台风 袭过， 一 只 孤单 的 小鸟 无家可归， 落到 被
juǎndào yáng·lǐ de mùbǎn·shàng, chéng liú ér xià, shānshān ér lái, jìn le,
卷到 洋里 的 木板上， 乘 流 而 下， 姗姗 而 来， 近 了，
jìn le! ……
近 了！ ……
　　Hūrán, xiǎoniǎo zhāngkāi chìbǎng, zài rén·men tóudǐng pánxuánle jǐ quānr,
　　忽然， 小鸟 张开 翅膀， 在 人们 头顶 盘旋了 几 圈儿，
"pūlā" yī shēng luòdào·le chuán·shàng. Xǔ shì lèi le? Háishì fāxiàn·le "xīn
"噗啦" 一 声 落到了 船上。 许是 累 了？ 还是 发现了 "新
dàlù"? Shuǐshǒu niǎn tā, tā bù zǒu, zhuā tā, tā guāiguāi de luò zài zhǎngxīn.
大陆"？ 水手 撵 它， 它 不 走， 抓 它， 它 乖乖 地 落 在 掌心。
Kě'ài de xiǎoniǎo hé shànliáng de shuǐshǒu jiéchéng·le péng·you.
可爱 的 小鸟 和 善良 的 水手 结成了 朋友。
　　Qiáo, tā duō měilì, jiāoqiǎo de xiǎozuǐ, zhuólǐ·zhe lǜsè de yǔmáo, yā·zi yàng
　　瞧， 它 多 美丽， 娇巧 的 小嘴， 啄理着 绿色 的 羽毛， 鸭子 样
de biǎnjiǎo, chéngxiàn chū chūncǎo de éhuáng. Shuǐshǒu·men bǎ tā dàidào
的 扁脚， 呈现 出 春草 的 鹅黄。 水手们 把 它 带到

cāng·lǐ, gěi tā "dāpù", ràng tā zài chuán·shàng ānjiā-luòhù, měi tiān, bǎ fēndào
舱 里, 给 它 "搭铺", 让 它 在 船上 安家落户, 每 天, 把 分到

de yī sùliàotǒng dànshuǐ yúngěi tā hē, bǎ cóng zǔguó dài·lái de xiānměi de yúròu
的 一 塑料筒 淡水 匀给 它 喝, 把 从 祖国 带来 的 鲜美 的 鱼肉

fēngěi tā chī, tiāncháng-rìjiǔ, xiǎoniǎo hé shuǐshǒu de gǎnqíng rìqū dǔhòu.
分给 它 吃, 天长 日久, 小鸟 和 水手 的 感情 日趋 笃厚。

Qīngchén, dāng dì-yī shù yángguāng shèjìn xiánchuāng shí, tā biàn chǎngkāi měilì
清晨, 当 第一 束 阳光 射进 舷窗 时, 它 便 敞开 美丽

de gēhóu, chàng a chàng, yīngyīng-yǒuyùn, wǎnrú chūnshuǐ cóngcóng. Rénlèi gěi
的 歌喉, 唱 啊 唱, 嘤嘤 有 韵, 宛如 春水 淙淙。 人类 给

tā yǐ shēngmìng, tā háobù qiānlìn de bǎ zìjǐ de yìshù qīngchūn fèngxiàn gěi·le
它 以 生命, 它 毫不 悭吝 地 把 自己 的 艺术 青春 奉献 给了

bǔyù tā de rén. Kěnéng dōu shì zhèyàng? Yìshùjiā·men de qīngchūn zhǐhuì xiànggěi
哺育 它 的 人。 可能 都 是 这样? 艺术家 们 的 青春 只会 献给

zūnjìng tā·men de rén.
尊敬 他 们 的 人。

Xiǎoniǎo gěi yuǎnháng shēnghuó méng·shàng·le yī céng làngmàn sèdiào. Fǎnháng
小鸟 给 远航 生活 蒙上 了 一 层 浪漫 色调。 返航

shí, rén·men àibù-shìshǒu, liànliàn-bùshě de xiǎng bǎ tā dàidào yìxiāng. Kě xiǎoniǎo
时, 人们 爱不 释手, 恋恋 不舍 地 想 把 它 带到 异乡。 可 小鸟

qiáocuì le, gěi shuǐ, bù hē! Wèi ròu, bù chī! Yóuliàng de yǔmáo shīqù·le guāngzé.
憔悴 了, 给 水, 不 喝! 喂 肉, 不 吃! 油亮 的 羽毛 失去 了 光泽。

Shì a, wǒ// men yǒu zìjǐ de zǔguó, xiǎoniǎo yě yǒu tā de guīsù, rén hé dòngwù
是 啊, 我// 们 有 自己 的 祖国, 小鸟 也 有 它 的 归宿, 人 和 动物

dōu shì yīyàng a, nǎr yě bùrú gùxiāng hǎo!
都 是 一样 啊, 哪儿 也 不如 故乡 好!

Cí'ài de shuǐshǒu·men juédìng fàngkāi tā, ràng tā huídào dàhǎi de yáolán·qù,
慈爱 的 水手 们 决定 放开 它, 让 它 回到 大海 的 摇篮 去,

huídào lánsè de gùxiāng·qù. Líbié qián, zhè·ge dàzìrán de péng·you yǔ
回到 蓝色 的 故乡 去。 离别 前, 这个 大自然 的 朋友 与

shuǐshǒu·men liúyǐng jìniàn. Tā zhàn zài xǔduō rén de tóu·shàng、 jiān·shàng、
水手 们 留影 纪念。 它 站 在 许多 人 的 头上、 肩上、

zhǎng·shàng、 gē·bo·shàng, yǔ wèiyǎng·guo tā de rén·men, yīqǐ róngjìn nà lánsè
掌 上、 胳膊上, 与 喂养 过 它 的 人们, 一起 融进 那 蓝色

de huàmiàn……
的 画面……

节选自王文杰《可爱的小鸟》

作品 23 号

扫 听
一 音
扫 频

Niǔyuē de dōngtiān cháng yǒu dà fēngxuě, pūmiàn de xuěhuā bùdàn lìng rén
纽约 的 冬天 常 有 大 风雪, 扑面 的 雪花 不但 令 人
nányǐ zhēngkāi yǎn·jing, shènzhì hūxī dōu huì xīrù bīnglěng de xuěhuā. Yǒushí qián yī
难以 睁开 眼睛, 甚至 呼吸 都 会 吸入 冰冷 的 雪花。 有时 前 一
tiān wǎn·shang háishì yī piàn qínglǎng, dì-èr tiān lākāi chuānglián, què yǐjīng jīxuě yíng
天 晚上 还是 一 片 晴朗, 第二 天 拉开 窗帘, 却 已经 积雪 盈
chǐ, lián mén dōu tuī·bùkāi le.
尺, 连 门 都 推 不开 了。

Yùdào zhèyàng de qíngkuàng, gōngsī、shāngdiàn cháng huì tíngzhǐ shàngbān,
遇到 这样 的 情况, 公司、 商店 常 会 停止 上班,
xuéxiào yě tōngguò guǎngbō xuānbù tíngkè. Dàn lìng rén bùjiě de shì, wéiyǒu gōnglì
学校 也 通过 广播, 宣布 停课。 但 令 人 不解 的 是, 惟有 公立
xiǎoxué, réngrán kāifàng. Zhǐ jiàn huángsè de xiàochē, jiānnán de zài lùbiān jiē hái·zi,
小学, 仍然 开放。 只见 黄色 的 校车, 艰难 地 在 路边 接孩子,
lǎoshī zé yīdàzǎo jiù kǒuzhōng pēn·zhe rèqì, chǎnqù chē·zi qiánhòu de jīxuě,
老师 则 一大早 就 口中 喷着 热气, 铲去 车子 前后 的 积雪,
xiǎoxīn-yìyì de kāichē qù xuéxiào.
小心翼翼 地 开车 去 学校。

Jù tǒngjì, shí nián lái Niǔyuē de gōnglì xiǎoxué zhǐ yīn·wèi chāojí bàofēngxuě
据 统计, 十 年 来 纽约 的 公立 小学 只 因为 超级 暴风雪
tíngguò qī cì kè. Zhè shì duō·me lìng·rén jīngyà de shì. Fàn·dezháo zài dà·ren dōu
停过 七次 课。 这是 多么 令人 惊讶 的 事。 犯得着 在 大人 都
wúxū shàngbān de shí·hou ràng hái·zi qù xuéxiào ma? Xiǎoxué de lǎoshī yě tài
无须 上班 的 时候 让 孩子 去 学校 吗? 小学 的 老师 也 太
dǎoméi le ba?
倒霉 了 吧?

Yúshì, měiféng dàxuě ér xiǎoxué bù tíngkè shí, dōu yǒu jiāzhǎng dǎ diànhuà qù
于是, 每逢 大雪 而 小学 不 停课 时, 都 有 家长 打 电话 去
mà. Miào de shì, měi gè dǎ diànhuà de rén, fǎnyìng quán yīyàng—— xiān shì
骂。 妙 的 是, 每个 打 电话 的 人, 反应 全 一样—— 先 是
nùqì-chōngchōng de zéwèn, ránhòu mǎnkǒu dàoqiàn, zuìhòu xiàoróng mǎnmiàn de
怒气 冲冲 地 责问, 然后 满口 道歉, 最后 笑容 满面 地
guà·shàng diànhuà. Yuányīn shì, xuéxiào gào·su jiāzhǎng:
挂上 电话。 原因 是, 学校 告诉 家长:

Zài Niǔyuē yǒu xǔduō bǎiwàn fùwēng, dàn yě yǒu bùshǎo pínkùn de jiātíng.
在 纽约 有 许多 百万 富翁, 但 也 有 不少 贫困 的 家庭。

Hòuzhě báitiān kāi·bùqǐ nuǎnqì, gōng·bùqǐ wǔcān, hái·zi de yíngyǎng quán kào
后者　白天　开不起　暖气，　供不起　午餐，　孩子的　营养　全　靠
xuéxiào·lǐ miǎnfèi de zhōngfàn, shènzhì kěyǐ duō ná xiē huíjiā dàng wǎncān.
学校里　免费的　中饭，　甚至　可以　多　拿些　回家　当　晚餐。
Xuéxiào tíngkè yī tiān, qióng hái·zi jiù shòu yī tiān dòng, ái yī tiān è, suǒyǐ
学校　停课　一天，　穷　孩子　就　受　一天　冻，　挨　一天　饿，　所以
lǎoshī·men nìngyuàn zìjǐ kǔ yīdiǎnr, yě bù néng tíng//kè.
老师们　宁愿　自己苦一点儿，也　不　能　停//课。

　　Huòxǔ yǒu jiāzhǎng huì shuō: Hé bù ràng fùyù de hái·zi zài jiā·lǐ, ràng
　　或许　有　家长　会　说：何　不　让　富裕的　孩子　在家里，让
pínqióng de hái·zi qù xuéxiào xiǎngshòu nuǎnqì hé yíngyǎng wǔcān ne?
贫穷　的孩子去　学校　享受　暖气和　营养　午餐　呢？
　　Xuéxiào de dá·fù shì: Wǒ·men bùyuàn ràng nàxiē qióngkǔ de hái·zi gǎndào
　　学校　的答复是：我们　不愿　让　那些　穷苦的孩子　感到
tā·men shì zài jiēshòu jiùjì, yīn·wèi shīshě de zuìgāo yuánzé shì bǎochí shòushīzhě
他们　是在　接受　救济，因为　施舍的　最高　原则　是　保持　受施者
de zūnyán.
的　尊严。

节选自（台湾）刘墉《课不能停》

作品 24 号

扫一扫 听音频

　　Shí nián, zài lìshǐ·shàng bùguò shì yī shùnjiān. Zhǐyào shāo jiā zhùyì, rén·men
　　十　年，在　历史上　不过　是一　瞬间。　只要　稍　加　注意，人们
jiù huì fāxiàn: Zài zhè yī shùnjiān·lǐ, gè zhǒng shìwù dōu qiāoqiāo jīnglì·le zìjǐ de
就　会　发现：在这一　瞬间里，各　种　事物　都　悄悄　经历了　自己的
qiānbiàn-wànhuà.
千变　万化。
　　Zhè cì chóngxīn fǎng Rì, wǒ chùchù gǎndào qīnqiè hé shú·xi, yě zài xǔduō
　　这　次　重新　访日，我　处处　感到　亲切和　熟悉，也在　许多
fāngmiàn fājué·le Rìběn de biànhuà. Jiù ná Nàiliáng de yī gè jiǎoluò lái shuō ba,
方面　发觉了　日本的　变化。就拿　奈良　的一个　角落　来　说　吧，
wǒ chóngyóu·le wèi zhī gǎnshòu hěn shēn de Táng Zhāotísì, zài sì nèi gè chù
我　重游了　为之　感受　很　深的　唐　招提寺，在寺内各　处
cōngcōng zǒu·le yī biàn, tíngyuàn yījiù, dàn yìxiǎng-bùdào hái kàndào·le yīxiē xīn
匆匆　走了　一遍，　庭院　依旧，但　意想　不到　还　看到了　一些　新
de dōng·xi. Qízhōng zhīyī, jiùshì jìn jǐ nián cóng Zhōngguó yízhí lái
的　东西。其中　之一，就是　近几　年　从　中国　移植来

de "yǒuyì zhīlián".
的　"友谊之莲"。

　　Zài cúnfàng Jiànzhēn yíxiàng de nà·ge yuàn·zi·lǐ, jǐ zhū Zhōngguó lián ángrán-tǐnglì,
　　在 存放　鉴真　遗像　的　那个　院子里,几株　中国　莲 昂然 挺立,
cuìlǜ de kuāndà héyè zhèng yíngfēng ér wǔ, xiǎn·de shífēn yúkuài. Kāihuā de
翠绿　的　宽大　荷叶　正　迎风　而 舞,　显得　十分　愉快。开花　的
jìjié yǐ guò, héhuā duǒduǒ yǐ biànwéi lián·peng léiléi. Liánzǐ de yánsè zhèngzài yóu
季节 已 过,荷花　朵朵　已 变为　莲 蓬 累累。莲子 的 颜色　正在　由
qīng zhuǎn zǐ, kànlái yǐjīng chéngshú le.
青 转　紫,看来　已经　成熟　了。

　　Wǒ jīn·bùzhù xiǎng: "Yīn" yǐ zhuǎnhuà wéi "guǒ".
　　我 禁 不住　想:"因" 已 转化　为　"果"。

　　Zhōngguó de liánhuā kāi zài Rìběn, Rìběn de yīnghuā kāi zài Zhōngguó, zhè bù
　　中国　的 莲花　开 在 日本,　日本 的 樱花　开 在　中国,　这 不
shì ǒurán. Wǒ xīwàng zhèyàng yī zhǒng shèngkuàng yánxù bù shuāi. Kěnéng yǒu
是 偶然。我 希望　这样　一 种　盛况　延续 不　衰。　可能 有
rén bù xīnshǎng huā, dàn jué bùhuì yǒu rén xīnshǎng luò zài zìjǐ miànqián
人 不　欣赏　花,　但 决 不会 有 人　欣赏　落 在 自己　面前
de pàodàn.
的　炮弹。

　　Zài zhèxiē rì·zi·lǐ, wǒ kàndào·le bùshǎo duō nián bù jiàn de lǎo péng·you, yòu
　　在 这些 日子里,我 看到 了 不少　多　年 不 见 的 老　朋友,　又
jiéshí·le yīxiē xīn péng·you. Dàjiā xǐ·huan shèjí de huàtí zhīyī, jiùshì gǔ Cháng'ān hé
结识 了 一些 新　朋友。　大家 喜欢 涉及 的 话题 之一,　就是 古　长安　和
gǔ Nàiliáng. Nà hái yòng·dezháo wèn ma, péng·you·men miǎnhuái guòqù, zhèngshì
古　奈良。 那 还　用　得着　问 吗,　朋友们　缅怀　过去,　正是
zhǔwàng wèilái. Zhǔmù yú wèilái de rén·men bìjiāng huòdé wèilái.
瞩望　未来。 瞩目 于 未来 的 人 们　必将　获得　未来。

　　Wǒ bù lìwài, yě xīwàng yī gè měihǎo de wèilái.
　　我 不 例外,也 希望　一 个　美好　的　未来。

　　Wèi//le Zhōng-Rì rénmín zhījiān de yǒuyì, wǒ jiāng bù làngfèi jīnhòu shēngmìng
　　为//了　中日　人民　之间　的 友谊,我 将 不　浪费　今后　生命
de měi yī shùnjiān.
的 每 一　瞬间。

节选自严文井《莲花和樱花》

作品 25 号

扫一扫 听音频

Méiyǔtán shǎnshǎn de lǜsè zhāoyǐn·zhe wǒ·men, wǒ·men kāishǐ zhuīzhuō tā nà
梅雨潭　闪闪　的　绿色　招引　着　我们，我们　开始　追捉　她那
líhé de shénguāng le. Jiū·zhe cǎo, pān·zhe luànshí, xiǎoxīn tànshēn xià·qù, yòu
离合　的　神光　了。揪着　草，攀着　乱石，小心　探身　下去，又
jūgōng guò·le yī gè shíqióngmén, biàn dào·le wāngwāng yī bì de tán biān le.
鞠躬　过了　一个　石穹门，　便　到了　汪汪　一碧　的　潭　边了。

Pùbù zài jīnxiù zhījiān, dànshì wǒ de xīnzhōng yǐ méi·yǒu pùbù le. Wǒ de xīn
瀑布　在　襟袖　之间，但是　我　的　心中　已　没有　瀑布　了。我的心
suí tánshuǐ de lǜ ér yáodàng. Nà zuìrén de lǜ ya! Fǎngfú yī zhāng jí dà jí dà
随　潭水　的　绿而　摇荡。　那醉人的绿呀！仿佛　一张　极大极大
de héyè pū·zhe, mǎnshì qíyì de lǜ ya. Wǒ xiǎng zhāngkāi liǎngbì bàozhù tā, dàn
的　荷叶　铺着，满是　奇异的绿呀。我　想　张开　两臂　抱住她，但
zhè shì zěnyàng yī gè wàngxiǎng a.
这是　怎样　一个　妄想　啊。

Zhàn zài shuǐbiān, wàngdào nà·miàn, jūrán jué·zhe yǒu xiē yuǎn ne! zhè
站　在　水边，　望到　那面，　居然　觉着　有些　远呢！这
píngpū·zhe、hòujī·zhe de lǜ, zhuóshí kě'ài. Tā sōngsōng de zhòuxié·zhe, xiàng
平铺着、厚积着　的绿，着实　可爱。她　松松　地　皱缬着，　像
shàofù tuō·zhe de qúnfú; tā huáhuá de míngliàng·zhe, xiàng tú·le "míngyóu" yī
少妇　拖着　的裙幅；她　滑滑　地　明亮着，　像　涂了　"明油"　一
bān, yǒu jīdànqīng nàyàng ruǎn, nàyàng nèn; tā yòu bù zá xiē chénzǐ, wǎnrán yī
般，有　鸡蛋清　那样　软，那样　嫩；她　又　不杂　些尘滓，　宛然　一
kuài wēnrùn de bìyù, zhǐ qīngqīng de yī sè—— dàn nǐ què kàn·bùtòu tā!
块　温润的碧玉，只　清清的一色——　但你　却　看不透　她！

Wǒ céng jiànguò Běijīng Shíchàhǎi fúdì de lǜyáng, tuō·bùliǎo éhuáng de
我　曾　见过　北京　什刹海　拂地的绿杨，　脱不了　鹅黄的
dǐ·zi, sìhū tài dàn le. Wǒ yòu céng jiànguò Hángzhōu Hǔpáosì jìnpáng gāojùn ér
底子，似乎　太淡了。我又　曾　见过　杭州　虎跑寺　近旁　高峻而
shēnmì de "lǜbì", cóngdié·zhe wúqióng de bìcǎo yǔ lǜyè de, nà yòu sìhū tài
深密　的"绿壁"，丛叠着　无穷　的　碧草与绿叶的，那又似乎太
nóng le. Qíyú ne, Xīhú de bō tài míng le, Qínhuái Hé de yě tài àn le. Kě·ài
浓了。其余呢，西湖的波太明了，秦淮　河的也太暗了。可爱
de, wǒ jiāng shén·me lái bǐnǐ nǐ ne? Wǒ zěn·me bǐnǐ de chū ne? Dàyuē tán shì
的，我将　什么　来比拟你呢？我　怎么　比拟得出呢？大约潭是
hěn shēn de, gù néng yùnxù·zhe zhèyàng qíyì de lǜ; fǎngfú wèilán de tiān
很深的，故能　蕴蓄着　这样　奇异的绿；仿佛　蔚蓝的天

róng·le yī kuài zài lǐmiàn shì·de, zhè cái zhèbān de xiānrùn a.
融了　一块　在　里面　似的，这才　这般　的　鲜润　啊。

Nà zuìrén de lǜ ya! Wǒ ruò néng cái nǐ yǐ wéi dài, wǒ jiāng zènggěi nà
那　醉人　的　绿呀！我　若　能　裁　你　以　为　带，我　将　赠给　那

qīngyíng de// wǔnǚ, tā bìnéng línfēng piāojǔ le. Wǒ ruò néng yì nǐ yǐ wéi yǎn,
轻盈　的//　舞女，她　必能　临风　飘举　了。我　若　能　挹　你　以　为　眼，

wǒ jiāng zènggěi nà shàn gē de mángmèi, tā bì míngmóu-shànlài le. Wǒ
我　将　赠给　那　善歌　的　盲妹，她　必　明眸善睐　了。我

shě·bu·de nǐ, wǒ zěn shě·de nǐ ne? Wǒ yòng shǒu pāi·zhe nǐ, fǔmó·zhe nǐ,
舍不得　你，我　怎　舍得　你　呢？我　用　手　拍着　你，抚摩　着　你，

rútóng yī gè shí'èr-sān suì de xiǎogū·niang. Wǒ yòu jū nǐ rùkǒu, biànshì
如同　一个　十二三　岁　的　小姑娘。我　又　掬　你　入口，便是

wěn·zhe tā le. Wǒ sòng nǐ yī gè míng·zi, wǒ cóngcǐ jiào nǐ "nǚ·ér-lǜ",
吻着　她了。我　送　你　一个　名字，我　从此　叫　你"女儿绿"，

hǎo ma?
好　吗？

Dì-èr cì dào Xiānyán de shíhou, wǒ bùjīn jīngchà yú Méiyǔtán de lǜ le.
第二次　到　仙岩　的　时候，我　不禁　惊诧　于　梅雨潭　的　绿了。

　　　　　　　　　　节选自朱自清《绿》

作品 26 号

扫一扫 听音频

Wǒ·men jiā de hòuyuán yǒu bàn mǔ kòngdì, mǔ·qīn shuō:"Ràng tā huāng·zhe
我们　家　的　后园　有　半亩　空地，母亲　说："让　它　荒着

guài kěxī de, nǐ·men nà·me ài chī huāshēng, jiù kāipì chū·lái zhòng huāshēng ba."
怪　可惜的，你们　那么　爱吃　花生，就　开辟　出来　种　花生　吧。"

Wǒ·men jiě-dì jǐ gè dōu hěn gāoxìng, mǎizhǒng, fāndì, bōzhǒng, jiāoshuǐ, méi guò jǐ
我们　姐弟　几个　都　很　高兴，买种，翻地，播种，浇水，没过几

gè yuè, jūrán shōuhuò le.
个月，居然　收获了。

Mǔ·qīn shuō:"Jīnwǎn wǒ·men guò yī gè shōuhuòjié, qǐng nǐ·men fù·qīn yě lái
母亲　说："今晚　我们　过　一个　收获节，请　你们　父亲　也来

cháng·chang wǒ·men de xīn huāshēng, hǎo·bù hǎo?" Wǒ·men dōu shuō hǎo. Mǔ·qīn
尝尝　我们　的　新　花生，好不好？"我们　都　说好。母亲

bǎ huāshēng zuòchéng·le hǎo jǐ yàng shípǐn, hái fēn·fù jiù zài hòuyuán de máotíng·lǐ
把　花生　做成了　好几　样　食品，还　吩咐　就在　后园　的　茅亭里

guò zhè·ge jié.
过　这个节。

Wǎn·shang tiānsè bù tài hǎo, kěshì fù·qīn yě lái le, shízài hěn nándé.
晚上　　天色　不太　好，可是　父亲　也　来　了，实在　很　难得。

Fù·qīn shuō:" Nǐ·men ài chī huāshēng ma?"
父亲　说:"　你们　爱　吃　花生　　吗?"

Wǒ·men zhēng·zhe dā·ying: "Ài!"
我们　　争着　　答应: "爱!"

"Shéi néng bǎ huāshēng de hǎochù shuō chū·lái?"
"谁　能　把　花生　的　好处　说　出　来?"

Jiě·jie shuō:" Huāshēng de wèi měi."
姐姐　说:"　花生　的　味美。"

Gē·ge shuō:" Huāshēng kěyǐ zhàyóu."
哥哥　说:"　花生　　可以　榨油。"

Wǒ shuō:" Huāshēng de jià·qián pián·yi, shéi dōu kěyǐ mǎi·lái chī, dōu
我　说:"　花生　的　价钱　便宜，谁　都　可以　买来　吃，都
xǐ·huan chī. Zhè jiùshì tā de hǎochù."
喜欢　吃。这　就是　它的　好处。"

Fù·qīn shuō:" Huāshēng de hǎochù hěn duō, yǒu yī yàng zuì kěguì: Tā de
父亲　说:"　花生　的　好处　很　多，有一样　最可贵：它的
guǒshí mái zài dì·lǐ, bù xiàng táo·zi、shí·liu、píngguǒ nàyàng, bǎ xiānhóng nènlǜ
果实　埋　在地里，不　像　桃子、石榴、苹果　那样，把　鲜红　嫩绿
de guǒshí gāogāo de guà zài zhītóu·shàng, shǐ rén yī jiàn jiù shēng àimù zhī xīn.
的　果实　高高　地　挂　在　枝头上，　使人一见就生　爱慕之心。
Nǐ·men kàn tā ǎi'ǎi de zhǎng zài dì·shàng, děngdào chéngshú le, yě bùnéng
你们　看它矮矮地　长　在　地上，　等到　成熟　了，也　不能
lìkè fēnbiàn chū·lái tā yǒu méi·yǒu guǒshí, bìxū wā chū·lái cái zhī·dào."
立刻　分辨　出来它有　没有　果实，必须　挖　出来才　知道。"

Wǒ·men dōu shuō shì, mǔ·qīn yě diǎndiǎn tóu.
我们　都　说　是，母亲　也　点点　头。

Fù·qīn jiē xià·qù shuō:" Suǒyǐ nǐ·men yào xiàng huāshēng, tā suīrán bù
父亲　接　下去　说:"　所以　你们　要　像　花生，它　虽然　不
hǎokàn, kěshì hěn yǒuyòng, bù shì wàibiǎo hǎokàn ér méi·yǒu shíyòng de dōng·xi."
好看，可是　很　有用，不是　外表　好看而　没有　实用　的　东西。"

Wǒ shuō:" Nà·me, rén yào zuò yǒuyòng de rén, bùyào zuò zhǐ jiǎng tǐmiàn,
我　说:"　那么，人要　做　有用　的人，不要　做　只　讲　体面，
ér duì bié·rén méi·yǒu hǎochù de rén le."//
而　对　别人　没有　好处　的人了。"//

Fù·qīn shuō:" Duì. Zhè shì wǒ duì nǐ·men de xīwàng."
父亲　说:"　对。这　是　我　对　你们　的　希望。"

Wǒ·men tándào yè shēn cái sàn. Huāshēng zuò de shípǐn dōu chīwán le,
我们　谈到　夜　深　才　散。花生　做　的　食品　都　吃完　了，

fù·qīn de huà què shēnshēn de yìn zài wǒ de xīn·shàng.
父亲 的 话 却 深深 地印 在 我 的 心 上。

节选自许地山《落花生》

作品 27 号

扫 听
一 音
扫 频

　　Wǒ dǎliè guīlái, yán·zhe huāyuán de línyīnlù zǒu·zhe. Gǒu pǎo zài wǒ qián·bian.
　　我 打猎 归来, 沿着 花园 的 林阴路 走着。 狗 跑 在 我 前边。
Tūrán, gǒu fàngmàn jiǎobù, nièzú-qiánxíng, hǎoxiàng xiùdào·le qián·bian yǒu shén·me
突然, 狗 放慢 脚步, 蹑足 潜行, 好像 嗅到 了 前边 有 什么
yěwù.
野物。

　　Wǒ shùn·zhe línyīnlù wàng·qù, kànjiàn·le yī zhī zuǐ biān hái dài huángsè、
　　我 顺着 林阴路 望去, 看见 了 一 只 嘴 边 还 带 黄色、
tóu·shàng shēng·zhe róumáo de xiǎo máquè. Fēng měngliè de chuīdǎ·zhe
头上 生着 柔毛 的 小 麻雀。 风 猛烈 地 吹打着
línyīnlù·shàng de báihuàshù, máquè cóng cháo·lǐ diēluò xià·lái, dāidāi de fú zài
林阴路 上 的 白桦树, 麻雀 从 巢 里 跌落 下来, 呆呆 地 伏在
dì·shàng, gūlì wúyuán de zhāngkāi liǎng zhī yǔmáo hái wèi fēngmǎn de
地 上, 孤立 无援 地 张开 两 只 羽毛 还 未 丰满 的
xiǎo chìbǎng.
小 翅膀。

　　Wǒ de gǒu mànmàn xiàng tā kàojìn. Hūrán, cóng fùjìn yī kē shù·shàng
　　我 的 狗 慢慢 向 它 靠近。 忽然, 从 附近 一 棵 树 上
fēi·xià yī zhī hēi xiōngpú de lǎo máquè, xiàng yī kē shízǐ shì·de luòdào gǒu de
飞 下 一 只 黑 胸脯 的 老 麻雀, 像 一 颗 石子 似 的 落到 狗 的
gēnqián. Lǎo máquè quánshēn dàoshù·zhe yǔmáo, jīngkǒng-wànzhuàng, fāchū
跟前。 老 麻雀 全身 倒竖着 羽毛, 惊恐 万状, 发出
juéwàng、 qīcǎn de jiàoshēng, jiē·zhe xiàng lùchū yáchǐ、 dà zhāng·zhe de
绝望、 凄惨 的 叫声, 接着 向 露出 牙齿、 大 张着 的
gǒuzuǐ pū·qù.
狗嘴 扑 去。

　　Lǎo máquè shì měng pū xià·lái jiùhù yòuquè de. Tā yòng shēntǐ yǎnhù·zhe
　　老 麻雀 是 猛 扑 下来 救护 幼雀 的。 它 用 身体 掩护着
zìjǐ de yòu'ér…… Dàn tā zhěnggè xiǎoxiǎo de shēntǐ yīn kǒngbù ér zhànlì·zhe,
自己 的 幼儿…… 但 它 整个 小小 的 身体 因 恐怖 而 战栗 着,

209

tā xiǎoxiǎo de shēngyīn yě biàn·de cūbào sīyǎ, tā zài xīshēng zìjǐ!
它 小小 的 声音 也 变得 粗暴 嘶哑，它 在 牺牲 自己！

Zài tā kànlái, gǒu gāishì duō·me pángdà de guài·wu a! Rán'ér, tā háishì
在 它 看来，狗 该是 多么 庞大 的 怪物 啊！然而，它 还是

bùnéng zhàn zài zìjǐ gāogāo de、ānquán de shùzhī·shàng…… Yī zhǒng bǐ tā de lǐzhì
不能 站 在 自己 高高 的、安全 的 树枝上 …… 一 种 比 它 的 理智

gèng qiángliè de lì·liàng, shǐ tā cóng nàr pū·xià shēnlái.
更 强烈 的 力量，使 它 从 那儿 扑下 身来。

Wǒ de gǒu zhànzhù le, xiàng hòu tuì·le tuì…… Kànlái, tā yě gǎndào le zhè
我 的 狗 站住 了，向 后 退了 退…… 看来，它 也 感到 了 这

zhǒng lì·liàng.
种 力量。

Wǒ gǎnjǐn huànzhù jīnghuāng-shīcuò de gǒu, ránhòu wǒ huái·zhe chóngjìng de
我 赶紧 唤住 惊慌失措 的 狗，然后 我 怀着 崇敬 的

xīnqíng, zǒukāi le.
心情，走开 了。

Shì a, qǐng bùyào jiànxiào. Wǒ chóngjìng nà zhī xiǎoxiǎo de、yīngyǒng de
是 啊，请 不要 见笑。我 崇敬 那 只 小小 的、英勇 的

niǎo'·ér wǒ chóngjìng tā nà zhǒng ài de chōngdòng hé lì·liàng.
鸟儿，我 崇敬 它 那 种 爱 的 冲动 和 力量。

Ài, wǒ// xiǎng, bǐ sǐ hé sǐ de kǒngjù gèng qiángdà. Zhǐyǒu yīkào tā, yīkào
爱，我// 想，比 死 和 死 的 恐惧 更 强大。只有 依靠 它，依靠

zhè zhǒng ài, shēngmìng cái néng wéichí xià·qù, fāzhǎn xià·qù.
这 种 爱，生命 才 能 维持 下去，发展 下 去。

节选自［俄］屠格涅夫《麻雀》，巴金译

作品 28 号

Nà nián wǒ liù suì. Lí wǒ jiā jǐn yī jiàn zhī yáo de xiǎo shānpō páng, yǒu yī
那 年 我 六岁。离 我 家 仅 一 箭 之 遥 的 小 山坡 旁，有 一

gè zǎo yǐ bèi fèiqì de cǎishíchǎng, shuāngqīn cónglái bùzhǔn wǒ qù nàr, qíshí
个 早 已 被 废弃 的 采石场，双亲 从来 不准 我 去 那儿，其实

nàr fēngjǐng shífēn mírén.
那儿 风景 十分 迷人。

Yī gè xiàjì de xiàwǔ, wǒ suí·zhe yī qún xiǎohuǒbànr tōutōu shàng nàr qù
一 个 夏季 的 下午，我 随着 一 群 小伙伴 偷偷 上 那儿 去

le. Jiù zài wǒ·men chuānyuè·le yī tiáo gūjì de xiǎolù hòu, tā·men què bǎ wǒ yī

了。就 在 我 们 穿越 了 一 条 孤寂 的 小路 后, 他 们 却 把 我 一

gè rén liú zài yuán dì, ránhòu bēnxiàng "gèng wēixiǎn de dìdài" le.

个 人 留 在 原 地, 然后 奔向 "更 危险 的 地带" 了。

　　Děng tā·men zǒuhòu, wǒ jīnghuāng-shīcuò de fāxiàn, zài yě zhǎo·bùdào yào

　　等 他 们 走后, 我 惊慌 失措 地 发现, 再 也 找 不到 要

huíjiā de nà tiáo gūjì de xiǎodào le. Xiàng zhī wú tóu de cāng·ying, wǒ dàochù

回家 的 那 条 孤寂 的 小道 了。 像 只 无头 的 苍蝇, 我 到处

luàn zuān, yīkù·shàng guàmǎn·le mángcì. Tài·yáng yǐjīng luòshān, ér cǐshí cǐkè,

乱 钻, 衣裤 上 挂满 了 芒刺。 太阳 已经 落山, 而 此时 此刻,

jiā·lǐ yīdìng kāishǐ chī wǎncān le, shuāngqīn zhèng pàn·zhe wǒ huíjiā……

家里 一定 开始 吃 晚餐 了, 双亲 正 盼着 我 回家……

Xiǎng·zhe xiǎng·zhe, wǒ bùyóu·de bèi kào·zhe yī kē shù, shāngxīn de wūwū

想 着 想 着, 我 不由得 背 靠着 一 棵 树, 伤心 地 呜呜

dàkū qǐ·lái……

大哭 起 来……

　　Tūrán, bù yuǎn chù chuán·lái·le shēngshēng liǔdí. Wǒ xiàng zhǎodào·le

　　突然, 不 远 处 传 来了 声声 柳笛。 我 像 找到 了

jiùxīng, jímáng xúnshēng zǒuqù. Yī tiáo xiǎodào biān de shùzhuāng·shàng zuò·zhe

救星, 急忙 循声 走去。 一 条 小道 边 的 树桩 上 坐 着

yī wèi chuīdí rén, shǒu·lǐ hái zhèng xiāo·zhe shén·me. Zǒujìn xì kàn, tā bù jiùshì

一 位 吹笛 人, 手里 还 正 削 着 什么。 走近 细看, 他 不 就是

bèi dàjiā chēngwéi "xiāng·balǎor" de Kǎtíng ma?

被 大家 称为 "乡 巴佬儿" 的 卡廷 吗?

　　"Nǐ hǎo, xiǎojiā·huor," Kǎtíng shuō, "Kàn tiānqì duō měi, nǐ shì chū·lái

　　"你 好, 小家伙 儿," 卡廷 说, "看 天气 多 美, 你 是 出来

sànbù de ba?"

散步 的 吧?"

　　Wǒ qièshēngshēng de diǎndiǎn tóu, dádào: "Wǒ yào huíjiā le."

　　我 怯生生 地 点点 头, 答道: "我 要 回家 了。"

　　"Qǐng nàixīn děng·shàng jǐ fēnzhōng," Kǎtíng shuō, "Qiáo, wǒ zhèngzài xiāo yī

　　"请 耐心 等上 几 分钟," 卡廷 说, "瞧, 我 正在 削 一

zhī liǔdí, chà·bùduō jiù yào zuòhǎo le, wángōng hòu jiù sònggěi nǐ ba!"

支 柳笛, 差 不多 就要 做 好 了, 完工 后 就 送给 你 吧!"

　　Kǎtíng biān xiāo biān bùshí bǎ shàng wèi chéngxíng de liǔdí fàng zài zuǐ·lǐ shì

　　卡廷 边 削 边 不时 把 尚 未 成形 的 柳笛 放 在 嘴里 试

chuī yīxià. Méi guò duōjiǔ, yī zhī liǔdí biàn dìdào wǒ shǒu zhōng. Wǒ liǎ zài yī

吹 一下。 没 过 多久, 一 支 柳笛 便 递到 我 手 中。 我 俩 在 一

zhènzhèn qīngcuì yuè'ěr de díyīn// zhōng, tà·shàng·le guītú……

阵阵 清脆 悦耳 的 笛音// 中, 踏 上 了 归途……

Dāngshí, wǒ xīnzhōng zhǐ chōngmǎn gǎnjī, ér jīntiān, dāng wǒ zìjǐ yě
当时，　我　心中　只　充满　　感激，而　今天，　当　我　自己　也

chéng·le zǔfù shí, què tūrán lǐngwù dào tā yòngxīn zhī liángkǔ! Nà tiān dāng tā
成了　祖父　时，　却　突然　领悟　到　他　用心　之　良苦！那天　当　他

tīngdào wǒ de kūshēng shí, biàn pàndìng wǒ yīdìng mí·le lù, dàn tā bìng bù
听到　我　的　哭声　时，　便　判定　我　一定　迷了　路，但　他　并　不

xiǎng zài hái·zi miànqián bànyǎn "jiùxīng" de juésè, yúshì chuīxiǎng liǔdí yǐbiàn
想　在　孩子　面前　扮演　"救星"　的　角色，于是　吹响　柳笛　以便

ràng wǒ néng fāxiàn tā, bìng gēn·zhe tā zǒuchū kùnjìng! Jiù zhèyàng, Kǎtíng
让　我　能　发现　他，并　跟　着　他　走出　困境！就　这样，　卡廷

xiān·sheng yǐ xiāngxiàrén de chúnpǔ, bǎohù·le yī gè xiǎonánháir qiángliè de zìzūn.
先　生　以　乡下人　的　纯朴，保护了　一个　小男孩儿　强烈　的　自尊。

节选自唐若水译《迷途笛音》

作品 29 号

扫一扫 听音频

Zài hàohàn wúyín de shāmò·lǐ, yǒu yī piàn měilì de lǜzhōu, lǜzhōu·lǐ cáng·zhe
在　浩瀚　无垠　的　沙漠里，有　一　片　美丽　的　绿洲，绿洲里　藏着

yī kē shǎnguāng de zhēnzhū. Zhè kē zhēnzhū jiùshì Dūnhuáng Mògāokū. Tā zuòluò
一颗　闪光　的　珍珠。这颗　珍珠　就是　敦煌　莫高窟。它　坐落

zài wǒguó Gānsù Shěng Dūnhuáng Shì Sānwēi Shān hé Míngshā Shān de
在　我国　甘肃　省　敦煌　市　三危　山　和　鸣沙　山　的

huáibào zhōng.
怀抱　中。

Míngshā Shān dōnglù shì píngjūn gāodù wéi shíqī mǐ de yábì. Zài yīqiān liùbǎi
鸣沙　山　东麓　是　平均　高度　为　十七　米的　崖壁。在　一千　六百

duō mǐ cháng de yábì·shàng, záo yǒu dàxiǎo dòngkū qībǎi yú gè, xíngchéng·le
多米　长　的　崖壁　上，　凿　有　大小　洞窟　七百　余个，　形成了

guīmó hóngwěi de shíkūqún. Qízhōng sìbǎi jiǔshí'èr gè dòngkū zhōng, gòng yǒu
规模　宏伟　的　石窟群。　其中　四百　九十二　个　洞窟　中，　共　有

cǎisè sùxiàng liǎngqiān yībǎi yú zūn, gè zhǒng bìhuà gòng sìwàn wǔqiān duō
彩色　塑像　两千　一百　余　尊，　各　种　壁画　共　四万　五千　多

píngfāngmǐ. Mògāokū shì wǒguó gǔdài wúshù yìshù jiàngshī liúgěi rénlèi de zhēnguì
平方米。　莫高窟　是　我国　古代　无数　艺术　匠师　留给　人类　的　珍贵

wénhuà yíchǎn.
文化　遗产。

Mògāokū de cǎisù, měi yī zūn dōu shì yī jiàn jīngměi de yìshùpǐn. Zuì dà de
莫高窟 的 彩塑，每 一 尊 都 是 一 件 精美 的 艺术品。最 大 的
yǒu jiǔ céng lóu nà·me gāo, zuì xiǎo de hái bùrú yī gè shǒuzhǎng dà. Zhèxiē cǎisù
有 九 层 楼 那么 高，最 小 的 还 不如 一 个 手掌 大。这些 彩塑
gèxìng xiānmíng, shéntài-gèyì. Yǒu címéi-shànmù de pú·sà, yǒu wēifēng-lǐnlǐn de
个性 鲜明，神态 各异。有 慈眉 善目 的 菩萨，有 威风 凛凛 的
tiānwáng, háiyǒu qiángzhuàng yǒngměng de lìshì……
天王， 还有 强壮 勇猛 的 力士……

Mògāokū bìhuà de nèiróng fēngfù-duōcǎi, yǒu·de shì miáohuì gǔdài láodòng
莫高窟 壁画 的 内容 丰富 多彩， 有的 是 描绘 古代 劳动
rénmín dǎliè、bǔyú、gēngtián、shōugē de qíngjǐng, yǒu·de shì miáohuì rén·men
人民 打猎、捕鱼、 耕田、 收割 的 情景， 有的 是 描绘 人们
zòuyuè、wǔdǎo、yǎn zájì de chǎngmiàn, háiyǒu·de shì miáohuì dàzìrán de měilì
奏乐、 舞蹈、 演 杂技 的 场面， 还有的 是 描绘 大自然 的 美丽
fēngguāng. Qízhōng zuì yǐnrén-zhùmù de shì fēitiān. Bìhuà·shàng de fēitiān, yǒu
风光。 其中 最 引人 注目 的 是 飞天。 壁画 上 的 飞天， 有
de bì kuà huālán, cǎizhāi xiānhuā; yǒu·de fǎn tán pí·pa, qīng bō yínxián; yǒu·de
的 臂 挎 花篮， 采摘 鲜花； 有的 反 弹 琵琶， 轻 拨 银弦； 有的
dào xuán shēn·zi, zì tiān ér jiàng; yǒu·de cǎidài piāofú, màntiān áoyóu; yǒu·de
倒 悬 身子， 自 天 而 降； 有的 彩带 飘拂， 漫天 遨游； 有的
shūzhǎn·zhe shuāngbì, piānpiān-qǐwǔ. Kàn·zhe zhèxiē jīngměi dòngrén de bìhuà, jiù
舒展 着 双臂， 翩翩 起舞。 看着 这些 精美 动人 的 壁画， 就
xiàng zǒujìn·le // cànlàn huīhuáng de yìshù diàntáng.
像 走进了// 灿烂 辉煌 的 艺术 殿堂。

Mògāokū·lǐ háiyǒu yī gè miànjī bù dà de dòngkū—— cángjīngdòng. Dòng·lǐ
莫高窟 里 还有 一 个 面积 不 大 的 洞窟—— 藏经洞。 洞 里
céng cángyǒu wǒguó gǔdài de gè zhǒng jīngjuàn、wénshū、bóhuà、cìxiù、tóngxiàng
曾 藏有 我国 古代 的 各 种 经卷、 文书、 帛画、 刺绣、 铜像
děng gòng liùwàn duō jiàn. Yóuyú Qīngcháo zhèngfǔ fǔbài wúnéng, dàliàng zhēnguì
等 共 六万 多 件。 由于 清朝 政府 腐败 无能， 大量 珍贵
de wénwù bèi wàiguó qiángdào lüèzǒu. Jǐncún de bùfēn jīngjuàn, xiànzài chénliè yú
的 文物 被 外国 强盗 掠走。 仅存 的 部分 经卷， 现在 陈列 于
Běijīng Gùgōng děng chù.
北京 故宫 等 处。

Mògāokū shì jǔshì-wénmíng de yìshù bǎokù. Zhè·lǐ de měi yī zūn cǎisù、měi yī
莫高窟 是 举世 闻名 的 艺术 宝库。这里 的 每 一 尊 彩塑、每 一
fú bìhuà、měi yī jiàn wénwù, dōu shì Zhōngguó gǔdài rénmín zhìhuì de jiéjīng.
幅 壁画、 每 一 件 文物， 都 是 中国 古代 人民 智慧 的 结晶。

节选自小学《语文》第六册中《莫高窟》

作品 30 号

扫 听
一 音
扫 频

Qíshí nǐ zài hěn jiǔ yǐqián bìng bù xǐ·huan mǔ·dan, yīn·wèi tā zǒng bèi rén
其实 你 在 很 久 以前 并 不 喜欢 牡丹， 因为 它 总 被 人
zuòwéi fùguì móbài. Hòulái nǐ mùdǔ·le yī cì mǔ·dan de luòhuā, nǐ xiāngxìn
作为 富贵 膜拜。 后来 你 目睹 了 一 次 牡丹 的 落花， 你 相信
suǒyǒu de rén dōuhuì wéi zhī gǎndòng: Yī zhèn qīngfēng xúlái, jiāoyàn xiānnèn de
所有 的 人 都会 为 之 感动： 一 阵 清风 徐来， 娇艳 鲜嫩 的
shèngqī mǔ·dan hūrán zhěngduǒ zhěngduǒ de zhuìluò, pūsǎ yīdì xuànlì de huābàn.
盛期 牡丹 忽然 整朵 整朵 地 坠落， 铺撒 一地 绚丽 的 花瓣。
Nà huābàn luòdì shí yīrán xiānyàn duómù, rútóng yī zhī fèng·shàng jìtán de dàniǎo
那 花瓣 落地 时 依然 鲜艳 夺目， 如同 一 只 奉上 祭坛 的 大鸟
tuōluò de yǔmáo, dīyín·zhe zhuàngliè de bēigē líqù.
脱落 的 羽毛， 低吟着 壮烈 的 悲歌 离去。

Mǔ·dan méi·yǒu huāxiè-huābài zhī shí, yào·me shuòyú zhītóu, yào·me guīyú
牡丹 没有 花谢花败 之 时， 要么 烁于 枝头， 要么 归于
nítǔ, tā kuàyuè wěidùn hé shuāilǎo, yóu qīngchūn ér sǐwáng, yóu měilì ér
泥土， 它 跨越 萎顿 和 衰老， 由 青春 而 死亡， 由 美丽 而
xiāodùn. Tā suī měi què bù lìnxī shēngmìng, jíshǐ gàobié yě yào zhǎnshì gěi rén
消遁。 它 虽 美 却 不 吝惜 生命， 即使 告别 也 要 展示 给 人
zuìhòu yī cì de jīngxīn-dòngpò.
最后 一 次 的 惊心动魄。

Suǒyǐ zài zhè yīnlěng de sìyuè·lǐ, qíjì bù huì fāshēng. Rènpíng yóurén
所以 在 这 阴冷 的 四月里， 奇迹 不 会 发生。 任凭 游人
sǎoxìng hé zǔzhòu, mǔ·dan yīrán ānzhī-ruòsù. Tā bù gǒuqiě、bù fǔjiù、bù tuǒxié、
扫兴 和 诅咒， 牡丹 依然 安之若素。 它 不 苟且、不 俯就、不 妥协、
bù mèisú, gānyuàn zìjǐ lěngluò zìjǐ. Tā zūnxún zìjǐ de huāqī zìjǐ de guīlǜ, tā
不 媚俗， 甘愿 自己 冷落 自己。它 遵循 自己 的 花期 自己 的 规律， 它
yǒu quánlì wèi zìjǐ xuǎnzé měinián yī dù de shèngdà jiérì. Tā wèishén·me bù
有 权利 为 自己 选择 每年 一 度 的 盛大 节日。它 为什么 不
jùjué hánlěng?
拒绝 寒冷？

Tiānnán-hǎiběi de kàn huā rén, yīrán luòyì-bùjué de yǒngrù Luòyáng Chéng.
天南 海北 的 看 花 人， 依然 络绎不绝 地 涌入 洛阳 城。
Rén·men bù huì yīn mǔ·dan de jùjué ér jùjué tā de měi. Rúguǒ tā zài bèi biǎnzhé
人们 不 会 因 牡丹 的 拒绝 而 拒绝 它 的 美。 如果 它 再 被 贬谪
shí cì, yěxǔ tā jiùhuì fányǎn chū shí gè Luòyáng mǔ·dan chéng.
十 次， 也许 它 就会 繁衍 出 十 个 洛阳 牡丹 城。

Yúshì nǐ zài wúyán de yíhàn zhōng gǎnwù dào, fùguì yǔ gāoguì zhǐshì yī zì
于是 你 在 无言 的 遗憾 中 感悟 到，富贵 与 高贵 只是 一 字
zhī chā. Tóng rén yīyàng, huār yě shì yǒu língxìng de, gèng yǒu pǐnwèi zhī gāodī.
之 差。 同 人 一样，花儿 也 是 有 灵性 的，更 有 品位 之 高低。
Pǐnwèi zhè dōng·xi wéi qì wéi hún wéi // jīngǔ wéi shényùn, zhǐ kě yìhuì. Nǐ tànfú
品位 这 东西 为 气 为 魂 为 // 筋骨 为 神韵，只 可 意会。你 叹服
mǔ·dan zhuó'ěr-bùqún zhī zī, fāng zhī pǐnwèi shì duō·me róngyì bèi shìrén hūlüè
牡丹 卓尔 不群 之 姿，方 知 品位 是 多么 容易 被 世人 忽略
huò shì mòshì de měi.
或 是 漠视 的 美。

节选自张抗抗《牡丹的拒绝》

作品 31 号

扫一扫 听音频

Sēnlín hányǎng shuǐyuán, bǎochí shuǐtǔ, fángzhǐ shuǐhàn zāihài de zuòyòng
森林 涵养 水源， 保持 水土，防止 水旱 灾害 的 作用
fēicháng dà. Jù zhuānjiā cèsuàn, yī piàn shíwàn mǔ miànjī de sēnlín, xiāngdāngyú
非常 大。据 专家 测算， 一 片 十万 亩 面积 的 森林， 相当于
yī gè liǎngbǎi wàn lìfāngmǐ de shuǐkù, zhè zhèng rú nóngyàn suǒ shuō de:
一 个 两百 万 立方米 的 水库， 这 正 如 农谚 所 说 的：
"Shān·shàng duō zāi shù, děngyú xiū shuǐkù. Yǔ duō tā néng tūn, yǔ shǎo tā
"山上 多 栽 树， 等于 修 水库。雨 多 它 能 吞，雨 少 它
néng tǔ."
能 吐。"
Shuōqǐ sēnlín de gōngláo, nà hái duō de hěn. Tā chú·le wèi rénlèi tígōng
说起 森林 的 功劳， 那 还 多 得 很。它 除了 为 人类 提供
mùcái jí xǔduō zhǒng shēngchǎn、shēnghuó de yuánliào zhīwài, zài wéihù
木材 及 许多 种 生产、 生活 的 原料 之外， 在 维护
shēngtài huánjìng fāngmiàn yě shì gōngláo zhuózhù. Tā yòng lìng yī zhǒng
生态 环境 方面 也 是 功劳 卓著。 它 用 另一 种
"néngtūn-néngtǔ" de tèshū gōngnéng yùnyù·le rénlèi. Yīn·wèi dìqiú zài xíngchéng
"能吞能吐" 的 特殊 功能 孕育了 人类。 因为 地球 在 形成
zhīchū, dàqì zhōng de èryǎnghuàtàn hánliàng hěn gāo, yǎngqì hěn shǎo, qìwēn yě
之初，大气 中 的 二氧化碳 含量 很 高，氧气 很 少， 气温 也
gāo, shēngwù shì nányǐ shēngcún de. Dàyuē zài sìyì nián zhīqián, lùdì cái
高， 生物 是 难以 生存 的。大约 在 四亿 年 之前， 陆地 才

215

chǎnshēng le sēnlín. Sēnlín màn·man jiāng dàqì zhōng de èryǎnghuàtàn xīshōu,
产生 了 森林。 森林 慢慢 将 大气 中 的 二氧化碳 吸收,

tóngshí tǔ·chū xīn·xiān yǎngqì, tiáojié qìwēn: Zhè cái jùbèi·le rénlèi shēngcún de
同时 吐出 新鲜 氧气, 调节 气温: 这 才 具备了 人类 生存 的

tiáojiàn, dìqiú·shàng cái zuìzhōng yǒu·le rénlèi.
条件, 地球 上 才 最终 有了 人类。

　　Sēnlín, shì dìqiú shēngtài xìtǒng de zhǔtǐ, shì dàzìrán de zǒng diàodùshì, shì
　　森林, 是 地球 生态 系统 的 主体, 是 大自然 的 总 调度室, 是

dìqiú de lǜsè zhī fèi. Sēnlín wéihù dìqiú shēngtài huánjìng de zhè zhǒng
地球 的 绿色 之 肺。 森林 维护 地球 生态 环境 的 这种

"néngtūn-néngtǔ" de tèshū gōngnéng shì qítā rènhé wùtǐ dōu bùnéng qǔdài de.
"能吞能吐" 的 特殊 功能 是 其他 任何 物体 都 不能 取代 的。

Rán'ér, yóuyú dìqiú·shàng de ránshāowù zēngduō, èryǎnghuàtàn de páifàngliàng
然而, 由于 地球 上 的 燃烧物 增多, 二氧化碳 的 排放量

jíjù zēngjiā, shǐ·de dìqiú shēngtài huánjìng jíjù èhuà, zhǔyào biǎoxiàn wéi
急剧 增加, 使得 地球 生态 环境 急剧 恶化, 主要 表现 为

quánqiú qìhòu biàn nuǎn, shuǐfèn zhēngfā jiākuài, gǎibiàn·le qìliú de xúnhuán, shǐ
全球 气候 变 暖, 水分 蒸发 加快, 改变了 气流 的 循环, 使

qìhòu biànhuà jiājù, cóng'ér yǐnfā rèlàng、jùfēng、bàoyǔ、hónglào jí gānhàn.
气候 变化 加剧, 从而 引发 热浪、 飓风、 暴雨、 洪涝 及 干旱。

　　Wèi·le // shǐ dìqiú de zhè·ge "néngtūn-néngtǔ" de lǜsè zhī fèi huīfù jiànzhuàng,
　　为了 // 使 地球 的 这个 "能吞能吐" 的 绿色 之肺 恢复 健壮,

yǐ gǎishàn shēngtài huánjìng, yìzhì quánqiú biàn nuǎn, jiǎnshǎo shuǐhàn děng zìrán
以 改善 生态 环境, 抑制 全球 变 暖, 减少 水旱 等 自然

zāihài, wǒ·men yīnggāi dàlì zàolín、hùlín, shǐ měi yī zuò huāngshān dōu lǜ qǐ·lái.
灾害, 我们 应该 大力 造林、护林, 使 每 一 座 荒山 都 绿 起来。

节选自《中考语文课外阅读试题精选》中《"能吞能吐"的森林》

作品 32 号

扫一扫 听音频

Péng·you jíjiāng yuǎnxíng.
朋友 即将 远行。

　　Mùchūn shíjié, yòu yāo·le jǐ wèi péng·you zài jiā xiǎojù. Suīrán dōu shì jí
　　暮春 时节, 又 邀了 几 位 朋友 在 家 小聚。 虽然 都 是 极

shú de péng·you, què shì zhōngnián nándé yī jiàn, ǒu'ěr diànhuà·lǐ xiāngyù, yě
熟 的 朋友, 却 是 终年 难得 一 见, 偶尔 电话 里 相遇, 也

wúfēi shì jǐ jù xúnchánghuà. Yī guō xiǎomǐ xīfàn, yī dié dàtóucài, yī pán zìjiā
无非 是 几 句 寻常话。 一锅 小米 稀饭，一碟 大头菜，一盘 自家

niàngzhì de pàocài, yī zhī xiàngkǒu mǎihuí de kǎoyā, jiǎnjiǎn-dāndān, bù xiàng
酿制 的 泡菜， 一只 巷口 买回 的 烤鸭， 简简 单单， 不 像

qǐngkè, dàoxiàng jiārén tuánjù.
请客， 倒像 家人 团聚。

Qíshí, yǒuqíng yě hǎo, àiqíng yě hǎo, jiǔ'ér-jiǔzhī dōu huì zhuǎnhuà
其实， 友情 也 好， 爱情 也 好， 久而久之 都 会 转化

wéi qīnqíng.
为 亲情。

Shuō yě qíguài, hé xīn péng·you huì tán wénxué、tán zhéxué、tán rénshēng
说 也 奇怪， 和 新 朋友 会 谈 文学、 谈 哲学、 谈 人生

dào·lǐ, děngděng, hé lǎo péng·you què zhǐ huà jiācháng, chái-mǐ-yóu-yán, xìxì-suìsuì,
道理， 等等， 和 老 朋友 却 只 话 家常， 柴米油盐， 细细碎碎，

zhǒngzhǒng suǒshì. Hěn duō shí·hou, xīnlíng de qìhé yǐjīng bù xūyào tài duō de
种种 琐事。 很 多 时候， 心灵 的 契合 已经 不 需要 太 多 的

yányǔ lái biǎodá.
言语 来 表达。

Péng·you xīn tàng·le gè tóu, bùgǎn huíjiā jiàn mǔ·qīn, kǒngpà jīnghài·le
朋友 新 烫了 个 头， 不敢 回家 见 母亲， 恐怕 惊骇了

lǎo·ren·jia, què huāntiān-xǐdì lái jiàn wǒ·men, lǎo péng·you pō néng yǐ yī zhǒng
老人家， 却 欢天 喜地 来 见 我们， 老 朋友 颇 能 以 一 种

qùwèixìng de yǎnguāng xīnshǎng zhè·ge gǎibiàn.
趣味性 的 眼光 欣赏 这个 改变。

Niánshào de shí·hou, wǒ·men chà·bùduō dōu zài wèi bié·rén ér huó, wèi
年少 的 时候， 我们 差不多 都 在 为 别人 而 活， 为

kǔkǒu-póxīn de fùmǔ huó, wèi xúnxún-shànyòu de shīzhǎng huó, wèi xǔduō
苦口婆心 的 父母 活， 为 循循 善诱 的 师长 活， 为 许多

guānniàn、xǔduō chuántǒng de yuēshùlì ér huó. Niánsuì zhú zēng, jiànjiàn zhèngtuō
观念、 许多 传统 的 约束力 而 活。 年岁 逐 增， 渐渐 挣脱

wàizài de xiànzhì yǔ shùfù, kāishǐ dǒng·de wèi zìjǐ huó, zhào zìjǐ de fāngshì
外在 的 限制 与 束缚， 开始 懂得 为 自己 活， 照 自己 的 方式

zuò yīxiē zìjǐ xǐ·huan de shì, bù zài·hu bié·rén de pīpíng yì·jiàn, bù zài·hu
做 一些 自己 喜欢 的 事， 不 在乎 别人 的 批评 意见， 不 在乎

bié·rén de dǐhuǐ liúyán, zhǐ zài·hu nà yī fèn suíxīn-suǒyù de shūtǎn zìrán. Ǒu'ěr,
别人 的 诋毁 流言， 只 在乎 那 一 份 随心 所欲 的 舒坦 自然。 偶尔，

yě nénggòu zòngróng zìjǐ fànglàng yīxià, bìngqiě yǒu yī zhǒng èzuòjù de qièxǐ.
也 能够 纵容 自己 放浪 一下， 并且 有 一 种 恶作剧 的 窃喜。

Jiùràng shēngmìng shùnqí-zìrán, shuǐdào-qúchéng ba, yóurú chuāng qián de//
就让 生命 顺其 自然， 水到 渠成 吧， 犹如 窗 前 的//

wūjiù, zìshēng-zìluò zhī jiān, zì yǒu yī fèn yuánróng fēngmǎn de xǐyuè. Chūnyǔ
乌桕， 自生 自落 之 间， 自 有 一 份 圆融 丰满 的 喜悦。 春雨

qīngqīng luò·zhe, méi·yǒu shī, méi·yǒu jiǔ, yǒu·de zhǐshì yī fèn xiāng zhī xiāng
轻轻 落着， 没有 诗， 没有 酒， 有的 只是 一 份 相 知 相

zhǔ de zìzài zìdé.
属 的 自在 自得。

Yèsè zài xiàoyǔ zhōng jiànjiàn chénluò, péng·you qǐshēn gàocí, méi·yǒu
夜色 在 笑语 中 渐渐 沉落， 朋友 起身 告辞， 没有

wǎnliú, méi·yǒu sòngbié, shènzhì yě méi·yǒu wèn guīqī.
挽留， 没有 送别， 甚至 也 没有 问 归期。

Yǐjīng guò·le dàxǐ-dàbēi de suìyuè, yǐjīng guò·le shānggǎn liúlèi de niánhuá,
已经 过了 大喜大悲 的 岁月， 已经 过了 伤感 流泪 的 年华，

zhī·dàole jù-sàn yuánlái shì zhèyàng de zìrán hé shùnlǐ-chéngzhāng, dǒng·de zhè
知道了 聚散 原来 是 这样 的 自然 和 顺理 成章， 懂得 这

diǎn, biàn dǒng·de zhēnxī měi yī cì xiāngjù de wēnxīn, líbié biàn yě huānxǐ.
点， 便 懂得 珍惜 每 一 次 相聚 的 温馨， 离别 便 也 欢喜。

节选自（台湾）杏林子《朋友和其他》

作品 33 号

扫 听
一 音
扫 频

Wǒ·men zài tiányě sànbù: Wǒ, wǒ de mǔ·qīn, wǒ de qī·zi hé ér·zi.
我们 在 田野 散步：我， 我 的 母亲， 我 的 妻子 和 儿子。

Mǔ·qīn běn bùyuàn chū·lái de. Tā lǎo le, shēntǐ bù hǎo, zǒu yuǎn yīdiǎnr jiù
母亲 本 不 愿 出来 的。 她 老 了， 身体 不 好， 走 远 一点儿 就

jué·de hěn lèi. Wǒ shuō, zhèng yīn·wèi rúcǐ, cái yīnggāi duō zǒu·zou. Mǔ·qīn
觉得 很 累。 我 说， 正 因为 如此， 才 应该 多 走走。 母亲

xìnfú de diǎndiǎn tóu, biàn qù ná wàitào. Tā xiànzài hěn tīng wǒ de huà, jiù xiàng
信服 地 点点 头， 便 去 拿 外套。 她 现在 很 听 我 的 话， 就 像

wǒ xiǎoshí·hou hěn tīng tā de huà yīyàng.
我 小时候 很 听 她 的 话 一样。

Zhè nánfāng chūchūn de tiányě, dàkuài xiǎokuài de xīnlǜ suíyì de pū·zhe,
这 南方 初春 的 田野， 大块 小块 的 新绿 随意 地 铺着，

yǒu·de nóng, yǒu·de dàn, shù·shàng de nènyá yě mì le, tián·lǐ de dōngshuǐ yě
有的 浓， 有的 淡， 树上 的 嫩芽 也 密 了， 田里 的 冬水 也

gūgū de qǐ·zhe shuǐpào. Zhè yīqiè dōu shǐ rén xiǎng·zhe yī yàng dōng·xi
咕咕 地 起着 水泡。 这 一切 都 使 人 想着 一样 东西

—— shēngmìng.
—— 生命。

Wǒ hé mǔ·qīn zǒu zài qiánmiàn, wǒ de qī·zi hé ér·zi zǒu zài hòumiàn.
我 和 母亲 走 在 前面, 我 的 妻子 和 儿子 走 在 后面。
Xiǎojiā·huo tūrán jiào qǐ·lái: "Qiánmiàn shì mā·ma hé ér·zi, hòumiàn yě shì mā·ma
小家伙 突然 叫 起来: "前面 是 妈妈 和 儿子, 后面 也 是 妈妈
hé ér·zi." Wǒ·men dōu xiào le.
和 儿子。" 我们 都 笑 了。

Hòulái fāshēng·le fēnqí: Mǔ·qīn yào zǒu dàlù, dàlù píngshùn; wǒ de ér·zi
后来 发生了 分歧: 母亲 要 走 大路, 大路 平顺; 我 的 儿子
yào zǒu xiǎolù, xiǎolù yǒu yì·si. Bùguò, yīqiè dōu qǔjuéyú wǒ. Wǒ de mǔ·qīn lǎo
要 走 小路, 小路 有 意思。 不过, 一切 都 取决于 我。 我 的 母亲 老
le, tā zǎoyǐ xíguàn tīngcóng tā qiángzhuàng de ér·zi; wǒ de ér·zi hái xiǎo, tā hái
了, 她 早已 习惯 听从 她 强壮 的 儿子; 我 的 儿子 还 小, 他 还
xíguàn tīngcóng tā gāodà de fù·qīn; qī·zi ne, zài wàimiàn, tā zǒngshì tīng wǒ de.
习惯 听从 他 高大 的 父亲; 妻子 呢, 在 外面, 她 总是 听 我 的。
Yīshàshí wǒ gǎndào·le zérèn de zhòngdà. Wǒ xiǎng zhǎo yī gè liǎngquán de
一霎时 我 感到了 责任 的 重大。 我 想 找 一个 两全 的
bànfǎ, zhǎo bù chū; wǒ xiǎng chāisàn yī jiā rén, fēnchéng liǎng lù, gèdé-qísuǒ,
办法, 找 不出; 我 想 拆散 一家 人, 分成 两路, 各得其所,
zhōng bù yuànyì. Wǒ juédìng wěi·qu ér·zi, yīn·wèi wǒ bàntóng tā de shírì hái
终 不 愿意。 我 决定 委屈 儿子, 因为 我 伴同 他 的 时日 还
cháng. Wǒ shuō: "Zǒu dàlù."
长。 我 说: "走 大路。"

Dànshì mǔ·qīn mō·mo sūn'ér de xiǎo nǎoguār, biàn·le zhǔ·yi: "Háishì zǒu
但是 母亲 摸摸 孙儿 的 小 脑瓜儿, 变了 主意: "还是 走
xiǎolù ba." Tā de yǎn suí xiǎolù wàng·qù: Nà·lǐ yǒu jīnsè de càihuā, liǎng háng
小路 吧。" 她 的 眼 随 小路 望去: 那里 有 金色 的 菜花, 两 行
zhěngqí de sāngshù, //jìntóu yī kǒu shuǐbō línlín de yútáng. "Wǒ zǒu bù guò·qù
整齐 的 桑树, //尽头 一 口 水波 粼粼 的 鱼塘。 "我 走 不 过去
de dì·fang, nǐ jiù bēi·zhe wǒ." Mǔ·qīn duì wǒ shuō.
的 地方, 你 就 背着 我。" 母亲 对 我 说。

Zhèyàng, wǒ·men zài yángguāng·xià, xiàng·zhe nà càihuā、sāngshù hé yútáng
这样, 我们 在 阳光下, 向着 那 菜花、 桑树 和 鱼塘
zǒu·qù. Dào·le yī chù, wǒ dūn xià·lái, bēiqǐ·le mǔ·qīn; qī·zi yě dūn xià·lái,
走去。 到了 一 处, 我 蹲 下来, 背起了 母亲; 妻子 也 蹲 下来,
bēiqǐ·le ér·zi. Wǒ hé qī·zi dōu shì mànmàn de, wěnwěn de, zǒu de hěn zǐxì,
背起了 儿子。 我 和 妻子 都 是 慢慢 地, 稳稳 地, 走 得 很 仔细,
hǎoxiàng wǒ bèi·shàng de tóng tā bèi·shàng de jiā qǐ·lái, jiùshì zhěnggè shìjiè.
好像 我 背上 的 同 她 背上 的 加 起来, 就是 整个 世界。

节选自莫怀戚《散步》

作品 34 号

扫一扫 听音频

Dìqiú·shàng shìfǒu zhēn de cúnzài "wúdǐdòng"? Ànshuō dìqiú shì yuán de, yóu
地球 上 是否 真 的 存在 "无底洞"？ 按说 地球 是 圆 的，由

dìqiào、dìmàn hé dìhé sān céng zǔchéng, zhēnzhèng de "wúdǐdòng" shì bù yīng
地壳、 地幔 和 地核 三 层 组成， 真正 的 "无底洞" 是 不 应

cúnzài de, wǒ·men suǒ kàndào de gè zhǒng shāndòng、lièkǒu、lièfèng, shènzhì
存在 的， 我们 所 看到 的 各 种 山洞、 裂口、 裂缝， 甚至

huǒshānkǒu yě dōu zhǐshì dìqiào qiǎnbù de yī zhǒng xiànxiàng. Rán'ér Zhōngguó
火山口 也 都 只是 地壳 浅部 的 一 种 现象。 然而 中国

yīxiē gǔjí què duō cì tídào hǎiwài yǒu gè shēn'ào-mòcè de wúdǐdòng. Shìshí·shàng
一些 古籍 却 多 次 提到 海外 有 个 深奥 莫测 的 无底洞。 事实 上

dìqiú·shàng quèshí yǒu zhèyàng yī gè "wúdǐdòng".
地球 上 确实 有 这样 一 个 "无底洞"。

Tā wèiyú Xīlà Yàgèsī gǔchéng de hǎibīn. Yóuyú bīnlín dàhǎi, dà zhǎngcháo
它 位于 希腊 亚各斯 古城 的 海滨。 由于 濒临 大海， 大 涨潮

shí, xiōngyǒng de hǎishuǐ biàn huì páishān-dǎohǎi bān de yǒngrù dòng zhōng,
时， 汹涌 的 海水 便 会 排山 倒海 般 地 涌入 洞 中，

xíngchéng yī gǔ tuāntuān de jíliú. Jù cè, měi tiān liúrù dòng nèi de hǎishuǐliàng
形成 一 股 湍湍 的 急流。据测， 每 天 流入 洞内 的 海水量

dá sānwàn duō dūn. Qíguài de shì, rúcǐ dàliàng de hǎishuǐ guànrù dòng zhōng,
达 三万 多 吨。 奇怪 的 是， 如此 大量 的 海水 灌入 洞 中，

què cónglái méi·yǒu bǎ dòng guànmǎn. Céng yǒu rén huáiyí, zhè·ge "wúdǐdòng",
却 从来 没有 把 洞 灌满。 曾 有 人 怀疑， 这个 "无底洞"，

huì·bùhuì jiù xiàng shíhuīyán dìqū de lòudǒu、shùjǐng、luòshuǐdòng yīlèi de dìxíng.
会不会 就 像 石灰岩 地区 的 漏斗、 竖井、 落水洞 一类 的 地形。

Rán'ér cóng èrshí shìjì sānshí niándài yǐlái, rén·men jiù zuò·le duō zhǒng nǔlì
然而 从 二十 世纪 三十 年代 以来， 人们 就 做了 多 种 努力

qǐtú xúnzhǎo tā de chūkǒu, què dōu shì wǎngfèi-xīnjī.
企图 寻找 它 的 出口， 却 都 是 枉费 心机。

Wèi·le jiēkāi zhè·ge mìmì, yī jiǔ wǔ bā nián Měiguó Dìlǐ Xuéhuì pàichū yī
为了 揭开 这个 秘密， 一九五八 年 美国 地理 学会 派出 一

zhī kǎocháduì, tā·men bǎ yī zhǒng jīngjiǔ-bùbiàn de dài sè rǎnliào róngjiě zài
支 考察队， 他们 把 一 种 经久 不变 的 带色 染料 溶解 在

hǎishuǐ zhōng, guānchá rǎnliào shì rúhé suí·zhe hǎishuǐ yīqǐ chén xià·qù. Jiē·zhe
海水 中， 观察 染料 是 如何 随着 海水 一起 沉 下去。 接着

yòu chákàn·le fùjìn hǎimiàn yǐjí dǎo·shàng de gè tiáo hé、hú, mǎnhuái xīwàng
又 察看 了 附近 海面 以及 岛上 的 各 条 河、湖， 满怀 希望

de xúnzhǎo zhè zhǒng dài yánsè de shuǐ, jiéguǒ lìng rén shīwàng. Nándào shì
地　寻找　这　种　带　颜色　的　水，结果　令　人　失望。　难道　是
hǎishuǐliàng tài dà bǎ yǒusèshuǐ xīshì de tài dàn, yǐzhì wúfǎ fāxiàn? //
海水量　太　大　把　有色水　稀释　得　太　淡，以致　无法　发现？//
　　Zhìjīn shéi yě bù zhī·dào wèishén·me zhè·lǐ de hǎishuǐ huì méiwán-méiliǎo de
　　至今　谁　也　不　知道　为什么　这里　的　海水　会　没完没了　地
"lòu" xià·qù, zhè·ge "wúdǐdòng" de chūkǒu yòu zài nǎ·lǐ, měi tiān dàliàng de
"漏"　下去，这个　"无底洞"　的　出口　又　在　哪里，每　天　大量　的
hǎishuǐ jiūjìng dōu liúdào nǎ·lǐ qù le?
海水　究竟　都　流到　哪里　去　了？

节选自罗伯特·罗威尔《神秘的"无底洞"》

作品 35 号

扫一扫 听音频

　　Wǒ zài É guó jiàndào de jǐngwù zài méi·yǒu bǐ Tuō'ěrsītài mù gèng hóngwěi、
　　我　在　俄国　见到　的　景物　再　没有　比　托尔斯泰　墓　更　宏伟、
gèng gǎnrén de.
更　感人　的。
　　Wánquán ànzhào Tuō'ěrsītài de yuànwàng, tā de fénmù chéng·le shìjiān zuì
　　完全　按照　托尔斯泰　的　愿望，他　的　坟墓　成了　世间　最
měi de, gěi rén yìnxiàng zuì shēnkè de fénmù. Tā zhǐshì shùlín zhōng de yī gè
美　的，给　人　印象　最　深刻　的　坟墓。它　只是　树林　中　的　一　个
xiǎoxiǎo de chángfāngxíng tǔqiū, shàngmiàn kāimǎn xiānhuā —— méi·yǒu shízìjià,
小小　的　长方形　土丘，上面　开满　鲜花　——　没有　十字架，
méi·yǒu mù bēi, méi·yǒu mùzhìmíng, lián Tuō'ěrsītài zhè·ge míng·zi yě méi·yǒu.
没有　墓碑，没有　墓志铭，连　托尔斯泰　这个　名字　也　没有。
　　Zhè wèi bǐ shéi dōu gǎndào shòu zìjǐ de shēngmíng suǒ lèi de wěirén, què
　　这　位　比　谁　都　感到　受　自己　的　声名　所累　的　伟人，却
xiàng ǒu'ěr bèi fāxiàn de liúlànghàn, bù wéi rén zhī de shìbīng, bù liú míngxìng de
像　偶尔　被　发现　的　流浪汉，不　为　人　知　的　士兵，不　留　名姓　地
bèi rén máizàng le. Shéi dōu kěyǐ tàjìn tā zuìhòu de ānxīdì, wéi zài sìzhōu xīshū
被　人　埋葬　了。谁　都　可以　踏进　他　最后　的　安息地，围　在　四周　稀疏
de mù zhàlán shì bù guānbì de —— bǎohù Lièfū Tuō'ěrsītài déyǐ ānxī de méi·yǒu
的　木　栅栏　是　不　关闭　的　——　保护　列夫·托尔斯泰　得以　安息　的　没有
rènhé bié·de dōng·xi, wéiyǒu rén·men de jìng yì; ér tōngcháng, rén·men què
任何　别的　东西，唯有　人们　的　敬意；而　通常，人们　却
zǒngshì huái·zhe hàoqí, qù pòhuài wěirén mùdì de níngjìng.
总是　怀着　好奇，去　破坏　伟人　墓地　的　宁静。

Zhè·lǐ, bīrén de pǔsù jìngù zhù rènhé yī zhǒng guānshǎng de xiánqíng, bìngqiě
这里, 逼人 的 朴素 禁锢 住 任何 一 种 观赏 的 闲情, 并且
bù róngxǔ nǐ dàshēng shuōhuà. Fēng'·ér fǔ lín, zài zhè zuò wúmíngzhě zhī mù de
不 容许 你 大声 说话。 风儿 俯临, 在 这 座 无名者 之 墓 的
shùmù zhījiān sàsà xiǎng·zhe, hénuǎn de yángguāng zài féntóu xīxì; dōngtiān,
树木 之间 飒飒 响着, 和暖 的 阳光 在 坟头 嬉戏; 冬天,
báixuě wēnróu de fùgài zhè piàn yōu'àn de tǔdì. Wúlùn nǐ zài xiàtiān huò
白雪 温柔 地 覆盖 这 片 幽暗 的 土地。 无论 你 在 夏天 或
dōngtiān jīngguò zhèr, nǐ dōu xiǎngxiàng bù dào, zhè·ge xiǎoxiǎo de、lóngqǐ de
冬天 经过 这儿, 你 都 想象 不 到, 这个 小小 的、隆起 的
chángfāngtǐ·lǐ ānfàng·zhe yī wèi dāngdài zuì wěidà de rénwù.
长方体里 安放着 一 位 当代 最 伟大 的 人物。
Rán'ér, qiàqià shì zhè zuò bù liú xìngmíng de fénmù, bǐ suǒyǒu wākōng
然而, 恰恰 是 这 座 不 留 姓名 的 坟墓, 比 所有 挖空
xīn·si yòng dàlǐshí hé shēhuá zhuāngshì jiànzào de fénmù gèng kòurénxīnxián. Zài
心思 用 大理石 和 奢华 装饰 建造 的 坟墓 更 扣人心弦。 在
jīntiān zhè·ge tèshū de rì·zi·lǐ, //dào tā de ānxīdì lái de chéng bǎi shàng qiān
今天 这个 特殊 的 日子里, //到 他 的 安息地 来 的 成 百 上 千
rén zhōngjiān, méi·yǒu yī gè yǒu yǒngqì, nǎpà jǐnjǐn cóng zhè yōu'àn de
人 中间, 没有 一 个 有 勇气, 哪怕 仅仅 从 这 幽暗 的
tǔqiū·shàng zhāixià yī duǒ huā liúzuò jìniàn. Rén·men chóngxīn gǎndào, shìjiè·shàng
土丘 上 摘下 一 朵 花 留作 纪念。 人们 重新 感到, 世界 上
zài méi·yǒu bǐ Tuō'ěrsītài zuìhòu liúxià de、zhè zuò jìniànbēi shì de pǔsù fénmù,
再 没有 比 托尔斯泰 最后 留下 的、这 座 纪念碑 式 的 朴素 坟墓,
gèng dǎdòng rénxīn de le.
更 打动 人心 的 了。

节选自［奥］茨威格《世间最美的坟墓》，张厚仁译

作品 36 号

扫 听
一 音
扫 频

Wǒguó de jiànzhù, cóng gǔdài de gōngdiàn dào jìndài de yībān zhùfáng, jué
我国 的 建筑, 从 古代 的 宫殿 到 近代 的 一般 住房, 绝
dà bù·fen shì duìchèn de, zuǒ·bian zěn·meyàng, yòu·bian zěn·meyàng. Sūzhōu
大 部分 是 对称 的, 左边 怎么样, 右边 怎么样。 苏州
yuánlín kě juébù jiǎng·jiu duìchèn, hǎoxiàng gùyì bìmiǎn shì·de. Dōng·bian yǒu·le
园林 可 绝不 讲究 对称, 好像 故意 避免 似的。 东边 有了
yī gè tíng·zi huòzhě yī dào huíláng, xī·bian jué bù huì lái yī gè tóngyàng de
一 个 亭子 或者 一 道 回廊, 西边 决 不 会 来 一 个 同样 的

tíng·zi huòzhě yī dào tóngyàng de huíláng. Zhè shì wèishén·me? Wǒ xiǎng, yòng
亭子　或者　一道　同样　的　回廊。　这是　为什么?　我想,　用

túhuà lái bǐ·fang, duìchèn de jiànzhù shì tú'ànhuà, bù shì měishùhuà, ér yuánlín
图画　来　比方,　对称　的　建筑　是　图案画,　不是　美术画,　而　园林

shì měishùhuà, měishùhuà yāoqiú zìrán zhī qù, shì bù jiǎng·jiu duìchèn de.
是　美术画,　美术画　要求　自然　之　趣,　是不　讲究　对称　的。

Sūzhōu yuánlín·lǐ dōu yǒu jiǎshān hé chízhǎo.
苏州　园林里　都　有　假山　和　池沼。

Jiǎshān de duīdié, kěyǐ shuō shì yī xiàng yìshù ér bùjǐn shì jìshù. Huòzhě shì
假山　的　堆叠,　可以　说　是一　项　艺术　而不仅　是　技术。　或者　是

chóngluán-diézhàng, huòzhě shì jǐ zuò xiǎoshān pèihé·zhe zhú·zi huāmù, quán
重峦叠嶂,　或者　是　几座　小山　配合着　竹子　花木,　全

zài·hu shèjìzhě hé jiàngshī·men shēngpíng duō yuèlì, xiōng zhōng yǒu qiūhè,
在乎　设计者　和　匠师们　生平　多　阅历,　胸　中　有　丘壑,

cáinéng shǐ yóulǎnzhě pāndēng de shí·hou wàngquè Sūzhōu chéngshì, zhǐ jué·de
才能　使　游览者　攀登　的　时候　忘却　苏州　城市,　只　觉得

shēn zài shānjiān.
身　在　山间。

Zhìyú chízhǎo, dàduō yǐnyòng huóshuǐ. Yǒuxiē yuánlín chízhǎo kuān·chang, jiù
至于　池沼,　大多　引用　活水。　有些　园林　池沼　宽敞,　就

bǎ chízhǎo zuòwéi quán yuán de zhōngxīn, qítā jǐngwù pèihé·zhe bùzhì. Shuǐmiàn
把　池沼　作为　全　园　的　中心,　其他　景物　配合着　布置。　水面

jiǎrú chéng hédào múyàng, wǎngwǎng ānpái qiáoliáng. Jiǎrú ānpái liǎng zuò
假如　成　河道　模样,　往往　安排　桥梁。　假如　安排　两　座

yǐshàng de qiáoliáng, nà jiù yī zuò yī gè yàng, jué bù léitóng.
以上　的　桥梁,　那就一　座一个样,　决不　雷同。

Chízhǎo huò hédào de biānyán hěn shǎo qì qízhěng de shí'àn, zǒngshì gāodī
池沼　或　河道　的　边沿　很　少　砌　齐整　的　石岸,　总是　高低

qūqū rèn qí zìrán. Hái zài nàr bùzhì jǐ kuài línglóng de shí·tou, huòzhě zhòng xiē
屈曲　任　其　自然。　还　在　那儿　布置　几块　玲珑　的　石头,　或者　种　些

huācǎo. Zhè yě shì wèi·le qǔdé cóng gègè jiǎodù kàn dōu chéng yī fú huà de
花草。　这　也　是　为了　取得　从　各个　角度　看　都　成一　幅　画　的

xiàoguǒ. Chízhǎo·lǐ yǎng·zhe jīnyú huò gè sè lǐyú, xià·qiū jìjié héhuā huò shuǐlián
效果。　池沼　里　养着　金鱼　或　各色　鲤鱼,　夏秋　季节　荷花　或　睡莲

kāi// fàng, yóulǎnzhě kàn "yú xì liányè jiān", yòu shì rù huà de yī jǐng.
开//　放,　游览者　看"鱼　戏　莲叶　间",　又　是　入　画　的一　景。

节选自叶圣陶《苏州园林》

作品 37 号

扫一扫 听音频

Yī wèi fǎng Měi Zhōngguó nǚzuòjiā, zài Niǔyuē yùdào yī wèi màihuā de lǎo
一 位 访 美 中国 女作家，在 纽约 遇到 一 位 卖花 的 老
tài·tai. Lǎotài·tai chuānzhuó pòjiù, shēntǐ xūruò, dàn liǎn·shàng de shénqíng què
太太。 老太太 穿着 破旧，身体 虚弱，但 脸上 的 神情 却
shì nàyàng xiánghé xīngfèn. Nǚzuòjiā tiāo·le yī duǒ huā shuō: "Kàn qǐ·lái, nǐ hěn
是 那样 祥和 兴奋。女作家 挑了 一 朵 花 说："看 起来，你 很
gāoxìng." Lǎotài·tai miàn dài wēixiào de shuō: "Shì·de, yīqiè dōu zhè·me měihǎo,
高兴。" 老太太 面 带 微笑 地 说："是的，一切 都 这么 美好，
wǒ wèishén·me bù gāoxìng ne?" "Duì fánnǎo, nǐ dào zhēn néng kàn·dekāi."
我 为什么 不 高兴 呢？" "对 烦恼，你 倒 真 能 看得开。"
Nǚzuòjiā yòu shuō·le yī jù. Méi liàodào, lǎotài·tai de huídá gèng lìng nǚzuòjiā
女作家 又 说了 一 句。没 料到，老太太 的 回答 更 令 女作家
dàchī-yījīng: "Yēsū zài xīngqīwǔ bèi dìng·shàng shízìjià shí, shì quán shìjiè zuì
大吃一惊："耶稣 在 星期五 被 钉 上 十字架 时，是 全 世界 最
zāogāo de yī tiān, kě sān tiān hòu jiùshì Fùhuójié. Suǒyǐ, dāng wǒ yùdào bùxìng
糟糕 的 一 天，可 三 天 后 就是 复活节。所以，当 我 遇到 不幸
shí, jiù huì děngdài sān tiān, zhèyàng yīqiè jiù huīfù zhèngcháng le."
时，就 会 等待 三 天，这样 一切 就 恢复 正常 了。"

"Děngdài sān tiān", duō·me fùyú zhélǐ de huàyǔ, duō·me lèguān de shēnghuó
"等待 三 天"，多么 富于 哲理 的 话语，多么 乐观 的 生活
fāngshì. Tā bǎ fánnǎo hé tòngkǔ pāo·xià, quánlì qù shōuhuò kuàilè.
方式。它 把 烦恼 和 痛苦 抛下，全力 去 收获 快乐。

Shěn Cóngwén zài "wén-gé" qījiān, xiànrù·le fēirén de jìngdì. Kě tā háobù
沈 从文 在 "文革" 期间，陷入了 非人 的 境地。可 他 毫不
zàiyì, tā zài Xiánníng shí gěi tā de biǎozhí, huàjiā Huáng Yǒngyù xiě xìn shuō:
在意，他 在 咸宁 时 给 他 的 表侄、画家 黄 永玉 写 信 说：
"Zhè·lǐ de héhuā zhēn hǎo, nǐ ruò lái……" Shēn xiàn kǔnàn què réng wèi héhuā
"这里 的 荷花 真 好，你 若 来……" 身 陷 苦难 却 仍 为 荷花
de shèngkāi xīnxǐ zàntàn bùyǐ, zhè shì yī zhǒng qūyú chéngmíng de jìngjiè, yī
的 盛开 欣喜 赞叹 不已，这 是 一 种 趋于 澄明 的 境界，一
zhǒng kuàngdá sǎtuō de xiōngjīn, yī zhǒng miànlín mónàn tǎndàng cóngróng de
种 旷达 洒脱 的 胸襟，一 种 面临 磨难 坦荡 从容 的
qìdù, yī zhǒng duì shēnghuó tóngzǐ bān de rè'ài hé duì měihǎo shìwù wúxiàn
气度，一 种 对 生活 童子 般 的 热爱 和 对 美好 事物 无限
xiàngwǎng de shēngmìng qínggǎn.
向往 的 生命 情感。

Yóucǐ-kějiàn,　yǐngxiǎng yī gè rén kuàilè de,　yǒushí bìng bù shì kùnjìng jí
由此可见，　　影响　一个　人　快乐　的，　有时　并　不　是　困境　及

mónàn,　ér shì yī gè rén de xīntài. Rúguǒ bǎ　zìjǐ　jìnpào zài　jījí、　lèguān、
磨难，　而　是　一个　人　的　心态。　如果　把　自己　浸泡　在　积极、　乐观、

xiàngshàng de xīntài zhōng,　kuàilè bìrán huì // zhànjù nǐ de měi yī tiān.
向上　的　心态　中，　　快乐　必然　会 // 占据　你的　每一天。

节选自《态度创造快乐》

作品 38 号

扫 听
一 音
扫 频

Tài Shān jí dǐng kàn rìchū,　lìlái bèi miáohuì chéng shífēn zhuàngguān de
泰　山　极　顶　看　日出，　历来　被　描绘　成　十分　　壮观　　的

qíjǐng. Yǒu rén shuō:　Dēng Tài Shān ér kàn·bùdào rìchū,　jiù xiàng yī chū dàxì
奇景。　有　人　说：　登　泰　山　而　看不到　日出，　就　像　一　出　大戏

méi·yǒu xìyǎn,　wèir zhōngjiū yǒu diǎnr guǎdàn.
没有　戏眼，　味儿　终究　有　点儿　寡淡。

Wǒ qù páshān nà tiān,　zhèng gǎn·shàng gè nándé de hǎotiān,　wànlǐ
我　去　爬山　那　天，　正　赶上　个　难得　的　好天，　万里

chángkōng,　yún·caisīr dōu bù jiàn. Sùcháng,　yānwù téngténg de shāntóu,　xiǎn·de
长空，　云彩丝儿　都　不　见。　素常，　烟雾　腾腾　的　山头，　显得

méimù fēnmíng. Tóngbàn·men dōu xīnxǐ de shuō:　"Míngtiān zǎo·chen zhǔn kěyǐ
眉目　分明。　同伴们　都　欣喜　地　说：　"明天　早晨　准　可以

kànjiàn rìchū le." Wǒ yě shì bào·zhe zhè zhǒng xiǎng·tou,　pá·shàng shān·qù.
看见　日出　了。"我　也　是　抱着　这　种　想头，　爬上　山去。

Yīlù cóng shānjiǎo wǎngshàng pá,　xì kàn shānjǐng,　wǒ jué·de guà zài
一路　从　山脚　往上　爬，　细　看　山景，　我　觉得　挂　在

yǎnqián de bù shì Wǔ Yuè dú zūn de Tài Shān,　què xiàng yī fú guīmó jīngrén de
眼前　的　不　是　五　岳　独　尊　的　泰山，　却　像　一　幅　规模　惊人　的

qīnglǜ shānshuǐhuà,　cóng xiàmiàn dào zhǎn kāi·lái. Zài huàjuàn zhōng zuì xiān
青绿　山水画，　从　下面　倒　展　开来。　在　画卷　中　最　先

lòuchū de shì shāngēn dǐ nà zuò Míngcháo jiànzhù Dàizōngfāng,　màn·man de biàn
露出　的　是　山根　底　那　座　明朝　建筑　岱宗坊，　慢慢　地　便

xiànchū Wángmǔchí、Dǒumǔgōng、Jīngshíyù. Shān shì yī céng bǐ yī céng shēn,
现出　王母池、　斗母宫、　经石峪。　山　是　一　层　比　一　层　深，

yī dié bǐ yī dié qí,　céngcéng-diédié,　bù zhī hái huì yǒu duō shēn duō qí. Wàn
一　叠　比　一　叠　奇，　层层　叠叠，　不　知　还　会　有　多　深　多　奇。　万

shān cóng zhōng,　shí'ér diǎnrǎn·zhe jíqí gōngxì de rénwù. Wángmǔchí páng de
山　丛　中，　时而　点染着　极其　工细　的　人物。　王母池　旁的

Lǚzǔdiàn·lǐ yǒu bùshǎo zūn míngsù, sù·zhe Lǚ Dòngbīn děng yīxiē rén, zītài shénqíng
吕祖殿里　有　不少　尊　明塑，　塑着　吕　洞宾　等　一些　人，姿态　神情

shì nàyàng yǒu shēngqì, nǐ kàn le, bùjīn huì tuōkǒu zàntàn shuō: "Huó la."
是　那样　有　生气，你　看　了，不禁　会　脱口　赞叹　说："活　啦。"

　　Huàjuàn jìxù zhǎnkāi, lǜyīn sēnsēn de bǎidòng lòumiàn bù tài jiǔ, biàn láidào
　　画卷　继续　展开，绿阴　森森　的　柏洞　露面　不　太　久，　便　来到

Duìsōngshān. Liǎngmiàn qífēng duìzhì·zhe, mǎn shānfēng dōu shì qíxíng-guàizhuàng
对松山。　两面　奇峰　对峙着，　满　山峰　都　是　奇形　怪状

de lǎosōng, niánjì pà dōu yǒu shàng qiān suì le, yánsè jìng nà·me nóng, nóng de
的　老松，年纪　怕　都　有　上　千　岁　了，颜色　竟　那么　浓，　浓　得

hǎoxiàng yào liú xià·lái shì·de. Láidào zhèr, nǐ bùfáng quándāng yīcì huà·lǐ de
好像　要　流　下来　似的。　来到　这儿，你　不妨　权当　一次　画里　的

xiěyì rénwù, zuò zài lùpáng de Duìsōngtíng·lǐ, kàn·kan shānsè, tīng·ting liú// shuǐ
写意　人物，　坐　在　路旁　的　对松亭里，　看看　山色，　听听　流// 水

hé sōngtāo.
和　松涛。

　　Yīshíjiān, wǒ yòu jué·de zìjǐ bùjǐn shì zài kàn huàjuàn, què yòu xiàng shì zài
　　一时间，我　又　觉得　自己　不仅　是　在　看　画卷，　却　又　像　是　在

línglíng-luànluàn fān·zhe yī juàn lìshǐ gǎoběn.
零零　乱乱　翻着　一　卷　历史　稿本。

节选自杨朔《泰山极顶》

作品 39 号

扫一扫 听音频

Yùcái Xiǎoxué xiàozhǎng Táo Xíngzhī zài xiàoyuán kàndào xué·shēng Wáng Yǒu
育才　小学　校长　陶　行知　在　校园　看到　学生　王　友

yòng níkuài zá zìjǐ bān·shàng de tóngxué, Táo Xíngzhī dāngjí hèzhǐ·le tā, bìng
用　泥块　砸　自己　班上　的　同学，　陶　行知　当即　喝止了　他，并

lìng tā fàngxué hòu dào xiàozhǎngshì qù. Wúyí, Táo Xíngzhī shì yào hǎohǎo jiàoyù
令　他　放学　后　到　校长室　去。无疑，陶　行知　是　要　好好　教育

zhè·ge "wánpí" de xué·shēng. Nà·me tā shì rúhé jiàoyù de ne?
这个　"顽皮"　的　学生。　那么　他　是　如何　教育　的　呢？

　　Fàngxué hòu, Táo Xíngzhī láidào xiàozhǎngshì, Wáng Yǒu yǐjīng děng zài
　　放学　后，陶　行知　来到　校长室，　王　友　已经　等　在

ménkǒu zhǔnbèi ái xùn le. Kě yī jiànmiàn, Táo Xíngzhī què tāochū yī kuài
门口　准备　挨　训　了。可　一　见面，　陶　行知　却　掏出　一块

tángguǒ sònggěi Wáng Yǒu, bìng shuō:" Zhè shì jiǎnggěi nǐ de, yīn·wèi nǐ ànshí
糖果 送给 王 友, 并 说:" 这 是 奖给 你 的, 因为 你 按时
láidào zhè·lǐ, ér wǒ què chídào le." Wáng Yǒu jīngyí de jiēguò tángguǒ.
来到 这里, 而 我 却 迟到 了。" 王 友 惊疑 地 接过 糖果。

Suíhòu, Táo XíngZhī yòu tāochū yī kuài tángguǒ fàngdào tā shǒu·lǐ, shuō:
随后, 陶 行知 又 掏出 一 块 糖果 放到 他 手里, 说:
"Zhè dì-èr kuài tángguǒ yě shì jiǎnggěi nǐ de, yīn·wèi dāng wǒ bùràng nǐ zài
"这 第二 块 糖果 也 是 奖给 你 的, 因为 当 我 不让 你 再
dǎrén shí, nǐ lìjí jiù zhùshǒu le, zhè shuōmíng nǐ hěn zūnzhòng wǒ, wǒ yīnggāi
打人 时, 你 立即 就 住手 了, 这 说明 你 很 尊重 我, 我 应该
jiǎng nǐ." Wáng Yǒu gèng jīngyí le, tā yǎn·jing zhēng de dàdà de.
奖 你。" 王 友 更 惊疑 了, 他 眼睛 睁 得 大大 的。

Táo Xíngzhī yòu tāochū dì-sān kuài tángguǒ sāidào Wáng Yǒu shǒu·lǐ, shuō:
陶 行知 又 掏出 第三 块 糖果 塞到 王 友 手里, 说:
"Wǒ diàochá·guò le, nǐ yòng níkuài zá nàxiē nánshēng, shì yīn·wèi tā·men bù
"我 调查过 了, 你 用 泥块 砸 那些 男生, 是 因为 他们 不
shǒu yóuxì guīzé, qī·fu nǚshēng; nǐ zá tā·men, shuōmíng nǐ hěn zhèngzhí
守 游戏 规则, 欺负 女生; 你 砸 他们, 说明 你 很 正直
shànliáng, qiě yǒu pīpíng bùliáng xíngwéi de yǒngqì, yīnggāi jiǎnglì nǐ a!" Wáng
善良, 且 有 批评 不良 行为 的 勇气, 应该 奖励 你 啊!" 王
Yǒu gǎndòng jí le, tā liú·zhe yǎnlèi hòuhuǐ de hǎndào:"Táo ...... Táo xiàozhǎng
友 感动 极 了, 他 流着 眼泪 后悔 地 喊道:"陶 ...... 陶 校长
nǐ dǎ wǒ liǎng xià ba! Wǒ zá de bù shì huàirén, ér shì zìjǐ de tóngxué a ......"
你 打 我 两 下 吧! 我 砸 的 不 是 坏人, 而 是 自己 的 同学 啊 ......"

Táo Xíngzhī mǎnyì de xiào le, tā suíjí tāochū dì-sì kuài tángguǒ dìgěi Wáng
陶 行知 满意 地 笑 了, 他 随即 掏出 第四 块 糖果 递给 王
Yǒu, shuō:"Wèi nǐ zhèngquè de rèn·shi cuòwù, wǒ zài jiǎnggěi nǐ yī kuài
友, 说:"为 你 正确 地 认识 错误, 我 再 奖给 你 一 块
tángguǒ, zhǐ kěxī wǒ zhǐyǒu zhè yī kuài tángguǒ le. Wǒ de tángguǒ// méi·yǒu
糖果, 只 可惜 我 只有 这 一 块 糖果 了。我 的 糖果// 没有
le, wǒ kàn wǒ·men de tánhuà yě gāi jiéshù le ba!" Shuōwán, jiù
了, 我 看 我们 的 谈话 也 该 结束 了 吧!" 说完, 就
zǒuchū·le xiàozhǎngshì.
走出了 校长室。

节选自《教师博览·百期精华》中《陶行知的"四块糖果"》

作品 40 号

Xiǎngshòu xìngfú shì xūyào xuéxí de, dāng tā jíjiāng láilín de shíkè xūyào
享受　幸福　是　需要　学习　的，　当　它　即将　来临　的　时刻　需要

tíxǐng. Rén kěyǐ zìrán-érrán de xuéhuì gǎnguān de xiǎnglè, què wúfǎ tiānshēng de
提醒。　人　可以　自然而然　地　学会　感官　的　享乐，　却　无法　天生　地

zhǎngwò xìngfú de yùnlǜ. Línghún de kuàiyì tóng qìguān de shūshì xiàng yī duì
掌握　幸福　的　韵律。　灵魂　的　快意　同　器官　的　舒适　像　一　对

luánshēng xiōngdì, shí'ér xiāngbàng-xiāngyī, shí'ér nányuán-běizhé.
孪生　兄弟，　时而　相傍　相依，　时而　南辕　北辙。

Xìngfú shì yī zhǒng xīnlíng de zhènchàn. Tā xiàng huì qīngtīng yīnyuè de
幸福　是　一　种　心灵　的　震颤。　它　像　会　倾听　音乐　的

ěr·duo yīyàng, xūyào bùduàn de xùnliàn.
耳朵　一样，　需要　不断　地　训练。

Jiǎn'ér-yánzhī, xìngfú jiùshì méi·yǒu tòngkǔ de shíkè. Tā chūxiàn de pínlǜ bìng
简而　言之，　幸福　就是　没有　痛苦　的　时刻。　它　出现　的　频率　并

bù xiàng wǒ·men xiǎngxiàng de nàyàng shǎo. Rén·men chángcháng zhǐshì zài
不　像　我们　想象　的　那样　少。　人们　常常　只是　在

xìngfú de jīn mǎchē yǐjīng shǐ guò·qù hěn yuǎn shí, cái jiǎnqǐ dì·shàng de jīn
幸福　的　金　马车　已经　驶　过去　很　远　时，　才　拣起　地上　的　金

zōngmáo shuō, yuánlái wǒ jiàn·guo tā.
鬃毛　说，　原来　我　见过　它。

Rén·men xǐ'ài huíwèi xìngfú de biāoběn, què hūlüè tā pī·zhe lù·shui sànfā
人们　喜爱　回味　幸福　的　标本，　却　忽略　它　披着　露水　散发

qīngxiāng de shíkè. Nà shí·hou wǒ·men wǎngwǎng bùlǚ cōngcōng, zhānqián-gùhòu
清香　的　时刻。　那　时候　我们　往往　步履　匆匆，　瞻前　顾后

bù zhī zài máng·zhe shén·me.
不　知　在　忙着　什么。

Shì·shàng yǒu yùbào táifēng de, yǒu yùbào huángzāi de, yǒu yùbào wēnyì
世上　有　预报　台风　的，　有　预报　蝗灾　的，　有　预报　瘟疫

de, yǒu yùbào dìzhèn de. Méi·yǒu rén yùbào xìngfú.
的，　有　预报　地震　的。　没有　人　预报　幸福。

Qíshí xìngfú hé shìjiè wànwù yīyàng, yǒu tā de zhēngzhào.
其实　幸福　和　世界　万物　一样，　有　它　的　征兆。

Xìngfú chángcháng shì ménglóng de, hěn yǒu jiézhì de xiàng wǒ·men pēnsǎ
幸福　常常　是　朦胧　的，　很　有　节制　地　向　我们　喷洒

gānlín. Nǐ bùyào zǒng xīwàng hōnghōng-lièliè de xìngfú, tā duōbàn zhǐshì qiāoqiāo
甘霖。　你　不要　总　希望　轰轰烈烈　的　幸福，　它　多半　只是　悄悄

de pūmiàn ér lái. Nǐ yě bùyào qǐtú bǎ shuǐlóngtóu nǐng de gèng dà, nàyàng tā
地 扑面 而来。你 也 不要 企图 把 水龙头 拧 得 更 大， 那样 它

huì hěn kuài de liúshī. Nǐ xūyào jìngjìng de yǐ pínghé zhī xīn, tǐyàn tā de zhēndì.
会 很 快 地 流失。你 需要 静静 地 以 平和 之 心，体验 它 的 真谛。

　　Xìngfú jué dà duōshù shì pǔsù de. Tā bù huì xiàng xìnhàodàn shì·de, zài hěn
　　幸福 绝大 多数 是 朴素 的。它 不会 像 信号弹 似的， 在 很

gāo de tiānjì shǎnshuò hóngsè de guāngmáng. Tā pī·zhe běnsè de wài// yī,
高 的 天际 闪烁 红色 的 光芒。 它 披着 本色 的 外// 衣，

qīnqiè wēnnuǎn de bāoguǒqǐ wǒ·men.
亲切 温暖 地 包裹起 我们。

　　Xìngfú bù xǐ·huan xuānxiāo fúhuá, tā chángcháng zài àndàn zhōng jiànglín.
　　幸福 不 喜欢 喧嚣 浮华，它 常常 在 暗淡 中 降临。

Pínkùn zhōng xiāngrú-yǐmò de yī kuài gāobǐng, huànnàn zhōng xīnxīn-xiāngyìn de yī
贫困 中 相濡以沫 的 一 块 糕饼， 患难 中 心心 相印 的 一

gè yǎnshén, fù·qīn yī cì cūcāo de fǔmō, nǚyǒu yī zhāng wēnxīn de zìtiáo……
个 眼神， 父亲 一 次 粗糙 的 抚摸， 女友 一 张 温馨 的 字条……

Zhè dōu shì qiānjīn nán mǎi de xìngfú a. Xiàng yī lìlì zhuì zài jiù chóu·zi·shàng
这 都 是 千金 难 买 的 幸福 啊。 像 一 粒粒 缀 在 旧 绸子上

de hóngbǎoshí, zài qīliáng zhōng yùfā yìyì duómù.
的 红宝石， 在 凄凉 中 愈发 熠熠 夺目。

节选自毕淑敏《提醒幸福》

作品41号

扫
一
扫　听音频

　　Zài Lǐyuērènèilú de yī gè pínmínkū·lǐ, yǒu yī gè nánhái·zi, tā fēicháng xǐ·huan
　　在 里约热内卢 的 一个 贫民窟里， 有 一个 男孩子， 他 非常 喜欢

zúqiú, kěshì yòu mǎi·bùqǐ, yúshì jiù tī sùliàohé, tī qìshuǐpíng, tī cóng lājīxiāng·lǐ
足球， 可是 又 买不起， 于是 就 踢 塑料盒， 踢 汽水瓶， 踢 从 垃圾箱里

jiǎnlái de yēzikér. Tā zài hútòng·lǐ tī, zài néng zhǎodào de rènhé yī piàn
拣来 的 椰子壳。他 在 胡同 里 踢， 在 能 找到 的 任何 一 片

kòngdì·shàng tī.
空地 上 踢。

　　Yǒu yī tiān, dāng tā zài yī chù gānhé de shuǐtáng·lǐ měng tī yī gè zhū
　　有一天， 当 他 在 一 处 干涸 的 水塘里 猛 踢 一个 猪

pángguāng shí, bèi yī wèi zúqiú jiàoliàn kànjiàn le. Tā fāxiàn zhè·ge nánháir tī de
膀胱 时， 被 一 位 足球 教练 看见 了。他 发现 这个 男孩儿 踢 得

hěn xiàng shì nà·me huí shì, jiù zhǔdòng tíchū yào sònggěi tā yī gè zúqiú.
很 像 是 那么 回 事， 就 主动 提出 要 送给 他 一 个 足球。

Xiǎonánháir dédào zúqiú hòu tī de gèng màijìn le. Bùjiǔ, tā jiù néng zhǔnquè de
小男孩儿 得到 足球 后 踢得 更 卖劲 了。不久，他 就 能 准确 地
bǎ qiú tījìn yuǎnchù suíyì bǎifàng de yī gè shuǐtǒng·lǐ.
把 球 踢进 远处 随意 摆放 的 一 个 水桶 里。

　　Shèngdànjié dào le, hái·zi de mā·ma shuō: "Wǒ·men méi·yǒu qián mǎi
　　圣诞节 到 了，孩子 的 妈妈 说："我们 没有 钱 买
shèngdàn lǐwù sònggěi wǒ·men de ēnrén, jiù ràng wǒ·men wèi tā qídǎo ba."
圣诞 礼物 送给 我们 的 恩人，就 让 我们 为 他 祈祷 吧。"

　　Xiǎonánháir gēnsuí mā·ma qídǎo wánbì, xiàng mā·ma yào·le yī bǎ chǎn·zi
　　小男孩儿 跟随 妈妈 祈祷 完毕，向 妈妈 要了 一 把 铲子
biàn pǎo·le chū·qù. Tā láidào yī zuò biéshù qián de huāyuán·lǐ, kāishǐ wā kēng.
便 跑了 出去。他 来到 一 座 别墅 前 的 花园 里，开始 挖 坑。

　　Jiù zài tā kuài yào wāhǎo kēng de shí·hou, cóng biéshù·lǐ zǒuchū yī gè
　　就 在 他 快 要 挖好 坑 的 时候，从 别墅 里 走出 一 个
rén·lái, wèn xiǎoháir zài gàn shén·me, hái·zi táiqǐ mǎn shì hànzhū de liǎndànr,
人来，问 小孩儿 在 干 什么，孩子 抬起 满 是 汗珠 的 脸蛋儿，
shuō: "Jiàoliàn, Shèngdànjié dào le, wǒ méi·yǒu lǐwù sònggěi nín, wǒ yuàn gěi
说："教练，圣诞节 到 了，我 没有 礼物 送给 您，我 愿 给
nín de shèngdànshù wā yī gè shùkēng."
您 的 圣诞树 挖 一 个 树坑。"

　　Jiàoliàn bǎ xiǎonánháir cóng shùkēng·lǐ lā shàng·lái, shuō: "Wǒ jīntiān dédào·le
　　教练 把 小男孩儿 从 树坑 里 拉 上来，说："我 今天 得到了
shìjiè·shàng zuì hǎo de lǐwù. Míngtiān nǐ jiù dào wǒ de xùnliànchǎng qù ba."
世界 上 最 好 的 礼物。明天 你 就 到 我 的 训练场 去 吧。"

　　Sān nián hòu, zhè wèi shíqī suì de nánháir zài dì-liù jiè zúqiú jǐnbiāosài·shàng
　　三 年 后，这 位 十七 岁 的 男孩儿 在 第六 届 足球 锦标赛 上
dú jìn èrshíyī qiú, wèi Bāxī dì-yī cì pěnghuí·le jīnbēi. Yī gè yuán// lái bù wéi
独 进 二十一 球，为 巴西 第一 次 捧回了 金杯。一 个 原// 来 不 为
shìrén suǒ zhī de míng·zi —— Bèilì, suí zhī chuánbiàn shìjiè.
世人 所 知 的 名字 —— 贝利，随 之 传遍 世界。

节选自刘燕敏《天才的造就》

作品 42 号

Jì·de wǒ shísān suì shí, hé mǔ·qīn zhù zài Fǎguó dōngnánbù de Nàisī Chéng.
记得 我 十三 岁 时，和 母亲 住 在 法国 东南部 的 耐斯 城。
Mǔ·qīn méi·yǒu zhàng·fu, yě méi·yǒu qīn·qi, gòu qīngkǔ de, dàn tā jīngcháng
母亲 没有 丈夫，也 没有 亲戚，够 清苦 的，但 她 经常

néng ná·chū lìng rén chījīng de dōng·xi, bǎi zài wǒ miànqián. Tā cónglái bù chī
能 拿出 令 人 吃惊 的 东西， 摆 在 我 面前。 她 从来 不 吃

ròu, yīzài shuō zìjǐ shì sùshízhě. Rán'ér yǒu yī tiān, wǒ fāxiàn mǔ·qīn zhèng
肉， 一再 说 自己 是 素食者。 然而 有 一 天， 我 发现 母亲 正

zǐxì de yòng yī xiǎo kuài suì miànbāo cā nà gěi wǒ jiān niúpái yòng de yóuguō.
仔细 地 用 一 小 块 碎 面包 擦 那 给 我 煎 牛排 用 的 油锅。

Wǒ míng·bai·le tā chēng zìjǐ wéi sùshízhě de zhēnzhèng yuányīn.
我 明白了 她 称 自己 为 素食者 的 真正 原因。

Wǒ shíliù suì shí, mǔ·qīn chéng·le Nàisī Shì Měiméng lǚguǎn de nǚ jīnglǐ.
我 十六 岁 时， 母亲 成了 耐斯 市 美蒙 旅馆 的 女 经理。

Zhèshí, tā gèng mánglù le. Yī tiān, tā tān zài yǐ·zi·shàng, liǎnsè cāngbái,
这时， 她 更 忙碌 了。 一 天， 她 瘫 在 椅子上， 脸色 苍白，

zuǐchún fā huī. Mǎshàng zhǎolái yīshēng, zuò·chū zhěnduàn: Tā shèqǔ·le guòduō
嘴唇 发 灰。 马上 找来 医生， 做出 诊断： 她 摄取了 过多

de yídǎosù. Zhídào zhèshí wǒ cái zhī·dào mǔ·qīn duōnián yīzhí duì wǒ yǐnmán de
的 胰岛素。 直到 这时 我 才 知道 母亲 多年 一直 对 我 隐瞒 的

jítòng —— tángniàobìng.
疾痛 —— 糖尿病。

Tā de tóu wāixiàng zhěn·tou yībiān, tòngkǔ de yòng shǒu zhuā·nao xiōngkǒu.
她 的 头 歪向 枕头 一边， 痛苦 地 用 手 抓挠 胸口。

Chuángjià shàngfāng, zé guà·zhe yī méi wǒ yī jiǔ sān èr nián yíngdé Nàisī Shì
床架 上方， 则 挂着 一 枚 我 一 九 三 二 年 赢得 耐斯 市

shàonián pīngpāngqiú guànjūn de yínzhì jiǎngzhāng.
少年 乒乓球 冠军 的 银质 奖章。

À, shì duì wǒ de měihǎo qiántú de chōngjǐng zhīchēng·zhe tā huó xià·qù,
啊， 是 对 我 的 美好 前途 的 憧憬 支撑着 她 活 下去，

wèi·le gěi tā nà huāng·táng de mèng zhìshǎo jiā yīdiǎnr zhēnshí de sècǎi, wǒ
为了 给 她 那 荒唐 的 梦 至少 加 一点 真实 的 色彩， 我

zhǐnéng jìxù nǔlì, yǔ shíjiān jìngzhēng, zhízhì yī jiǔ sān bā nián wǒ bèi zhēng rù
只能 继续 努力， 与 时间 竞争， 直至 一 九 三 八 年 我 被 征 入

kōngjūn. Bālí hěn kuài shīxiàn, wǒ zhǎnzhuǎn diàodào Yīngguó Huángjiā Kōngjūn.
空军。 巴黎 很 快 失陷， 我 辗转 调到 英国 皇家 空军。

Gāng dào Yīngguó jiù jiēdào·le mǔ·qīn de láixìn. Zhèxiē xìn shì yóu zài Ruìshì de
刚 到 英国 就 接到了 母亲 的 来信。 这些 信 是 由 在 瑞士 的

yī gè péng·you mìmì de zhuǎndào Lúndūn, sòngdào wǒ shǒuzhōng de.
一 个 朋友 秘密 地 转到 伦敦， 送到 我 手中 的。

Xiànzài wǒ yào huíjiā le, xiōngqián pèidài·zhe xǐngmù de lǜ-hēi liǎng sè de
现在 我 要 回家 了， 胸前 佩戴着 醒目 的 绿黑 两色 的

jiěfàng shízì shòu // dài, shàngmiàn guà·zhe wǔ-liù méi wǒ zhōngshēn nánwàng de
解放 十字 绶 // 带， 上面 挂着 五六 枚 我 终身 难忘 的

xūnzhāng, jiān·shàng hái pèidài·zhe jūnguān jiānzhāng. Dàodá lǚguǎn shí, méi·yǒu
勋章， 肩上 还 佩戴着 军官 肩章。 到达 旅馆 时， 没有
yī gè rén gēn wǒ dǎ zhāo·hu. Yuánlái, wǒ mǔ·qīn zài sān nián bàn yǐqián jiù
一个 人 跟 我 打 招呼。 原来， 我 母亲 在 三 年 半 以前 就
yǐjīng líkāi rénjiān le.
已经 离开 人间 了。

　　Zài tā sǐ qián de jǐ tiān zhōng, tā xiě·le jìn èrbǎi wǔshí fēng xìn, bǎ zhèxiē
　　在 她 死 前 的 几 天 中， 她 写了 近 二百 五十 封 信， 把 这些
xìn jiāogěi tā zài Ruìshì de péng·you, qǐng zhè·ge péng·you dìngshí jì gěi wǒ. Jiù
信 交给 她 在 瑞士 的 朋友， 请 这个 朋友 定时 寄给 我。 就
zhèyàng, zài mǔ·qīn sǐ hòu de sān nián bàn de shíjiān·lǐ, wǒ yīzhí cóng tā
这样， 在 母亲 死后 的 三 年 半 的 时间里， 我 一直 从 她
shēn·shàng xīqǔ·zhe lì·liàng hé yǒngqì —— zhè shǐ wǒ nénggòu jìxù zhàndòu dào
身上 吸取着 力量 和 勇气 —— 这 使 我 能够 继续 战斗 到
shènglì nà yītiān.
胜利 那 一天。

　　　　　　　　　　　　　　　节选自〔法〕罗曼·加里《我的母亲独一无二》

作品 43 号

扫 听
一 音
扫 频

　　Shēnghuó duìyú rènhé rén dōu fēi yì shì, wǒ·men bìxū yǒu jiānrèn-bùbá de
　　生活 对于 任何 人 都 非 易 事， 我们 必须 有 坚韧不拔 的
jīngshén. Zuì yàojǐn de, háishì wǒ·men zìjǐ yào yǒu xìnxīn. Wǒ·men bìxū
精神。 最 要紧 的， 还是 我们 自己 要 有 信心。 我们 必须
xiāngxìn, wǒ·men duì měi yī jiàn shì·qing dōu jùyǒu tiānfù de cáinéng, bìngqiě,
相信， 我们 对 每 一 件 事情 都 具有 天赋 的 才能， 并且，
wúlùn fùchū rènhé dàijià, dōu yào bǎ zhè jiàn shì wánchéng. Dāng shì·qing jiéshù
无论 付出 任何 代价， 都 要 把 这 件 事 完成。 当 事情 结束
de shí·hou, nǐ yào néng wènxīn-wúkuì de shuō: "Wǒ yǐjīng jìn wǒ suǒ néng le."
的 时候， 你 要 能 问心无愧 地 说："我 已经 尽 我 所 能 了。"
　　Yǒu yī nián de chūntiān, wǒ yīn bìng bèipò zài jiā·lǐ xiū·xi shù zhōu. Wǒ
　　有 一 年 的 春天， 我 因 病 被迫 在 家里 休息 数 周。 我
zhùshì·zhe wǒ de nǚ'ér·men suǒ yǎng de cán zhèngzài jié jiǎn, zhè shǐ wǒ hěn
注视着 我 的 女儿们 所 养 的 蚕 正在 结 茧， 这 使 我 很
gǎn xìngqù. Wàng·zhe zhèxiē cán zhízhuó de、qínfèn de gōngzuò, wǒ gǎndào wǒ
感 兴趣。 望着 这些 蚕 执著 地、 勤奋 地 工作， 我 感到 我
hé tā·men fēicháng xiāngsì. Xiàng tā·men yīyàng, wǒ zǒngshì nàixīn de bǎ zìjǐ
和 它们 非常 相似。 像 它们 一样， 我 总是 耐心 地 把 自己

de nǔlì jízhōng zài yī gè mùbiāo·shàng. Wǒ zhīsuǒyǐ rúcǐ, huòxǔ shì yīn·wèi yǒu
的 努力 集中 在 一 个 目标 上。 我 之所以 如此, 或许 是 因为 有

mǒu zhǒng lì·liàng zài biāncè·zhe wǒ —— zhèng rú cán bèi biāncè·zhe qù jié jiǎn
某 种 力量 在 鞭策着 我 —— 正 如 蚕 被 鞭策着 去 结 茧

yībān.
一般。

Jìn wǔshí nián lái, wǒ zhìlìyú kēxué yánjiū, ér yánjiū, jiùshì duì zhēnlǐ de
近 五十 年 来, 我 致力于 科学 研究, 而 研究, 就是 对 真理 的

tàntǎo. Wǒ yǒu xǔduō měihǎo kuàilè de jìyì. Shàonǚ shíqī wǒ zài Bālí Dàxué,
探讨。 我 有 许多 美好 快乐 的 记忆。 少女 时期 我 在 巴黎 大学,

gūdú de guò·zhe qiúxué de suìyuè; zài hòulái xiànshēn kēxué de zhěnggè shíqī,
孤独 地 过着 求学 的 岁月; 在 后来 献身 科学 的 整个 时期,

wǒ zhàng·fu hé wǒ zhuānxīn-zhìzhì, xiàng zài mènghuàn zhōng yībān, zuò zài
我 丈夫 和 我 专心 致志, 像 在 梦幻 中 一般, 坐 在

jiǎnlòu de shūfáng·lǐ jiānxīn de yánjiū, hòulái wǒ·men jiù zài nà·lǐ fāxiàn·le léi.
简陋 的 书房 里 艰辛 地 研究, 后来 我们 就 在 那里 发现了 镭。

Wǒ yǒngyuǎn zhuīqiú ānjìng de gōngzuò hé jiǎndān de jiātíng shēnghuó. Wèi·le
我 永远 追求 安静 的 工作 和 简单 的 家庭 生活。 为了

shíxiàn zhè·ge lǐxiǎng, wǒ jiélì bǎochí níngjìng de huánjìng, yǐmiǎn shòu rénshì de
实现 这个 理想, 我 竭力 保持 宁静 的 环境, 以免 受 人事 的

gānrǎo hé shèngmíng de tuōlěi.
干扰 和 盛名 的 拖累。

Wǒ shēnxìn, zài kēxué fāngmiàn wǒ·men yǒu duì shìyè ér bù// shì duì cáifù
我 深信, 在 科学 方面 我们 有 对 事业 而 不// 是 对 财富

de xìngqù. Wǒ de wéiyī shēwàng shì zài yī gè zìyóu guójiā zhōng, yǐ yī gè zìyóu
的 兴趣。 我 的 惟一 奢望 是 在 一 个 自由 国家 中, 以 一 个 自由

xuézhě de shēn·fèn cóngshì yánjiū gōngzuò.
学者 的 身份 从事 研究 工作。

Wǒ yīzhí chénzuì yú shìjiè de yōuměi zhīzhōng, wǒ suǒ rè·ài de kēxué yě
我 一直 沉醉 于 世界 的 优美 之中, 我 所 热爱 的 科学 也

bùduàn zēngjiā tā zhǎnxīn de yuǎnjǐng. Wǒ rèndìng kēxué běnshēn jiù jùyǒu wěidà
不断 增加 它 崭新 的 远景。 我 认定 科学 本身 就 具有 伟大

de měi.
的 美。

节选自[波兰]玛丽·居里《我的信念》,剑捷译

作品 44 号

Wǒ wèishén·me fēi yào jiāoshū bùkě? Shì yīn·wèi wǒ xǐ·huan dāng jiàoshī de
我 为什么 非要 教书 不可？ 是 因为 我 喜欢 当 教师 的
shíjiān ānpáibiǎo hé shēnghuó jiézòu. Qī、bā、jiǔ sān gè yuè gěi wǒ tígōng·le jìnxíng
时间 安排表 和 生活 节奏。七、八、九 三 个 月 给 我 提供了 进行
huígù、yánjiū、xiězuò de liángjī, bìng jiāng sānzhě yǒujī rónghé, ér shànyú huígù、
回顾、 研究、 写作 的 良机， 并 将 三者 有机 融合， 而 善于 回顾、
yánjiū hé zǒngjié zhèngshì yōuxiù jiàoshī sùzhì zhōng bùkě quēshǎo de chéngfèn.
研究 和 总结 正是 优秀 教师 素质 中 不可 缺少 的 成分。

Gàn zhè háng gěi·le wǒ duōzhǒng-duōyàng de "gānquán" qù pǐncháng, zhǎo
干 这 行 给了我 多种多样 的 "甘泉" 去 品尝， 找
yōuxiù de shūjí qù yándú, dào "xiàngyátǎ" hé shíjì shìjiè·lǐ qù fāxiàn. Jiàoxué
优秀 的 书籍 去 研读， 到 "象牙塔" 和 实际 世界里 去 发现。 教学
gōngzuò gěi wǒ tígōng·le jìxù xuéxí de shíjiān bǎozhèng, yǐjí duōzhǒng tújìng、
工作 给 我 提供了 继续 学习 的 时间 保证， 以及 多种 途径、
jīyù hé tiǎozhàn.
机遇 和 挑战。

Rán'ér, wǒ ài zhè yī háng de zhēnzhèng yuányīn, shì ài wǒ de xué·shēng.
然而， 我 爱 这 一 行 的 真正 原因， 是 爱 我 的 学生。
Xué·shēng·men zài wǒ de yǎnqián chéngzhǎng、biànhuà. Dāng jiàoshī yìwèi·zhe
学生 们 在 我 的 眼前 成长、 变化。 当 教师 意味着
qīnlì "chuàngzào" guòchéng de fāshēng —— qiàsì qīnshǒu fùyǔ yī tuán nítǔ yǐ
亲历 "创造" 过程 的 发生 —— 恰似 亲手 赋予 一 团 泥土 以
shēngmìng, méi·yǒu shén·me bǐ mùdǔ tā kāishǐ hūxī gèng jīdòng rénxīn de le.
生命， 没有 什么 比 目睹 它 开始 呼吸 更 激动 人心 的 了。

Quánlì wǒ yě yǒu le: Wǒ yǒu quánlì qù qǐfā yòudǎo, qù jīfā zhìhuì de
权利 我 也 有 了： 我 有 权利 去 启发 诱导， 去 激发 智慧 的
huǒhuā, qù wèn fèixīn sīkǎo de wèntí, qù zànyáng huídá de chángshì, qù tuījiàn
火花， 去 问 费心 思考 的 问题， 去 赞扬 回答 的 尝试， 去 推荐
shūjí, qù zhǐdiǎn míjīn. Háiyǒu shén·me bié·de quánlì néng yǔ zhī xiāng bǐ ne?
书籍， 去 指点 迷津。 还有 什么 别的 权利 能 与之 相 比 呢？

Érqiě, jiāoshū hái gěi wǒ jīnqián hé quánlì zhīwài de dōng·xi, nà jiùshì àixīn.
而且， 教书 还 给 我 金钱 和 权利 之外 的 东西， 那 就是 爱心。
Bùjǐn yǒu duì xué·shēng de ài, duì shūjí de ài, duì zhī·shi de ài, háiyǒu jiàoshī
不仅 有 对 学生 的 爱， 对 书籍 的 爱， 对 知识 的 爱， 还有 教师
cái néng gǎnshòudào de duì "tèbié" xué·shēng de ài. Zhèxiē xué·shēng, yǒurú
才 能 感受到 的 对 "特别" 学生 的 爱。 这些 学生， 有如

míngwán-bùlíng de níkuài, yóuyú jiēshòu·le lǎoshī de chì'ài cái bófā·le shēngjī.
冥顽 不灵 的 泥块， 由于 接受了 老师 的 炽爱 才 勃发了 生机。

Suǒyǐ, wǒ ài jiāoshū, hái yīn·wèi, zài nàxiē bófā shēngjī de "tèbié" xué·// shēng
所以， 我 爱 教书， 还 因为， 在 那些 勃发 生机 的 "特别" 学// 生

shēn·shàng, wǒ yǒushí fāxiàn zìjǐ hé tā·men hūxī xiāngtōng, yōulè yǔ gòng.
身 上， 我 有时 发现 自己 和 他们 呼吸 相通， 忧乐 与 共。

节选自［美］彼得·基·贝得勒《我为什么当教师》

作品 45 号

扫 听
一 音
扫 频

Zhōngguó xībù wǒ·men tōngcháng shì zhǐ Huáng Hé yǔ Qín Lǐng xiānglián yī
中国 西部 我们 通常 是 指 黄河 与 秦岭 相连 一

xiàn yǐ xī, bāokuò xīběi hé xīnán de shí'èr gè shěng、 shì、 zìzhìqū. Zhè kuài
线 以 西， 包括 西北 和 西南 的 十二 个 省、 市、 自治区。 这 块

guǎngmào de tǔdì miànjī wéi wǔbǎi sìshíliù wàn píngfāng gōnglǐ, zhàn guótǔ zǒng
广袤 的 土地 面积 为 五百 四十六 万 平方 公里， 占 国土 总

miànjī de bǎi fēn zhī wǔshíqī; rénkǒu èr diǎn bā yì, zhàn quánguó zǒng rénkǒu de
面积 的 百 分 之 五十七； 人口 二 点 八 亿， 占 全国 总 人口 的

bǎi fēn zhī èrshísān.
百 分 之 二十三。

Xībù shì Huáxià wénmíng de yuántóu. Huáxià zǔxiān de jiǎobù shì shùn·zhe
西部 是 华夏 文明 的 源头。 华夏 祖先 的 脚步 是 顺着

shuǐbiān zǒu de: Cháng Jiāng shàngyóu chūtǔ·guo Yuánmóurén yáchǐ huàshí, jù jīn
水边 走 的： 长 江 上游 出土过 元谋人 牙齿 化石， 距 今

yuē yībǎi qīshí wàn nián; Huáng Hé zhōngyóu chūtǔ·guo Lántiánrén tóugàigǔ, jù
约 一百 七十 万 年； 黄 河 中游 出土过 蓝田人 头盖骨， 距

jīn yuē qīshí wàn nián. Zhè liǎng chù gǔ rénlèi dōu bǐ jù jīn yuē wǔshí wàn nián
今 约 七十 万 年。 这 两 处 古 人类 都 比 距今 约 五十 万 年

de Běijīng yuánrén zīgé gèng lǎo.
的 北京 猿人 资格 更 老。

Xībù dìqū shì Huáxià wénmíng de zhòngyào fāyuándì. Qínhuáng Hànwǔ yǐhòu,
西部 地区 是 华夏 文明 的 重要 发源地。 秦皇 汉武 以后，

dōng-xīfāng wénhuà zài zhè·lǐ jiāohuì rónghé, cóng'ér yǒu·le sīchóu zhī lù de
东西方 文化 在 这里 交汇 融合， 从而 有了 丝绸 之 路 的

tuólíng shēngshēng, fó yuàn shēn sì de mùgǔ-chénzhōng. Dūnhuáng Mògāokū shì
驼铃 声声， 佛 院 深 寺 的 暮鼓 晨钟。 敦煌 莫高窟 是

shìjiè wénhuàshǐ·shàng de yī gè qíjì, tā zài jìchéng Hàn Jìn yìshù chuántǒng de
世界 文化史 上 的 一个 奇迹, 它 在 继承 汉晋艺术 传统 的
jīchǔ·shàng, xíngchéng·le zìjǐ jiānshōu-bìngxù de huīhóng qìdù, zhǎnxiànchū
基础 上, 形成了 自己 兼收并蓄 的 恢宏 气度, 展现出
jīngměi-juélún de yìshù xíngshì hé bódà-jīngshēn de wénhuà nèihán. Qínshǐhuáng
精美 绝伦 的 艺术 形式 和 博大 精深 的 文化 内涵。 秦始皇
Bīngmǎyǒng、Xīxià wánglíng、Lóulán gǔguó、Bùdálāgōng、Sānxīngduī、Dàzú shíkè
兵马俑、 西夏 王陵、 楼兰 古国、 布达拉宫、 三星堆、 大足 石刻
děng lìshǐ wénhuà yíchǎn, tóngyàng wéi shìjiè suǒ zhǔmù, chéngwéi zhōnghuá
等 历史 文化 遗产, 同样 为 世界 所 瞩目, 成为 中华
wénhuà zhòngyào de xiàngzhēng.
文化 重要 的 象征。

　Xībù dìqū yòu shì shǎoshù mínzú jíqí wénhuà de jícuìdì, jīhū bāokuò·le
西部 地区 又 是 少数 民族 及其 文化 的 集萃地, 几乎 包括了
wǒguó suǒyǒu de shǎoshù mínzú. Zài yīxiē piānyuǎn de shǎoshù mínzú dìqū, réng
我国 所有 的 少数 民族。 在 一些 偏远 的 少数 民族 地区, 仍
bǎoliú// le yīxiē jiǔyuǎn shídài de yìshù pǐnzhǒng, chéngwéi zhēnguì de
保留// 了 一些 久远 时代 的 艺术 品种, 成为 珍贵 的
"huóhuàshí", rú Nàxī gǔyuè、xìqǔ、jiǎnzhǐ、cìxiù、yánhuà děng mínjiān yìshù hé
"活化石", 如 纳西 古乐、 戏曲、 剪纸、 刺绣、 岩画 等 民间 艺术 和
zōngjiào yìshù. Tèsè xiānmíng、fēngfù-duōcǎi, yóurú yī gè jùdà de mínzú mínjiān
宗教 艺术。 特色 鲜明、 丰富 多彩, 犹如 一 个 巨大 的 民族 民间
wénhuà yìshù bǎokù.
文化 艺术 宝库。

　Wǒ·men yào chōngfèn zhòngshì hé lìyòng zhèxiē détiān-dúhòu de zīyuán
我们 要 充分 重视 和 利用 这些 得天独厚 的 资源
yōushì, jiànlì liánghǎo de mínzú mínjiān wénhuà shēngtài huánjìng, wèi xībù dà
优势, 建立 良好 的 民族 民间 文化 生态 环境, 为 西部 大
kāifā zuòchū gòngxiàn.
开发 做出 贡献。

节选自《中考语文课外阅读试题精选》中《西部文化和西部开发》

作品 46 号

扫 听
一 音
扫 频

　Gāoxìng, zhè shì yī zhǒng jùtǐ de bèi kàn·dedào mō·dezháo de shìwù suǒ
高兴, 这 是 一 种 具体 的 被 看得到 摸得着 的 事物 所
huànqǐ de qíngxù. Tā shì xīnlǐ de, gèng shì shēnglǐ de. Tā róngyì lái yě róngyì qù,
唤起 的 情绪。 它 是 心理 的, 更 是 生理 的。 它 容易 来 也 容易 去,

shéi yě bù yīnggāi duì tā shì'érbùjiàn shīzhījiāobì, shéi yě bù yīnggāi zǒngshì zuò
谁 也 不 应该 对 它 视而不见 失之交臂， 谁 也 不 应该 总是 做
nàxiē shǐ zìjǐ bù gāoxìng yě shǐ pángrén bù gāoxìng de shì. Ràng wǒ·men shuō
那些 使 自己 不 高兴 也 使 旁人 不 高兴 的 事。 让 我们 说
yī jiàn zuì róngyì zuò yě zuì lìng rén gāoxìng de shì ba, zūnzhòng nǐ zìjǐ, yě
一件 最 容易 做 也 最 令人 高兴 的 事 吧， 尊重 你 自己， 也
zūnzhòng biérén, zhè shì měi yī gè rén de quánlì, wǒ háiyào shuō zhè shì měi yī
尊重 别人， 这是 每 一个人 的 权利， 我 还要 说 这是 每一
gè rén de yìwù.
个人 的 义务。

　　Kuàilè, tā shì yī zhǒng fùyǒu gàikuòxìng de shēngcún zhuàngtài、 gōngzuò
　　快乐， 它 是 一 种 富有 概括性 的 生存 状态、 工作
zhuàngtài. Tā jīhū shì xiānyàn de, tā láizì shēngmìng běnshēn de huólì, láizì
状态。 它 几乎 是 先验 的， 它 来自 生命 本身 的 活力， 来自
yǔzhòu、 dìqiú hé rénjiān de xīyǐn, tā shì shìjiè de fēngfù、 xuànlì、 kuòdà、 yōujiǔ de
宇宙、 地球 和 人间 的 吸引， 它 是 世界 的 丰富、 绚丽、 阔大、 悠久 的
tǐxiàn. Kuàilè háishì yī zhǒng lì·liàng, shì mái zài dìxià de gēnmài. Xiāomiè yī gè
体现。 快乐 还是 一 种 力量， 是 埋 在 地下 的 根脉。 消灭 一个
rén de kuàilè bǐ wājué diào yī kē dàshù de gēn yào nán de duō.
人 的 快乐 比 挖掘 掉 一 棵 大树 的 根 要 难 得 多。

　　Huānxīn, zhè shì yī zhǒng qīngchūn de、 shīyì de qínggǎn. Tā láizì
　　欢欣， 这 是 一 种 青春 的、 诗意 的 情感。 它 来自
miànxiàng·zhe wèilái shēnkāi shuāngbì bēnpǎo de chōnglì, tā láizì yī zhǒng
面向 着 未来 伸开 双臂 奔跑 的 冲力， 它 来自 一 种
qīngsōng ér yòu shénmì、 ménglóng ér yòu yǐnmì de jīdòng, tā shì jīqíng jíjiāng
轻松 而 又 神秘、 朦胧 而 又 隐秘 的 激动， 它 是 激情 即将
dàolái de yùzhào, tā yòu shì dàyǔ guòhòu de bǐ xiàyǔ háiyào měimiào de duō yě
到来 的 预兆， 它 又 是 大雨 过后 的 比 下雨 还要 美妙 得 多 也
jiǔyuǎn de duō de huíwèi……
久远 得 多 的 回味……

　　Xǐyuè, tā shì yī zhǒng dàiyǒu xíng ér shàng sècǎi de xiūyǎng hé jìngjiè. Yǔqí
　　喜悦， 它 是 一 种 带有 形而上 色彩 的 修养 和 境界。 与其
shuō tā shì yī zhǒng qíngxù, bùrú shuō tā shì yī zhǒng zhìhuì、 yī zhǒng chāobá、
说 它 是 一 种 情绪， 不如 说 它 是 一 种 智慧、 一 种 超拔、
yī zhǒng bēitiān-mǐnrén de kuānróng hé lǐjiě, yī zhǒng bǎojīng-cāngsāng de
一 种 悲天悯人 的 宽容 和 理解， 一 种 饱经沧桑 的
chōngshí hé zìxìn, yī zhǒng guāngmíng de lǐxìng, yī zhǒng jiāndìng// de chéngshú,
充实 和 自信， 一 种 光明 的 理性， 一 种 坚定// 的 成熟，
yī zhǒng zhànshèng·le fánnǎo hé yōngsú de qīngmíng chéngchè. Tā shì yī tán
一 种 战胜了 烦恼 和 庸俗 的 清明 澄澈。 它 是 一 潭

qīngshuǐ, tā shì yī mǒ zhāoxiá tā shì wúbiān de píngyuán, tā shì chénmò de
清水，它是一抹朝霞，它是无边的平原，它是沉默的

dìpíngxiàn. Duō yīdiǎnr、zài duō yīdiǎnr xǐyuè ba, tā shì chìbǎng, yě shì guīcháo.
地平线。多一点儿、再多一点儿喜悦吧，它是翅膀，也是归巢。

Tā shì yī bēi měijiǔ, yě shì yī duǒ yǒngyuǎn kāi bù bài de liánhuā.
它是一杯美酒，也是一朵永远开不败的莲花。

节选自王蒙《喜悦》

作品 47 号

扫一扫 听音频

　　Zài Wānzǎi, Xiānggǎng zuì rè·nao de dìfāng, yǒu yī kē róngshù, tā shì zuì guì
　　在湾仔，香港最热闹的地方，有一棵榕树，它是最贵

de yī kē shù, bùguāng zài Xiānggǎng, zài quánshìjiè, dōu shì zuì guì de.
的一棵树，不光在香港，在全世界，都是最贵的。

　　Shù, huó de shù, yòu bù mài hé yán qí guì? Zhǐ yīn tā lǎo, tā cū, shì
　　树，活的树，又不卖何言其贵？只因它老，它粗，是

Xiānggǎng bǎinián cāngsāng de huó jiànzhèng, xiānggǎngrén bùrěn kàn·zhe tā bèi
香港百年沧桑的活见证，香港人不忍看着它被

kǎnfá, huòzhě bèi yízǒu, biàn gēn yào zhànyòng zhè piàn shānpō de jiànzhùzhě tán
砍伐，或者被移走，便跟要占用这片山坡的建筑者谈

tiáojiàn: Kěyǐ zài zhèr jiàn dàlóu gài shāngshà, dàn yī bùzhǔn kǎn shù, èr bùzhǔn
条件：可以在这儿建大楼盖商厦，但一不准砍树，二不准

nuó shù, bìxū bǎ tā yuándì jīngxīn yǎng qǐ·lái, chéngwéi Xiānggǎng nàoshì zhōng
挪树，必须把它原地精心养起来，成为香港闹市中

de yī jǐng. Tàigǔ Dàshà de jiànshèzhě zuìhòu qiān·le hé·tóng, zhànyòng zhè·ge dà
的一景。太古大厦的建设者最后签了合同，占用这个大

shānpō jiàn háohuá shāngshà de xiānjué tiáojiàn shì tóngyì bǎohù zhè kē lǎoshù.
山坡建豪华商厦的先决条件是同意保护这棵老树。

　　Shù zhǎng zài bànshānpō·shàng, jìhuà jiāng shù xiàmiàn de chéngqiān-shàngwàn
　　树长在半山坡上，计划将树下面的成千上万

dūn shānshí quánbù tāokōng qǔzǒu, téngchū dì·fang·lái gài lóu, bǎ shù jià zài
吨山石全部掏空取走，腾出地方来盖楼，把树架在

dàlóu shàngmiàn, fǎngfú tā yuánběn shì zhǎng zài lóudǐng·shàng shì·de. Jiànshèzhě
大楼上面，仿佛它原本是长在楼顶上似的。建设者

jiùdì zào·le yī gè zhíjìng shíbā mǐ、shēn shí mǐ de dà huāpén, xiān gùdìng hǎo
就地造了一个直径十八米、深十米的大花盆，先固定好

zhè kē lǎoshù, zài zài dà huāpén dǐ·xià gài lóu. Guāng zhè yī xiàng jiù huā·le
这　棵　老树，　再 在 大　花盆　底下　盖楼。　光　这 一 项　就　花了

liǎngqiān sānbǎi bāshíjiǔ wàn gǎngbì, kānchēng shì zuì ángguì de bǎohù cuòshī le.
两千　三百　八十九　万　港币，　堪称　是　最　昂贵　的　保护　措施 了。

　　Tàigǔ Dàshà luòchéng zhīhòu, rén·men kěyǐ chéng gǔndòng fútī yī cì
　　太古　大厦　落成　之后，　人们　可以 乘　滚动　扶梯一 次

dàowèi, láidào Tàigǔ Dàshà de dǐngcéng, chū hòumén, nàr shì yī piàn zìrán
到位，　来到　太古　大厦　的　顶层，　出　后门，　那儿 是 一 片 自然

jǐngsè. Yī kē dàshù chūxiàn zài rén·men miànqián, shùgàn yǒu yī mǐ bàn cū,
景色。一 棵 大树　出现 在　人们　　面前，　树干 有 一 米 半 粗，

shùguān zhíjìng zú yǒu èrshí duō mǐ, dúmù-chénglín, fēicháng zhuàngguān,
树冠　直径 足 有 二十 多 米，　独木成林，　非常　　壮观，

xíngchéng yī zuò yǐ tā wéi zhōngxīn de xiǎo gōngyuán, qǔ míng jiào "Róngpǔ".
形成　一 座 以 它 为 中心 的 小　公园，　取 名 叫　"榕圃"。

Shù qiánmiàn // chā·zhe tóngpái, shuōmíng yuányóu. Cǐqíng cǐjǐng, rú bù kàn
树　前面 //　插着　铜牌，　说明　　原由。　此情　此景，　如 不 看

tóngpái de shuōmíng, juéduì xiǎng·bùdào jùshùgēn dǐ·xia háiyǒu yī zuò hóngwěi de
铜牌　的　说明，　绝对　想不到　巨树根　底下　还有 一 座　宏伟　的

xiàndài dàlóu.
现代　大楼。

节选自舒乙《香港：最贵的一棵树》

作品 48 号

扫 听
一 音
扫 频

　　Wǒ·men de chuán jiànjiàn de bījìn róngshù le. Wǒ yǒu jī·huì kànqīng tā de
　　我们 的 船　渐渐 地　逼近　榕树 了。我 有 机 会 看清 它 的

zhēn miànmù: Shì yī kē dàshù, yǒu shǔ·bùqīng de yāzhī, zhī·shàng yòu shēng
真　面目：是 一 棵 大树，有　数不清 的　丫枝，枝上 又 生

gēn, yǒu xǔduō gēn yīzhí chuídào dì·shàng, shēnjìn nítǔ·lǐ. Yī bù·fen shùzhī
根，有 许多 根 一直　垂到　地上，　伸进　泥土里。一 部分　树枝

chuídào shuǐmiàn, cóng yuǎnchù kàn, jiù xiàng yī kē dàshù xié tǎng zài
垂到　水面，从　远处 看，就 像 一 棵 大树 斜 躺 在

shuǐmiàn·shàng yīyàng.
水面 上　一样。

　　Xiànzài zhèngshì zhīfán-yèmào de shíjié. Zhè kē róngshù hǎoxiàng zài bǎ tā de
　　现在　正是　枝繁叶茂 的 时节。这 棵　榕树　好像 在 把 它 的

quánbù shēngmìnglì zhǎnshì gěi wǒ·men kàn. Nà·me duō de lǜyè, yī cù duī zài
全部　　生命力　展示　给　我们　看。　那么　多　的　绿叶，一　簇　堆在

lìng yī cù de shàngmiàn, bù liú yīdiǎnr fèngxì. Cuìlǜ de yánsè míngliàng de zài
另　一　簇　的　上面，　不　留　一点儿　缝隙。翠绿　的　颜色　明亮　地在

wǒ·men de yǎnqián shǎnyào, sìhū měi yī piàn shùyè·shàng dōu yǒu yī gè xīn de
我们　的　眼前　闪耀，似乎　每　一　片　树叶上　都　有　一个新的

shēngmìng zài chàndòng, zhè měilì de nánguó de shù!
生命　在　颤动，　这　美丽　的　南国　的　树！

　　Chuán zài shù·xià bó·le piànkè, àn·shàng hěn shī, wǒ·men méi·yǒu shàng·qù.
　　船　在　树下　泊了　片刻，　岸上　很　湿，我们　没有　上去。

Péng·you shuō zhè·lǐ shì "niǎo de tiāntáng", yǒu xǔduō niǎo zài zhè kē shù·shàng
朋友　说　这里　是　"鸟　的　天堂"，　有　许多　鸟　在　这棵　树上

zuò wō, nóngmín bùxǔ rén qù zhuō tā·men. Wǒ fǎngfú tīngjiàn jǐ zhī niǎo pū chì
做窝，农民　不许　人　去　捉　它们。我　仿佛　听见　几只鸟扑翅

de shēngyīn, dànshì děngdào wǒ de yǎn·jing zhùyì de kàn nà·lǐ shí, wǒ què
的　声音，　但是　等到　我　的　眼睛　注意地　看　那里时，我　却

kàn·bùjiàn yī zhī niǎo de yǐng·zi, zhǐyǒu wúshù de shùgēn lì zài dì·shàng, xiàng
看不见　一　只　鸟　的　影子，只有　无数　的　树根　立在　地上，　像

xǔduō gēn mùzhuāng. Dì shì shī de, dàgài zhǎngcháo shí héshuǐ chángcháng
许多　根　木桩。地　是　湿的，大概　涨潮　时　河水　常常

chōng·shàng àn·qù. "Niǎo de tiāntáng" li méi·yǒu yī zhī niǎo, wǒ zhèyàng
冲上　岸去。"鸟　的　天堂"里　没有　一　只鸟，我　这样

xiǎngdào. Chuán kāi le, yī gè péng·you bō·zhe chuán, huǎnhuǎn de liúdào hé
想到。　船　开了，一　个　朋友　拨着　船，　缓缓　地流到河

zhōngjiān qù.
中间　去。

　　Dì-èr tiān, wǒ·men huá·zhe chuán dào yī gè péng·you de jiāxiāng qù, jiùshì
　　第二　天，我们　划着　船　到　一　个　朋友　的　家乡　去，就是

nà·ge yǒu shān yǒu tǎ de dì·fang. Cóng xuéxiào chūfā, wǒ·men yòu jīngguò nà
那个　有　山　有　塔　的　地方。从　学校　出发，我们　又　经过那

"niǎo de tiāntáng".
"鸟　的　天堂"。

　　Zhè yī cì shì zài zǎo·chen, yángguāng zhào zài shuǐmiàn·shàng, yě zhào zài
　　这　一　次　是　在　早晨，　阳光　照　在　水面上，　也　照在

shùshāo·shàng. Yīqiè dōu// xiǎn·de fēicháng guāngmíng. Wǒ·men de chuán yě
树梢上。　一切　都//　显得　非常　光明。　我们　的　船也

zài shù·xià bó·le piànkè.
在　树下　泊了　片刻。

　　Qǐchū sìzhōuwéi fēicháng qīngjìng. Hòulái hūrán qǐ·le yī shēng niǎojiào.
　　起初　四周围　非常　清静。　后来　忽然　起了　一　声　鸟叫。

Wǒ·men bǎ shǒu yī pāi, biàn kànjiàn yī zhī dàniǎo fēi·le qǐ·lái, jiē·zhe yòu kànjiàn
我们 把 手 一 拍， 便 看见 一 只 大鸟 飞了 起来， 接着 又 看见
dì-èr zhī, dì-sān zhī. Wǒ·men jìxù pāizhǎng, hěn kuài de zhè·ge shùlín jiù biàn de
第二 只， 第三 只。 我们 继续 拍掌， 很 快 地 这个 树林 就 变得
hěn rè·nao le. Dàochù dōu shì niǎo shēng, dàochù dōu shì niǎo yǐng. Dà de, xiǎo
很 热闹 了。 到处 都 是 鸟声， 到处 都 是 鸟影。 大的， 小
de, huā de, hēi de, yǒu·de zhàn zài zhī·shàng jiào, yǒu·de fēi qǐ·lái, zài
的， 花的， 黑的， 有的 站 在 枝上 叫， 有的 飞 起来， 在
pū chìbǎng.
扑 翅膀。

节选自巴金《小鸟的天堂》

作品 49 号

扫 听
一 音
扫 频

Yǒu zhèyàng yī gè gù·shi.
有 这样 一 个 故事。
Yǒu rén wèn: Shìjiè·shàng shén·me dōng·xi de qìlì zuì dà? Huídá fēnyún de
有 人 问： 世界上 什么 东西 的 气力 最 大？ 回答 纷纭 得
hěn, yǒu·de shuō "xiàng", yǒu·de shuō "shī", yǒu rén kāi wánxiào shì·de shuō:
很， 有的 说 "象"， 有的 说 "狮"， 有 人 开 玩笑 似的 说：
Shì "Jīngāng", Jīngāng yǒu duō·shao qìlì, dāngrán dàjiā quán bù zhī·dào.
是 "金刚"， 金刚 有 多少 气力， 当然 大家 全 不 知道。
Jiéguǒ, zhè yīqiè dá'àn wánquán bù duì, shìjiè·shàng qìlì zuì dà de, shì
结果， 这 一切 答案 完全 不 对， 世界上 气力 最 大 的， 是
zhíwù de zhǒng·zi. Yī lì zhǒng·zi suǒ kěyǐ xiǎnxiàn chū·lái de lì, jiǎnzhí shì
植物 的 种子。 一 粒 种子 所 可以 显现 出来 的 力， 简直 是
chāoyuè yīqiè.
超越 一切。
Rén de tóugàigǔ, jiéhé de fēicháng zhìmì yǔ jiāngù, shēnglǐ xuéjiā hé
人 的 头盖骨， 结合 得 非常 致密 与 坚固， 生理 学家 和
jiěpōuxuézhě yòngjìn·le yīqiè de fāngfǎ, yào bǎ tā wánzhěng de fēn chū·lái, dōu
解剖学者 用尽了 一切 的 方法， 要 把 它 完整 地 分 出来， 都
méi·yǒu zhè zhǒng lìqì. Hòulái hūrán yǒu rén fāmíng·le yī gè fāngfǎ, jiùshì bǎ
没有 这 种 力气。 后来 忽然 有 人 发明了 一 个 方法， 就是 把
yīxiē zhíwù de zhǒng·zi fàng zài yào pōuxī de tóugàigǔ·lǐ, gěi tā yǐ wēndù yǔ
一些 植物 的 种子 放 在 要 剖析 的 头盖骨里， 给 它 以 温度 与
shīdù, shǐ tā fāyá. Yī fāyá, zhèxiē zhǒng·zi biàn yǐ kěpà de lì·liàng, jiāng yīqiè
湿度， 使 它 发芽。 一 发芽， 这些 种子 便 以 可怕 的 力量， 将 一切

jīxièlì suǒ bùnéng fēnkāi de gǔgé, wánzhěng de fēnkāi le. Zhíwù zhǒng·zi de
机械力 所 不能 分开 的 骨骼， 完整 地 分开 了。植物 种子 的
lì·liàng zhī dà, rúcǐ rúcǐ.
力 量 之 大，如此 如此。

Zhè, yěxǔ tèshū·le yīdiǎnr, chángrén bù róngyì lǐjiě. Nà·me, nǐ kàn·jiàn·guo
这， 也许 特殊了 一点儿， 常人 不 容易 理解。 那么， 你 看见过
sǔn de chéngzhǎng ma? Nǐ kàn·jiàn·guo bèi yā zài wǎlì hé shíkuài xiàmiàn de yī
笋 的 成长 吗？你 看见过 被 压在 瓦砾 和 石块 下面 的 一
kē xiǎocǎo de shēngzhǎng ma? Tā wèi·zhe xiàngwǎng yángguāng, wèi·zhe dáchéng
棵 小草 的 生长 吗？它 为着 向往 阳光， 为着 达成
tā de shēng zhī yìzhì, bùguǎn shàngmiàn de shíkuài rúhé zhòng, shí yǔ shí zhījiān
它 的 生 之 意志， 不管 上面 的 石块 如何 重， 石 与 石 之间
rúhé xiá, tā bìdìng yào qūqū-zhézhé de, dànshì wánqiáng-bùqū de tòudào dìmiàn
如何 狭，它 必定 要 曲曲折折地， 但是 顽强 不屈 地 透到 地面
shàng·lái. Tā de gēn wǎng tǔrǎng zuān, tā de yá wǎng dìmiàn tǐng, zhèshì yī
上来。 它的 根 往 土壤 钻， 它的 芽 往 地面 挺， 这是 一
zhǒng bùkě kàngjù de lì, zǔzhǐ tā de shíkuài, jiéguǒ yě bèi tā xiānfān, yī lì
种 不可 抗拒 的 力， 阻止 它 的 石块， 结果 也 被 它 掀翻， 一 粒
zhǒng·zi de lì·liàng zhī cà, rú// cǐ rúcǐ.
种子 的 力量 之 大，如// 此 如此。

Méi·yǒu yī gè rén jiāng xiǎo cǎo jiàozuò "dàlìshì", dànshì tā de lì·liàng zhī
没有 一个人 将 小 草 叫做 "大力士"， 但是 它 的 力量 之
dà, díquè shì shìjiè wúbǐ. Zhè zhǒng lì shì yībān rén kàn·bùjiàn de shēngmìnglì.
大， 的确 是 世界 无比。 这 种 力 是 一般 人 看不见 的 生命力。
Zhǐyào shēngmìng cúnzài, zhè zhǒng lì jiù yào xiǎnxiàn. Shàngmiàn de shíkuài,
只要 生命 存在， 这 种 力 就 要 显现。 上面 的 石块，
sīháo bù zúyǐ zǔdǎng. Yīn·wèi tā shì yī zhǒng "chángqī kàngzhàn" de lì; yǒu
丝毫 不 足以 阻挡。 因为 它 是 一 种 "长期 抗战" 的 力；有
tánxìng, néngqū-néngshēn de lì; yǒu rènxìng, bù dá mùdì bù zhǐ de lì.
弹性， 能屈 能伸 的 力；有 韧性， 不 达 目的 不 止 的 力。

节选自夏衍《野草》

作品 50 号

扫 听 音 频 一 扫

Yàn·zi qù le, yǒu zài lái de shí·hou; yángliǔ kū le, yǒu zài qīng de shí·hou;
燕子 去 了， 有 再来 的 时候；杨柳 枯 了， 有 再 青 的 时候；
táohuā xiè le, yǒu zài kāi de shí·hou. Dànshì, cōng·míng de, nǐ gào·su wǒ,
桃花 谢 了， 有 再 开 的 时候。 但是， 聪明 的， 你 告诉 我，

wǒ·men de rì·zi wèi shén·me yī qù bù fùfǎn ne? —— Shì yǒu rén tōu·le
我们　的日子为　什么　一　去不复返　呢? —— 是有人　偷了
tā·men ba: Nà shì shéi? Yòu cáng zài héchù ne? Shì tā·men zìjǐ táozǒu·le ba:
他们　罢:那是谁? 又　藏　在何处呢? 是他们自己　逃走了罢:
Xiànzài yòu dào·le nǎ·lǐ ne?
现在　又到了　哪里呢?

Qù de jǐnguǎn qù le, lái de jǐnguǎn lái·zhe; qù lái de zhōngjiān, yòu zěnyàng
去的尽管去了,来的尽管来着;去来的中间,又怎样
de cōngcōng ne? Zǎo·shang wǒ qǐ·lái de shí·hou, xiǎowū·lǐ shèjìn liǎng-sān fāng
地匆匆呢? 早上我起来的时候,小屋里射进两三方
xiéxié de tài·yáng. Tài·yáng tā yǒu jiǎo a, qīngqīng-qiāoqiāo de nuóyí le; wǒ yě
斜斜的太阳。太阳他有脚啊,轻轻悄悄地挪移了;我也
mángmángrán gēn·zhe xuánzhuǎn. Yúshì —— xǐshǒu de shí·hou, rì·zi cóng
茫茫然　跟着旋转。于是 —— 洗手的时候,日子从
shuǐpén·lǐ guò·qù; chīfàn de shí·hou, rì·zi cóng fànwǎn·lǐ guò·qù; mòmò shí,
水盆里过去;吃饭的时候,日子从饭碗里过去;默默时,
biàn cóng níngrán de shuāngyǎn qián guò·qù. Wǒ juéchá tā qù de cōngcōng le,
便从凝然的双眼前过去。我觉察他去的匆匆了,
shēnchū shǒu zhēwǎn shí, tā yòu cóng zhēwǎn·zhe de shǒu biān guò·qù; tiānhēi
伸出手遮挽时,他又从遮挽着的手边过去;天黑
shí, wǒ tǎng zài chuáng·shàng, tā biàn línglíng-lìlì de cóng wǒ shēn·shàng
时,我躺在床上,他便伶伶俐俐地从我身上
kuàguò, cóng wǒ jiǎo biān fēiqù le. Děng wǒ zhēngkāi yǎn hé tài·yáng zàijiàn,
跨过,从我脚边飞去了。等我睁开眼和太阳再见,
zhè suàn yòu liūzǒu·le yī rì. Wǒ yǎn·zhe miàn tànxī. Dànshì xīn lái de rì·zi de
这算又溜走了一日。我掩着面叹息。但是新来的日子的
yǐngr yòu kāishǐ zài tànxī·lǐ shǎnguò le.
影儿又开始在叹息里闪过了。

Zài táo qù rú fēi de rì·zi·lǐ, zài qiānmén-wànhù de shìjiè·lǐ de wǒ néng zuò
在逃去如飞的日子里,在　千门万户　的世界里的我能做
xiē shén·me ne? Zhǐyǒu páihuái bà le, zhǐyǒu cōngcōng bà le; zài bāqiān duō rì
些什么呢? 只有徘徊罢了,只有匆匆罢了;在八千多日
de cōngcōng·lǐ, chú páihuái wài, yòu shèng xiē shén·me ne? Guòqù de rì·zi rú
的匆匆里,除徘徊外,又剩些什么呢? 过去的日子如
qīngyān, bèi wēifēng chuīsàn le, rú bówù, bèi chūyáng zhēngróng le; wǒ liú·zhe
轻烟,被微风吹散了,如薄雾,被初阳蒸融了;我留着
xiē shén·me hénjì ne? Wǒ hécéng liú·zhe xiàng yóusī yàng de hénjì ne? Wǒ
些什么痕迹呢? 我何曾留着像游丝样的痕迹呢? 我
chìluǒluǒ lái// dào zhè shìjiè, zhuǎnyǎn jiān yě jiāng chìluǒluǒ de huí·qù ba? Dàn
赤裸裸来//到这世界,转眼间也将赤裸裸的回去罢? 但

bù néng píng de, wèi shén·me piān báibái zǒu zhè yī zāo a?
不 能 平 的, 为 什么 偏 白白 走 这 一 遭 啊?

　　Nǐ cōng·míng de, gào·su wǒ, wǒ·men de rì·zi wèi shén·me yī qù bù
　　你 聪明 的, 告诉 我, 我们 的 日子 为 什么 一 去 不

fùfǎn ne?
复返 呢?

节选自朱自清《匆匆》

作品 51 号

扫 听
一 音
扫 频

　　Yǒu gè tā bí·zi de xiǎonánháir, yīn·wèi liǎng suì shí dé·guo nǎoyán, zhìlì
　　有 个 塌 鼻子 的 小男孩儿, 因为 两 岁 时 得过 脑炎, 智力
shòusǔn, xuéxí qǐ·lái hěn chīlì. Dǎ gè bǐ·fang, bié·rén xiě zuòwén néng xiě
受损, 学习 起来 很 吃力。 打 个 比方, 别人 写 作文 能 写
èr-sānbǎi zì, tā què zhǐnéng xiě sān-wǔ háng. Dàn jíbiàn zhèyàng de zuòwén, tā
二三百 字, 他 却 只能 写 三五 行。 但 即便 这样 的 作文, 他
tóngyàng néng xiě de hěn dòngrén.
同样 能 写 得 很 动人。

　　Nà shì yī cì zuòwénkè, tímù shì《Yuànwàng》. Tā jíqí rènzhēn de xiǎng·le
　　那 是 一 次 作文课, 题目 是 《愿望》。 他 极其 认真 地 想了
bàntiān, ránhòu jí rènzhēn de xiě, nà zuòwén jí duǎn. Zhǐyǒu sān jù huà: Wǒ
半天, 然后 极 认真 地 写, 那 作文 极 短。 只有 三 句 话: 我
yǒu liǎng gè yuànwàng. dì-yī gè shì, mā·ma tiāntiān xiàomīmī de kàn·zhe wǒ
有 两 个 愿望, 第一 个 是, 妈妈 天天 笑眯眯 地 看着 我
shuō: "Nǐ zhēn cōng·míng." Dì-èr gè shì, lǎoshī tiāntiān xiàomīmī de kàn·zhe wǒ
说: "你 真 聪明。" 第二 个 是, 老师 天天 笑眯眯 地 看着 我
shuō: "Nǐ yīdiǎnr yě bù bèn."
说: "你 一点儿 也 不 笨。"

　　Yúshì, jiùshì zhè piān zuòwén, shēnshēn de dǎdòng·le tā de lǎoshī, nà wèi
　　于是, 就是 这 篇 作文, 深深 地 打动了 他 的 老师, 那 位
mā·ma shì de lǎoshī bùjǐn gěi·le tā zuì gāo fēn, zài bān·shàng dài gǎnqíng de
妈妈 式 的 老师 不仅 给了 他 最 高 分, 在 班上 带 感情 地
lǎngdú·le zhè piān zuòwén, hái yībǐ-yīhuà de pīdào: Nǐ hěn cōng·míng, nǐ de
朗读了 这 篇 作文, 还 一笔一画 地 批道: 你 很 聪明, 你 的
zuòwén xiě de fēicháng gǎnrén, qǐng fàngxīn, mā·ma kěndìng huì géwài xǐ·huan nǐ
作文 写 得 非常 感人, 请 放心, 妈妈 肯定 会 格外 喜欢 你

de, lǎoshī kěndìng huì géwài xǐ·huan nǐ de, dàjiā kěndìng huì géwài xǐ·huan nǐ de.
的，老师　肯定　会　格外　喜欢　你的，大家　肯定　会　格外　喜欢　你的。

　　Pěng·zhe zuòwénběn, tā xiào le, bèngbèng-tiàotiào de huíjiā·le, xiàng zhī
　　捧着　　作文本，　他　笑了，　蹦蹦　跳跳　地　回家了，　像　只

xǐquè. Dàn tā bìng méi·yǒu bǎ zuòwénběn nágěi mā·ma kàn, tā shì zài děngdài,
喜鹊。但他　并　没有　把　作文本　拿给　妈妈　看，他　是　在　等待，

děngdài·zhe yī gè měihǎo de shíkè.
等待着　一个　美好　的　时刻。

　　Nà·ge shíkè zhōngyú dào le, shì mā·ma de shēngrì —— yī gè yángguāng
　　那个　时刻　终于　到了，是　妈妈　的　生日　——　一个　阳光

cànlàn de xīngqītiān: Nà tiān, tā qǐ de tèbié zǎo, bǎ zuòwénběn zhuāng zài yī gè
灿烂　的　星期天：那天，他　起得　特别　早，把　作文本　装　在　一个

qīnshǒu zuò de měilì de dà xìnfēng·lǐ, děng·zhe mā·ma xǐng·lái. Mā·ma gānggāng
亲手　做的　美丽的　大　信封里，　等着　妈妈　醒来。　妈妈　刚刚

zhēng yǎn xǐng·lái, tā jiù xiàomīmī de zǒudào mā·ma gēnqián shuō: "Mā·ma,
睁　眼　醒来，他就　笑眯眯　地　走到　妈妈　跟前　说："妈妈，

jīntiān shì nín de shēngrì, wǒ yào // sònggěi nín yī jiàn lǐwù."
今天　是　您的　生日，我要　//　送给　您　一件　礼物。"

　　Guǒrán, kàn·zhe zhè piān zuòwén, mā·ma tiántián de yǒngchū·le liǎng háng
　　果然，　看着　这　篇　作文，　妈妈　甜甜　地　涌出了　两　行

rèlèi, yī bǎ lǒuzhù xiǎonánháir, lǒu de hěn jǐn hěn jǐn.
热泪，一把　搂住　小男孩儿，搂得　很紧很紧。

Shìde, zhìlì kěyǐ shòu sǔn, dàn ài yǒngyuǎn bù huì.
是的，智力　可以　受　损，但　爱　永远　不会。

节选自张玉庭《一个美丽的故事》

作品 52 号

扫　听
一　音
扫　频

　　Xiǎoxué de shí·hou, yǒu yī cì wǒ·men qù hǎibiān yuǎnzú, mā·ma méi·yǒu
　　小学　的　时候，有　一次　我们　去　海边　远足，妈妈　没有

zuò biànfàn, gěi·le wǒ shí kuài qián mǎi wǔcān. Hǎoxiàng zǒu·le hěnjiǔ, hěnjiǔ,
做　便饭，给了　我　十　块　钱　买　午餐。好像　走了　很久，很久，

zhōngyú dào hǎibiān le, dàjiā zuò xià·lái biàn chīfàn, huāngliáng de hǎibiān
终于　到　海边　了，大家　坐　下来　便　吃饭，荒凉　的　海边

méi·yǒu shāngdiàn, wǒ yī gè rén pǎodào fángfēnglín wàimiàn qù, jírèn lǎoshī yào
没有　商店，我　一个　人　跑到　防风林　外面　去，级任　老师　要

dàjiā bǎ chīshèng de fàncài fēngěi wǒ yīdiǎnr. Yǒu liǎng-sān gè nánshēng liú·xià
大家 把 吃剩 的 饭菜 分给 我 一点儿。 有 两三 个 男生 留下
yīdiǎnr gěi wǒ, hái yǒu yī gè nǚshēng, tā de mǐfàn bàn·le jiàngyóu, hěn xiāng. Wǒ
一点儿 给 我, 还 有 一个 女生, 她的 米饭 拌了 酱油, 很 香。 我
chīwán de shí·hou, tā xiàomīmī de kàn·zhe wǒ, duǎn tóu·fa, liǎn yuányuán de.
吃完 的 时候, 她 笑眯眯 地 看着 我, 短 头发, 脸 圆圆 的。

Tā de míng·zi jiào Wēng Xiāngyù.
她的 名字 叫 翁 香玉。

Měi tiān fàngxué de shí·hou, tā zǒu de shì jīngguò wǒ·men jiā de yī tiáo
每 天 放学 的 时候, 她 走 的 是 经过 我们 家的 一条
xiǎolù, dài·zhe yī wèi bǐ tā xiǎo de nánháir, kěnéng shì dì·di. Xiǎolù biān shì yī
小路, 带着 一位 比 她 小 的 男孩儿, 可能 是 弟弟。 小路 边 是一
tiáo qīngchè jiàn dǐ de xiǎoxī, liǎngpáng zhúyīn fùgài, wǒ zǒngshì yuǎnyuǎn de gēn
条 清澈 见底 的 小溪, 两旁 竹阴 覆盖, 我 总是 远远 地 跟
zài tā hòumiàn, xiàrì de wǔhòu tèbié yánrè, zǒudào bànlù tā huì tíng xià·lái, ná
在 她 后 面, 夏日 的 午后 特别 炎热, 走到 半路 她 会 停 下来, 拿
shǒupà zài xīshuǐ·lǐ jìnshī, wèi xiǎonánháir cā liǎn. Wǒ yě zài hòumiàn tíng xià·lái,
手帕 在 溪水 里 浸湿, 为 小男孩儿 擦 脸。 我 也 在 后面 停 下来,
bǎ āngzāng de shǒupà nòngshī·le cā liǎn, zài yīlù yuǎnyuǎn gēn·zhe tā huíjiā.
把 肮脏 的 手帕 弄湿了 擦 脸, 再 一路 远远 跟着 她 回家。

Hòulái wǒ·men jiā bāndào zhèn·shàng qù le, guò jǐ nián wǒ yě shàng·le
后来 我们 家 搬到 镇上 去 了, 过 几 年 我 也 上了
zhōngxué. Yǒu yī tiān fàngxué huíjiā, zài huǒchē·shàng, kànjiàn xiéduìmiàn yī wèi
中学。 有 一 天 放学 回家, 在 火车 上, 看见 斜对面 一 位
duǎn tóu·fa、yuányuán liǎn de nǚháir, yī shēn sùjìng de bái yī hēi qún. Wǒ
短 头发、 圆圆 脸 的 女孩儿, 一 身 素净 的 白 衣 黑 裙。 我
xiǎng tā yīdìng bù rèn·shi wǒ le. Huǒchē hěn kuài dào zhàn le, wǒ suí·zhe
想 她 一定 不 认识 我 了。 火车 很 快 到 站 了, 我 随着
rénqún jǐ xiàng ménkǒu, tā yě zǒujìn le, jiào wǒ de míng·zi. Zhè shì tā dìyī cì
人群 挤 向 门口, 她 也 走近 了, 叫 我 的 名字。 这 是 她 第一 次
hé wǒ shuōhuà.
和 我 说话。

Tā xiàomīmī de, hé wǒ yīqǐ zǒuguò yuètái. Yǐhòu jiù méi·yǒu zài jiàn·guo //
她 笑眯眯 的, 和 我 一起 走过 月台。 以后 就 没有 再 见过 //
tā le.
她 了。

Zhè piān wénzhāng shōu zài wǒ chūbǎn de《Shàonián Xīnshì》zhè běn shū·lǐ.
这 篇 文章 收 在 我 出版 的《少年 心事》这 本 书里。
Shū chūbǎn hòu bàn nián, yǒu yī tiān wǒ hūrán shōudào chūbǎnshè zhuǎnlái
书 出版 后 半 年, 有 一 天 我 忽然 收到 出版社 转来

de yī fēng xìn, xìnfēng·shàng shì mòshēng de zìjì, dàn qīng·chu de xiě·zhe wǒ
的　一　封　信，　信封　上　是　陌生　的　字迹，但　清楚　地　写着　我
de běnmíng.
的　本名。

Xìn lǐ·miàn shuō tā kàndào·le zhè piān wénzhāng xīn·lǐ fēicháng jīdòng, méi
信　里面　说　她　看到了　这　篇　文章　心里　非常　激动，没
xiǎngdào zài líkāi jiāxiāng, piāobó yìdì zhè·me jiǔ zhīhòu, huì kànjiàn zìjǐ réngrán
想到　在　离开　家乡，　漂泊　异地　这　么　久　之后，　会　看见　自己　仍然
zài yī gè rén de jìyì·lǐ, tā zìjǐ yě shēnshēn jì·de zhè qízhōng de měi yī mù,
在　一　个　人　的　记忆里，她　自己　也　深深　记得　这　其中　的　每一　幕，
zhǐshì méi xiǎngdào yuèguò yáoyuǎn de shíkōng, jìngrán lìng yī gè rén yě
只是　没　想　到　越过　遥远　的　时空，　竟然　另　一　个　人　也
shēnshēn jì·de.
深深　记得。

节选自苦伶《永远的记忆》

作品53号

扫一扫　听音频

Zài fánhuá de Bālí dàjiē de lùpáng, zhàn·zhe yī gè yīshān lánlǚ, tóu·fa
在　繁华　的　巴黎　大街　的　路旁，　站着　一　个　衣衫　褴褛、头发
bānbái, shuāngmù shīmíng de lǎorén. Tā bù xiàng qítā qǐgài nàyàng shēnshǒu
斑白、　双目　失明　的　老人。他　不　像　其他　乞丐　那样　伸手
xiàng guòlù xíngrén qǐtǎo, ér shì zài shēnpáng lì yī kuài mùpái, shàngmiàn
向　过路　行人　乞讨，而　是　在　身旁　立　一　块　木牌，　上　面
xiě·zhe: "Wǒ shén·me yě kàn·bùjiàn!" Jiē·shàng guòwǎng de xíngrén hěn duō,
写着："我　什么　也　看不见!"　街上　过往　的　行人　很　多，
kàn·le mùpái·shàng de zì dōu wúdòngyúzhōng, yǒu·de hái dàndàn yī xiào, biàn
看了　木牌上　的　字　都　无动于衷，　有的　还　淡淡　一　笑，便
shānshān ér qù le.
姗姗　而　去了。

Zhè tiān zhōngwǔ, Fǎguó zhùmíng shīrén Ràng Bǐhàolè yě jīngguò zhè·lǐ. Tā
这　天　中午，　法国　著名　诗人　让·彼浩勒　也　经过　这里。他
kàn·kan mùpái·shàng de zì, wèn máng lǎorén: "Lǎo·rén·jia, jīntiān shàngwǔ yǒu
看看　木牌上　的　字，问　盲　老人："老人家，今天　上午　有
rén gěi nǐ qián ma?"
人　给你　钱吗?"

Máng lǎorén tànxī·zhe huídá: "Wǒ, wǒ shén·me yě méi·yǒu dédào."
盲　老人　叹息着　回答："我，我　什么　也　没有　得到。"

Shuō·zhe, liǎn·shàng de shénqíng fēicháng bēishāng.
说着， 脸上 的 神情 非常 悲伤。

Ràng Bǐhàolè tīng le, náqǐ bǐ qiāoqiāo de zài nà háng zì de qiánmiàn
让·彼浩勒 听了， 拿起笔 悄悄 地 在 那 行 字 的 前面

tiān·shàng·le "Chūntiān dào le, kěshì" jǐ gè zì, jiù cōngcōng de líkāi le.
添 上了 "春天 到 了，可是" 几个字， 就 匆匆 地 离开了。

Wǎn·shang, Ràng Bǐhàolè yòu jīngguò zhè·lǐ, wèn nà·ge máng lǎorén xiàwǔ de
晚上， 让·彼浩勒 又 经过 这里， 问 那个 盲 老人 下午 的

qíngkuàng. Máng lǎorén xiào·zhe huídá shuō："Xiān·sheng, bù zhī wèishén·me,
情况。 盲 老人 笑着 回答 说： "先生， 不 知 为什么，

xiàwǔ gěi wǒ qián de rén duō jí le!" Ràng Bǐhàolè tīng le, mō·zhe hú·zi mǎnyì
下午 给 我 钱 的 人 多 极了！" 让·彼浩勒 听 了， 摸着 胡子 满意

de xiào le.
地 笑 了。

"Chūntiān dào le, kěshì wǒ shén·me yě kàn·bùjiàn!" Zhè fùyǒu shīyì de
"春天 到 了，可是 我 什么 也 看 不见！" 这 富有 诗意 的

yǔyán, chǎnshēng zhè·me dà de zuòyòng, jiù zàiyú tā yǒu fēicháng nónghòu de
语言， 产生 这么 大 的 作用， 就 在于 它 有 非常 浓厚 的

gǎnqíng sècǎi. Shì·de, chūntiān shì měihǎo de, nà lántiān báiyún, nà lǜshù
感情 色彩。 是的， 春天 是 美好 的，那 蓝天 白云， 那 绿树

hónghuā, nà yīnggē-yànwǔ, nà liúshuǐ rénjiā, zěn·me bù jiào rén táozuì ne? Dàn
红花， 那 莺歌 燕舞， 那 流水 人家， 怎么 不 叫人 陶醉 呢？ 但

zhè liángchén měijǐng, duìyú yī gè shuāngmù shīmíng de rén lái shuō, zhǐshì yī
这 良辰 美景， 对于 一 个 双目 失明 的 人 来 说， 只是 一

piàn qīhēi. Dāng rén·men xiǎngdào zhè·ge máng lǎorén, yīshēng zhōng jìng lián
片 漆黑。 当 人们 想到 这个 盲 老人， 一生 中 竟 连

wànzǐ-qiānhóng de chūntiān // dōu bùcéng kàndào, zěn néng bù duì tā chǎnshēng
万紫 千红 的 春天 // 都 不曾 看到， 怎能 不 对他 产生

tóngqíng zhī xīn ne?
同情 之 心 呢？

节选自小学《语文》第六册中《语言的魅力》

作品 54 号

扫 听
一 音
扫 频

Yǒu yī cì, Sū Dōngpō de péng·you Zhāng È ná·zhe yī zhāng xuānzhǐ lái qiú
有 一 次， 苏 东坡 的 朋友 张 鹗 拿着 一 张 宣纸 来求

tā xiě yī fú zì, érqiě xīwàng tā xiě yīdiǎnr guānyú yǎngshēng fāngmiàn de
他 写 一 幅 字， 而且 希望 他 写 一点儿 关于 养生 方面 的

nèiróng. Sū Dōngpō sīsuǒ·le yīhuìr, diǎndiǎn tóu shuō："Wǒ dédào·le yī gè
内容。　苏　东坡　思索了　一会儿，　点点　头　说："我　得到了　一　个

yǎngshēng chángshòu gǔfāng, yào zhǐyǒu sì wèi, jīntiān jiù zènggěi nǐ ba." Yúshì,
养生　　长寿　　古方，　药　只有　四　味，　今天　就　赠给　你　吧。"于是，

Dōngpō de lánghào zài zhǐ·shàng huīsǎ qǐ·lái, shàngmiàn xiě·zhe："Yī yuē wú shì
东坡　的　狼毫　在　纸　上　挥洒　起来，　上面　　写着："一　曰　无　事

yǐ dàng guì, èr yuē zǎo qǐn yǐ dàng fù, sān yuē ān bù yǐ dàng chē, sì yuē wǎn
以　当　贵，二　曰　早　寝　以　当　富，三　曰　安　步　以　当　车，四　曰　晚

shí yǐ dàng ròu."
食　以　当　肉。"

　　Zhè nǎ·lǐ yǒu yào? Zhāng È yīliǎn mángrán de wèn. Sū Dōngpō xiào·zhe jiěshì
　　这　哪里　有　药？　张　鹗　一脸　茫然　地　问。苏　东坡　　笑着　解释

shuō, yǎngshēng chángshòu de yàojué, quán zài zhè sì jù lǐmiàn.
说，　养生　　长寿　　的　要诀，　全　在　这　四　句　里面。

　　Suǒwèi "wú shì yǐ dàng guì", shì zhǐ rén bùyào bǎ gōngmíng lìlù, róngrǔ
　　所谓　"无　事　以　当　贵"，是　指　人　不要　把　功名　利禄、荣辱

guòshī kǎolù de tài duō, rú néng zài qíngzhì·shàng xiāosǎ dàdù, suíyù'ér'ān, wú
过失　考虑　得　太　多，如　能　在　情志　上　潇洒　大度，　随遇而安，　无

shì yǐ qiú, zhè bǐ fùguì gèng néng shǐ rén zhōng qí tiānnián.
事　以　求，这　比　富贵　更　能　使　人　终　其　天年。

　　"Zǎo qǐn yǐ dàng fù", zhǐ chīhǎo chuānhǎo, cáihuò chōngzú, bìngfēi jiù néng
　　"早　寝　以　当　富"，指　吃好　穿好、　财货　充足，　并非　就　能

shǐ nǐ chángshòu. Duì lǎoniánrén lái shuō, yǎngchéng liánghǎo de qǐjū xíguàn,
使　你　长寿。　对　老年人　来　说，　养成　　良好　的　起居　习惯，

yóuqí shì zǎo shuì zǎo qǐ, bǐ huòdé rènhé cáifù gèngjiā bǎoguì.
尤其　是　早　睡　早　起，比　获得　任何　财富　更加　　宝贵。

　　"Ān bù yǐ dàng chē", zhǐ rén bùyào guòyú jiǎngqiú ānyì, zhītǐ bùláo, ér yīng
　　"安　步　以　当　车"，指　人　不要　过于　讲求　安逸、肢体　不劳，而　应

duō yǐ bùxíng lái tìdài qímǎ chéngchē, duō yùndòng cái kěyǐ qiángjiàn tǐpò,
多　以　步行　来　替代　骑马　　乘车，　多　运动　才　可以　强健　体魄，

tōngchàng qìxuè.
通畅　　气血。

　　"Wǎn shí yǐ dàng ròu", yì·si shì rén yīnggāi yòng yǐ jī fāng shí, wèi bǎo
　　"晚　食　以　当　肉"，意思　是　人　应该　用　已饥　方　食、未　饱

xiān zhǐ dàitì duì měiwèi jiāyáo de tānchī wú yàn. Tā jìnyībù jiěshì, è·le yǐhòu cái
先　止　代替　对　美味　佳肴　的　贪吃　无　厌。他　进一步　解释，　饿了　以后　才

jìnshí, suīrán shì cūchá-dànfàn, dàn qí xiāngtián kěkǒu huì shèngguò shānzhēn;
进食，　虽然　是　粗茶　淡饭，　但　其　香甜　可口　会　胜过　　山珍；

rúguǒ bǎo·le háiyào miǎnqiǎng chī, jíshǐ měiwèi jiāyáo bǎi zài yǎnqián yě nányǐ //
如果　饱了　还要　　勉强　吃，即使　美味　佳肴　摆　在　眼前　也　难以 //

xiàyàn.
下咽。

Sū Dōngpō de sì wèi "Chángshòuyào", shíjì·shàng shì qiángdiào·le qíngzhì、
苏 东坡 的 四 味 "长寿药", 实际上 是 强调 了 情志、

shuìmián、 yùndòng、 yǐnshí sì gè fāngmiàn duì yǎngshēng chángshòu de
睡眠、 运动、 饮食 四 个 方面 对 养生 长寿 的

zhòngyàoxìng, zhè zhǒng yǎngshēng guāndiǎn jíshǐ zài jīntiān réngrán zhí·dé jièjiàn.
重要性, 这 种 养生 观点 即使 在 今天 仍然 值得 借鉴。

节选自蒲昭和《赠你四味长寿药》

作品 55 号

扫 听
一 音
扫 频

Rén huó·zhe, zuì yàojǐn de shì xúnmì dào nà piàn dàibiǎo·zhe shēngmìng lǜsè
人 活着, 最 要紧 的 是 寻觅 到 那 片 代表着 生命 绿色

hé rénlèi xīwàng de cónglín, ránhòu xuǎn yī gāogāo de zhītóu zhàn zài nà·lǐ
和 人类 希望 的 丛林, 然后 选 一 高高 的 枝头 站 在 那里

guānlǎn rénshēng, xiāohuà tòngkǔ, yùnyù gēshēng, yúyuè shìjiè!
观览 人生, 消化 痛苦, 孕育 歌声, 愉悦 世界!

Zhè kě zhēn shì yī zhǒng xiāosǎ de rénshēng tài·dù, zhè kě zhēn shì yī zhǒng
这 可 真 是 一 种 潇洒 的 人生 态度, 这 可 真 是 一 种

xīnjìng shuǎnglǎng de qínggǎn fēngmào.
心境 爽朗 的 情感 风貌。

Zhàn zài lìshǐ de zhītóu wēixiào, kěyǐ jiǎnmiǎn xǔduō fánnǎo. Zài nà·lǐ, nǐ
站 在 历史 的 枝头 微笑, 可以 减免 许多 烦恼。 在 那里, 你

kěyǐ cóng zhòngshēngxiàng suǒ bāohán de tián-suān-kǔ-là、 bǎiwèi rénshēng zhōng
可以 从 众生相 所 包含 的 甜酸苦辣、 百味 人生 中

xúnzhǎo nǐ zìjǐ; nǐ jìngyù zhōng de nà diǎnr kǔtòng, yěxǔ xiāngbǐ zhīxià, zài yě
寻找 你 自己; 你 境遇 中 的 那点儿 苦痛, 也许 相比 之下, 再 也

nányǐ zhànjù yī xí zhī dì; nǐ huì jiào róngyì de huòdé cóng bùyuè zhōng jiětuō
难以 占据 一 席之地; 你 会 较 容易 地 获得 从 不悦 中 解脱

línghún de lì·liàng, shǐ zhī bùzhì biàn de huīsè.
灵魂 的 力量, 使之 不致 变得 灰色。

Rén zhàn de gāo xiē, bùdàn néng yǒuxìng zǎo xiē lǐnglüè dào xīwàng de
人 站 得 高 些, 不但 能 有幸 早 些 领略 到 希望 的

shǔguāng, hái néng yǒuxìng fāxiàn shēngmìng de lìtǐ de shīpiān. Měi yī gè rén
曙光, 还 能 有幸 发现 生命 的 立体 的 诗篇。 每 一 个 人

de rénshēng, dōu shì zhè shīpiān zhōng de yī gè cí, yī gè jù·zi huòzhě yī gè
的　人生，　都是　这　诗篇　中　的　一个词、一个　句子　或者　一个
biāodiǎn. Nǐ kěnéng méi·yǒu chéngwéi yī gè měilì de cí, yī gè yǐnrén-zhùmù de
标点。　你　可能　没有　成为　一个美丽的词，一个　引人注目　的
jù·zi, yī gè jīngtànhào, dàn nǐ yīrán shì zhè shēngmìng de lìtǐ shīpiān zhōng de
句子，一个　惊叹号，　但你依然是这　生命　的立体　诗篇　中的
yī gè yīnjié、yī gè tíngdùn、yī gè bìbùkěshǎo de zǔchéng bù·fen. Zhè zúyǐ shǐ nǐ
一个音节、一个　停顿、一个　必不可少　的　组成　部分。　这足以使你
fàngqì qiánxián, méngshēng wèi rénlèi yùnyù xīn de gēshēng de xìngzhì, wèi shìjiè
放弃　前嫌，　萌生　为人类孕育新的　歌声　的兴致，为世界
dài·lái gèng duō de shīyì.
带来　更　多的诗意。

　　Zuì kěpà de rénshēng jiànjiě, shì bǎ duōwéi de shēngcún tújǐng kànchéng
　　最可怕的　人生　见解，是把　多维的　生存　图景　看成
píngmiàn. Yīn·wèi nà píngmiàn·shàng kèxià de dàduō shì nínggù·le de lìshǐ ——
平面。　因为那　平面上　刻下的大多是　凝固了的历史 ——
guòqù de yíjì; dàn huó·zhe de rén·men, huó de què shì chōngmǎn·zhe xīnshēng
过去的遗迹；但　活着的人们，　活得却是　充满着　新生
zhìhuì de, yóu // bùduàn shìqù de "xiànzài" zǔchéng de wèilái. Rénshēng bùnéng
智慧的，由 //　不断　逝去的　"现在"　组成　的未来。　人生　不能
xiàng mǒu xiē yúlèi tǎng·zhe yóu, rénshēng yě bùnéng xiàng mǒu xiē shòulèi pá·zhe
像某些鱼类躺着游，　人生　也不能　像某些兽类　爬着
zǒu, ér yīnggāi zhàn·zhe xiàngqián xíng, zhè cái shì rénlèi yīngyǒu de shēngcún zītài.
走，而应该　站着　向前　行，这才是人类应有的　生存　姿态。

节选自[美]本杰明·拉什《站在历史的枝头微笑》

作品 56 号

扫一扫 听音频

　　Zhōngguó de dì-yī dàdǎo、Táiwān Shěng de zhǔdǎo Táiwān, wèiyú Zhōngguó
　　中国　的　第一　大岛、台湾　省　的　主岛　台湾，　位于　中国
dàlùjià de dōngnánfāng, dìchǔ Dōng Hǎi hé Nán Hǎi zhījiān, gé·zhe Táiwān Hǎixiá
大陆架　的　东南方，　地处　东　海和南　海之间，　隔着　台湾　海峡
hé Dàlù xiāngwàng. Tiānqì qínglǎng de shí·hou, zhàn zài Fújiàn yánhǎi jiào gāo de
和　大陆　相望。　天气　晴朗　的　时候，　站　在　福建　沿海　较高的
dì·fang, jiù kěyǐ yǐnyǐn-yuēyuē de wàngjiàn dǎo·shàng de gāoshān hé yúnduǒ.
地方，　就可以　隐隐约约　地　望见　岛上　的　高山　和　云朵。

Táiwān Dǎo xíngzhuàng xiácháng, cóng dōng dào xī, zuì kuān chù zhǐyǒu yībǎi
台湾 岛 形状 狭长， 从 东 到 西，最 宽 处 只有 一百
sìshí duō gōnglǐ; yóu nán zhì běi, zuì cháng de dì·fang yuē yǒu sānbǎi jiǔshí duō
四十 多 公里； 由 南 至 北， 最 长 的 地方 约 有 三百 九十 多
gōnglǐ. Dìxíng xiàng yī gè fǎngzhī yòng de suō·zi.
公里。 地形 像 一 个 纺织 用 的 梭子。

Táiwān Dǎo·shàng de shānmài zòngguàn nánběi, zhōngjiān de zhōngyāng
台湾 岛上 的 山脉 纵贯 南北， 中间 的 中央
shānmài yóurú quándǎo de jǐ·liang. Xībù wéi hǎibá jìn sìqiān mǐ de Yù Shān
山脉 犹如 全岛 的 脊梁。 西部 为 海拔 近 四千 米 的 玉 山
shānmài, shì Zhōngguó dōngbù de zuì gāo fēng. Quándǎo yuē yǒu sān fēn zhī yī
山脉， 是 中国 东部 的 最 高 峰。 全岛 约 有 三 分 之一
de dì·fang shì píngdì, qíyú wéi shāndì. Dǎonèi yǒu duàndài bān de pùbù, lánbǎoshí
的 地方 是 平地， 其余 为 山地。 岛内 有 缎带 般 的 瀑布， 蓝宝石
shì·de húpō, sìjì chángqīng de sēnlín hé guǒyuán, zìrán jǐngsè shífēn yōuměi.
似的 湖泊， 四季 常青 的 森林 和 果园， 自然 景色 十分 优美。
Xīnánbù de Ālǐshān hé Rìyuè Tán, Táiběi shìjiāo de Dàtúnshān fēngjǐngqū, dōu shì
西南部 的 阿里山 和 日月 潭， 台北 市郊 的 大屯山 风景区， 都 是
wénmíng shìjiè de yóulǎn shèngdì.
闻名 世界 的 游览 胜地。

Táiwān Dǎo dìchǔ rèdài hé wēndài zhījiān, sìmiàn huánhǎi, yǔshuǐ chōngzú,
台湾 岛 地处 热带 和 温带 之间， 四面 环海， 雨水 充足，
qìwēn shòudào hǎiyáng de tiáojì, dōng nuǎn xià liáng, sìjì rúchūn, zhè gěi
气温 受到 海洋 的 调剂， 冬 暖 夏 凉， 四季 如春， 这 给
shuǐdào hé guǒmù shēngzhǎng tígōng·le yōuyuè de tiáojiàn. Shuǐdào、 gān·zhe、
水稻 和 果木 生长 提供了 优越 的 条件。 水稻、 甘蔗、
zhāngnǎo shì Táiwān de "sānbǎo". Dǎo·shàng hái shèngchǎn xiāngguǒ hé yúxiā.
樟脑 是 台湾 的 "三宝"。 岛上 还 盛产 鲜果 和 鱼虾。

Táiwān Dǎo háishì yī gè wénmíng shìjiè de "húdié wángguó". Dǎo·shàng de
台湾 岛 还是 一 个 闻名 世界 的 "蝴蝶 王国"。 岛上 的
húdié gòng yǒu sìbǎi duō gè pǐnzhǒng, qízhōng yǒu bùshǎo shì shìjiè xīyǒu de
蝴蝶 共 有 四百 多 个 品种， 其中 有 不少 是 世界 稀有 的
zhēnguì pǐnzhǒng. Dǎo·shàng háiyǒu bùshǎo niǎoyǔ-huāxiāng de hú//diégǔ,
珍贵 品种。 岛上 还有 不少 鸟语花香 的 蝴//蝶谷，
dǎo·shàng jūmín lìyòng húdié zhìzuò de biāoběn hé yìshùpǐn, yuǎnxiāo
岛上 居民 利用 蝴蝶 制作 的 标本 和 艺术品， 远销
xǔduō guójiā.
许多 国家。

节选自《中国的宝岛——台湾》

作品57号

扫一扫 听音频

Duìyú Zhōngguó de niú, wǒ yǒu·zhe yī zhǒng tèbié zūnjìng de gǎnqíng.
对于 中国 的 牛，我 有 着 一 种 特别 尊敬 的 感情。

Liúgěi wǒ yìnxiàng zuì shēn de, yào suàn zài tiánlǒng·shàng de yī cì
留给 我 印象 最 深 的，要 算 在 田垄 上 的 一 次

"xiāngyù".
"相遇"。

Yī qún péng·you jiāoyóu, wǒ lǐngtóu zài xiázhǎi de qiānmò·shàng zǒu, zěnliào
一 群 朋友 郊游，我 领头 在 狭窄 的 阡陌 上 走，怎料

yíngmiàn lái·le jǐ tóu gēngniú, xiádào róng·bùxià rén hé niú, zhōng yǒu yīfāng
迎面 来 了 几 头 耕牛，狭道 容 不下 人 和 牛，终 有 一 方

yào rànglù. Tā·men hái méi·yǒu zǒujìn, wǒ·men yǐjīng yùjì dòu·bùguò
要 让路。它们 还 没有 走近，我们 已经 预计 斗 不过

chù·sheng, kǒngpà nánmiǎn cǎidào tiándì níshuǐ·lǐ, nòng de xiéwà yòu ní yòu shī
畜牲，恐怕 难免 踩到 田地 泥水 里，弄 得 鞋袜 又 泥 又 湿

le. Zhèng chíchú de shí·hou, dàitóu de yī tóu niú, zài lí wǒ·men bùyuǎn de
了。正 踌躇 的 时候，带头 的 一 头 牛，在 离 我们 不远 的

dì·fang tíng xià·lái, táiqǐ tóu kàn·kan, shāo chíyí yīxià, jiù zìdòng zǒu·xià tián qù.
地方 停 下来，抬起 头 看看，稍 迟疑 一下，就 自动 走 下 田 去。

Yī duì gēngniú, quán gēn·zhe tā líkāi qiānmò, cóng wǒ·men shēnbiān jīngguò.
一 队 耕牛，全 跟 着 它 离开 阡陌，从 我们 身边 经过。

Wǒ·men dōu dāi le, huí·guo tóu·lái, kàn·zhe shēnhèsè de niúduì, zài lù de
我们 都 呆 了，回 过 头来，看 着 深褐色 的 牛队，在 路 的

jìntóu xiāoshī, hūrán jué·de zìjǐ shòu·le hěn dà de ēnhuì.
尽头 消失，忽然 觉得 自己 受了 很 大 的 恩惠。

Zhōngguó de niú, yǒngyuǎn chénmò de wèi rén zuò·zhe chénzhòng de
中国 的 牛，永远 沉默 地 为 人 做着 沉重 的

gōngzuò. Zài dàdì·shàng, zài chénguāng huò lièrì·xià, tā tuō·zhe chénzhòng de
工作。在 大地 上，在 晨光 或 烈日 下，它 拖着 沉重 的

lí, dītóu yī bù yòu yī bù, tuōchū·le shēnhòu yī liè yòu yī liè sōngtǔ, hǎo ràng
犁，低头 一 步 又 一 步，拖出了 身后 一 列 又 一 列 松土，好 让

rén·men xiàzhǒng. Děngdào mǎndì jīnhuáng huò nóngxián shí·hou, tā kěnéng
人们 下种。等到 满地 金黄 或 农闲 时候，它 可能

háiděi dāndāng bānyùn fùzhòng de gōngzuò; huò zhōngrì rào·zhe shímò, cháo tóng
还得 担当 搬运 负重 的 工作；或 终日 绕着 石磨，朝 同

yī fāngxiàng, zǒu bù jìchéng de lù.
一 方向，走 不 计程 的 路。

Zài tā chénmò de láodòng zhōng, rén biàn dédào yīng dé de shōu·cheng.
在 它 沉默 的 劳动 中， 人 便 得到 应 得 的 收成。

Nà shí·hou, yěxǔ, tā kěyǐ sōng yī jiān zhòngdàn, zhàn zài shù·xià, chī jǐ
那 时候， 也许， 它 可以 松 一 肩 重担， 站 在 树下， 吃 几

kǒu nèn cǎo. Ǒu'ěr yáo·yao wěi·ba, bǎi·bai ěr·duo, gǎnzǒu fēifù shēn·shàng de
口 嫩 草。 偶尔 摇摇 尾巴， 摆摆 耳朵， 赶走 飞附 身上 的

cāng·ying, yǐjīng suàn shì tā zuì xiánshì de shēnghuó le.
苍蝇， 已经 算 是 它 最 闲适 的 生活 了。

Zhōngguó de niú, méi·yǒu chéngqún bēnpǎo de xí//guàn, yǒngyuǎn
中国 的 牛， 没有 成群 奔跑 的 习//惯， 永远

chénchén-shíshí de, mòmò de gōngzuò, píngxīn-jìngqì. Zhè jiùshì Zhōngguó de niú!
沉沉 实实 的， 默默 地 工作， 平心 静气。 这 就是 中国 的 牛！

节选自小思《中国的牛》

作品58号

扫一扫 听音频

Bùguǎn wǒ de mèngxiǎng néngfǒu chéngwéi shìshí, shuō chū·lái zǒngshì
不管 我 的 梦想 能否 成为 事实， 说 出来 总是

hǎowánr de:
好玩儿 的：

Chūntiān, wǒ jiāng yào zhù zài Hángzhōu. Èrshí nián qián, jiùlì de èryuè chū,
春天， 我 将 要 住 在 杭州。 二十 年 前， 旧历 的 二月 初，

zài Xīhú wǒ kànjiàn·le nènliǔ yǔ càihuā, bìlàng yǔ cuìzhú. Yóu wǒ kàndào de nà
在 西湖 我 看见了 嫩柳 与 菜花， 碧浪 与 翠竹。 由 我 看到 的 那

diǎnr chūnguāng, yǐjīng kěyǐ duàndìng, Hángzhōu de chūntiān bìdìng huì jiào rén
点儿 春光， 已经 可以 断定， 杭州 的 春天 必定 会 教人

zhěngtiān shēnghuó zài shī yǔ túhuà zhīzhōng. Suǒyǐ, chūntiān wǒ de jiā yīngdāng
整天 生活 在 诗 与 图画 之中。 所以， 春天 我 的 家 应当

shì zài Hángzhōu.
是 在 杭州。

Xiàtiān, wǒ xiǎng Qīngchéng Shān yīngdāng suànzuò zuì lǐxiǎng de dì·fang. Zài
夏天， 我 想 青城 山 应当 算作 最 理想 的 地方。 在

nà·lǐ, wǒ suīrán zhǐ zhù·guo shí tiān, kěshì tā de yōujìng yǐ shuānzhù·le wǒ de
那里， 我 虽然 只 住过 十 天， 可是 它 的 幽静 已 拴住了 我 的

xīnlíng. Zài wǒ suǒ kànjiàn·guo de shānshuǐ zhōng, zhǐyǒu zhè·lǐ méi·yǒu shǐ wǒ
心灵。 在 我 所 看见过 的 山水 中， 只有 这里 没有 使我

shīwàng. Dàochù dōu shì lǜ, mù zhī suǒ jí, nà piàn dàn ér guāngrùn de lǜsè
失望。　　到处　都　是　绿，　目　之　所　及，　那　片　淡　而　光润　的　绿色

dōu zài qīngqīng de chàndòng, fǎng fú yào liúrù kōngzhōng yǔ xīnzhōng shì·de.
都　在　轻轻　地　颤动，　仿　佛　要　流入　空中　与　心中　似的。

Zhè·ge lǜsè huì xiàng yīnyuè, díqīng·le xīnzhōng de wànlǜ.
这个　绿色　会　像　音乐，　涤清了　　心中　的　万虑。

　　Qiūtiān yídìng yào zhù Běipíng. Tiāntáng shì shén·me yàng·zi, wǒ bù zhī·dào,
　　秋天　一定　要　住　北平。　天堂　是　什么　样子，　我　不　知道，

dànshì cóng wǒ de shēnghuó jīngyàn qù pànduàn, Běipíng zhī qiū biàn shì
但是　从　我　的　生活　经验　去　判断，　北平　之　秋　便　是

tiāntáng. Lùn tiānqì, bù lěng bù rè. Lùn chī·de, píngguǒ、lí、shì·zi、zǎor、
天堂。　论　天气，　不　冷　不　热。　论　吃的，　苹果、　梨、　柿子、　枣儿、

pú·tao, měi yàng dōu yǒu ruògān zhǒng. Lùn huācǎo, júhuā zhǒnglèi zhī duō, huā
葡萄，　每　样　都　有　若干　种。　论　花草，　菊花　种类　之　多，　花

shì zhī qí, kěyǐ jiǎ tiānxià. Xīshān yǒu hóngyè kě jiàn, Běihǎi kěyǐ huáchuán ——
式　之　奇，　可以　甲　天下。　西山　有　红叶　可见，　北海　可以　　划船　——

suīrán héhuā yǐ cán, héyè kě háiyǒu yī piàn qīngxiāng. Yī-shí-zhù-xíng, zài Běipíng
虽然　荷花　已　残，　荷叶　可　还有　一　片　清香。　衣食住行，　在　北平

de qiūtiān, shì méi·yǒu yī xiàng bù shǐ rén mǎnyì de.
的　秋天，　是　没有　一　项　不　使人　满意　的。

　　Dōngtiān, wǒ hái méi·yǒu dǎhǎo zhǔ·yi, Chéngdū huòzhě xiāngdāng de héshì,
　　冬天，　我　还　没有　打好　主意，　成都　或者　相当　得　合适，

suīrán bìng bù zěnyàng hénuǎn, kěshì wèi·le shuǐxiān, sù xīn làméi, gè sè de
虽然　并　不　怎样　和暖，　可是　为了　水仙，　素　心　腊梅，　各色　的

cháhuā, fǎngfú jiù shòu yīdiǎnr hán//lěng, yě pō zhí·dé qù le. Kūnmíng de huā
茶花，　仿佛　就　受　一点儿　寒//冷，　也　颇　值得　去　了。　昆明　的　花

yě duō, érqiě tiānqì bǐ Chéngdū hǎo, kěshì jiù shūpù yǔ jīngměi ér pián·yi de
也　多，　而且　天气　比　成都　好，　可是　旧　书铺　与　精美　而　便宜　的

xiǎochī yuǎn·bùjí Chéngdū nà·me duō. Hǎo ba, jiù zàn zhè·me guīdìng: Dōngtiān
小吃　远不及　成都　那么　多。　好　吧，　就　暂　这么　规定：　冬天

bù zhù Chéngdū biàn zhù Kūnmíng ba.
不　住　成都　便　住　昆明　吧。

　　Zài kàngzhàn zhōng, wǒ méi néng fā guónàn cái. Wǒ xiǎng, kàngzhàn shènglì
　　在　抗战　中，　我　没　能　发　国难　财。　我　想，　抗战　胜利

yǐhòu, wǒ bì néng kuò qǐ·lái. Nà shí·hou, jiǎruò fēijī jiǎnjià, yī-èrbǎi yuán jiù néng
以后，　我　必　能　阔　起来。　那　时候，　假若　飞机　减价，　一二百　元　就　能

mǎi yī jià de huà, wǒ jiù zìbèi yī jià, zé huángdào-jírì màn·màn de fēixíng.
买　一　架　的　话，　我　就　自备　一　架，　择　黄道吉日　　慢慢　地　飞行。

节选自老舍《住的梦》

255

作品 59 号

扫一扫 听音频

Wǒ bùyóu·de tíngzhù·le jiǎobù.
我 不由得 停住了 脚步。

Cóngwèi jiàn·guo kāi·de zhèyàng shèng de téngluó, zhǐ jiàn yī piàn huīhuáng
从未 见过 开得 这样 盛 的 藤萝, 只见 一片 辉煌

de dàn zǐsè, xiàng yī tiáo pùbù, cóng kōngzhōng chuíxià, bù jiàn qí fāduān, yě
的 淡 紫色, 像 一 条 瀑布, 从 空中 垂下, 不见 其 发端, 也

bù jiàn qí zhōngjí, zhǐshì shēnshēn-qiǎnqiǎn de zǐ, fǎngfú zài liúdòng, zài
不见 其 终极, 只是 深深浅浅 的 紫, 仿佛 在 流动, 在

huānxiào, zài bùtíng de shēngzhǎng. Zǐsè de dà tiáofú·shàng, fàn·zhe diǎndiǎn
欢笑, 在 不停 地 生长。 紫色的大 条幅上, 泛着 点点

yínguāng, jiù xiàng bèngjiàn de shuǐhuā. Zǐxì kàn shí, cái zhī nà shì měi yī duǒ
银光, 就 像 迸溅 的 水花。 仔细 看 时, 才 知 那 是 每 一 朵

zǐhuā zhōng de zuì qiǎndàn de bù·fen, zài hé yángguāng hùxiāng tiǎodòu.
紫花 中 的 最 浅淡 的 部分, 在 和 阳光 互相 挑逗。

Zhè·lǐ chú·le guāngcǎi, háiyǒu dàndàn de fāngxiāng. Xiāngqì sìhū yě shì qiǎn
这里 除了 光彩, 还有 淡淡 的 芳香。 香气 似乎 也 是 浅

zǐsè de, mènghuàn yībān qīngqīng de lǒngzhào·zhe wǒ. Hūrán jìqǐ shí duō nián
紫色的, 梦幻 一般 轻轻 地 笼罩着 我。 忽然 记起 十 多 年

qián, jiā mén wài yě céng yǒu·guo yī dà zhū zǐténgluó, tā yībàng yī zhū kū huái
前, 家 门 外 也 曾 有过 一 大 株 紫藤萝, 它 依傍 一 株 枯 槐

pá de hěn gāo, dàn huāduǒ cónglái dōu xīluò, dōng yī suì xī yī chuàn língdīng de
爬 得 很 高, 但 花朵 从来 都 稀落, 东 一 穗 西一 串 伶仃 地

guà zài shùshāo, hǎoxiàng zài cháyán-guānsè, shìtàn shén·me. Hòulái suǒxìng lián
挂 在 树梢, 好像 在 察颜 观色, 试探 什么。 后来 索性 连

nà xīlíng de huāchuàn yě méi·yǒu·le. Yuán zhōng bié·de zǐténg huājià yě dōu
那 稀零 的 花串 也 没有了。 园 中 别的 紫藤 花架 也 都

chāidiào, gǎizhòng·le guǒshù. Nàshí de shuōfǎ shì, huā hé shēnghuó fǔhuà yǒu
拆掉, 改种了 果树。 那时 的 说法 是, 花 和 生活 腐化 有

shén·me bìrán guān·xì. Wǒ céng yíhàn de xiǎng: Zhè·lǐ zài kàn·bùjiàn téngluóhuā le.
什么 必然 关系。 我 曾 遗憾 地 想: 这里 再 看不见 藤萝花 了。

Guò·le zhè·me duō nián, téngluó yòu kāihuā le, érqiě kāi de zhèyàng shèng,
过了 这么 多 年, 藤萝 又 开花 了, 而且 开 得 这样 盛,

zhèyàng mì, zǐsè de pùbù zhēzhù·le cūzhuàng de pánqiú wòlóng bān de zhīgàn,
这样 密, 紫色的 瀑布 遮住了 粗壮 的 盘虬 卧龙 般 的 枝干,

bùduàn de liú·zhe, liú·zhe, liúxiàng rén de xīndǐ.
不断 地 流着, 流着, 流向 人 的 心底。

Huā hé rén dōu huì yùdào gèzhǒng-gèyàng de bù xìng, dànshì shēngmìng de
花 和 人 都 会 遇到 各种 各样 的 不 幸， 但是 生命 的
chánghé shì wú zhǐjìng de. Wǒ fǔmō·le yīxià nà xiǎoxiǎo de zǐsè de huācāng,
长河 是 无 止境 的。 我 抚摸了 一下 那 小小 的 紫色 的 花舱，
nà·lǐ mǎn zhuāng·le shēngmìng de jiǔniàng, tā zhāngmǎn·le fān, zài zhè//
那里 满 装了 生命 的 酒酿， 它 张满了 帆， 在 这//
shǎnguāng de huā de héliú·shàng hángxíng. Tā shì wàn huā zhōng de yī duǒ, yě
闪光 的 花 的 河流 上 航行。 它 是 万 花 中 的 一 朵， 也
zhèngshì yóu měi yī gè yī duǒ, zǔchéng·le wàn huā cànlàn de liúdòng de pùbù.
正是 由 每 一 个 一 朵， 组成了 万 花 灿烂 的 流动 的 瀑布。
Zài zhè qiǎn zǐsè de guānghuī hé qiǎn zǐsè de fāngxiāng zhōng, wǒ bùjué
在 这 浅 紫色 的 光辉 和 浅 紫色 的 芳香 中， 我 不觉
jiākuài·le jiǎobù.
加快了 脚步。

节选自宗璞《紫藤萝瀑布》

作品 60 号

扫一扫　听音频

Zài yī cì míngrén fǎngwèn zhōng, bèi wèn jí shàng gè shìjì zuì zhòngyào de
在 一 次 名人 访问 中， 被 问 及 上 个 世纪 最 重要 的
fāmíng shì shén·me shí, yǒu rén shuō shì diànnǎo, yǒu rén shuō shì qìchē,
发明 是 什么 时， 有 人 说 是 电脑， 有 人 说 是 汽车，
děngděng. Dàn Xīnjiāpō de yī wèi zhīmíng rénshì què shuō shì lěngqìjī. Tā jiěshì,
等等。 但 新加坡 的 一 位 知名 人士 却 说 是 冷气机。他 解释，
rúguǒ méi·yǒu lěngqì, rèdài dìqū rú Dōngnányà guójiā, jiù bù kěnéng yǒu hěn gāo
如果 没有 冷气， 热带 地区 如 东南亚 国家， 就 不 可能 有 很 高
de shēngchǎnlì, jiù bù kěnéng dádào jīntiān de shēnghuó shuǐzhǔn. Tā de huídá
的 生产力， 就 不 可能 达到 今天 的 生活 水准。 他 的 回答
shíshì-qiúshì, yǒulǐ-yǒujù.
实事 求是， 有理 有据。
Kàn·le shàngshù bàodào, wǒ tūfā qí xiǎng: Wèi shén·me méi·yǒu jìzhě wèn:
看了 上述 报道， 我 突发 奇 想： 为 什么 没有 记者 问：
"Èrshí shìjì zuì zāogāo de fāmíng shì shén·me?" Qíshí èr líng líng èr nián shíyuè
"二十 世纪 最 糟糕 的 发明 是 什么？" 其实 二〇〇二 年 十月
zhōngxún, Yīngguó de yī jiā bàozhǐ jiù píngchū·le "rénlèi zuì zāogāo de fāmíng".
中旬， 英国 的 一家 报纸 就 评出了 "人类 最 糟糕 的 发明"。

Huò cǐ "shūróng" de, jiùshì rén·men měi tiān dàliàng shǐyòng de sùliàodài.
获 此 "殊荣" 的, 就是 人们 每 天 大量 使用 的 塑料袋。

　　Dànshēng yú shàng gè shìjì sānshí niándài de sùliàodài, qí jiāzú bāokuò yòng
　　诞生 于 上 个 世纪 三十 年代 的 塑料袋, 其 家族 包括 用
sùliào zhìchéng de kuàicān fànhé、bāozhuāngzhǐ、cān yòng bēi pán、yǐnliàopíng、
塑料 制成 的 快餐 饭盒、 包装纸、 餐 用 杯 盘、 饮料瓶、
suānnǎibēi、xuěgāobēi、děngděng. Zhèxiē fèiqìwù xíngchéng de lājī, shùliàng duō、
酸奶杯、 雪糕杯, 等等。 这些 废弃物 形成 的 垃圾, 数量 多、
tǐjī dà、zhòngliàng qīng、bù jiàngjiě, gěi zhìlǐ gōngzuò dàilái hěn duō jìshù nántí
体积 大、 重量 轻、 不 降解, 给 治理 工作 带来 很 多 技术 难题
hé shèhuì wèntí.
和 社会 问题。

　　Bǐrú, sànluò zài tiánjiān、lùbiān jí cǎocóng zhōng de sùliào cānhé, yīdàn bèi
　　比如, 散落 在 田间、 路边 及 草丛 中 的 塑料 餐盒, 一旦 被
shēngchù tūnshí, jiù huì wēi jí jiànkāng shènzhì dǎozhì sǐwáng. Tiánmái fèiqì
牲畜 吞食, 就 会 危及 健康 甚至 导致 死亡。 填埋 废弃
sùliàodài、sùliào cānhé de tǔdì, bùnéng shēngzhǎng zhuāng·jia hé shùmù,
塑料袋、 塑料 餐盒 的 土地, 不能 生长 庄稼 和 树木,
zàochéng tǔdì bǎnjié, ér fénshāo chǔlǐ zhèxiē sùliào lājī, zé huì shìfàng chū duō
造成 土地 板结, 而 焚烧 处理 这些 塑料 垃圾, 则 会 释放 出 多
zhǒng huàxué yǒudú qìtǐ, qízhōng yī zhǒng chēngwéi èr'èyīng de huàhéwù,
种 化学 有毒 气体, 其中 一 种 称为 二噁英 的 化合物,
dúxìng jí dà.
毒性 极 大。

　　Cǐwài, zài shēngchǎn sùliàodài、sùliào cānhé de // guòchéng zhōng shǐyòng de
　　此外, 在 生产 塑料袋、 塑料 餐盒 的 // 过程 中 使用 的
fúlì'áng, duì réntǐ miǎnyì xìtǒng hé shēngtài huánjìng zàochéng de pòhuài yě
氟利昂, 对 人体 免疫 系统 和 生态 环境 造成 的 破坏 也
jíwéi yánzhòng.
极为 严重。

节选自林光如《最糟糕的发明》

第二章　命题说话

一、说话分析及备考策略

（一）命题说话

命题说话，以下简称为"说话"，是普通话水平测试中的最后一道大题，限时 3 分钟，占总分比重较大，难度较大。说话测试的目的在于：**测查应试人在无文字凭借的情况下说普通话的水平，重点测查语音标准程度、词汇语法规范程度和自然流畅程度**。可见，说话一题考查的是考生在脱稿情况下的普通话口语水平。这是普通话水平测试中难度最大的部分，一方面是因为脱离文字依托后，考生的方音习惯不易克服，发音容易出现系统性错误；另一方面是因为说话测试不只考查语音的准确性，还考查语法的规范使用，考生在应试时表达要自然流畅，同时要有逻辑，合乎语法要求，规避日常说话中的口头禅和方言词、方言语法等。

1. 应试要求

说话测试的话题从《普通话水平测试用话题》中选取，要求应试人从给定的两个话题中选定一个话题，围绕话题连续说一段话，时间在 3 分钟左右。

《普通话水平测试大纲》讲到说话一项时指出："以单向说话为主，必要时辅以主试人和应试人的双向对话。"说话是考生的单向说话。如发现考生有明显的背稿、离题、说话难以继续等表现时，主试人应及时提示或引导。从测评实践看，除非应试人因紧张或准备不充分而造成语塞、卡壳时，测试人员给以启发和鼓励外，基本上是单向表达式的说话。这种说话不是完全无准备的即兴讲话，因为多数应试人在备考阶段都有充足的文字准备材料，只需要在应试时进行全脱稿的口语表述。说话测试重点从以下几方面考查考生的普通话水平：

（1）**语音标准**。这部分分值比例最大，考生一定要重视，避免丢分。考生在应试时要做到语音标准，即声、韵、调正确，符合普通话语音系统规范，声韵拼合符合标准，注意音变，没有方音系统错误，说话没有方言味儿。

（2）**词汇语法规范**。这部分分值比例较小，考查的是普通话词汇和语法。考生在考试时要避免使用方言词汇和语法，比如，不要把"腿"说成"腿子"，不要把"香喷喷"说成"喷香香"。同时还要注意词语的感情色彩、量词的搭配、关联词的使用等。

（3）**自然流畅**。这部分分值比例较小，主要考查说话的节奏、语速等。考生在考试时要注意，不要用背书调，语言不要太书面化，情绪要贴合所表达的内容，不要出现卡壳、重复，不要总是说口头禅，不要出现逻辑混乱、前言不搭后语、表意混乱的情况。

（4）**注意时长**。考生需要注意控制说话时长，不能太长，控制在 4 分钟以内。

2. 普通话水平测试用话题

（1）我的愿望（或理想）

（2）我的学习生活

（3）我尊敬的人

（4）我喜爱的动物（或植物）

（5）童年的记忆

（6）我喜爱的职业

（7）难忘的旅行

（8）我的朋友

（9）我喜爱的文学（或其他艺术形式）

（10）谈谈卫生与健康

（11）我的业余生活

（12）我喜欢的季节（或天气）

（13）学习普通话的体会

（14）谈谈服饰

（15）我的假日生活

（16）我的成长之路

（17）谈谈科技发展与社会生活

（18）我知道的风俗

（19）我和体育

（20）我的家乡（或熟悉的地方）

（21）谈谈美食

（22）我喜欢的节日

（23）我所在的集体（学校、机关、公司等）

（24）谈谈社会公德（或职业道德）

（25）谈谈个人修养

（26）我喜欢的明星（或其他知名人士）

（27）我喜爱的书刊

（28）谈谈对环境保护的认识

（29）我向往的地方

（30）购物（消费）的感受

（二）说话测试准备

考生可以根据说话的评分标准、考试内容和形式，结合自身水平有针对性地进行准备。大体可从以下几方面入手。

1.熟悉命题，把握不同文章类型的要素

文章的体裁可分为记叙、议论等不同的形式。由于体裁的不同，文章的内容要点也各有不同。"命题说话"的30个话题可以简单地分为记叙、议论、说明三大类。由于题目的类型不同，它们的要求也不相同。

记叙可以分为记人、记事两大类。记人的，要有外貌的描述，也要有精神的描述，往往结合事件，其中人物的性格特点、精神面貌需重点描述。记事的，时间、地点、人物，事件的起因、经过和结果都要有所交代，事件的性质、影响等也可以有所表述。

议论可以分为立论和驳论，要求论点明确，论据充足，论证有力，逻辑清晰。考生在进行议论性话题时，首先要明确论点，然后要通过举例、列举等方式摆出论据，最后通过对比等方式进行论证，并重申个人的观点。

说明比较枯燥一些，缺乏趣味性，要求形象清晰，内容准确，表达全面。说明性话题要选准对象，然后将对象拆分为几个方面分别进行描述，描述后可进行评价，也可以增加一些感性的内容，说一说个人的态度等。

2.练习列提纲，打腹稿

列提纲可以帮助考生快速地理清话题的逻辑关系、内容层次、结构顺序等，考生通过列提纲也能加深对话题的印象和熟悉程度。打腹稿可以帮助考生快速填充提纲各部分的内容，锻炼考生的语言组织和表达能力。列提纲和打腹稿在实际考试时对考生的帮助很大，所以，在考前准备中考生应多做练习。

提纲是腹稿的前提，腹稿是对提纲的完善，列提纲可以说是说话的关键所在。那么，怎样列提纲呢？首先要确定内容的结构，建议统一采用总—分—总的结构形式。具体来说就是先阐述文章的中心内容,然后展开话题,最后总结重申主旨,这样一来,话题简单明了,容易掌握,不足在于展开话题部分承担了较多的内容。所以,接下来就要提炼要点,将话题拆分成若干小块儿,进行内容填充。在记叙文中,话题要点往往是事件的不同阶段和人物的主要性格特征;在议论文中,话题要点可以是若干分论点,也可以是论据的罗列;在说明文中,话题要点往往是说明对象的几个主要方面。

素材、结构大致定好后,就可以打腹稿了,最好能将其整理成书面材料,然后进行修改。修改时一是要注意所用词语,要表意准确,通俗明白,不要选择华丽、生僻、拗口的词语;二是要把自己拿不准容易读错的字词,逐个查字典定音,反复进行口头练习,强化记忆。

3. 重点练习

影响说话成绩的因素包括发音、语法、表达流畅度、逻辑清晰度等。考生应注重考前准备,并针对个人短板反复加强练习。不要生硬地背范文,要注意语言的口语化和表达的自然流畅。

4. 从容发挥

考试时,考生说话应当语速适中,娓娓道来,从容自信地应对考试。在测试中,可能是语速加快了等原因造成准备的内容讲完了时间未到,这时更要沉着,对前边的内容进行补充或解释,甚至临时增加新的内容。不要因为中途出错而紧张怯场、胡言乱语,要坚持说够3分钟。说话的很多题目内容相通,可以互相借鉴,忘词的时候就回想一下练习时列的提纲,抽取一个比较擅长的点将话题进行下去。

二、范文评讲

下面我们以《我喜爱的职业》这一话题为例,结合范文详细分析一下如何进行说话的备考和应试。

范文:

A 我最喜欢的职业是教师。

B 我喜欢这个职业是受我的一位老师的影响。

C 她是我初中时的班主任,教政治课。她大概有四十多岁,瘦瘦小小的,一年四季都穿着优雅的长裙,她喜欢笑,对人非常亲切,说话的时候总是轻声细语,同学们都很喜欢她。

D 同学们不仅喜欢她温柔的性格,也喜欢听她的政治课。她喜欢在课堂上做游戏、设置比赛、组织活动,把枯燥的初中政治变得妙趣横生。在她的教育下,就连成绩最差的学生,也能把整本政治书倒背如流。

E 她讲课的时候像魔术师,充满魅力,让人无法挪开视线。在课下,她又像是大家的好朋友,跟同学们打成一片。她跟别的老师不一样,她不喜欢批评学生,但是大家都愿意听她的话。每一个同学都愿意把自己心里的秘密跟她分享,将自己成长中遇到的烦恼告诉她。

F 初中毕业之后,我们有时候办同学会也会邀请班主任老师,然后,她会像老朋友一样跟大家聊聊过去的趣事,问问大家学习怎么样,工作怎么样,问女生有没有男朋友,问男生女朋友漂亮么。

G 教师是一种神圣的职业,教书育人是根本。我的班主任老师不仅课讲得好,而且是我的人生中永远发光的灯塔。她不仅是灯塔,更是我的偶像,我希望自己也能够通过不断的学习,成为一名像班主任一样优秀的人民教师,和班主任一起为祖国的教育事业贡献自己微薄的力量。

分析:

(1) 文章结构:总（A、B）—分（C、D、E、F）—总（G）。起首两段总说喜欢的职业及原因,开门见山;中间四段从外貌形态、课上、下课、毕业后四个方面塑造"我的初中班主任"这一形象,简洁有力;最后一段重申主旨,结束全篇,照应开头。

(2) 提纲还原:

我喜欢的职业是什么——教师,警察,医生,企业家,发明家,画家,设计师,程序员,等等。

为什么喜欢这个职业——因为成长过程中接触到的人或者事件的影响,等等。原因可扩展,如范文;也可压缩成一两句话,重点写职业特点。

这个职业的特点是什么——可以从工作的内容、工作的价值、工作的长远目标、工作的现实意义等方面进行说明性描述。

要胜任这个职业我应该怎么做——结合个人的实际情况和职业要求,简单地说一下自己还需要在哪些方面加强学习等,或者说一下个人的职业理想,结束全篇。如范文中结束时说,"我希望自己也能够通过不断的学习,成为一名像班主任一样优秀的人民教师,和班主任一起为祖国的教育事业贡献自己微薄的力量。"

(3) 要点多,内容少。范文共 500 字,分为 7 个小段,每一段都对应一个要点,每个要点扩展最多 120 字。这样做的好处就是,段落短小使逻辑关系变得简单,临场发挥的空间更大。短小的段落也比较符合人们日常表达的习惯,不至于让说话流于书面化。

(4) 词语朴素,句子结构简单。这样避免了混入方言词或方言语法而不自知,也体现了口语在用词方面的特点,有利于口语表达。

附录一　汉语拼音方案

一、字母表

字母	Aa	Bb	Cc	Dd	Ee	Ff	Gg
名称	ㄚ	ㄅㄝ	ㄘㄝ	ㄉㄝ	ㄜ	ㄝㄈ	ㄍㄝ

	Hh	Ii	Jj	Kk	Ll	Mm	Nn
	ㄏㄚ	ㄧ	ㄐㄧㄝ	ㄎㄝ	ㄝㄌ	ㄝㄇ	ㄋㄝ

	Oo	Pp	Qq	Rr	Ss	Tt
	ㄛ	ㄆㄝ	ㄑㄧㄡ	ㄚㄦ	ㄝㄙ	ㄊㄝ

	Uu	Vv	Ww	Xx	Yy	Zz
	ㄨ	ㄪㄝ	ㄨㄚ	ㄒㄧ	ㄧㄚ	ㄗㄝ

二、声母表

b	p	m	f	d	t	n	l
ㄅ玻	ㄆ坡	ㄇ摸	ㄈ佛	ㄉ得	ㄊ特	ㄋ讷	ㄌ勒

g	k	h		j	q	x
ㄍ哥	ㄎ科	ㄏ喝		ㄐ基	ㄑ欺	ㄒ希

zh	ch	sh	r	z	c	s
ㄓ知	ㄔ蚩	ㄕ诗	ㄖ日	ㄗ资	ㄘ雌	ㄙ思

三、韵母表

	i ㄧ 衣	u ㄨ 乌	ü ㄩ 迂
a ㄚ 啊	ia ㄧㄚ 呀	ua ㄨㄚ 蛙	
o ㄛ 喔		uo ㄨㄛ 窝	
e ㄜ 鹅	ie ㄧㄝ 耶		üe ㄩㄝ 约
ai ㄞ 哀		uai ㄨㄞ 歪	
ei ㄟ 欸		uei ㄨㄟ 威	
ao ㄠ 熬	iao ㄧㄠ 腰		
ou ㄡ 欧	iou ㄧㄡ 忧		
an ㄢ 安	ian ㄧㄢ 烟	uan ㄨㄢ 弯	üan ㄩㄢ 冤
en ㄣ 恩	in ㄧㄣ 因	uen ㄨㄣ 温	ün ㄩㄣ 晕
ang ㄤ 昂	iang ㄧㄤ 央	uang ㄨㄤ 汪	
eng ㄥ 亨的韵母	ing ㄧㄥ 英	ueng ㄨㄥ 翁	
ong （ㄨㄥ） 轰的韵母	iong ㄩㄥ 雍		

（1）"知、蚩、诗、日、资、雌、思"等七个音节的韵母用 i，即"知、蚩、诗、日、资、雌、思"等字拼作 zhi, chi, shi, ri, zi, ci, si。

（2）韵母ㄦ写成 er，用作韵尾的时候写成 r。例如："儿童"拼作 ertong，"花儿"拼作 huar。

（3）韵母ㄝ单用的时候写成 ê。

（4）i 行的韵母，前面没有声母的时候，写成 yi（衣），ya（呀），ye（耶），yao（腰），you（忧），yan（烟），yin（因），yang（央），ying（英），yong（雍）。

u 行的韵母，前面没有声母的时候，写成 wu（乌），wa（蛙），wo（窝），wai（歪），wei（威），wan（弯），wen（温），wang（汪），weng（翁）。

ü 行的韵母，前面没有声母的时候，写成 yu（迂），yue（约），yuan（冤），yun（晕）；ü 上两点省略。

ü 行的韵母跟声母 j，q，x 拼的时候，写成 ju（居），qu（区），xu（虚），ü 上两点也省略；但是跟声母 n，l 拼的时候，仍然写成 nü（女），lü（吕）。

（5）iou，uei，uen 前面加声母的时候，写成 iu，ui，un，例如 niu（牛），gui（归），lun（论）。

（6）在给汉字注音的时候，为了使拼式简短，ng 可以省作 ŋ。

四、声调符号

阴平	阳平	上声	去声
ˉ	ˊ	ˇ	ˋ

声调符号标在音节的主要母音上。轻声不标。

例如：

妈 mā	麻 má	马 mǎ	骂 mà	吗 ma
阴平	阳平	上声	去声	轻声

五、隔音符号

a，o，e 开头的音节连接在其他音节后面的时候，如果音节的界限发生混淆，用隔音符号（'）隔开，例如：pi'ao（皮袄）。

263

附录二 普通话水平测试用普通话常见量词、名词搭配表

说 明

本表以量词为条目，共选收常见量词45条。可与表中所列多个量词搭配的名词，以互见形式出现。

1.把	bǎ	菜刀、剪刀、宝剑（口）、铲子、铁锨、尺子、扫帚、椅子、锁、钥匙、伞（顶）、茶壶、扇子、提琴、手枪（支）
2.本	běn	书（部、套）、著作（部）、字典（部）、杂志（份）、账
3.部	bù	书（本、套）、著作（本）、字典（本）、电影（场）、电视剧、交响乐（场）、电话机、摄像机（架、台）、汽车（辆、台）
4.场	cháng	雨、雪、冰雹、大风、病、大战、官司
5.场	chǎng	电影（部）、演出（台）、话剧（台）、杂技（台）、节目（台、套）、交响乐（部）、比赛（节、项）、考试（门）
6.道	dào	河（条）、瀑布（条）、山（座）、山脉（条）、闪电、伤痕（条）、门（扇）、墙（面）、命令（项、条）、试题（份、套）、菜（份）
7.滴	dī	水、血、油、汗水、眼泪
8.顶	dǐng	伞（把）、轿子、帽子、蚊帐、帐篷
9.对	duì	夫妻、舞伴、耳朵（双、只）、眼睛（双、只）、翅膀（双、只）、球拍（副、只）、沙发（套）、枕头、电池（节）
10.朵	duǒ	花、云（片）、蘑菇
11.份	fèn	菜（道）、午餐、报纸（张）、杂志（本）、文件、礼物（件）、工作（项）、事（件）、试题（道、套）
12.幅	fú	布（块、匹）、被面、彩旗（面）、图画（张）、相片（张）
13.副	fù	对联、手套（双、只）、眼镜、球拍（对、只）、脸（张）、扑克牌（张）、围棋、担架
14.个	gè	人、孩子、盘子、瓶子、梨、桃儿、橘子、苹果、西瓜、土豆、西红柿、鸡蛋、饺子、馒头、玩具、皮球、太阳、月亮、白天、上午、国家、社会、故事
15.根	gēn	草（棵）、葱（棵）、藕（节）、甘蔗（节）、胡须、头发、羽毛、冰棍儿、黄瓜（条）、香蕉、油条、竹竿、针、火柴、蜡烛（支）、香（支、盘）、筷子（双、支）、电线、绳子（条）、项链（条）、辫子（条）
16.家	jiā	人家、亲戚（门）、工厂（座）、公司、饭店、商店、医院（所）、银行（所）
17.架	jià	飞机、钢琴（台）、摄像机（部、台）、鼓（面）
18.间	jiān	房子（所、套、座）、屋子、卧室、仓库
19.件	jiàn	礼物（份）、行李、家具（套）、大衣、衬衣、毛衣、衣服（套）、西装（套）、工作（项）、公文、事（份）
20.节	jié	甘蔗（根）、藕（根）、电池（对）、车厢、课（门）、比赛（场、项）

21. 棵　kē　　　树、草（根）、葱（根）、白菜

22. 颗　kē　　　种子（粒）、珍珠（粒）、宝石（粒）、糖（块）、星星、卫星、牙齿（粒）、心脏、子弹（粒）、炸弹、图钉、图章

23. 口　kǒu　　人、猪（头）、大锅、大缸、大钟（座）、井、宝剑（把）

24. 块　kuài　　糖（颗）、橡皮、石头、砖、肥皂（条）、手表（只）、肉（片）、蛋糕、大饼（张）、布（幅、匹）、绸缎（匹）、手绢儿（条）、地（片）、石碑（座）

25. 粒　lì　　　米、种子（颗）、珍珠（颗）、宝石（颗）、牙齿（颗）、子弹（颗）

26. 辆　liàng　汽车（部、台）、自行车、摩托车、三轮车

27. 门　mén　　课（节）、课程、技术（项）、考试（场）、亲戚（家）、婚姻、大炮

28. 名　míng　教师（位）、医生（位）、犯人

29. 面　miàn　墙（道）、镜子、彩旗（幅）、鼓（架）、锣

30. 盘　pán　　磨（扇）、香（根、支）、磁带、录像带

31. 匹　pǐ　　　马、布（块、幅）、绸缎（块）

32. 片　piàn　　树叶、药片、肉（块）、阴凉、阳光、云（朵）、地（块）

33. 扇　shàn　　门（道）、窗户、屏风、磨（盘）

34. 双　shuāng　手（只）、脚（只）、耳朵（对、只）、眼睛（对、只）、翅膀（对、只）、鞋（只）、袜子（只）、手套（副、只）、筷子（根、支）

35. 所　suǒ　　学校、医院（家）、银行（家）、房子（间、套、座）

36. 台　tái　　计算机、医疗设备（套）、汽车（部、辆）、钢琴（架）、摄像机（部、架）、演出（场）、话剧（场）、杂技（场）、节目（场、套）

37. 套　tào　　衣服（件）、西装（件）、房子（间、所、座）、家具（件）、沙发（对）、餐具、书（本、部）、邮票（张）、医疗设备（台）、节目（场、台）、试题（道、份）

38. 条　tiáo　　绳子（根）、项链（根）、辫子（根）、裤子、毛巾、手绢儿（块）、肥皂（块）、船（只）、游艇（只）、蛇、鱼、狗（只）、黄瓜（根）、河（道）、瀑布（道）、山脉（道）、道路、胡同儿、伤痕（道）、新闻、信息、措施（项）、命令（道、项）

39. 头　tóu　　牛（只）、驴（只）、骆驼（只）、羊（只）、猪（口）、蒜

40. 位　wèi　　客人、朋友、作家（名）

41. 项　xiàng　措施（条）、制度、工作（份）、任务、技术（门）、运动、命令（道、条）、比赛（场、节）

42. 张　zhāng　报纸（份）、图画（幅）、相片（幅）、邮票（套）、扑克牌（副）、光盘、大饼（块）、脸（副）、嘴、网、弓、床、桌子

43. 只　zhī　　鸟、鸡、鸭、老鼠、兔子、狗（条）、牛（头）、驴（头）、羊（头）、骆驼（头）、老虎、蚊子、苍蝇、蜻蜓、蝴蝶、手表（块）、杯子、船（条）、游艇（条）、鞋（双）、袜子（双）、手套（副、双）、袖子（对、副）、球拍（对、副）、手（双）、脚（双）、耳朵（对、双）、眼睛（对、双）、翅膀（对、双）

44. 支　zhī　　笔、手枪（把）、蜡烛（根）、筷子（根、双）、香（根、盘）、军队、歌

45. 座　zuò　　山（道）、岛屿、城市、工厂（家）、学校（所）、房子（间、所、套）、桥、石碑（块）、雕塑、大钟（口）

附录三　普通话异读词审音表

　　中国文字改革委员会普通话审音委员会,于 1957 年、1959 年至 1962 年先后发表了《普通话异读词审音表初稿》正编、续编和三编,1963 年公布《普通话异读词三次审音总表初稿》(以下简称《初稿》)。经过二十多年的实际应用,普通话审音委员会在总结经验的基础上,于 1982 年至1985年组织专家学者进行审核修订,制定了《普通话异读词审音表》,这个审音表经过国家语言文字工作委员会、国家教育委员会、广播电视部 (国家新闻出版广电总局) 审核通过,于 1985 年 12 月联合发布。

说　明

　　一、本表所审,主要是普通话有异读的词和有异读的作为"语素"的字。不列出多音多义字的全部读音和全部义项,与字典、词典形式不同。例如:"和"字有多种义项和读音,而本表仅列出原有异读的八条词语,分列于 hè 和 huo 两种读音之下(有多种读音,较常见的在前。下同);其余无异读的音、义均不涉及。

　　二、在字后注明"统读"的,表示此字不论用于任何词语中只读一音(轻声变读不受此限),本表不再举出词例。例如:"阀"字注明"fá(统读)",原表"军阀""学阀""财阀"条和原表所无的"阀门"等词均不再举。

　　三、在字后不注"统读"的,表示此字有几种读音,本表只审订其中有异读的词语的读音。例如"艾"字本有 ài 和 yì 两音,本表只举"自怨自艾"一词,注明此处读 yì 音;至于 ài 音及其义项,并无异读,不再赘列。

　　四、有些字有文白二读,本表以"文"和"语"作注。前者一般用于书面语言,用于复音词和文言成语中;后者多用于口语中的单音词及少数日常生活事物的复音词中。这种情况在必要时各举词语为例。例如:"杉"字下注"(一)shān(文):紫~、红~、水~;(二)shā(语):~篙、~木"。

　　五、有些字除附举词例之外,酌加简单说明,以便读者分辨。说明或按具体字义,或按"动作义""名物义"等区分,例如:"畜"字下注"(一)chù(名物义):~力、家~、牲~、幼~;(二)xù(动作义):~产、~牧、~养"。

　　六、有些字的几种读音中某音用处较窄,另音用处甚宽,则注"除××(较少的词)念乙音外,其他都念甲音",以避免列举词条繁而未尽、挂一漏万的缺点。例如:"结"字下注"除'~了个果子''开花~果''~巴''~实'念 jiē 之外,其他都念 jié"。

　　七、由于轻声问题比较复杂,除《初稿》涉及的部分轻声词之外,本表一般不予审订,并删去部分原审的轻声词,例如"麻刀(dao)""容易(yi)"等。

　　八、本表酌增少量有异读的字或词,作了审订。

九、除因第二、六、七各条说明中所举原因而删略的词条之外,本表又淘汰了部分词条。主要原因是:1.现已无异读(如"队伍""理会");2.罕用词语(如"俵分""仔密");3.方言土音(如"归里包堆〔zuī〕""告送餸〔song〕");4.不常用的文言词语(如"刍荛""觚觚");5.音变现象(如"胡里八涂〔tū〕""毛毛腾腾〔tēngtēng〕");6.重复累赘(如原表"色"字的有关词语分列达23条之多)。删汰条目不再编入。

十、人名、地名的异读审订,除原表已涉及的少量词条外,留待以后再审。

A

阿　(一) ā
　　~訇　　~罗汉
　　~木林　~姨
　　(二) ē
　　~谀　　~附
　　~胶　　~弥陀佛

挨　(一) āi
　　~个　　~近
　　(二) ái
　　~打　　~说

癌 ái (统读)

霭 ǎi (统读)

蔼 ǎi (统读)

隘 ài (统读)

谙 ān (统读)

埯 ǎn (统读)

昂 áng (统读)

凹 āo (统读)

拗　(一) ào
　　~口
　　(二) niù
　　执~　脾气很~

坳 ào (统读)

B

拔 bá (统读)

把 bà
　　印~子

白 bái (统读)

膀 bǎng
　　~翅

蚌　(一) bàng
　　蛤~
　　(二) bèng
　　~埠

傍 bàng (统读)

磅 bàng
　　过~

龅 bāo (统读)

胞 bāo (统读)

薄　(一) báo (语)
　　常单用,如"纸很~"。
　　(二) bó (文)
　　多用于复音词。
　　~弱　稀~　淡~
　　尖嘴~舌　单~
　　厚~

堡　(一) bǎo
　　碉~　　~垒
　　(二) bǔ
　　~子　吴~
　　瓦窑~　柴沟~
　　(三) pù
　　十里~

暴　(一) bào
　　~露
　　(二) pù
　　一~(曝)十寒

爆 bào (统读)

焙 bèi (统读)

惫 bèi (统读)

背 bèi
　　~脊　　~静

鄙 bǐ (统读)

俾 bǐ (统读)

笔 bǐ (统读)

比 bǐ (统读)

臂　(一) bì
　　手~　　~膊
　　(二) bei
　　胳~

庇 bì (统读)

髀 bì (统读)

避 bì (统读)

辟 bì
　　复~

裨 bì
　　~补　　~益

婢 bì (统读)

痹 bì (统读)

壁 bì (统读)

蝙 biān (统读)

遍 biàn (统读)

骠　(一) biāo
　　黄~马
　　(二) piào
　　~骑　勇~

傧 bīn (统读)

缤 bīn (统读)

濒 bīn (统读)

殡 bìn (统读)

屏　(一) bǐng
　　~除　　~弃
　　~气　　~息
　　(二) píng
　　~藩　　~风

柄 bǐng (统读)

波 bō (统读)

播 bō (统读)

菠 bō (统读)

剥　(一) bō (文)
　　~削
　　(二) bāo (语)

泊　(一) bó
　　淡~　飘~　停~
　　(二) pō
　　湖~　血~

帛 bó (统读)

勃 bó (统读)

钹 bó (统读)

伯　(一) bó
　　~~(bo)　老~
　　(二) bǎi
　　大~子(丈夫的哥哥)

箔 bó (统读)

簸　(一) bǒ
　　颠~
　　(二) bò
　　~箕

膊 bo
　　胳~

卜 bo

　萝～

醭 bú（统读）

哺 bǔ（统读）

捕 bǔ（统读）

鹁 bǔ（统读）

埠 bù（统读）

C

残 cán（统读）

惭 cán（统读）

灿 càn（统读）

藏（一）cáng

　矿～

　（二）zàng

　宝～

糙 cāo（统读）

嘈 cáo（统读）

螬 cáo（统读）

厕 cè（统读）

岑 cén（统读）

差（一）chā（文）

　不～累黍

　不～什么　偏～

　色～　～别　视～

　误～　电势～

　一念之～　～池

　～错　言～语错

　一～二错

　阴错阳～　～等

　（逻辑关系）

　～额　～价

　～强人意　～数

　～异

　（二）chà（语）

　～不多　～不离

　～点儿

　（三）cī

　参～

猹 chá（统读）

搽 chá（统读）

阐 chǎn（统读）

羼 chàn（统读）

颤（一）chàn

　～动　发～

　（二）zhàn

　～栗（战栗）

　打～（打战）

韂 chàn（统读）

伥 chāng（统读）

场（一）chǎng

　～合　～所

　冷～　捧～

　（二）cháng

　圩～　～院

　一～雨

　（三）chang

　排～

钞 chāo（统读）

巢 cháo（统读）

嘲 cháo

　～讽　～骂　～笑

秒 chào（统读）

车（一）chē

　安步当～

　杯水～薪

　闭门造～

　螳臂当～

　（二）jū

　（象棋棋子名称）

晨 chén（统读）

称 chèn

　～心　～意

　～职　对～　相～

撑 chēng（统读）

乘 chéng（动作义）

　包～制　～便

　～风破浪　～客

　～势　～兴

橙 chéng（统读）

惩 chéng（统读）

澄（一）chéng（文）

　～清（如"～清混

乱""～清问题"）

　（二）dèng（语）

　单用，如"把水～

清了"。

痴 chī（统读）

吃 chī（统读）

弛 chí（统读）

褫 chǐ（统读）

尺 chǐ

　～寸　～头

齿 chǐ（统读）

侈 chǐ（统读）

炽 chì（统读）

春 chōng（统读）

冲 chòng

　～床　～模

臭（一）chòu

　遗～万年

　（二）xiù

　乳～　铜～

储 chǔ（统读）

处 chǔ（动作义）

　～罚　～分　～决

　～理　～女　～置

畜（一）chù

　（名物义）

　～力　家～

　牲～　幼～

　（二）xù

　（动作义）

　～产　～牧　～养

触 chù（统读）

搐 chù（统读）

绌 chù（统读）

黜 chù（统读）

闯 chuǎng（统读）

创（一）chuàng

　草～　～举

　首～　～造

　～作

　（二）chuāng

　～伤　重～

绰（一）chuò

　～～有余

　（二）chuo

　宽～

疵 cī（统读）

雌 cí（统读）

赐 cì（统读）

伺 cì

　～候

枞（一）cōng

　～树

　（二）zōng

　～阳［地名］

从 cóng（统读）

丛 cóng（统读）

攒 cuán

　万头～动

　万箭～心

脆 cuì（统读）

撮（一）cuō

　～儿　一～儿盐

　一～儿匪帮

　（二）zuǒ

　一～儿毛

措 cuò（统读）

D

搭 dā（统读）

答（一）dá

报 ~ ~复
（二）dā
～理 ～应
打 dá
苏～ 一～
（十二个）
大（一）dà
～夫（古官名）
～王（如爆破～
王、钢铁～王）
～黄
（二）dài
～夫（医生）
～王（如山～王）
～城[地名]
呆 dāi（统读）
傣 dǎi（统读）
逮（一）dài（文）
如"～捕"。
（二）dǎi（语）
单用，如"～蚊子"
"～特务"。
当（一）dāng
～地 ～间儿
～年（指过去）
～日（指过去）
～天（指过去）
～时（指过去）
螳臂～车
（二）dàng
一个～俩
安步～车 适～
～年（同一年）
～日（同一时候）
～天（同一天）
档 dàng（统读）
蹈 dǎo（统读）
导 dǎo（统读）

倒（一）dǎo
颠～ 颠～是非
颠～黑白 潦～
颠三～四 ～戈
倾箱～箧 ～嗓
排山～海 ～板
～嚼 ～仓
（二）dào
～粪（把粪弄碎）
悼 dào（统读）
纛 dào（统读）
凳 dèng（统读）
羝 dī（统读）
氐 dī[古民族名]
堤 dī（统读）
提 dī
～防
的 dí
～当 ～确
抵 dǐ（统读）
蒂 dì（统读）
缔 dì（统读）
谛 dì（统读）
点 dian
打～（收拾、贿赂）
跌 diē（统读）
蝶 dié（统读）
订 dìng（统读）
都（一）dōu
～来了
（二）dū
～市 首～
大～（大多）
堆 duī（统读）
吨 dūn（统读）
盾 dùn（统读）
多 duō（统读）
咄 duō（统读）

掇（一）duō
（"拾取、采取"义）
（二）duo
撺～ 掂～
裰 duō（统读）
踱 duó（统读）
度 duó（统读）
忖～ ～德量力

E

婀 ē（统读）

F

伐 fá（统读）
阀 fá（统读）
砝 fǎ（统读）
法 fǎ（统读）
发 fà
理～ 脱～ 结～
帆 fān（统读）
藩 fān（统读）
梵 fàn（统读）
坊（一）fāng
牌～ ～巷
（二）fáng
粉～ 磨～ 碾～
染～ 油～ 谷～
妨 fáng（统读）
防 fáng（统读）
肪 fáng（统读）
沸 fèi（统读）
汾 fén（统读）
讽 fěng（统读）
肤 fū（统读）
敷 fū（统读）
俘 fú（统读）
浮 fú（统读）
服 fú
～毒 ～药

拂 fú（统读）
辐 fú（统读）
幅 fú（统读）
甫 fǔ（统读）
复 fù（统读）
缚 fù（统读）

G

噶 gá（统读）
冈 gāng（统读）
刚 gāng（统读）
岗 gǎng
～楼 ～哨
～子 门～
站～ 山～子
港 gǎng（统读）
葛（一）gé
～藤 ～布
瓜～
（二）gě[姓]
（包括单、复姓）
隔 gé（统读）
革 gé
～命 ～新
改～
合 gě
（一升的十分之一）
给（一）gěi
（语）单用。
（二）jǐ（文）
补～ 供～
供～制 ～予
配～ 自～自足
亘 gèn（统读）
更 gēng
五～ ～生
颈 gěng
脖～子
供（一）gōng

~给 提~

~销

（二）gòng

口~ 翻~

上~

佝 gōu（统读）

枸 gǒu

~杞

勾 gòu

~当

估（除"~衣"读 gù

外，都读 gū）

骨（除"~碌""~朵"

读 gū 外，都读 gǔ）

谷 gǔ

~雨

锢 gù（统读）

冠（一）guān

（名物义）

~心病

（二）guàn

（动作义）

沐猴而~ ~军

犷 guǎng（统读）

皈 guǐ（统读）

桧（一）guì（树名）

（二）huì（人名）

秦~

刿 guì（统读）

聒 guō（统读）

蝈 guō（统读）

过（除姓氏读 guō

外，都读 guò）

H

虾 há

~蟆

哈（一）hǎ

~达

（二）hà

~什蚂

汗 hán

可~

巷 hàng

~道

号 háo

寒~虫

和（一）hè

唱~ 附~

曲高~寡

（二）huo

搀~ 搅~ 暖~

热~ 软~

貉（一）hé（文）

一丘之~

（二）háo（语）

~绒 ~子

壑 hè（统读）

褐 hè（统读）

喝 hè

~彩 ~道

~令 ~止

呼幺~六

鹤 hè（统读）

黑 hēi（统读）

亨 hēng（统读）

横（一）héng

~肉 ~行霸道

（二）hèng

蛮~ ~财

訇 hōng（统读）

虹（一）hóng（文）

~彩 ~吸

（二）jiàng（语）

单说

讧 hòng（统读）

囫 hú（统读）

瑚 hú（统读）

蝴 hú（统读）

桦 huà（统读）

徊 huái（统读）

踝 huái（统读）

浣 huàn（统读）

黄 huáng（统读）

荒 huang

饥~（指经济困难）

诲 huì（统读）

贿 huì（统读）

会 huì

一~儿 多~儿

~厌（生理名词）

混 hùn

~合 ~乱

~凝土 ~淆

~血儿 ~杂

蠖 huò（统读）

霍 huò（统读）

豁 huò

~亮

获 huò（统读）

J

羁 jī（统读）

击 jī（统读）

奇 jī

~数

芨 jī（统读）

缉（一）jī

通~ 侦~

（二）qī

~鞋口

几 jī

茶~ 条~

圾 jī（统读）

戢 jí（统读）

疾 jí（统读）

汲 jí（统读）

棘 jí（统读）

藉 jí

狼~（籍）

嫉 jí（统读）

脊 jí（统读）

纪（一）jǐ[姓]

（二）jì

~念 ~律

纲~ ~元

偈 jì

~语

绩 jì（统读）

迹 jì（统读）

寂 jì（统读）

箕 ji

簸~

辑 ji

逻~

茄 jiā

雪~

夹 jiā

~带藏掖

~道儿

~攻 ~棍

~生 ~杂

~竹桃 ~注

浃 jiā（统读）

甲 jiǎ（统读）

歼 jiān（统读）

鞯 jiān（统读）

间（一）jiān

~不容发 中~

（二）jiàn

中~儿 ~道

~谍 ~断

~或 ~接

~距 ~隙

~续　~阻~作
挑拨离~
趼 jiǎn（统读）
俭 jiǎn（统读）
缰 jiāng（统读）
膙 jiǎng（统读）
嚼（一）jiáo（语）
　味同~蜡
　咬文~字
　（二）jué（文）
　咀~
　过屠门而大~
　（三）jiào
　倒~（倒嚼）
侥 jiǎo
　~幸
角（一）jiǎo
　八~（大茴香）
　~落　独~戏
　~膜　~度　~儿
　（犄~）　　~楼
　勾心斗~　号~
　口~（嘴~）
　鹿~　~菜
　头~
　（二）jué
　~斗　~儿
　（脚色）
　口~（吵嘴）
　主~儿　配~儿
　~力　捧~儿
脚（一）jiǎo
　根~
　（二）jué
　~儿（也作"角儿"，脚色）
剿（一）jiǎo
　围~

（二）chāo
　~说　~袭
校 jiào
　~勘　~样
　~正
较 jiào（统读）
酵 jiào（统读）
嗟 jiē（统读）
疖 jiē（统读）
结(除"~了个果子""开花~果""~巴""~实"念 jiē 之外，其他都念 jié)
睫 jié（统读）
芥 jiè
　~菜（也作"盖菜"）
　~末
　~蓝
矜 jīn
　~持　自~　~怜
仅 jǐn
　~~　绝无~有
谨 jǐn（统读）
觐 jìn（统读）
浸 jìn（统读）
斤 jīn
　千~（起重的工具）
茎 jīng（统读）
粳 jīng（统读）
鲸 jīng（统读）
境 jìng（统读）
痉 jìng（统读）
　刚~
窘 jiǒng（统读）
究 jiū（统读）
纠 jiū（统读）
鞠 jū（统读）

鞠 jū（统读）
掬 jū（统读）
苴 jū（统读）
咀 jǔ
　~嚼
矩（一）jǔ
　~形
　（二）ju
　规~
俱 jù（统读）
龟 jūn
　~裂（也作"皲裂"）
菌（一）jūn
　细~　病~
　杆~　霉~
　（二）jùn
　香~　~子
俊 jùn（统读）

K

卡（一）kǎ
　~宾枪　~车
　~介苗　~片
　~通
　（二）qiǎ
　~子　关~
揩 kāi(统读)
慨 kǎi（统读）
忾 kài（统读）
勘 kān（统读）
看 kān
　~管　~护　~守
慷 kāng（统读）
拷 kǎo（统读）
坷 kē
　~拉（垃）
疴 kē（统读）
壳（一）ké（语）

~儿　贝~儿
脑~　驳~枪
（二）qiào（文）
地~　甲~　躯~
可（一）kě
　~~儿的
　（二）kè
　~汗
恪 kè（统读）
刻 kè（统读）
克 kè
　~扣
空（一）kōng
　~心砖　~城计
　（二）kòng
　~心吃药
抠 kōu（统读）
矻 kū（统读）
酷 kù（统读）
框 kuàng（统读）
矿 kuàng（统读）
傀 kuǐ（统读）
溃（一）kuì
　~烂
　（二）huì
　~脓
篑 kuì（统读）
括 kuò（统读）

L

垃 lā（统读）
邋 lā（统读）
罱 lǎn（统读）
缆 lǎn（统读）
蓝 lan
　苤~
琅 láng（统读）
捞 lāo（统读）
劳 láo（统读）

醪 láo（统读）

烙（一）lào

　～印　～铁　～饼

　（二）luò

　　炮～（古酷刑）

勒（一）lè（文）

　～逼　～令　～派

　～索　悬崖～马

　（二）lēi（语）

　　多单用。

擂（除"～台""打～"

　读 lèi 外,都读 léi）

礌 léi（统读）

羸 léi（统读）

蕾 lěi（统读）

累（一）lèi

　（辛劳义,如"受

　　～"[受劳～]）

　（二）léi

　（如"～赘"）

　（三）lěi

　（牵连义,如"带～"

　　"～及""连～"

　　"赔～""牵～"

　　"受～"[受牵～]）

蠡（一）lí

　管窥～测

　（二）lǐ

　～县　范～

喱 lí（统读）

连 lián（统读）

敛 liǎn（统读）

恋 liàn（统读）

量（一）liàng

　～入为出　忖～

　（二）liang

　　打～　掂～

踉 liàng

　～跄

潦 liáo

　～草　～倒

劣 liè（统读）

捩 liè（统读）

趔 liè（统读）

拎 līn（统读）

遴 lín（统读）

淋（一）lín

　～浴　～漓　～巴

　（二）lìn

　～硝　～盐　～病

蛉 líng（统读）

榴 liú（统读）

馏（一）liú（文）

　如"干～""蒸～"

　（二）liù（语）

　如"～馒头"

镏 liú

　～金

碌 liù

　～碡

笼（一）lóng

　（名物义）

　～子　牢～

　（二）lǒng（动作义）

　～络　～括

　～统　～罩

偻（一）lóu

　佝～

　（二）lǚ

　伛～

虏 lǔ（统读）

掳 lǔ（统读）

露（一）lù（文）

　赤身～体　～天

　～骨　～头角

　藏头～尾

抛头～面

～头（矿）

（二）lòu（语）

～富　～苗　～光

～相　～马脚

～头

橹 lǔ（统读）

捋（一）lǔ

　～胡子

　（二）luō

　～袖子

绿（一）lǜ（语）

　（二）lù（文）

　～林　鸭～江

李 luán（统读）

奁 luán（统读）

掠 lüè（统读）

囵 lún（统读）

络 luò

　～腮胡子

落（一）luò（文）

　～膘　～花生

　～魄　涨～

　～槽　着～

　（二）lào（语）

　～架　～色　～炕

　～枕　～儿

　～子（一种曲艺）

　（三）là（语）遗

落义。

　丢三～四

　～在后面

M

脉（除"～～"念

mòmò 外,一律念

mài）

漫 màn（统读）

蔓（一）màn（文）

～延　不～不支

（二）wàn（语）

瓜～　压～

牤 māng（统读）

氓 máng

　流～

芒 máng（统读）

铆 mǎo（统读）

瑁 mào（统读）

虻 méng（统读）

盟 méng（统读）

祢 mí（统读）

眯（一）mí

　～了眼（灰尘等

　入目,也作"迷"）

　（二）mī

　～了一会儿（小睡）

　～缝着眼（微微

　合目）

靡（一）mí

　～费

　（二）mǐ

　风～　委～　披～

秘（除"～鲁"读 bì

　外,都读 mì）

泌（一）mì（语）

　分～

　（二）bì（文）

　～阳[地名]

娩 miǎn（统读）

缈 miǎo（统读）

皿 mǐn（统读）

闽 mǐn（统读）

茗 míng（统读）

酩 mǐng（统读）

谬 miù（统读）

摸 mō（统读）

模（一）mó

~范 ~式 ~型
~糊 ~特儿
~棱两可
（二）mú
~子 ~具 ~样
膜 mó（统读）
摩 mó
按~ 抚~
嬷 mó（统读）
墨 mò（统读）
耱 mò（统读）
沫 mò（统读）
缪 móu
绸~

N

难（一）nán
困~（或变轻声）
~兄~弟（难得的兄弟，现多用作贬义）
（二）nàn
排~解纷 发~
刁~ 责~
~兄~弟（共患难或同受苦难的人）
蝻 nǎn（统读）
蛲 náo（统读）
讷 nè（统读）
馁 něi（统读）
嫩 nèn（统读）
恁 nèn（统读）
妮 nī（统读）
拈 niān（统读）
鲇 nián（统读）
酿 niàng（统读）
尿（一）niào
糖~病

（二）suī（只用于口语名词）
尿（niào）~
~脬
嗫 niè（统读）
宁（一）níng
安~
（二）nìng
~可 无~
［姓］
忸 niǔ（统读）
脓 nóng（统读）
弄（一）nòng
玩~
（二）lòng
~堂
暖 nuǎn（统读）
衄 nǜ（统读）
疟（一）nüè（文）
~疾
（二）yào（语）
发~子
娜（一）nuó
婀~ 袅~
（二）nà
（人名）

O

殴 ōu（统读）
呕 ǒu（统读）

P

杷 pá（统读）
琶 pá（统读）
牌 pái（统读）
排 pǎi
~子车
迫 pǎi
~击炮

湃 pài（统读）
爿 pán（统读）
胖 pán
心广体~
（~为安舒貌）
蹒 pán（统读）
畔 pàn（统读）
乓 pāng（统读）
滂 pāng（统读）
脬 pāo（统读）
胚 pēi（统读）
喷（一）pēn
~嚏
（二）pèn
~香
（三）pen
嚏~
澎 péng（统读）
坯 pī（统读）
披 pī（统读）
匹 pǐ（统读）
僻 pì（统读）
譬 pì（统读）
片（一）piàn
~子 唱~ 画~
相~ 影~
~儿会
（二）piān（口语一部分词）
~子 ~儿
唱~儿 画~儿
相~儿 影~儿
剽 piāo（统读）
缥 piāo
~缈（飘渺）
撇 piē
~弃
聘 pìn（统读）

乒 pīng（统读）
颇 pō（统读）
剖 pōu（统读）
仆（一）pū
前~后继
（二）pú
~从
扑 pū（统读）
朴（一）pǔ
俭~ ~素 ~质
（二）pō
~刀
（三）pò
~硝 厚~
蹼 pǔ（统读）
瀑 pù
~布
曝（一）pù
一~十寒
（二）bào
~光（摄影术语）

Q

栖 qī
两~
戚 qī（统读）
漆 qī（统读）
期 qī（统读）
蹊 qī
~跷
蛴 qí（统读）
畦 qí（统读）
其 qí（统读）
骑 qí（统读）
企 qǐ（统读）
绮 qǐ（统读）
杞 qǐ（统读）
槭 qī（统读）
洽 qià（统读）

签 qiān（统读）

潜 qián（统读）

荨（一）qián（文）

　　~麻

　　（二）xún（语）

　　~麻疹

嵌 qiàn（统读）

欠 qian

　　打哈~

戕 qiāng（统读）

镪 qiāng

　　~水

强（一）qiáng

　　~渡　~取豪夺

　　~制　博闻~识

　　（二）qiǎng

　　勉~　牵~

　　~词夺理　~迫

　　~颜为笑

　　（三）jiàng

　　倔~

襁 qiǎng（统读）

跄 qiàng（统读）

悄（一）qiāo

　　~~儿的

　　（二）qiǎo

　　~默声儿的

橇 qiāo（统读）

翘（一）qiào（语）

　　~尾巴

　　（二）qiáo（文）

　　~首　~楚　连~

怯 qiè（统读）

挈 qiè（统读）

趄 qie

　　趔~

侵 qīn（统读）

衾 qīn（统读）

噙 qín（统读）

倾 qīng（统读）

亲 qìng

　　~家

穹 qióng（统读）

駿 qū（统读）

曲（麯）qū

　　大~　红~　神~

渠 qú（统读）

瞿 qú（统读）

蠼 qú

苣 qǔ

　　~荬菜

龋 qǔ（统读）

趣 qù（统读）

雀 què

　　~斑　~盲症

R

髯 rán（统读）

攘 rǎng（统读）

桡 ráo（统读）

绕 rào（统读）

任 rén〔姓，地名〕

妊 rèn（统读）

扔 rēng（统读）

容 róng（统读）

糅 róu（统读）

茹 rú（统读）

孺 rú（统读）

蠕 rú（统读）

辱 rǔ（统读）

S

靸 sǎ（统读）

噻 sāi（统读）

散（一）sǎn

　　懒~　零零~~

　　~漫

　　（二）san

　　零~

丧 sang

　　哭~着脸

扫（一）sǎo

　　~兴

　　（二）sào

　　~帚

埽 sào（统读）

色（一）sè（文）

　　（二）shǎi（语）

塞（一）sè（文）

　　动作义。

　　（二）sāi（语）

　　名物义,如:"活~"

　　"瓶~";动作义,

　　如:"把洞~住"。

森 sēn（统读）

煞（一）shā

　　~尾　收~

　　（二）shà

　　~白

啥 shá（统读）

厦（一）shà（语）

　　（二）xià（文）

　　~门　噶~

杉（一）shān（文）

　　紫~　红~　水~

　　（二）shā（语）

　　~篙　~木

衫 shān（统读）

姗 shān（统读）

苫（一）shàn（动

　　作义,如"~布"）

　　（二）shān（名

　　物义,如"草~子"）

墒 shāng（统读）

猞 shē（统读）

舍 shè

　　宿~

慑 shè（统读）

摄 shè（统读）

射 shè（统读）

谁 shéi 又音 shuí

娠 shēn（统读）

什（甚）shén

　　~么

蜃 shèn（统读）

甚（一）shèn（文）

　　桑~

　　（二）rèn（语）

　　桑~儿

胜 shèng（统读）

识 shí

　　常~　~货　~字

似 shì

　　~的

室 shì（统读）

螫（一）shì（文）

　　（二）zhē（语）

匙 shi

　　钥~

殊 shū（统读）

蔬 shū（统读）

疏 shū（统读）

叔 shū（统读）

淑 shū（统读）

菽 shū（统读）

熟（一）shú（文）

　　（二）shóu（语）

署 shǔ（统读）

曙 shǔ（统读）

漱 shù（统读）

戍 shù（统读）

蟀 shuài（统读）

孀 shuāng（统读）

说 shuì

　游～

数 shuò

　～见不鲜

硕 shuò（统读）

蒴 shuò（统读）

艘 sōu（统读）

嗾 sǒu（统读）

速 sù（统读）

塑 sù（统读）

虽 suī（统读）

绥 suí（统读）

髓 suǐ（统读）

遂（一）suì

　不～　毛～自荐

　（二）suí

　半身不～

隧 suì（统读）

隼 sǔn（统读）

莎 suō

　～草

缩（一）suō

　收～

　（二）sù

　～砂密（一种植物）

嗍 suō（统读）

索 suǒ（统读）

T

趿 tā（统读）

鳎 tǎ（统读）

獭 tǎ（统读）

沓（一）tà

　重～

　（二）ta

　疲～

（三）dá

　一～纸

苔（一）tái（文）

　（二）tāi（语）

探 tàn（统读）

涛 tāo（统读）

悌 tì（统读）

佻 tiāo（统读）

调 tiáo

　～皮

帖（一）tiē

　妥～　伏伏～～

　俯首～耳

　（二）tiě

　请～　字～儿

　（三）tiè

　字～　碑～

听 tīng（统读）

庭 tíng（统读）

骰 tóu（统读）

凸 tū（统读）

突 tū（统读）

颓 tuí（统读）

蜕 tuì（统读）

臀 tún（统读）

唾 tuò（统读）

W

娲 wā（统读）

挖 wā（统读）

瓦 wà

　～刀

喎 wāi（统读）

蜿 wān（统读）

玩 wán（统读）

惋 wǎn（统读）

脘 wǎn（统读）

往 wǎng（统读）

忘 wàng（统读）

微 wēi（统读）

巍 wēi（统读）

薇 wēi（统读）

危 wēi（统读）

韦 wéi（统读）

违 wéi（统读）

唯 wéi（统读）

圩（一）wéi

　～子

　（二）xū

　～（墟）场

纬 wěi（统读）

委 wěi

　～靡

伪 wěi（统读）

萎 wěi（统读）

尾（一）wěi

　～巴

　（二）yǐ

　马～儿

尉 wèi

　～官

文 wén（统读）

闻 wén（统读）

紊 wěn（统读）

喔 wō（统读）

蜗 wō（统读）

硪 wò（统读）

诬 wū（统读）

梧 wú（统读）

牾 wǔ（统读）

乌 wū

　～拉（也作"靰鞡"）

　～拉革

杌 wù（统读）

鹜 wù（统读）

X

夕 xī（统读）

汐 xī（统读）

晰 xī（统读）

析 xī（统读）

皙 xī（统读）

昔 xī（统读）

溪 xī（统读）

悉 xī（统读）

熄 xī（统读）

蜥 xī（统读）

螅 xī（统读）

惜 xī（统读）

锡 xī（统读）

樨 xī（统读）

袭 xí（统读）

檄 xí（统读）

峡 xiá（统读）

暇 xiá（统读）

吓 xià

　杀鸡～猴

鲜 xiān

　屡见不～

　数见不～

锨 xiān（统读）

纤 xiān

　～维

涎 xián（统读）

弦 xián（统读）

陷 xiàn（统读）

霰 xiàn（统读）

向 xiàng（统读）

相 xiàng

　～机行事

淆 xiáo（统读）

哮 xiào（统读）

些 xiē（统读）

颉 xié
　～颃
携 xié（统读）
偕 xié（统读）
挟 xié（统读）
械 xiè（统读）
馨 xīn（统读）
衅 xìn（统读）
行 xíng
　操～　德～
　发～　品～
省 xǐng
　内～　反～　～亲
　不～人事
苘 xiōng（统读）
朽 xiǔ（统读）
宿 xiù
　星～　二十八～
煦 xù（统读）
蓿 xu
　苜～
癣 xuǎn（统读）
削（一）xuē（文）
　剥～　～减　瘦～
　（二）xiāo（语）
　切～　～铅笔
　～球
穴 xué（统读）
学 xué（统读）
雪 xuě（统读）
血（一）xuè（文）
　用于复音词及成
　语，如"贫～""心
　～""呕心沥～"
　"～泪史""狗～喷
　头"等。

（二）xiě（语）
　口语多单用，如
　"流了点儿～"及
　几个口语常用词，
　如："鸡～""～
　晕""～块子"等。
谑 xuè（统读）
寻 xún（统读）
驯 xùn（统读）
逊 xùn（统读）
熏 xùn
　煤气～着了
徇 xùn（统读）
殉 xùn（统读）
蕈 xùn（统读）

Y

押 yā（统读）
崖 yá（统读）
哑 yǎ
　～然失笑
亚 yà（统读）
殷 yān
　～红
芫 yán
　～荽
筵 yán（统读）
沿 yán（统读）
焰 yàn（统读）
夭 yāo（统读）
肴 yáo（统读）
杳 yǎo（统读）
舀 yǎo（统读）
钥（一）yào（语）
　～匙
　（二）yuè（文）
　锁～

曜 yào（统读）
耀 yào（统读）
椰 yē（统读）
噎 yē（统读）
叶 yè
　～公好龙
曳 yè
　弃甲～兵　摇～
　～光弹
屹 yì（统读）
轶 yì（统读）
谊 yì（统读）
懿 yì（统读）
诣 yì（统读）
艾 yì
　自怨自～
荫 yīn
　（"树～""林～道"
　应作"树阴""林阴
　道"）
应（一）yīng
　～届　～名儿
　～许
　提出的条件他都
　～了
　是我～下来的
　任务
　（二）yìng
　～承　～付　～声
　～时　～验　～邀
　～用　～运　～征
　里～外合
萦 yíng（统读）
映 yìng（统读）
佣 yōng
　～工

庸 yōng（统读）
臃 yōng（统读）
雍 yōng（统读）
拥 yōng（统读）
踊 yǒng（统读）
咏 yǒng（统读）
泳 yǒng（统读）
莠 yǒu（统读）
愚 yú（统读）
娱 yú（统读）
愉 yú（统读）
伛 yǔ（统读）
屿 yǔ（统读）
吁 yù
　呼～
跃 yuè（统读）
晕（一）yūn
　～倒　头～
　（二）yùn
　月～　血～
　～车
酝 yùn（统读）

Z

匝 zā（统读）
杂 zá（统读）
载（一）zǎi
　登～　记～
　（二）zài
　搭～　怨声～道
　重～　装～
　～歌～舞
簪 zān（统读）
咱 zán（统读）
暂 zàn（统读）
凿 záo（统读）
择（一）zé
　选～

（二）zhái

　　~不开　　~菜

　　~席

贼 zéi（统读）

憎 zēng（统读）

甑 zèng（统读）

喳 zhā

　　唧唧~~

轧（除"~钢""~辊"

　　念 zhá 外，其他都

　　念 yà）

　　（gá 为方言，不审）

摘 zhāi（统读）

粘 zhān

　　~贴

涨 zhǎng

　　~落　　高~

着（一）zháo

　　~慌　~急　~家

　　~凉　~忙　~迷

　　~水　~雨

（二）zhuó

　　~落　~手　~眼

　　~意　~重

　　不~边际

（三）zhāo

　　失~

沼 zhǎo（统读）

召 zhào（统读）

遮 zhē（统读）

蛰 zhé（统读）

辙 zhé（统读）

贞 zhēn（统读）

侦 zhēn（统读）

帧 zhēn（统读）

胗 zhēn（统读）

枕 zhěn（统读）

诊 zhěn（统读）

振 zhèn（统读）

知 zhī（统读）

织 zhī（统读）

脂 zhī（统读）

植 zhí（统读）

殖（一）zhí

　　繁~　生~　~民

（二）shi

　　骨~

指 zhǐ（统读）

掷 zhì（统读）

质 zhì（统读）

蛭 zhì（统读）

秩 zhì（统读）

栉 zhì（统读）

炙 zhì（统读）

中 zhōng

　　人~（人口上唇

　　当中处）

种 zhòng

　　点 ~（义同"点

　　播"。动宾结构念

　　diǎnzhǒng，义为点

　　播种子）

诌 zhōu（统读）

骤 zhòu（统读）

轴 zhòu

　　大~子戏

　　压~子

碡 zhou

　　碌~

烛 zhú（统读）

逐 zhú（统读）

属 zhǔ

　　~望

筑 zhù（统读）

著 zhù

　　土~

转 zhuǎn

　　运~

撞 zhuàng（统读）

幢（一）zhuàng

　　一~楼房

（二）chuáng

　　经~（佛教所设

　　刻有经咒的石柱）

拙 zhuō（统读）

苗 zhuó（统读）

灼 zhuó（统读）

卓 zhuó（统读）

综 zōng

　　~合

纵 zòng（统读）

粽 zòng（统读）

镞 zú（统读）

组 zǔ（统读）

钻（一）zuān

　　~探　~孔

（二）zuàn

　　~床　~杆

　　~具

佐 zuǒ（统读）

唑 zuò（统读）

柞（一）zuò

　　~蚕　~绸

（二）zhà

　　~水（在陕西）

做 zuò（统读）

作（除"~坊"读 zuō

　　外，其余都读 zuò）

附录四　普通话水平测试模拟试卷

样卷一

一、读单音节字词（100 个音节，限时 3.5 分钟，共 10 分）

词	摸	硫	辫	鞋	砂	琴	爹	舔	黄
逗	僧	绢	恩	简	辰	法	搓	掉	棋
绣	仰	凝	瞥	敢	丢	碎	鳗	质	拍
准	酚	远	扑	赠	炒	旬	舱	甲	例
博	啃	军	勉	池	涛	补	儿	挂	学
纵	亭	饿	挥	备	两	凑	贼	棍	紧
雄	内	村	握	冬	函	伪	锐	何	软
袍	霜	荣	蜜	宅	履	窗	拐	程	丝
够	鸟	外	鄙	昂	靠	眨	狱	诸	却
耍	穷	嗓	媒	硕	款	拎	讽	涂	呀

二、读多音节词语（100 个音节，限时 2.5 分钟，共 20 分）

宣告	青蛙	状况	亏损	盆子	差别	电气化
效用	脆弱	人群	打鸣儿	所以	谬论	张罗
战略	音乐	脑海	出圈儿	窘迫	来宾	痛快
抓获	按钮	下去	配偶	首都	富翁	红娘
运输	鬼脸	叫好儿	仍然	日记	洗澡	棒槌
相关	从而	眼睛	化肥	尊重	恰当	怀抱
冰棍儿	男女	铁锹	灭亡	根据地	政策	佛祖

三、选择判断（限时 3 分钟，共 10 分）

1. 词语判断：请判断并读出下列各组中的普通话词语。

（1）云衫	恤衫	衬衫	汗褂子		
（2）勿要	唔通	别	咪	唔爱	唔好
（3）倒吊	倒转头	颠倒	丁倒	瘌翻	瘌瘌翻
（4）袋袋	袋子	袋仔	袋歀		
（5）背后头	暗肚里	暗中	暗头里	暗下里	
（6）开始辰光	开头辰光	初期	初头	初时	
（7）碰嘟巧	撞啱	凑巧	撞巧	啱啱	啱啱好
（8）勿至于	唔至到	不至于	唔至当		
（9）下底头	底下	下底	屎下		
（10）无停	么断	不断	勿断	么停	

2. 量词、名词搭配:请搭配并读出下列符合普通话规范的量名短语(例如:一条——鱼)。

部　　　副　　　场　　　个　　　条　　　顶

毛巾　著作　西红柿　月亮　手套　伞　雪　手机　鱼　对联

3. 语序或表达形式判断:请判断并读出下列各组中的普通话语句。

(1) A. 我买了一顶帽的、一条裤的。
　　B. 我买了一顶帽子、一条裤子。
　　C. 我买了一顶帽儿、一条裤儿。

(2) A. 这座山有一千九五米高。
　　B. 这座山有千九五米高。
　　C. 这座山有一千九百五十米高。

(3) A. 把书给他。
　　B. 把书把给他。
　　C. 把书把他。

(4) A. 我正要去吃饭。
　　B. 我来去吃饭。

(5) A. 说起话来没个完。
　　B. 说话起来没个完。

四、朗读短文:作品 42 号（400 个音节,限时 4 分钟,共 30 分）

五、命题说话（请在下列话题中任选一个,限时 3 分钟,共 30 分）

1. 我所在的集体　　2. 我和体育

样卷二

一、读单音节字词（100 个音节,限时 3.5 分钟,共 10 分）

奔	衡	末	团	腹	牢	洼	陶	缺	嚷
戳	穷	亏	劝	编	愣	居	昂	芯	柄
箔	肿	加	肯	瑟	艇	料	师	写	松
狗	持	歪	整	双	渴	救	叨	法	词
垮	荒	冒	剖	吻	平	子	擦	岸	粉
误	巴	乃	塘	鳃	氧	遮	缓	怯	组
善	寻	注	雄	剂	蕊	沁	高	坏	蹰
撰	酉	翁	斩	芽	女	闻	叠	宫	层
藕	陈	砂	而	米	云	历	堆	晒	元
匿	胚	狼	逛	决	锅	贼	典	项	彤

二、读多音节词语（100 个音节,限时 2.5 分钟,共 20 分）

陡峭	地下水	濒于	成虫	红军	门洞儿	挂历
封锁	牌楼	软骨	条款	数量	天鹅	找茬儿

恰好	增强	率领	悲惨	虐待	小气	特别
非常	簇拥	佛寺	报销	宣布	稀罕	打开
饭盒儿	商品	日渐	人群	画卷	月球	自治区
难怪	窘迫	将来	农村	准许	玩意儿	状况
每天	为了	蜗牛	障碍	婴儿	创造	灭顶

三、选择判断（限时 3 分钟，共 10 分）

1. 词语判断：请判断并读出下列各组中的普通话词语。

(1) 电涂　电油　电池　电药　电泥
(2) 粒仔　疙瘩　勃欻
(3) 渡船头　渡口　渡船口里
(4) 老老快　飞趌　飞快　老快　飞捋使
(5) 头额　额头　额角头　额壳
(6) 耳仔　耳刀　耳朵　耳公
(7) 亏煞　该哉　多亏　搭帮　好得
(8) 勿然　若无　否则　唔系就
(9) 堵则　唱先　刚才　将脚　才刚　头先
(10) 丢架　跌脸　丢人　坍招势　丢格　失格　出六

2. 量词、名词搭配：请搭配并读出下列符合普通话规范的量名短语（例如：一条——鱼）。

匹　棵　幅　口　家　辆

工厂　大锅　图画　粥　自行车　油画　布　酒馆　草　杨树

3. 语序或表达形式判断：请判断并读出下列各组中的普通话语句。

(1) A. 向老师借书。
　　B. 给老师借书。
(2) A. 他带得有火柴。
　　B. 他带着火柴呢。
(3) A. 我们招他骂了一顿。
　　B. 我们遭他骂了一顿。
　　C. 我们被他骂了一顿。
(4) A. 他的手洗得很白。
　　B. 他的手洗得白白。
　　C. 他的手洗得白白白。
(5) A. 他好好可爱。
　　B. 他非常可爱。
　　C. 他上可爱。

四、朗读短文：作品 14 号（400 个音节，限时 4 分钟，共 30 分）

五、命题说话（请在下列话题中任选一个，限时 3 分钟，共 30 分）

1. 我喜欢的节日　2. 谈谈服饰

280

附录五　国家语委、国家教委、广播电影电视部
《关于开展普通话水平测试工作的决定》

（一九九四年十月三十日）

《中华人民共和国宪法》规定："国家推广全国通用的普通话。"推广普通话是社会主义精神文明建设的重要内容；社会主义市场经济的迅速发展和语言文字信息处理技术的不断革新，使推广普通话的紧迫性日益突出。国务院在批转国家语委关于当前语言文字工作请示的通知（国发〔1992〕63号文件）中强调指出，推广普通话对于改革开放和社会主义现代化建设具有重要意义，必须给予高度重视。为加快普及进程，不断提高全社会普通话水平，国家语言文字工作委员会、国家教育委员会和广播电影电视部决定：

一、普通话是以汉语文授课和各级各类学校的教学语言；是以汉语传送的各级广播电台、电视台的规范语言，是汉语电影、电视剧、话剧必须使用的规范语言；是全国党政机关、团体、企事业单位干部在公务活动中必须使用的工作语言；是不同方言区及国内不同民族之间的通用语言。掌握并使用一定水平的普通话是社会各行各业人员，特别是教师、播音员、节目主持人、演员等专业人员必备的职业素质。因此，有必要在一定范围内对某些岗位的人员进行普通话水平测试，并逐步实行普通话等级证书制度。

二、现阶段的主要测试对象和他们应达到的普通话等级要求是：

中小学教师、师范院校的教师和毕业生应达到二级或一级水平，专门教授普通话语音的教师应达到一级水平。

县级以上（含县级）广播电台和电视台的播音员、节目主持人应达到一级水平（此要求列入广播电影电视部部颁岗位规范，逐步实行持普通话等级合格证书上岗）。

电影、电视剧演员和配音演员，以及相关专业的院校毕业生应达到一级水平。

三、测试对象经测试达到规定的等级要求时，颁发普通话等级证书。对播音员、节目主持人、教师等岗位人员，从1995年起逐步实行持普通话等级证书上岗制度。

四、成立国家普通话水平测试委员会，负责领导全国普通话水平测试工作。委员会由国家语言文字工作委员会、国家教育委员会、广播电影电视部有关负责同志和专家学者若干人组成。委员会下设秘书长一人，副秘书长若干人处理日常工作，办公室设在国家语委普通话培训测试中心。各省、自治区、直辖市也应相应地成立测试委员会和培训测试中心。负责本地区的普通话培训测试工作。

普通话培训测试中心为事业单位，测试工作要合理收费，开展工作初期，应有一定的启动经费，培训和测试工作要逐步做到自收自支。

五、普通话水平测试工作按照《普通话水平测试实施办法（试行）》和《普通话水平测试等级标准（试行）》的规定进行。

六、普通话水平测试是推广普通话工作的重要组成部分，是使推广普通话工作逐步走向科学化、规范化、制度化的重要举措。各省、自治区、直辖市语委、教委、高教、教育厅（局）、广播电视厅（局）要密切配合，互相协作，加强宣传，不断总结经验，切实把这项工作做好。

附录六　国家法律、法规有关推广普通话和普通话水平测试的条文、规定

国家推广全国通用的普通话。

　　　　　　　　　　　　　　　　　　　　　　《中华人民共和国宪法》第十九条

学校及其他教育机构的教学,应当推广使用全国通用的普通话和规范字。

　　　　　　　　　　　　　　　　　　　　　　《中华人民共和国教育法》第十二条

凡以普通话作为工作用语的岗位,其工作人员应当具备说普通话的能力。

以普通话作为工作语言的播音员、节目主持人和影视话剧演员、教师、国家机关工作人员的普通话水平,应当分别达到国家规定的等级标准,对尚未达到国家规定的普通话等级标准,分别情况进行培训。

　　　　　　　　　　　　　　《中华人民共和国国家通用语言文字法》第十九条

（申请认定教师资格者的）普通话水平应当达到国家语言文字工作委员会颁布的《普通话水平测试等级标准》二级乙等以上标准。

少数方言复杂地区的普通话水平应当达到三级甲等以上标准;使用汉语和当地民族语言教学的少数民族自治地区的普通话水平,由省级人民政府教育行政部门规定标准。

　　　　　　　　　　　　　　《〈教师资格条例〉实施办法》第八条第二款

教育行政部门公务员和学校管理人员的普通话水平不低于三级甲等,新录用公务员和学校管理人员的普通话水平亦应达到上述标准。

教师应达到《〈教师资格条例〉实施办法》规定的普通话等级标准:各级各类学校和幼儿园以及其他教育机构的教师应不低于二级乙等,其中语文教师和对外汉语教师不低于二级甲等,语音教师不低于一级乙等。

1954年1月1日以后出生的教师和教育行政部门公务员,师范专业和其他与口语表达关系密切的专业的学生,均应参加普通话培训和测试。……师范专业和其他与口语表达关系密切的专业的学生,普通话达不到合格标准者应缓发毕业证书。

　　　　　　　　　　　摘自教育部　国家语言文字工作委员会《关于进一步加强学校普及普通话和用字规范化工作的通知》（教语用〔2000〕1号）

各地各部门要采取措施,加强对公务员普通话的培训。……通过培训,原则要求1954年1月1日以后出生的公务员达到三级甲等以上水平;对1954年1月1日以前出生的公务员不作达标的硬性要求,但鼓励努力提高普通话水平。

　　　　　　　　　　　摘自人事部　教育部　国家语言文字工作委员会《关于开展国家公务员普通话培训的通知》（人发〔1999〕46号）

除需要使用方言、少数民族语言和外语的场合外,邮政系统所有员工在工作中均需使用普通话。营业员、投递员、邮储业务员、报刊发行员以及工作在呼叫中心、信息查询等直接面向用户服务的职工,普通话水平不低于国家语言文字工作委员会颁布的《普通话水平测试等级标准》规定的三级甲等;邮运指挥调度人员、检查监督人员也应达到相应水平。

摘自国家邮政局　教育部　国家语言文字工作委员会《关于加强
邮政系统语言文字规范化工作的通知》（国邮联〔2000〕304号）

铁路系统员工应以普通话为工作语言,除确需使用方言、少数民族语言和外国语言的场合外,铁路系统所有职工在工作中均应使用普通话。直接面向旅客、货主服务的职工的普通话水平一般应不低于国家语言文字工作委员会颁布的《普通话水平测试等级标准》规定的三级甲等;站、车广播员的普通话水平应不低于二级甲等。

摘自铁道部　教育部　国家语言文字工作委员会《关于进一步加强
铁路系统语言文字规范化工作的通知》（铁科教〔2000〕72号）

声　明

　　本教材中所有拼音注音依据新版(第 7 版)《现代汉语词典》核准校正。本教材所有拼音声调均以《现代汉语词典》为准,在语流中产生音变的,不予变更,如"一""不"的变调等。部分字词存在两种及以上读音,且涵义不变,请考生注意。

　　教材编修工作繁复,难以做到无一疏漏,如有发现内容错误,请与售后联系,我们将及时回复并予以更正。

严格依据教育部、国家语言文字工作委员会
印发的《普通话水平测试大纲》编写

天一新奥
TIANYI CULTURE

普通话命题说话
范文90篇

普通话水平测试命题研究组 编

▶ 关联命题分析
▶ 应试小贴士

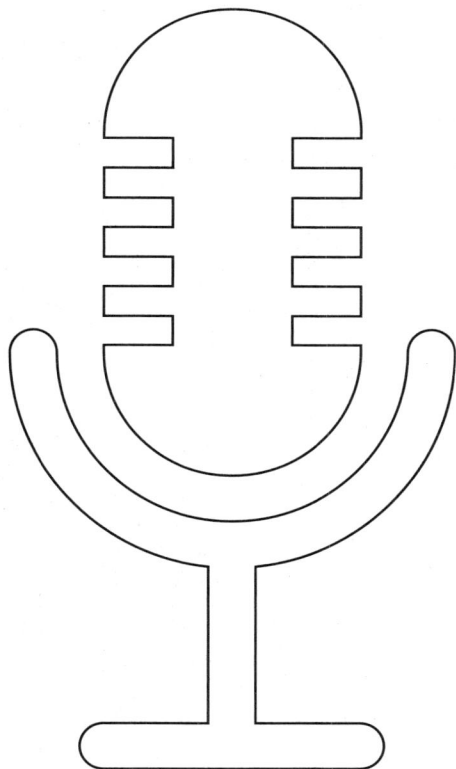

目　录 / Contents

I

1. 我的愿望（或理想）

我的理想

我的理想是成为一名优秀的人民教师。

我喜欢当教师有三个原因：

首先，我觉得教师这个职业对社会很有用。孩子需要通过教师去获取大量的知识，社会需要教师培养优秀的人才，国家的长久繁荣也需要教师持续不断地进行良好的教育。

其次，我觉得教师这个职业有助于个人价值的实现。教师是一个与时俱进的职业，在教的过程中，还要不断地学，不断充实个人的知识储备，这样才能尽可能满足每一个学生的需求。在长年累月的学习中，个人的智力才不会枯竭，个人的进步才不会停止。

最后，我觉得教师这个职业有许多业余时间，可以做自己想做的事情。比如，每年有两个长假——寒假与暑假，每周有两天休息日，我可以利用这些时间来学习、娱乐。充足的个人时间，能够让我以饱满的精力重新投入到工作中。

其实，我想当教师的最大的原因是，我成长的过程中遇到了太多好老师。他们不仅在学习上引导学生，而且处处为学生考虑，维护自己的学生。所以，我早就决定，等我长大以后，也要当一名这样的教师，做一名人类灵魂的工程师！

我一定要实现自己的愿望。

做一个画家

小时候，我有很多愿望，我梦想着长大后当一名科学家、发明家、作家、艺术家、歌唱家……

随着时间的推移，我的大部分愿望都渐渐淡去，只剩下一个，那就是——画家。

我想做画家首先是因为我会画画。我从小学三年级开始画画，一直坚持到现在。长年累月的学习和练习，让我有了扎实的绘画功底，也形成了个人的绘画风格。为了让更多人认识我和我的画，我通过网络平台结识了许多手绘爱好者，其中还有一些高手。我向他们学习，并通过他们将自己的作品展示给了出版社。现在，我已经是一个业余插画师了。

但是，我离"画家"这个目标还相去甚远，我知道我还需要更多的学习和磨炼。

为了提升个人的绘画水平，我去了许多地方，见到了许多大师的作品。我发现，我更喜欢画画了。即使不是"画家"，我对画的热情也未减少分毫。

从那以后，我便不再急于"成为一名顶级画家"，我更珍惜在工作台上创作的时间。因为我的愿望是成为一名画家，所以，我要用画证明自己。

世界和平

人们常常互相调侃说："我的愿望是世界和平！"但是我是真的希望世界和平。

如果世界和平，我们的维和战士就不用背井离乡，不会牺牲在异国的土地上。

如果世界和平，就不再有战争，国与国之间相安无事，共谋发展，不久的将来，地球

1

上就不会有无家可归的难民。

如果世界和平，那些藏匿在人群中的好战分子就没了"市场"，谣言和负能量会消失，理性和法制会深入人心，社会运行将井然有序。

我的愿望不只是弱者的祈求，也是强者的希望。一个人无论多么富有，都无法承受战乱的冲击；一个国家无论多么强大，都无法承受恐怖袭击的伤害。和平稳定，从来都是人们共同的愿望。

然而，这世界上也有那么一些人，他们怀着不为人知的目的，不肯接受和平的世界。他们造谣生事，煽动社会中的不良情绪，把平静的社会生活搞得乌烟瘴气；他们随意发动战争，制造事端，把好好的一个国家弄得破败不堪，让人民陷于水深火热中。他们手段卑劣，用心险恶，是人民的敌人，社会的败类，国家的叛徒！

和平稳定才有发展，那些在战乱和纷争中牟利的人，你们抱着染血的财富，真的能睡得好吗？

【关联命题】我尊敬的人、我喜爱的职业、我喜爱的文学（或其他艺术形式）、我的成长之路、谈谈社会公德或职业道德、谈谈个人修养等。

应试小贴士：命题说话的考查重点不是考生的作文能力，而是表达的流畅和发音标准，考生准备时注意尽量使文字口语化、简单化，使其便于口头表达，不要过分追求词句华美而本末倒置。"我的愿望"这一命题延伸很广，考生最好选择个人熟悉的话题，准备的时候留有一定自由发挥空间，这样做，忘词的时候就不会太过慌张，也方便转换成其他命题的材料。注意多列要点，每个要点简单说几句带过，避免过多的内容造成逻辑混乱。

2. 我的学习生活

我的学习生活

我喜欢学习，我的学习生活也是多姿多彩的。

在不识字的时候，我就喜欢拉着妈妈给我讲睡前故事。认字之后，我更是变成了一个大书虫，每天把读书当饭吃，妈妈每次做好饭叫我，我都听不到。

上学之后，课堂上的学习是最重要的，是老师带领我们一起进行的。课堂气氛非常活跃，老师十八般武艺轮番上阵，同学们叫好声络绎不绝，学习变得既充实又开心。

除了课堂上，课外时间我的学习生活也是多种多样，其中，我最爱看书。这些书，有教人如何维护自尊的《简·爱》，有描述项羽争霸的《西楚霸王》，有拷问人心的《罪与罚》，有探索历史的《万历十五年》……我看起书来非常入迷，午休看，晚睡也看，曾无数次打着手电筒躲在被窝里看，有时候好书一来，就算第二天要考试，也要通宵看完才能入睡。为此还被老师叫去谈话，老师对我这个大书虫也是哭笑不得。

工作后，我不能再像上学时那样整天读书学习，也不能和同学朋友一起谈吴三桂，评林黛玉、薛宝钗，赞武则天，骂慈禧太后了。但是，我的学习生活不会停下，我读书的爱好也会一直坚持下去。

古语说：书中自有黄金屋，书中自有颜如玉。但我读书既不求黄金屋，也不为颜如玉，更不为宋仲基，我只求知识，求一种在课堂上学不到的知识，用它来开拓视野，武装头脑，充实我的精神世界。

我的学习生活

我的学习生活是痛并快乐着的。

读高中的时候，老师们经常鼓励我们，对我们说，熬过了高中，到了大学就轻松了。所以，进入大学前，我以为大学的学习就是自主学习，所有的东西都是个人选择，自己安排，十分自由。进入大学后，我发现原来的想法是那样的天真，现实的大学生活和我之前想象的真的可以说一点儿都不一样。

真实的大学，课程很多，作业也不少，作业形式也是花样百出。有让写论文的，有让做调研的，有让写书评的，还有让排练话剧的。刚开始几乎每天都被上课和作业淹没，后来写的多了，学的深了，作业很快就能完成，学习压力也小了很多。

其实，大学期间，我们有很多课外时间，可以任意支配。只是，我大部分时间都用来做作业了。当学习压力减小之后，我开始参加一些社团，多样的社团活动让学习生活多了许多乐趣。并且，我跟几个关系比较好的同学相约一起夜跑健身，每天跑步半小时，半个学期下来，虽然辛苦，但是身体确实结实不少，收获很大。

大学的学习生活没有想象中那么自由，是因为，太过自由就是在放纵自己。我喜欢这种痛并快乐着的学习生活，因为每次付出都有收获，让我感到很充实。

我的学习生活

人们常说：活到老，学到老。我也认为学习应该贯穿人的一生。

我是一个爱好学习的人。我从来不以学习为苦，因为学习使我增长知识、开阔眼界。

学生时代大家都是以学习为主要任务，而我也总是把学习放在第一位。还记得高考前的一天，爸爸下班回家，买了许多我爱吃的零食，并叫我去吃。可当时我正在做一套数学模拟试卷，因为过于专注，没有听到爸爸叫我。爸爸一连叫了几声，最后干脆端着盘子到我的卧室。当他看到我正在认真做题时，他立刻停下了脚步，端着盘子在卧室门口站了半个小时，直到我完成一套卷子。我松了口气，他也松了口气，我被他吓了一跳，他只是看着我笑。

我是一个很要强的人，尤其在学习上，总要跟别人争个高下。其实这一点很不好，常常让许多人觉得我"杀气"太重，不好接近。在这方面，我自己的压力也是很大的。爸爸很理解我，也很心疼我，常常开导我，可是我就是改不了这个毛病。后来，老师拿了几本社交心理学方面的书给我，说是给我的特别学习任务。我一开始没兴趣，看了之后就停不下来了。那几本书帮我纠正了人际交往中的毛病，也让我知道了学习不只是学考试的东西，世上的所有事都可以学习。

所以，我认为学习应该贯穿人的一生，毕竟，金无足赤，人无完人。

【关联命题】我喜爱的职业、我的成长之路、我尊敬的人、我喜爱的书刊等。

应试小贴士：每位考生都经历过学习生活，这个话题的素材应该很丰富。逻辑上可以依照学前—小学—中学—大学—毕业后的时间顺序组织内容，或者分课上—课下两部分。

3. 我尊敬的人

我尊敬的人

我最尊敬的人是艺术大师徐悲鸿先生。他曾说过这么一句话："人不可有傲气，但不可无傲骨。"道出了一个深刻的人生哲理。

傲气是气，虚张声势而已。生活中往往有些人，有点儿小成就就得意忘形，傲气冲天。有傲气的人，往往自命不凡，以为自己高人一等，他们目空一切，最终自毁前程。

傲气是毒，迷惑心智。它一旦产生就使人头脑昏昏然，辨不清是非曲直，更听不进批评的意见，这也必然导致事业的失败，所以，"人不可有傲气"。

但在"无傲气"的同时，必须"有傲骨"。

傲骨是志，坚毅不移，百折不挠。人往往在失败和挫折面前灰心丧气，因为一旦失败了，冷眼、讽刺就会随之而来，也会使人丧失锐气和进取心。要想不被挫折打倒，就要有"傲骨"，像徐悲鸿先生一样，面对外国人的挑衅不卑不亢，以成绩见真章。

徐悲鸿先生的这句话使我懂得了，做人要做这样的人：既不自高自大，也不妄自菲薄，既能在赞誉面前低头检查不足之处，也能在面对冷眼时昂首挺胸、阔步向前。所以，我尊敬徐悲鸿先生。

我的爸爸

每天天还没亮，一个黑瘦的人已在庄稼地里忙活很久了，他就是我的爸爸，一个地地道道的农民。

我的爷爷是农民，我的爸爸是农民，我本来也应该是个农民。可是，爸爸却让我一定要上学，还要上大学。

爸爸这辈子似乎注定要辛苦。听妈妈说，爸爸小时候就很辛苦，小小年纪就下地干活，并且再也没能从田地里出来。成家立业直到现在，爸爸还是很辛苦，因为他要用双手养活一家人。

每天早上，我们还在梦乡时，爸爸就起床了，牵着牛，扛着犁耙下地去了，有时候爸爸犁好了一块地，天都还没有亮。爸爸身体不好，经常胃疼，但他为了不耽误播种，每次都忍着，坚持下地干活，干一会儿，就要在田埂上歇一下。

我是家里的老大，总想替爸爸分担一些农活。但是，爸爸却一点儿不领情，甚至很生气。有一次，爸爸当着村里人的面儿用扫帚打我，一边打一边说："你为什么要下地干活？难道就这么想当一个穷人?!"我比爸爸更生气，一声不吭，任他打。从那以后，我再帮他干活他就不拦着了。

我考上师范那年，爸爸看到通知书时，高兴得哭了，我现在想起这件事还觉得心酸。我的爸爸，虽然一直生活在苦难中，虽然固执不讲理，但是他永远是我的骄傲。

我的老师

小时候的我非常迟钝，学东西总是学不会，连爸妈都觉得我这样一个笨蛋，长大以后也不会有什么出息，对我不管不问。但是，我的小学老师梁老师却没有放弃我。梁老师改变了我的一生，他永远是我最敬爱的老师。

记得在小学三年级以前，我可以说是我们村学习成绩最差的，一百分的卷子，我连十分都考不了。爸妈都说为什么生出一个这么笨的孩子，其他老师也说我是个笨蛋。学习让我很没"面子"，所以，我不去学校，而是和几个哥们儿混在一起，在上课时间到江边游泳、钓鱼。

后来，我到一公里外的学校去读三年级，在那里，我遇到了我的救星，那就是我最尊敬的梁老师。梁老师很温柔，他从没打骂过我，而且对我这样的笨蛋完全没有不耐烦，一遍又一遍地给我讲，直到我真的明白了。梁老师的谆谆教导使我一天一天进步。

而且，梁老师总是找我谈话，帮我树立学习的信心。他常说，我过去学习差并不是我笨，说我很聪明，只要努力，会赶上其他同学的。从此，我慢慢地克服了许多毛病，考试成绩也直线上升。我领略到了学习的乐趣，学习变得更加刻苦，期中考试我跃进前十名，期末考试我又进入了班上的前五名。

当我第一次站在领奖台上时，我流泪了。我深深地懂得我的这个成绩是来之不易的，里面有着梁老师的不少心血呀！所以，我永远敬爱我的梁老师。

【关联命题】我的愿望（或理想）、我喜爱的职业、我的成长之路、谈谈个人修养、我喜欢的明星或其他知名人士等。

应试小贴士：这个命题需要阐明喜欢的理由，最好从身边的人和事入手，组织材料的时候要带有感恩或崇敬的情绪，避免凭空编造和机械背稿。

4．我喜爱的动物（或植物）

夜来香

我最喜欢的花是夜来香。

记得刚到上海的时候，因为人生地不熟，心里总觉得不舒服，情绪比较紧张。于是，我常常一个人坐在学校的走廊上，对着草坪发呆。

一天晚上，我像往常一样坐在走廊上，出神地望着草坪。忽然，一阵轻风掠过，我闻到了一种从来没有闻到过的香味，清透浓郁，让人舒服极了。我循着香味走了过去，找到了夜来香。它有着细长的叶子，有点儿像桃树叶，修长的枝干像杨柳，枝上开了很多洁白的小花，点缀在绿叶之间。

在众多美丽的花朵面前，夜来香是非常不起眼的，但是它发出的香味却那么的浓，那么的令人神往。

夜来香在白天是不会发出香味的，只有到了夜深人静的晚上，才会发出阵阵的清香。其他的花都是在白天争奇斗艳，尽量吸引别人的注意，而这不起眼的夜来香，却选择了没有人注意的晚上，默默地给人们送出阵阵温馨的清香，我不禁被夜来香的这种品格打动了。

从夜来香的身上，我也懂得了做人不必太出风头，只要有所贡献就行了。从此以后，我每天晚上都去看望一下我心爱的夜来香，静静地享受着夜来香送来的阵阵幽香。有了夜来香的陪伴，我在异地他乡的日子也不再孤独寂寞。

猫

猫是我最喜欢的动物。

我觉得，热爱生活的人都应该养一只猫。因为猫比人更懂得生活。它们总是很享受的样子，看起来懒洋洋的，无忧无虑。当你养猫之后，你就会发现，你很羡慕猫。

猫不会谄媚自己的主人，总是活在自己的世界里，悠然舒适。人会被生活琐事影响情绪，猫却不会；有些宠物依恋主人，猫却很独立。我希望自己能像一只从容不迫的猫，吃饱喝足后便好好睡一觉，没有任何烦恼。

我觉得，追求品质生活的人也应该养一只猫。因为猫有着很高的品格。猫有着可爱的外形，尤其是小奶猫。猫的皮毛和身段都很柔软，抱着很舒服。养猫的人喜欢抱着猫和猫亲热，但是，猫只有心情好的时候才会亲近主人。如果猫不愿意，任你怎么威逼利诱，它都不会和你亲近。由此可见，猫虽然外表柔软可爱，内心却是非常独立强大的。一个追求品质生活的人也必然是一个内心独立又强大的人，所以，养一只猫正合适。

我觉得，想要排遣寂寞的人不应该养猫。因为，猫不会成为任何人的玩具，它不是为讨好人而生的。为了排遣寂寞而养猫的人，只会更寂寞。

我喜欢猫，因为猫外柔内刚，猫独立自我，猫优雅可爱。

水仙花

我喜欢的植物很多，最喜爱的植物是水仙花。

水仙花与兰花、菊花、菖蒲共称"花中四雅"。可见，水仙花是一种极雅致的花。

这么雅致的花，很适合用来装饰书房。在我的书桌上就有一株水仙。用一个小小的青瓷花瓶装着。青瓷花瓶上面画有竹子，青翠雅致，与秀美的水仙一样漂亮。水仙的叶子是向四方散开的，但花径笔直向上，所以，水仙花整体上给人的感觉总是直的。在朴素的书房里，正直的水仙就是读书人心里正直的道。

水仙花秀美端庄，寓意良好，却很好养活，是一种没"架子"的花。在我家的阳台上就有一盘用泥土栽种的水仙花，平常也不用花太多心思去管它，每隔几天浇一下水、松松土、施施肥就行了。虽然不怎么管它，但是，每到发芽、开花的时节，我总会惊喜地发现，那盘水仙花又长出几棵新芽，开了满满一盘白色的花。

水仙花还可以用水来培养，不需要很大的地方，就当在桌上摆个笔筒就行了，有时候要出远门也不用怕它缺水。

朴素又典雅，低调好培养，这便是我喜欢水仙花的原因。

【关联命题】童年的记忆、我的朋友、我的业余生活、谈谈对环境保护的认识等。

应试小贴士：这一命题的说明性比较强，需要对喜欢的动物或植物的特点展开描述，所以考生一定要选择自己熟悉的事物。不了解也不要乱说一气，避免出现常识性错误。

5. 童年的记忆

我的童年成就

对我来说，童年时期的回忆永远是最深刻的，童年获取的成就也是终生难忘的。

我家有一个店，小学有一年的暑假，妈妈看着空着的店铺建议说："让店白白地空着怪可惜的，趁这暑假，你卖年画吧。"我的暑假作业也写完了，刚好没事做，所以也想试一试，爸爸也赞成，并且积极帮忙。于是，我人生中第一次生意就这么开张了。

开始的时候，虽然我们起得特别早，布置店铺，但是连一个问价的也没有。爸爸怕我伤心，串通村里的年轻人，装作客人来买年画。但是，我一眼就看出来了，没有把东西卖给他们。就这样，干等了几天，终于，生意来了！有一天，进来一个大姐姐，仔细挑了半天，最后挑了幅风景画。之后，客人渐渐多了起来，我有了钱之后，进了一些冰棍、饮料，便宜卖给村里的小孩子，也招来不少大人来看年画，买年画。一个暑假下来，还真赚了一些钱。

做生意不仅能赚钱，而且可以培养能力，锻炼口才。经过一个暑假的磨炼，我感觉自己进步很大，做事情更加有主见，遇到困难也不再害怕，成绩也进步很多，连老师都觉得惊讶。

直到今天，我都受益无穷。童年的成就也许微不足道，但是却是任何巨大的成就都无法取代的。

第一次坐滑梯

我第一次坐滑梯的时候，觉得真是好玩极了，那时，又怕坐又想坐，那个矛盾的心情可真让我难忘。

那是我读幼儿园时。我们的幼儿园很漂亮，像城堡一样。在教室旁边有一座两米高的大象滑梯，第一次坐滑梯是老师带着我们的。我们排着队来到滑梯下面，小伙伴们又是激动又是害怕，叽叽喳喳，好不热闹。我心里很紧张，觉得非常害怕。因为对幼小的我而言，两米的高度实在是太高了，我觉得小伙伴像是从天上掉下来的一样，生怕他们摔到。

一个老师安排我们逐个儿走上滑梯，另一个老师在下面接我们。小伙伴们一个接一个上了滑梯，终于到我了。我当时又急又怕，整个人都在哆嗦，老师在旁边安慰我，鼓励我，拉住我。我终于下决心试一试，坐上滑梯的一瞬间，我感觉自己像风一样快，一眨眼就已经滑到了底。那时候觉得好新鲜，好好玩。我感觉自己又战胜了一个很大的困难，变得亢奋起来。所以，我立马跳起来，又上去滑了一次。这次我不怕了，而且很稳当地滑了下来，老师们都表扬了我，我高兴极了。

现在，我已经过了坐滑梯的年纪，而且也挑战了许多比滑梯更"可怕"的东西。但是，我相信，只要肯尝试，所有的困难都不过是一个等待被征服的"滑梯"。

爬　山

我喜欢爬山，这跟我小时候的经历有关。

最开始爬山，是为了锻炼身体。从小，我就体弱多病，身材瘦小，经常被别人拿来做笑料。因此，我一直很自卑。我不喜欢和同学在一起玩，对体育活动也敬而远之。我的老师发现我经常一个人躲在墙角看书，就找我谈心。知道原因之后，老师便组织了登山活动。在爬山的过程中，老师一直陪着我，鼓励我。老师说，爬山不但可以锻炼身体，而且能锻炼自己的意志！当时，我出乎意料地爬完了全程，老师说的话也深深地印在了我心上。

从那以后，我就爱上了爬山，一有空就去爬山。平时就在郊区的小山头，逢节假日就到省里的几座名山上去。爬山成了我的执念。爬山时，我脑子里只有一个念头，那就是，我要锻炼身体，我要锻炼意志，我不要再被别人嘲笑，我不要再让自己孤单一人。

久而久之，我发现，爬山给我带来的好处真是太多了。爬山的时候，可以欣赏风景，也可以结识志同道合的朋友。爬山让我的体质渐渐增强，也让我的朋友越来越多。而这一切，都是我的老师给我的礼物。

【关联命题】我尊敬的人、我的朋友、我的业余生活、我和体育、难忘的旅行等。
应试小贴士：这一命题要注意时间限定为"童年"，表述的过程中注意不要混淆了时间。内容上，与很多话题都能交叉，只需要把时间换成童年时期就行了。

6. 我喜爱的职业
人民教师

教师是我最喜欢的职业之一，高考填报志愿的时候，我也报选了师范专业。

我喜欢教师有三个原因：

首先，我觉得教师这个职业对社会很有用。孩子需要通过教师去获取大量的知识，社会需要教师培养优秀的人才，国家的长久繁荣也需要教师持续不断地进行良好的教育。从大的方面说，人类文明的传承离不开教师的传道解惑；从小的方面说，个人想要有所作为，有所进步，也需要名师指路。

其次，我觉得教师这个职业是一个不断学习的职业，是一个创造性很强的职业。教师是一个与时俱进的职业，在教的过程中，还要不断地学，不断充实个人的知识储备，这样才能尽可能满足每一个学生的学习需求。在长年累月的学习中，个人的智力不会枯竭，个人的进步不会停止。所以我觉得，教师每天都面临着全新的挑战，是一个挑战性很强的工作。

最后，我觉得教师这个职业有许多业余时间，可以做自己想做的事情。比如，每年有两个长假——寒假与暑假，每周有两天休息日，我可以利用这些时间来学习、娱乐，做到劳逸结合。

总而言之，教师是一个伟大的职业，我想当一名光荣的人民教师，做一名人类灵魂的工程师！

画 家

因为父母的影响，我从小就想当个画家，我也喜欢画家这个职业。

我的父母都是书画爱好者，父亲喜欢练字，母亲爱好国画。我还不会说话的时候，就已经开始用手蘸着墨汁，在家里的墙上"点梅花"。直到现在，那些丑丑的"梅花"还在我家墙上呢。

从小学开始，我正式报班学画画，到现在，已经十几年了。长年累月的学习和练习，让我有了扎实的绘画功底，也形成了个人的绘画风格。为了让更多人认识我和我的画，我通过网络平台结识了许多手绘爱好者，其中还有一些高手。我向他们学习，和他们一同开展学习交流活动，并通过他们将自己的作品给了出版社和设计室。现在，我已经是个业余插画师了。

我的作品虽然色彩华丽，但是，画家的工作其实是很辛苦的。工作少的时候，一天要画两个小时，多的时候，一天要画十几个小时。有时候，绘画没有灵感，我只能一个人对着画板发呆，身边连个说话的人都没有。有时候，突然来了灵感，就算是不吃饭、不睡觉，我也要把画画完再休息。好几次因为工作太过投入差点儿"饿死"自己，但是，看到自己手下成型的作品时，所有的辛苦都值得。

不管多辛苦，我都会坚持下去，因为我喜欢画家的工作。

医　生

我最喜欢的职业是医生。

一开始我非常讨厌医生，看到穿白大褂的医生就会产生畏惧心理。因为，小时候我总是生病，经常要打针吃药。打针太疼了，每次我都哭得上气不接下气。但是，爸爸妈妈非但不帮我拦住打针的医生，还总是用力按住我，不让我挣扎。药也特别苦，可是，医生和爸妈总是想方设法骗我吃药。总之，小时候，我真的特别讨厌医生，总是在心里骂那些穿白大褂的医生。

后来，在爸妈和老师的教育下，我认识到，医生给我打针，让我吃药，都是为了让我早日恢复健康。而且，医生每天看病救人就已经很辛苦了，却还要花心思哄我、逗我。不只是我，医生对每一个病人都非常有耐心，他们高尚的品格令我感动。

再后来，我发现高尚的品格只是做医生的基本道德素养，一个合格的医生还需要学习很多很多的医学知识。我在图书馆看过医学方面的书，每一本都像砖头一样厚，每一页都是密密麻麻的字。我只是看一会儿，就觉得头晕眼花，而学医的人可是要看几十本这样的教材的。从那以后，我知道了，医生的伟大不只在于他们任劳任怨、默默奉献，还在于他们博学多闻、医术精湛。

我比较笨，看不懂医书，做不了医生。但是，不管做什么工作，我都要向医生学习，深藏功与名，好好学习，踏实奉献，无怨无悔。

【关联命题】我的愿望（或理想）、我尊敬的人、我的成长之路、我所在的集体（学校、机关、公司等）、谈谈社会公德或职业道德、谈谈个人修养、我喜欢的明星（或其他知名人士）等。

应试小贴士："职业"可以从多个角度进行描述，但是这个话题要对职业进行说明性的展开，可以说一下职业的特点、从业标准等。话题可以从个人的工作、身边人的工作或者是个人经常关注的领域入手，只要有话可说即可。

7. 难忘的旅行

陕西之行

我最难忘的一次旅行是去陕西的旅行。

刚听说可以去陕西旅游的时候，我兴奋极了，因为我从来没有去过黄土高坡，对粗犷的大西北之行十分期待。出发前一天，我兴奋得睡不着觉，导致第二天刚上车我就睡着了。

一觉醒来，就到了目的地——西安市。

在西安逗留了三天，看了兵马俑、大雁塔、历史博物馆，逛了回民街，感受到历史名城西安的浓厚历史底蕴和文化气息。我最喜欢陕西历史博物馆，那里展出的文物非常多，展示了人类进化的历程和古代人民的智慧发明。我看了才知道，原来很多现代人使用的东西，古时候都已经发明出来了，古人都是非常聪明的。

之后，我跟着同学到他们村子里住了几天。同学的老家在真正的黄土高坡上，天气好的时候，能够看到秦岭山脉。我最喜欢的是黄土高坡上的星空。黄土高坡上的星空跟平原就是不一样，星星又多又亮，看一夜都看不够。

陕西的食物以面为主，口味就是一个"重"字，特别酸，特别咸，特别辣。但是，我很喜欢，尤其是同学家的家常菜，吃了以后，特别有精神。同学说，他们村的人也这么说，说下地干活都靠这些重口味的饭菜提神了。

陕西之行让我见识了厚重的历史，美丽的星空，淳朴的美食，令我终生难忘。

一次探险

每年节假日，我们一家都会出去旅游。但是，最让我难忘的旅行是大学时候和朋友去探险。

记得那天天气很冷，又下着雨，不知是哪位同学心血来潮，提议大家去登山。大家也就同意了。

那是一座无名小山，山下有几个小村子。那座山平时很少有人上去，却有不少关于它的"传说"在学校流传，基本上都是鬼故事。不过我们是不信的。

我们在一个同学的带领下，直奔目的地，到达时我才发现这是一座没有路的山，又或者说路不在我们所走的地方。总之，我们是糊里糊涂地就去登了一座完全不了解的山，对我们来说，这就是一次探险活动。所以，大家都十分期待地往山上爬。

起初，还有一点儿路的痕迹，但是，我们爬了一会儿，就没有什么路可以走了。冷雨落在身上，都没有感觉，因为所有的注意力已经集中在如何往上爬上。我偶然一回头，发现自己已经身处山腰，我往下一看，感到头晕目眩，再也不敢往下看了。又过了一会儿，我们发现一个不大的山洞，几个人就挤在山洞里躲雨。后来，雨越下越大，我们下不了山，便挤在一起，抱团取暖，熬了一夜。

第二天，雨小了之后，大家狼狈地下了山，这次探险草草收场。但是，后来我们几个一起探险的人就有了共同的秘密。这次探险把我们几个紧紧绑在一起，虽然让人哭笑不得，但是，对我们而言意义深远，终生难忘。

一次难忘的旅行

我很喜欢去旅游。旅游可以长见识，可以减压力。我去过山水甲天下的桂林，到过享有世界文化遗产之称的武陵源、张家界，游历了童话世界般的九寨沟，也拜访了淡妆浓抹总相宜的西湖。但是，最让我难忘的还是小时候的一次旅行。

那年我 6 岁，和妈妈一起去大连旅游，来到大连的第一件事就是去看大海，这是我平生第一次看大海，远远望去，蔚蓝的海水一望无际，壮观极了，我真想张开双臂拥抱它。

在软软的沙滩上，我又是蹦又是跳，浪花轻轻地拍打着我的小脚丫，温柔而舒服；海风轻轻地在我耳边诉说着这里曾发生的故事。我在海滩上拣了好多五颜六色的贝壳。我坐在游泳圈中央任凭海浪的拍击，一会儿被冲上了岸，一会儿又被推下海，好像荡秋千一样，太有意思了。

正在这时我突然看见一艘快艇飞驰而过，我很想尝试坐一下，但有点害怕，妈妈看出了我的心思，就鼓励我说："想坐就去试一试，要做一个勇敢的孩子！"于是我便鼓起勇气，同妈妈一起穿上救生衣登上了快艇。快艇在海上飞速行驶，耳边的风呼呼作响，我感觉自己像是在海上飞，刺激极了。

我喜欢这次旅行，因为它带给了我很多快乐，开阔了我的视野，锻炼了我的意志，使我变得更加勇敢了，这次难忘的旅行给我留下了美好的回忆！

【关联命题】我的理想（或梦想）、童年的记忆、我的成长之路、我的朋友、我的业余生活等。

应试小贴士：这一命题着重点在"难忘"和"旅行"。"旅行"要交代事件、地点、沿途风景、人物等，"难忘"的原因也要交代一下。语言以简单直接为佳。

8. 我的朋友

我的朋友

我有很多朋友，但是，能够畅所欲言的交心朋友也只有两三个。

古语说："人生得一知己足矣。"何况我还不止一个，所以，我很知足。

玲玲是我最要好的一个朋友，也是多年的老朋友了。她高高的个子，短发，细长的眉毛下闪动着一双乌黑发亮的眼睛，流露出聪颖的光芒。她体型不胖不瘦，平时爱穿蓝色的衬衫，咖啡色的裤子，黑色的皮鞋，很有精神。

但是，很多人都不相信我们是朋友，因为我们看起来没有一点儿共同点。的确，外形上，玲玲总是像个假小子，但是我却是一年四季穿裙子，标准的小姑娘打扮。从外形上看，我和玲玲确实没什么共同点。但是，我们又有着太多太多的相同点，比如我们都喜欢看动漫，吃美食，我们喜欢看的书也是一样的，我们喜欢的综艺节目和电视剧也都是一样的。

外形上的差异并没有影响我和玲玲之间的友谊，反而使我们更加认同彼此。正是因为这种认同，我和玲玲成了无话不说的好朋友。我们曾经彻夜畅谈人生理想，在受挫的时候，我们第一个想到的是向彼此寻求帮助；在荣耀的时候，我们首先想到是与对方分享。

人生得一知己足矣，古人诚不我欺。

我的朋友

我有许多朋友，他们有的和我一起玩，有的和我一起学习，我们志同道合，于是成为朋友。

正所谓，在家靠父母，出门靠朋友。我们都需要朋友，互相扶持，互相帮助，是朋友伴我走过了人生每个平凡的日子。高兴了，会找朋友分享，不高兴了，也会找朋友倾诉。可以说，朋友是一朵鲜花，一杯清茶，一本书。有朋友的日子，我不会觉得孤单。

朋友对我的影响很大，每一个朋友都给了我很大的帮助。比如，在我的朋友中，有一个身材胖胖，但性格开朗的女孩。她很有趣，善于讲那些神话故事，我所知道的希腊神话都是从她那儿听来的。她还很开朗，整天笑呵呵的，从她身上，你看不到烦恼，只要你和她在一起，就永远不会有烦恼，因为她总是给人一种乐观向上的信号。她是我高中的同学，我们每年至少都会聚会一次。虽然彼此忙于自己的生活，不常联系，可是我发现一旦我们聚到一起，她身上那种快乐向上的精神就会再次带动我，让我也快乐起来。我很喜欢和她在一起。

虽然成长的烦恼谁都要经历，但是，我希望，不管未来多么艰难，我和我的朋友们都能互相支持，互相鼓励，一直走下去。

我的朋友——书

有人说，书是进步的阶梯，书是人类的朋友。在我看来一点儿不错。我的朋友就是书。

在识字前，我就喜欢上了书。当时看书是以连环画为主，一本书下来也没有几个字，但我却能通过画，猜出书的内容。我觉得书很神奇，小小的一本就是一个波澜壮阔的英雄故事。书像是一个聚宝盆，里面有很多宝藏。

后来，我喜欢看童话。格林童话、安徒生童话、郑渊洁童话，那时我深深地被公主与王子的爱情所感染，被舒克和贝塔的历险故事所吸引，一拿起书，就放不下来。那时候，电视里还有很多童话故事改编的动画片，把书和动画片一起看，觉得书变得更加生动美妙。

上学之后，书就真的成了我形影不离的好朋友。我喜欢学习，更喜欢看书。书带我认识这个世界，带我结识各种性格的人物。我喜欢揣摩书中人物的心理，更喜欢透过书本看世界，书让我足不出户就能感受到世界之大，天地万物的壮美，人情世故的哲学。和书在一起的时候，我感到非常的充实和美好，往往忘记时间的流逝，只想纵情徜徉于书海。

我看书没有特别针对哪一类，只要是好书，我什么都看。我喜欢看科幻故事，也喜欢看散文诗，我看黑格尔，也读余秋雨，我喜欢苏轼和辛弃疾，也爱看《诗经》和《论语》。

我爱书，它是我生活不可分割的一部分，是我一生的好朋友。

【关联命题】我的愿望（或理想）、我尊敬的人、我爱爱的职业、我喜爱的文学（或其他艺术形式）、我的成长之路、我喜爱的书刊等。

应试小贴士：这一话题需要注意，"朋友"不只局限于人，考生可选择自己熟悉的内容，稍作修改就可以变为"我的朋友"。注意讲出"朋友"的特点，"朋友"对自己的影响等。

9. 我喜爱的文学（或其他艺术形式）

读 书

我最喜欢读书，各种各样的书都喜欢。

小时候我最喜欢看图画书。薄薄的一本书，全看下来也没有几个字。但是那些画牢牢吸引着我，让我忘记了孤单，忘记了害怕，即使一个人在家里，我也不哭不闹地看书。大人都说我胆子大，一个人在家也不怕，其实，是书让我忘了害怕。

后来，我喜欢看童话。格林童话、安徒生童话、郑渊洁童话，那时我深深地被公主与王子的爱情所感染，被舒克和贝塔的历险故事所吸引，一拿起书，就放不下来。那时候，电视里还有很多童话故事改编的动画片，把书和动画片一起看，觉得书变得更加生动美妙。

上学之后，书就真的成了我形影不离的好朋友。我喜欢学习，更喜欢看书。书带我认识这个世界，带我结识各种性格的人物。我喜欢揣摩书中人物的心理，更喜欢透过书本看世界，书让我足不出户就能感到世界之大，天地万物的壮美，人情世故的哲学。和书在一起的时候，我感到非常的充实和美好，往往忘记时间的流逝，忘记成长的烦恼，只想纵情徜徉于书海。

工作以后，我更加要抽出时间看书。每当心情低落，工作受挫，书总是第一个来安慰我。

所以，我爱书，它是我生活不可分割的一部分。

电 影

一部好电影会影响一个人的一生。我喜欢看电影，那些震撼人心的电影也总是影响着我对生活的看法，为我的业余生活增添光彩。

我看的第一部电影是迪士尼出品的《花木兰》。它算是儿童电影中的经典之作。那时候还不能理解夸张的美式漫画和美式幽默，但是，英雄花木兰的故事，把我感动哭了。

初中的时候看了许多僵尸片、警匪片、科幻片，故事非常跳脱，往往看完就忘记了。

高中的时候，看了许多外国名著改编的电影，像《呼啸山庄》《简·爱》《乱世佳人》，等等。这些讲爱情的电影，都带着生活的悲壮气息。我看得很压抑，很难受。为了排遣不舒服的感觉，我又看了许多喜剧片，但是，并没有什么用。好电影留在人心头的震撼，不会轻易被取代，就算是难过，我也必须承受着。

大学的时候，电影资源更加丰富，我更是什么电影都看，尤其喜欢文艺片、动漫电影和喜剧片。因为质量上乘的剧情片越来越少，有时候剧荒，我干脆看纪录片。

这几年，国内新生代导演纷纷带着作品登场亮相，良莠不齐的商业片大战让电影市场变得扑朔迷离，我看电影的热情小了，频率也低了。但是，我内心深处一直期待着国内电影事业的崛起，等到那一天，我再做一个狂热的电影爱好者。

我喜欢音乐

我一直觉得，音乐是这个世界上最伟大的艺术形式。

音乐美妙动听，让人心情好。早起听一首好歌，心情会变得很舒畅，对一天的生活也充满信心。累的时候听一首好歌，精神立马变好。临睡前听一首舒缓的钢琴曲，做的梦都是甜的。

音乐激动人心，调动人的情绪。看综艺节目的时候，如果背景音乐不合适，或者没有背景音乐，节目的效果就会大打折扣。在影视剧里，音乐往往映射人物的心理活动和剧情发展，很能调动起观众的紧张感，让观众情不自禁地和剧中人一起哭，一起笑。

音乐常伴左右，生活更有乐趣。有一个会唱歌的朋友，是一件开心的事；有一个玩乐器的朋友，是一件幸运的事。在繁重的工作之余，叫上三两个朋友一起唱上两三个小时，什么烦恼忧愁都没了。聚会的时候，一人弹着吉他，大家唱着歌应和，多么惬意。没有音乐陪伴的生活是无趣的生活。

音乐还能让我们彼此更加亲近。我身边有很多看起来很安静的人，唱起歌来却完全是另一个样子。有的五音不全，却是麦霸；有的轻声细语，却委婉动听。在一起唱过歌的人，更容易打开彼此的心门，成为朋友。

我喜欢音乐，因为它本身的美好，更因为，有了它的存在，生活也变得更加美好。

【关联命题】我的朋友、我的业余生活、我的假日生活、我的成长之路、我喜爱的书刊等。

应试小贴士：这一话题也有一定的说明性质，不管是什么艺术形式，都要点出其特点、作用。偏重叙述或议论的考生，要注意内容的逻辑关系。

10. 谈谈卫生与健康
卫生与健康

卫生是处处都必须注意的，在日常生活中，我们必须养成注意卫生的习惯，才能保证健康的体魄。

讲卫生首先要吃得干净。在路边、大街上、小巷中，小摊小贩做的油饼、臭豆腐、烤肉串、炸肉丸、串串香、酸辣粉之类的食品，吃得越少越好。这些东西只是味道比较刺激，让人食欲大开，但是，很多都不卫生，吃了容易生病，造成腹泻、头晕之类的。长时间吃这些没有营养和卫生保障的食物，还会让我们营养不良，体质下降。

有人会说："吃的东西多点儿、杂点儿，身体就会健康了。"其实健康并不只在于多吃东西，我们平常还要常运动、多喝水、合理膳食、规范作息，等等，这样才能做到真正的健康。科学研究表明，多吃水果、蔬菜，多补充维生素，对身体健康大有好处，还能美容养颜呢。

卫生与健康是紧密相连的。讲究卫生是培养健康身体的第一步。讲卫生的好习惯让我们免受病菌侵袭，降低生病的风险，让我们的身体少受罪。身体不生病才能运动健身，增强体质，让自己保持健康的体魄。

所以，为了有个健康的好身体，平时我们要养成良好的卫生习惯。良好的卫生习惯不是抽象的概念，而是表现为一点一滴的生活小事。比如，要保持个人清洁卫生，我们要勤换洗衣服、勤洗澡、勤剪指甲；饭前便后要洗手；经常打扫房间；适当参加体育锻炼，增强身体免疫力等。

卫生与健康

物质文明和精神文明共同进步的今天,健康这个话题越来越受到人们的广泛关注。怎样才能保持身体健康呢? 这就要先养成讲卫生的好习惯,因为,健康与卫生是息息相关,不可分割的。

卫生是健康的保证,要健康就离不开讲卫生。那我就先来说说饮食卫生与健康的关系吧。民以食为天,饮食是生活中不可缺少的元素。我们在吃东西时一定要注意食物的卫生。人们常说,病从口入,而一旦生病就必然影响人的身体健康,所以我们一定要保证饮食的卫生清洁。在路边、大街上、小巷中,有许多小摊小贩的摊子,经常做一些油煎、烧烤之类的食品,我们应尽量少吃。因为这些食品含一些致癌物质,多吃对身体只会有害无益。

我认为,应该多吃蔬菜和水果,因为水果和蔬菜中富含多种人体所需的矿物质和维生素,有助于身体的吸收和成长。当然,蔬菜水果要清洗干净,如果我们忽视了生活中的一些细节,往往也会因不卫生而导致身体不适,做好食物的卫生清洁是保证我们身体健康的大前提。

除了饮食卫生,还要保持个人卫生。良好的卫生习惯不是抽象的概念,而是表现为一点一滴的生活小事。比如,要保持个人清洁卫生,我们应勤换洗衣服,勤洗澡,勤剪指甲;饭前便后要洗手;经常打扫房间;适当参加体育锻炼,增强身体免疫力。

只有做个生活的有心人,在生活中处处讲卫生,养成良好的生活习惯,锻炼身体,强健体魄,才能有个健康的身体,才能享受美好生活。

洁　癖

我们都知道卫生是健康的前提和保证,所以,现在很多人都非常重视卫生的问题。比如,不乱吃街边的小吃,不吃不干净的瓜果蔬菜,勤换衣服勤洗澡,等等。但是,有些人的分寸没把握好,变成了洁癖,这就不是讲卫生,而是强迫症。

有洁癖的人经常让别人感到困扰。他们对健康重视过度,对卫生的要求就有些过分。他们不喜欢别人上门拜访,每次送走客人,就要对整个房间进行消毒;他们随身携带消毒酒精,尽量避免直接接触任何物体,开门也要戴上一次性手套。他们对别人总是敬而远之,让人不敢亲近。

有洁癖的人或许能够保证自身的干净卫生,但是,过度的洁癖其实影响着人的心理健康。比如,我的朋友中就有这样的人。他有一点让人不喜欢的地方。那就是,他总是受不了别人把屋子弄得脏乱,但是,他自己却是个邋遢大王。他总觉得别人不干净,只有他自己最干净。他的屋子里总是弥漫着呛人的消毒液的味道。还有些人,因为洁癖,连正常的社交都无法进行,总觉得别人身上都爬满了致命病菌。

所以,在追求身体健康的同时,我们也要关注到心理健康。凡事都有度,就是讲卫生,也不能做得太过分。

【关联命题】谈谈个人修养、谈谈美食、我的朋友等。

应试小贴士:这是个关联性的命题,表达的时候要注意点出"卫生"与"健康"之间的关系,然后有重点地组织内容。卫生分为饮食卫生、个人卫生等,健康分为身体健康和心理健康。

11. 我的业余生活

我的业余生活

抛开书山题海重压的学习生活，我在读书之余喜欢做的事情有很多很多。

譬如给朋友打电话，与他们谈谈近况，交流一下热门的电影、综艺等。特别是当我有什么烦恼，闷闷不乐时，打电话给远方的朋友，朋友的几句安慰就能让我抛开所有烦恼，重新变得开心快乐。现在网络发达了，我也不必抱着滚烫的手机煲电话粥了，微信语音、视频聊天，让我们能够一边聊天一边做别的事，所以，业余时间，我更喜欢联系以前的老朋友、老同学了。

如果条件允许呢，也喜欢与同学朋友去游山玩水，但由于受条件限制，去玩也只能去近的地方。假日里，一顶太阳帽，一辆自行车，三五个人，可以快乐地玩上一整天。

我的爱好非常多，独处的时候，我喜欢看书、看电影、听音乐。有时候会骑着自行车到市郊转转，有时候会一个人到公园发呆。我还喜欢美食，有时候兴致来了，我还会搬出尘封的菜谱，比葫芦画瓢地做上一大锅菜，然后发到朋友圈里，让大家围观点赞。

联系老朋友、看看好山水、自娱自乐，这些都是我业余爱干的事儿，它们给我的生活带来了很大的乐趣，使我每天过得都很充实。

我的业余爱好——看书

有人说，书是进步的阶梯，书是人类的朋友。在我看来，一点儿不错。书是我的朋友，我在业余也最喜欢读书。

首先是看工作相关的书。这方面的专业书我买了很多，这些书也的确给我的工作带来不少帮助，所以我更加喜欢看这类书。通过看书提升自己的理论水平，让自己的工作更加得心应手。

其次，我会看一些语言学习类的书，尤其是英语。因为，我觉得英语在我们日后的生活中会越来越重要，不会英语的话，对以后的工作和生活都会造成阻碍。我学英语喜欢看中英对照的名著，比如《小王子》《爱的教育》这类篇幅较短的书。理解起来不吃力，内容我也喜欢。不过重点还在单词，所以，随手一本英语词汇手册是少不了的。

最后，我最喜欢看的书还是小说、散文和诗歌。那些印在白纸上的方块字，向我展示了一个五彩缤纷的世界。在这个世界里，有着红的艳丽、紫的深沉、绿的盎然、白的纯洁；在这个世界里，有豪爽的鲁智深，机智的孙悟空，多愁善感的林妹妹，奸诈的曹操；在这个世界里，有人间的伊甸园，也有天上的街市，还有静静的小河。在这个世界里，我了解了现代科学发展的一些知识，也学到了做人的道理。

我的业余生活

我的业余生活很丰富，做的最多的是读书、写作、上网和运动。

我喜欢读书，因为在书中可以找到现实生活中的答案，可以看到人间的欢乐与悲苦，可以窥测人的崇高与卑劣。读书使我感到精神上的富足，心灵上的满足。

我喜欢写作，因为，我觉得写作是一种很好的锻炼思维的方式，也是一种提升写作水平的方法。我觉得写作还能修身养性。当我开始写作的时候，我感觉整个世界都安静了下来，内心无比宁静。于是，闲暇时我就写上一点儿随感、读后感、小诗、微小说和剧本。我还把写得比较好的作品放到我的个人公众号上，和大家一起分享。

我也喜欢上网，因为网络世界，资源丰富，无所不有。我喜欢利用网络查找学习资料，也常常借助网上丰富的资源为业余生活增光添彩。我在虚拟的网络世界里认识了许多现实中的朋友，我们一起读书、写作，共同探讨，共同进步。在网络的帮助下，我接触到许多优秀的图书，我的作品也得到高人指点，有了不小的进步。

我还喜欢运动。我觉得运动可以让人保持旺盛的精力和清醒的头脑。我喜欢慢跑、羽毛球和游泳。一个星期运动两到三次，每次一到两个小时。运动之后，感觉浑身舒畅。

这就是我丰富多彩的业余生活。

【关联命题】我的朋友、我喜爱的文学（或其他艺术形式）、我喜爱的职业、我的假日生活、我和体育、谈谈美食等。

应试小贴士：业余生活可以从个人爱好入手，针对几个爱好稍作展开即可。

12. 我喜欢的季节（或天气）

我喜欢家乡的气候

喜欢旅游的我看了祖国的许多名山大川，跟她们比，我的家乡显得平凡极了。但是，我的家乡气候宜人，是个平凡却又可爱的地方。

当春回大地，万物刚苏醒的时候，天空就下起蒙蒙细雨。路两旁的树，随着春风摇动起枝叶；过路的大人们，享受着初春带来的清新的气息，脸上不时露出满足的笑；而孩子们则仰着胖乎乎的脸蛋儿，试图吮吸春的甘露，小脚淘气地不停跺着，让地面上溅起一朵朵漂亮的水花儿。

到了夏季，家乡的天气又变得热中带着一丝凉意，或者在闷热了许久之后，它突然非常解风情地下起倾盆大雨，一扫以前的闷气。

夏天之后的秋天，这里又是一片新景象。这里的秋天爱下雨，可人们却也喜爱，喜爱着下雨过后带来的一阵阵凉意，那份心情，是一种难以形容的放松的心情，仿佛是雨带走了身上所有的烦恼和忧愁。不下雨的时候，更是一个好天气，足以让一切欢快起来。

冬天，一年中最后的一个季节，是一个让人高呼的季节，它是冬天没错，但它没有其他地区的冰冷刺骨，没有让人冷得直打哆嗦的呼呼的北风，它是温暖的，穿上两三件衣服就不觉寒冷。

雨

我很喜欢下雨天。

我总觉得雨是天堂来的信号。虽然下雨的时候很麻烦，衣服湿了，裤脚沾了泥点，但我还是喜欢撑一把雨伞走在雨里，聆听雨滴打在伞上的声音。就像是听来自天堂的声音，滴滴答答的，很好听。

我觉得雨很有意境。在电视剧和电影里，每到剧情高潮，总会下雨。在文学作品中，雨也常常出现，以衬托主人公哀伤的心情。所以，每当看到雨，我就会想到那些经典的镜头和美妙的诗词，有时会忍不住丢开雨伞，在雨中尽情奔跑，被淋感冒了也觉得值得。

当然，并不是每一场雨我都喜欢，比如，我就不喜欢暴雨。我们所说的雨实际上就是降水，它来自云中，但有云不一定就降水。雨根据降水量可以分为小雨、中雨、大雨、暴雨、大暴雨、特大暴雨。暴雨是可怕的，几个小时的特大暴雨就能造成一米多深的积水。而每年的梅雨季节，我国的南方地区都会受到暴雨的困扰。暴雨还可能造成塌方、泥石流等灾害，毁坏道路、农田、村落，所以，我不喜欢暴雨。

雨，从天上来，带着天堂的气息；雨，从诗词歌赋中来，带着人们的哀思。我聆听雨的声音，是为了听到天堂里的亲人传来的哀思。

华北地区的秋

我生活在中国的华北地区，在这里，四季是最明显的，而在春、夏、秋、冬四个季节之中，我最喜欢的季节不是含苞待放的春天，不是激烈热情的夏天，更不是银装素裹的冬天，而是舒坦安静的秋天。

喜欢秋天是因为，秋天宁静、柔美，却又不代表枯萎。这时，小草开始熟睡，绿树开始脱衣，只有松柏依然挺拔。北方的秋天，雨不算大，每当细雨飘洒在大地上，就像给植物们唱起了平和的摇篮曲。一阵风吹来，枯黄的树叶落下，仿佛是一种衰老的象征，给人们内心也带来了一丝凉意，其实在我看来，并非如此。

华北地区的秋天虽然没有春天的姹紫嫣红，但是它的色彩更加鲜亮，更加绚烂。它有一地金黄，是名副其实的金秋。金色的稻田，紫红的葡萄，橘红的柿子，湛蓝的天空，秋天的色彩，是最美的色彩。

叶子落在地上，给地面铺上了一层厚厚的地毯，玩耍的孩子们踩在上面，"沙沙"直响。秋天也是大丰收的季节。到了秋天，果园里弥漫着果实的清香，农民们或架着梯子，或骑在树上，忙碌着采摘一年的劳动成果。市场上，水果的品种也极其丰富，苹果、梨、桔子、葡萄等，每一种都有好几样。记得中国一位作家最喜欢北方的秋天，就是因为这时的水果最丰富了。

我喜欢华北地区的秋，更爱它的宁静和柔美！

【关联命题】我的家乡（或熟悉的地方）、谈谈对环境保护的认识、我的假日生活等。

应试小贴士：季节有春夏秋冬，天气更是多种多样，如果考生不擅长展开描述，可以说几个季节或天气，但是，要点出喜欢的原因。

13. 学习普通话的体会

我学普通话

我是北方人，我们那儿的方言跟普通话发音差别不算大。所以，没来师范前，我总认为普通话是很好说的，只要把家乡话变换一下就行了，有什么难的？可是一到师范，才知道，说普通话并不是我想象的那么容易。

在家乡不觉得，到了大学就知道了，方言和普通话的差异其实非常大。尤其是系统性的差异，比如前后鼻音，还有声调，我总是发音不准。因此，我也有些自卑。记得刚到师范的时候，我不敢和同学说话，因为我说的普通话别人一句也听不懂。所以我只有沉默，不知道以后该怎么办。

到二年级的时候，教育局有文件规定，从我们这一届的学生开始要拿到普通话水平测试等级证书才能毕业，我真正认真学讲普通话就从这一天开始了。

要学会说普通话，必须从声韵调学起。每天早读的时候，我就在教室练，不懂的就问同学，可是由于自己基础太差，学起来特别艰难。有时为了正确拼合一个拼音，我经常练到嘴巴痛，舌头发硬。

学说普通话的过程，有苦也有乐。苦的是自己对着那些音节，怎样读也读不准，反复练习，枯燥无聊，效果还不明显；乐的是，有很多小伙伴跟我一起练习，五花八门的发音失误让大家乐不可支。经过长时间的努力学习，现在，我已经可以在公开场合和其他同学一起高声谈论天下大事了。

学习普通话，使我恢复了本来的自信，找回了自我，我不再是个自卑的人。

美好的普通话

普通话是我国的通用语。我国幅员辽阔，方言多样，影响了不同地区人民的沟通交流。普通话的出现解决了这一难题，让全国各地的人民都能没有障碍的交流，促进了各地区人民的相互交流和理解。普通话的美好，主要原因就在这里。

但是，美好的普通话并不好学。

要学好普通话，首先，语音要准确，就是读音要标准。如果你的语音不准，那么就无法进行交流，这在交际当中也就谈不上美了，还会闹出笑话。比如，把吃的"水饺"说成"睡觉"，别人就会误解。可见，如果在交流当中发音不准，就不能够顺利交流。语言也就谈不上美好了。

再一点，语言还要得体。在不同的场合，要注意到当时的环境以及对象，比如说，你去安慰一位高考落榜的朋友，你就不能反反复复地指责他不争气；你读一篇悲壮的文章时，不能用轻快的语调。老师对学生进行批评教育时，也要注意使用得体的语言，否则会伤害学生的自尊心；员工向领导汇报工作时也要态度端正，措辞得当，否则就会表意不明，影响工作效率，耽误领导的时间。

由此可见，想要拥有美好的普通话，发音和措辞一个都不能少。

普通话训练

我们训练普通话差不多也有半个月了，这段时间我真的学到了许多有用的知识。

读了十几年的书，我认为我的普通话还是不错的，但通过几天的课程，我发现自己的普通话存在很大的问题，在读书的时候都没有注意到，因此我决定要加倍努力学习普通话了。

在我个人的学习过程中，我觉得有这么几条要领：

第一，就是学好拼音字母，掌握发音部位，对于局部个别的方音要反复练习直至完全到位为止。

第二，多读些拼音报上的文章等，锻炼说普通话的感觉，或者看到一个字后，就暗暗地拼读其标准音，并注意与方音的对应关系，争取举一反三，触类旁通。

第三，不懂就查字典。字典是我们很好的老师，若有不懂，要虚心请教，直至完全正确为止。尤其要注意一些多音与多义的字词等。还有很重要的一点就是，要坚持用普通话进行日常会话。

开始时我一篇文章读起来要错很多，经过一个星期的训练，我的普通话终于有点儿起色了，我感到很开心。练习了这么长时间的普通话，不仅使我的发音标准了许多，而且也使我的打字速度加快了。自从知道了学习普通话的好处之后，我就越来越喜欢练习它了。

在以后的训练中，我还会继续这么做，既能纠正字音，还可以在学习普通话的过程中寻找乐趣、获得真知，让我真正领悟到学普通话的好处。

【关联命题】我的学习生活、我的成长之路等。

应试小贴士：这个话题比较无聊，但是贴合考生的亲身经历，考生只需要将个人备考阶段的准备工作简单梳理即可作为提纲，组织内容。

14. 谈谈服饰

人靠衣装马靠鞍

人常说，"人靠衣装马靠鞍"。这说明着装对人们是很重要的。

看着大街上的人们，穿着各具特色的服饰，可见，每个人都会根据自己的个性特点以及气质风格来选择适合自己的服饰。

其实，随着社会的发展，穿着打扮也渐渐成为一门学问，只有在不同的场合穿着最适合的服饰，才会给人以和谐的美感。

我认为，对于服饰的选择，每个人都有每个人的看法，而且随着年龄的增长，人们对服饰的看法也会随之改变。不过，"爱美之心，人皆有之"，这点不会变。

小时候，我不怎么会打扮自己，妈妈给我买什么衣服，我就穿什么，只要是新衣服，我就都挺喜欢的。随着年龄的增长，我对于服饰有了自己的看法，会自己选择衣服的款式，还会考虑衣服的价格与质量。有一段时间，在衣着上，我比较追求时尚，总是跟风买流行款。但是，我买回来的衣服，往往都不是自己喜欢的，经常穿一两次就不穿了。现在倒觉得，衣服不用多么的花枝招展，只要搭配恰当，简洁大方，适合自己就可以了。赶潮流永远都是一件辛苦的事。现在一些青年人盲目追求名牌，其实在我看来，服饰是否恰当，与品牌没有必然联系。不穿名牌而穿着适合自己身份和气质的衣服，同样能吸引别人的眼球，令我们充满自信。

不断变化的衣服时尚

大街上来来往往的人们都有着共同的特点，那就是穿着很时尚，顺应时代和审美的变化。

服饰随着时代的不同而变化多端。清朝时期，大马褂成了人们的便装，不管是富有还是贫穷，都穿长袍。他们的区别只在于，富有的人用绫罗绸缎缝制衣服，而贫穷的人用粗布剪裁衣服。

二十世纪八十年代初期，年轻人穿起了喇叭裤。那时裤子的"喇叭"越大显得越时尚，这是那时的年轻人的时尚和审美！那时候衣服的款式还是比较少的。

现在，我们想购买衣服，进商场逛一圈，或者到网上淘一淘就行了。颜色各异、款式新颖，能够满足各个年龄层、各种偏好的人对衣服的需要。

曾经人们的温饱是个问题时，大家不怎么考虑服饰衣着，打扮对他们来说是次要的，甚至无关紧要。可现在不同了，社会进步了，生活富裕了，人们对美的需求也增长了。尤其是女生，衣柜里塞满了衣服仍不满足。

随着时代的变化，服饰也在不断变化着，那么，服饰会复古吗？其实，会变成什么样子，谁也说不清楚！只有时代的前进才能证明服饰的变化，因为服饰是根据时代需求而出现和变化的。

学会打扮自己

人们常说，"三分长相，七分打扮"。可见，打扮是必须的。

我觉得打扮是一件利人利己的事。打扮得漂亮，能给人美丽干净的感觉，让人觉得受到了尊重和重视。不打扮的人，自己形象不好，别人看到的时候也不舒服，有时还会惹来别人的笑话。

我觉得打扮最重要的就是要会穿衣服，要选择适合自己的衣服来搭配。那么，该怎样选择合适的衣服呢？这是一个很值得考虑的问题。

下面我就谈谈我的观点：

第一，服饰要大方得体。我所说的大方得体并不是指一定要穿清一色的大西装或者其他古板保守的衣服，而是说人要根据自己的年龄、身份或者场合来选择衣服。

第二，穿着打扮要展示个性，但是要整体和谐。有些人化妆过于浓艳，衣服过于花哨，那样会让人觉得太俗气；有些人脸上长了几颗青春痘，就用粉底涂上厚厚的一层，这会让脸看起来很不自然，让人感到不舒服，没有丝毫的美感。服饰搭配要自然，充分展现自己独有的风格和气质。

总的来说，人无论穿得多么漂亮，打扮得多么花枝招展，这些都只是起到陪衬的作用，最重要的是人本身的自然美和内在美。

【关联命题】我尊敬的人、我喜爱的职业、我的成长之路、谈谈个人修养、我喜欢的明星（或其他知名人士）等。

应试小贴士：这一话题侧重于议论，主要内容是谈论个人的服饰观，但是也可以选择记叙或说明的方式来表达观点。临场发挥如果忘词，可以从个人穿着入手打开话题，谈论个人服装搭配的原则和标准。

15. 我的假日生活

我的假日生活

在节假日，我喜欢去爬山。

最开始爬山，是为了锻炼身体。从小，我就体弱多病，身材瘦小，经常被别人拿来做笑料。因此，我一直很自卑。我不喜欢和同学在一起玩，对体育活动也敬而远之。我的老师发现我经常一个人躲在墙角看书，就找我谈心。知道原因之后，老师便组织了登山活动。在爬山的过程中，老师一直陪着我，鼓励我。老师说，爬山不但可以锻炼身体，而且能锻炼人的意志！当时，我意料之外地爬完了全程，老师说的话也深深地印在了我心里。

从那以后，我就爱上了爬山，一有空就去爬山。平时就在郊区的小山头，逢节假日就到省里的几座名山那里去爬山。爬山成了我的执念。爬山时，我脑子里只有一个念头，那就是我要锻炼身体，我要锻炼意志，我不要再被别人嘲笑，我不要再让自己孤单一人。

久而久之，我发现，爬山给我带来的好处真是太多了。爬山的时候，可以欣赏风景，也可以结识志同道合的朋友。爬山让我的体质渐渐增强，也让我的朋友越来越多。

现在，我对爬山已经到了痴迷的程度，每逢节假日，一定会去爬山。就算天气恶劣，只要不封山，我就一定要到山上走一遭。

旅　游

在假日里，我喜欢去旅行，去祖国的名山大川看一看。其中，我最难忘的一次旅行是去陕西的旅行。

我先是在西安逗留了三天，看了兵马俑、大雁塔、历史博物馆，逛了回民街，感受到历史名城西安的浓厚历史底蕴和文化气息。我最喜欢陕西历史博物馆，那里展出的文物非常多，展示了人类进化的历程和古代人民的智慧发明。我看了才知道，原来很多现代人使用的东西，古时候都有发明出来，古人都是非常聪明的。

之后，我跟着同学到他们村子里住了几天。同学的家在真正的黄土高坡上，天气好的时候，能够看到秦岭山脉。我最喜欢的是黄土高坡上的星空。黄土高坡上的星空跟平原就是不一样，星星又多又亮，看一夜都看不够。

陕西的食物以面为主，口味就是一个重字，特别酸，特别咸，特别辣。但是，我很喜欢，尤其是同学家的家常菜，吃了以后，特别有精神。同学说，他们村的人也这么说，说下地干活都靠这些重口味的饭菜提神了。

陕西之行让我见识了厚重的历史，美丽的星空，淳朴的美食，令我终生难忘。这也正是旅游的魅力所在。

我的假日生活

我在假日里最喜欢做的事就是读书与写作。

我喜欢读书，因为在书中可以找到现实生活中的答案，可以看到人间的欢乐与悲苦，可以窥测人的崇高与卑劣。读书使我感到精神上的富足，心灵上的满足。

我喜欢写作，因为，我觉得写作是一种很好的锻炼思维的方式，也是一种提升写作水平的方法。我觉得写作还能修身养性。当我开始写东西的时候，我感觉整个世界都安静了下来，内心无比宁静。于是，闲暇时我就写上一点随感、读后感、小诗、微小说和剧本。练练文笔，陶冶情操。

此外，我也喜欢上网，因为网络世界，资源丰富，无所不有。我喜欢利用网络查找学习资料，也常常借助网上丰富的资源为业余生活增光添彩。我在虚拟的网络世界里认识了许多现实中的朋友，我们一起读书、写作，共同探讨，共同进步。在网络的帮助下，我接触到许多优秀的写手，我的作品也得到高人指点，有了不小的进步。

我还喜欢运动。我觉得运动可以让人保持旺盛的精力和清醒的头脑。我喜欢慢跑、羽毛球和游泳。一个星期运动两到三次，每次一到两个小时。运动之后，感觉浑身舒畅。

这就是我丰富多彩的假日生活。

【关联命题】我的朋友、我喜爱的文学（或其他艺术形式）、我喜爱的职业、我的业余生活、我和体育、谈谈美食等。

应试小贴士：这个话题可以与很多话题重叠，比如"我的业余生活"。这能够节约考生的备考时间。在表达的时候，注意结合个人的业余生活、爱好等，努力使表达自然流畅。注意扣题，切忌将"假日"说成"业余"，造成混淆。

16. 我的成长之路

成 长

每个人都有自己的成长之路，每个人的成长都有她们自己的故事。我的成长和大多数人一样，是在学习中度过的。

有人说，成长是痛苦的。因为它把一个人从天真无邪、无忧无虑的世界，带入了一个充满世俗烦恼、虚伪的世界。对这种说法，我不敢苟同。我认为，成长是快乐的。因为成长伴随着收获的喜悦，伴随着进步的成就感。

成长，是一个人在人生旅途中自身的演变。它使我的思想更成熟，使我遇事懂得要三思而后行。成长使我更明白事理，教我辨别是非，懂得如何在别人有困难的时候，施以援手。

我认为，成长就是在不同的时候交很多不同的朋友。从小到大，我有过很多朋友，有的是小学时的玩伴，一起玩捉迷藏、过家家、跳房子，很多很多游戏，是他们陪我度过了我生命中最快乐、最纯真的时光；有的朋友是中学时的同学，我们一起讨论题目，一起面对考试的压力，一起吃饭学习，是他们陪我度过了我生命中最困难却又最值得回忆的时光；还有大学的朋友，除了在一起学习、生活，我们还一起组织活动、参加活动，是他们让我体验到团结的力量和组织的活力。

成长的过程就像一本书，书中有泪有笑，有愁也有乐，我的成长之路每时每刻都是开始，我要更加努力地继续我的成长旅程。

在学习中成长

我喜欢学习，学习让我迅速成长、成熟，我的学习生活也是多姿多彩的。

学习，是我成长的开始。在不识字的时候，我就喜欢拉着妈妈给我讲睡前故事，认字之后，我更是变成了一个大书虫，每天把读书当饭吃，如饥似渴地汲取书中的营养。

上学之后，课堂上的学习是最重要的，由老师带领我们一起进行。课堂气氛非常活跃，老师十八般武艺轮番上阵，同学们叫好声络绎不绝，学习变得既充实又开心。在这样的氛围中，我进步很快，能够明显感觉到自己在迅速成长。

除了课堂上的学习之外，在课外时间我的学习生活也是多种多样。比如看书，参加社会实践活动，做兼职，等等。我知道成长不只是知识的增长，还有能力的全面发展。所以，我积极体验各种生活和工作，让自己学习方方面面的知识，在学习中成长。

工作后，我们大概不能再像上学时那样一起读书学习，但是，我的学习生活不会停下。社会的发展变化太快，在日新月异的时代面前，我永远都是个新生儿，永远需要学习和成长。

帮助我成长的老师

小时候的我非常迟钝，学东西总是学不会，连爸妈都觉得我这样一个笨蛋，长大之后也不会有什么出息，对我不管不问。

我那时候也自暴自弃，完全放弃了学习。但是，我的小学老师梁老师却没有放弃我。梁老师改变了我的一生，他永远是我最敬爱的老师。

记得在小学三年级以前，我可以说是我们村学习成绩最差的，差得连十分都考不了。爸妈都说为什么生出一个这样笨的孩子，其他老师也说我是个笨蛋。学习让我很没"面子"，所以我不去学校，而是和几个哥们儿混在一起，在上课时间到江边游泳、钓鱼。

后来，我到一公里外的学校去读三年级，在那里，我遇到了我的救星，那就是我最尊敬的梁老师。梁老师很温柔，他从没打骂过我，而且对我这样的笨蛋完全没有不耐烦，一遍又一遍地给我讲，直到我真的明白了。梁老师的谆谆教导使我一天一天进步。同时，梁老师总是找我谈话，帮我树立学习的信心。他常说我过去学习差并不是我笨，说我很聪明，只要努力，会赶上同学们的。从此，我慢慢地克服了许多毛病，考试成绩也直线上升。我领略到了学习的乐趣，学习变得更加刻苦，期中考试我跃进前十名，期末考试我又进入了班上的前五名。

当我第一次站在领奖台上时，我流泪了。我的成绩都是梁老师给我的，我的成长之路如果没有梁老师，一定会变得一片黑暗。

【关联命题】我的愿望（或理想）、我尊敬的人、我的学习生活、我所在的集体（学校、机关、公司等）、谈谈个人修养、我喜欢的明星（或其他知名人士）等。

应试小贴士："成长"这个命题有很多东西可以说：个人的成长故事，对个人成长影响较大的人、事、物，个人的成长途径和目标等。

17. 谈谈科技发展与社会生活
科技，方便我们的生活

随着社会的发展，科技越来越发达，正是因为科技发达，所以我们的生活也越来越好，越来越方便。

比如，我们现在人口越来越多，多亏科技发达了，楼房也可以越建越高了，这样就减轻了地面的压力，而且我们现在上下楼大多都是使用电梯，方便多了。

再看我们现在的厨房，使用微波炉、电饭煲等家电产品，大大缩减了我们煮饭的时间。

还有就是我们每天使用的电脑、电话。电脑使我们实现很多人脑暂时不能实现的事情，通过网络，我们可以解决很多心中的疑问。电话呢，则方便我们的交流，特别是手机，使得我们无论何时何地都可以进行交流，所以说科技的发展与社会生活是密切相关的。但是相对外国一些比较发达的国家来说，我们国家的科技发展水平还是有待提高的。

伟人邓小平曾说过，"科技是第一生产力"，所以我们要好好发展科技。而我们大学生除了要认识到科技发展的重要性外，还要努力在学好基础知识的前提下努力学习科学技术，用科学技术武装我们的头脑，最后还要将我们学到的科学技术运用到现实生活中，为国家的发展和社会生活水平的提高做出自己的贡献。

科学技术对生活的影响

不管人们有没有意识到，科学技术正在深深影响着我们的日常生活，并在社会经济发展中扮演着不可或缺的角色。

二十一世纪以来，科学技术，尤其是计算机网络技术、电子信息技术的飞速发展，使得手机、电脑那些昂贵的奢侈品步入寻常百姓家，成为我们生活的必需品。想象一下，如果没有手机，我们如何随心所欲地与亲人保持联系呢？如果没有网络，我们又如何与远在异国他乡的朋友谈天论地？如果没有高清晰的电视技术，我们又如何享受华丽的好莱坞电影？

当然，我们也必须承认，科学技术在一定程度上也改变着我们的生活方式，改变着我们的文化。正是因为科学技术如此重要，我们的国家领导人也在多种场合提出大力发展科学技术。我国在改革开放以后取得了很大的进步，步入了科技强国之林。但是，我们还应该认识到，我国很多技术都受限于发达国家。所以，我们应该奋起直追，迎头赶上。

作为当前社会的一员，我们不仅应该认识到科技的重要性，还应该努力学习科学技术，用科学技术来武装我们的头脑，具有献身科学的勇气和决心，具有用科学技术来造福全人类的博大胸怀。更重要的是，我们还应当教育我们的后代，要热爱科学，尊重科学！

生活中的人工智能

随着人工智能技术的不断成熟，人工智能的商业应用已经渗透到日常生活中越来越多的领域，对社会、行业和个人都产生着深远影响，并推动着商业领域的重大变革。

人工智能时代的一个重要标志就是智能机器人的出现，它给我们的生活带来了巨大的变化，做饭、洗衣等家务活全都可以交给机器人来完成，这样我们就会有更多的时间来做自己喜欢的事情。

2017 年 7 月 8 日，杭州市中心第一家无人超市正式营业，现场火爆，24 小时营业，没有一个售货员和收银员，顾客使用淘宝或支付宝扫描进入即可。选择完毕，直接拿走，自动支付成功。

2018 年 4 月 9 日，国内首家"无人银行"亮相上海。林立的高低柜台、忙碌的工作人员、拥挤的排队人群都不见了，取而代之的是机器人、智慧柜员机、VTM 机、外汇兑换机以及各类多媒体展示屏等琳琅满目的金融服务与体验设备。所有业务办理均可通过精心设计的智能化流程实现，完全由客户自助操作。

人工智能已经渐渐融入我们的日常生活。人工智能技术的运用为我们的生活带来了便利，提高了工作效率，帮助人类解决了许多以前无法解决的难题。从这一角度来看，人工智能对人类的影响是积极的。

但是，人工智能技术的运用也会产生一系列问题。在某些领域，机器人会逐渐取代人类，这样会造成越来越多的人失业，引发严重的社会问题。其次，人类会越来越依赖人工智能，从而造成人们思考和行动能力的减弱。再者，人工智能可能统治甚至消灭人类的这一假设也造成了人心的恐慌与社会的不安定。

任何科学技术都是"双刃剑"。人工智能是社会发展、科技创新的必然趋势。因此，我们必须重视人工智能的发展，不断创新人工智能技术，让人工智能更好地服务人类。另一方面，人工智能的不断发展，也对我们提出了更高的要求：在日益强大的人工智能面前，我们不能懈怠，更不能产生懒惰心理，而应不断追求卓越。

【关联命题】童年的记忆、我的朋友等。

应试小贴士：科技发展是个非常宽泛的命题，从大的方面可以探讨科技发展对社会的推动作用，从小的方面，可以讲一讲高科技产品对个人生活的影响。

18. 我知道的风俗

家乡的风俗

我的家乡是陇南，说起家乡的风俗，我想最有趣的、最值得说的，就是举办婚礼了吧。

结婚是人生的一件大事，男女双方的父母都十分重视。在举行婚礼前，双方的父母忙前忙后，发喜帖、办嫁妆，等等。买来的嫁妆先放在女方家里，到了新娘出嫁的那一天才一起送到男方家里。

最热闹的还是举办婚礼的那天。那天的一大早，新娘便在自家梳妆打扮，等待新郎的到来。新郎到来以后，新郎、新娘一起走出女方的家门时，新娘用手捂住脸轻声哭泣，表示对娘家的留恋，而女方家和新娘同辈的，年龄小的男子就轻拉着新娘，表示舍不得姐姐出嫁离开家，而新娘必须给男子红包，以表示吉利。新娘出门时用雨伞或头巾把脸遮住，当接新娘的队伍开始走时，女方家里人就开始放鞭炮。另外，新娘还要带去几位年轻的女子，表示陪嫁。

男方去接新娘回家时，一般来说都不超过中午十二点钟。如果在同一条街上，有两户人家娶媳妇，谁先娶回来，就意味着谁先得孙子，先发财。所以娶新娘，娶回越早越好，如果新娘去新郎家的路上要过桥，新娘必须往水里抛几枚硬币。新娘到男方家后，新房里的蚊帐是由男方的舅母或婶婶帮挂的，一边挂一边说一些吉利的话，男方的父母给挂蚊帐的人一个红包。

在喝喜酒的时候，最高兴的还是小孩子，因为他们可以得到一个对于他们来说是数目不小的红包。

家乡的风俗除了举办婚礼以外，其他的像三月三、端午节等，也非常有趣，有机会再给你们介绍。

我家的春节

我最喜欢的节日是春节，我觉得春节是中国最富有特色的传统佳节，它标志着农历旧的一年的结束和新的一年的开始，人们即将告别寒冷单调的冬季，迎来生机盎然的春天。

在我的家乡，除夕之夜，家家户户都要张灯结彩，贴对联，包饺子。除此之外，人们还要杀鸡杀猪用来拜神或祭祀祖先。拜神或祭祀祖先时，还喃喃祈祷，求上天保佑，说完了求保佑的话，还要放鞭炮，人们是想借鞭炮的响声来驱除妖魔鬼怪，带来福音。

接下来就是准备年夜饭，除夕团圆之夜是中国人难解的一个团圆心结，即使人在天涯，也要在除夕之夜赶回家吃年夜饭。吃完年夜饭后，我们一般都是围在电视机旁一边聊天儿玩耍，一边看春节联欢晚会，可是人们的心里面却在默默地等待着新年钟声的敲响。

每当新年的钟声敲响的时候，我总会闭起眼睛静静地许愿，有时也会给自己定下新年的奋斗目标，有时我的心里会有一种遗憾的感觉，感慨时光过去得如此匆匆，而自己往年的愿望还没达成。尽管如此，经过岁月的洗礼，我已长大成熟，学会了勇敢地面对现实的一切，乐观地接受新的一年的挑战。我喜欢过年，因为过一个年不仅能带给我新年的快乐，还能让我不断长大，让我不断成熟。

中秋节的风俗

每年农历八月十五日，是传统的中秋佳节。这时是一年秋季的中期，所以被称为中秋。中秋也称仲秋，又叫作"月夕""八月节"。

此夜，人们仰望天空如玉盘的朗朗明月，自然会期盼家人团聚。远在他乡的游子，也借此寄托自己对故乡和亲人的思念之情。所以，中秋又称"团圆节"。

我国在古代就有"秋暮夕月"的习俗。夕月，即祭拜月神。相传古时候，每逢中秋夜都要举行迎寒和祭月。设大香案，摆上月饼、西瓜、苹果、红枣等祭品，在月下，将月亮神像放在月亮的那个方向，全家人依次拜祭月亮，然后由当家主妇切吃团圆月饼。在唐代，中秋赏月、玩月颇为盛行。在北宋京师，八月十五夜，满城人家，不论贫富老小，都要穿上成人的衣服，焚香拜月说出心愿，祈求月亮神的保佑。南宋，民间以月饼相赠，取团圆之义。

明清以来，中秋节的风俗更加盛行。许多地方形成了烧斗香、树中秋、点塔灯、放天灯、走月亮、舞火龙等特殊风俗。今天，月下游玩的习俗，已远没有旧时盛行。但设宴赏月仍很盛行，人们把酒问月，庆贺美好的生活，或祝远方的亲人健康快乐。中秋节的习俗很多，形式也各不相同，但都寄托着人们对生活无限的热爱和向往。

【关联命题】童年的记忆、难忘的旅行、我的假日生活、我喜欢的节日、我的家乡（或熟悉的地方）等。

应试小贴士：风俗往往和一个地方的风土民情紧密联系，可以介绍不同地方人们特有的生活习惯、饮食特点、建筑特色等，或者可以介绍某个节日中的传统习俗。

19. 我和体育

篮 球

我喜爱的体育运动是什么呢？在为数甚众的体育运动中，我选择篮球。

个头不高的我喜欢上篮球完全是一个偶然的机会促成的。那是初中二年级时，同学们打球缺少一个队员，便邀请我参加，我答应了。在这之前我连篮球是圆是扁都不知道。不过，说也奇怪，那次打篮球我连连投中，我和同学们玩得非常高兴！由那次的投球开始，我就真正地喜欢上了篮球这项体育运动。

在以后的日子里，我渐渐地知道了有关篮球的知识。比如说，篮球运动是以投篮为中心，以得分多少决定胜负的集体竞赛性运动。还有什么是三步上篮啊、打手犯规啊、三分球啊，投篮最好用压腕的方法，等等，一些有关篮球的知识。另外，我还知道篮球是在一八九一年由美国的一名教师根据民间流传的游戏发明的。

篮球使我懂得了许多以前我不知道的知识和做人的道理。比如，篮球动动教会我：人要心胸开阔，与人相处要学会忍耐，学会关心他人，因为人是生活在集体中的。

我和体育

说实在的，我从小就不怎么喜欢体育。上学时，我各科成绩都不错，唯独体育成绩一直在及格线上挣扎。我最不喜欢上的就是体育课，偏偏学校提出"德智体全面发展"的口号。体育不及格还不能当"三好学生"。所以，我为此付出了很多汗水。

我不胖，体质也不算弱。但不知道为什么，体育就是不能达到优秀。我最怕跳远与长跑了，仰卧起坐相对而言好些，但也是指达标没问题而已。我真的是打心底里羡慕那些在体育方面轻而易举就能拿高分的人！我知道他们努力过，但我付出的也不比他们少，甚至还比他们多，可是成效却微乎其微！

尽管如此，体育还是给我带来了许多乐趣。初一时，我被老师选上参加排球比赛，记得那次比赛我们班还赢了呢！如果不是因为怕耽误学习，我就继续练下去了。后来我迷上了羽毛球，还参加了课外羽毛球兴趣小组。

虽然体育也给我带来了不少苦恼，但我热衷于过程。其实我深深知道，没有一个健康的身体，什么都做不成。所以体育锻炼是很重要的。

这就是我和体育的故事，苦恼与快乐相伴。

我热爱运动

从小，我就是一个喜欢运动的女生。"生命在于运动"，我觉得这句话一点儿也没错。所以，体育也是所有学科当中我最喜欢的一科。

从上初中开始，我每天早晨都会坚持跑步，即使初三和高三那两年，我也从来没有间断过，这个习惯一直延续到今天。我的生活很有规律，上了大学，我每天晚上十点半之前就会睡觉，早晨五点半起床。洗漱完就会去西操场跑步，跑步回来后我再叫我们寝室的人起床，她们三个都不用定闹钟，我就是她们的闹钟。等她们收拾完了，我们就一起吃早餐，去上课了。

上了大学，我才学会游泳。大一时，我们就开游泳课了，从来都没下过水的我，一学就学会了，我是我们系里学得最快的一个，所以，我也爱上了游泳这一运动。大三我们已经没有游泳课了，没课的时候，我和几个同学也总会和大一或大二的学生一起去游泳。现在，游泳已经成为我最喜爱的运动了，我认为游泳不但可以减肥，还可以放松紧张的心情。我喜欢在水上漂浮的那种感觉，闭上眼睛，什么都可以想，什么都可以不想。

我还很喜欢滑旱冰。如果在一个空旷的场地，我会滑得很快，那种感觉就好像自己飞起来了一样。这次暑假，我还买了一个滑板，没事的时候，我就会拿出来玩玩，现在还没有学好，只是掌握了基本的技巧，相信有一天，我会玩得很好。

总之，我和体育有着不解之缘，我热爱运动，热爱生命！

【关联命题】童年的记忆、我的朋友、我的业余生活、我的假日生活、我的成长之路等。

应试小贴士：这个命题要注意表达"我"和"体育"之间的关系，不要单纯介绍某项体育运动。本命题的关联命题较多，为了减少备考工作，考生要注意话题的弹性空间。

20. 我的家乡（或熟悉的地方）

家乡新变化

虽然离开家乡已有四年多了，但是我常常思念我的家乡和乡亲们。我家搬到镇上后，因为离家乡的路程较远，所以，回家乡的次数就很少。今年春节，我决定回去一趟，顺便向乡亲们拜个年。

车轮飞驶，驶过了一条条平坦的路，啊！家乡将要到了！高高的远山、澄清的小河、清丽的翠竹，一切都那么熟悉。听说我回来了，乡亲们都跑出来了，这个说到他家去，那个又说到他家去，没有办法，我只好每家都去看看。啊！真是不看不知道，一看吓一跳，家家户户都有了彩电、冰箱、洗衣机等家用电器了，摩托车也不是什么稀罕物，各家的房屋都装修得很好。

想想当年，家乡多落后，一村人挤在一片荒凉的草地上，一色的破瓦房，家里一样像样的家具也没有，全村只有二叔家有一台黑白电视机，看一眼电视都非常不容易。现在却不一样了，改革开放给农村带来了翻天覆地的变化，旧貌换新颜，我的家乡跟城里没有什么两样了。

我要走的时候，乡亲们给我捎上很多好吃的东西，还叮嘱我有时间常回家乡看看，希望我师范毕业后，能分配到家乡去当一名小学教师。这次回去收获挺大的，看到了家乡的新面貌和乡亲们的生活水平提高了，我真的很高兴。我想，回校后，我一定加倍努力学习，掌握扎实的教师基本功，以后，为家乡的建设奉献自己的青春和力量，不辜负父老乡亲对我的殷切希望。

我的母校

我最熟悉的地方是我的母校，我的母校也就是我现在工作的地方——人民子弟小学。

记得那天，我的母亲告诉我，明天就是你上学的日子。怀着既激动又神秘的心情，我走进了我的母校，开始在知识的海洋里畅游。在这五年的时间里，我从一个不懂事的孩子，到能掌握许多文化的小学毕业生，我的老师们花费了多少心血在里面啊！

人们都知道，小学是基础，不管将来要从事什么职业，一切基础都是小学打下的。当我逐渐走向社会的时候，我发现，母校给我的是如此之多，令我难以忘怀而且终身受用不尽！忘不了，操场上，同学们围坐一处，一起玩游戏！忘不了，在课堂上，那一位位辛勤的教师；忘不了，同学们在看似漫无边际的你言我语中，撞击出了思想的火花，滋生出了兄弟姐妹般的情谊！

虽然这么多年过去了，但母校的模样记忆犹新。小学所教过我的老师，我还能清楚地记得他们的名字。那几位老师，把全部的心血都投入到我们这些既可爱、又调皮，既聪明、又好学，既懂事、又惹祸，既可气、又好笑的孩子们身上。

今天，我在自己的岗位上，取得的成绩，和他们当年的辛勤耕耘是分不开的。我要真诚地说一声：谢谢我的老师！谢谢我的母校！母校是我熟悉的地方，也是我永远不能忘记的地方。

家乡风光

我的家乡是陇南的一个不起眼的小山村，千百年来，祖祖辈辈在这里繁衍生息，经久不衰。我的家乡虽然没有桂林山水的秀丽，也没有杭州西湖的妩媚，但它那仙女般的宁静之美一直深深地印在我的脑海中，那清澈见底的小溪，缓缓地流过村庄，这一切的一切都是那么令人神往。

家乡的风光首推的是山，你别小看这山，其实它美着呢。一片连一片的红锥木，在全国堪称之最，最为惊叹的是这片红锥树下遍地都是宝，像香菇，它含有丰富的蛋白质、维生素，营养价值很高。一直为家乡人所喜爱。

家乡的另一个特点就是石头多，遍地都是。在我家附近，一些奇形怪状的石头组成了一处令人叹为观止的奇景，远远望去像是一家三口，两块大石头怀抱着一块小石头，就像是父母抱着他们的孩子，慕名而来的人看到这种景象，都赞叹不已。

家乡除了四面是山，同样，四面也是水。那水清澈无比，可以看见水中的小鱼游来游去，当你把手伸向它们时，它们偏偏不走开，人与自然的和谐在这里得到了最好的体现。

家乡的山水是美的，但遗憾的是，由于交通不便，至今这里的风光犹如未出嫁的闺女，只待家人看，外人很少见。我想，随着经济的不断发展，家乡的风光总有一天为人们所看见。

【关联命题】童年的记忆、难忘的旅行、我向往的地方等。

应试小贴士：本命题具有一定说明性，需要较多的材料充实内容。"熟悉的地方"范围很广，但是不要信口编造，否则会显得虚假生硬或者过于夸张。

21. 谈谈美食

新疆美食

不同地方有不同的美食，也都有各自的特色。我觉得新疆的美食是最典型的了。

新疆少数民族不吃猪肉，所以不能轻易说"猪"这个词，要说猪肉就说大肉。他们一般都吃牛羊肉。到新疆人家里坐客要尊重他们的礼节，他们热情好客，对待外来人很友善。到新疆一定要去尝尝那里的烤羊肉、抓饭和拉面，这些都很好吃，还有那里的水果。新疆是有名的瓜果之乡，瓜果品种繁多，最有名的是哈密瓜和葡萄。

馕，是维吾尔人日常生活的主食，它是用面粉发酵后烘烤而成的，可以存放很长时间，而且种类也很多。还有抓饭，抓饭是新疆人过节、待客必备的美食，吃时是用手抓的，因此而得名。抓饭营养丰富，具有食补的功效，受到新疆各族人民的普遍喜爱。

还有烤全羊，它是最具特色的美食，在招待贵宾的宴会上，是必上的大菜。烤羊肉串是维吾尔族一种传统小吃，味道微辣，香而不腻，鲜嫩可口，大家对这个应该是一点儿也不陌生。更有趣的要数肚子烤肉了，人们尝了这种烤肉后都赞不绝口，说只有吃到这种肉时，才能享受到羊肉特有的、天然的鲜嫩香味，那独特的滋味是任何其他方法烹制而成的肉食无法比拟的。或许，这是最原始、传之最久远的食俗之一吧！还有烤包子、羊头肉、拌面、凉皮，等等。

广西美食

出门不多，只谈谈我知道的几道广西菜。广西菜广采当地特产为原料，在配制上，突出主料，切配精细，讲究口味，广西地方名菜具有浓郁的地方风俗饮食特色。

我最喜欢啤酒鱼。啤酒鱼用从漓江捕来的活鱼烹制，色、香、味俱佳，鲜嫩可口，闻名遐迩。荔浦芋扣肉也不错。制作荔浦芋扣肉选荔浦芋至关重要。一般选荔浦芋的母芋，椭圆形、皮呈棕色、粗糙、节间较密、剖面呈紫红色的槟榔花纹为最佳。荔浦芋扣肉肥而不腻，香味异常。桂林米粉种类繁多，有牛腩粉、生菜粉和马肉米粉等。马肉米粉为桂林米粉之冠，闻名遐迩。侗家酸鱼口味独特，由侗家人将捕到的鲜鱼放入酸坛腌制而成。壮家三夹独具特色。"三夹"由红肠、猪肝、粉肠三种菜调配制成。

此外，广西各民族还善于制作风味小吃，天上飞的、地上爬的、水里游的、泥里钻的、树上生的、草里长的，均能纳入风味小吃的原料中。

中国美食

我想只要一谈到美食，每个人都会有自己独特的见解。有人将好吃的东西定义为"美食"，有人将好看的食物称作"美食"，在我心中对美食也有自己的一番见解。我认为能称得上美食的，一要让嘴巴吃着舒服，二要让眼睛看着舒服，三是要符合环保理念又能保持原有风格特色。或许有人会觉得我的要求过高，其实，这样的美食在中国有很多，只是需要我们用心去发掘。

至今记忆犹新的是前年看的一个纪录片，名叫《舌尖上的中国》。在纪录片中我看到了许许多多从未见过的而又独具民族特色的美食。我记得其中有一道唤作"香熏肉藕片"的菜，那时绝对达到了我的美食标准。

要说起这道美食，我们得先从它的主料——藕说起。虽然我也是一个江南人，但还从未见过如此多的藕，成片成片的分布着。到了收获的季节，就会雇佣人来挖掘，也只有技术熟练的人才能挖出既长又完好无损的藕。当地人说，只有没被破坏的藕，做出的"香熏肉藕片"才能保持原有的那份滋味。

不仅主料藕要完好，厨师的刀工也要一定的水平。待藕洗干净后，先将藕切成一个个稍厚的圆片，再在圆片侧面破开一条缝，将原先准备好的肉末轻轻地塞到缝隙间，然后再用适度的力合拢。一个个弄好之后，再按照自己喜欢的形状排入餐盘，加入一些必备配料，然后放入蒸笼中。先用大火烘干水分，再用小火温热。据说用这种方式可以促进肉的美味渗透到藕片中，让藕片不仅有淡淡的清香，还有清新的色泽，环保而又具有自己的特色。有机会真想去尝尝那味儿。

【关联命题】童年的记忆、难忘的旅行、我知道的风俗、我的假日生活、我的家乡（或熟悉的地方）等。

应试小贴士：美食可以放在特定的环境背景中，也可以单独列出来，可以聊个人喜欢的食物，也可以介绍各地特色食物，并简单介绍做法、口味等。注意话题的完整性和时长。

22. 我喜欢的节日

春　节

我最喜欢的节日是我国的春节。"爆竹声中一岁除，春风送暖入屠苏。"这句千古佳句无疑是对春节的最佳写照。

春节，是农历的岁首，也是我国的传统节日。这个节日在我国非常的盛大和隆重，俗称"过年"。每逢过年的时候，家家户户都要将旧的春联和福字撕下来，贴上新买的，这叫除旧迎新。

每年的除夕之夜，空气里似乎都弥漫着春节带来的欢乐与激情。这时，人们的手机一遍又一遍地响起。是电话，是短信，手机拜年的潮流在中华大地涌动。一碟碟美味的佳肴被端上了桌，一家人终于团聚在一起吃着年夜饭，聊着生活中的琐碎小事，回忆起这一年的点点滴滴，话里行间似乎都弥漫着幸福的味道。吃过饭，一家人挤坐在沙发上，其乐融融地看着春节联欢晚会，时不时被荧屏上幽默的语言给逗乐了，时不时为舞蹈演员的优美舞姿所打动，时不时就播放的节目谈谈自己的见解。

到了正月十五，这年算是到了尾声了。元宵之夜，月亮可真圆啊！像一个大玉盘，时而有几片云彩飘过，仿佛是一位羞涩的姑娘用丝绢遮住了脸，影影绰绰。

欢声辞旧岁，笑语迎新年，新的一年我们播种新的希望，新的一年承载我们新的梦想！过大年真好，我爱我的节日——春节！

中秋节

在中国，有很多很传统又很重要的节日，比如春节、端午、清明等，但我却独喜欢中秋。

中秋是团圆的节日，到处充满了祝福与思念，如果这时的你能够与家人在一起，吃个团圆饭，再到阳台或自家的小院中一边与父母赏月、吃月饼，一边聊一些贴心的话，那么你就真的是一个幸运儿。而身在他乡的游子们就没有那么幸运了，我想，此时的他们应当是手握电话有说不尽的相思。

用"每逢佳节倍思亲""千里明月寄相思""月是故乡明"这样的话语来形容此时此刻是再恰当不过了。中秋的历史悠久，早在《周礼》一书中，已有"中秋"一词的记载。一直到了唐朝，中秋节才成为固定的节日。

关于中秋的传说是数不胜数，除了嫦娥奔月之外，还有一个就是"吴刚伐桂"。相传月亮上的广寒宫前的桂树生长繁茂，有五百多丈高，下边有一个人常在砍伐它，但是每次砍下去之后，被砍的地方又立即合拢了。几千年来，就这样砍砍合合，这棵桂树永远也不能被砍倒。据说这个砍树的人名叫吴刚，曾跟随仙人修道，到天界后犯了错误，仙人就把他贬到月宫，日日做这种徒劳无功的苦差事，以示惩处。有说他学仙不够专心，天帝为锤炼他的心志，罚他砍桂树，并允诺如果砍倒，即可成仙。于是吴刚便在清冷的月宫中日复一日、年复一年地砍下去。

中秋也是诗人们最愿意借以抒发情感的节日，比如苏轼在中秋佳节因思念弟弟而作的一首《水调歌头·明月几时有》，其中有两句最为著名，那就是"但愿人长久，千里共婵娟。"我想,不管是在过去、现在、还是将来,思念家乡及家人的心情永远都不会改变。我喜欢中秋,喜欢它的意境。

春　节

中国的传统节日很多,春节、元宵节、中秋节、端午节、重阳节,等等,几乎每个月都有一个知名或不知名的传统节日,我最喜欢的应当要数春节了。其原因有四点:

一是春节是中国最热闹的节日。到处张灯结彩,到处欢声笑语,到处洋溢着快乐的气氛。人们会燃放各种各样的烟花爆竹,来庆祝这个节日。尤其是午夜新年钟声敲响的时候,整个中华大地上空伴着连续不断的爆竹声,闪烁着五光十色的礼花。

二是春节放假,辛苦了一年的人们终于可以放下一切工作的烦劳,静下心来缓解一下紧张了一年的疲惫。

三是春节是亲朋好友相互走动的好时机。忙碌的生活使人们失去了很多的联系和交流,借春节可以看望一下老人,可以联系一下老朋友,哪怕是一个电话或一个短信的问候。更重要的是可以和家人团聚在一起,诉说生活中的欢乐和忧愁,排解一下相思和牵挂。

四是春节又是一年的开始,新年新气象,心中会产生很多对未来生活的规划,会让人对生活充满希冀。

除了春节,我还喜欢中秋节和元宵节。不论是中秋节的月饼,还是元宵节的汤圆,都象征着团圆,象征着甜美,象征着生活的幸福美满。

【关联命题】童年的记忆、我知道的风俗、我的假日生活、我的家乡(或熟悉的地方)等。

应试小贴士:命题侧重于介绍节日,节日很多,大多有独特的意义、庆祝活动等。考生也可泛泛列举多个节日的特色,表达对多个节日的喜爱。

23. 我所在的集体（学校、 机关、 公司等）

班集体

我所在的班集体是一个充满活力、团结互助、温暖快乐的大家庭。

我们班的同学大多数来自周边农村,一样的装束,一样的朴素,一样的乡村风俗,使得我们在一起相处得很融洽。没有高贵贫贱之分,有的只是平等、互助、友爱。

我们的班集体是团结的,学校每学期都分年级开展体育比赛活动。有篮球赛、排球赛、足球赛、羽毛球赛等。无论是哪项比赛,只要有我们班参加的,都会看到我们班的同学在赛场旁观看,做啦啦队,队员们中场休息马上会有同学递上一瓶矿泉水和擦汗的毛巾。正因为场外同学的加油助威,鼓舞了赛场里的队员们,每次比赛,我们班总会获得奖状。男同学还多次得到篮球赛的冠军。当然,取得比赛的胜利,很大程度上取决于队员们的球技。如果不能团结一致,赛场内的队员们彼此矛盾,互相不配合,还会有胜利的结果吗?所以,班级团结的力量是巨大的,而我们班的团结友好是取得每次胜利的一个保障。

团结、和谐、友爱的班级风气,还让每个同学的心里都感到踏实、温暖。如果哪位同学有自己不能解决的问题,他(她)首先想到的是班集体,找同学们帮助共同解决。哪位同学有了困难，首先向他（她）伸出援助之手的也是我们自己班的同学。哪位同学的成绩落后了，班里的同学就组织起来帮他（她）把学习赶上。

总之，我们班是一个充满活力、团结互爱、互助温暖的大家庭。我爱我们的这个大集体。

我的学校

我是一名教师，学校是我工作的地方。

我生活在一个十分温暖的集体里。在这个集体里大家互助互爱，情同兄弟姐妹，相处得十分友好。因为集体里的每一个人都深深知道，人与人相处最重要的是相互尊重、相互理解。

俗话说："一个篱笆三个桩，一个好汉三个帮。"没有学校集体中人与人之间的团结协作，即使我们每个人都能奏出最优美的音符，人们听到的也只能是杂乱无章的噪音。只有团结协作、相互配合，我们才能奏出最优美的校园乐章，在集体中不断成长！

近年来，我校坚持"从大处着眼、从小处着手"的原则，形成了德育特色和良好的校风。同时，大力推进素质教育和信息化教学，取得了显著的办学成绩。走进宽敞而幽雅的校园，扑鼻的花香，嫩绿的小草，清新的空气，整洁的教室，富有朝气的学生……你会感受到这所学校焕发出的勃勃生机。学校教学大楼、实验设备完善，宽敞怡人。

今年我校添置了信息化设备，配备有微机室、实验室、阅览室等。在校领导和全校师生的共同努力下，我校成为校园环境优美、校风学风优良、教学设施一流、信息化技术应用水平领先的学校。现在，我们正齐心协力，努力将我校办成更加出色、令人瞩目的新型学校。

班集体

从幼儿园到小学，再从小学到大学，一路走来，给我印象最深的还是高中时的班集体。

我所在的集体很特别，也很有意思。也许在老师的眼里我们班是比较麻烦的，在其他班的同学的眼里我们班是最闹的，但我却不那样认为。不管我的集体有多么的糟糕，但至少每人都有一颗善良的心，一颗仁爱的心。我们的集体有其他班级所没有的珍贵的东西，我们团结、善良、活泼、坦率，我爱我的班集体。

我们班有许多的怪才，例如，总是给人以大方感觉的杨树林，文学造诣很高。他上知天文，下知地理，中国文学、外国文学都不在话下。他是老师的得力帮手，有时候，老师忘记了的东西，他会以一种暗示的方式提醒老师，既保全了老师的面子，又让老师觉得他很贴心、聪明。

还有人称"刘德华"的李浩，虽然长得不像，但唱起歌却真有那么点儿味道，语音动作极其相似，全班同学都称他为"华仔"。人称"大猴儿"的侯帅，最喜欢唱歌与吹牛，歌唱得不赖，但比他唱歌还要出名的是他吹牛的功夫。尽管全班同学都知道他在吹牛，但还是愿意去捧场。有时候他那牛吹得的确有点儿离谱，但我们都不会去戳穿它。在紧张的高中生活中，有这样一个活宝，是我们班的幸运。要说我们班的怪才，的确挺多，这只是最有代表性的几个。虽然我们班在老师眼里是麻烦，在学生心中是闹腾，但我们班却充满温馨与快乐。

【关联命题】童年的记忆、我的朋友、我的成长之路等。

应试小贴士：集体是个人成长的大环境，个人的发展进步都依托集体的资源。考生应重点挖掘集体在个人成长中的积极作用。

24. 谈谈社会公德（或职业道德）

百善孝为先

说到社会公德，大家应该都有很多话说。我来谈谈孝敬老人吧。

有一次，我从电视节目中看到：一个上小学的女孩儿，妈妈卧病在床多年，小女孩儿承担起了全部家务，每天买菜、做饭、收拾房间、为母亲擦洗身体。家里生活十分困难，她养成了省吃俭用的习惯。在这种情况下，她每天还能按时到校上课，勤奋苦读，还担任学生干部，成为三好学生、十佳少年。

看着这样的报道，面对这样有孝心的孩子，你有什么感想呢？在我们身边有没有不懂得孝敬父母、尊敬长辈的例子？有！有些学生一回到家就成了饭来张口、衣来伸手的"小皇帝""小公主"，有的还动不动就和自己的父母、爷爷奶奶大呼小叫。谁孝敬谁甚至出现了颠倒的现象，难怪有人半认真半开玩笑地说："孝子，孝子，孝敬儿子。"

那么我们要怎么做呢？我觉得应该听从长辈的教诲，不应随便顶撞，有不同想法应讲道理；严格要求自己，体谅长辈的艰辛，尽可能少让长辈为自己操心；还应该为父母分忧解难，在父母生病时，在父母有困难时，尽力去关心照顾父母、协助父母；更应该刻苦学习，努力求知，让父母少为自己的学习担忧；另外，应该在学校生活中，自己照顾好自己，注意安全。

总之，真正的孝心要体现在言行上。"百善孝为先"，一个不懂得孝敬老人的人，谁相信他将来会是一个合格的社会公民呢？

社会公德

社会公德是人在社会生活中的行为准则，是维护社会生活正常进行的一种行为规范，表达了人们的共同愿望和要求，得到社会大众的认可，它要求社会全体成员都要遵守。

社会公德的内容和要求一般都十分明确、具体、清楚，执行起来也不复杂。所有社会成员都可以很容易识别公共场合不随地吐痰、不吸烟等，这些行为规范都能够在社会生活中逐步转化为绝大多数成员的行为习惯，成为人们的自觉行为。

社会公德的内容不是一成不变的，它也随着社会的发展而更新内容，创造新形式，在新时期的社会生活中起着举足轻重的作用。

社会公德能改善道德风尚、维护社会秩序。随着人们交往日益频繁，人们的举手投足无不关系社会秩序和社会其他成员的利益和生活，大力提倡遵守社会公德，能大大促进社会风尚的净化和改善。

社会公德能调整社会关系，指导人们的行为。在社会生活中，人们在交往中往往会发生这样或那样的矛盾、摩擦。只有以社会公德要求自己，讲究文明礼貌、互尊互谅，才能形成团结、和谐、稳定的社会氛围。

社会公德需要社会的每个成员共同遵守，我们作为新时代的人民教师，更应该自觉遵守公共秩序，倡导讲究文明礼貌，做自觉遵守社会公德的表率。

谦虚是美德

谦虚是人类的美德。中国有句古话："满招损，谦受益。"它从正反两方面对其进行了精辟的总结。

对于一个人来说，谦虚主要有两大方面的好处：一是谦虚使人进步。人生有涯而学海无涯，一个人不管怎样聪明博学，他的知识与人类整体的知识相比只不过是沧海一粟。"海纳百川有容乃大。"才识越高的人，越是明白这个道理，因而越是虚心好学、严于律己、持之以恒，也越能成就大事业。二是谦虚赢得好感。谦虚的人言谈举止谦恭有礼，不专断、不傲慢、不自以为是，在交往中比较容易获得别人的好感，容易得到忠告、帮助和真诚的合作。一个处处得到好感的人，他的事业之船等于悬挂了顺风之帆，其成功也就顺理成章。

反之，骄傲的人喜欢自吹自擂，是语言的巨人，行动的侏儒。骄傲的人往往喜欢依附于他或谄媚于他的人，而对于比自己强的人往往心怀忌恨。骄傲的人总是低估对手的能力而麻痹轻敌，历史上因此不断重演着"骄兵必败"的悲剧。

由于谦虚是一种美德，人世间便有了假谦虚以博取好感、好名声的人，谦虚变成了某些人用于装饰的门面话。但是，这种假谦虚很容易被人识破，因为它缺乏真诚，缺乏行动。口头说了很多谦虚的话，实际上的所作所为却很自负骄傲，或者口头上表示虚心接受批评意见，过后依然是我行我素，坚决不改，这怎么叫作谦虚呢？

做人要做谦虚的人，而且要做到真正的谦虚。

【关联命题】童年的记忆、谈谈个人修养、我尊敬的人等。

应试小贴士：社会公德包含文明礼貌、爱护环境、遵纪守法等，可以选择自己感兴趣的内容，结合时下热门的新闻事件构思。职业道德针对性强一些，但是也能关联到社会公德层面，可以扩展。

25. 谈谈个人修养
个人修养

中国自古以来对人们就有"修身、齐家、治国、平天下"的严格要求，若一个人要在社会上有所作为，首先就要修养自己的身心，包括为人正直、善良，言谈举止温文尔雅，具有君子的风范。

那么，在科技日益进步、人民生活水平不断提高的二十一世纪，个人的修养是否依然那么重要呢？回答是肯定的，因为一个人，一个进化完全的社会人，若是没有修养，特别是道德修养，势必不会尊重他人，不会保持正确的世界观、人生观、价值观，处处与他人为敌，那么中国又怎么可以称得上是礼仪之邦呢？

我相信法律的存在不是用来惩罚人的，应该是用来教育和约束人的。所以不管在道德行为规范，还是在职业领域中，或者其他的领域，个人的修养都显得那样重要。在社会上的任何家庭、任何单位、任何城市中都是难以容纳一个没有修养的人的，因为他们的存在势必会影响这个家庭、这个单位、这个城市的形象。严重地，甚至会毁掉一个国家的形象。试想，我们又怎么能因为自己的修养而去影响集体呢？当然，个人修养的养成绝非是偶然的，它受多方面因素的影响，比如教育问题、家庭经济、社会风气或者其他原因，都有可能影响个人修养。但每个人都应该记住：个人修养是每个时代、每个成功的人必不可少的精神素养。每个人都应注重自身的修养，做个有修养的人。

教师的素养

常有人愤愤不平：为什么教师除了清高就只能清贫。我要说，要耐不住清贫和寂寞，你一开始就错了——你不应该选择从事教育事业。既然你选择了教师，你就别无选择地担负着教书育人、传承文明的神圣责任。

在今天特定的历史时期，培养振兴中华的下一代的重任也历史性地落在了你的肩上，你依然别无选择。你的一言一行都会对孩子产生潜移默化的影响。我们要提高自身修养，别无选择。没有良好的修养，就做不了一个好老师。

长期以来流行着一种说法，就是把师生关系比作"一桶水"和"一碗水"，现在很多人觉得不妥。是的，吃老本是会坐吃山空、误人子弟的。所以有人认为教师应该是"自来水"。我看也不妥。水是不会自来的，必须要你一点一滴地积累。所谓"台上一分钟，台下十年功"。教师的底蕴除了学习积累别无他法。"泰山不择细壤故能就其高，大海不择细流故能就其深。"所以，我认为教师应该是永不枯竭、永不腐臭的"活水"。只有当教师的知识视野宽广得无可比拟的时候，教师才能成为教育过程中的真正的能手、艺术家和诗人。

举一反三，举重若轻，信手拈来，几乎无所不知的老师才会让学生肃然起敬。无所不知是不可能，但我们应该时刻准备着，不断地进修、学习。

热爱学生，为人师表，不仅是一种职业道德，也是一种修养。教师只有爱学生，才会爱岗敬业，忠于职守，才会了解学生、接近学生，赢得学生的尊敬、信任与爱戴。

做一个有修养的人

一个人是否有修养，要看个人的德行。德，即品德，是内在的东西，是个人修养的主要内涵；行，是由内在品德素质决定的外在表现。这两样构成了个人修养。

修养常常与个人的文化水平、背景和地域有关。古人形容一个世代文人之家为书香门第，事实上，门是绝不可能透露出书香之气的，即使屋里堆再多的书，真正能透出书香的，能够让人在交谈中感受到那种浓浓的书香气息的是人，只有人才能在举手投足之间展现出修养这两个字来。当然，修养也包括了举止、仪态、谈吐等。那么，一个有修养的人应该是怎样的呢？

首先，对人要和善亲切、诚恳热情。从内心去爱、去关心、去帮助别人。朋友之间更要互相理解、互相宽容。

其次，谦虚随和。谦虚总是受人欢迎的美德，社交场合上任何自傲情绪的流露都会成为你通向成功的障碍。

最后，诚信守约。一个人能够在社会上立足，靠的是信用。随着现代生活节奏的加快和生活内涵的多样化，人们的时间观念越来越强。因而，参加各种活动要守时，不论是什么原因，迟到都是失礼的。

一个有修养的人，是一个你乐于交往的人，与这样的人交往，不论是谈古论今，或是只谈谈家常琐事，都会是人生快事。在这样的交往中，你会发现时间过得很快。反之，如果和一个毫无修养的人交往，你则会感觉如坐针毡，时间过得太慢，分分秒秒都是一种折磨。相信这不只是我一个人的感觉吧！

【关联命题】我尊敬的人、我的朋友、我喜爱的职业、我喜欢的明星（或其他知名人士）等。

应试小贴士：本命题偏议论性，可论说何为修养、怎样才能成为有修养的人、没有修养的表现等。逻辑性较差的考生可以代入人物，改成叙述性，例如"我的朋友是个有修养的人"等。

26．我喜欢的明星（或其他知名人士）

杨　澜

我最喜欢的明星是著名节目主持人杨澜，她是现代职业女性的典范，我喜欢她，因为她是一位敢于挑战自我的成功女强人。

杨澜毕业于北京外国语大学英文系，曾担任中央电视台《正大综艺》节目的主持人，她那出色的口才和充满魅力的人格形象受到了全国观众的一致喜爱，并因此获得了中国首届主持人"金话筒奖"，她的事业就是从这时起一步一步走向成功的。我是从她后来主持的《天下女人》节目中开始认识她的。这个《天下女人》节目就是一个专门诉说经历过坎坷曲折的成功女性的故事的节目，这个节目道出了女人的心声，鼓励着新时代的女性要勇敢地追求自己的事业。

某年，在奥地利举办的宋祖英维也纳音乐会上，我再一次目睹了杨澜的风采。当时是她与另外一名外国主持人同台主持了这场音乐会，她那流利标准的英文更是让我惊叹不已。此外，听说她还是一位叱咤风云的女商人。一个方方面面都如此成功出色的女强人，怎能不受人崇拜和喜爱呢？

记得著名作家冰心曾说过，"成功的鲜花，人们只惊羡它现实的明艳，然而它当初的芽儿，却浸透了奋斗的泪泉，洒遍了牺牲的血雨。"是的，成功的鲜花固然令人羡慕，不过这成功的背后所付出的一切却鲜为人知。从中我悟出了一个道理：不要只羡慕别人的成功，只要自己肯努力付出，成功的鲜花也一样会属于你。

王　菲

我不大喜欢去崇拜、喜欢什么明星，所以也很少去评判他们。我曾用天使去形容过的女人，似乎只有王菲一个人。

首先还得从容貌讲起。王菲面部的骨骼很薄，这种人灵气很多，但是容易有悲情色彩；眼睛很大很圆，这种人通常比较自我；鼻子有点儿扁，这种人通常缺乏心机，藏不住话；嘴唇比较薄且唇线有些向下，这种人通常有点儿悲观且缺乏热情。而这正是我喜欢的女人，就是，她得有缺点，而且用一种很随意坦荡的态度去面对自己的缺点。比如王菲经常说，"我是一个有缺点的人，你们不要把我当偶像""我喜欢打麻将""我是一个既自卑又自傲的人"等。

另外，我想谈谈王菲的音乐。我一直不喜欢很嘈杂的声音，但是王菲的声音很轻，在听觉上刺激不大，所以她是我听过的人声中唯一不讨厌的一种，因为听完了也不真切。换句话来说，我不喜欢过于突兀的东西，不喜欢太有攻击性的东西，不喜欢太有视觉冲击的东西，不喜欢太有个性的东西。而王菲是没有这些的一个人。王菲不漂亮，唱歌声音不吵，无论是奇装异服还是平平淡淡，她都是天使。我喜欢这样的明星。

我喜欢的名人们

我从小就喜欢看电影、电视，自然对一些电影、电视明星印象深刻。

记得小时候，我喜欢看电影《小花》，那时刘晓庆扮演的角色真美，尤其是她那灿烂的有感染力的笑容。我已经忘了她扮演的人物的名字，但却记住了刘晓庆的名字，后来就一直很关注她。上初中时，特地去买了她的自传体小说《我的路》来看，书中描写的一些她当年当兵的趣事，常把我逗得哈哈大笑，那时，我真的好喜欢她。

只是后来，她狂放的个性、自满的话不断冒出来，我对她的兴趣渐渐索然，心想，明星毕竟只是娱乐人物，不能当成偶像来崇拜。所以，也就不再去关心有关她的事情。

还有个才女也是我所关注和喜欢的，那就是林徽因。她的美貌和才华，她的精明和能干，她的浪漫和多情都是那么地吸引人，她是一个幸福的女人，也是一个活得很美丽的女人。

现在，我发现自己越来越喜欢周恩来，他的修养、他的学识、他为人处事的圆通和周到，让人望尘莫及，他是中国人民的财富，也是世界难得的政治家。

还有许多让我喜欢的知名人士，他们各有各的优点，正是这些知名人士伴随了我的成长。

【关联命题】我的理想（或梦想）、我尊敬的人、谈谈个人修养等。
应试小贴士：本命题需要注意，描述对象是"明星"或"名人"，不要说成身边的人。

27. 我喜爱的书刊

我喜欢的杂志

《花季·雨季》是把一群在深圳成长的高中生展示于读者面前，塑造了改革开放里成长的新一代活泼向上的美好形象，是富有青春活力的好书。书中的主角欣然是一个有自己见解及独特个性的女高中生。

最令我佩服不已的是书中有关绿文的一节描写，也许作品的重点并不在此，但从中透视出当今社会的一个极其敏感的问题：父辈与子辈的代沟。

欣然曾为深圳绿文而一度疏远父亲，认为他无用。但后来欣然的觉悟进了一步。当她以宽容、理解的态度体会父辈的苦衷时，她理解了爸爸，爸爸也是最好的爸爸。

放眼当今的青年，血气方刚的他们思想上没有束缚，他们热情，愿办事。他们对父辈甘于平凡很看不惯。其实父辈饱经沧桑，对人生的世事看得透彻。父辈也许出于爱护而不得不约束青年，也许是方式不适合，使得青年一代对老一代反感和不解。

产生代沟的双方，都有不可推卸的责任。不能让其发展壮大，可以架起一座心灵之桥跨越它呢！欣然与爸爸进行一番推心置腹的交谈后，心灵产生共鸣，代沟就自然而然地消除了。正如欣然所认为的那样，父母是伟大无私的。而我们呢？当尽情享受欢乐时，何曾想到平时父母为儿女所做的事？

我喜欢的书

我从小就喜欢读书。没钱的日子，只要有书看就不难过。诸多的烦恼并不可怕，只要有书读。

我是一个农民的女儿，拮据的日子常常给我和我心爱的书开着种种或悲或喜的玩笑。逛书店时发现一本好书，要等到有一天从可怜的生活费中挤够钱时才能去买。然而，这时

"好书已随新人走，此地空余旧人愁"了。我没钱买书，经常到书店去看书而遭受服务员的白眼和冷语，"没钱买就别翻，撕烂了你赔得起吗？"我不愿意这样，可又有什么办法呢？

在美食、新衣、好书的选择中，我会毫不犹豫地选择后者。没有新衣穿，我不感觉自己不潇洒；没有饱餐，我不感觉饥饿；没有好书，我感觉不到自己活着。瘪着肚皮读自己心爱的书，这滋味是别人难以体会的。我常常以读书来解除我心中的痛苦，是书擦亮了我的眼睛，带我走出那无知的盐碱地。读书使我不光知道冰心、鲁迅、叶圣陶，还知道泰戈尔、莫泊桑。我开始试着让自己闯一闯写稿的关。我不甘心失败，我开始用自己的眼光去看社会，用自己的笔墨写人生，为社会尽义务。

我深深体会到，读书是一种享受，只要有书读，便是一种幸福，任何烦恼都可以丢开，读书是一种解除痛苦的灵丹妙药。每当我走进房间，在明亮的灯光下，翻开心爱的书，用心品读，书的馨香不知不觉地透过窗纱，在天空中飘荡，心也明亮多了。这时世事的繁杂与纷争，我身心的痛苦和烦恼，都会荡然无存。

不管人生是辉煌还是黯淡，不管别人是关心还是冷眼，不管道路是平坦还是曲折，我的读书生活让我战胜了烦恼，迎来了快乐。

《庄子》

我最喜爱的书是庄周的《庄子》。

我特别喜欢读《庄子》的第一篇《逍遥游》。对"逍遥游"可以有种种不同的理解。也许庄子以"无待"为"逍遥"，注《庄子》的郭象以"适性"为"逍遥"，而我以追求精神上的自由为"逍遥"。

"自由"是伟大的创造力，没有自由，无论哲学、文学、科技等，都会失去创造的动力。如何得到这种创造的自由？庄子认为，必须抛弃那些对自己身心内外的种种束缚，使自己能"自由思考"，"自由发挥"。这样就必须要有一种"无我"，或者说"忘我"的精神。

人之所以常常陷入自缚之困境而不能自拔，就在于对"小我"的执着，把自己的一切看得比什么都重，不择手段地争夺个人权力和金钱，为私利所缠身。这样在精神上还怎么得到自由？没有精神上的自由，哪还会有为人类做出真正贡献的创造力呢？

这就是我最喜爱的《庄子》，一本阐发"自由"与"奉献"的哲学经典。

【关联命题】我的业余生活、我的假日生活、我的成长之路、我喜爱的职业、谈谈个人修养等。

应试小贴士：本命题需要注意，要点出喜爱的原因，以及书刊对"我"的帮助和影响。

28. 谈谈对环境保护的认识

谈谈对环境保护的认识

工业的发展给人类带来生活上和经济上的突飞猛进，使人们不再咀嚼昔日生活的苦涩。然而，也许美的东西都要留下些惆怅让人去想，人们不难看到，那高耸的烟囱恰如

《天方夜谭》中的"魔瓶",肆无忌惮地吐着滚滚浓烟,笼罩着整个天空;而机器运转的巨大声响该是自然界优美的旋律中最不和谐的一个强音,充斥人耳;废水、废渣与废气连同产品一起出厂,于是,花草失去了滋润,河水不再清澈,花香为烟雾冲淡,鸟鸣被噪声淹没,健康的身体变得虚弱,愉快的心情变得烦躁!

废气使洁净的大气层变得乌烟瘴气,万劫不复。废气增多还导致酸雨普遍,物种衰减不说,仅仅二氧化碳增多产生的温室效应就会使全球每年平均气温增高二到三摄氏度。因此,科学家不无悲哀地预言:地球湿度升高,将使海水膨胀和冰山消融而造成海面上升,将使居住在距海岸线六十公里内占世界总人口三分之一的人口受到威胁,许多城市和港口将遭受灭顶之灾。而氟氯烃气体增多,将使臭氧层惨遭破坏,其危害更是无法设想。

"自然是伟大的,人类是伟大的,然而充满了崇高精神的人类活动,乃是伟大之中尤其伟大者。"然而人类在构建自己伟大文明的同时也不要忘了人类作为自然界的一部分所负的责任,让保护环境、争取世界和平成为人类拥护的热点,携起手来保护人们唯一的家园!

谈谈对环境保护的认识

有一句话相信大家都知道:"保护环境,人人有责,珍爱生命,热爱自然。"记得有一个广告画面是这样的:一个由于过度采伐,工业、生活污染严重而被破坏殆尽的地球,痛苦地流下了两滴泪。

工业的发展给经济带来快速的发展,给人们带来了富裕的生活。然而,任何事物总是具有双面性的。工业发展的同时也对环境带来了严重的破坏。现在我们生活的地方也同样遭到环境的破坏,就拿我们这的金水河来说吧!以前这河清澈见底,水中还有鱼虾游动,人们只要有空就会不约而同地去那消遣、娱乐。当时那里成了游玩的好地方!可今年过年回来,我发现它已经不是以前那条清澈见底的金水河了。我想应该是人们过度的砍伐,使水土流失太严重了,所以如今的河水变干旱了。现在河里的鱼儿失去了往日的欢乐,河畔上的花草也失去了光彩,人们也失去了一个娱乐的好场所。真希望生活在这片土地上的人们会有所警觉,也希望政府能有所重视,组织人们共同来保护它,还它一个本来的面貌,也让我们生活的城市更加美丽。

还是那句话:"保护环境,人人有责,珍爱生命,热爱自然。"做好宣传,使人们可以真正认识到保护环境的重要性,让所有的中国人都有强烈的环保意识,也都知道善待地球就是善待我们人类自己。

谈谈对环境保护的认识

环境保护并不是一个新鲜的话题,但是如今却成为我们国家乃至全世界的头等大事。

不可否认,环境保护是一个庞大的、系统性的工程,关系着千千万万人的命运,所以,这也需要所有人的配合与努力。那么我们应该怎么做呢?

首先,我们应该尽量少用或不用一次性的用品,比如一次性筷子、一次性饭盒,等等。虽然这些物品给我们带来了短暂的便利,却使生态环境付出了高昂的代价。

其次,我们应当节约资源,减少污染。具体来说就是,节约用水,节约用电,不乱扔垃圾,同时注意回收和循环再利用,等等。只有这样,我们才不会透支我们有限的资源,才不会给我们自己和我们的后代留下遗憾。

最后,我们应当学会保护动物,保护植物,与其他生物和平相处。因为,其他生物也是地球上巨大生物链上的一个重要环节,缺少了它们,我们的生活也将受到影响!

环境是我们人类赖以生存的基本空间，也是人类寻求发展的物质基础。环保更是衡量一个国家、一个民族、一个人文明程度的标准。保护环境，是我们每一个人义不容辞的责任。

【关联命题】我喜欢的季节（或天气）、我的家乡（或熟悉的地方）、谈谈科技发展与社会生活等。

应试小贴士：本命题要注意内容的时效性，要认识到环保的重要性，思路断开的时候，可以说一说个人在日常生活中应该怎样保护环境。

29. 我向往的地方

云南丽江

云南丽江是我最向往的地方。我一直梦想着有朝一日能在那里定居，过着丽江人的生活。

水是丽江的血液。丽江的水很清很秀，一如玉龙雪山那般圣洁。一方水土养育一方人，好水造就了丽江这样一个人杰地灵、钟灵毓秀的好地方。我们常说水灵水灵，有水就有了灵气。如此清秀的水才养育了如此灵秀的丽江人。

桥是丽江的骨骼。在丽江，桥就跟柴米油盐一样离不开人们的生活。丽江的桥是那么古朴、那么纯粹，不加任何修饰，桥就是桥，但却比那些经过豪华装饰的桥来得更加自然，更加具有亲和力和生命力。那密如繁星般的桥仿佛是自盘古开天地之初就已经立在那里似的。可以毫不夸张地说，在丽江，人们走过的桥甚至比走过的路还长。

丽江淳朴的民风是我向往它的另一个主要原因。那里的人们勤劳、善良，日出而作日落而息，怡然自乐，过着与世无争的生活。那里的生活是慢节奏的，没有城市的声色犬马、灯红酒绿，少了一份喧嚣，多了一份恬静、祥和。那里的人们走路不疾不缓，不像都市男女那样行色匆匆、形神疲惫。

我想，假如当年陶渊明先生去过丽江，他就不会采菊东篱下了，那篇千古传诵的《桃花源记》也要改名为《丽江行》了。

丽江，我梦中的香格里拉！

我向往山村

我喜欢宁静的小山村，因为那里没有城市的喧嚣与繁华，那里山清水秀，是我最向往的地方。小时候我就想到山村里生活。

在山村里，春天的时候，我就与小孩子一起到田野去捉蜻蜓，玩游戏，比如老鹰抓小鸡或是捉迷藏，又或是跳格子。到了夏天，天气热了，我就与小孩子到水库里面游泳。到了秋天，田野一片金黄，山上的野果也成熟了，我就与自己的伙伴拿着篮子到上山去摘，摘回来了还要跟自己的好朋友一起分享。

我喜欢山村还因为那里有一群朴实的村民，只要一方有难，就八方来帮助。

现在的山村交通发达，设备完善。村里有好几家商店，货架上的商品琳琅满目，高、中档次的应有尽有，可以满足不同的消费需求。

山村的经济也是芝麻开花节节高。一栋栋的楼房拔地而起，代替了以往的平房，墙壁五颜六色，有白色的、黄色的、粉红色的，有一层有两层，房顶还有太阳能热水器呢。特别是近两年，经济更是日新月异，很多人都买上了空调和电脑。山村变得更加适合人居住和生活。

我衷心的希望能够在一个宁静的山村安享晚年。

我向往的地方

人的一生中都应该有自己追求的目标，向往的地方。有了这些，我们就会不断地努力，不断地追寻。有时候，即使实现不了，想起来也不会后悔。因为你曾思考过，也曾努力过，至于结果，我想也就不那么重要了。

像我，我是学历史的。我们所学的从古代史一直到近现代史。其中的世界史部分对我产生了深刻的影响，尤其是那一段沧桑的世界古代文明。中国是四大文明古国之一，除此之外，还有古代印度、古代埃及、古代巴比伦。还记得古巴比伦的空中花园吗？还记得她的汉谟拉比法典吗？还有那奔流不息的底格里斯河吗？这一切都深深地吸引着我。好想亲自去经历那一个动荡的时代，那一个悠久的岁月……而今她已成为过去，成为印记，她大致相当于现在的伊拉克。那么我可以选择去那里，寻找她的身影。也许你要说我是否有些犯傻，但我知道我得依循梦想的脚步，去努力，去实现……

【关联命题】童年的记忆、难忘的旅行、我的家乡（或熟悉的地方）等。

应试小贴士：本命题的重点是"向往"，要将理由阐述清楚，内容才会充实，条理才会清晰。

30. 购物（消费）的感受
购物需谨慎

通过日常生活中的种种购物体验，我觉得，购物也是一种本领，也需要学习，只有学会购物，才会在购物的过程中避免上当受骗，才会买到价廉物美的东西，这就是我最深刻的购物感受。

如果买食品类的话，要注意商品的质量，看它是否过期，是否有添加化学物质，最好是有绿色食品的标志。不过，之前的奶粉事件表明，印有绿标的也可能有问题，使我不得不更加注意食品的安全了。

还有，我感觉现在的东西的价格越来越贵，而质量却没有相应的提高，这不得不使我们消费者找其他购物的方式，网上购物应该就是这样出现的吧。

此外，我认为，我们都是经常购物的人，但真正会购物的人并不多，很多人都是买名牌，盲目跟从潮流，有些人是看到便宜就买，也不管是否适用。我们应该要学会科学购物，把钱用在点子上，花最少的钱办最多的事，有计划地购物，不跟从，不盲目。

购物应当量力而行，量入而出。自己需要的才是合理的。盲目从众就是看别人都买的东西，自己也随大流去购买，而买的东西往往并不需要。别人说好的东西，别人都买的东西，有时也并不见得好，即使这些东西比较好，也不一定符合你自己的需要，所以买东西要有自己的主见、有计划，保持冷静头脑，避免盲目性。

总之，我们应该擦亮眼睛，学做一名理智的消费者。

第一次去服装城

第一次去服装城的心情，至今记忆犹新。

那天，我邀了几个好友一起来到了当地有名的服装城。当我们乘电梯来到二楼时，映入眼帘的全是衣服，各式各样，五颜六色，眼花缭乱。许多衣服是我根本就没有见过的，当时，我就傻在那里了，这么多的衣服我该买哪一件呢？朋友看我那傻样，笑了，拉着我进入了衣服的海洋。

我们从这一头逛到那一头，又从那一头看到这一头，逛了许久才看中了一件衣服。朋友拿着衣服在我身上比划了大半天，才让我穿上试一试。一穿出来，朋友大加赞赏，我也是很满意。可是，一看价格，竟然要一千多块！我马上将衣服换下来，不敢买了。朋友问我喜欢不，我心内自是欢喜，朋友笑了，二话不说和销售员砍起价来。朋友一出口将价格定在了五百，讨论了大半天，销售员就是不松口，朋友拉着我佯装要离开，那销售员见了立马拉住了我们，嘴里不停地说道："算我碰到行家啦！卖给你们吧！下次多来光顾！"

看着标价一千多的衣服，用五百就买到了，我更加傻眼了。后来购买的次数多了，才发现只要不是在名牌店里购物，很多东西是可以靠嘴巴来省钱的。

不过，一分价钱一分货，消费必须是理智活动，不能感性对待，一味图便宜或者追求名牌，都是盲目的。

我的消费观

我是一个比较现实的人，对于购物，我只在有需要的情况下才会去。一般大多数人在节假日都会出去逛街购物，但我不会，购物只能满足我的物质需要，满足不了我的精神需要，所以，我不痴迷。

有些人把购物过程当成一种享受，但我从来没有这种感觉，因为我每次都会抱怨双腿的酸痛。说实话，我对购物没有什么成就感。就说买衣服吧，我是一个不会砍价的人，自己心里也明白，这些年来肯定被蒙了很多次，但也是没办法的事。我现在买衣服几乎没砍价，一般我不会去一些太贵的店铺，也不会去一些开价太高的地方，我需要的是那种不需要砍价，价格也不会太离谱的地方。现在的我，明显消费高了很多，这个我自己很清楚，但是知道是一回事，能不能做到是另外一回事，钱有时候就在自己不自觉的情况下花出去了。加上现在自己还不能赚钱，花的都是父母辛辛苦苦赚来的钱，所以有时候特别讨厌这种感觉。在自己没办法赚钱的时候，我无法享受购物。

不过有一样消费我倒是挺喜欢的，那就是买书。对于喜欢的书，我会自己买来看。假如通过其他途径看到喜欢的书，只要我真的喜欢，即使我已经看过了，我还是会去书店买来再看一遍。反正，只要是我喜欢的书，我都会尽可能的收藏。我特别喜欢自己在书店挖到一本有价值的没看过的书的那种感觉，成就感很高，这时候会替自己感到高兴，也为自己感到骄傲。

【关联命题】童年的记忆、我的业余生活、我的假日生活等。

应试小贴士：消费可以从消费方式、消费对象、消费观念等多个角度切入。人们的日常生活离不开购物和消费，随着时代的发展，衣、食、住、行等各方面的消费形式也是多种多样，只需将平日的消费活动分门别类，就能列出一个好的提纲。